허상과 실상

허상과 실상

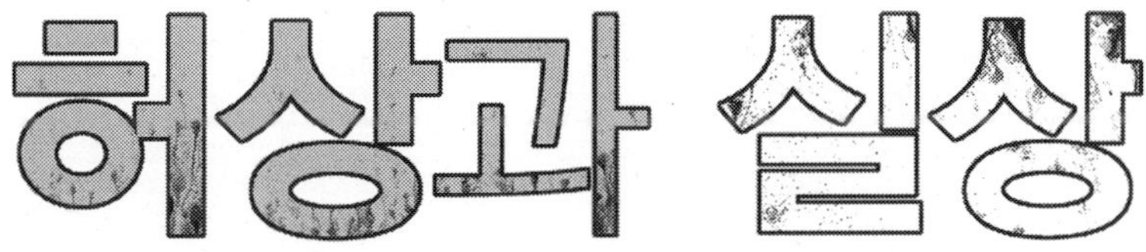

한국 정치의 성숙을 갈망하며

신정현 편저

한국학술정보(주)

정치현상의 가장 두드러진 특징은 그 현상이 매우 복잡하게 전개될 뿐만 아니라 매우 유동적으로 변화한다는 점이다. 이러한 복잡성과 유동성 때문에 정치현상을 주시하고 관찰하는 일반시민들은 물론이고 정치의 행위자들도 어느 것이 정치의 진정한 본질을 반영하는 실상이고 어느 것이 허상인지를 구분하는 것이 어려운 경우가 다반사다. 이로 인해 일반 시민들 사이에는 정치가 매우 혼란스럽고 믿을 수 없는 것이라는 불신감이 초래된다.

그러나 역사적으로나 국내외적으로 고찰해 볼 때에 정치현상은 실상과 허상의 측면 모두를 포함해온 것이 일반적이다. 정치학을 관찰하고 탐구하는 연구자들의 주요 임무 중 하나는 이러한 정치의 양면성을 인식하고 그 실상과 허상을 구분해 내는 것이다. 즉 어느 현상이 정치의 진정한 본질을 나타내는 것이고 어느 것이 정치의 본질과는 거리가 먼 허구인지를 파악하는 것이다. 나아가서 연구자들은 정치의 허상을 낳는 원인들을 분석하고, 이를 제거하는 방안을 모색함으로써 허상을 줄이는 노력을 기울여야 한다. 다른 한편, 연구자들은 정치의 진정한 본질을 반영하는 실상이 무엇인지를 분석하여 보다 명확히 밝히는 노력을 경주해야 한다. 그리고 이러한 실상을 시민들에게 널리 알리고 가르칠 필요가 있다. 또한 이러한 실상이 증대될 수 있는 길을 모색하는 것도 필요하다.

이 책은 한국의 국내외 정치의 실상과 허상을 파악하기 위한 학문적 노력들을 모은 것이다. 한국정치와 관련된 여러 주제들이 포함되었지만 공통된 목적은 그 실상과 허상을 파악하기 위한 분석틀을 제시하여 설명하고, 나아가서 허상을 줄이고 실상을 더욱 밝히는 데 있다. 이 책은 필자가 경희대학교 정치외교학과에서 30년 간 봉직한 후에 정년퇴임을 목전에 두고, 그동안 박사과정에서 논문 지도한 제자들의 학위 논문을 중심으로 한 연구 성과를 편집한 것이다. 이들은 졸업 후에 학계와 정부, 그리고 정계 등 정치관련 분야에 모두 진출해 활동하고 있다. 이 제자들이 필자의 정년퇴임을 기념하고, 또한 여러 측면에서 한국정치의 허상과 실상을 학문적으로 규명해봄으로써 한국정치의 발전에 일조하기를 바라는 마음에서 연구 성과를 모았다.

필자가 30여 년간 대학에서 가르치고 연구하면서 항상 염두에 두었던 것은 학생들과 일반시민들이 여러 문제들을 노정해온 한국정치를 어떻게 하면 진실되게 이해할 수 있도록 분석하고 교육하는 것이었다. 그리고 어떻게 하면 한국정치가 난제들을 극복하고 발전해 나갈 것인가를 모색하는 것이었다. 이 책은 이러한 노력이 제자들의 연구를 통해 결실을 맺은 것이라 할 수 있는데, 여전히 혼란과 문제를 안고 있는 한국정치가 더욱 발전하고 성숙되기를 갈망하면서 이 책을 세상에 내어놓는다. 여러 가지로 바쁜 일과 속에서 이 책의 필진으로 참여한 제자들에게 감사하고, 그동안 동료교수로서 학문의 동역자로서 여러 도움과 성원을 보내주신 선후배 교수님들에게 고마운 마음을 전하는 바이다.

그동안 살아온 여정을 다 술회하는 것은 어렵고, 교육자로서, 학자로서 내 삶의 여정 속에서 공감하는 바가 많아서 정년을 맞이하는 소회를 다음의 시로써 대신하며 글을 맺고자 한다.

여 행

길을 선택해야만 했을 때 나는 서쪽으로 난 길을 택했다.
길은 유년기의 숲에서 성공의 도시로 이어져 있었다.

내 가방에는 지식이 가득했지만
두려움과 무거운 것들도 들어 있었다.
내가 가진 가장 소중한 재산은
그 도시의 황금 문으로 들어가리라는 이상이었다.

도중에 나는 건널 수 없는 강에 이르렀고
내 꿈이 사라지는 것만 같아 두려웠다.
하지만 나무를 잘라 다리를 만들어서 강을 건넜다.
여행은 내가 계획한 것보다 더 오래 걸렸다.
비를 맞아 몹시 피곤해진 나는 배낭의
무거운 것들을 버리고 걸음을 재촉했다.

그때 나는 숲 너머에 있는 성공의 도시를 보았다.
나는 생각했다.
'마침내 난 목적지에 도착했어. 온 세상이 부러워할 거야!'
도시에 도착했지만 문이 잠겨 있었다.
문 앞에 있는 남자가 눈살을 찌푸리며 목쉰 소리로 말했다.
'당신을 들여보낼 수 없어. 내 명단엔 당신의 이름이 없어.'

나는 울부짖고, 비명을 지르고, 발길질을 해댔다.
내 삶은 이제 끝이라는 생각이 들었다.
그때 처음으로 나는 고개를 돌려
내가 걸어온 동쪽을 바라보았다.
그곳까지 오면서 내가 경험한 모든 일들을.

도시에 들어갈 순 없었지만
그것이 내가 승리하지 못했다는 뜻은 아니었다.
나는 강을 건너고, 비를 피하는 법을 스스로 배웠다.
그리고 무엇보다도 마음을 여는 법을 배웠다.
때로는 그것이 고통을 가져다줄지라도.

나는 알았다. 삶은 단순히 생존하는 것 이상임을.
나의 성공은 도착이 아니라 그 여정에 있음을.

낸시 함멜 지음, 류시화 엮음,
『사랑하라 한 번도 상처받지 않은 것처럼』(오래된 미래, 2008)에서 인용

2009년 2월
편저자 신정현

목 차

제7장   국가정책의 선택과 변화 _임춘건   / 216

제8장   김대중 정부의 대북 포용정책 결정요인 _허성우   / 248

제1장 조선말 지배층의 대외인식[*]

도재숙

(한국고령사회비전연합회)

I. 서 론

19세기 중엽 이후 산업혁명을 완수한 서구 열강들은 아시아에 눈을 돌리기 시작하였다. 그들의 목적이 새로운 시장의 개척과 원료생산지를 확보하려는 제국주의적 욕구에 있었던 것은 이미 드러난 사실이다. 원래 역사는 '도전과 응전'이라는 토인비의 말과 같이 충격을 가하는 측과 이에 응전하는 측과의 상호작용에 의하여 전개된다. 이러한 측면에서 볼 때, 아시아의 근대화는 다른 비서양 세계에서와 같이 주로 서양에 의하여 자극받아 왔으며 부분적으로는 과거의 서양의 경험에 비추어 인도돼 왔다. 그러나 아시아의 근대화는 서양의 근대화와는 근본적으로 다른 과정을 밟게 되었으며 서양의 도전에 대하여 대부분 혁명적인 반응으로 나타나고 있다.[1]

19세기 중엽 이후 조선·중국·일본 3국의 국제정치적 위상은 전통적인 중국 중심의 화이관념을 기조로 하는 세계관이 해체되면서 구미제국 중심의 이른바 근대적인 국제체계[2] 속에 강제로 편입해 가는 과정이라고 할 수 있다. 이러한 서세

---

* 본 논문은 필자의 박사학위논문을 본서의편집 의도에 맞게 발췌·재편집한 것임.

1) John K. Fairbank, Edwin O. Reischauer, Albert M. Craig, East Asia the Modern Transformation, 1965, 전해종 외 역, 『동양문화사』(서울: 을유문화사, 1969), p.4.

2) 이 시기는 세계사에 있어서 가장 치열한 제국주의 시대였다. 1840년대에 영국을 시작으로 1880년대에 프랑스와 독일이 식민지 쟁탈전에 뛰어들었고, 1890년대에서 1900년까지는 이탈리아와 미국이 식민지 확보를 위해 아시아와 아프리카로 진출하였다. 이에 따라 1880년대에서 1890년대에 걸쳐 대부분의 아프리카대륙이 서구 제국주의 국가에 흡수되어 갔고, 아시아에서도 버마, 말레이시아, 파키스탄, 인도, 필리핀 등이 영국, 프랑스, 미국 등의 서구 열강의 식민지로 전락했다.

동점의 충격은 국제관계의 변화에서만 그치지 않고 전통적인 동양문명에 전혀 새로운 서구문명의 침투를 수반하였다. 이러한 서구문명은 당시 조·중·일 3국으로서는 도저히 수용하기 어려운 이질문명이었으나, 근대화의 과정에서 피할 수도 없는 거대한 파고였다.

즉 이들 3국에 있어서의 '개항'이란 의미는 서구의 충격에 대응하여 성립한 역사적 개념이라 할 수 있다.[3] 따라서 조·중·일 3국의 입장에서 볼 때, 근대화는 종래에 지속되어 오던 자족적인 체계로서의 폐쇄사회의 고수를 포기하고 점차 정치, 경제, 문화, 사상 등의 제 측면에서 서구세계를 향하여 국가를 개방한다는 이른바 개방사회에로의 전환을 의미하는 것이었다.

즉 이 시기에 이들 동아삼국은 한편으로는 국내의 봉건질서를 변혁해야 하는 과제와 함께 다른 한편으로는 군사력과 경제력을 배경으로 하는 구미 열강에 대항하여 자국의 대외적인 독립과 부강을 추구해야만 하는 이중적 과제를 안고 있었다. 개항기라 불리는 조선 후기 사회 역시 대외적으로 제국주의 외세의 유입에 대응하여 자주권을 유지 강화하고, 대내적으로는 정치·경제·사회·문화 등 제 분야에서 봉건적 잔재를 해소하여 근대적 발전을 이룩해야 하는 이중적인 역사적 과제를 안고 있는 시기였다.

특히 조선과 청국의 서양 수용은 일본에 비해서 훨씬 억제적이고 거부적이었다. 두 나라의 개국은 서구와의 격렬한 무력충돌, 다시 말해서 청국의 경우는 아편전쟁, 조선의 경우는 두 번에 걸친 양요 및 강화도사건의 결과로서 전통적인 회유책의 성격을 내포하는 수동적인 면이 강하게 작용한 데 반하여, 일본의 경우는 페리의 내항이라고 하는 외부적 압력하에 개국하지 않을 수 없었다고는 하나 개국 시점 및 그 후에 있어서도, 비교적 일찍부터 무력충돌을 포기함으로써 어느 정도 적극적이고 주관적인 개국정책을 추진시켰던 점이 다르게 나타나고 있다.[4]

---

3) 일반적으로 학계에서는 이 시기를 '개항기'로 지칭하고 있다. 이는 화이론에 입각한 제한적 국제관계인 쇄국체제가 붕괴되고 문호를 개방하여 만국공법적인 국제질서로 전환하였다는 점을 중시하고, 경제사적으로는 외국 자본주의와 제국주의의 침투가 개항체제를 중심으로 이루어졌기 때문일 것이다. 이헌창, 「개항과 제국주의 침략에 대한 연구성과와 과제」, 『한국사론』 제25권.

4) 일본의 경우는 전통적인 문물을 버리고 서구적 문물로 대체하는 방향이 다소간의 저항을 동반하면서도 주류를 형성해 가고 있었음에 반하여, 조선·중국의 경우는 전통적인 문물에 보다 중요한 가치를 부여함으로써 서양에 저항하는 면이 일본에 비해 비교적 장기간에 걸쳐서 강하게 작용하였다. 이러한 의미에서, 일본의 근대사는 동양으로부터의 이탈－서양화의 역사라고 지칭한다면, 조선·중국의 근대사는 일본을 포함한 서양에 대한 저항의 역사라고 할 수 있다.

또한 외세에 대한 대응과정에서도 국내의 정치·사회적 모순과 함께하면서 정치세력 간의 권력투쟁과 결부되어 복잡한 양상을 띠게 되었다. 즉 기존 사회제도와 통치질서를 옹호하고자 하는 보수세력과 서세동점의 위기를 개항을 통한 근대화를 실천하고자 하는 변혁세력으로 구분되었다. 이들은 추구하는 이념의 차이뿐만 아니라 국내 정치적 권력투쟁을 포함하여 모든 면에서 대립하는 양상을 보였다.

조선 후기 사회에서는 모든 부문에 걸쳐 커다란 변화가 일어나고 있었다. 경제적으로는 농업생산력의 증대로 사회변동의 토대가 마련되었으며, 상공업에 있어서도 상업자본의 성장이 이루어지고 있었다. 그 결과 사회적인 면에서는 부의 축적에 따라 서서히 봉건적인 신분구조의 붕괴가 이루어지고 있었다. 이러한 변화는 사상적 측면에서도 새로운 사회변화에 직면하여 실학이 발생, 사회개혁과 근대화의 방향을 제시하기도 하였다. 한편으로는 종교를 비롯해 서구문물이 새로이 유입되어 동양 전통사회의 가치규범과 질서에 도전하였고, 나아가 근대화 운동의 근간이 되기도 하였다. 또한 개항기 조선사회는 근대화를 지향하는 내재적 변화뿐만 아니라 18세기 이래 전래되기 시작한 근대화된 서양문물과 함께 다가온 구미국가들의 군사적 위협을 새로운 도전으로 맞이하게 되었다. 즉 서구 열강들의 세력 확장은 조선에도 대외적으로 근대적인 자주독립국가 수립이라는 과제를 안겨주게 되었다. 결과적으로 조선 지배층의 분열은 국가통치력과 지배역량의 소멸로 이어졌으며, 나아가 외세에 대한 대응에서 국론의 분열을 초래함으로써 결국, 식민지로 전락하게 되었다고 할 수 있다. 따라서 본고에서는 조선 근대화 과정에서의 지배층이라 할 수 있는 위정척사파와 개화파의 대외인식을 비교분석하여 이 시대 정치지도자들에게 교훈적 귀감이 되고자 한다.

Ⅱ. 조선 후기 사회의 지배층의 변화

1. 정　치

조선의 정치사상의 저변에는 성리학에 의한 사회질서가 자리 잡고 있다. 이는 성리학이 백성을 저변으로 하는 군·신·민의 위계적 질서와 조화의 원리를 제시하고 있기 때문이다. 따라서 조선의 성리학적 정치사상은 조선조 말기 시민사회사상이 소개될 때까지 정치사상으로 군림했다. 성리학적 정치사상이 골격을 갖추게 되는 것은 고려 후기의 혼란기에 새로운 사회를 지향하고 나선 신흥 사대부들에 의해서였고, 그들의 사상이 조선조를 탄생시켰다. 그러나 성리학적 정치사상이 완숙하게 된 것은 조선 중기에 와서이다. 신왕조가 정착함에 따라 개국공신 등을 비롯한 신왕조시대 특유의 정치적 비리가 발생하면서, 이에 대해 성리학에 투철한 신진사림들이 강력하게 비판하면서부터 성리학적 정치사상은 완숙기를 가져왔다.[5]

조선 중기는 공신, 척족의 전횡과 폭군의 출현으로 정치적 비리가 만연했고, 그런 현상에 대한 신진사림의 비판은 위계적 사회질서로부터의 이탈을 가져왔다. 즉 공신이나 척족은 군주와의 사적인 관계를 배경으로 해서 군주의 권위를 도용할 뿐 아니라 신료들 사회의 질서를 흔들리게 하였다. 이는 위계적 조화를 추구하는 성리학적 정치사상의 관점에서 볼 때 척결돼야만 하는 것이었다. 특히 공신이나 척족은 현실적으로 국민(백성)에 대한 수탈을 자행한다는 점에서 윤리적 비판의 대상이 되기도 했다.

조선조의 성리학적 정치사상은 건전한 군주정을 궁극적으로 지향하는 것으로서, 군주의 윤리적 타락을 방지하고 공신이나 척족의 발호를 근절하는 것이 그 방편이라고 생각했다. 즉 성리학적 정치사상의 논리적 지주는 위계적 사회질서와 조화의 원리였다. 따라서 군주의 타락이나 공신, 척신의 발호는 모두가 위계적 사회질서와 조화의 원리를 깨뜨림으로써, 혼정을 초래하게 된다는 것이 조선조 성리학의 논리였다. 이런 위계적 질서관은 국제관계에 대한 인식에 있어서도 그대로 적용됐었다. 대국인 중국을 중심으로 하는 제소국의 위계적 체계가 유교적 국제질서였다. 따라서 조선의 유교세력은 이러한 성리학을 바탕으로 한 국제질서를 지향해 오면서 그런 관념을 더욱 세련시키고, 그것에 충실하고자 했다.

특히 조선조의 성리학적 정치사상은 성리학의 본토인 중국이나 인접한 일본의 경우에 비해서 위계적 사회질서를 더욱 강조하고 있으며 현실화하고자 했다. 이와 같이 성리학이 굳게 자리매김한 이유는 중화적 국제질서의 중심이었던 중국에 밀

---

5) 손문호, 「조선조 성리학 정치사상의 역사적 성격」, 『한국정치외교사학회논총』 제4집(서울: 평민사, 1987), pp.98 - 100.

접한데다가 지역이 협소해 하나의 사상이 강력하게 지배할 수 있는 여건이 조성되어 있었기 때문이었다. 그 결과 조선의 성리학은 매우 안정된 유교질서를 형성하면서 교조화되었다. 그러나 조선 후기에 이르러 동양중세의 국제질서 변동을 요구하는 일본의 등장, 중화적 질서의 중심이었던 중국에 청이 등장하는 변화의 와중에 조선의 성리학적 정치사상은 그 기반이 흔들리게 되었다.

이와 같은 위계적 질서의 여건 변화로 인해 조선의 정치사상도 다양한 변화를 보이게 되었다. 즉 선험적 위계질서의 원리가 계급사회에 대한 비판의 일환으로 도전을 받는가 하면, 중국 중심의 중화적 국제질서의 논리에 대한 회의가 나타나기도 했다. 그런 사상적 동향은 명백히 성리학적 지배사고의 위기를 의미하는 것이었고, 그에 대한 반동으로 성리학은 중화적 위계질서를 교조적으로 강조하였던 것이다.

즉 성리학은 인간을 포함한 모든 존재가 상하의 관계에 있는 대칭적 두 요소의 배합이라고 보고, 그 연장선상에서 사회도 상하, 귀천 간에도 위계질서를 이룬다고 보았다. 특히 정치적으로는 군주와 신료, 신료와 백성 간의 위계적 질서를 이상적인 질서로 보았다.[6]

성리학적 정치사상이 위계적 사회질서관에 입각해 군주의 지위를 정당화하는 것에는 이의가 있을 수 없으나 군주의 지위에 대한 조건이 위계적 사회질서관에 포함돼 있음에 주목하게 된다. 즉 성리학사상에 있어서의 위계는 기능의 분화에 착안하는 것이었고, 분화된 기능 간에는 불가분의 관계가 있었다. 따라서 군주는 사회의 다른 요소인 신하와 백성을 떠나서는 존재할 수 없다는 인식이 뚜렷했다, 즉 성리학은 군주의 지위를 정당화하면서도 군주권에 대한 제한의 논리를 분명히 갖추고 있는 성숙한 군주정치사상이었다.[7]

조선의 성리학적 사회구조가 결정적으로 변화된 계기는 일본과의 7년 전쟁과 뒤를 이은 청국과의 전쟁을 겪은 뒤였다. 양 난으로 인한 사회·경제적 기반의 동요는 조선조 후반기 정치, 경제, 사회 등 각 분야에 걸쳐 진행되었으며 이것은 또한 국민의 자각에 의한 민중의식의 발현에 의하여 촉진되었다. 당시 사회구조적인 변혁으로서 먼저 지적할 것은 신분구조의 급격한 변화이다.

---

6) 성리학의 이상적인 이원론적 세계관은 성리철학의 근원인 이기론에서부터 출발한다. 이기론으로 조선정치사상의 위계질서를 설명한 책으로는 김만규, 『조선조의 정치사상연구』(인하대출판부, 1982).

7) 손문호, 전게논문, pp.97 - 98.

2. 사   회

당시 조선의 신분제는 그 후기에 이르러 양반, 중인, 양인(평민 또는 상민), 천민 (노비)의 네 가지 신분으로 구성되어 있었다. 이념형(Ideal Type)으로 말하면, 양반은 신분적 특권을 가지고 정치권력과 학문을 독점했으며, '역'의 부담을 지지 않는 특권적 지배신분이었다. 중인은 주로 기술직에 종사하거나 중앙정부의 말단 행정관리 또는 지방의 향리로 종사한 중간신분이었으며, 특히, 양인은 주로 농업 등 생산을 담당하고 '역'의 부담을 진 평민의 신분으로 법적으로는 '천인'에 대비하여 '양인'이라고 불렀고, '양반'에 대비해서는 '상인'이라고 불렀다. 즉 양인은 조선왕조시대의 가장 숫자가 많은 중요한 신분이었다. 천인은 주로 노비와 7종 천인으로 구성되었으며, 노비는 주인에게 신분적으로 예속되어 생산을 담당하거나 노역에 사용되었다.

이러한 조선왕조시대의 신분제도는 시민사회의 계급제도와는 전혀 다른 것으로 다음과 같은 특징을 가지고 있다.[8] 첫째, 신분은 태어날 때부터 가계와 혈통에 의거하여 결정되는 귀속적 지위(Ascribed Status)였다. 따라서 그것은 시민사회에 있어서의 획득적 지위(Achieved Status)와는 크게 다른 것이었다. 둘째, 신분은 세습적인 것이었다. 이것은 시민사회의 계급이 비세습적인 것과 크게 다른 것이었다. 셋째, 신분은 출생신분에 의거해서 사회조직에 참여하는 것이었다. 이것은 시민사회가 계약에 의거해서 사회조직에 참여하는 것과는 크게 다른 것이었다. 넷째, 신분은 공식적으로 특권과 차별을 인정하는 것으로서 법률적으로도 공공연히 불평등한 제도였다. 이것은 시민사회의 계급이 공식적으로는 특권을 인정하지 않아서 법률 앞에서는 만인이 평등한 것과 크게 다른 것이었다.

다섯째, 신분은 직업을 세습적으로 고정화시켰다. 예컨대 장인의 아들은 대대로 의무적으로 장인이 되는 것과 같은 것이었다. 이것은 시민사회에서 직업의 세습을 고정화시키지 않고 공식적으로 직업선택의 자유를 인정하는 것과는 크게 다른 것이었다. 여섯째, 신분이 폐쇄적이어서 신분 간의 사회이동(Social Mobility)이 원칙적으로 매우 적었다. 이것은 시민사회의 계급이 비교적 개방적이어서 계층 간의 사회

---

8) 신용하, 『한국 근대사회의 구조와 변동』(서울: 일지사, 1994).

이동이 큰 것과는 크게 다른 것이었다. 일곱째, 신분의 생활양식(Life Style)을 특정 형태로 규제하고 통제하였다. 이것은 시민사회의 계급이 그 성원의 생활양식을 특정형태로 규제하지 않고 자유로이 맡기는 것과는 크게 다른 것이었다.

전반적으로 조선시대의 양반신분사회는 그 자체 많은 문제점을 갖고 있었으며 가장 큰 문제점 몇 가지를 간추려 보면 다음과 같다.[9] 첫째, 소수의 양반신분만이 정치를 담당하며 국가와 사회의 중요한 정책결정을 하므로 아무리 유능한 인재라도 양인이나 천인 출신은 사회·정치활동에 참가가 불가능하므로 그 사회의 인적자원과 능력을 모두 동원하여 충분히 활용할 수 없었다. 둘째, 생산자 신분인 양인과 노비들의 부담은 과중하고 양반지주들의 수취는 극심해서 생산자가 자본을 축적하여 생산력을 발전시키는 데 큰 제약을 받았다. 셋째, 사·농·공·상의 위계적 직업관과, 그중 공과 상을 천시하는 직업관으로 말미암아 공업과 상업 등 산업의 발전이 어려웠다. 넷째, 양반은 공식적으로 특권을 가진 반면에 중인·양인·노비는 법률에 의하여 확고하게 보호되고 보장되는 '권리'를 충분히 갖지 못하므로 다수의 국민이 자주적인 인격적 생활을 하지 못하였다. 다섯째, 기술직과 기술이 폐쇄적으로 세습되고 개방적으로 공개되지 않아서 기술을 발전시키는 데 큰 제약을 받았다. 여섯째, 공식적으로 폐쇄적인 신분차별을 하여 사회적 통합(Social Intergration)이 매우 약하고, 사회의 연대는 뒤르켕의 유기적 연대가 아니라 '기계적 연대(Mechanical Solidarity)'가 지배하였으며, 신분 간의 갈등이 매우 심하였다. 일곱째, 게마인샤프트(Gemeinschaft)의 조직원리에 기초한 사회로서, 가족·가문(친족)·씨족 등 혈연공동체와 촌락·지방 등 지연공동체를 중시하는 반면에 전체적인 민족국가와 사회에 대한 개념이 충분히 발달하지 못하였다. 여덟째, 사회성원의 충성은 민족·국가에 대한 직접적 충성보다 가족·가문·씨족·신분·지방·향당·사당 등에 대한 충성이 강하였다.

이런 특성을 지녔던 양반신분사회에 대해 선각적 지식인들은 이의 개혁을 주장하였는데 조선왕조 후기의 실학파가 그 대표적인 것이다. 또한 하위신분층들도 여러 가지 형태로 양반신분사회의 개혁을 요구하였는데 조선왕조 후기에 빈번한 농민운동들이 그 대표적인 예들이다. 따라서 조선왕조의 양반신분사회는 19세기 중엽에 이르러 양면으로부터의 도전을 받고 큰 위기를 맞게 되었다.

---

9) 신용하, 상게서; 한국역사연구회 편, 전게서; 김운태, 전게서.

먼저 양반신분사회 내부로부터 발생한 사회적 압력과 도전으로서 농민을 비롯한 양인신분층과 노비신분층의 신분제도 폐지 요구가 그것이었다. 이미 18세기 중엽에 양반신분제도는 현저하게 해체의 징후를 보여, 다수의 양인들이 여러 가지 방법으로 상향이동을 하였으며, 다수의 노비들이 납속(돈을 주고 노비직 탈피)과 도망의 방법으로 양인신분층으로 상향이동을 하였다. 반면 상향이동을 달성하지 못한 하위신분층들은 해마다 끊임없이 민란을 일으키며 양반신분제도의 폐지를 요구하였다. 이러한 현상은 19세기에 들어오면서 하위신분층들의 양반신분제도의 폐지를 요구하는 사회적 압력은 더욱 거세어졌다. 따라서 조선정부는 1801년에 공노비혁파를 단행하여 일부의 노비 해방을 시행하였다.

그러나 하위신분층들은 사노비혁파를 포함하여 모든 양반신분제도의 폐지를 요구하였으며, 그 요구의 형태도 '민란' 등의 형태가 공공연히 선택되었다. 즉 1811년의 '홍경래난'은 북부지방에서의 개혁요구의 대표적인 것이었으며, 1862년의 '진주민란'은 남부지방에서의 개혁요구의 단적인 예였다. 19세기 초엽과 중엽의 하위신분층의 양반신분제도 폐지 요구는 농민층이 앞장섰지만 당시 광범위한 신흥사회계층이 이를 지지하게 되자 커다란 사회적 압력으로 형성되었으며, 그 세력들은 다음과 같다. 첫째, 상공인층을 비롯하여 새로이 대두하기 시작한 시민계층이 개혁요구를 지지하였으며, 둘째, 종래의 노비신분층이 농민들의 개혁요구에 참가하고 이를 적극 지지하면서 때로는 개혁의 주체가 되었다. 셋째, 광산 노동자층과 유민들이 농민들의 개혁요구에 참가하고 이를 지지하였다.

농민층을 선두로 한 이러한 광범위한 하위신분층의 개혁요구는 종래의 조선왕조의 양반신분사회의 구조와 유형에 영향을 주지 않는 신분사회체제 내의 개혁과 재조정의 요구가 아니라 양반신분제도의 폐지에 의한 사회구조 그 자체의 변혁의 요구였다. 즉 양반신분사회를 근본적으로 개혁하여 새로운 유형의 사회구조를 창출하고자 하는 요구로 심각한 사회적 긴장과 갈등을 수반하면서 조선왕조의 양반신분사회가 내부적인 위기에 봉착했음을 나타내는 것이었다.

다음으로 양반신분사회에 대한 도전은 외부, 즉 선진 자본주의 열강의 침입이었다. 서구의 새로운 도전은 서학(천주교)의 포교, 이양선의 연안 출몰, 외국상선의 통상 요구, 구·미·일 자본주의 여러 나라들의 개항 요구, 선진 자본주의 제국에 의한 식민지화의 위협 등의 형태로 나타났다. 외부로부터의 도전은 조선왕조의 양반신분사회에 대한 도전이었음과 동시에 조선민족에 대한 도전이기도 하였다. 이러한 도전은 당시의 조선사회에 대하여 종래의 폐쇄체제(Closed System)로부터 개방체제(Open System)로의 전환을 요구하는 것이었을 뿐만 아니라, 조선사회가 개방체제로의 전환 후 외부로부터의 도전을 적절히 자기의 힘으로 처리하지 못하면 양반신분사회의 붕괴와 함께 조선의 민족공동체 자체가 '식민지'로 전락할 수도 있게 되는 매우 심각한 성격의 것이었다. 즉 이러한 도전은 사회적 측면에서 보면 근대적 서구시민사회의 전근대적 조선 양반신분사회에 대한 도전이었으며, 또한 정치적으로는 근대 국민국가의 제국주의적 팽창에 의한 전근대 군주국가에 대한 도전이었고, 경제적으로는 산업혁명을 거쳐 이룩한 공장제도라는 근대 산업체제의 전근대 농업체제에 대한 도전이었다. 또한 문화적으로는 근대 합리적 과학기술문화에 전근대적 인문교양문화에 대한 도전이었고, 군사적으로는 철제군함의 함포 등 근대 군대의 전근대적 군사장비의 구식 군대에 대한 도전이었다. 이러한 도전에 대하여 적절한 대응책을 취하지 않으면 어느 쪽이 승리할 것인가는 분명한 것이었다.

이러한 내외로부터의 도전에 직면하여 조선 양반신분사회는 최대의 위기를 맞게 되었는데 불행히도 내외로부터의 도전이 시기적으로 거의 동시에 왔기 때문에 조선왕조의 양반신분사회는 두 개의 도전을 '동시에' '중첩하여' 해결해야만 되었다.[10]

조선조의 신분제도는 중기 이후부터 양반의 수적 증대현상으로 인해서 그 자체의 한계점을 드러내게 되었다.[11] 양반제도의 위기는 상민층의 상대적인 감소와 노비의 실질적인 소멸 등에 의한, 조선조의 권력 유지를 위한 사회계급 구조상의 위기를 의미하는 것이었다.[12] 이 같은 사회적인 신분구조의 변화는 경제적으로 뒷받침된 농민층 분화와 소작농의 독립 등에 의해 더욱 촉진되었으며, 특히 가치체계 면에서의 이념적인 혼동은 그러한 신분제의 변화를 더욱 촉진하였다.

즉 18세기 이래 사회적 모순의 심화는 성리학이라는 봉건적 지배 이데올로기에 대한 비판과 반발을 야기하였다. 따라서 정권에서 배제된 양반층의 일부는 현실에

---

10) 신용하, 『한국 근대사회의 구조와 변동』(서울: 일지사, 1994), pp.32 - 38.

11) 정석종, 『조선후기 사회변동연구』(서울: 일조각, 1983) 전권.

12) 진덕규, 「조선후기 정치사회의 권력구조에 관한 정치사적 인식」, 『19세기 한국 전통사회의 변모와 국민의식』(고대 민족문화연구소, 1982), pp.20 - 21.

대한 사회·경제적 인식을 심화시켜 나가면서 새로운 학문체계를 수립하고자 하였다. 이른바 실학자들로서 그들은 봉건제의 위기가 미봉적인 인재등용방법의 개선이나 제도운영의 개선으로 해결될 수 없음을 지적하고, 지주전호제의 혁파를 포함한 대대적인 개혁조치가 불가피함을 주장하였다. 더구나 이 시기는 한글소설, 시조, 판소리, 가면극, 민화 등이 평민, 천민들에 의해 향유되면서 지배층의 양반문화와 대립되는 평민문화가 성장하였던 시기였다. 이 과정에서 지식계층은 양적으로 확대되었고, 이전처럼 지배 이데올로기에 대한 봉사를 주로 하던 지식층에서 지배체제를 비판하고 새로운 사회개혁이념을 제시하는 단계로 변모하였다.

다른 한편 이제까지 지배의 대상으로만 치부되었던 하층 농민들도 지배층에 의해 강요된 유교적 이데올로기에의 맹종을 거부하였다. 즉 17세기 말에 농민, 천민들은 민중구원사상으로 등장한 미륵신앙을 신봉하면서 살주계등을 조직하여 봉건통치에 저항하였고, 19세기에 들어와서는 각종 예언이나 도참 등의 형식을 취한 정감록사상에 영향을 받아 조선왕조를 부정하였다. 나아가 농민들은 생명의 위협을 느끼면서도 동학과 천주교에 귀의하여 봉건적 지배질서에 반대하는 투쟁을 전개하였다. 즉 지배만 당해 오던 백성들도 더 이상 지배 이데올로기에 안주되기를 거부하고 독자적인 사유체계를 형성하기 시작하였던 것이다.

18세기 이후 심화된 신분제 동요는 사족 중심의 신분제적 향촌지배체제를 크게 동요시켰다. 즉 18세기 이후 노론계의 집권이 장기화되면서 다른 당색의 관계 진출이 제한되었으며, 그 결과 지방의 사족들은 점차 몰락하여 갔다. 한편 평민들은 사족의 향촌 내 지배력을 약화시키고, 대신 자신들의 이해관계에 맞추어 향촌질서를 재편하고자 시도하였다. 이러한 시도는 신분제적 향촌지배체제를 대체할 만큼 진행된 것은 아니었지만, 기존 향촌사회 통제력을 크게 약화시키는 결과를 가져왔다.

이러한 사회·경제적 변화에도 불구하고 당시의 집권층은 특정 세도가문에 의해서 국왕의 절대권이 상대적으로 위임 행사되는 폐쇄적인 통치의 대행체계로 나타났다. 세도정치[13] 자체가 왕권의 약화상태에서 양반지배세력과 결속한 것이라고 할

---

13) 19세기에 들어서면서의 세도정치 출현배경은 다음과 같다. 1800년 정조가 사망하자 순조가 11세의 어린 나이로 왕위에 올랐다. 정조 말에 내정되었던 대로 김조순의 딸이 순조의 비로 책봉되자, 권력이 비변사를 장악한 김조순에게 집중되어 안동김씨의 세도정권이 성립하였다. 순조 말년부터 헌종대까지는 풍양조씨 일파의 외척세력이 대두하여 안동김씨 세력을 견제했으나, 1849년 헌종이 죽고 철종이 즉위하자 정국은 다시 안동김씨에 의해 주도되었다. 철종조에 안동김씨의 세도정치는 절정에 달하였다. 세도정치기에는 18세기 이래 진행되어 오던 권력의 집중현

때, 조선조 후기 왕권이 이 같은 한계에 직면할 수밖에 없음은 지배체제가 사회·경제적인 구조적 변혁에 대응하지 못하고 있음을 표현한 것이라고 할 수 있을 것이다. 정치사적인 측면에서, 세도정치의 출현은 결과적으로 통치체제의 정통성에 한계를 보여줌으로써 전반적인 권력구조의 효율성을 저해시켰다. 따라서 폐쇄적인 권력구조 내에서 권력의 독점은 통치엘리트의 특정화를 조장시켰다고 할 수 있다.

조선조에 있어서 일반 국민의 동원이나 조작을 위한 이념 및 왕권의 정통성 확립을 위한 논리는 주자학에 그 기반을 두어 왔으나 조선 후기에 와서 세도정치의 대두라는 지배체제의 변용은 여기에 갈등을 조성하게 되었다. 동시에 대외적으로도 점차 문화적 개별의식의 형성에 따라 중화관념이라든가, 화이관 등에 회의하는 자기확인의 과정이 조성되어 갔다.[14)

지배 이데올로기에 대한 이 같은 도전에 대해, 집권층은 사회·경제적으로 개혁을 추진하기보다는 천주교의 금압과 같은 강력한 억압을 통하여 대처함으로써 정통성을 확립시키려 하였다.[15)

또한 조선조 후기에는 과거제도의 기능이 실질적으로 와해됨으로써 일원적인 관리의 충원으로 기울어지게 되었다. 즉 이와 같은 통치관료의 통로가 봉쇄되자 재야 양반계층에서는 두 가지로 그 변화가 나타났다. 첫 번째는 전통적인 정치, 사회, 경제적 지배구조와 그 이데올로기에 회의하면서 그 비판과 극복을 지향하는 경우로서 체제 내적 개혁의 논리 위에서 정치·경제변혁의 중심적인 대상자를 일반 농민에서 구하고, 대외적으로는 문화적 개별의식을 추구했던 실학파사상이 그것이다. 두 번째는 여전히 지배 이데올로기적 가치에 절대성을 부여하며 그 가치를 실현시킬 수 있는 자신의 내면화에 더욱 힘을 기울이는 유림의 경우이다.

권력구조적인 측면에서 당시 피지배계층인 농민들의 경우 체제변혁에 대한 욕구는 이미 1811년 홍경래의 난에서 뚜렷이 표출하고 있었다. 일반 농민에게 있어서 조선조의 권력구조는 일련의 수탈구조 그 자체로서 자연재해, 토지겸병화로 이미 피

상이 소수 명문가문을 중심으로 더욱 심화되었다. 따라서 정권의 지지기반은 더욱 축소되었고, 그 결과 지배계급 내의 갈등과 대립은 더욱 심화되어 갔다. 이러한 사태의 진전은 국왕으로 대표되는 봉건권력의 도덕적 기반마저도 붕괴시키는 결과를 낳았다.

14) 진덕규, 「척사위정론의 민족주의적 비판인식」, 『한국문화연구원논총』 1973, pp.25-26.

15) 예를 들어, 1786년 불경서 구입의 금지, 1791년 신해박해, 1801년 주문모, 이승훈 등 300여 명 처형(신유사옥), 1839년 프랑스 선교사 등 200여 명 처형(기해사옥) 등이다.

폐해진 농촌경제를 더 악화시키는 요인이었다. 이에 대해 19세기 이후 생존권을 요구하며 폭발하는 농민의 저항은 국민들 의식성향을 구체적으로 나타낸 것으로, 이는 조선조의 지배체제가 이미 국민적 기반을 상실했음을 보여주는 것이라 할 수 있다.

19세기 농민층의 분화 경향은 지배층에 의한 '삼정의 문란'으로 더욱 노골적으로 나타났으며 '세도정치'라는 정치과정을 통하여 더욱 심화되었다. 아울러 신분제의 동요로 다수의 부농층이 양반으로 상승해 나감으로써, 조선조의 재정위기도 심각한 상태에 이르게 되었다. 조선조의 재정적 기초는 전정, 군정, 환곡이 중심을 이루었으나 점차 토지로 집중되어 갔다. 따라서 삼정의 문란과 함께 당시 농민들의 이탈을 촉진시켰으며, 저항의 계기가 되었던 것은 자연재해였다. 즉 수년마다 닥쳐오는 자연재해에 따른 농업생산의 감소는 단기적으로는 가장 큰 재정압박의 요인이 되었다. 특히 수재와 한발 등의 자연재해는 직접적인 농사의 피해로 기근과 아사자를 발생케 했을 뿐만 아니라 전야의 황폐를 가져왔다.[16] 더욱이 이러한 자연재해에 대해 지배층은 장기적인 방지책이나 사후 수습책을 제시하지 못한 채 무능을 그대로 드러냄으로써 국민들의 불신을 촉진시켰다. 19세기에 들어와서도 기근의 규모나 참혹상이 감소되지 않았음에도 불구하고 정부의 구제활동은 오히려 축소되어 갔다.

더욱이 통치기구 자체의 문란은 조선조의 재정위기에 가장 심각한 문제가 되었다. 조선 후기 백성들은 각종 자연재해에 무방비 상태로 방치된 채, 지방관과 그들을 보좌하는 향리층들은 가렴주구와 수탈행위로 이미 빈곤상태에 있는 농민들을 막다른 궁지로 몰고 갔다.

특히, 이들의 조세수탈행위는 19세기에 이르러 절정에 달하였으며 삼정의 문란으로 집중되었다. 결국 가혹한 착취에 따른 소농민경제의 극한적인 열악화는 농민의 계층적 자각에 따른 의식의 성장과 함께 농민저항의 기반이 되었다.

농민의 몰락과 함께 국가재정의 고갈을 가져온 삼정의 문란은 많은 문제점의 인

---

16) 홍수의 피해는 심각하여 1729年의 경우 함경도에서만 1,000여 명이 사망하기도 하였으며, 1832년에는 293명의 인명손실이 있었다. 또 1845년에는 500여 명의 사망자가 발생하였다. 조선 후기 수재보다 더 큰 피해를 준 것은 한발로 17세기 중엽부터 19세기 중엽 동안 규모가 큰 기근이 모두 52회에 달한다. 1672년의 경우 아사자의 수가 18,950여 명에 이르며, 1733년 기근 때에는 13,113명의 아사자가 발생하였다. 그리고 1763년의 기근에서도 729名의 아사자가 나타나고 있다. 이러한 피해는 전국적일 때도 있었고 일부 지방에 국한된 경우도 있었다. 조광, 「19세기 민란의 사회·경제적 배경」, 진덕규(외) 『19세기 한국전통사회의 변모와 민중의식』, pp.185-189.

식과 함께 개선을 위한 움직임이 전개되지 않을 수 없었다. 즉 18세기 중엽 이후 실학자들은 토지제도의 개혁을 통한 조세제도의 정비문제를 제기하였다.[17] 이들은 당시 농촌의 현실을 직시하고 농본주의 경제체제에 있어서 토지제도의 중요성을 인식함으로써 토지제도의 개혁안을 제시했던 것이다. 특히 반계 유형원은 조선조의 근본적인 문제는 토지제도의 모순에서 비롯되고 있다며, 토지제도의 전면적인 개정을 주장하기도 했다.[18] 그러나 이러한 실학자의 주장은 탁상공론의 수준에서 끝나고 말았다.

또한 조정에서도 농민의 불만과 반란을 해결하기 위하여 토지개혁의 문제가 제기되어 영조 집권 시 '토지겸병'의 폐단을 논의하면서 한전법이 건의되기도 하였다.[19] 그러나 이에 따르는 막대한 재원을 염출할 수 없다는 이유 때문에 토지개혁의 주장은 좌절되고 말았다. 정조 치세 중에도 토지개혁에 관한 문제로 균전제와 한전법의 시행문제가 자주 제기되고 있었지만 대농을 가지고 있는 양반층의 반발을 이유로 이를 거부했다.

토지개혁의 주장은 관리들이나 실학자들에 의해서만 제시된 것은 아니었으며 18세기 후반에 이르러서는 국민들도 이를 주장하고 나서게 되었다. 즉 1791년 농민 박필관은 양반들의 겸병의 폐단을 위해서는 노비 30구와 토지 30결 이상의 소유를 금지시키도록 청하고 있었다.[20] 이러한 한전제의 시행은 정조에 의하여 거부되었으나 당시 농민들이 자신들이 처한 현실을 파악하고 있었으며 이를 기초로 근본적인 해결책을 제시하고 있음을 알 수 있다.

19세기 순조대에도 농민의 몰락과 삼정문란은 계속되었으나 토지개혁에 관한 주장은 오히려 금기시되어 처단되었다.[21] 농민의 생존기반인 토지문제에 대해 전혀 개혁의지가 없는 이러한 집권층 앞에서 농민들은 좌절과 분노의 막다른 골목에 처

---

17) 김용섭, 『한국근대 농업사 연구』 상(서울: 일조각, 1984), pp.2-200.

18) 유형원, 『반계수록』(서울: 삼성출판사, 1977) 전권.

19) 서명신이 "정전법은 비록 시행할 수 없다 하더라도, 한대의 한전법을 시행한다면 빈민들이 보존될 수 있을 것입니다."라고 하였다. 상이 이르기를 "비록 한전법을 행한다 하더라도 한외의 전답은 무상으로 몰수하여 빈민들에게 나누어 줄 수 없다. 또한 국가에서 모두 매입하여 나누어 줄 수도 없은즉, 빈민들이 어찌 스스로 매입하겠는가!"『영조실록』 51권 8장(영조 16년 2월 갑오). 김혜승, 전게서, p.113 재인용.

20) 『정조실록』, 32권 7장, 15년 정월.

21) 예를 들어 1804년 이달우, 장의강 등은 정전법 내지 균전법의 시행과 같은 토지제도의 개혁을 건의했다가 참수당하는 처벌을 받았다. 『순조실록』 6권, 순조4년 9월 신묘. 『추안급도안』 26, 한국학 문헌연구소, p.671. 김혜승, 전게서, p.114 재인용.

할 수밖에 없었다. 결국 조선조 말기 상당수의 농민들이 농지를 떠나 유량민이 되거나, 부패한 관리들에 저항하여 자발적인 민란을 일으키게 되는 이유도 여기에 있다고 볼 수 있다.[22]

19세기는 민란의 시대였다. 특히 19세기 이후의 민란의 근본적인 투쟁목표는 지방관에 대한 불만에 있었다. 결국 그 최종형태가 전국적 규모의 갑오동학농민운동으로 발전하는 것도 조선조 후기 사회의 퇴행적 구조가 갖는 특징에 기인하고 있었으며 이런 변화를 더욱 가속시킨 것이 조선사회의 경제적 변화였다.

Ⅲ. 위정척사파의 대외인식

근대 이전 조선인의 대외인식은 주로 중국 또는 대륙의식을 중요시하고 있었다. 조선은 고대 부족국가 형성시기에 이미 중국 혹은 대륙의 이민족 국가들로부터 군사적 침략을 많이 받아 왔으며, 특히 한나라가 중원을 통일한 후에도 대륙국가는 언제나 조선에 정치·군사적 힘의 위협의 대상으로 인식되었다. 따라서 대륙국가의 군사적·정치적 위협에 대한 대응의 수단을 항시 강구하지 않으면 안 되었는데, 이러한 대륙에 대한 긴장의식 위에 성립된 대륙관계를 규정한 기본관념이 소위 사대관념이라고 할 수 있다.

그러나 이러한 대륙에 대한 사대사상이 대륙의 정통적 계승자로 인식하여 믿고 따른 명나라가 지금까지 이적으로 멸시하여 온 북방 여진족인 청에 멸망하면서 인식에 심각한 혼란을 가져왔다. 즉 명을 멸망시킨 청은 1636년 조선을 침략하여 무력으로 굴복을 강요한 후 사대의 예를 행할 것을 요구하였다. 당시 조선의 유학자들은 힘에 굴복하여 사대의 예를 행하였지만 국내적으로는 반청숭명사상이 그 후 1세기 이상 조선조 사상계를 지배하였는데, 이는 임진왜란 때의 명의 구원에 대한 감사의 마음이 작용한 점도 있지만, 현실적으로 청국에 대한 위기의식이 크게 작용

---

22) 19세기 최대의 국민운동이랄 수 있는 수운 최제우의 동학은 천하분난하고 민심효박하니 莫知所向之也(어디로 가야 할지 모르겠다) 하니 백성이 편할 날이 없어 보국안민의 계책이 필요하니 그것이 동학으로 창도된 것이라 하겠다. 『龍膽淵源』(천도교 중앙총부, 1988), p.167.

한 것으로 볼 수 있다. 당시 청국은 종래의 한민족 국가와는 달리 조선의 자주성을 무시하는 제 조건을 내세워 압박하였기 때문에, 조선 집권층 및 유학자의 청조에 대한 위기의식은 과거 어느 시대보다도 심각한 것이었다. 그중에도 조선 전래문화의 상징인 조선인의 의상을 호복, 변발로 바꾸도록 강요한 것은 조선인의 청국에 대한 위기의식을 더욱 자극하였다. 즉 청국에 대한 이러한 위기의식은 유학자들로 하여금 유교문화에서 자신의 문화적 정체성을 확인토록 하는 계기가 되었다.

조선의 주자학은 도입되어 2세기 동안 연구·발전되어 퇴계, 율곡의 시기에 이르면서 조선 독자의 주자학적 세계상이 완성되었는데, 이에 대한 문화적 자부심이 고양되어 국내 통치이념으로뿐만 아니라 주자학적 세계상 속에 조선조를 외부세계와의 관계에서 이념적으로 그 위치를 설정하려는 경향으로까지 발전하게 되었다.

조선조에 있어서 중화적 세계질서관은 주자학적 세계인식이 보편화되면서 우주의 도학적 파악과 종래의 음양오행설이나 천원지방설과 결합하여 중국이 세계의 지리적·문화적 중심을 이룬다는 세계인식이 정착하였는데, 중국이 오랑캐에 불과한 청국에 의하여 멸망된 현실에서는 조선이야말로 중화문명의 정통적 계승자라는 인식이 뿌리를 내렸다.

반청숭명을 주창한 대표적 인물로 송시열(1607~1689)은 주자가 자기의 조국인 한민족 국가인 남송의 주체성을 지키기 위하여 화이관념에 따라 북방 여진족인 금과의 타협을 거부하고 척사사상으로 일관한 점에 감명을 받고, 대청강화를 반대하였으며, 주화파의 대청강화를 조선조 집권층의 도덕적 타락의 결과로 보았다.

따라서 전통 유학자들은 조선의 문화가 오래되고 주자학 전래 이후로는 도학이 융성하게 발전한 데 대한 문화적 자부심으로부터 이제 조선을 동이(東夷)라고 부르는 것은 옳지 않다고 하였다. 즉 명조 멸망 후 중화문명은 조선주자학으로도 그 정통성이 계승된 것으로 믿었다. 그들은 청조 지배하의 중국은 문명의 중심지로 볼 수 없다고 보았으며, 도리어 중국으로부터의 사학의 침투를 경계하였다. 즉 조선이야말로 세계문화의 중심이라는 인식이 정착되는 것이다.

이와 같이 대륙에 대한 위기의식은 현실적으로는 청국에 대한 사대의 예를 행하면서도 이념적으로는 청조를 이적으로 멸시하면서 스스로를 세계문화의 중심으로 생각하는 소중화의 세계관을 고수하게 되었다. 당시 주자학자의 대외의식의 핵심을 이룬 소중화의식은 대륙에 대한 위기의식에 연유한 것이며 그 사상은 조선인의 정체성을 유교적 에토스(Ethos)에서 구한 결과 나타난 대외사상으로 볼 수 있다.

병자호란 이후 숭명반청사상의 고양과 더불어 주자학은 관학적 성격을 더욱 강화하여, 사상을 통제함으로써 대외위기를 극복하려고 하였다. 즉 주자학이 관학으로서 조선의 유학계에 위치를 굳힌 것은 고려 말이지만, 그것이 교조성을 갖게 된 것은, 대륙에 있어서 청조의 안정이 장기화됨에 따라서 그 이념과 현실의 모순이 커지게 되었다. 따라서 본래 중화관념에 내포된 보편적인 세계주의적 지향은 점차 후퇴하면서 관념적이면서 폐쇄적인 대외의식으로 전환되어 갔다.

이러한 조선왕조의 대외적 폐쇄성은 조선 후기에 시작된 것이 아니고, 관념의 수준에 있어서는 명·청 교체기 조선 주자학자들의 중화사상에서부터라고 할 수 있다. 그러나 정책으로서 쇄국이 주장된 것은 천주교 전래 후, 천주교가 사학으로 이단시되어 금교정책이 시행되면서이다. 이렇게 천주교를 이단시하는 금교적 입장 이외에 서양의 압력을 받아 더욱 폐쇄적으로 된 것은 1860년대의 병인양요와 신미양요를 거쳐 개항에 이르는 10년간이다.

이와 같은 문화이념 측면에서 볼 때 서양이나 일본은 금수나 이적에 불과하며, 사학·사교의 대상일 뿐 군사적 힘의 대상으로서의 위기의식은 나타나기 어려웠다. 최초의 서양국과의 무력충돌인 1866년 병인양요 이후에도 서양의 무력을 정확히 판단하지 못했으며, 따라서 서양에 대한 군사적 위기의식도 대단한 것이 아닌 것으로 평가하였다.

그러나 19세기 서구의 충격은 조선에 있어서 주체성의 위기(Identity Crisis)문제[23]를 야기하였다. 즉 19세기 들어서의 서구의 충격은 이미 그 이전 간접적으로 중국을 통해 체험하였던 견문형식의 서구라는 내용과는 본질적으로 다른 성격을 지니고 있었다.

그것은 19세기 내내 서구는 그들의 목적을 위해서는 힘의 일방적 사용도 불사한다는 사실에 기인한다. 따라서 당시 조선이 서구에 대하여 보였던 부정적 태도는 바로 그러한 위기의식과 직결되었으며, 나아가 극히 일부의 서양을 이해하는 자들

---

23) 이질문명의 충격이 가해 올 때 주체민족이 느끼는 위기의식은 대략 사회적으로 주체성의 위기(Identity Crisis)와 정치적으로는 정통성의 위기(Legitimacy Crisis)로 표현된다.

을 제외하고는 전 백성이 도전적이고 심지어는 항전적 의지를 보이고 있었다.

병인양요(1866연) 당시 프랑스군의 강화도 입성 소식이 전해졌을 때, 유림의 거두였던 이항노(1792~1868)는 그의 상소[24]를 통하여 당시 조선의 상황을 '위급존망지추'로 상정한 다음, 조선인이 취해야 할 태도를 아래와 같이 주장했다.

오늘날(양적의 침입을 당하여) 국론이 교·전 양론으로 나뉘어 있다. 양적을 공격해야 한다는 주장은 내 나라 쪽 사람의 말이요, 양적과 화합해야 한다는 주장은 적 쪽 사람의 말이다. 앞의 말과 같이 하면 조선 내에 의상지구(문화전통)를 보전할 수 있지만, 뒤의 말과 같이 하면 조선인이 금수의 역에 빠지고 만다. 이는 큰 갈림길이기에 다소라도 병이지심(이치를 마음속에 가지고 있음)을 갖춘 사람이라면 모두 알 수 있는 일이다.[25]

여기서 그가 파악한 서구는 한마디로 우리가 물리쳐야 할 적(양적)으로 해석되었고, 그것을 물리쳐야 할 이유로는 우리의 고유질서(의상지구)를 파괴하려 하기 때문이었으며, 고유질서의 파괴는 바로 조선의 종말로 직결되는 것으로 보았다. 즉 그가 고유질서로 표현하고 있는 소위 의상지구는 당시 조선 사회가 유지하여야 할 사회적인 주체성(Social Identity)으로 확대 해석될 수 있었으며, 그와 같은 입장은 양적에 대항해야 할 구체적인 이유로 보았다. 그와 같은 입장은 그의 다음 상소[26]에서도 뚜렷이 나타나고 있다.

…… 이른바 외물이라 할 때, 그 사목이 심히 많아 다 매거할 수는 없으나, 그 가운데에서도 양물이 가장 심하다. 전하가 스스로 마음을 결단하여 모든 복식기용 가운데 하나라도 양물이 끼어 있으면 모두 검출해 내어 대궐 마당에서 소실시켜야 한다. 양물이 소용없어지면 교역이 끊어지게 되고, 교역이 끊어지게 되면 저들의 기기음교가 판칠 수 없게 된다.[27]

여기서 서양에 대한 관점은 서구의 경제적인 침략문제를 내포하고 있다. 따라서 조선의 문제는 경제적인 자존문제까지도 포함하는 포괄적인 주체성의 위기의식으로 나타났다. 이러한 위기의식은 기정진(노사, 1798~1876)의 상소에서도 똑같이 나타나고 있었다.

…… 만일(서양과) 통교의 길이 한번 열리게 되면 2~3년 이내에 전하의 적자는 서양화되지 않을 사람이 없을 것이다. ……근일에 양물 모으기를 좋아하고 양포 입기를 즐거하여 아주 상스럽지 못한 것이 해구동래(바다의 도적이 동쪽으로 침입함)의 징조라 하겠으니, 중외관에 명하여 양물을 수괄하여 불태우게 하고, 그 후에 무례하는 자에 대하여는 해구와 통교했다는 죄를 형률로써 다스리게 하라.[28]

---

24) 대원군이 양적척퇴를 위하여 그에게 은밀히 동부승지를 제수하고 불렀을 때 그것을 사양하며 올린 "辭同副承旨兼陳所懷疏"을 말한다(1866년 음 9월 13일).

25) 화서집, 권삼.

26) 그에게 동부승지에 뒤이어 내린 공조참판을 사양하여 거듭 세 번째나 올린 상소이다(1866년 음 9월 26일).

27) 화서집, 권삼.

28) 일성록, 고종3년 8월 16일 조, 부호군 기정진소척사.

이러한 위기의식은 재야유림의 상소에서만 나타난 것이 아니고, 조정의 관인 엘리트들에 의하여도 똑같이 나타나고 있었다. 즉 고종 3년 10월 의정부는 '삼강을 수색하여(양화가) 적발되면 현장에서 선참후계할 것'을 명령하고 있었다.[29] 따라서 이같이 조정과 재야의 지식인들의 서구에 대한 반응은 의식적인 측면에서 같은 인식을 하였다는 사실은, 당시 서구라는 변수가 주는 주체성에 대한 위기가 그만큼 포괄적으로 인식되고 있었음을 말해주는 것이다. 당시에는 서구의 변수가 조정의 집권그룹과 재야의 갈등으로 인한 흔히 나타날 수 있는 정권에 대한 정통성의 위기로까지는 나타나지 않고 있었음을 알 수 있다.

양물금단을 중심으로 척양의식을 강하게 주장하였던 이항노 자신도 서양은 천지대세로 말하면 편기이기 때문에, 그 '성'(품)이 '생'을 가볍게 여겨 '사'를 좋아하며, 그 '심'(정)이 '이'에 밝아 '의'에 어두우며, 그 '술'(기)이 '환'을 좋아하여 '상'을 싫어 한다[30]고 설명함으로써 서구에 대하여는 관념적인 수준을 벗어나지 못하고 있음을 보여주고 있다.

이와 같이 서양에 대한 지식의 빈곤은 정부요직의 엘리트들에게서도 마찬가지였다. 그것은 이미 병인양요를 치르고 난 뒤인 고종 8년 미함대가 다시 공격해 왔던 신미양요 당시, 영의정 김병학이 진강을 통하여 비교적 상세히 설명했다는 서양 형세에 대한 논의에서도 엿볼 수 있다. 그는 양이와 같이 정형을 알 수 없는 것은 없다고 전제한 다음 "미리견(미국)은 단지 부락만이 있는 나라인데(연방) 그 중간에 화성돈(조지 워싱턴)이라는 자가 나와 성지와 기지를 개척하고 해외 다른 양이들과 더불어 호상 적교하고 있으며", "영국인은 오직 이만을 쫓아 해도를 왕래할 때에는 역시 약탈의 습성이 많아 해적과 다름이 없다."고 각각 설명하고 있다. 따라서 그는 "그들이 소위 교역이라고 하는 것은 더욱 해괴한 말이다."라고 결론하고 있었다.

이러한 설명을 듣고 당시의 고종도 "비록(그들이) 교역이란 말을 쓰고 있더라도 (우리는) 외국과 더불어 상통할 수는 없다. 만약 한번 상통한다면 사학이 반드시 융성하여 부자의 도(유교)가 장차 윤락할 것이기 때문이다."라는 심중의 판단을 밝히고 있었다.[31]

---

29) 일성록, 고종 3년, 10月 20일 조.

30) 화서아언, 권십 존회.

31) 최창규, 『근대한국정치사상사』(서울: 일조각, 1972), pp.14-17.

이와 같은 입장은 당시 지배층들이 서구에 대한 사전 지식이 무지한 채, 다만 그들이 요구하는 교역이 바로 양이의 침범을 의미한다는 극심한 공포심만이 앞서고 있었음을 표명한 것이라 하겠다. 그리고 그러한 침범에 의하여 동요되고 파괴될 자기질서는 우선 부자지도나 선왕지도와 같은 문화적인 가치를 중심으로 인식되고 있었다. 따라서 김병학도 "한번 상통하게 되면 사학이 융성하게 될 것입니다. 그러나 부자의 '도'는 중천의 태양과 같으니, 이같이 요사한 '기'가 어찌 감히 태청을 (오도) 더럽힐 수 있겠습니까?"라는 문화적인 자존 배타의식으로 그날의 결론을 마쳤던 것이다.[32]

이런 정도의 서양에 대한 지식은 조선조 말 이래 서양의 문물이 중국을 통하여 간접으로 전달됨으로써 얻어졌던 그 이전의 서구에 대한 지식보다 별로 진전한 점을 보이고 있지 못하다.

이러한 서구의 충격은 조선으로 하여금 아무런 준비 없는 상태로 근대라는 시간적 압박과 개화라는 공간적 압박을 맞이하게 했다. 특히 서구의 압력이 유화적이거나 또는 평화적으로 도래하지 않았기에 그에 대한 반작용도 클 수밖에 없었다.

이러한 서세동점의 배경에는 서구근대를 이끌어 온 그들의 배타적이고 우월적인 민족주의 이념과 현재의 우월을 영원한 것으로 제도화시키려는 개별국가의 자국중심주의적 팽창의지가 강하게 뒤따르고 있었다. 그것은 한마디로 서세동점현상 속에서 서구의 우세한 산업력이라는 팽창기조와 함께 그 우월을 끝까지 강요하려는 팽창의지가 결합되고 있었음을 의미한다. 근대적 상황에서 국가 간의 불평등을 제도화하려는 것은 곧 제국주의정책을 의미하는 것이다. 이런 점에서 당시 서구가 통상이란 이름을 앞세우고 개항을 요구할 때도, 조선은 그것을 국가존망의 사태, 즉 사직의 위기로 받아들여야만 했다. 따라서 서구의 충격이 주는 이러한 불행한 관계를 당시 역사의 수세에 몰렸던 조선의 입장에서 보면, 그만큼 무거운 역사의 부담을 강요하는 것이기도 하였다.

이러한 상황은 조선으로 하여금 이제까지 한 번도 합리적 관계를 가져 보지 못한 이질문명인 서구를 수용해야 한다는 데서 오는 공간적인 임무이면서, 한편 아직 근대사 단계에 접어들지 못하였던 조선이 그것을 수용하기 위하여 메워야 했던 시

---

32) 일성록, 고종 8년 4월 20일.

간적인 부담이기도 하였다. 이와 같이 조선에 던져진 이중의 부담을 국제정치적 측면에서 보면, 거기에 나타난 공간적인 간격(Horizontal Gap)은 '예'라는 '이해의 틀' 위에서 협조하던 기존의 동양국제질서에 대하여 군사력이라는 '경쟁의 틀' 위에서 투쟁하는 근대 서구국제질서의 도전을 의미하며, 시간적인 간격(Vertical Gap)은 수력사회(Hydraulic Society)의 단조로운 1차산업력 단계에 대하여 산업화되어 확대재생산이 가능한 우세한 공업생산력 단계의 대결을 의미하고 있었다.[33]

그러나 19세기 조선은 서세동점의 현상 속에서는 그와 같은 이중적 간격을 조화시킬 수 있는 동의된 공통의 기반이 사전에 준비되지 않은 채 어느 일방적 질서에로의 동화가 강요되고 있었을 뿐이었다. 이같이 부당한 일방적 질서가 강요되었을 때, 그것에 저항하기 위한 조선의 노력은 부득이 자기질서를 주장하기 위하여 비록 무력하고 낙후된 자기의 전통질서지만 그것을 포기할 수는 없었다고 하겠다.

Ⅳ. 개화파의 대외인식

조·청 양국 간 외교의 근간이 되어 온 전통적 종속관계는 '사대이례 자소이덕'이라는 유교적 도덕률에 기초한 의례적이고 명분론적인 국교관계로서 근대화와 자주독립을 골간으로 하는 개화사상과는 본래부터 대립되는 것이었다. 더욱이 1870년대 말 러·일의 조선에 대한 침략위협이 증대되어 감에 따라 청국은 전통적인 조선정책의 수정이 불가피하게 되었고, 특히 임오군란은 청국의 조선 속방화 적극 간섭책의 결정적 계기가 되었다. 그리고 이 과정에서 조·청 종속관계는 질적으로 변화하여 갔다.

즉 전통적 종속관계가 변화해 가는 과정에서 개화파의 청국에 대한 인식은 급진파(변법적 개화파)와 온건파(개량적 개화파)로 분화되는 양상으로 나타났다.

개화파 내부에 있어서의 급진파와 온건파의 분화는 1882년 임오군란 당시 청국이 난을 진압하기 위해 청군을 파견하여 대조선 적극 간섭정책을 강행한 시기부터

---

33) 최창규, 『근대한국정치사상사』, 전게서, pp.22 - 23.

이다. 즉 청국의 조선 속방화 정책에 대한 비판과 조선의 자주독립 주장과는 현저한 차이점을 보이면서 더욱 첨예화하게 대립하였다. 그 분류를 보면 김옥균을 중심으로 한 개화파는 청국의 적극 간섭정책을 조선독립의 침해로 간주하여 이를 격렬하게 규탄한 반면, 김윤식, 어윤중 등은 청국의 간섭에 적극 찬동할 뿐 아니라, 대원군의 납치행위에 있어서도 개조적이었던 것이다. 따라서 필자는 급진 개화파의 사상을 대표하는 김옥균과 온건개화파로 범주화되고 있는 김윤식의 개화사상을 중심으로 청국에 대한 인식이 각각 어떠하였는가를 분석하고자 한다.

김옥균의 개화사상은 조선민족과 국가의 독립을 확고히 수호하고, 이를 유지하기 위해 근대적 국가를 건설하는 것이었다. 김옥균의 개화사상은 개화독립사상으로서 개화초기 가장 중요하게 강조되었던 서양기술의 수용 주장도 그에게 있어서는 서양기술 그 자체에 가치를 부여했다기보다 밖으로부터의 위기를 극복하기 위한 민족주의적 과제, 즉 민족적 독립이라는 목표에 부응하려는 수단으로서의 효용성 때문이었다.[34]

따라서 전통적 조·청 종속관계에 근거하여 점차 적극 간섭화해 가는 청국의 조선에 대한 정책은 완전 자주독립국가의 건설이 목표인 김옥균에게 있어서는 큰 장애가 될 수밖에 없는 것이었다. 임오군란을 계기로 청국의 조선에 대한 간섭정책이 더욱 강화되어 가는 상황 속에서 김옥균은 그의 자주독립에 대한 주장을 다음과 같이 말하고 있다.

"자래로 청국이(조선을) 속국으로 생각해 온 것은 참으로 부끄러운 일이며, 나라가 진작의 희망이 없는 것은 역시 여기에 원인이 없지 않다. 여기서 첫째로 해야 할 일은 기반을 철퇴하고, 특히 독립자주지국을 수립하는 일이다. 독립을 바라면 정치와 외교는 불가불 자수자강해야 한다."[35]

이러한 주장은 조선이 떨쳐 일어나 발전하지 못하는 원인이 청국의 간섭 때문이라고 보았다. 따라서 가장 시급한 과제를 청국으로부터 벗어나 완전히 독립해야 한다는 것이다.

또한 김옥균은 임오군란 때 청국이 군란의 진압을 위해 파병해 오고 대원군을

---

34) 이완재, 『초기개화사상연구』(서울: 민족문화사, 1989), p.159.

35) 『김옥균 전집』(서울: 아세아문화사, 1979), pp.110 – 111.

강제 납치해 간 데 대해 이제까지 대원군과 정치적 입장을 달리해 왔음에도 불구하고 "국부를 납치함은 국토를 유린하는 것"[36]이라고 청국을 맹렬히 비난하였는데, 여기서 그의 강렬한 자주의식을 엿볼 수가 있으며, 개화사상의 핵심이 민족의 완전 자주독립임을 알 수가 있다. 그리고 갑신정변 실패 후 김옥균이 망명한 일본에서 자기의 정적인 대원군을 새로운 집권자로서 천거했다고 하는 사실은, 대원군이 비록 수구적 인물이긴 하나 자주독립의 의지가 강한 인물이었기 때문에 천거했다고 하는 데에서도 그가 완전 자주독립을 얼마나 강하게 추구했는지 알 수가 있다.

갑신정변의 의의를 정치적인 면에서 찾는다면 그것은 대외적으로 청국과의 종속관계를 청산하려고 한 것이었다고 하겠다.[37] 여기서도 알 수 있는 바와 같이 갑신정변은 김옥균 등 급진개화파 단독으로 청국의 조선에 대한 속방화 정책을 거부하고, 조선의 완전 자유독립국가를 건설하기 위해 주체적으로 단행한 것으로서 일본 측과는 전혀 관계없이 결정된 것이라고 보아야 할 것이다.

사실상 김옥균의 청국에 대한 자주독립의지는 단지 청국이 전통적 조·청 종속 관계에서 이탈하여 적극 간섭하려는 데 대한 저항이라고도 하겠으나, 다른 한편으로는 국가와 민생을 위하여 나아가 조선이라는 국가의 안녕을 보전하는 길은 쇠망해 가는 청국에 의뢰해서는 절대 안 되며, 조선 스스로가 자주 부강한 근대국가를 건설하는 길뿐이라는[38] 의미의 자주독립이었다.

김옥균 등 개화론자들이 무엇보다도 부국강병을 큰 문제로 의식한 것도 결국 민족적 독립을 유지하기 위해서였다. 김옥균 등은 당시 국제정치의 실제 양상, 즉 약육강식적 권력정치가 지배하고 있는 속에서 비록 국제법이 존재한다고는 하나 자립의 능력이 없으면 독립은 불가능한 것으로 믿었다. 따라서 갑신정변은 전근대적 제도의 개혁을 단행하지 않을 수 없는 상황에서 결행된 것으로 보아야 할 것이다. 또한 김옥균은 모든 개화운동의 기본적인 인식을 대외적 위기로부터 민족적 독립을 유지하려는 개화독립사상의 목적 달성을 위한 실천운동에 두고 있었다.

이에 반해 김윤식의 청국에 대한 인식은 "조선은 중국이 없으면 자존할 수 없다."는 것이었다.[39] 개화파의 인물로서, 당시 집권층의 외교가라고 평가될 만한 인

---

36) 『김옥균전』 상권(동경: 고균기념회, 1944), p.147.
37) 강만길, 『한국근대사』(서울: 창작과비평사, 1984), p.194.
38) 김옥균, 지운영사건규탄상소문, 『전집』, pp.143-154.

물[40]임에도 청국에 대한 인식의 차이에 있어서는 김옥균과 너무도 대조적이라고 하겠다.

처음 고우(김옥균의 호)와 나는 환제 선생 문하에 드나들었다. 세계대세에 대하여 굉장히 밝았고 일찍이 동지들과 더불어 나랏일을 걱정하고 탄식하였다. 신사연간(1881)에 나는 영선사로서 천진에 갔고, 고우 등 여러 사람은 시찰하기 위하여 동으로 일본에 건너갔는데 함께 나라를 위하기로 약속하였다.[41]

이상과 같이 김윤식은 김옥균과의 밀접한 관계에도 불구하고, 청국에 대한 인식에 있어서는 그 차이가 매우 크다고 하겠다. 특히 청국에 대한 평가의 차이, 다시 말하면 종래의 동양적 질서로부터 세계적 질서 속으로 편입되어 가는 전환기에 있어서 청국의 능력과 지도력에 대한 평가의 차이에서 비롯된다고 볼 수 있다. 즉 새로운 세계적 질서 속에서 김옥균은 조선에 대한 청국의 보호능력과 지도력 일체를 의문시한 경우였던 데 비하여, 김윤식은 청국의 조선에 대한 보호와 지도력을 절대적으로 신뢰하는 입장이었던 것이다.

따라서 당시 국내외문제 해결에 있어서 청국의 능력을 믿어 의심치 않는 김윤식으로서는 청국으로부터의 '조선독립'은 있을 수 없는 일이었다. 즉 1880년 구미제국과의 통상조약 체결은 조선의 세계 자본주의체제에의 편입을 의미하는 것이었으나 통상에 관한 업무 및 조약에 대한 인식 등, 소위 '양무'에 밝지 못한 김윤식[42]으로서는 불안한 나머지 청국에 의지하려 하였던 것이다. 김윤식이, "우리나라가 청국의 속방임은 천하가 다 아는 바이며, 항상 청국이 착실히 담당해 주지 않을까 염려된다. 우리는 고약지세거늘 만약 청국이 종래와 같이 착실히 보호해 주지 않는다면 실로 유지하기가 어렵다."라고 한 말은 청국이 없으면 조선이 자립할 수 없을 것이라는 그의 청국에의 의뢰심을 뚜렷하게 보여주는 것이며, 김윤식의 청국에 대한 의존은 청국의 조선 속방화 강화 기도와도 일치하는 것이었다.[43]

---

39) "竊査朝鮮外署督辦金允植 往來中國最久 探知朝鮮非中國 無以自存 並蟯暢各國情形 視洋人均不可恃 設敬服中期 出於至誠 韓廷中能明大義者"(북양대신 이홍장문, 청계중일한관계사료, 중앙연구원 근대사연구소(태동문화사, 영인본, 1980), 제4권, 문서번호 1146, 1886년 5월 11일 조).

40) 정옥자, 「운양 김윤식(1835~1922) 연구」, 『고병익박사회갑기념사학론총』(서울: 한울, 1984), p.622.

41) 김윤식, 「追補陰晴史」, 『續陰晴史』 하, 국사편찬위원회(서울: 탐구당, 1971), 부록, pp.577-578.

42) 청계중일한관계사료, 제2권, 문서번호 417, 부건(1), 津海關道周馥與朝鮮魚允中筆談節略, p.589.

43) "我國之爲中國屬邦 天下之所共知也 常患中國無着實担當之意 以若我國 孤弱之勢 若無大邦之作保 則實難特立", 『陰晴史』 고종 18년 12월 27일 조.

미국과의 통상조약 체결 당시 조약문 속에 '조선은 청국의 속방'이라는 내용을 삽입하자는 이홍장의 제의에 대해 김윤식은 다음과 같이 판단하여 이홍장에게 감사하고 있었다.

> 각국에 조선이 청국의 속방임을 성명하면 청국도 우리를 단임하지 않을 수 없고, 각국 또한 우리를 가볍게 보지 못할 것이다. 그리고 그 아래에 '내치는 자주에 속한다.'는 내용까지 넣는다면 만국공법체제 속에서 구미제국과의 조약 체결에 있어서도 방해되지 않을 뿐 아니라 국권을 상실할 염려도 없어지게 되니 일거양득이라.[44]

> 이는 김윤식이 새로운 세계적 질서 속에서도 종래 가지고 있던 청국의 능력과 지도력을 의문시하지 않고 기존의 체제에 안주하려는 태도라고 하겠다.

급진개화파의 개화사상은 민족의 자주독립과 근대화로 요약될 수 있는 데 비해, 김윤식의 개화론은 개화＝시무로 요약되고 있으며, 그의 시무에 대한 인식은 동도서기론[45]적인 정통 유자의 것이며, 육경을 중심으로 한 유학, 즉 동양적 정신문화에 대한 강고한 집착과 자부심을 내포하고 있는 것이었다.[46]

결론적으로 김윤식의 개화론이란 '염치를 높이고 탐욕을 내치어 백성을 삼가 구휼하고 조약을 준수하여 우방에 해를 끼치지 않는 것'으로 파악함으로써 전통적인 조선사대부의 정치관을 그대로 답습하고 있는 것이었다. 따라서 김윤식의 청국에 대한 인식도 이러한 전통 유학자적인 바탕으로 인해 전근대적 사대주의 사상을 극복하지 못한 단계에서 진정한 개화는 이해될 수가 없었고, 이러한 부류(온건개화파)의 개화론에 의해 추진된 자강정책은 그 추진주체의 한계성과 그 개량적인 성격으로 말미암아 구체제 지배구조의 대폭적인 개혁은 시도될 수 없었다. 즉 위기에 직면한 왕조체제의 재편 및 강화를 위한 개혁은 처음부터 그 한계를 지니고 있었던 것이었다.[47]

이러한 측면에서 볼 때 온건개화파의 조·청 관계는 전통적 종속관계인 예교질서를 위주로 하는 사대적인 명분논적 국교관계였으며 양국의 지배권력 측에 편의

---

44) 김윤식, 『陰晴史』, 국사편찬위원회(서울: 탐구당, 1971), pp.57-58. 고종 18년 12월 27일 조.
45) 김경태, 「개항초기의 정치사상상황」, 『이대사원』, 제15집(이화여대 사학과, 1978), p.129.
46) 정옥자, 「운양 김윤식연구」, 전게논문, p.634.
47) 김경태, 전게논문, p.119.

한 정치적 성격이 강한 특수관계였다. 그러나 19세기 중엽 이후의 상황과 같이 조·청 양국에 대한 구미 자본주의 열강 및 일본의 침략이 점증되어 청국이 수세적 입장에 놓이기 시작한 상황하에서는 전통적 조·청 종속관계의 현상 유지는 불가능한 관계 유형으로 되어 갔다. 구미 열강의 침략이라는 위기에 직면한 상황하에서 조선과 청국관계는 새로운 관계 설정이 불가피하게 요구되었으며 이러한 변화는 다음의 세 단계를 거치면서 나타났다.

첫째 단계는 개항 이전의 양요기에 전통적 종속관계가 아직 그대로 유지되고 있던 단계이다. 이 시기의 국제적 갈등에의 대응에 있어서 청국은 종래의 의례적 종속관계의 현상 유지를 취하는 자세이었고, 조선은 종속관계에 의지하여 열강의 침략으로부터 청국의 보호를 받아 보려고 하는 태도이었다. 당시 종속관계의 성격은, '조선은 중국의 속방이나 그 내치외교는 자주에 맡겨 간섭하지 않는다.'고 한 표현으로 대신할 수 있는 것이었다.

두 번째 단계는 일본의 조선 침략에 따라 조·청 종속관계가 새로운 국면을 맞게 된 단계이다. 청국은 1871년에 체결된 청·일 수호조약 내용에 양국 간의 상호 '방토 불가침'이라는 조항을 삽입, 그 방토개념에 조선까지를 포함시키고 있다. 즉 청국이 일본의 진출, 특히 조·청 종속관계의 실체를 파악하려는 의도에 대해 자극받고 경계하지 않을 수 없었으며, 또한 조선의 정국 변화가 청국정부를 자극하고 있는 시기였다. 이 단계에 있어서 청국은 종전의 태도를 바꾸어 여전히 불간섭원칙이기는 하나 조선이 자주독립국임을 입증하는 데에는 주저하는 입장을 취하였다. 일본이 국제법 원칙에 근거하여, 조선은 청국의 속방이 아님을 밝혀 조선에 대한 일본의 행동에 청국이 간섭지 못하게 하려고 한 데 대해, 청국은 조선이 그 내정외교에는 자주이나 청국의 번속이라는 의례적인 속방론을 고집, 조선에 대한 종주국으로서의 지위를 그대로 유지하면서 일본의 조선 침략 야욕을 저지하려고 하였다. 그리고 이 시기의 조선은 청국에 대해서는 상국으로서의 사대를, 일본에 대해서는 자주독립국으로서의 약속을 이행해야 하는 난처한 입장에서 스스로 종속관계를 고수하려는 자세이었다. 당시 청국정부가 "조선이 청국의 속방이라는 것은 천하가 다 아는 사실이고, 또 그 자주국이라는 것도 천하가 아는 바"라고 한 말은 이 시기 종속관계의 미묘한 성격을 단적으로 나타낸 것이라 하겠다.

세 번째 단계는 1870년대 말 노·일의 조선에 대한 침략위협이 증대되는 시기이
다. 이 시기는 청국으로 하여금 전통적인 조선정책의 수정을 불가피하게 만든 단계
이다. 즉 중국은 조선을 속방으로서 보호할 수 있는 방법을 강구하는 한편, 조선으
로 하여금 구미제국과의 조약 체결을 권고하였는데, 이는 일본에 대한 견제도 될
겸 조약 체결을 통해 조·청 종속관계를 확인시킴으로써 조선에서의 청국의 특권
적 지위를 확보하기 위한 것이었다. 이와 같은 청국의 조선 외교의 주도권 장악은
사실상 전통적 조·청 종속관계의 기본정신에 위배되는 것이며 종속관계 자체를
근본적으로 변질시키는 것이었다. 이를 구체적으로 반영한 것이 임오군란 후에 체
결된 조·청상민수륙무역장정이다.

이로써 '사대이례 자소이덕'이란 조·청 종속관계의 유교적 도덕기초는 완전히
무너졌으며, 이후 청국의 조선에 대한 정책은 가능한 모든 수단과 방법으로 모든
특권과 이익을 추구하는 제국주의적 성격으로 변질되어 갔다. 그리고 이와 같은 청
국의 적극적인 조선에서의 수탈정책은 자주독립을 골자로 하는 개화파의 근대화
구상과 충돌함으로써 자주적 발전을 꾀하는 개화운동에 큰 장애로 나타났다. 근대
화와 자주독립국가의 건설을 목표로 결행된 갑신정변은 바로 이 변질된 조·청 종
속관계에 대한 저항이기도 한 것이었다.

따라서 전통적 조·청 종속관계를 구실 삼아 적극 간섭화 정책을 추구한 청국의
대조선정책은 완전 자주독립국가의 건설이 이상이었으며, 실현의 최고 목표인 김옥
균에게 있어서는 크나큰 장애가 될 수밖에 없었다. 즉 자주부강한 독립국가를 건설
하려는 김옥균에게 있어서 청국의 존재는 이제 철퇴해야 할 적이며, 경멸의 대상으
로만 인식되었던 것이다.

반면 종래 동양적 질서로부터 새로 편입되어 가는 세계적 질서 속에서 조선에
대한 청국의 보호와 지도능력 일체를 의문시한 김옥균과 비교할 때, 김윤식은 청국
의 지도력을 절대 신뢰하는 입장이었다. 따라서 청국의 능력을 믿어 의심치 않은
김윤식으로서는 조선의 독립이란 있을 수 없는 것이었다. 그 이유로서 김윤식이 비
록 양무에는 밝지 못하여 청국에 의지하려는 생각이 강렬했기 때문이라고도 하겠
으나, 한편 만국공법의 속성을 똑바로 인식하지 못한 점도 있다. 특히 개화의 개념
에 대한 인식이 김옥균 등 급진개화파의 그것과는 크게 차이가 있는 데서 찾아야

할 것이라고 생각된다. 즉 김옥균 등의 개화사상이 민족의 자주독립과 근대화로 요약될 수 있는 데 비해, 김윤식의 개화론은 동도서기론적인 정통 유학자의 발상으로서 전통적 조선사대부의 정치관을 그대로 답습하고 있는 면이 강하게 나타나고 있다. 이러한 김윤식의 전근대적 사대주의 사상에 기초한 개혁정책은 진정한 개화로 발전되기는 어렵다고 하겠다.

조선 후기 개화파가 문명개화를 내걸고 정계에 등장한 것은 1880년대 들어서이다. 김옥균, 박영효, 유길준은 초기 개화사상을 체계적으로 대변하였던 인물로 그들의 대외인식은 집권사대파의 대외인식과 차이가 있었다.

이러한 상황에서 초기 개화파가 집권사대파나 위정척사파의 중화사상을 안으로부터 비판하고, 청국으로부터 독립하여 독자적인 자강의 길을 모색한 것은 조선조 사상사의 획기적 사건으로 볼 수 있다. 그들의 눈에 비친 청국은 멸망 직전의 나라였다. 따라서 속국으로서의 조선이 청국과의 사대관계를 끊고 독자의 길을 모색하지 않는 한 언젠가 서양에 의하여 멸망할 수밖에 없을 것으로 확신하고 청국의 영향력을 조선에서 추출하는 것이 초기 개화파의 최대의 과제였다.

특히 강화도조약 체결 때 일본 측이 군사력을 배경으로 조선과 청국은 종속관계가 아니라고, 조약문 제1조에 '조선자주지방'임을 명기할 것을 강요한 것은 청국의 무기력을 상징하는 사건이었다. 조약 체결 후에도 일본은 조선의 자주독립이나 부국강병론을 더욱 환기시키는 역할을 하였으며 따라서 당시의 유홍기를 위시하여 젊은 개화파 인사가 일본의 혁신에 주목한 것은 당연한 추이였다고 할 수 있다. 당시의 개화파의 서양관 전모를 이해하기 위해 1883년에 창간된 ≪한성순보≫를 검토해 보면 종래의 집권사대파에 의해 주장된 '동아서기'에서부터 더 나아가 서양문명 자체를 긍정하는 경향이 나타난다.

서양관에 있어서도 "구주의 부국강병은 진취로서 방책을 삼아, 인지는 날로 발전하고 문화는 달로 발달하여 천지의 이를 다하고 만물의 성에 이르렀다."[48]고 한 데서 알 수 있듯이 서양의 부국강병은 인간을 주체로 하는 지식과 문화의 결과로 이해되었으며 여기에 대하여 아시아 문명의 정체성이 대비되었다.

정치에 있어서도 서양의 정치적 제 관념을 매개로 하여 치국을 인민의 모든 생활에 기초하는 것으로 보았다. 따라서 통치는 군주일인의 소득 자주가 아니고 국민

---

48) ≪한성순보≫, 갑신 2월 11일 14호(서울대학교출판부, 1969), p.293.

의 집합체로 이해되었다.[49] 이후 서양사조의 영향을 받으면서 변법적 자각을 일층 이론화한 사람은 박영효와 유길준이다.

박영효에 있어서는 종래의 주자학적 인간관과는 달리 인간의 선험적 도덕성을 부정하고, 성정에 지배되는 욕망적 인간상을 그리면서 부와 환락을 추구하는 인간의 욕망을 긍정하고, 이러한 인간의 무한한 욕구에서 부국·부강의 근원적 힘을 구하였다. 그는 또 서양의 자연법사상에 기초하여 천부인권론을 주장하고, 정부의 목적도 궁극적으로는 인민의 생명, 자유, 권리를 보장하는 데 있으므로 인민의 자유권을 보장하기 위하여 군주권을 제한하여야 한다고 하였다.[50]

유길준은 『서유견문』에서 당시의 개화파의 세계인식을 변법적 자각과 결부시켜 어느 정도 체계적으로 설명하였다. 그는 인간사회는 개화를 향하여 진보한다는 신념을 갖고 있었는데, 그 개화의 단계를 야만·미개·반개·문명의 4단계로 분류하고 조선과 청국은 반개의 나라며 구주제국과 미국은 문명국이라고 하였다.[51]

그러나 문명·반개·미개·야만이라고 해도 이들을 뚜렷이 구분할 수 있는 것이 아니고, 인간 지식의 개발 정도에 따라서 부단히 진보를 향하여 유동하는 것으로 생각하였다. 따라서 금일의 구미제국은 결코 문명의 이상사회는 아니며, 다만 현재라는 시점에서 다른 사회에 비하여 개화의 정도가 높은 데 불과한 것으로 보았다. 그는 개화를 "인간의 천하만물이 지선극미(至善極美)한 경성에 처함을 위함이니"[52] 라고 정의하고, 과거로부터 현재에 이른 모든 인간사회를 이 지선극미(至善極美)의 경지로부터 상대화시켰다. 또 법제를 논하는 데서 법을 변천법과 항구법으로 나누고, 각국의 현행법은 시대에 따라서 수시 변이하는 변천법이지만 이 변천법은 실은 항구법에서 유래하는 것이라는 일종의 자연법적 법관념을 가지고 설명하였다. 그에게 있어서는 개화를 향하여 무한히 전진하는 인간사회를 지배하고 있는 것은 천연의 도리, 천하의 정리 혹은 자연의 도리와 같은 보편적 진리였다. 따라서 개화를 향하여 전진하는 세계는 그 속에 발전 단계를 달리하는 각국의 갖가지 특수한 역사적 유산을 내포하면서도 상호 모순되지 않고 조화적으로 발전하는 것으로 보았다.

---

49) 상게서, p.225.

50) 박영효, 「국정개혁에 관한 상소문」, 강재언, 『조선근대사연구』, 사료 편, 전게서, pp.411 - 423.

51) 유길준전서편찬위원회, 『유길준전서』, 권3, 역사편, 전게서, p.33.

52) 상게서, p.375.

이와 같은 역사의 진보에 대한 낙관적 견해에 따른 조화적 세계인식은, 그의 국제관에도 그대로 투영되어 각국은 힘의 강약이나 빈부와 같은 형세의 차이에도 불구하고 평등의 권리를 갖는다고 하였다. 그에 의하면 "권리는 천연한 정리이며 형세는 인위한 강력"이라 하여 권리와 사실상의 힘을 분리하고 권리의 힘에 대한 우월성을 일관되게 주장하였다. 그는 즉 천연의 공도라는 규범의 힘에 대한 우월성을 인정하는 입장에서 철저한 보편주의적 국제평등관념을 주장하였다. 그는 조선과 청국의 사대관계에 대하여 조선은 내치외교의 자주권을 보유하므로 속국이 아니며, 다만 형세의 강약에 의하여 발생한 공물의 종속관계에 불과하다고 보았다. 즉 사대조공관계를 양국의 각각 고유한 내치·외교의 권리관계와 구별한 것이다.

이와 같이 일종의 자연법사상에 기초하여 처음으로 청국과의 전통적 사대관계를 극복하고 국가 간의 평등을 주장하였다. 그는 국제사회에 있어서 힘의 강약에 따라서 나타나는 불균형이나 여러 모순은 어디까지나 일시적 현상에 불과하며 만국공법을 매개로 하여 조화 있는 규범적 사회로 언젠가는 변화·발전할 것으로 보았다. 따라서 그에게 있어서는 국제사회의 현상은 지선극미(至善極美)의 경지를 향하여 전진하는 과정에 불과한 것으로 보았기 때문에, 이미 강대국의 형세에 의하여 독립주권이 위협을 당하는 약소국의 장래에 대하여도 낙관적 견해를 갖고 있었다.

V. 결 론

조선은 서구 열강의 압력과 함께 먼저 개국한 청국과 일본의 침략이라는 중첩된 외세의 압력으로 식민지로 전락하고 말았다. 즉 개항기의 이중적 과제에 직면한 조선은 주체적 역량으로 극복하지 못하고, 외세에 의해 개항과 개화를 추진당함으로써, 구미 열강의 이권 침탈의 대상인 반식민지로 결국에는, 일본의 식민지로 전락한 것이다. 일반적으로 당시 지배층 가운데 위정척사파는 반제에는 투철하였지만 반봉건에는 미흡하였으며, 개화파는 반봉건에는 투철하였지만 반제에는 미흡하였다고 평가하고 있다. 그것은 국내의 혁명적 변화 못지않게 외세에 대해서도 또 다른 수탈의 세력으로 인식되었기에 철저한 반외세의 성격을 가졌었다. 조선 후기 지배층을 형성했던 위정척사론자들과 개화론자들의 논리는 국민의 반응 이상으로 외세에 대한 대응에 지대한 영향을 미쳤다.

조선이 자주적이고 근대적인 국가건설에 성공하지 못하고, 열강들의 이권 침탈의 대상을 거쳐 결국에는 식민지로 전락한 주된 원인은, 당시 지배층들의 외세에 대한 인식의 양태에서 찾아볼 수 있다. 통합적인 근대적 리더십 부재로 인한 조선의 몰락이라는 관점에서 본 연구는 당시 지배층이라 할 수 있는 위정척사파 그리고 개화파를 중심으로 그들의 외세에 대한 기본인식을 비교분석해 보았다. 특히 위정척사파와 개화파는 당시의 국내외정세에 대한 인식과 추구하는 바가 근본적으로 달랐다고 할 수 있다. 그들이 통일된 역량을 발휘하지 못했던 것은 한편으로는 당시의 세계사적 특성에도 원인이 있지만, 다른 한편으로는 그들 서로 간에 근본적인 이념을 달리하였다는 것에도 그 원인이 있다고 하겠다.

조선의 개항은 강제적이나마 세계적 근대질서에 새롭게 편입되는 순간이었다. 이를 계기로 조선의 지배층은 새로운 환경과 질서 속에서 국가생존과 번영발전을 위한 모색에 들어갔어야 했지만, 오히려 갈등과 대립이 더욱 두드러지고 말았다. 개화파와 위정척사파는 주로 집권 관료층과 재야 지배층의 성향을 대표한 양 세력으로 존재하면서, 개항을 전후해 그 갈등과 대립을 조장하기만 하다가, 급기야 1880년 이후 전면적으로 대립하면서, 결국 조선의 식민지화를 촉발하고 말았다. 봉건제 청산과 근대사회 구성, 반외세 자주독립국가의 건설이라는, 당시의 역사적 과제수행에 나름대로 장점과 결격사유를 가지고 있었던 두 세력은, 끝까지 서로를 극복, 지향하지 못했던 것이다. 그러한 가운데 서로의 의견을 통일시켜 보려는 단 한 차례의 타협도 없었고, 서로를 이해해 보려는 단 한 차례의 대화시도조차 없었다. 결국 조선은 양 세력의 분열과 갈등으로 말미암아 건전한 지배세력 형성에 실패하였고, 근대적 리더십 강화를 이루어 내지 못하고 말았다. 근대화 과정에서 이러한 리더십 형성의 실패가 가져온 결과는 너무도 자명했다.

그 원인의 가장 큰 요인은 국가체제의 유지와 발전 그리고 국가의 장래를 책임지는 지배층이라는 집단의 외세에 대한 상이한 인식과 대응양태가 자리하고 있었다. 즉 지배층의 외세에 대한 인식부족과 명분론에 입각한 분열은 국론통일의 실패로 이어졌고, 그것은 근대화를 향한 세기적 조류에서 이탈되는 계기가 되었으며, 일본의 식민지로 몰락하는 결과를 가져왔다.

| 제2장 | 민주정의당의 조직 특성[*] |

최형철
(국회 정책연구위원)

Ⅰ. 서 론

정당은 권력을 획득하기 위한 조직이다. 권력을 추구하는 정당은 어떠한 정부형태나 정치체계하에서도 그 가치와 역할이 인정된다. 이처럼 민주적 정부형태를 채택하고 있는 국가들에 있어 정당은 불가결한 요소이다. 왜냐하면 정치사회에서 정당 없는 민주주의의 정치제도나 관행은 결코 가능하지 않기 때문이다. 그러므로 민주주의 사회에서 정당은 대표정부체제를 유지하는 수단이며 헌법 테두리 안에서 정치적 경쟁성과 다원성을 촉진시키는 요인이 된다. 그렇기 때문에 흔히 현대정치를 정당정치라고 한다. 때문에 정당에 관한 연구는 현대정치학의 중심과제라고 할 수 있다.

1945년 해방 이후[1] 현재까지 우리나라에서는 약 500여 개의 정당들이 명멸하여 오늘에 이르고 있다(≪조선일보≫, 1999년 8월 19일). 또한 1963년 정당법이 제정된 이후 중앙선거관리위원회에 등록된 정당의 수는 142개 정당이며, 이 중에서 124개 정당이 소멸되고 현재는 18개 정당이 활동하고 있다.[2]

---

[*] 본 연구는 필자의 박사학위논문을 본서의 편집 의도에 맞게 발췌·재편집한 것임.

1) 1945년 10월 등록된 정당의 수는 54개였으며, 1946년 1월에 61개, 동년 6월에 107개로 늘었고, 1947년에는 344개로 증가하였다. 그리고 1948년 5월 총선에서는 49개의 정당이 참여하였다(한승조 1983, 238, Meade 1951, 54 - 55).

2) 18개 정당은 한나라당, 민주당, 자유선진당, 친박연대, 민주노동당, 창조한국당, 경제통일당, 국제녹색당, 기독사랑실천당, 문화연합당, 경제공화당, 사회당, 선진한국당, 자유평화당, 진보신당, 통일당, 평화통일당, 화합과 도약을 위한

이와 같이 역대 한국정당들은 대부분 일시적이고 한시적으로 존속했던 정당의 특징을 보여주었다. 빈번히 되풀이되는 정치의 격변과 변혁 속에서 한국의 정당은 새롭게 권력을 장악한 신권력세력에 의해 구권력세력과 함께 언제나 그리고 일차적으로 심판과 명멸의 대상이 되었다. 정치적 변혁과정 속에서 정당은 그 변혁을 주도하지도 못하였고 그 정당이 국민의 의식 속에 뿌리를 내릴 겨를도 없이 단명하는 경우가 비일비재하였다. 더욱이 인맥을 따라 이합집산하는 양상을 보여주었으며 심지어 정치적 변혁을 통해 새로 집권한 권력집단은 그간의 모든 정치적 혼란과 사회적 불안의 책임을 기존정당에 덮어씌우기도 하였다(윤형섭 1992, 444~445).

그러나 민주정의당은 한국현대사에서 처음으로 합법적인 선거를 통해 현직대통령이 아닌 자당의 후보를 대통령에 당선시킴으로써 정권재창출에 성공하였을 뿐만 아니라 평화적인 정권교체를 실현하였다. 또한 1980년대에 들어서면서 우리나라도 30여 년의 정당역사를 갖게 됨으로써 정당이 어느 정도 제도와 절차에 의해서 운영되고, 정당정치에 대한 국민들의 인식과 정향도 많이 향상되었다. 그리고 민정당은 한국정당사에서 2회의 대통령 선거와 3회에 걸친 국회의원 선거를 치루면서 역대 한국정당의 평균수명과 비교해서 상당히 오랫동안 존속하는 지속성을 보여주었다. 그리고 전두환 대통령은 7년 단임제를 실천하였고, 노태우 대통령은 국민의 요구에 따른 개헌실시와 그 헌법에 의한 선거를 통해 정권교체를 실현하였다. 또한 5공화국 기간 동안 물가안정과 지속적인 경제발전이 이루어졌고, 6공화국 때에는 서울 올림픽 개최 등으로 국민적 통합이 상당히 높았던 시기였다. 이와 같이 민정당은 정당발전의 내외적 토양이 역대 어느 정당보다도 잘 갖추어진 상태였다. 그러므로 민정당은 제도적, 환경적인 면에서 정당발전을 이룰 수 있는 좋은 여건이 마련되었다고 볼 수 있었다. 그럼에도 불구하고 왜 민정당은 한국정당정치 토양에 뿌리를 내리지 못하고 10년 만에 소멸하고 말았는가?

한승조는 우리나라에서 정당발전이 이루어지지 못한 원인을 정당정치에 대한 인식부족, 민주정당제도를 뒷받침하는 정치문화와 전통의 부재, 우리나라 정당의 기능이 주로 대통령 선거나 국회의원 선거에 국한되어 입법 활동이나 여론조성 활동에는 대체로 큰 역할을 하지 못한다 등 세 가지로 보았다(한승조 1983. 5, 5~6).

<hr>

국민연대 등이다. 중앙선거관리위원회, 「정당등록 및 창당준비위원회 결성신고 현황」(2008년 10월 30일 현재).

또한 조기숙은 한국의 정당들이 ①한반도 분단, ②미군정의 영향, ③오랜 독재 정치의 역사, ④시민사회의 미성숙 등으로 정책정당이 되지 못하였다고 보았다(조 기숙 2004, 283~286).

그리고 정당의 제도화를 조직과 절차가 가치와 안정을 획득하는 과정으로 보기 도 하며(Huntington 1968, 12), 정당의 내적 조직, 지도부의 구성과 승계, 대중동원 등에서 일관된 모습을 보이는 것이라고도 한다(Stockton 2001, 97). 또한 선거법, 투표법 등의 법제도적인 요인이 완비되어 참여의 기회가 투명성과 공정성이 보장 될 때 정당의 제도화가 이루어진 것으로 보기도 한다(이신일 2004, 81).

본 연구에서는 민정당이 정책정당으로 제도화되지 못한 여러 가지 요인들, 즉 정 당발생의 취약성, 정당조직의 불안정성, 기능수행의 수동성, 리더십구조의 폐쇄성 등과 같은 정당저발전의 제 양상들 중에서 정당조직의 문제에 국한해서 연구하기 로 한다.

정당의 조직체계가 중앙당 수준에 집중되어 형성되고 대중과 직접 접촉하고 또 한 그들을 조직화하는 하부구조를 발전시키지 못할 때 그 정당은 안정된 기반을 갖지 못한다. 이런 맥락에서 정당조직의 불안정성이라는 정당저발전의 양상이 나타 나는 것에 대한 연구를 위해 민정당의 조직을 분석하고자 했다. 민정당의 당원과 지도체계, 중앙 및 지방조직을 고찰하고 조직의 특성을 살펴봄으로써 조직이 얼마 나 안정성을 갖고 효율적으로 운용되었는지를 규명하고자 했다.

민정당에 대한 한 연구는 민정당이 한국정당의 부정적 요소를 탈피하지 못하고, 역대한국정당과 같이 불연속성을 다시 나타냄으로써 정당정치의 불신을 증폭시켰고 결국은 제도화에 실패하였다고 보았다(구영수 1994). 또 다른 연구는 민정당은 권위 주의체제의 집권당으로서 한국 정치의 후퇴를 가져왔다고 보았다(정주신 1998).

이처럼 한국의 정당정치는 정당 본연의 기능을 수행하지 못하는 현실이고 정당 에 대한 체계적 연구도 미흡한 실정이다.[3] 또한 정당정치의 현상을 설명할 수 있 는 이론적 틀과 그에 적합한 연구방법론도 확립되어 있지 못한 상황이다. 이와 같 이 한국정당에 대한 연구가 상대적으로 미약한 것은 한국의 정치현실과 어느 정도

---

3) 1945년부터 2006년까지 국회도서관에 등록된 국내 정치학 박사학위논문 총 1,231편 중에서 한국정당(key word) 에 관한 연구는 불과 20편 정도이다.

관련이 있다고 하겠다. 즉 정치가 국민에게 불신받고 정당정치가 활성화되어 있지 못한 현실에서 정당에 관한 연구가 기피되는 경향도 있는 것이다.

오늘날 정당이 안고 있는 문제를 국민의 대표인 의원후보를 공천해 의회로 보내고 또 국민의 의견을 정책으로 집약해 국정에 반영하는 문제, 의회민주주의 내에서 수행하는 공적 역할을 강조해 공적 자금의 조성, 즉 정당에 지급하는 국고보조에 관한 문제, 리더십에 관한 것으로 민주적인 지도체계의 확립, 즉 의사결정 과정의 민주화의 문제 등으로 파악하고 정당연구의 중요성을 강조하기도 한다(심지연 2004, 23~25).

그러나 현대사회에서 정당의 정치적 역할은 매우 중요하고 우리의 실생활 전반에 영향을 미치고 있다.[4] 특히, 최근 10여 년간 우리나라의 대통령 선거와 국회의원 선거를 볼 때 우리나라도 인물보다 정당중심의 투표가 이루어져 양당제가 정착되는 경향을 보이고 있다.

Ⅱ. 정당의 조직적 특성

1. 민주정의당의 조직 특성

(1) 정당조직의 특징

정당은 정권획득을 목표로 하며 이러한 목표를 달성하기 위하여 여러 가지 활동을 한다. 이러한 정당 활동의 기반은 조직이며 정당은 그 내부에 일정한 조직체계를 형성하고 있다. 엘더스밸드(Samuel J. Eldersveld)는 정당을 '소형의 정치체계'라고 하였다(Eldersveld 1964, 1). 즉 정당은 하나의 권위구조를 갖고 있으며 정책결정

---

4) 현대사회에서 정당정치의 역할이 감소하고 있다는 주장도 있다. 이는 선거과정에 있어 후보자 중심의 선거활동이 됨으로써 상대적으로 정당 활동이 축소되어 인물 중심적으로 흐르는 경향이 있다는 것이다. 그리고 대중매체의 역할 증대로 정당조직을 통한 지지자의 동원이 점점 약화되고 있다는 것이다. 또한 지방자치제의 시행으로 정치활동의 기반으로서 지역의 중요성이 부각되고, 개인적 후원회가 중요한 기능을 맡게 되었다는 점 등이다. 즉 정당의 유일한 기능이었던 공직의 후보자 공천과정과 선거운동과정이 더 이상 정당만의 독점적 활동은 아니라는 것이다(윤정석 1998, 10).

및 대표성과 관련된 일련의 과정을 확립하고 있다는 것이다. 그리고 정당은 선거체계를 갖추고 있으며 지도자들을 충원하고 목표들을 결정하며 나아가 내부적 갈등과 이해관계를 해결하는 하위과정들을 내포하고 있다는 것이다.

정당은 소수의 지도자들과 다수의 당원들로 구성된다. 이러한 정당의 조직체계는 중앙조직과 지방조직으로 나눌 수 있다. 그러므로 정당조직은 여러 사람이나 집단이 특정목표를 가지고 공식적으로 설립한 지속적인 결사로서 환경과 상호작용하는 유기체라고 할 수 있을 것이다.[5]

하고피안(Mark N. Hagopian)은 정당의 구조적 특성을 간부정당, 대중정당, 독재정당, 포괄정당[6]으로 구분하였다(Hagopian 1985, 226~236). 듀베르제는 정당을 구성하고 있는 기본적 단위를 '기본적 요소'라고 불렀다. 기본적 소수의 명사들로 구성되는 코커스(Caucus), 각 지역 선거구별로 선거에서 득표활동을 촉진하는 대중영합적 성격의 지부(Branch), 그리고 지역단위나 직장 및 직업단위에 소속된 당원으로 구성된 세포(Cell), 특정한 보스를 중심으로 전위적 활동을 담당하는 잘 훈련된 전투대(Militia) 등으로 분류하였다.

정당은 그 기반을 이루는 조직이 무엇을 중심으로 하는가, 즉 발생기원, 구성요소, 조직과정 등을 통하여 여러 가지 유형으로 분류할 수 있다(Duverger 1978, 1~123).

첫째, 정당의 발생기원에 따른 분류로서 듀베르제는 정당을 발생의 기원에 따라 내부정당과 외부정당으로 분류하였다.[7] 듀베르제는 내부정당은 권력구조가 비교적 분권적이며, 기강이 허술하고, 의원들의 영향력이 절대적이며, 의석획득을 최고의 목적으로 삼는 데 반하여, 외부정당은 권력구조가 비교적 집권적이고, 기강이 엄격하며, 의원들의 영향력이 비교적 적고, 의석획득을 정치적 목적을 달성하기 위한 하나의 수단으로 보는 차이점이 있다.

---

5) 그 밖에 정당조직의 개념에 대해서는 다음을 참조할 것(Hoberle 1951, 269~270, Perrow 1968, 297~298, Gortner et al 1987, 2, Hall 1982, 최한수 1993, 159).

6) 포괄정당이란 키르크하이머(Otto Kirchheimer)의 정당론에 바탕을 둔 것으로 간부정당을 모태로 하는 보수주의 정당들과 대중정당을 모태로 하는 사회주의적 정당들이 선거에 이기기 위하여 만들어 낸 것이다. 즉 계급이나 계층의 구분 없이 사회집단의 최대의 수에 호소하여 이들의 지지를 이끌어 내려는 것으로서 사회집단 중 극소수만을 제외하려고 하는 정당을 일컫는 것이다.

7) 내부정당은 의회 내에서 의원을 중심으로 하여 이루어진 정치적 결합체를 말하며, 외부정당은 본래는 정치적 목적을 갖지 않은 각종 사회단체가 그들이 추구하는 목적을 달성하기 위한 방법의 하나로 선거나 정치활동에 참여하여 정치 집단화하는 것을 말한다.

위와 같은 정당의 발생기원의 면에서 보면 한국의 정당은 내부정당과 외부정당의 속성을 복합적으로 갖추고 있다고 할 수 있다. 정당에서 실제로 중요한 사람들은 의원들이고 또한 한국의 정당들은 권력의 추구 이외의 다른 목적을 달성하기 위한 속성이 약하다는 점에서 보면 내부정당의 성격을 띤다. 그러나 권력구조 면에서 집권적이라든가 의원들에 대한 통제와 기율이 엄격한 점, 그리고 의원 개인의 영향력이 약하다는 점 등은 외부정당의 특성과 일치한다(신명순 1998, 113).

둘째, 구성요소에 따른 분류로서 정당을 구성하는 단위가 개인이냐 단체냐에 따라 정당은 직접정당과 간접정당으로 나눌 수 있다. 직접정당은 개인인 당원이 정당의 구성원인 데 비하여 간접정당은 개인들로 이루어진 특정단체가 구성단위이다. 따라서 간접정당에서는 개인은 단체를 통해서만 정당과 관련을 맺게 된다.

우리나라의 경우에는 1950년대의 자유당이 개인당원 외에도 대한국민회, 대한청년단, 대한노동조합총연맹, 대한부인회, 농민조합총연맹 등의 5개 기간단체를 그 산하에 두어 직접정당의 성격과 간접정당의 성격을 동시에 가졌던 것이 간접정당적 성격의 유일한 경우이다. 그 외의 모든 정당들은 개인당원을 기반으로 하는 직접정당들이다.

셋째, 조직과정에 따른 분류로서 정당조직의 발전과정에 따라 명사정당과 대중정당으로 나눌 수 있다. 명사정당은 상당한 정치적 영향력과 명망을 지닌 소수의 의원들로 구성된 정당발전 초기단계의 정당이며, 대중정당은 선거권의 확장에 따른 대중들의 조직화와 이에 대한 효과적 지도, 엄격한 통제의 필요성에 의하여 이루어진 근래의 정당이다. 간부정당은 명사정당이라고도 불리며 보통선거권이 확립되기 이전인 19세기의 정당으로서 소수의 대자본가의 개인적 기부에 의존하는 자본가적 재정운용으로 주로 부르주아 정당에 해당한다. 그리고 대중정당은 남성에 대한 보통선거제가 실시되고 대중민주주의가 시작되면서 나타났다.

한국정당은 정당의 공식적인 조직들을 중심으로 정당 활동이 이루어지는 대중정당적인 성격보다는 개인들의 인적 유대관계가 정당 활동을 크게 좌우하는 명사정당적 성격을 강하게 띠고 있다. 한국정당의 이러한 특징은 인물 위주 정당의 성격을 나타낸다. 즉 이념과 정책을 같이하고 국민의 여론을 반영하는 정책을 실현시키려고 하는 고도의 목적성을 가진 공적인 조직체가 되지 못하고 정실과 지연, 혈연,

학연, 금연의 네 가지 인연에 의하여 모인 인물본위의 사적 결사체의 성격이 강하다(김민하 1976, 158~159).

이상에서 살펴본 바와 같이 정당조직을 여러 사람이나 집단이 공통의 목적을 달성하기 위한 지속적인 결사라고 할 때 그 조직은 질서를 유지해야 하며 그것의 유지를 위하여 구성원에 대한 통제는 불가피하다고 하겠다. 따라서 조직통제를 위해 지도하는 사람과 지도받는 사람의 역할은 반드시 성립하기 마련이다. 이러한 정당의 조직은 활발한 의사소통, 정당지도체계의 확립, 당원에 대한 효과적 통제, 선거태세의 정비, 새로운 지구당의 설립 등을 통하여 당원을 정당이 원하는 방향으로 이끌어 나가는 문제와 다음으로 상대 당에 대한 침투와 와해, 무관심층의 정당으로의 흡수, 선거권 확장에 따라 급격히 증가된 유권자의 지지를 획득해야 할 것이다.

(2) 민주정의당 조직의 특성

정당은 정권획득을 목표로 하며 이러한 목표를 달성하기 위하여 여러 가지 활동을 한다. 이러한 정당 활동의 기반은 조직이며 정당은 그 내부에 일정한 조직체계를 형성하고 있다. 즉 정권의 획득, 당 정책의 수립과 선전, 당세의 확장, 당원 상호간의 연락, 자금조달 등을 위한 활동에 조직이 필요한 것이다.

정당의 성격은 표방하는 이념이나 이를 구체화한 강령 그리고 당원들의 구성에서 나타나는 특징 등에 따라 결정되지만 이에 못지않게 정당조직의 특징에 따라서도 결정된다. 그러므로 민정당의 조직특징을 규명하기 위해 당의 조직체계, 즉 당원과 지도체계 그리고 중앙 및 지방조직의 특성을 분석해 보고자 한다.

민정당이 내세운 정당으로서의 궁극적인 목표는 통일된 민주복지국가를 실현하여 세계사에 빛나는 위대한 한국을 건설하는 것이었다. 이를 위해 100만 당원을 엄선하여 철저한 공조직으로 육성하고 공명선거를 통하여 정치근대화를 이룩하는 정치안정을 주도케 한다는 것이다. 또한 정예화한 100만 당원을 조직화함으로써 당조직력에 의한 평화적인 정권교체를 이룩하고 나아가 통일주도세력으로 육성하겠다는 것이다. 즉 정치안정과 통일을 주도할 수 있는 세력의 육성을 통해 통일된 민주복지국가를 건설하고 위대한 한국을 창조한다는 것이다(민주정의당 1982, 324).

민정당은 처음 발생 당시 자신의 조직적 특성을 다음과 같이 표방하였다(민주정의당 1985, 86~87). 첫째, 국민 모두의 이익을 도모하는 국민정당이다. 민정당은 특정 직업이나 계층을 대변하는 정당이 아니고 모든 국민이 균등한 기회 속에서 성실히 노력하여 모두가 잘살 수 있도록 국민 전체의 이익을 위해 일하는 국민정당이다.

둘째, 국민적 지지를 착실히 다져 가는 조직정당이다. 과거 한국정당들이 국민을 위하기보다는 일시적 선동과 사술로 바람을 일으켜 대세를 조작하는 데 급급하였지만 민정당은 이들과는 달리 철저히 조직을 통해 국민 속에 뿌리를 내리는 조직정당이다.

셋째, 민의를 수렴하여 정부시책에 반영하는 정책정당이다. 정당은 당리당략에 앞서 국민의 소리에 귀를 기울이고 국민이 무엇을 원하는가를 파악하여 이를 당정책으로 실현시켜야 하는데 민정당은 항상 참신한 정책으로 국정을 이끌어 나가고 있다.

넷째, 조국의 평화적 통일을 주도하는 이념정당이다. 민정당은 세계사에 길이 빛날 조국의 평화적 통일을 기필코 앞당겨 성취하려는 숭고한 이상을 지니고 있다. 그러기에 민정당은 향후 필연적으로 직면하게 될 남북 간의 체제 개방 시, 북한과 대결하여 승리할 수 있는 통일주도세력을 육성하는 데 최선을 다한다.

다섯째, 국민의식 개선을 위해 일하는 개혁정당이다. 불신풍조와 무사안일주의 등 우리 국민들의 의식을 점진적으로 개혁해 나갈 때 정치 선진화도, 경제적 번영도 이룩될 수 있는 것이다. 우리당은 이를 위해 부단한 정책적 뒷받침은 물론 교육과 계몽을 통하여 의식개혁 실천을 주도, 확산해 나간다.

그리고 민정당은 같은 책인 『나와 당과 국가』라는 당원연수교재에서 조직의 기본방침도 밝혔는데(민주정의당 1985, 86~87), 첫째, 철저한 공조직화로서 당의 조직력에 의하여 개인의 능력이 신장, 발휘되고 그럼으로써 국민의 지속적인 신뢰를 받을 수 있는 조직을 육성한다. 정당조직이 어느 특정인의 영향력 속에 사당화되고 그의 사리사욕에 따라 움직여질 때, 그 조직은 이미 공공의 이익을 위해 일할 수 없다. 이러한 과거 정당의 폐습을 밟지 않고 일체의 사조직을 배제하고 당 조직을 명실 공히 공익에 우선하는 철저한 공조직으로 만들어야 한다. 이를 위해 모든 당원들은 나라와 겨레를 위해 공익을 앞세워 깊이 생각하고 책임감 있게 행동하는 단임정신과 공인의식을 생활화하여야 한다.

둘째, 소수 정예화로서 근대 민주주의 정당으로서 민의를 효과적으로 수렴하고 당이념과 정강, 정책 등을 국민 속에 제대로 확산시키려면 최소한 전체 유권자의 5%를 당원으로 확보해야 한다. 그러므로 당은 2천만 유권자의 5%인 1백만 명을 엄선하여 당원화하고 이를 정예화하면 크게는 남북통일, 작게는 모든 선거를 성공적으로 수행할 수 있다.

셋째, 당원의 평생 동지화로서 당에 한번 입당하면 당 이념을 실현할 때까지 변하려야 변할 수 없는 평생동지가 된다. 평생동지는 영원토록 변치 않는 동지적 우의와 공동목표 성취를 위한 협력을 바탕으로 한다.

넷째, 자립정당화로서 당 운영의 자금은 당원이 내는 당비로 충당한다. 외부로부터 지원되는 자금으로 정당이 운영될 때 그 정당은 국민을 위한 정당으로서의 기능을 다할 수 없게 된다. 그러한 당은 자금 지원처의 눈초리를 의식해야 하고 결국 다수 국민이 아닌 소수 지원자들을 위해 일하게 된다. 그러므로 이러한 구습을 타파하고 국민정당으로 거듭나기 위해서는 당원이 내는 당비로 당이 운영된다는 긍지를 가지고 자립정당을 만들어 나가야 할 것이다.

다섯째, 지역중심 활동강화로서 모든 당원은 국민 속에서 호흡을 같이한다. 그래서 당은 각자의 당직에 구애됨이 없이 당적을 당원이 거주하고 있는 지구당에 두도록 하고, 당원은 어느 누구 할 것 없이 모두가 지구당에 소속되어 있음으로써 중앙당원, 시도당원, 지구당원 등으로 구분되지 않는다. 그러므로 지구당의 대의기구 당직자들도 평상시 당직에 따른 고유활동을 제외하고는 자기가 거주하고 있는 읍·면·동의 지역협의회를 통하여 지역에서의 조직 활동을 강화해 나가야 한다.

이와 같이 조직의 특성을 표방한 민정당은 대의조직 활동, 기간조직 활동, 지역협의회 활동 및 평생동지모임 등을 통해 조직의 보강과 운영을 도모하였다(민주정의당 1985, 86~87).

첫째, 대의조직[8] 당직자들은 평소 각계각층의 직능분야 유력인사 발굴, 당참여의 확대, 다양한 활동 개발 및 자발적인 노력으로 당 조직의 자생역량을 강화해야 한다고 했다. 그리고 각급 직능단체들과의 연계활동 및 대화활동을 적극적으로 벌여 폭넓은 지지기반을 확산하고, 능동적인 민의수렴과 홍보활동으로 사회 전반에 친여

---

8) 대의조직은 당중앙위원회, 시도대회, 지구당대회 등 당의 의결기관을 구성하고 있다.

성향을 높이는 데 전력을 질주해야 한다는 것이다. 이와 같은 대의기구 당직자들의 임무는 막중하여 이들의 적극적인 참여와 자발적인 활동은 당의 생동화와 직결된다고 하였다.

둘째, 기간조직9)은 그 지역의 당 조직을 대표함으로써 지역조직이라고도 하는데, 당 조직의 관리, 활동, 지시, 보고 등이 모두 기간조직에 의하여 이루어지도록 했다. 기간조직은 이름 그대로 당의 주춧돌이며 골간인데, 이들은 국민과 피부를 맞대고 활동함으로써 생생하게 민의를 수렴할 수 있으며, 당의 의지를 국민 속에 확산할 수 있는 당의 가장 중요한 일선조직체라는 것이다.

셋째, 지역협의회10) 활동은 협의회원 총수가 60명 이상인 경우 분할 구성하여 운영함을 원칙으로 하고 전체 회원 가운데 여성회원을 10% 이상 유지토록 되어 있다. 총회는 매분기 1회 이상 개최하며 임원으로 구성되는 운영위원회는 월 1회 이상, 필요시 수시로 개최하며, 협의회 운영회비는 회원들이 자체 분담하는 것을 원칙으로 한다는 것이다. 임원은 회장 1인, 명예회장 1인, 수석부회장 1인을 포함하여 부회장 5인, 고문·자문위원 3인 이내, 총무 1인(지도장 겸직), 간사 2인(1인은 여성)으로 총 14명 정도로 구성하도록 되어 있다.

넷째, 평생동지모임11)은 같은 활동구에 거주하는 지역협의회 회원이나 활동구 내의 가장 신망 있고 지도력을 갖춘 인사(비당원을 적극 발굴 영입)를 명예활동장으로 위촉하여 모임을 주관케 하면 효과적이라는 것이다. 모임은 자연스러운 좌담회 형태로 운영하는 것이 바람직하며, 모임에서는 당원 상호유대 강화, 생활정보 교환, 당무지침 시달, 지역개발문제 등 다방면에 걸쳐 협의를 하고 시행하되, 반드시 모임결과를 기록으로 남기도록 했다.

그러나 일반적으로 한국정당의 조직을 보면 먼저 입당을 하고, 입당 후 공천을 받고 지구당위원장으로서 선거에 출마하여 당선되는 입당 → 공천 → 지구당위원장 → 당선이라는 도식이 성립된다. 따라서 정당조직은 의원중심으로 운영된다. 그리

---

9) 기간조직은 읍·면·동을 중심으로 지도장, 투표구의 부지도장, 이(부락)·통의 활동장으로 이루어진다.

10) 지역협의회는 대의기구 당직자, 기간조직 당직자 및 지역 내 유력인사 등을 영입하여 운영하는 지도구 단위의 당무 운영 협의체이다.

11) 평생동지모임은 통·이(부락) 등의 활동구에서 활동장을 중심으로 당원들이 매월 또는 격월제로 갖는 당원 월정례 회의를 말한다.

고 당권의 소재 면에서 보면 중앙집권당의 특성을 나타내고 의사결정도 하향적으로 이루어진다. 한국정당의 조직은 그 형성과정에 있어서 일정한 이념에 대한 공통적인 신봉심이라든지 또는 어떤 특정 정책의 실현을 위한 단결보다는 개개 지도자에 대한 개별주의적인 인적 유대관계에 크게 의존해 왔다. 그리하여 정당조직의 집권적 구조에 못지않게 중요한 문제가 다름 아닌 파벌현상을 야기한다는 점이다. 더구나 군부세력하의 집권당인 민정당은 대통령인 당 총재의 의지실현과 체제 유지에 최우선을 두면서 상명하달식의 경직된 성격을 보여주었다.

이와 같은 민정당의 조직적 특성의 문제점을 보면 첫째, 민정당은 고도로 집권화되어 있어 의사결정이 하향식으로 이루어졌다는 점이다(정주신 1998, 70~74). 민정당의 공식구조는 외형상으로는 체계적으로 분화되어 있고 지구당 조직까지 잘 갖추어져 있어 국민정당적 성격을 띠고 있는 것처럼 보인다. 그러나 최고 통치자가 당의 총수인 민정당은 당내 의사결정구조가 고도로 집권화되어 있어 총재-대표위원으로부터 하향하는 단극적 지배체제를 형성하고 있다(안병영 1985, 6). 다시 말해서 민정당은 당 정점의 총재와 중간지점의 사무총장을 직결하는 단순하고 직선적이며 일사불란한 체제를 이루고 있는데 이 같은 민정당의 정당구조는 듀베르제의 개념으로 보아 대중정당이라기보다는 간부정당(caucas)의 특징을 지니고 있다고 볼 수 있다(Duverger 1959, 17~37, 한승조 1983, 229).

둘째, 권위주의지배의 강력한 단일지도체제의 확립을 보여주었다. 민정당의 조직은 각 지구당을 결합한 연합체가 아니라 중앙당을 중심으로 하는 전국적 단일체 조직이었다. 지구당은 그 자체로서 독립성을 띤 활동을 하기보다는 단순한 중앙당에 의해 움직이는 수족에 불과했다. 이러한 양상은 총선후보자의 인선과 결정을 몇몇 창당주역들이 자금사정, 학연, 지연 등에 따라 독점하는 공천의 예에서 볼 수 있다. 그리고 앞에서 살펴보았듯이 민정당은 과거의 정당들의 폐습으로 사당화를 지적하였다. 즉 정당조직이 어느 특정인의 영향력 속에서 운영될 때, 그 정당은 사당화되었다고 지적하였다. 따라서 민정당은 철저한 공조직으로 운영하여 국민의 지속적인 신뢰를 받는 정당으로 육성하겠다고 하였다. 그러나 민정당도 과거 정당들과 마찬가지로 전두환이라는 최고지도자 1인 중심으로 운영된 권위주의지배의 강력한 단일지도체제를 확립했던 것이다.

셋째, 집권 초기 이원조직 구성과정에서 당내 반발을 초래했다. 민정당은 초기에 의원보다는 사무국요원들에 의해 당이 주도되었다. 사무국이란 당의 중심이 되는 의원들의 활동을 보조하는 기능을 한다. 그럼에도 불구하고 정책활동을 위해 행정부와의 실무협의도 의원보다는 사무국요원이 처리했다. 중앙당 사무국은 당 운영에 있어 의원들에게 활동지침을 내리는 등 의원들을 좌지우지했다. 그리고 당 운영이 몇몇 핵심당직자들에 의해서 운영되었고 의원들은 당의 통제에 의해 참여보다는 침묵으로 일관하는 비민주적 행태에 처해 있었다(황소웅 1982, 147~148).

2. 민주정의당의 조직체계

(1) 당원과 지도체계

정당은 뜻을 같이하는 사람들이 공동의 노력을 통해 자기들의 이익을 증진시키고 권력획득의 목표를 달성하기 위해 모인 자발적 단체이므로 이러한 역할을 수행할 당원이 필요하다. 따라서 당원이 없는 정당은 존재할 수가 없을 것이다. 조사에 의하면 우리나라 국민들이 정당에 가입하고 있다는 응답은 6%에 불과하다고 한다(안병만 1985, 107). 정당이 자당의 당원이라고 발표하는 사람들의 숫자가 그 정당에 자발적으로 가입한 사람들의 수를 나타내는 것은 아니다. 그것은 많은 정당들이 당원으로 등록된 사람의 수보다도 선거에서 적은 득표를 얻는 것에서도 잘 나타난다.[12]

민정당은 1백만 명의 당원을 정예화하여 정치안정을 주도하고 통일주도 세력을 육성하기 위하여 당원의 중요성을 강조하였다. 즉 과거 한국의 정당들은 공조직이 아닌 사조직의 성격을 면치 못했고 당원들도 평상시는 일없이 빈둥대다가 선거 때에만 한시적으로 가동되는 기능밖에 하지 못했다고 보았다. 따라서 민정당은 이러한 폐습에서 벗어나 명실 공히 '조직정당', '과학정당'의 면모를 갖추고 목적성을 가진 공조직을 육성시켜 사조직성을 배제하고 당원의 소수정예화 작업에 주력한다

---

12) 대표적인 예로 1992년의 제14대 대통령 선거에서 통일국민당은 당원이 800만 명이라고 주장하였으나 정주영 후보의 득표는 388만여 표에 불과했다. 창당된 지 1년도 안 되어 800만 명의 당원이 가입하였다면 그들이 진정한 당원일 수도 없으며 또 그러한 정당이 제대로 된 정당일 수도 없는 것이다. 이러한 현상들은 한국의 정당에서는 진정한 의미의 정당원이 별로 많지 않다는 것을 보여준다.

는 것이다. 이러한 목적을 달성하기 위해 민정당은 당원자격 기준을 설정, 전 국민 중에서 특히 주민들로부터 신망이 두텁고 봉사와 희생정신이 강한 젊고 참신한 인사로 한정한다고 하였다. 차상급 당원이나 교육이수 당원의 추천을 받은 후보자는 당원자격심사위원회의 심사와 현지 확인을 거쳐 영입하는 등 조직을 계선화하고 3·3 관리체계를 구축하였다.[13] 즉 읍면동 단위책임자인 지도장이 중앙소집교육을 이수한 후에 부지도장을 선발하고, 투표구 단위책임자인 부지도장이 교육이수 후 활동장을 선발하고, 통·리 단위책임자인 활동장이 교육을 이수한 후에 책임당원을 선발하고, 반 및 자연부락 단위책임자인 책임당원이 현지교육 이수 후 활동당원을 선발케 함으로써 선발과 관리에 있어서 권한과 책임을 부여하고자 하였다.[14]

민정당의 당원 수는 <표 2-1>에서 보는 바와 같이 1981년 창당되던 해에 34만 명이었으나 1982년과 1983년에는 1백만 명에 이르렀으며, 1985년과 1986년까지는 160여만 명을 유지하였고 1987년 제13대 대통령 선거가 있던 해에는 530여만 명으로 대폭 증가하였다.

이와 같이 민정당은 외형적인 당의 규모, 즉 당원 수에 있어서는 국민정당의 수준에 걸맞은 모습을 보였으나 제11대 국회의원 선거를 치를 때인 1981년에 34만 명이던 당원이 제12대 국회의원 선거 때인 1985년에 160만 명에 이르렀다는 것은 제11대 국회의원 선거는 민정당의 주도하에 야당에 대한 정리가 행해진 가운데 선거가 치러짐으로써 특별한 이슈의 제기도 없었을 뿐만 아니라 유권자들 또한 선택적 대안으로서의 정당도 발견할 수 없었기 때문으로 보인다. 또한 1구 2인 당선의 중선구라는 선거제도 등으로 인해 민정당은 당원의 확보에 전력을 기울이지 않아도 된 것으로 보인다.

---

13) 3·3조직은 모든 당직자들이 차하급당원 약 3명과 가장 가까운 이웃의 비당원(당원 아닌 유권자) 3명 정도씩, 도합 6~9명을 관리하는 조직체계로서 효율적인 당무수행 및 정확한 민의의 소재 파악에 목적이 있었다. 여기에서 말하는 관리란 평소에 그들을 잘 돌보아 주며 봉사하는 것으로서 일단 선거에 돌입하면 이들이 당의 지지표가 되도록 한다는 것이었다. 따라서 유권자가 2천만 명이므로 1백만 정예당원 조직이 3·3관리체계를 구축하게 되면 1차에 3백만 명, 2차에 9백만 명의 지지자를 확보하여 모든 선거에서 40~50%의 득표율을 기록하여 승리할 수 있다는 것이었다.

14) 민정당 조직은 중앙당 – 국회의원 – 중앙위원(3천 명) – 도당대의원(2천5백 명) – 지구당대의원(3천 명) – 지도장(3천5백 명) – 부지도장(1만 2천 명) – 활동장(7만 명) – 책임당원(27만 명) – 활동당원(70만 명)으로 구성되었다.

<표 2-1> 민주정의당의 당원 수 (단위: 명)

	1981	1982	1983	1984	1985	1986	1987
계	347,235	966,715	1,098,036	1,514,172	1,591,648	1,569,170	5,288,074
서울	51,237	228,094	274,327	389,791	374,302	360,021	1,266,970
부산	21,635	76,647	103,688	142,896	153,381	147,016	417,729
대구	-	48,010	59,410	75,161	81,931	81,303	237,819
인천	-	33,183	38,777	54,079	52,436	54,742	229,519
광주	-	-	-	-	-	26,850	97,394
경기	35,923	99,470	112,988	171,988	189,640	190,634	804,303
강원	13,953	42,755	46,609	66,358	75,595	70,738	206,436
충북	10,230	35,576	38,474	53,115	56,759	59,614	141,201
충남	40,182	77,373	79,580	96,925	111,430	116,006	366,008
전북	28,037	56,037	58,415	78,961	85,713	86,609	268,796
전남	51,302	95,350	19,133	134,392	138,805	99,459	322,142
경북	66,053	82,685	84,961	108,995	121,556	124,845	378,644
경남	27,511	81,050	90,595	129,403	136,435	136,956	482,588
제주	1,172	11,485	11,079	12,108	13,728	14,377	68,525

※공란은 당시 지구당이 없는 경우임.
자료: 중앙선거관리위원회(1992, 1358).

그러나 제12대 국회의원 선거에서도 1구 2인 당선의 중선거구제도는 그대로 유지되었으나 선거가 있었던 그해에 당원 수가 급증한 것은 과거 한국 여당의 당원 수 증가 패턴과 좋은 대조를 보여준다고 할 수 있다. 민주공화당은 대통령 선거와 국회의원 선거가 있었던 1967년과 1971년에 당원 수가 증가했는데, 이는 선거를 앞두고 당원을 충원한 결과로 보이나 대폭 증감은 없었다. 특히 민정당의 경우 1987년의 대통령 선거에서는 당원 수가 무려 520여만 명에 이르기도 했었다. 이는 정당의 당원 수가 선거에서의 득표활동과 직접적인 관련이 있는 것이 아니라 숫자상의 의미에 그치고 말았음을 나타내는 것이기도 하다. 당원이 정당이 표방하는 정강정책에 동조하여 자발적으로 가입하는 것이 아니라, 선거기간 동안에 정당의 의도적인 당원 확충계획에 의거하여 무더기로 가입하는 경우가 다반사였다고 볼 수 있다(구영수 1994, 140).

이처럼 민정당의 당원 수와 당원교육의 허실은 제12대, 제13대 국회의원 선거에서 여실히 드러났다. <표 2-2>에서 보는 바와 같이 민정당은 1985년 실시된 제12대 국회의원 선거에서 35.3%를 득표하여 57.9%를 득표한 야당에 크게 뒤졌다. 특히 국회의원 선거 전에 급조된 신민당에 비해 불과 6% 정도 더 득표율에서 앞선 것은 그동안 총력을 기울였던 당원 선발과 당원에 대한 교육이 형식적으로 운영되었음을 잘 보여준 것이라고 하겠다. 또한 1988년에 실시된 제13대 국회의원 선거에서도 1987년 530여만 명의 당원을 확보하였다던 주장이 무색할 만큼 집권당 사상 처음으로 원내과반수 의석을 확보하지 못하고 참패하였다.

이와 같이 민정당은 당원의 수에 있어서는 국민정당으로서 다양한 계층에서 망라되었다고 할 수 있지만 그것은 외형상의 숫자놀음에 지나지 않았다고 볼 수 있다. 왜냐하면 민정당은 이러한 당원의 양적인 증가에도 불구하고 위에서 지적한 것처럼 제11, 12대 국회의원 선거에서 국민적 지지율은 하락하였기 때문이다. 이처럼 민정당은 정치연수원을 거쳐 간 당원들이 평생동지로서 당을 굳건히 지킬 것을 다짐했고 또 그렇게 기대했지만, 제12, 13대 국회의원 선거 결과에서 나타나듯이 민정당이 역점을 두었던 당원교육은 결실을 보지 못하였다고 평가할 수 있다.

<표 2-2> 제12 · 13대 총선 주요 정당 득표율

	주요정당	득표율
제12대 총선 (1985. 2. 12.)	민주정의당	35.3
	신한민주당	29.2
	민한당	19.5
	국민당	9.2
제13대 총선 (1988. 4. 26.)	민주정의당	33.9
	통일민주당	23.8
	평화민주당	19.3
	신민주공화당	15.6

자료: 중앙선거관리위원회(1992).

이처럼 우리나라 정당에서 진정한 당원의 수가 적거나 부풀려지는 것은 자발적으로 정당에 가입하는 사람이 적기 때문이다. 국민들이 자발적으로 정당에 가입할 생각을 안 하는 것은 지금까지의 많은 정당들이 정당의 역할과 기능을 제대로 못해 국민들로부터 외면을 당했기 때문이다.

그러면서도 선거 때만 되면 선거운동에 동원할 인력이 필요하기 때문에 돈을 주고 당원을 사는 일이 관례화되어 왔다. 이러한 현상은 여당의 경우 상례적인 것이었으며 야당의 경우에도 정도의 차이는 있으나 비슷한 양상을 띠었다. 정당이 당원으로부터 당비를 징수하지 않고 오히려 입당료를 지불하면서 끌어들인 사람들이 당원으로서의 일체감을 가질 리 만무하고, 더구나 그들은 입당원서를 제출한 정당이 아닌 다른 정당의 후보들에게 투표할 가능성도 높다. 우리나라 정당들이 당원을 모집하는 방법도 당이 추구하는 이념과 성향이 비슷한 사람들인지, 또는 그들이 자기 당에 호감을 가지고 있는지조차도 따지지 않고 당원배가운동이라는 명목하에 돈 받기 위해 오는 사람들을 무조건 끌어들이는 것이 일반적인 실정이었다. 그렇기 때문에 엄청난 국민이 여러 정당에 중복해서 당원으로 등록하는 현상이 나타났던 것이다.

민정당은 당원으로 선발된 모든 사람에게 소정의 당원교육을 실시하였다. 이 교육은 활동장 이상의 10만 명의 기간당원은 중앙정치연수원에서 6박 7일간 합숙집체훈련을 시키고, 나머지 90만 명의 정예당원은 지구당별로 1일 현지교육을 실시하는 일종의 '교육대장정'이었다(김용술 1982, 145). 1981년 10월 제1차부터 1986년 12월 제3차까지 실시된 민정당의 당원교육은 교육이 진행될수록 프로그램을 발전시켜 당직별 수준과 특성 등에 맞추어 연수과정을 다양화하고 주입식 강의로부터 연수생들이 자발적으로 토론에 임할 수 있는 참여식 연수를 강화하는 등 연수를 통하여 끊임없는 자기혁신과 발전을 기하여 현실극복에 대한 능력 배양으로 지도력을 향상시킨다는 목적을 가지고 있다고 하였다.

<표 2-3>에서 보는 바와 같이 1981년 10월부터 1982년 12월까지의 제1차 교육의 예를 보면 교육과목은 '민족사관', '모범당원론', '정의사회구현과 의식개혁' 등 10여 개의 과목으로, 주인의식 함양을 통한 민주시민으로서의 역량을 체득하는 데 중점을 두고 있었다.

특히 활발한 분임토의를 통해 그동안의 자기를 반성하고 당과 조국을 위해 봉사할 길을 스스로 찾아내어 교육수료 후 지역에 돌아가 이를 실천함으로써, 교육을 이수한 당원들은 주민들로부터 모범시민, 모범국민으로 사랑과 존경을 받게 하고자 하였다. 뿐만 아니라 이러한 교육을 통해 당원들 간에 이념적으로는 정권을 생산하는 핵심요원이라는 의식과 통일을 촉진하는 통일주도세력이라는 의식을 뿌리 깊이 내리게 하고, 정감적으로는 평생동지라는 동일체의식을 서로 교환하게 하였다. 또한 전국 각지의 교육생으로부터 수집되는 각종 의견과 정책자료는 살아 있는 민의로서 당의 정책입안에 자료로서 활용한다는 것이었다.

그러나 민정당은 지난날 공화당이 효과를 보지 못한 채 아예 무용론까지 제기되었던 대규모 당원교육을 청사까지 그대로 접수하여 실시하였다. 장래 북한 노동당과 대결하기 위해 수십만 당원을 교육시키겠다며 연수원을 더욱 확장, 교육에 열을 올렸던 것이다(이성춘 1989, 18). 수많은 당원들을 연중무휴로 교육시킨다고 모든 게 뜻대로 이루어지는 것은 아니다. 이곳을 거쳐 간 당원들은 민정당의 평생동지로서 하늘이 두 조각 나도 끈끈하게 뭉쳐 당을 굳세게 지킬 것이라고 다짐했지만 결과는 앞에서 살펴본 바와 같다.

당원교육은 그야말로 선발된 정예당원과 꼭 필요한 말단 핵심간부들을 부정기적으로 소집, 획일적이고 판에 박은 교육이 아니라 자유토론과 세미나 형식으로 당 운영까지 과감히 비판하게 하는 질적 교육에 역점을 두어야 했다.

〈표 2-3〉 민주정의당 지구당의 현지교육

구분	교육내용			
목표인원	총 인 원	975,000명	책임당원: 275,000명	
			활동당원: 700,000명	
교육기간	1981. 10~1981. 12: 160,585명 1982. 1~1982. 4: 350,000명 1982. 4~1982. 12: 465,000명			
교육방법	활용교재	영상교육		
	교육단위	지구당 단위		
		책임당원	시·군·구단위: 200~250명	
		활동당원	읍·면·동단위: 200~250명	
교과일정	10:00~10:30	개강식		
	10:40~11:30	특강 1	우리당과 총재각하의 지도이념	
	11:40~12:20	특강 2	민족통일의 길	
	12:30~14:00	중식		
	14:00~14:40	특강 3	정의로운 복지사회	
	14:40~15:40	특강 4	나도 모범당원이 될 수 있다	
	15:50~16:20	활동지침 및 공지사항 시달		
	16:30~17:00	수료식		
모범당원 표창	현지교육 인원의 1%(10,000명) 교육이수 3개월 후 총재표창			

자료: 민주정의당(1982, 333).

한편, 권력을 바탕으로 창당된 정당들은 당내 선거에서 민주적 경쟁을 통해 당직을 배분하는 것이 아니고 최고지도자인 당 총재의 주도하에 당직이 배분된다. 따라서 당 총재는 최고 통치자가 겸임하거나 그의 지명에 의해 천거된 사람의 몫이 된다. 정당의 지도체계는 외형상으로는 민주적으로 보이나 현실적으로 과두적 성격을 벗어나지 못하는 실정이다. 이로 말미암아 군부정권에 있어 정당의 조직과 그 필요성은 당집행부의 중앙집권적 지도체계를 갖추게 된다. 이러한 상황에서 최고 통치자의 신념과 당의 운영은 민주적으로 해결하기가 어려우며, 당 규율의 엄격화만이 존재하고 당의 조직은 자연적으로 인물중심의 정당으로 존속되는 것이다.

이와 같은 정당의 성격은 민정당의 당직개편과정에서 잘 나타난다. 과거의 자유당이나 공화당과 동일하게 권력을 바탕으로 하여 창당된 민정당은 선거에서 민주적 경쟁을 통해 권력을 획득한 것이 아니고 신군부 핵심세력의 주도에 의해 창당되었다는 점에서 정당의 지도자는 권력 장악자가 겸임하거나 그의 지명에 의해 탄생하는 현상이 계속적으로 나타났다(심지연 1990, 53). 이러한 의미에서 민정당의 지도체계를 당 총재를 중심으로 하여 대표위원, 사무총장, 정책위원회의장, 원내총무 등을 중심으로 하여 살펴보고자 한다(중앙선거관리위원회 1992, 76~345).

민주정의당은 1981년 1월 16일 당 지도부 구성을 완료하고 중앙선거관리위원회에 정당등록을 신청하여 다음 날 수리됨으로써 제5공화국의 첫 번째 정당으로 성립되었다. 그리고 대표위원에 이재형 의원, 사무총장에 권정달 의원, 정책위의장에 남재희 의원, 사무차장에 이종찬·윤석순 의원, 대변인에 박경석 의원, 시·도당위원장에 서울 윤길중, 부산 왕상은, 경기 김영선, 강원 이범준, 충북 육진성, 충남 천영성, 전북 황인성, 전남 정래혁, 경북 김용태, 경남 하대돈, 제주 변정일 등으로 당직을 임명하였다.

4월 1일 민정당은 제11대 국회 개원에 따라 당직개편을 단행하면서 이재형 대표위원과 권정달 사무총장은 유임, 정책위의장에 이진우 의원, 원내총무에 이종찬 의원, 대변인에 봉두완 의원을 각각 임명하였고, 9월 8일 소위 '돗자리 사건'[15)]에 대한 책임을 물어 이진우 정책위의장과 배성동 정책실장을 경질하는 문책인사를 단행하고 정책위의장 후임에 나석호 의원을 임명하였다.

전두환 총재는 1982년 5월 20일 장영자·이철희 부부의 거액 어음사기사건 등

---

15) 대한교육연합회가 교육법개정안 처리문제와 관련, 국회 문공위원회 소속의원과 당사무국 간부들에게 돗자리 1장씩을 제공한 사건인데 민주정의당은 새 시대 새 정치인이 가져야 할 품위를 손상시켰다고 판단, 이에 대한 책임을 물었다.

일련의 사건을 정치적으로 마무리하고 정국수습을 위해 사무총장에 권익현 의원, 정책위의장에 진의종 의원, 총재비서실장에 남재두 의원, 대변인에 김용태 의원을 임명하는 등 당직개편을 단행하였다. 그리고 1983년 3월 29일 전국대의원대회 개최에 앞서 3월 21일과 22일 대표위원에 진의종 정책위의장, 정책위의장에 정석모 의원을 임명한 데 이어 전당대회가 끝난 3월 31일에는 총재비서실장에 남재두 의원, 정책위원회부의장에 박현태, 최영철, 천영성, 임방현 등을 추가로 임명하는 당직을 개편하였다.

미얀마 암살폭발 사건으로[16] 심상우 총재비서실장이 순직하고, 진의종 대표위원이 국무총리에 임명됨에 따라 전두환 총재는 1983년 10월 15일 당직개편을 단행, 대표위원에 정래혁 총재상임고문을 임명하고 총재비서실장에는 허청일 의원을 임명하였다. 그리고 1984년 6월 25일 정래혁 대표위원을 경질하고 신임대표위원에 권익현 사무총장, 사무총장에 이한동 의원을 임명하였다. 이와 같은 전격적인 당직개편은 6월 20일부터 정래혁 대표위원의 축재와 관련한 진정서가 각계에 나돌자 정 대표위원이 6월 23일 사표를 제출, 이를 수리함으로써 이루어졌다.[17]

민정당은 12대 국회의원 선거가 끝난 후 1985년 2월 23일 대표위원에 노태우, 정책위의장에 장성만, 총재비서실장에 이영일, 대변인에 심명보 의원을 각각 임명하고, 이한동 사무총장, 이종찬 원내총무, 임철순 국책연구소장, 이상재 사무차장은 유임시키고, 8개 시·도지부 위원장을 교체하는 등 대폭적인 당직개편을 단행하였다. 또한 향후 정국전개에 보다 능동적이고 효율적으로 대처하고 야당의 새로운 진용에 대응하는 새 체제 구축을 위한다며 8월 1일 사무총장에 정순덕 의원, 원내총

---

16) 1983년 10월 9일 미얀마의 수도 양곤에 있는 아웅산묘소에서 한국의 외교사절 다수가 북한 테러분자의 폭파암살로 사상(死傷)한 사건. 이날 전두환 대통령의 서남아·대양주 순방의 첫 방문지인 이곳에서 대통령의 아웅산묘소 참배행사를 위하여 미리 대기 중이던 서석준 부총리, 심상우 총재비서실장 등 여러 정부요인, 취재차 수행했던 기자 등 17명이 북한 테러분자가 장치한 폭발물의 폭파로 사망하고, 이기백 합참의장 등 13명이 중경상을 입는 세계 외교사상 유례없는 일대 참변이 일어났다. 화를 면한 전두환 대통령 내외는 모든 방문예정을 취소하고 급거 귀국하였다. 국내외의 비분과 비탄 가운데 미얀마정부는 한국에 조문사절을 보내는 한편, 주범 2명을 체포하여 사형을 선고하고 북한과 국교를 단절하였다. 그리고 다음 해인 1984년 10월 미얀마정부는 아웅산사건은 북한의 소행이라고 국제연합에 보고하였다.

17) 진정서는 문형태 구 공화당의원이 관련된 것으로서 내용은 정래혁과 가족(부인 및 3남)이 서울 강남지역 등에 거액에 달하는 건물과 주택 등 부동산을 소유하고 있으며, 그 재산의 상당부분이 국회의장 및 민정당 대표위원 시절에 증식 또는 취득된 것이며, 출신지역인 전남 곡성에 선대의 송덕비를 국고보조까지 받아 세웠다는 것이다. 정래혁은 사실이 아니라고 해명하면서도 파문이 확산되자 재산을 사회에 환원시키겠다고 밝히면서 6월 29일 의원직을 포함한 모든 공직에서 사퇴하고 민정당을 탈당, 정계에서 은퇴하였다.

무에 이세기 의원을 임명하였다.

그리고 민정당은 1986년 8월 23일 사무총장에 이춘구 의원, 원내총무에 이한동 의원, 중앙위원회의장에 임방현 의원, 총재비서실장에 정동성 의원, 사무차장에 김태호 의원을 임명하는 등 당직개편을 단행하였다.

1987년 2월 18일 전두환 총재는 22일로 2년 임기가 끝나는 노태우 대표위원을 지난 2년 동안 당과 국가발전에 크게 공헌한 점을 평가, 유임시켰고 5월 11일 정책위의장에 임철순 국책연구소장을, 대변인에 김정남 의원을 임명하는 당직개편을 하였다.

민정당은 6월 2일 청와대에서 전두환 대통령, 이재형 국회의장, 노태우 대표위원, 중앙집행위원 전원이 참석한 가운데 노태우 대표위원을 민정당의 차기 대통령 후보로 천거하기로 결정하고, 6월 3일 중앙집행위원회를 열어 만장일치로 노태우를 차기 대통령 후보로 결정하였다. 그리고 전두환 총재는 7월 10일 민정당 총재직을 사퇴하고 노태우 총재권한대행은 7월 14일 당직개편을 단행, 사무총장에 정석모 의원, 원내총무에 이대순 의원, 대변인에 이민섭 의원을 각각 임명하였다. 그리고 8월 1일 당사무차장직을 1석에서 2석으로 늘려 현홍주 의원을 제2사무차장에 임명하고, 8월 7일에는 임철순 정책위의장 후임에 남재희 의원, 총재비서실장에 심명보 의원을 각각 임명하였다.

노태우 총재는 1988년 1월 14일 대표위원에 채문식 당고문을 임명한 데 이어 24일에는 사무총장에 심명보 총재비서실장, 제1사무차장에 유흥수 의원, 대변인에 유경현 의원을 각각 임명하였다. 그리고 민정당은 2월 22일 소속의원, 당원 등 6,000여 명이 참석한 가운데 서울 삼성동 한국종합전시장에서 제5차 임시전당대회를 열고 노태우 총재를 제3대 총재로 재선출했다.

그리고 민정당은 6월 10일 대표위원에 윤길중, 사무총장에 박준병, 정책위의장에 이한동, 원내총무에 김윤환 의원을 각각 임명하였고, 12월 15일에는 대표위원에 박준규, 사무총장에 이종찬, 정책위의장에 이승윤 의원을 각각 임명하는 당직개편을 단행하였다.

노태우 총재는 1989년 9월 29일 사무총장에 이춘구, 원내총무에 이한동 의원을 각각 임명하였고, 1990년 1월 18일 대표위원에 박태준, 사무총장에 박준병, 원내총무에 정동성 의원을 각각 임명하였다.[18]

이상에서 민정당 지도부의 잦은 당직교체를 살펴보았는데, 민정당의 주요 당직이 당원들의 의사가 상향식으로 전달되어 당 총재가 임명하거나, 민주적인 경선을 통해 선출된 적이 한 번도 없음을 알 수 있다. 이는 민정당이 당 정점의 총재와 중간 지점의 사무총장을 직결하는 단순하고 직선적이며 권위주의적인 강력한 단일지도체제를 형성하였기 때문이다. 이처럼 총재중심의 친정체제에 의한 사무총장 주도의 경직된 당 운영은 당의 자생성보다는 외생성에 기인된 결과 구심력을 잃었다. 또한 이 같은 조직체계는 집권당의 경직화와 폐쇄성 초래, 대형 비리사건의 빈발, 군의 집권과 창당과정에서의 정당성 야기, 시국사건에서의 재야 및 학생들의 반체제운동 등에 의해 체제위기와 당 운영의 위축을 불러왔으며 정치적 사건의 발생과 더불어 정치력 부재와 취약성도 함께 표출하였다. 그러므로 이 같은 민정당의 지도체계는 당 총재를 정점으로 하여 과두적이고도 권위주의적인 틀을 벗어나지 못하였고 집권당으로서의 역할부족과 함께 국민정당의 구호도 퇴색되었다.

그러므로 정당의 지도체계는 일차적으로는 하위수준의 지도자부터 민주주의 원리에 입각하여 당원이 직접 선출한다는 방침을 세워 놓고 출발해야 한다. 이를 통해 당원의 적극적인 참여를 유도하고 직접 선출방식을 하위수준, 지방수준에서부터 적용하여 점차로 이를 고위수준, 중앙수준까지 확대하는 것이 바람직할 것이다(심지연 1990, 60).

(2) 중앙 및 지방조직

민정당은 당헌[19]에 의해 중앙조직과 지방조직을 중앙당, 시·도지부 및 지구당으로 구성하고 중앙당은 수도에 시·도지부는 시·도에, 지구당은 국회의원 지역 선거구에 두도록 되어 있었다. 중앙조직은 전당대회, 총재, 중앙집행위원회, 중앙집행위원회 상임위원회, 대표위원, 중앙위원회, 사무처, 정책위원회, 의원총회, 국책연구소, 윤리위원회, 재정위원회, 평화통일위원회, 의식선진화추진본부, 민족사관정립위원회, 인권신장위원회, 국제관계위원회, 당사편찬위원회, 재해대책위원회 등이 있

---

18) 1990년 1월 22일 민정당 총재인 노태우 대통령, 민주당 김영삼 총재, 공화당 김종필 총재가 청와대에서 전격 회동하여 3당 합당을 공식 발표함으로써 민정당은 소멸되었다.

19) 민정당 당헌은 1981년 1월 15일에 제정된 후, 82년 5월 2일에 제1차 개정, 83년 3월 29일에 제2차 개정, 85년 3월 27일에 제3차 개정, 87년 6월 10일에 제4차 개정, 87년 8월 5일에 제5차 개정, 88년 1월 8일에 제6차 개정, 88년 2월 22일에 제7차 개정이 이루어지는 등 총 일곱 차례 개정되었다.

었다. 그리고 민정당의 지방조직으로서는 시·도위원회와 지구당위원회를 두었다. 시·도위원회는 지구당위원회에서 선출된 위원, 지역별로 선출된 직능대표위원, 그리고 시·도사무국 부장급인 자로 구성되었으며, 전국대의원대회 대의원과 시·도위원회 정·부위원장을 선출하였다. 지구당위원회는 국회의원 선거구에 한정되었으며 전국대의원대회 대의원과 시·도위원회 위원을 선출하고 당 운영과 선거대책에 관한 사항을 맡았다.

민정당의 대의기관으로는 전당대회와 중앙집행위원회가 있었다. 전당대회는 당의 최고의결기관으로서 총재, 당고문, 대표위원, 중앙집행위원회위원, 당 소속 국회의원, 중앙위원 등 당규에 따라 선출되는 대의원으로 구성되었다. 전당대회는 총재가 2년마다 소집하되 대의원 3분의 1 이상의 요구 또는 중앙위원회의 요구가 있을 때도 소집할 수 있었다. 그리고 그 기능으로는 당헌의 제정 및 개정, 총재선출, 대통령 후보자의 당 추천에 대한 결정, 시도위원회 및 중앙위원 선출, 예산 및 당무보고의 승인, 결의안 및 건의안의 채택 등이 있었다.

또한 중앙집행위원회는 대표위원, 중앙위원회의장, 사무총장, 정책위원회의장, 원내총무, 윤리위원회위원장, 재정위원회위원장, 총재가 지명한 소수의 당 중진 등 30인 이내의 위원으로 구성되었다. 그리고 중앙집행위원회의 기능은 당정책 심의, 당규 제정, 총재후보자 및 대통령 후보자의 제청, 국회의원 후보자 추천, 선거대책의 중요 사항 결정, 당헌의 유권해석, 예산안 및 결산보고 등 당과 당원 및 당 기관에 관한 것을 심의 또는 의결하였다. 그리고 중앙집행위원회 상임위원회가 있었다.[20]

민정당의 집행기관으로는 중앙위원회가 있었다. 중앙위원회는 전국대의원대회의 수임기관으로서 대표위원, 중앙집행위원회위원, 당 소속 국회의원, 시·도위원장, 전국대의원대회가 위임하거나 총재가 지정하는 사항을 의결하고, 당 기본정책 및 당면정책에 관한 건의, 중앙위원회의장 선출, 당무운영에 관한 사항 등을 건의할 수 있었다.

민정당은 제11대 총선 후 총선 결과를 분석하고 지방당의 의견을 수렴하여 <그림 2-1>과 같이 지구당의 새 조직 모델을 정립하였다. 이와 같이 민정당이 표방한 새 조직 모델의 특성을 보면 첫째, 종래의 평면적 조직에서 입체적 조직으로 전환하였다. 즉 지난날의 거주지 중심 조직개념에 계층 및 직능단위의 활동거점 개념

---

20) 중앙집행위원회 상임위원회는 대표위원, 부총재, 중앙위원회의장, 사무총장, 정책위원회의장, 원내총무, 중앙집행위원회 위원 중 총재가 지명하는 사람으로서 총수 15인 이내로 구성된다.

을 대폭 도입하여 아파트, 상가 등 집단거주지에 특별관리구를, 또한 각급 직능, 단체 등에 특별직능소위원회를 두었다는 것이다.

둘째, 청년 및 여성층에 대한 조직을 신설, 보강함으로써 유권자의 분포 및 의식변천에 대응할 수 있게 했다는 것이다. 즉 지구당의 청년, 여성조직을 대폭 보강하였으며, 특히 지도구별로 지도장의 지휘를 받는 청년회와 여성회를 두었다. 이들 청년회는 20~30명씩의 모범적인 신생유권자를 회원으로 확보하여 능동적으로 가변적 상황에 대처하게 하고 당 신진후계 세력으로 육성토록 하였다는 것이다(민주정의당 1985, 91~92).

<그림 2-1> 지구당 기본조직체계도

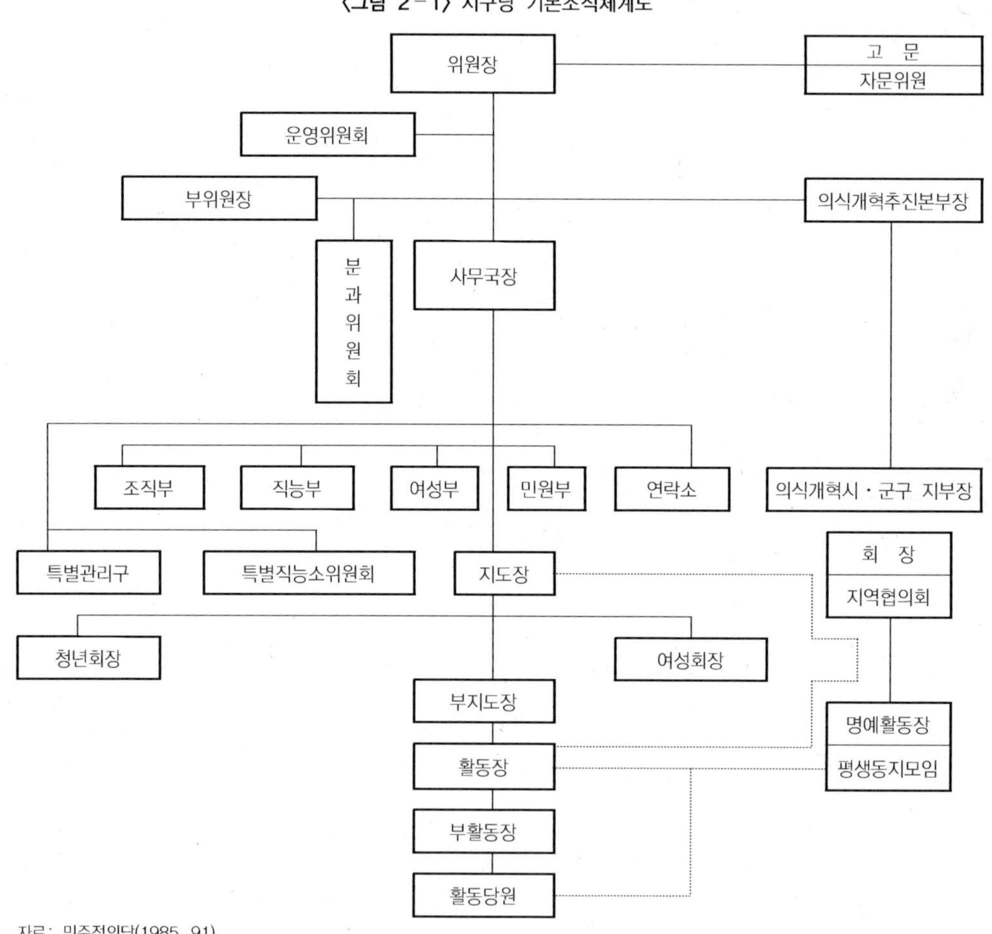

자료: 민주정의당(1985, 91).

또한 민정당은 정책수립에 있어서 여당과 정부 간의 유기적인 협조체제를 마련하기 위하여 당·정 정책조정회의를 비롯하여 적지 않은 당·정운영체제가 마련되어 있었다(안해균 1986, 210~212). 대표적인 것으로 당·정 정책조정회의, 경제정책심의회, 일반정책회의, 당·정 정책실무협의회 등이 있었다. 그러나 이러한 장치들은 대부분 정부 측의 정치적 배려에 의해 기능하고 있어 여당은 계속 종속적인 위치를 벗어나지 못하였다. 이에 따라 당·정 정책조정회의를 제외하고는 제대로 정착되지 않았고, 민정당과 행정부 사이의 협조관계도 제도화되지 못했다. 그러므로 민정당은 행정부의 정책결정과정에서 그 기능을 제대로 수행하지 못했다고 볼 수 있다.

당기구 운영에 있어 민정당은 전당대회가 운영 등에 있어 한계성을 지니고 있었기 때문에 중앙집행위원회가 당무에 관한 중요 사항을 심의·의결하고 있었으나, 보다 실질적 권한은 중앙집행위원회 상임위원회에서 차지하고 있었다. 민정당은 당론결정에서도 위원회 중심의 대의기구와 사무국 중심의 집행기구로 이분화되었으나 실제 그 기능과 운용행태는 최고책임자의 명령과 관련이 있으며, 따라서 하의상달보다는 상의하달식의 일방적인 결정권이 주어졌다. 이처럼 민정당은 중앙집권적이고 비민주성을 내포하고 있어 국민정당으로서의 한계를 보여주었다.

이상에서 알 수 있듯이 민정당의 공식구조와 실제운영 사이에는 심한 편차가 내재해 있었고 과두지배의 철칙이 실제운영에 나타나 당내 민주주의를 저해하였다. 이렇게 민정당의 공식구조는 외형상으로는 체계적으로 분화되어 있는 것처럼 보였지만 실제적으로는 정당으로서의 본래 기능을 제대로 수행하지 못하였다고 볼 수 있다. 즉 민정당 조직의 과두제화 경향, 그리고 공식구조와 실제운영 간의 괴리 및 당·정 협조관계의 미약 등이 민정당의 정책정당으로서의 육성에 제한 요인으로 작용하였다.

그러므로 민정당은 조직구조상 한계를 지니고 있었다고 볼 수 있다. 우선 당내 권력구조에서 중앙집권적이었다. 당 조직이 중앙당 위주로 구성되어 있고 의원중심적이었다. 중앙당 내에서도 당권력이 총재 및 소수의 주체세력 중심의 당수뇌부에게 집중되어 있었다. 이는 한국정당의 고질적인 병폐인 당내 비민주적인 강압적 형태의 조직구조를 의미한다(신명순 1993, 272). 민정당의 전당대회는 수천 명을 체육관에 모아 놓고 총재선출이나 단합대회를 열었으나 실제적으로는 각본에 의거한 형식적인 당 대회로 의전적인 박수나 만장일치의 구태의연한 방식을 고수하였다. 따라서 전당대회를 당의 최고의결기구로 명시하고 있으나 이를 민주절차에 따라 제도화시키지 못하였던 것이다.

Ⅲ. 결 론

현대사회가 보편적 가치로 신봉하고 있는 민주주의는 정당정치를 통하여 실현된다. 정당은 정부에 대한 여론의 전달통로나 선거를 통한 권력의 매개체로서의 기능뿐만 아니라 정당의 의회주의적 기능을 수행한다. 그리고 권력을 획득하고 유지하기 위해 대중을 설득하고 그들의 지지기반을 넓혀 나가면서 자각적으로 지도자를 선정하는 지속적인 조직체인 것이다.

그러나 역대 한국정당들은 대부분 일시적이고 한시적으로 존속하는 특징을 보여주었다. 빈번히 되풀이되는 정치의 격변과 변혁 속에서 한국의 정당은 새롭게 권력을 장악한 신권력세력에 의해 구권력세력과 함께 언제나 심판과 명멸의 대상이 되었다. 정치적 변혁과정 속에서 정당은 그 변혁을 주도하지도 못하였고 그 정당이 국민의 의식 속에 뿌리를 내릴 겨를도 없이 단명하는 경우가 비일비재하였으며, 더욱이 인맥을 따라 이합집산하는 양상을 보여주었다.

이와 같이 한국정당은 왜 발전하지 못했는가? 그 원인은 한반도를 둘러싼 국내외정세와 분단구조, 국민의 낮은 정치의식, 권위주의적 유교전통 및 정치문화, 언론자유의 제한, 정당기피 및 불신풍토, 최고지도자의 정당불신, 군부의 정치개입, 국가의 억압기구에 의한 정당통제, 불합리한 선거제도 및 정치자금의 후진성 등과 같은 정당발전의 저해요인을 극복하지 못했기 때문이다.

민정당도 예외는 아니어서 이상과 같은 복합적인 요인이 작용되었지만, 특히 본 연구에서 분석한 대로 정당조직의 불안정성으로 인해 제도화된 정당으로 지속성을 갖지 못하고 소멸되었다.

정당의 조직체계가 중앙당 수준에 집중되어 형성되고 국민들과 직접 접촉하고 또한 그들을 조직화하는 하부구조를 발전시키지 못할 때 그 정당은 안정된 기반을 갖지 못한다. 즉 정당이 얼마나 복잡한 조직체계를 갖고 있느냐에 따라 정당발전의 정도를 측정할 수 있다.

저발전정당의 조직은 특정 개인 내지는 지도층을 위한 사적 조직형태로 조직되어 있어 매개적 기능을 담당할 지반을 결여하고 있다. 즉 정당이 견고한 당 관료조직을 갖지 못하고 또 확고한 하부조직을 갖고 있지 못함으로써 국민의 이해와 관심을 정확하게 파악, 또는 통합·조정할 수 없고 따라서 정당은 국민과 동떨어진 조직으로 존재하는 것이다.

민정당이 표방한 조직의 특성을 보면 ①국민 모두의 이익을 도모하는 국민정당, ②국민적 지지를 착실히 다져 가는 조직정당, ③민의를 수렴하여 정부시책에 반영하는 정책정당, ④조국의 평화적 통일을 주도하는 이념정당, ⑤국민의식 개선을 위해 일하는 개혁정당 등이며 이를 위해 대의조직, 기간조직, 지역협의회, 평생동지모임 등이 조직되어야 한다고 하였다. 그러나 이와 같은 공식구조와 실제운영 사이에는 심한 편차가 내재해 있는데 민정당은 ①고도로 집권화되어 의사결정이 하향식으로 이루어졌으며, ②권위주의지배의 강력한 단일지도체제를 확립하였으며, ③집권 초기 이원조직 구성과정에서 당내 반발을 초래하였다.

민정당의 지도체계는 외형상으로는 민주적으로 보이나 현실적으로는 과두적 성격을 벗어나지 못하였다. 이로 말미암아 군부정권인 민정당의 조직은 당 집행부의 중앙집권적 지도체계를 갖추었던 것이다. 이러한 상황에서 최고 통치자인 전두환은 당의 운영에 있어 문제들을 민주적으로 해결하기가 어려웠으며, 당 규율의 엄격화만이 존재하고 당의 조직은 자연적으로 인물중심의 정당으로 존속되었다.

그리고 앞에서 살펴보았듯이 민정당은 잦은 당직교체를 단행하였는데, 이는 민정당이 당 정점의 총재와 중간지점의 사무총장을 직결하는 단순하고 직선적이며 일사불란한 체계를 형성하였기 때문이다. 이처럼 총재중심의 친정체제에 의한 사무총장주도의 경직된 당 운영은 당의 자생성보다는 외생성에 기인된 결과 구심력을 잃었다. 또한 이 같은 조직체계는 집권당의 경직화와 폐쇄성을 초래하여 대형 비리사건의 빈발, 군의 집권과 창당과정에서의 정당성 야기, 시국사건에서의 재야 및 학생들의 반체제운동 등에 의해 체제위기와 당 운영의 위축을 불러왔으며, 정치적 사건의 발생과 더불어 정치력 부재와 취약성도 함께 표출하였다. 그러므로 이 같은 민정당의 지도체계는 당 총재를 정점으로 하여 과두적이고도 권위주의적인 틀을 벗어나지 못하였고 집권당으로서의 역할부족과 함께 국민정당의 구호도 퇴색되었다.

이렇게 민정당의 공식구조는 외형상으로는 체계적으로 분화되어 있는 것처럼 보이지만 실제로는 정당으로서의 본래 기능을 수행하지 못하였던 것이다. 즉 민정당조직의 과두제화 경향, 공식구조와 실제운영 간의 괴리 및 당·정 협조관계의 미약 등 민정당 저발전의 양상들이 나타난 것이다.

이상에서 민정당 조직의 불안정성에 대해 살펴보았는데 이와 같은 정당발전을 저해하는 요인들을 극복하지 못하고, 정당정치가 발달하지 못했을 때 나타나는 제 양상들이 지속됨으로써 결국은 소멸하고 말았던 것이다.

물론 전두환과 노태우 정권 시기에 한국정당사에서 높이 평가해야 점들도 있었다. 그것은 무엇보다도 전두환 대통령의 7년 단임의 실천이다. 이 같은 평화적인 정권교체는 권위주의체제하에서 정당정치의 존재의의를 새롭게 제기하는 계기가 되었다. 이로써 우리나라에서도 평화적이고 합법적인 방법으로 정권이양이나 정권 교체가 지속적으로 이루어질 수 있게 되었다. 그리고 1987년의 6 · 29 선언은 국민들의 요구를 정권이 수용하고, 그에 따라 헌법을 개정하고 선거를 치렀다. 이로써 우리나라에서도 절차적 민주주의가 정착된 것이다.

이와 같이 민정당은 역대 어느 정당보다도 절차적 민주주의에 있어 성과를 남겼고, 2회의 대통령 선거와 3회에 걸친 국회의원 선거를 치르는 등 상당히 지속성을 보이기도 하였다. 그러나 권력의 비호 아래 외생정당으로 출발한 민정당은 구정권과의 단절과 개혁을 표방하였지만 이념과 조직에서 공화당의 것을 그대로 답습하였다. 그리고 권위주의를 바탕으로 한 일사불란한 과두적 지배구조를 형성하여 당내 민주주의가 실현되지 못했다. 또한 전두환 정권은 도덕성과 정통성 시비를 끝내 극복하지 못했고, 노태우 정권은 5공 청산 과정에서 자신들의 모태인 전두환 정권을 청산하고 단절해야만 했었다. 이와 같이 민정당은 전두환이라는 특정인물의 권력 장악과 유지를 위한 보조수단으로 결성되었고 인물중심의 강력한 지도체제가 확립되어 당이 운영되었다. 그리고 민정당은 노태우 정권 시기에 여소야대의 4당구도 속에서 자유롭고 다양한 의견표출과 집약으로 당내 민주화를 이룩하고 이를 통해 자생력을 기를 수 있는 기회를 포기하고 당 운영의 경직화와 체제종속이라는 한계를 극복하지 못하고 결국은 3당 합당으로 소멸되고 말았다.[21]

---

21) 민정당. 민주당. 그리고 신민주공화당의 3당 합당은 1990년 1월 22일 노태우. 김영삼. 김종필 총재가 3당 합당을 공식 선언함으로써 이루어졌는데 합당의 주원인은 여소야대의 정국타파였다. 1988년 선거법 개정에서 민정당은 중선거구제의 당론을 바꿔 민주당과 신민주공화당의 반대에도 불구하고 평민당의 소선거구제를 강행 통과시켰다. 그리하여 소선거구제에 의한 1990년 4월 26일 제13대 국회의원 선거에서 집권당인 민정당은 헌정사상 처음으로 원내 과반수 확보에 실패하여 여소야대의 구도를 초래하여 정국의 주도권을 상실하였다.

◎ 참고문헌

구영수, 「민주정의당 연구」, 경남대학교 대학원 박사학위논문, 1994.

김민하, 『한국정당정치론: 발전과정과 과제연구』, 대왕사, 1976.

김용술, 「정당정치 1년을 결산한다」, 『정경문화』, 1982. 2.

민주정의당, 1982, 『당원연수교재』, 1982.

민주정의당, 『나와 당과 국가』, 1985.

신명순, 『한국정치론』, 법문사, 1993.

신명순, 「정당의 조직」, 윤정석 · 신명순 · 심지연 편저, 『한국정당정치론』, 법문사, 1998.

심지연, 「한국정당의 리더십 분석」, 『사상과 정책』, 1990, 여름호.

심지연, 「왜 정당인가?」, 심지연 편저 『현대 정당정치의 이해』, 백산서당, 2004.

안병만, 「12대 국회의원 선거에 있어 유권자들의 정당관여와 투표행태: 인지적 접근」, 『제6회 한국정치학회, 재북미한국인정치학자회 합동학술대회논문집』, 한국정치학회, 1985.

안병영, 「한국의 정당의 조직」, 한국의회발전연구회, 『의정연구논단』, 1985.

안해균, 『한국행정체제론』, 서울대출판사, 1986.

윤정석, 「정당정치의 이론적 접근」, 윤정석 · 신명순 · 심지연 편저, 『한국정당정치론』, 법문사, 1998.

윤형섭, 『한국정치론』, 박영사, 1992.

이성춘, 「민정당의 새로운 위상과 과제: 90년대를 향한 쇄신과 자구책」, 『국책연구』 제19호, 민정당 국책연구소, 1989.

이신일, 『정당과 정당정치』, 교학연구사, 2004.

정주신, 「군부 권위주의체제하의 집권당 연구: 한국의 민주공화당과 민주정의당을 중심으로」, 경희대학교 대학원 박사학위논문, 1998.

조기숙, 「정당과 정책」, 심지연 편저, 『현대 정당정치의 이해』, 백산서당, 2004.

중앙선거관리위원회, 『대한민국정당사』 제3집, 1992.

최한수, 『현대정당론』, 을유문화사, 1993.

한승조, 『한국민주주의와 정치발전』, 법문사, 1983.

한승조, 「정치발전과 정당발전」, 『국회보』, 199호, 1983. 5.

황소웅, 「민주정의당 연구」, 『신동아』, 1985. 5.

Duverger, Maurice, 1959, *Political Parties, Their Organization and Activity in the Modern State.* London: Methuen & Co.

Duverger, Maurice. 1978. *Political Parties.* London: Methuen & Co., Ltd.

Eldersveld, Samuel. J. 1964. *Political Parties: A Behavioral Analysis.* Chicago: Rand McNally.

Gortner, H. F., Julianne Mahler & Jeanne Bell Nicholson. 1987. *Organization Theory: A Public Perspective.* Chicago, Illinois: The Dersey Press.

Hagopian, Mark. N. 1985. *Regimes, Movements, and Ideologies.* New York: Longman.

Hall, Richard H. 1982. *Organization: Structure and Process(3rd)*. New Jersey: Prentice－Hall.

Hoberle, Rudolf. 1951. *Social Movements: An Introduction to Political Sociology.* New York: Appleton－Century－Crofts, Inc.

Huntington, Samuel P. 1968. *Political Order in Changing Societies.* N. J.: Princeton University Press.

Meade, Grant E. 1951. *American Military Government in Korea.* N. Y.; King's Crown Press.

Perrow, Charles. 1968. 「Organizations.」 David L. Sills, ed. *International Encyclopedia of the Social Sciences. Vol.11.* New York: The Macmillan Co. and Free Press.

Stockton, H. 2001. 「Political Parties, Party Systems and Democracy in East Asia Lessons from Latin America.」 *Comparative Political Studies*, Vol.1.

제3장 군부정권하 집권당의 해체 요인[*]

정주신

(한국정치사회연구소)

I. 서 론

군부정권은 쿠데타 이후 정당을 매개로 민주정치 운용을 제도화하려고 하면서도, 실제로는 민주정치의 표방을 가장한, 권력의 장기집권을 꾀하고자 하였다. 그러나 결과적으로는 군부의 장기집권은 최고 통치자의 퇴진과 더불어 무너졌으며, 이 와중에 집권당의 해체도 동시적으로 발생하였다는 데서 군부정권의 한계를 읽을 수 있었다.

군부주도하의 집권당은 집권 이후 그들의 틀에 걸맞은 헌법 개정을 통해 집권당에 맞서는 경쟁적인 야당의 등장을 무력화하면서 계속 1당 우위의 지배적 지위를 고수해 오다가, 결국 최고 통치자의 퇴진과 더불어 그 운명을 같이한 셈이었다. 이렇게 볼 때 군부정권하 집권당은 권위주의체제의 일반적 속성인 정국위기의 산물로서 출현했다가 소멸하는 등 국민적 지지획득의 한계를 그대로 노정한 것이었다. 따라서 군부정권하 집권당이 최고 통치자의 퇴진과 더불어 집권당의 해체를 겪어야 했다는 데서 군부정권하의 집권당 연구에 의의를 제공해 준다 하겠다.

이를테면 집권당이 정당의 제도화에 어느 정도 역할을 하였는지, 아니면 오히려 체제에 종속적이었는지? 또한 최고 통치자의 퇴진 시 집권당에 나타나는 결과는 무엇이었는지? 아울러 한국에서 정당들이 권력의 중심에서 소외되고 또 정당의 존립이 위협받는 이유는 어디에 있는지? 등의 의문을 푸는 것이 이 연구가 가지는

---

[*]본 연구는 필자의 박사학위논문을 본서의 편집 의도에 맞게 발췌·재편집한 것임.

주된 목적이라 할 수 있다. 이러한 의문을 해결하는 것은 결국 한국에서 군부주도의 체제와 집권당이 장기집권을 했음에도 불구하고 왜 최고 통치자의 퇴진과 더불어 집권당의 해체를 초래했는가에 대한 답을 찾기 위함이다.

결과적으로 한국에서 군부정권하 집권당이 오래 유지되지 못하고 최고 통치자의 퇴진에 따라 거의 붕괴되거나 해체되었던 점으로 보아, 한국의 집권당은 체제변화에 따른 부수적 산물이었음을 알 수 있다. 따라서 본 연구는 권위주의체제와 집권당이 상당기간 지배를 해 왔음에도 불구하고 왜 제도화에 실패했는가에 연구의 초점을 두고자 한다. 또한 이 연구는 한국의 민주공화당(이하 공화당)과 민주정의당(이하 민정당)의 두 경우를 비교해 보면서 권위주의체제에 결부된 집권당이 최고 통치자와 함께 소멸되는 등 정당정치의 제도화 실패를 보여주고 있는 한계를 지적하는 데 그 의의가 있다.

그런데 그동안 이 주제와 관련된 선행 연구 결과물은 집권당이 최고 통치자의 정치적 도구로서 행정부 우위현상을 탈피하지 못했던 점과, 아울러 최고 통치자의 퇴진과 더불어 정당의 해체를 가져오는 경우를 파악하지 못한 채, 체제와 집권당을 총체적으로 분석하는 한계를 보여준 것이었다. 그리고 왜 집권당이 소멸되었는가에 대한 인과적 분석이 배제되어 군부정권하의 집권당에 대한 총체적 분석으로서는 한계를 보여준 것으로 볼 수 있다.

따라서 군부정권하의 집권당에 관한 논의는 권위주의체제와 더불어 연구되어야 할 것이며, 이를 위해서는 집권당의 출현 못지않게 집권당의 해체에 관한 고찰이 선행되어야 할 것이다. 이에 이 논문은 공화당 정권과 민정당 정권 간에 20년이라는 시기적·상황적 정권변화가 있었지만, 군부정권하 집권당이 권위주의체제와 더불어 집권당이 강력하게 태동되었음에도 불구하고 최고 통치자의 사망과 법적 구속으로 해체될 수밖에 없었던 한계, 즉 제도화 과정의 한계를 고찰하고자 한다.

여기서 집권당의 제도화 실패는 집권당이 권위주의체제에 종속되고 그 체제의 퇴진에 따라 나타난 결과적 현상을 의미하며, 이를 계기로 분석틀로 구성하고자 한다. 따라서 이 연구는 분석틀을, 연구목적에서 제시한 것처럼 권위주의체제 혹은 최고 통치자의 퇴진에 따라 부수적으로 집권당이 해체되었다는 점에서 제도화의 실패에 대한 논의에 초점을 두고자 한다.

이러한 집권당의 변화과정을 연구함에서 중요한 분석틀은 정치적 요인(즉 대통령 리더십, 집권당의 행태, 야권의 도전과 시민사회의 성장 등)을 핵심요인으로 하되, 안보 및 발전적 요인(즉 군부, 통치 이데올로기, 경제적 성장과 위기 등)을 보조 요인으로 설정하고자 한다. 다시 말해서 이 연구는 집권당이 권위주의체제와 연계된 점을 인식하면서 이로 인해 나타난 현상으로서 집권당이 강력하게 출현했지만, 결국은 집권당이 해체될 수밖에 없었던 정치적 한계와 해체 요인에 초점을 두고 있다.

요컨대 집권당의 해체에 대해서는 최고 통치자의 퇴진이 집권당의 소멸 및 해체를 초래하게 되었다는 점에서 체제퇴진에 대한 제도화의 실패에 관해 살펴보고, 아울러 집권당의 제도화에 실패할 수밖에 없었던 요인에 대해 분석하고자 한다. 이런 점에서 이 연구는 집권당의 제도적 한계, 최고 통치자의 퇴진과 집권당의 한계, 그리고 집권당의 해체 요인 등의 순서로 고찰하고자 한다.

Ⅱ. 집권당의 제도화 한계

정당의 형성과 수행능력은 정당의 제도화와 밀접한 관계를 지닌다. 그럼에도 불구하고 정당 내 실세들에 의한 과두적 정당운영은 당내 민주화와 제도화에 치명적인 영향을 미친다. 체제에 종속되어 정당의 제도화가 한계에 부닥치면 제도적으로 정당은 뿌리를 내리지 못한다. 이곳에서는 집권당의 폐쇄성과 반민주성 등 제도화의 한계요인에 의거한 주제를 중심으로 공화당과 민정당의 논의를 전개시키고자 한다.

첫째, 당직에서 소수자의 과점 및 권위주의적 지도체계에 관한 것이다.

현대 정당은 지나치게 거대화되어 당의 관료화, 과두화를 촉진시킨다. 이로써 당내에 민주화가 뿌리내릴 수 있는 분위기가 나타나지 못하며, 그 반면에 권력은 소수의 당 간부에 집중된다. 이 소수의 당 간부는 공화당과 민정당의 사례에서 잘 나타나고 있다. 당수·당 간부·당원 조직의 순서로 일관된 권위주의적 지도체계가 확립되어서 일반 당원으로의 단계적 의견 수렴은 매우 약하다. 결과적으로 당 관료를 구성하는, 최고 통치자의 위임·지명에 의해 실권을 쥐게 된 집권당은 소수 간부의 수중으로 당의 권력이 집중될 수밖에 없다. 그리하여 일반 국민은 정치에 대해 무관심과 무력감에 빠지고, 이것이 또 소수자의 독재를 출현하게 하는 환경을 만든다.

정당 내 민주화의 요체는 당 구성원의 절대다수를 차지하는 하급 당원들의 의사를 어떻게 정강정책에 효과적으로 반영할 수 있는가에 있다. 그러나 당에는 조직과 창당에 이르기까지 핵심집단이 형성된다. 이를테면 <표 3 - 1>에서 보듯이 쿠데타 주도세력이 공화당이나 민정당의 경우, 당 3역 및 당 대표직을 맡으며 그들에 의해 일반 당직과 공천문제도 좌우된다. 이들은 당원 중의 적극분자로 모든 단계의 당 조직에서 활동의 중심이 되는 소수자이다. 소수 핵심세력은 일반 당원보다 당과의 유대가 긴밀하며 실제 당 활동의 기획과 수행에서 주도적인 역할을 한다. 당의 핵심집단세력은 당 활동의 일체를 장악하는 데 반해, 일반 당원은 점점 수동적이어서 당 활동에서 멀어진다. 그렇게 되면 민주적이어야 할 당 운영이 소수의 핵심세력에 의해 지배되는 과두체제로 전환하게 된다.

둘째, 당 및 국회 운영의 파행에 관한 것이다.

권위주의체제하의 정당운영은 실권을 쥔 당 총재에 의해 정치가 행해진다. 당 총재의 의지가 최우선 반영되는 관계로 당의 정책과 이념은 당원의 역할과 기능에 장애가 된다. 그래서 당 소속의원들은 정당 내에서나 의회에서 정당한 역할을 행하지 못하고 모든 정강정책의 결정권이 당 총재의 정책의향을 좇아 결국 소수 당직자에게 독점되는 것이다.

공화당의 경우 3공화국시기 3선 개헌과 유신 개헌에서 당 총재의 의지가 반영된 결과 오히려 당의 역할이 소외되었다. 게다가 당 운영 개혁문제에서 개혁파와 반대파간의 분쟁 및 주도권 쟁탈이 표면화되었다. 특히 김종필 중심의 당 운영에 대한 불만은 반김파의 반대를 불러왔다. 또한 4인 체제의 등장은 당 운영에서 그들 중심으로 반김파를 형성하고 3선 개헌을 주도하기도 했다. 유신시기에는 3공화국과 달리 이미 박정희 1인중심의 체제로 귀결된 결과 공화당의 당 운영은 유신이념의 홍보에 있었고 박 정권을 보위하는 위치로 전락하였다. 이런 점에서 공화당은 당 총재의 지시에 복종하거나 중앙집중적인 경직성을 보여주었다. 민정당의 경우 공화당처럼 당 운영에서 사무국중심이었으며, 소수 군 출신 실세들의 당 장악력에 집중되었다. 이는 당 정점의 총재와 사무총장을 직접 연결하는 일사불란한 체제를 의미했다. 아울러 공화당과 민정당은 의회에서 법안의 기습통과로 최고 통치자의 친위대 역할에 지나지 않았으며, 정치의 능률성보다는 효율성에 치중한 나머지 정치부재현상을 불러왔다. 입법부는 행정부에서 제출한 법률안을 통과시켜 주는 통법부에 그쳤다. 그리고 국회의원 공천과정에서 당 총재의 의지실현과 충성도가 결정적이었다. 여기서 낙천자가 반발하면 강력하게 제명하기도 했다.

셋째, 이념 및 정책정당으로서의 실패에 관한 것이다.

한국의 보수정당들처럼 군부정권도 예외 없이 자유민주주의를 표방했다. 군부정권은 반공을 국시로 하고 민족적 주체성을 강조했다. 여기서 군부정권은 안보와 반공을 자유와 민주보다 상위개념으로 부각시켜 이념적 경직성을 보여주었다. 구군부의 5·16세력은 근대화에 집중했고, 신군부의 5·17세력은 정의사회 및 복지국가를 제시했다. 그러나 군부정권은 혁신정당의 형성과 도전을 적극 배제하였다. 이처럼 이념정당은 보수반공에 묻혀 형성될 수 없었다. 오로지 군부 주도의 보수정당은 체제유지를 위한 최고 통치자의 통치이념에 종속되어 국가를 지배할 수 있었다.

이처럼 한국 보수정당의 정책은 뚜렷한 주의·주장 없이 비현실적이었으며 단지 체제유지에만 그 목적이 있었다. 공화당의 경우 정당정치 구현, 유신이념 계승, 계획경제 및 발전 등에, 민정당도 정치부패의 단절, 분배정의 실현, 지역감정 타파 등을 내세웠으나 형식적이었다. 정당이 보수이념을 채택한 나머지 정책에서 혁신적 색채를 찾을 수 없었다. 그 결과 보수정당이 정책정당으로 발전하지 못하고 오로지 동원정치 및 공리적 이익관계에 머물렀다.

넷째, 인물중심의 정당과 정당리더십의 취약에 있었다.

한국의 정당에서 나타나는 병폐요인의 하나는 인물중심의 정당과 파벌중심의 정당을 탈피하지 못했다는 점이다. 정당이 일단의 보스중심으로 뭉친 것은 정당의 민주화 내지는 제도화가 비교적 낮다는 것이다. 인물중심의 정당은 곧 당원이나 의원의 의사나 행동에 직접적인 영향으로 작용한다. 이 경우 정당에서의 실세가 누구냐에 따라서 정당의 조직과 행동에 제약을 받기 마련이다. 즉 인물중심의 정당은 당 리더십의 제약과 폐쇄성을 가져온다. 이런 점에서 한국의 정당은 대중화되어 있기보다는 소수의 정치지도자들과의 연줄에 의해 제한된 인물들의 정치조직체로 볼 수 있다.[1]

정권 재창출을 가능케 한 것은 전두환의 노태우 지명과 당의 폐쇄성이다. 노태우는 전두환 대통령의 통제와 조정 가능성 안에 있었고(예컨대, 보안사 및 안기부의 우월성을 보일 때), 권력위기 때에는 승계(예컨대, 전 - 노 협력관계 라인)가 성립되었다. 이는 3·4공화국 때 박정희 정권이 김종필에 대한 후계자로서의 당내 갈등(예컨대, 4인 체제의 등장과 反金派 형성 등)을 조정하면서도, 위기 때나 선거과정에서 그를 중용(朴 - 金라인)하여 성공한 예와 흡사하다.

다섯째, 총재 1인중심의 당장악과 당대표의 허약성에 문제가 있었다.

한국에서의 집권당의 총재는 집권당을 대표하는 지도자인데, 이는 최고 통치자인 대통령의 몫이다. 따라서 대통령은 집권당과 행정부를 통괄하며 막강한 권력을 소유하게 되고 모든 권력이 그곳에 집중될 수밖에 없다. 이에 반해 당 대표는 원칙적으로 정당 내 민주적 선거로써 선출된 의원으로 정당을 대내외적으로 책임지는 총책임자를 말하는데, 한국에서의 당 대표는 최고 통치자이자 당 총재인 대통령의 낙하산식 지명과 그로 인한 대리인의 역할에 불과했다.

실제적인 권한에서 당 대표는 다양한 형태로 나타난다. 즉 '현실 대표' '단체 대표' '대리자' 등으로 정확히는 최고 통치자의 대리인에 지나지 않으며 그의 구속적 위임과 지시 밑에 있다. 그리하여 야당과의 여·야 관계에서도 당 총재의 의지를 고수하려 하며 이를 위해 원내에서 법안통과 시 집권당 단독으로 기습처리하는 등 불법적인 행위를 떠맡고 있다. 5공화국 때에도 민정당 총재는 대통령의 상임직이고 대표위원은 현실적인 당대표이다. 그러나 당 총재와의 관계에서 당 대표는 '부총재'의 역할에 그친다. 즉 현실적 대표임에도 불구하고 대표위원은 최고 통치자인 대통령의 대리인으로 전락한다.

그러면 당 대표가 군부정권하에서 당 총재를 보필했다는 점에서 당 대표의 역할과 그 출신의 속성을 살펴보자. 이는 왜 당 총재보다는 당 대표를 내세워 집권당으로 존재했는가를 단면적으로 파악할 수 있는 척도도 될 수 있기 때문이다. 특기할 사실은 민간인 출신 당 대표의 경우 이전 집권당 및 야당 출신들로 연로한 경력과 이력에도 불구하고 계속해서 집권당에 머물러 있었다는 것이다. 이들의 당적 이동과 변신은 한국 정치의 무정형의 정당과정을 엿보게 한다.

---

1) 정용대, 「한국의 정당정치와 민주주의」, 윤정석 외, 『한국정당정치론』(법문사, 1996), p.520.

공화당의 당 의장(대표) 출신으로는 윤치영 - 김종필 - 정구영 - 백남억 - 정일권 - 박준규 - 김정렬 - 이효상 등이 있다. 이 중 군 출신은 정일권, 김정렬, 김종필 등이었다. 군 출신보다는 민간인이 다소 많은 것은 군의 입김을 최소화하며 민간정치인들을 동원하여 최대한 당 총재인 대통령의 의사를 반영하고자 했기 때문이다. 이 중 윤치영, 김정렬은 자유당 출신이며, 백남억, 박준규는 2공화국하 민주당 출신이다. 반면, 민정당의 경우 당 대표로는 이재형 - 진의종 - 윤길중 - 박준규 - 노태우 - 권익현 - 정래혁 등 역시 창당에 관련되었거나 군부에 적극 동참한 세력에 집중되고 있다. 군 출신으로는 정래혁 - 권익현 - 노태우 등 소수이나 그중 노태우의 경우가 단연 선두에 있었다. 당 대표 중에서 이재형, 진의종, 윤길중은 본래 야권 출신들이며, 박준규, 정래혁은 공화당 출신들이었다.

〈표 3-1〉 집권당 당 대표 및 당 3역 분포 상태 비교

구분	공화당(박정희 정권)		민정당(전두환 - 노태우 정권)	
	군 출신	민간인	군출신	민간인
당 대표 (당 의장)	김정렬 김종필 정일권	정구영 윤치영 백남억 이효상 박준규	정래혁 권익현 노태우	이재형 진의종 윤길종 박준규
사무총장	김동환 장형순 길재호 길전식 오치성	윤천주 예춘호 신형식	권정달 권익현 정순덕 이춘구 박준병 이종찬	이한동 정석모 심명보
정책위 의장	김동환 길재호	김용우 백남억 박준규 구태회 이종극 인태식		남재희 이진우 진의종 정석모 장성만 이한동 이승윤
원내총무	김동환	김용태 김진만 김택수 김재순 현오봉 김성진	이종찬	이세기 이한동 이대순 김윤환
비고	• 1971년 3월 16일 당 부총재직을 신설하고 김종필을 임명. • 10 · 26 이후 공화당 총재 경질. (박정희 → 김종필)		• 1987년 6 · 29 선언 이후 당직 및 중앙집행위원(중집위) 등에 군 출신 의원 배제 • 1987년 8월 5일 총재 경질. (전두환 → 노태우)	

여섯째, 당 조직의 획일성이고 수직적인 구조에 관한 것이다.

집권당의 당 3역을 보면 창당에 관여했거나 당 공헌도가 높은 소수세력에 집중되고 있다. <표 3 - 1>에서 보듯이 두 집권당의 경우 당 살림을 총괄하는 사무총장직에 민간인보다 군 출신이 월등히 많았다. 이에 비해 원내 사령탑과 정책파트에서는 반대 현상이 나타났다. 그러나 당 3역의 비중은 막중했으며 군 출신 실세와 그에 동조한 민간세력 간의 융합으로 집권당은 유지되었다. 그들 내에서 사무총장과 원내총무도 번갈아 임명되었는데, 이는 당 총재의 의지를 반영하고자 하는 노력의

일환으로 볼 수 있겠다. 이런 점에서 당 조직 구성원 중 소수 실세가 당을 장악하고 그들이 총재와 직접 연결된다는 점에서 획일적이고 수직적인 조직 특성을 보여준다.

이처럼 당내 과두세력에 의한 당 운영과 조직은 당내 민주화의 부작용과 더불어 당 지시에 의한 상의하달식, 즉 수직적 구조도 배제할 수 없었다. 두 집권당의 통로는 경색되고 공포적인 상태에 머물렀다. 즉 공화당과 민정당은 당 대표, 사무총장, 정책위의장, 원내총무, 정무장관 등에 쿠데타 세력이나 당 총재의 신임을 얻은 동조세력을 임명하였고, 이들은 당 지도부의 핵심 소수집단을 형성하였다.

그리고 민정당은 대표위원, 중앙위의장, 사무총장, 정책위의장, 원내총무, 정무장관, 총재비서실장 등으로 구성된 중앙집행위(중집위) 상임위를 중심으로 움직여 왔다. 노태우 대표시절 중집위 상임위는 이전보다 3배의 인원을 확보하면서 중집위(의장에 대표위원)를 중심으로 당을 운영하였고 더욱이 당무, 정책, 원내대책은 중집위를 중심으로 과두화되어 당의 폐쇄성을 엿보게 했다.

일곱째, 정치자금 운용의 획일성에 관한 것이다.

집권당의 정치자금 운용은 내부조달에 의한 헌금보다는 비공식적 기업들의 기부금과 비자금에 의해서 이루어졌다. 이 과정에서 경제성장과 발전 이데올로기의 부정적 측면인 권력형 부정부패사건에 휘말렸다. 예컨대 공화당의 4대 의혹사건과 3분 폭리사건,[2] 민정당의 장영자 사건[3] 등은 음성적이고 비공식적 재원조달과 집권당 실세들에 의한 실력행사와 밀접했다. 특히 대통령을 중심으로 이루어진 비자금 조성은 수천억 원대에 이르렀다. 이는 대통령직의 권력을 이용한 압력과 회유에 따른 뇌물수수였다. 이런 의미에서 집권당의 정치자금획득과 수수과정은 획일적이었고 억압적이었다.

또한 군부주도의 집권당은 막대한 선거자금과 조직 동원, 그리고 행정선거에 의존하여 체제를 유지하려는 제도적 관행을 보여 왔다. 이는 국민을 대상으로 자당의 정책과 이념을 개발하여 체제를 유지하기보다는 군부정권의 장기집권과 체제위기

---

2) 1964년 민정이양 첫 국회에서 3분(설탕, 밀가루, 시멘트) 폭리, 즉 업자들이 고시 가격을 어기고 당시 1백억 원대로 추산되는 폭리를 취해 공화당이 추문과 의혹을 불러일으켰다.

3) 장영자 사건은 1980년 초 대형어음사기 사건으로 세간의 관심을 집중시켰던 사건으로, 당사자인 장영자 씨는 징역 10년 확정판결을 받았다.

를 모면하려는 근대적인 체제유지의 발상을 보여줬다. 특히 정치자금의 경우, 선거 시 필요자금과 개인과 단체에서 낸 헌금, 기부금을 여·야당 모두 분배해서 쓰는 정치자금의 제도화가 이루어지지 않아 집권당만이 일방적으로 헌금과 기부금을 써 가며 선거를 치러 낸 관행이었으며, 결국은 선거문화를 퇴색시킨 것이었다. 이와 같은 관행과 선거문화는 한국에서 정경유착에 의한 부정부패로의 폐습에서 찾을 수 있다.

여덟째, 黨內 民主化의 缺如에 관한 것이다.

공화당은 당내 민주화의 결여와 당 총재 및 소수 주도세력에 의해서 당이 운영 된 결과 당내의 통합과 화합을 가져오지 못했다. 이는 抗命事件과 같은 당 분열로 표출되거나 극단적으로 대통령 1인체제를 불러오는 것이었다.

첫 번째는 원내 안건표결 시 공화당 의원 중 일부 의원들이 국회 내의 의원단 및 상임위원장 등 요직 배분에 자율성이 행사되길 바랐으나, 박 대통령의 일방적이 고 하향식의 지명에 의해 좌절되자 '抗命'으로 도전한 것이다. 예컨대 1965년 12 월 이효상 국회의장의 재임문제에서 박정희는 그의 재임을 원했고 상당수의 공화 당의원은 정구영 씨를 추대하여 표 대결이 불가피했고, 그 결과 55 대 69표로 鄭 씨가 앞섰으나 2차 투표에서 李 씨로 낙착되었다. 박정희는 이것을 '항명' '해당행 위'로 취급하여 김용태, 민관식 등이 6개월 간 정권처분을, 김종갑, 신형식 등은 경 고처분을 받았다.

그리고 1969년 '4·8 항명파동' 시에는 야당 측이 제출한 권오병 문교장관에 대 한 해임 건의안에 다수의 공화당의원들이 동조하여 가결시키자 양순직, 예춘호 등 5명이 제명·처분되어 의원직을 박탈당한 예가 있다. 또한 1971년 '10·2 항명파 동' 시에는 오치성 내무의 해임 건의안이 비슷하게 처리되자 길재호, 김성곤 등이 의원직을 박탈당하고 정계를 떠났다. 이와 같은 항명사건은 신격화된 권력에 대한 반대의사였으나 오히려 박 정권은 그들을 제명하거나 경고조치를 취해 대통령 1인 체제의 강화를 꾀했다. 집권당 내에서의 파벌적인 행위와 항명파동 등은 비민주적 인 당내 분위기를 반영한 것이다.4) 그러나 당내 면으로 볼 때 이러한 항명사건의 야기는 軍 주체세력에 대항한 구정치인세력의 도전을 의미했다.

---

4) 심지연, 「한국정당의 리더십 분석」, 『사상과 정책』(1990년 여름호), p.52.

두 번째는 1969년 10월 박정희에게 3選을 허용한 것을 내용으로 하는 개헌안이 통과된 후 공화당의 기구가 더욱 약화되고 박 대통령의 1인체제가 출범하게 된 것이다. 그해 11월 20일 당헌 개정에서 시·도지부 사무국을 폐지하고 중앙당 사무국의 기구도 대폭 감축되어 공화당의 조직은 소규모의 사무국과 유명무실한 지구당사무국이 남았고 필요시 전당대회나 개최하는 등 공화당 운영상 붕괴를 초래하게 되었다. 특히 한국의 경우는 정치권력의 상당 부문이 행정부 및 민간·군부의 정보기관에 의해 행사되고 있었다.[5] 그 결과 박정희의 1인지배체제가 출현하였고 이러한 정치제도는 1972년의 유신체제에 의해 더욱 강화되다가 1979년 10·26과 함께 붕괴되고 만다.

공화당의 항명파동 및 1인 통치의 등장과는 달리 민정당이 당내 민주화를 이루지 못한 요체는 후계정치를 근간으로 했다는 점이다. 이는 과두적 당 체제의 모순을 보여준 것으로 볼 수 있다. 즉 3공화국 때 '朴－金라인'에 따라 박정희와 김종필 간의 모종의 담합이 장기간의 독재체제를 구축하였다면, 5－6공화국 때는 '全－盧라인'에 의해 전두환과 노태우 간의 담합의 결과 정권 재창출도 가능하였다. 이는 노태우가 전두환 이후 당 총재와 대통령 후보로 직결되었다는 점에서 군부정권의 후계정치의 표본을 보여주었다.

위와 같은 일면적인 사례와 더불어 짚고 넘어가야 할 것은 당내 민주화에 대한 관행과 비민주적 제도화였다. 첫째, 특정 지도자 중심의 인물정당에 의한 제도화의 한계이다. 정당 내의 권한은 최고 통치자를 중심으로 한 소수의 권력자에게 집중되었는데, 그들이 인사권과 재정권을 장악하여 다수의 정당원들은 자율적인 행동이나 결정권이 없고 오로지 명예와 출세를 위해 당 지도자에게 줄을 대거나 충성하고, 심지어 정치헌금을 바쳐야 했다. 이 과정에서 정당정치는 최고 통치자 중심의 권위주의적 독주로 절대화되었다. 그 결과 정부 구성이나 정당의 당직 배분에서 최고 통치자의 개인적 친분이나 또는 정치적 배려에 의해서 임명되는 것이 보통이었다. 둘째, 당직 경선의 한계를 들 수 있다. 정당이 활성화되기 위해서는 당 지도자 1인에 의한 결정보다는 많은 당원의 요구가 수용되는 제도로서 정당이 주체일 때 가

---

5) Bae－Ho Hahn & Ha－Ryong Kim, "Party Bureaucrats and Party Environment", in Dae－Sook Suh & Chae－Jin Lee (eds.), *Political Leadership in Korea*(Seattle: Univ. of Washington Press, 1976), pp.69－72.

능하다. 특히 당직이나 총선 시 후보자가 당원에 의해 선출되는 경선제도의 정착이 당내 민주화의 요체이다. 그러나 군부정권하의 정당들은 권위주의적인 당 대표에 의해 경선보다는 특정 후보자의 낙점, 인사의 서열화, 정치자금의 비중, 그리고 학연·지연·혈연에 의한 출신보장 등 관행에 의한 지명으로 당내 민주화는 요원했다. 이렇게 볼 때 권위주의 지배하에서는 당원에 의한 입후보자의 결정을 형식적으로는 당헌과 당규에 명시해 놓고 있지만, 이를 민주적으로 제도화하지 않은 데서 오는 한계를 보여주고 있다.

Ⅲ. 최고 통치자의 퇴진과 집권당의 한계

한국에서 최고 통치자인 대통령은 3권 분립이 원칙인 자유민주주의체제에서도 막강한 권한을 행사할 수 있었다. 대통령은 헌법을 개정해서 장기집권을 꾀하기가 용이했으며, 반대세력의 도전을 차단할 수 있었다. 대통령은 무소불위의 권능을 행사하였지만 결국 결정적인 시점에서 퇴진을 초래하였다. 이런 의미에서 여기에서는 공화당과 민정당이 해체에 이르기까지 최고 통치자의 퇴진 원인과 정치력과 리더십 그리고 집권당의 한계에 대해서 살펴보고자 한다.

1. 최고 통치자의 퇴진 원인

첫째, 장기집권의 폐해를 들 수 있다.

주지하듯이 박정희 정권하의 공화당은 5·16 이후 18년간을, 전두환-노태우 정권하의 민정당은 5·17 이후 10여 년간 한국 정치를 주도했다. 박정희 정권은 3선개헌과 유신헌법에 의해 장기집권의 발판을 마련하였으며, 전두환 정권은 5·17 이후 유신체제의 통일주체국민회의 대의원(統代)에서 대통령 선출과 5공화국 헌법으로 집권유지에 완벽성을 보였다. 이처럼 쿠데타 이후 군부정권의 권력 장악이 장기화된 것은 그들의 지배를 영속시키려는 제도화에 급급했음을 보여주었다. 이를테면 유신이 경제성장을 지속하기 위한 박정희의 명분이었다면 오히려 체제를 위해서 권위주의지배를 더욱 강화시키는 것은 그의 영구집권욕이었다. 따라서 경제성장의 능률성만을 강조하고 긴급조치 남용 등 절차적 차원을 무시한 절대 권력의 정당성 기반은 불안정했다.[6]

그러나 절대 권력은 결국 부패하기 마련이었다. 박정희 정권은 유신체제하에서 긴급조치를 행사하면서 체제유지에 안간힘을 썼다. 긴급조치로 피지배계층은 다수가 반체제로 몰려 구속되기도 했다. 5공화국 정권도 억압적이기는 마찬가지였다. 이렇게 볼 때 최고 통치자의 절대적인 권력은 체제유지에 보탬을 주었으나 그들의 장기집권이 가져다준 군사문화나 반민주적 통치질서, 권위주의, 관료화, 과두화 등은 국민정서에 이반되는 것이었다.

둘째, 친위보위조직의 권력화를 들 수 있다.

대통령의 통치권력을 보위하는 기관으로서는 정보부(안기부), 보안사, 청와대 비서실, 경호실 그리고 군부가 있다. 이 기관은 대통령의 국정 운영에 관한 많은 정보를 소유하면서 강력하고 효율적인 물리적 동원이 가능했다. 정보부는 5·16 이후 군부 정권의 핵심적 정보기관으로서 범죄수사권까지 맡아 체제유지의 기능도 하였다.

정보부가 집권당을 사전조직하고 창당했음은 주지하는 바였다. 보안사는 5공화국 정권을 창출한 기관이었으며 군 이외의 민간인 사찰까지 감행했었다. 대통령 비서실·경호실도 의전 외에 정무 분야도 맡아 대통령의 정보비서로서의 역할까지 수행했다. 이처럼 친위보위조직의 권력화는 막강한 권부와 대통령의 통치력과의 함수관계를 보인 것이었다. 그러나 10·26 사건에서 보인 경호실과 정보부와의 갈등은 최고 통치자의 퇴진의 원인이 되었다.

셋째, 체제의 제도화 실패를 들 수 있다.

10·26 직후 '박정희가 없는 유신체제'하에서 정치권력의 공백상태가 생겨났다. 이는 유신체제가 집권세력의 교체와 상관없이 유지될 수 있는 제도화된 정권이 아니라, 박정희라는 개인적 독재자를 추종하고 그에게 충성을 다하던 조직체에 불과했음을 보여주었다. 혹여 10·26 후 유정회가 존속하고 체제를 변호하는 총신들의

---

6) Adam Przeworski, "Problems in the study of Transition to Democracy", in G. O'Donnell & P. Schmitter & L. Whitehead(eds.), *Transitions from Authoritarian Rule: Comparative Perspectives*(Baltimore: The Johns Hopkins Univ. Press, 1986), p.50.

체제수호 결의도 있을 수 있었다. 그러나 유신체제는 박정희의 죽음과 함께 붕괴되었고 이 체제를 변호하는 세력은 없었다.

5공화국의 경우 승계구도는 성공했으나 6공화국 초기 여소야대에 의한 집권당의 총선패배로 5공 청산이 대두되었다. 5공 청산은 신군부세력의 수장인 전두환 前 대통령의 단죄이자 노태우 대통령의 책임론으로 규정지어졌으며 야당과 시민사회의 세력화로 신군부세력의 체제에 한계를 보였다. 결과적으로 유신체제나 5공화국 정권이 어느 정도 제도화가 확고했다면 최고 통치자의 퇴진에 상관없이 정치력으로 권력구조를 유지하고 계승할 수 있었을 것이다.

넷째, 시민사회의 성장을 들 수 있다.

한국에서 시민사회의 성장은 정권변동기에 뚜렷했다. 4·19와 5·18은 권위주의 체제에 대한 반작용으로서 민주화에 대한 열정으로 표출된 정치적 사건이었다. 그러나 각 시기에서 군부의 등장으로 시민사회의 성장을 저해했었다. 군의 집권과 그들에게 적합한 헌정제도는 시민사회의 민주화에 역행되었고, 따라서 시민사회의 세력화는 군부정권의 종식과 민주적 법제도의 확립에 목적을 두고 진행되었다. 특히 1979년 10월 부마항쟁과 1987년 6월 항쟁은 군부 권위주의체제의 퇴진을 초래하는 데 결정적인 사건이었다. 시민사회의 성장과 세력화는 근대화라는 경제적 부 및 발전적 측면이 시민사회에 내재하고 정치의식화되면서 오히려 군부정권에 대항하는 민주화 운동의 일환으로 전개되었다. 그리하여 군부정권의 퇴진에 직접적 타격을 가할 수 있었던 것이다.

다섯째, 야당의 선명성이 결정적인 시기에 표출된 것도 통치자 퇴진의 한 원인이 될 수 있다.

야당의 선명성은 군부정권의 태동과 집권당의 형성에서 찾을 수 있다. 5·16 이후 야권은 군인당에 맞설 정당건설에 나섰다. 물론 야권은 분열되었지만 대통령 후보 단일화에는 대부분 협력했다. 그리고 유신체제 후반기에는 신민당의 선명성이 체제위기를 유발하였으며 결국은 박 정권의 퇴진이 뒤따랐다.

5공화국시기 야당의 선명성은 1985년 2·12 총선을 앞둔 시점에서 민주화추진협의회(민추협) 주도의 신한민주당의 성립에서 찾을 수 있다. 그 이전 야당인 민한당 등은 체제에 의해서 피조된 집권당의 우당의 개념이었다. 그러나 전두환 정권의 유화조치 이후 구정치인의 해금과 더불어 태동된 신한민주당은 직선제 개헌에서 투쟁적이었다. 신한민주당의 직선제 개헌운동은 시민사회의 민주화 운동과 더불어 체제와 집권당의 위기를 불러왔다. 6월 항쟁은 5공 정권의 퇴진을 재촉하였으며 이후 형성된 여소야대 정국은 6공화국과 민정당의 붕괴를 재촉했다.

2. 퇴진 과정 및 최고 통치자의 정치력과 리더십 비교

권위주의적 통치자는 민주적인 통치자보다 더 절대적인 권력을 휘두른다. 그는 집단의 정책 및 계획들을 독자적으로 결정하고 궁극적인 심판자로 유지되길 바라며, 통치자적 위치를 강화하고 보호하기 위해 체제보위조직 내의 권력 장치를 다양하게 사용한다. 최고 통치자는 통치자 주변에 비서실과 경호실을 두어 보좌관들과 참모 체제하에 권력 유지를 위한 방법을 꾀한다. 특히 군부주도의 집권세력과 집권당은 최고 통치자에 종속되어 지배 이데올로기의 확립과 그의 의중을 헤아려 체제유지에 만전을 기하게 된다.

박정희 정권이 안보와 경제성장이라는 두 변수를 체제유지의 수단으로 이용하였듯이, 전두환 정권 역시 안보와 발전을 체제유지를 위해 기민하게 사용하였다. 체제의 위기적 상황에서 안보와 발전 이데올로기를 과장되게 선전함으로써 민중부문의 노동운동이나 시민운동 등을 효과적으로 제어했다. 특히 유신체제하에서는 민주화 투쟁을 벌여 온 세력들을 철저하게 탄압했다.[7]

그리고 朴정희 정권이 유신 콤플렉스[8]에 시달렸듯이 全두환 정권은 광주민주화 항쟁에 대한 심한 콤플렉스를 가지고 있었다. 박 정권이 유신헌법에 대해 반대의견을 제기할 수 없도록 긴급조치와 같은 제도적 장치를 마련한 반면, 전 정권은 광주 문제로 정당성 위기감에 사로잡혀 있었으며 살상당한 광주시민들의 죽음에 정당한 이유를 제시할 수 없었다. 이 때문에 박 정권이 유신에 대한 체제 도전적 개헌문제를 거론할 수 없게 억압적 분위기를 강요했던 것처럼, 전 정권도 소위 정치권이나

---

7) 이남영, 「전두환·노태우정권의 성격과 리더십」, 김호진 외, 『한국현대정치사』(법문사, 1995), p.310.
8) 유신 콤플렉스란 긴급조치의 남발과 정권의 비정당성, 대선에 있어서 야당의 통로차단, 그리고 노동운동의 억압을 의미한다.

언론에서 '光州'에 대하여 거론조차 할 수 없게 했다.

노태우 대통령은 군부 권위주의체제로부터 민주주의체제로 전환하는 과도기의 취약한 통치여건 속에서 정치·행정 중심의 민주화를 위해 애쓴 것은 사실이나, 3당 합당을 통해 보수적 권위주의로 회귀하려는 양상을 보였다. 그리고 인맥 위주의 통치술을 구사함으로써 국민의 화합보다 균열을 초래했다.

朴정희의 경우 자신의 권위를 위협하는 제2인자의 출현을 배제했다. 박정희도 처음에는 중간보스를 두어 최대한 활용했으나, 3선 개헌 이후에는 중간보스를 없애버렸다.9) 이 경우는 김종필의 경우가 대표적이며, 충복이었던 이후락과 김형욱도 자신의 권위를 위협하게 되자 가차 없이 축출했다. 수경사령관 윤필용도 야심을 드러내자 강창성 보안사령관을 통해 제거했으며, 정일권을 대통령으로 옹립하려는 모의가 진행되고 있다는 소문이 있자, 즉시 '국회의원 가혹행위사건'을 빌미로 사전 봉쇄했다.10) 주지하듯이 군부정권이 안기부와 보안사를 통해 권력을 창출하고, 이들 기관을 그 권력의 보위체제로 만든 것은 공통적 현상이었다. 불행하게도 全두환 정권은 박정희 정권의 제2인자 배제 위주의 정치와는 달리 확고한 對국민적 이념은 결여된 채 심리적 부담 속에서 억압적인 장치에 의한 체제유지에 안간힘을 썼다. 그리고 집권과정에서 12·12 쿠데타와 광주학살 등 엄청난 역사적 과오를 저질렀다. 全 정권은 그러한 역사적 사실을 은폐하고 왜곡하기에 급급했으며 정치적 자유경쟁을 기본원리로 하는 자유민주주의 이념에 대해 철저하게 부정적이었다.11) 그리고 기존의 정치질서를 전면적으로 봉쇄하고 정치인들을 본격적으로 탄압했다. 5공화국을 통하여 볼 때 국가의 정치역량 부족이 여실히 드러난다. 국가의 권력획득이 합법적 방법이 아닌 폭력을 동원하여 이루어졌고, 국가의 최고 리더십도 국민들의 욕구를 충족시키는 데 무기력하였으며, 갈등을 평화적으로 조기에 관리하는 데 실패하였다.

노태우 대통령은 박정희와 전두환 등 강압적인 성격과 달리 신중하게 몸을 사리는 성격의 소유자인데다 6·29 선언의 실천에 주안점을 두고 통치술을 구사했다. 그는 6·29와 시민사회에의 도전을 감안하여 민주적 자유화가 상당히 진척되었다고 판단하고 이후 국제질서의 재편 추세에 맞물려 북방정책에 큰 역할을 하고자

---

9) 이상우, 『박정희, 파멸의 정치공작』(동아일보사, 1993), pp.36-37.

10) 김호진, 『한국정치체제론』(박영사, 1995), p.416.

11) 이남영, 앞의 논문, p.310.

했다.[12] 그러나 결과는 정국의 불안과 경제의 쇠퇴를 가져왔다.

한편 쿠데타로 2공화국의 장면 정권을 쓰러뜨린 박정희는 '근대화' 초석의 역군이었다. 그러나 그는 정치권력의 도그마티즘에 빠져 '독재자'가 되었다. 3선 개헌과 유신 개헌은 독재자의 전유물로 상징된다. 이것이 결국은 자신의 심복 김재규 중앙정보부장의 총에 피격되는 비극적 최후를 초래했다. 이 비극적 10·26 사건에 대한 궁극적 원인은 장기집권욕에 있었다. 그래서 12·12를 통해서 정권을 찬탈한 전두환은 단임정권을 굳이 내세우기도 했다.

〈표 3-2〉 군 출신 대통령의 경력 일람

박정희(1962~1979)	전두환(1980~1988)	노태우(1988~1992)
육군소장 (1958)	육군소장 (1978)	육군소장 (1978)
↓	↓	↓
최고회의 의장 (1961)	보안사령관 (1979)	9사단장 (1979)
↓	↓	↓
육군대장 (1962)	정보부장 서리 (1980)	보안사령관 (1980)
↓	↓	↓
공화당 총재 (1963-1979)	국보위 상임위원장 (1980)	육군대장 (1981)
↓	↓	↓
6대 대통령(3공) (1963-1967)	육군대장 (1980)	정무2 장관 (1982)
↓	↓	↓
7대 대통령(3공) (1968-1972)	11대 대통령 (1980)	내무부 장관 (1982)
↓	↓	↓
8대 대통령(유신) (1973-1978)	민정당 총재 (1981-1987)	민정당 대표 (1985-1987)
↓	↓	↓
9대 대통령(유신) (1978-1979)	12대 대통령(5공) (1982-1988)	민정당 총재 (1987-1990)
↓	↓	↓
10.26 사망 (1979)	백담사 유배 (1988-1989)	13대 대통령(6공) (1988-1992)
	↓	↓
	구속 (1995)	구속 (1995)

이에 비해 전두환 정권의 단임에 의한 집권은 퇴임 이후를 무리하게 준비하는 과정에서 권력형 부정부패로 얼룩졌다. 그의 후계자 노태우에 의한 5공 청산의 불명예도 뒤따랐다. 단임은 지켰으나 퇴임 이후 이러한 문제들이 불거져나와 1988년 11월 23일 그는 형식적인 재산을 헌납한 뒤 백담사로 들어갔다. 전두환은 노태우 정권과 야당 합의에 따른 5공 청산을 빌미로 1990년 12월 30일 백담사를 하산하고 연희동 자택으로 돌아왔다. 그러나 그는 과대한 정치자금 2,000억 원의 은닉과 치부 등 비리로 1995년 12월 안양교도소에 수감되는 비극적 신세가 되었다. 권

12) 염홍철, 「노태우대통령: 리더십과 치적공과」, 한국정치학회 충청지회, 『남북한 정치지도자의 리더십과 치적공과』(1998), pp.192-194.

력형 부정부패사건은 군부정권이 그동안 계획경제와 경제성장의 발전적 측면을 정경 유착을 통해 체제유지에 이용해 온 부정부패의 유산이었다.

노태우의 경우 1987년 대통령 당선은 야권 분열의 결과였지만 1988년 4월 총선에서 여소야대 정국을 초래하여 정치적 위기를 가져왔고 결국 3당 합당 등 후계정치를 통해 권력을 승계시켰지만 정치적 한계를 지녔다. 그는 퇴임 후 재직 시 비축해 놓은 2,000억 원가량의 비자금사건으로 문민정부에 의해 권력형 부정부패로 감옥에 갇히는 처지가 되었다.

요컨대 박정희는 심복에 의해 비참한 최후를 맞았다. 전두환은 후계자이자 친구인 노태우에 의해 백담사로 유배당하는 수모를 겪은 데 이어 끝내는 김영삼 문민정부에 의해 군부반란[13]과 권력형 부정부패로 수감 생활을 해야 했다. 노태우 역시 군부반란과 권력형 부정부패로 수감되었다. 결국 한국에서 군부정권의 말로는 부정부패와 독재정치로 인해 사망하거나 수감되는 정치적 운명을 보여주었다.

3. 최고 통치자의 퇴진결과 나타난 현상

첫째, 체제의 퇴진 후 민주화의 가능성을 보였으나 군부정권의 재등장을 초래하였다.

군부정권의 퇴진은 한국에서 권위주의의 해체와 더불어 민주화로 가는 중대한 기로였다. 체제의 해체와 함께 새로운 헌법을 제정해서 민주적인 제도와 국가의 틀을 재편해야 했다. 그런 점에서 군부의 퇴진 이후 한국의 민주화는 30여 년간 국민적 요구였음을 부인할 수 없다. 이 점은 정권변동기에 국민적 지지를 획득하여 정당성 있는 정부를 구성하는 문제와 직결된다.

여기서는 1980년 초와 1987년 말에 표출된 민주화의 가능성이 결국은 군부의 재집권으로 나타난 사항에 대한 사례를 적요하고자 한다.

우선 10 · 26에 의한 최규하 과도정부의 등장과 그 정부에 의한 민주화 일정은 중차대한 선결사항이었다. 그러나 신군부에 의한 12 · 12 군부반란과 그들에 의한

---

13) 1993년 2월 25일 출범한 김영삼 정부는 12 · 12 사건 13년 만에 이 사건을 공식적으로 '하극상에 의한 군부 쿠데타적 사건'이라고 규정하였다.

정보채널 독점으로 민주화 일정은 지체되고 결국은 안개정국으로 돌아섰다. 이에 따라 개헌문제도 불투명해지고 그 방법에서도 직선제냐 이원집중제냐 하며 혼미를 거듭했다. 그러나 신군부의 권력 장악을 위한 계략은 5·17 조치에 의해 확연히 드러났다. 이들은 5·18 광주항쟁을 유혈쿠데타로 무너뜨리면서 국보위 설정 및 과도입법기구를 형성하여 5공화국 법체계를 세웠다.

또 하나 민주화의 가능성은 6월 항쟁 이후 야당에 의한 평화적인 정권교체로 문민정부를 구성하는 것이었다. 6월 항쟁은 전 정권의 4·13 호헌조치에 대한 야권 및 시민사회의 투쟁으로 직선제를 쟁취한 사건이었다. 야당은 당내 일부가 내각제를 선호하여 민정당과 협의하려 했으나 직선제가 대종을 이루었다. 이 6월 항쟁으로 국민적 지지에 의한 직선제 쟁취는 야권의 평화적인 정권교체를 이룰 수 있는 첩경이 되었다. 그러나 국민적 항쟁과 열정에도 불구하고 직선제에 의한 정권교체는 야권의 분열로 퇴색되었다. 즉 김영삼과 김대중의 대결과 분열, 대선 후보의 등장은 야당에 의한 평화적 정권교체를 성사시킬 수 없었다.

둘째, 최고 통치자의 퇴진은 집권당의 붕괴를 가져오게 된 요체가 되었다.

한국에서 집권당은 최고 통치자의 퇴진과 더불어 그 운명이 결정지어졌다. 집권당은 체제유지를 위해 안보와 발전 이데올로기를 제도화시키고 당력을 조직과 운영 등 체제의 정치적 도구로서 집중해 온 결과 체제의 퇴진과 함께 붕괴를 가져오게 되었다. 집권당은 체제의 퇴진 및 변화에 따라 부수적으로 변화를 가져왔다는 점에서 체제와 같이 제도화를 이루는 데 실패하였다. 따라서 군부정권하의 집권당은 그 역할이나 운영에서 최고 통치자에 종속되었다.

그동안 권위주의체제와 최고 통치자의 위상은 장기집권을 제도화하는 등 독재적이었다. 그런데 최고 통치자의 퇴진은 시민사회의 세력화와 야당의 직선제 개헌운동의 필연적 결과였다. 이렇게 볼 때 최고 통치자의 퇴진은 결국 집권당의 붕괴를 유발시켰다. 공화당의 경우 권부 내 투쟁의 결과 10·26으로 최고 통치자의 퇴진을 가져왔으며, 결국은 공화당의 무력화를 보였다. 공화당은 박정희의 사망으로 집권당의 위치에서 밀려났다. 그리고 신군부의 등장과 5공화국 헌법제정 후 당 해체로 마감 지었다. 민정당의 경우 6월 항쟁과 직선제 실시, 그리고 여소야대 정국의 출현으로 위기를 보였다. 그 위기를 극복하기 위한 차원에서 민정당은 3당 합당 과정에서 야당을 유인하였고 결국 3당 합당으로 민정당은 당 소멸을 가져온 셈이다.

Ⅳ. 집권당의 해체 요인

한국에서의 정당의 해체는 어떻게 이루어지고 있는가. 그 해산방법이 자진해체인가 혹은 강제해체에 속하는가. 5·16 및 5·17 쿠데타 이후 한국의 정치과정은 군부 위주의 제도화 과정으로서 체제유지에 그 목적이 있었다. 그러나 권위주의체제의 퇴진은 집권당 유지에 심각한 위기를 가져다주었다. 이는 그동안 집권당이 제도적 의미에서 뿌리박지 못하고 최고 통치자의 체제유지에 길들여 온 탓이었다. 이런 의미에서 여기서는 집권당의 해체 요인을, 제도화로서의 한계를 보이면서 나타난 공화당의 해체 요인과 민정당의 소멸요인을 통해 살펴보고자 한다.

1. 공화당의 해체 요인

18년여의 장기집권을 행사해 온 공화당의 해체 요인은 다음과 같이 정리할 수 있다.

첫째, 1인 지배에 따른 결과 후계자의 등장을 차단했다.

박정희 정권은 쿠데타로 권력을 잡은 후 제도적으로 연임에 한정하게끔 되었던 것을 3선 개헌으로 독재화했다. 이후 유신헌법으로 영구히 집권할 수 있는 제도적 토대를 만들었다. 그 결과 후계자의 출현도 배제하면서 오직 난공불락의 1인 통치를 하였다. 권위주의체제의 제도화는 반대세력의 탈정치화와 집권세력 내 제2인자의 배제라는 차원에서 그 의미를 지닌다. 이렇게 보았을 때 결과적으로 후계자에 의한 권력이양과 그것을 법적으로 제도화했더라면 집권당의 해체는 대통령의 퇴진과 더불어 쉽게 나타나지 않았을 것이다.

둘째, 유신 이후 막강한 권력 장치에 의한 대통령 개인정치로 인해 공화당은 해체될 수밖에 없었다.

유신 개혁은 중앙정보부가 비밀리에 추진한 만큼 공화당은 그 권한이 축소되었다. 유신이 선포될 때 국회는 해산되고 정당 활동은 중지되었으며, 공화당사는 군인들이 지키고 있어 당 활동이나 출입이 통제되기도 했다. 유신체제의 등장으로 박정권은 종신집권이 가능할 수 있었고 따라서 공화당의 역할과 위상은 축소되었다. 공화당은 대통령 선출과정에 아무런 역할도 할 수 없었고 국회의 국정감사도 없었다. 유신 하에서는 주로 중앙정보부가 정치적 역할을 맡아 유신에 비판적인 인사들을 탄압하였다.

공화당은 박대통령의 개인적 정치도구에 불과했다. 공화당은 3공화국보다 유신 때 세력이 더욱 약화되었다. 3공화국 때의 패권을 추구하려던 공화당도 결국은 유신체제의 독재화에 따라 집권당으로서의 기능과 역할이 상실되었다. 정보부 등 보위조직은 야당과 시민사회에 대한 정치력 억제 및 탄압을 행하며 공화당과 체제위기의 진로문제로 갈등을 보여주기도 했다.

셋째, 박정희의 사망이 결정적이었다.

이는 최고 통치자의 퇴진이 집권당의 해체를 가져오는 가장 단기적인 방식임을 의미했다. 박 정권은 안보와 발전 이데올로기를 강화하여 어느 정도 일정의 제도화를 구축하는 데 기여했으나 3선 개헌과 유신 개헌 등 장기집권을 위한 독재정치로 일관했다. 유신체제는 1인의 장기집권을 위한 제도적 장치였다. 그러나 유신독재에도 불구하고 친위보위조직 간의 갈등과 불화에 의한 최고 통치자의 사망은 공화당의 해체에 결정적으로 작용했다.

그러면 박정희 사망 이후 공화당의 해체과정을 살펴보면 다음과 같다.

첫째, 공화당은 당내 소장의원들의 정풍운동으로 단결된 힘을 과시하지 못했다.[14] 1979년 12월 25일 17명의 소장의원들이 부정축재와 반민주적 행위로 지목받고 있는 당 간부의 탈당을 요구했다. 김종필 총재는 이들을 제거하는 경우 당내 반발을 우려하여 정풍운동의 요구를 수용하지 못했다. 정풍파들은 부정부패자, 권력으로 치부한 자, 도덕적으로 타락한 자, 권력만을 추종하는 해바라기 정치인 등으로 이후락, 김진만, 박종규 등을 지목하며 제거를 요구했다.[15] 정풍파들은 자기들의 요구가 실현되지 않을 때 의원직을 사퇴하겠다고 위협했다.

---

14) 당내 소장 정풍파 핵심 인사는 박찬종, 오유방, 정동성, 윤국노, 김수, 홍성우, 박용기, 변정일 등이다.

15) 박찬종, 『부끄러운 이야기』(일월서각, 1983), p.114.

이어 林湖 의원이 김종필 총재의 리더십을 정면으로 공격했다. 그리고 자신의 정치적 장래가 불안해진 이후락 의원이 1980년 3월 24일 김 총재가 불법으로 총재가 되었고 당의 혼란 책임은 김 총재에게 있다고 정면공격했다. 결국 공화당은 4월 7일 당무회의를 개최하여 이후락을 제명하고, 또 임호 의원과 정풍운동을 주도하고 있던 박찬종·오유방 의원 등을 제명하는 등 당내갈등을 초래했다.

둘째, 10·26 이후 집권당에서 물러났지만 의회 다수당인 공화당은 무력했다. 신군부는 1980년 4월경 권력 장악의 시나리오로서 '혁명평의회' 성격을 갖는 비상권력기구의 준비를 사실상 완료했다. 이로써 신군부세력은 정치권력의 장악을 위한 본격적인 행동에 착수하였다. 국회 개헌특위에 의한 헌법 개정심의 작업은 1980년 5월 17일 전국비상계엄의 선포 및 정치활동금지 포고에 따라 중단된 채 끝장났다. 5·17 계엄확대조치와 김대중의 체포는 신군부의 정권장악을 위한 쿠데타였다. 신군부의 5·17 계엄확대는 광주항쟁을 불러왔지만 이를 계기로 군부의 실세들은 정권장악에 피치를 올렸다.

셋째, 신군부세력에 의해 김종필의 당 총재직 사퇴압력이 있었다. 5·17 계엄을 계기로 보안사령관인 전두환 소장(당시 보안사령관직은 정보장악자를 의미한다)은 부정부패를 이유로 구체제의 인물들, 즉 박 정권 시절의 고위인사들을 체포하였다. 김종필 총재를 비롯하여 8명의 공화당 당직자와 이후락, 박종규 등 수십 명의 전직 고관들이 체포되어 재산을 국가에 헌납하고 공직사퇴를 한 후 풀려났다. 김 총재는 1980년 6월 24일 공화당 탈당계와 당 총재직을 사퇴하였다. 이처럼 공화당은 당내·외의 위기 속에 당 해체가 가속화되었는데 이것은 신군부에 의한 권력 장악과 그들의 새 헌법의 제정으로 기존 정당이 해산되는 예정된 수순이었다.

넷째, 지난 17년 8개월간 집권당으로 행세해 온 공화당은 공식적으로 解體되었다. 1980년 8월 전두환 대장이 전역과 함께 통일주체국민회의에서 대통령에 선출되어 취임하였다. 그리고 10월에는 새 헌법을 제정하여 국민투표에 부친 결과 91.6%의 찬성을 얻었다. 새 헌법 부칙에는 기존의 정당은 모두 해산하도록 되어 있었다. 이로써 공화당은 공식적으로 해체되었다.[16] 공화당 당직자 중 공직사퇴를 하지 않은 최고서열의 정래혁[17] 중앙위의장이 공화당 청산위원장이 되어 재산과

---

16) 1980년 10월 27일 5공화국 헌법이 발효되어 공화당은 이날 해체되었다.

사무국 요원들을 정리하였다. 공화당의 많은 재산과 인물들은 신군부가 만든 관제 여당인 민정당으로 가고, 일부는 한국국민당에 합류하였다. 그리고 많은 공화당 인사들은 신군부가 제정한 정치규제법에 묶여 정치활동을 할 수 없게 되었다. 그들이 18년 전에 비정상적인 방법으로 정권을 잡아 반민주적인 정치행태를 자행해 왔으나 그들 역시 비정상적인 방법으로 신군부에 의해 정치활동을 중단할 수밖에 없었다.[18] 당의 재산은 정당법 제41조에 의거한 청산위원회의 결정에 따라 12월 10일자로 5공화국의 집권당인 민정당에 양도되었다.

이와 같이 공화당의 해체는 박정희의 사망과 신군부의 등장으로 이루어졌다. 신군부의 등장은 새로운 권력의 재편을 의미했다. 이런 점에서 공화당 해체 후 뒤따른 결과를 살펴보기로 한다.

첫째, 신군부에 의한 숙정이 뒤따랐다.

공화당 의원들의 경우 5공화국 신군부의 정치쇄신법에 의해 '구체제 인물'로 분류되어 제도적으로 정치에서 퇴장하였다. 1980년 11월 12일 1차로 공고된 정치활동규제자 811명 가운데 김종필 등을 포함한 10대 의원 상당수가 포함되어 있었다.[19] 공화당 의원으로는 정일권, 이효상, 박준규, 백남억, 정예용, 이병희, 길전식 등이 포함되었고, 11월 15일 2차로 규제된 사람으로 길재호, 이낙선, 김용환, 한병기, 김종락 등 24명이 포함되었다. 이들은 신군부세력으로부터 권력형 부정축재자, 정치혼란조성자, 상습적인 선거사범으로 분류되었다. 구정치인은 사회적으로 혼란을 조성했거나 부패정치인으로 매도된 셈이다.

공화당의 경우 숙정대상자가 131명으로 80명이 해제되고 최종대상자는 51명이었다. 그러나 10대 의원의 경우 68명의 규제대상자 중에서 25명이 정치활동 적격자로 판정되었다. 정당 간부의 경우 적격 판정된 사람은 공화당의 63명 중 55명이었다.

---

17) 그는 신군부세력에 결탁하여 5공화국 시절 국회의장을 역임하게 되었으나, 다른 군 출신의 투서사건으로 결국 정계은퇴를 하게 되었다.

18) 김용호, 「제3, 4공화국시대」, 홍순호 외, 『한국현대정치사의 재조명』(대왕사, 1990), pp.227－228.

19) 군부세력의 이러한 정치활동에 대한 규제조치는 사실상 구정치인들을 정치권으로부터 배제하는 정치적 숙청작업이었다. 1980년 11월 12일 정치쇄신위원회가 발표한 정치활동규제대상자는 811명이었다. 대상자를 세분해 보면 10대 국회의원 생존자 231명 중 210명, 정당 간부 257명 중 254명, 기타 전직의원 및 관료 당직자 등이 347명이었다. 11월 15일에는 2차로 정치활동규제대상자 24명을 추가하여 총 835명이 되었다. 835명의 규제대상자를 분류해 보면 10대 의원이 25.1%인 210명, 정당 간부는 30.4%인 254명, 기타 44.5%인 371명이었다. 김홍기, 「제3공화국의 이정표」, 『신사조』(1962년 11월호), p.46, 중앙선거관리위원회, 『대한민국정당사』 제3집(1982), p.7.

〈표 3-3〉 집권당의 해체과정

공화당	민정당
사전조직	사전조직
↓	↓
창당	창당
↓	↓
패권추구	패권추구
↓	↓
3선 개헌-박 정권에 예속	12대 총선-야당의 돌풍
↓	↓
유신-박 정권 개인통치 방식	13대 총선-여소야대위기
↓	↓
긴급조치와 계엄령선포	5공 청산
↓	↓
권위주의체제 위기	3당 합당으로 소멸
↓	↓
박정희 사망과 당 해체	민자당 태동

둘째, 공화당 의원의 일부는 신군부 정당에 참여했다.

신군부 세력은 집권 및 정당을 조직하는 과정에서 3공화국의 공화당의 자산을 크게 원용했다. 공화당의 재산을 그대로 인계받았고 사무국요원 등 기간조직의 80% 이상을 접수했다. 구정치인 중 공화당 출신은 22명이었고 정부관료 출신은 7명 등이었다.[20] 이들 구정치인은 5공 형성과정에서 입법의원과 민정당 요직에 배정되어 정치적 변신과 민정당의 패권추구에 협력했다.

2. 민정당의 소멸요인

그러면 민정당이 집권당으로서 소멸[21]되어야 했던 요인은 어디에 있었는가.

첫째, 자생 야당 등장과 다당체계 구도가 무너진 것이 민정당 소멸의 한 요인이었다.

---

20) 예컨대 공화당에서 민정당으로 참여한 인사로는 남재희, 신상초, 최영철, 정래혁, 이태섭, 홍성우, 김숙현, 홍우준, 윤국로, 정동성, 이자헌, 이해원, 안갑준, 정석모, 이상익, 유경현, 정휘동, 김윤환, 정희채, 이양우, 고귀남, 권중동 등 22명이며, 정부관료 출신으로 민정당에 참여한 사람으로는 정종택, 김종호, 박동진, 황인성, 임방현, 고건, 김태호 등 7명이었다. 이상우, 「제3공화국 이후 변신정치인들」, 『신동아』(1987년 2월호), pp.239-249 참조.

21) 본래 소멸(extinction)이란 권리를 행사하지 않음으로써 그 권리를 행사할 수 없게 된 시점을 뜻한다. 이 경우 정당은 법률상 지위를 소멸한다. 공화당의 경우 신군부세력의 강압에 의해 법적 규제로서 해체(dissolution)를 가져왔지만, 민정당의 경우 집권당의 위기 모면수단으로서 야당과의 야합의 산물이었기에 법적 해체보다는 당의 소멸로 보는 것이 바람직하다. 정당법 4조에 따르면 정당이 새로운 당명으로 합당(신설합당)할 때에는 정당들의 대의기관(전당대회)이나 그 수임기관(전당대회에서 신당추진의 권한을 위임받아 구성된 기관)의 합동회의의 결의로 합당하게 되어 있다. 3당의 경우 시간상·물량상 후자에 의해서 이루어졌다.

　민정당의 해체위기는 우선 12대 총선에서 선명야당인 신한민주당을 제1야당으로 부상시킨 것과, 그로 인한 직선제 개헌운동의 일환으로 일어났던 시민사회의 6월 항쟁과 집권당내부의 6·29 선언에서 비롯된다.

　12대 총선의 결과는 선명야당의 등장과 5공화국의 붕괴를 가져오는 계기가 되었다. 신군부는 창당 초기 다당체계에 의한 정당구도로 패권적인 정당체계의 모습을 유지하기 위해 순치된 야당을 보장해 주려고 했지만 정치활동규제에서 풀려난 구정치인들이 민추협을 중심으로 신한민주당을 육성하여 12대 총선에서 제1야당으로 등장하였다. 이러한 상황은 신한민주당의 당헌인 직선제 개헌과 그로 인한 시민사회의 직선제 운동 동참으로 전두환 정권의 단임과 현행 헌법의 고수에 의한 후계정치에 타격을 주며 6월 항쟁을 연출하게 되었다. 이는 집권당의 위기를 가져오고 결국은 당 소멸을 초래케 하는 遠因이 되었다.

　둘째, 1988년 13대 총선에서 나타난 여소야대 정국 하의 민정당의 열세와 5공청산 역시 민정당 소멸의 요인으로 볼 수 있다. 1988년 2월 실시된 13대 총선의 여소야대 결과가 군부정권의 퇴진을 가져오는 데 近因으로 작용했다.

　이 총선에서 형성된 여소야대 정치질서는 노태우 대통령으로 하여금 통치력을 약화시켰다. 이 결정적인 민의의 폭발에 의해 결과된 집권당의 패배는 그동안 군부정권의 제도화에 대한 심판이었다. 1988년 2월, 13대 총선은 3김씨(김대중, 김영삼, 김종필 등)의 출현으로 나타난 지역 분할구도였다. 이를테면 노태우(민정당)는 경북·대구, 김대중(평화민주당)은 호남, 김영삼(통일민주당)은 부산·경남, 김종필(신민주공화당)은 충청을 기반으로 하였다. 이와 같은 지역 분할은 사당정치의 심화, 지역패권주의, 공직자의 출신지역 인사 안배, 정치 불신 및 정치경제통합의 저해 등을 야기하였다.

　13대 총선이 여소야대로 이루어지자 3김씨는 정국의 주도권을 확보하기 위해 공조의 모양새를 갖췄다. 이로써 5공 청산을 위한 국회 청문회와 국정감사가 실시되었다. 이는 본격적으로 야권의 우세와 주도권 장악을 의미했으며 군부정권 퇴진의 시작이었다. 민정당은 야당의 협력 없이 정국을 주도할 수 없는 상황이었다. 이는 집권당인 민정당이 소멸하게 된 근원적인 요인으로 작용하였다.

　여소야대의 정국구도는 노태우 대통령이 정치주역의 한 사람이었고, 자신의 대통령 당선에 결정적인 계기를 마련해 준 전두환 前 대통령과 5공화국의 비리청산에 대한 압력으로 작용하였다. 국회가 5공화국 비리 특별위원회를 설치하고 청문회를 개최하여 5공화국의 부정적인 유산을 평가함으로써 군부 독재체제에 대한 국민의 반감을 불러일으켜 군부체제로는 국민의 정치적 욕구를 정치과정에 반영할 수 없다는 한계인식이 확산되었다. 이는 軍의 탈정치화를 가속화시켰다. 5공화국의 부정부패, 정경유착 비리, 부도덕성, 비능률성, 폭력성 등의 노출은 국민의 정치적 불만을 가중시켜 민주화 열기를 부채질하는 결과를 가져왔다.

셋째, 민정당의 정치력부재 및 차기대권 후계자 선정의 난항이 민정당의 소멸을 재촉했다.

여소야대 정국으로 집권당은 약체에 놓일 수밖에 없었고, 5공 청산과 청문회 그리고 전두환의 백담사행 등은 민정당 위기를 노정하였다. 게다가 대통령 직선제로의 개헌에 따른 제도적 변경은 14대 대선에서의 체제유지가 민정당 내 자체적으로 어려운 형국을 의미했다. 이는 야권에 있는 부동의 대통령 후보자의 존재와 달리 집권당으로서 차기대권 후계자의 빈곤이 그 문제였다. 이러한 군부정권의 후계자 빈곤은 체제유지와 장기집권, 그리고 정당성 획득과 체제의 제도화에서 치명적인 현상이었다. 그래서 야권과의 합당을 매개로 하여 정치력을 회복하고 차기후계자를 선정[22]하면서 체제와 민정당의 정치적 위기를 해소했던 것이다.

한편 민정당의 소멸과정은 어떠했는가를 살펴보고자 한다.

민정당의 소멸과정은 후술하겠지만 집권당의 허약성을 극복하기 위해 야당과의 3당 합당을 주도하면서 나타났다. 집권당인 민정당과 수적 열세인 두 야당과의 보수대연합구도가 그것이다. 다수의 국민들은 여소야대의 정국에서 한국 정치사 이래 진일보된 정당정치가 이루어지길 바랐다. 그러나 5공 청산으로 국민에게 정치적 정화제 역할을 했던 13대 국회 및 정치과정은 집권당과 두 야당과의 3당 합당으로 변신을 꾀해 새로운 정당구조로 개편되었고, 여야정치인의 집권당으로의 융합이 5공 청산 이후의 정국 표면 위로 올라왔다.

여소야대 정국에서 새롭게 표면화된 정계 개편은 집권당의 약화로 인해서 야3당

---

22) 역설적으로 3당 합당에 의한 민주자유당의 형성은 노정권의 김영삼 후계정치로 민주화의 기틀을 마련하는 계기가 되었다. 노태우 정권이 김영삼 대표최고위원을 대통령 후보로 낙점한 이유의 근거로서 ①국민적 민주화 운동의 연장선상에 있었고, ②군부세력 내 마땅한 대안(후보자) 부재, ③야당의 김대중에 대적할 인물로서의 대안, ④합당 이후 지배세력에 의한 정치적 영향력 고려 등에 있었다.

의 연합을 가져온, 생산적이고 진일보된 틀인 4당 구도를 깨는 것에 지나지 않았다. 결국 4당의 균열적 요인은 5공화국 정권을 대물림했음에도 불구하고 여소야대 정국이 출현했고, 전두환의 국회출석 증언 등 5공 청산으로 의회 및 정당정치의 주도권을 상실한 집권당의 위기에서 나온 것이었다.

본질적으로 정당연합의 형성은 대체로 두 가지의 조건이 필수적이다. 첫째는 정당 간의 협상이 이루어질 수 있는 조직적·이데올로기적 능력을 가진 지도자들이 존재해야 하는데, 이 경우 보수적 세력체인 정당연합으로 각 정당이 위기를 모면하고자 합당을 꾀하는 예가 있다. 둘째는 연합에 찬동하는 그들의 정치적 추종자들이 파쟁과 분열 없이 단합된 지지를 보내야 한다. 이런 점에서 3당 합당은 각 정파 간의 정당위기를 모면하고 정당보스 간 권력을 매개로 하는 합당이었다.

정계 개편론이 구체화되는 과정에서 1989년의 '12·15 대타협'은 3당 합당의 분기점이었다. 노태우 정권과 야3당은 12월 15일 전두환의 국회증언과 정호용의 공직박탈을 비롯한 5공 청산과 지자제 선거 실시 등 11개 항에 합의했다. 여기서 5공 청산은 통일민주당을 3당 합당으로 유인하기 위한 필수적 조건이었으며, 지자제 선거는 민정-평화민주당 양당구도를 지향했던 평화민주당이 5공 청산에 대한 미온적 합의의 대가로 획득한 성과였다. 따라서 김대중 총재는 지자제 선거를 대가로 5공 청산에 합의한 반면, 김영삼 총재는 5공 청산을 대가로 3당 합당에 참여했다. 역설적으로는 노태우 정권이 지자제 선거로 평화민주당을 무마하면서 5공 청산을 대가로 3당 합당을 성사시킨 것이다. 신민주공화당으로서는 특별한 조건이나 대가가 있을 수 없었다.[23]

盧 정권과 통일민주당의 협상은 1989년 11월 말에서 1개월가량 추진되었다. 여권의 회담추진세력들은 청와대(홍성철 비서실장과 최창윤 정무수석), 안기부(서동권 안기부장), 민정당(박철언 정무장관) 등이 참여했다. 권력 내부에서 논의되는 것 중 중요한 사항은 3당 합당을 기초로 해서 후계구도와 밀접한 지도체제와 권력구조의 문제였다. 이는 권위주의체제하에서 후계구도를 제도화하기가 어려웠음을 반증한 것이었다. 그리고 지도체제와 관련하여 통일민주당은 대통령과 총재의 분리를 주장한 데 비해, 노태우 정권은 대통령과 총재를 단일화하는 방법을 주장하여 이견을

---

23) 정대화, 「한국의 정치변동, 1987-1992: 국가-정치사회-시민사회의 관계를 중심으로」, 서울대 박사논문 (1995), p.246.

보였다. 그 결과 3당 합당 이후 전당대회에서 대표최고위원제를 신설하여 당무는 대표가 관장하고 대외적인 문제는 대통령이 처리하는 것으로 절충되었다.

민정당은 1990년 1월 6일 사무총장을 이춘구에서 박준병으로 교체하면서 협상을 가속화시켰다. 그리고 노태우 정권은 통일민주당과의 협의안을 토대로 신민주공화당의 김용환 사무총장과의 창구를 개설했다. 그러나 최대의 고비는 대통령 직선제가 아닌 내각제 개헌을 목표로 한 권력구조에 있었다. 노태우 정권과 김영삼이 내각제에 합의했음에도 불구하고 내각제를 보는 시각은 달랐다. 노 정권은 군부권력의 재생산에 초점을 두었고, 김영삼은 내각제를 도구로 하는 대권에 목표를 두었다. 이에 따라 내각제를 문서화하는 데 견해차가 상존하여 김영삼과 박철언과의 합의각서 비공개를 전제로 이 문제가 타결되고 이후 1월 12일 노 대통령과 김영삼과의 회동을 계기로 합의각서가 작성되었다.

그 구체적인 내용은 1990년 1월 22일 노태우 대통령과 통일민주당의 김영삼, 신민주공화당의 김종필 총재 등이 각 당을 사실상 해체하고 통합신당을 창당하기로 합의하는 것이었다. 그리고 이를 제도화하기 위해 3당에서 각 5명씩 모두 15명[24]의 창당준비추진위원회를 구성하여 새로운 신당의 골격(내각제)을 형성하기로 했다.

이로써 통일민주당은 1990년 1월 30일 불과 35분 만에 당 해체를 전격처리하고 합당을 선언했으며, 신민주공화당도 2월 5일 합당을 공식 결의했다. 민정당은 2월 1일 임시 전당대회에서 당 해산을 결의했다. 이러한 정당의 해산은 지역 유권자를 무시하고 권력에 안주하기 위해 초래한 파행적인 사당정치의 결과였다.

3당 합당에서의 관심점은 통일민주당 출신 세력과 민정당 세력과의 협력이 과연 가능했는가이다. 우선 통일민주당이 전통 야당의 숙제인 정권교체를 이룩하지 못하고 군부정권의 집권당과 합당을 한 이유는 무엇인가. 이는 김대중과 김영삼 간의 두 거목이 ①야당분열, ②강한 대권욕 집착, ③양김에 의한 사당, ④지역당의 한계 등을 극복하지 못한 결과였다. 결국 민주당은 2년 9개월여 만에 해체되고 말았다.

이에 반해서 민정당은 신군부 등장으로 급조된 정치세력이었으나 5공화국 비리에 정치적 위기를 초래했고 국민의 저항으로 정치적 위험에 놓였다. 민정당은 권력의 핵심권이 아닌 주변으로 일관하다가 신군부의 세력 저하에 따라 9년여 만에 간

---

24) 15명의 명단은 박준병, 정동성, 이승윤, 박철언, 김중권(이상 민정당), 김동영, 이기택, 김동규, 황병태, 김덕용(이상 통일민주당), 김용환, 최각규, 김용채, 이택석, 신오철(이상 신민주공화당) 등.

판을 내리고 야당을 유인·흡수하여 체제유지를 위해 변신을 해야만 했다. 이는 군부정권의 권력순환과 소멸의 반작용을 의미했다. 군부정권에 예속된 집권당은 구심력을 지니지 못하고 당 주변에서 맴돌다 통치자와 더불어 소멸되고 말았다. 그동안 민정당은 집권당으로서 체제유지의 정치적 도구로 종속되어 왔으며, 이 결과 체제가 위기에 봉착하자 소멸되었다. 이렇게 보았을 때 민정당의 소멸은 ①최고 통치자의 전권적 실력행사, ②권력의 핵심 아닌 주변적 역할, ③노 대통령 이후의 차기후계자 곤란 및 불임성, ④5공 청산 이후의 변신, ⑤야당의 과반수의 의석수 보유에 대한 집권당의 한계, ⑥집권당의 제도화 실패 등에서 그 원인을 찾을 수 있다. 신군부세력의 음모에 의한 창당 이후 줄곧 집권당으로 명맥을 유지해 온 민정당이 체제위기로 소멸된 것은 곧 제도화의 실패를 의미하는 것이었다.

결국 1990년 2월 9일 노태우, 김영삼, 김종필의 3당 총수의 전격 회동으로 3당 합당은 발표되었다. 3당 합당으로 결성된 민주자유당(민자당)은 평민당 의석을 제외한 국회 전체 의석의 72.2%인 216명의 거대여당으로,[25] 이에 비해 평화민주당은 약체를 면치 못한 채 1당 우위의 양대 정당체계로 탈바꿈되었다. 결국 유일 야당이 된 평화민주당은 의원 총사퇴, 총선 실시, 그리고 노태우 대통령의 퇴임을 주장했으나 권력구조와 당 해체 결의에 대해서 공허했을 뿐이다.

이를 정리하면, 노태우 정권은 체제위기 상태에서 두 야당과의 합당으로 체제유지에 박차를 가하게 되었고, 반면 두 야당 총재들은 4당 구도에서의 위기를 집권당과의 연계 속에서 대권고지를 향한 일보로 내디딘 것이다. 여하튼 민정당은 여소야대의 위기정국을 야당과의 합당을 계기로 거대여당을 만들어 내어 차기 대선에서의 야당에 필적할 후보자를 손쉽게 얻을 수 있었다.

3당 합당 측에서는 합당의 명분을 4·26 총선 결과에 따른 정치권 분열 현상, 그리고 정치안정과 지속적 경제발전을 위한 구국의 대결단이라고 표방하였다. 그러나 실제적으로 기습적인 3당 합당은 3당 총재 간의 밀담과 음모에 의한 정치적 야합에 불과하며, 구국의 허상이었다. 이 3당 합당의 허상이 이념적인 명분도 없었고, 대권장악을 노리는 이질 정파 간의 정략이었다는 사실은 이후 민자당 내에서 당권

---

25) 예컨대, 민정당 126명, 통일민주당 55명, 신민주공화당 35명 등 216명이 되었으며, 통일민주당의 경우 이기택, 노무현, 이철, 김정길 등 4명은 그대로 통일민주당에 잔류하였다. 이처럼 민정당의 야당 유인(통일민주·신민주공화당) 및 민주자유당으로의 당적변동현상은 집권당과 체제위기에서 도출된 것이다.

과 대권을 둘러싸고 끊임없이 계속된 계파 갈등과 내분에서 엿볼 수 있었다. 3당 합당은 정당의 성립과 제도화에서 국민적 의사를 무시한 채 보수연합체로의 장기 집권을 획책한 정당 쿠데타였다.

합당 직후 거대 민자당은 지도체제에서 총재와 그 밑에 집단지도체제를 채택하여 그들의 야합과 음모에 따라 노태우 총재를 비롯해서 당 서열을 분담하게 되었다. 즉 구통일민주당 총재였던 김영삼과 구신민주공화당 총재였던 김종필과 구민정당 대표였던 박태준을 당 최고위원으로 하였다. 그중 김영삼은 1990년 5월 9일 민자당 창당대회에서 대표최고위원으로 지명되었다.

민정당의 소멸 결과가 보여주는 제반 문제점은 첫째, 이념·정책과 무관하게 정당 간의 통합을 정당화시킨 것이다. 이는 한국에서 정당의 형성과 소멸이 당 이념을 고려하기보다는 정당 외적 파워게임의 소산이었음을 입증하는 것이다. 둘째, 집권당이 힘과 수적인 우위에서의 정치적 과반수 획득 유지로 정권 안정기반을 확립하고자 했다는 것이다. 셋째, 집권당에 의한 계파정치를 가져왔고, 넷째, 국민의 합의나 동의 없이 소수권력자에 의해 권력이 재편되는 결과를 초래했으며, 다섯째, 당내 민주화에 의한 정당 간의 통합보다는 위기 해소책으로 밀어붙이기식의 파행을 보여주었다는 것이다.

V. 결 론

이 연구는 군부정권하 집권당이 해체될 수밖에 없었던 요인이 무엇이었던가를 비교분석하는 데 그 의의가 있었다. 즉 집권당이 최고 통치자의 사망이나 법적 구속에 따라 부수적으로 해체되는 등 결국 제도화의 실패에 이르게 되는 데 대한 집권당의 한계와 해체 요인을 규명하고자 했다. 군부정권하 집권당이 제도화의 실패를 가져온 원인과 그 결과를 공화당과 민정당을 사례로 비교·분석하는 데 이 연구의 의의가 있었다.

이 연구에서 논의되고 다루었던 내용을 요약, 정리해 보면 다음과 같다. 즉 공화당과 민정당은 공통적으로 최고 통치자의 퇴진에 부수된 결과적 현상으로 집권당의 해체 내지 소멸을 가져왔다. 최고 통치자의 퇴진 원인은 대통령 1인의 장기집권과 친위보위세력의 권력화, 그리고 야당 및 시민사회의 직선제 개헌운동 등에 있었다. 다시 말해서 그동안 통치에 긍정적이었던 경제적 발전 및 안보이데올로기의 위기와 쇠퇴, 야당의 선명성, 민중들의 정치의식 성장, 집권층의 정당성 위기의 봉착 등 체제의 불안과 제도화의 실패로 채제가 퇴진하자 거의 동시적으로 집권당도 해체되는 결과를 낳았다. 이러한 결과는 지배 이데올로기와 친위조직에 의존한 완벽한 권위주의지배가 상당기간 유지되었음에도 불구하고 권위주의체제의 공고화에 기여할 만한 체제적 상징인 집권당의 한계로 제도화에 실패한 군부정권으로 볼 수 있다. 더욱이 야당 및 시민사회세력의 민주화 운동은 결과적으로 최고 통치자의 퇴진에 결정적이었다. 집권당은 국민정당이기보다 군부 주체세력의 정당으로 존재하여 권위주의체제에 수반된 것이 사멸의 주요 원인이었다. 따라서 군부정권의 제도화 실패는 집권당의 사멸로 연결됐다는 점에서 한국 정치의 후진성을 여실히 입증해 준 것이었다. 다만 공화당의 경우 박정희 퇴진 후 당내 갈등을 보였을 뿐만 아니라 신군부의 출현에 의한 강압적인 해체를 가져왔으며, 민정당의 경우 여소야대 정국과 5공 청산 등 체제위기를 해소하고자 야당과의 합당에 의한 소멸을 가져왔다는 점에서 차이를 보였다.

요컨대 최고 통치자의 퇴진은 군부 권위주의의 해체를 의미했으며, 그 결과 최고 통치자의 퇴진은 집권당의 해체 및 소멸을 가속화시킨 것이다. 체제와 권력 퇴진에 따라 집권당은 해체와 더불어 정당 존립 자체가 완전히 분해되었다. 이런 의미에서 집권당 정당 운영과 조직이 제도화되지 못하고 분해된 것은 최고 통치자 1인에 의해서 유지되었기 때문이었다. 결국 정당의 제도화 실패 및 분해는 최고 통치자의 장기집권에 의한 체제유지에 집착한 결과였으며, 이러한 예는 체제퇴진 이후 순탄한 권력승계가 용이하지 않았던 데서도 알 수 있다. 권력승계의 비합리성은 오히려 야당 및 시민사회의 저항과 반대를 불러와 집권당의 해체를 앞당기는 기제로 작용했음을 배제할 수 없다. 그리고 군부정권은 민간정치인을 숙청하고 탄압했으나, 결국 그들이 민간정치인의 유인에 의해 집권당의 해체 및 소멸을 재촉한 것이다. 이러한 현상은 군부체제의 태생적인 정당성의 상실과 지배이념의 퇴조가 권위주의체제와 집권당의 해체를 초래한 것이라 할 수 있겠다.

◎ 참고문헌

김용호, 「제3, 4공화국시대」, 홍순호 외, 『한국현대정치사의 재조명』(대왕사, 1990).

김호진, 『한국정치체제론』(박영사, 1995).

김호진 외, 『한국현대정치사』(법문사, 1995).

김홍기, 「제3공화국의 이정표」, 『신사조』(1962년 11월호).

박찬종, 『부끄러운 이야기』(일월서각, 1983).

심지연, 「한국정당의 리더십 분석」, 『사상과 정책』(1990년 여름호).

염홍철, 「노태우대통령: 리더십과 치적공과」, 한국정치학회 충청지회, 『남북한 정치지도
　　　자의 리더십과 치적공과』(1998).

이남영, 「전두환·노태우정권의 성격과 리더십」, 김호진 외, 『한국현대정치사』(법문사, 1995).

이상우, 『박정희, 파멸의 정치공작』(동아일보사, 1993).

이상우, 「제3공화국 이후 변신정치인들」, 『신동아』(1987년 2월호).

정대화, 「한국의 정치변동, 1987－1992: 국가－정치사회－시민사회의 관계를 중심으로」,
　　　서울대학교 박사논문(1995).

정용대, 「한국의 정당정치와 민주주의」, 윤정석 외, 『한국정당정치론』(법문사, 1996).

중앙선거관리위원회, 『대한민국정당사』 제3집(1982).

한국정치학회 충청지회, 『남북한 정치지도자의 리더십과 치적공과』(1998).

홍순호 외, 『한국현대정치사의 재조명』(대왕사, 1990).

Hahn, Bae－Ho & Kim, Ha－Ryong, "Party Bureaucrats and Party Environment", inSuh,
　　　Dae－Sook & Lee, Chae－Jin(eds.), Political Leadership in Korea(Seattle: Univ. of
　　　Washington Press, 1976).

O'Donnell, G. & Schmitter, P. & Whitehead, L. (eds.), Transitions from Authoritarian Rule:
　　　Comparative Perspectives(Baltimore: The Johns Hopkins Univ. Press, 1986).

Przeworski, Adam, "Problems in the study of Transition to Democracy", in O'Donnell, G.
　　　& Schmitter, P. & Whitehead, L. (eds.), Transitions from Authoritarian Rule:
　　　Comparative Perspectives(Baltimore: The Johns Hopkins Univ. Press, 1986).

Suh, Dae－Sook & Lee, Chae－Jin(eds.), Political Leadership in Korea(Seattle: Univ. of
　　　Washington Press, 1976).

 한국의 대안적 정부 권력구조[*]

강상호

(한국정치발전연구소)

I. 서 론

1987년 9차 헌법 개정 이후 한국사회에 지속적으로 반복되고 있는 정치의 비효율성, 여야 간 교착상태의 일상화, 조기 레임덕 현상, 책임정치의 실종, 신당 창당을 통한 상황 극복과 정당제도의 위기, 국가정책의 지속성에 대한 신뢰도 추락, 아마추어리즘의 반복 등을 대통령 한 개인의 리더십 또는 특정 정치 그룹의 문제로 남겨두어서는 한국의 정치 발전을 기대할 수 없다. 일부에서는 제도의 개선보다는 운영의 묘를 강조하나, 1987년 이후 4명의 대통령을 거치면서도 유사한 문제점들이 개선되지 않는다는 점에서 권력구조와 관련한 제도적인 분석이 필요하다. 노무현 정권에서 야당의 협조하에 시도하려 했던 책임 총리제나 대연정이 실현되지 못한 사례에서 알 수 있듯이, 제도적 변화를 수반하지 않은 권력구조의 변칙적 운영은 위헌 시비뿐만 아니라 야당의 협력조차 얻어내기 어려워, 운영의 묘는 한계를 가질 수밖에 없다. 따라서 본 연구의 목적은 헌법 개정을 전제로, 대통령제, 내각책임제, 대통령 중심 혼합제, 내각 중심 혼합제를 정부형태, 정당체제, 선거제도, 지방분권화, 정치문화를 중심으로 비교 분석하고, 그 결과를 제6공화국 정부 권력구조의 특징과 연관시켜, 우리가 직면하고 있는 제반 문제점들을 해결하는 데 적합한 대안적 권력구조를 모색하는 데 있다.

---

[*] 본 연구는 필자의 박사학위논문을 본서의 편집 의도에 맞게 발췌·재편집한 것임.

Ⅱ. 권력구조에 영향을 미치는 주요 요인

1. 정당체계와 권력구조

정당체계는 정당의 수, 경쟁성 그리고 수와 경쟁성을 함께 고려하는 등 다양한 분류 기준이 있고, 그 기준에 따라 여러 가지 형태로 대별될 수 있다.[1] 그러나 본 연구에서는 양당제와 다당제를 중심으로 권력구조와의 조응성을 살펴보기로 한다.

정당체계와 권력구조와 관계를 대통령제와 내각 책임제를 기준으로 분석한 것에 의하면, 양당제의 경우 대통령제와 내각 책임제 모두 조응성이 높은 것으로 나타난다. 그러나 다당제의 경우, 온건 다당제는 내각 책임제가 대통령제에 비해서 상대적으로 조응성이 높으나, 극한 다당제나 비구조화된 다당제는 대통령제와 내각 책임제 모두 조응성 면에서 많은 문제점이 발생하는 것으로 나타난다.[2] 현실적으로 대통령제를 운영 중인 미국과 내각 책임제를 운영하는 영국이 안정적인 정치를 유지해 오는 데에는 양당제가 기여하는 바가 크다. 미국의 경우, 양당제이면서 정당의 규율과 이념적 갈등이 약하고 실용주의적이라는 것이 대통령제의 안정적 운영에 크게 기여한 것으로 평가된다. 영국의 경우도 양당제 체제하에서 일당에 의한 집권이 가능함으로써, 정책 수행 능력이 제고되고 책임정치가 이루어지는 것으로 보인다.

대통령 중심 혼합제를 운영 중인 프랑스나, 내각 중심 혼합제를 운영 중인 독일의 경우, 정부형태에 의해서 정당체제가 유도되기보다는 다차원적 사회구조로 인해 다당제가 발생하고 있으며,[3] 이념적으로 극한적인 소수당이 출현함으로써 발생할 수 있는 극한 다당제 체제를 우려해 비례대표제를 운영하면서도 의석 배정 최소 제한 규정을 운영하고 있다. 이들 혼합제의 경우, 다당제하에서 분점정부가 발생할

---

1) 듀베르제(Duberger)는 정당 수에 따라 일당체제, 양당체제 그리고 다당체제로 나누었고, 사르토리(Sartori)는 수와 경쟁성을 함께 고려하여 일당체제, 패권적 정당체제, 지배적 정당체제, 양당체제, 제한된 다원주의와 극단적 다원주의체제 그리고 원자화된 정당체제 등으로 나누었다.

2) 정준표, 「정당ㆍ선거제도와 권력구조의 선택」, 국제평화전략연구원 엮음. 『한국의 권력구조 논쟁 Ⅰ』(서울: 풀빛, 1997), p.146.

3) 신정현, 『정치학』(서울: 법문사. 1996), p.451.

경우, 연정을 통한 권력과 책임을 공유할 수 있는 제도적 장치가 있다는 점이 대통령제에 비해서 상대적으로 다당제와의 조응성이 높은 것으로 평가된다.

2. 선거제도와 권력구조

듀베르제(Duverger)는 단순 다수대표제는 양당제를 조성하는 경향이 있고, 비례대표제는 다당제를 조성하는 경향이 있다는 소위 '듀베르제의 법칙(Duverger's law)을 주장하였다.[4] 레이파트(A. Lijphart)도 새로운 헌법을 설계하는 사람이 당면하게 되는 기본적인 선택으로 선거에 있어서 단순 다수대표제와 비례대표의 선택 중 하나를 선택하는 것이라며 선거제도의 중요성을 강조하였다.[5] 그만큼 선거제도의 선택은 정부형태를 결정하는 데 있어서 중요하다는 것이다.

레이파트는 대통령제와 의회제 그리고 단수 다수대표제와 비례대표제의 조합에 따라 장기간 정치적으로 안정을 보인 국가군을 다음과 같이 3가지 범주로 분류하였다.[6]

①대통령제와 단순 다수대표제: 미국
②의회제와 단순 다수대표제: 영국, 케나다, 뉴질랜드, 오스트레일리아
③의회제와 비례대표제: 오스트리아, 벨기에, 덴마크, 핀란드, 독일, 이탈리아, 네덜란드, 스웨덴

레이파트의 분류에는 포함되지 않았지만, 대통령 중심 분권형 대통령제를 운영하는 프랑스의 제5공화국은 1958년에서 1986년까지 결선투표제를 겸비한 다수 득표제도를 운영해 오다가, 1986년부터 비례대표제를 재도입하였다. 다만 비례대표제를 도입하면서, 최소 득표 비율 요건을 두어서 극단적인 소수파 정당의 원내 진출을 막았다.[7]

---

4) 정준표, 「정당 선거제도와 권력구조」, pp.147-148, 듀베르제 법칙의 생성과정에 대해서는 William H, Riker, "Duverger's Law Revisited", BermardGrofman and Arend Lijphart eds,. *Electoral Laws and Their Political Consequences* 참조.

5) Arend Lijphart, "Double-checking the evidence", in *The Global Resurgence of Democracy,* pp.187-188.

6) 레이파트는 동 분류에서 장기간에 걸쳐 안정적인 민주주의를 보이고 있지만, 3개의 어떤 범주에도 적합하지 않은 4개국(프랑스, 아일랜드, 일본, 스위스)과 외부적 요인에 영향을 받고 있는 3개국(이스라엘, 아이슬란드, 룩셈부르크)은 제외하였다.

레이파트 분류에서 나타난 것과 프랑스의 사례를 살펴보면, 단순 다수대표제는 대통령제와 내각 책임제, 그리고 비례대표제는 내각 책임제와 분권형 대통령제에 조응성이 높은 것으로 분석된다. 그리고 비례대표제는 대통령제와 조응성이 낮은 것으로 나타난다.[8]

단순 다수대표제가 대통령제와 내각 책임제 모두에 조응성이 높다는 점에서, 대통령제나 내각 책임제를 채택한 국가들이 어떤 선거제도를 운영하는가 하는 문제는 선거제도 자체보다는 정치문화와 같은 다른 요인에 기인한다. 즉 보다 균형을 이루고 소수의 가치를 인정하고 분파된 사회의 단결과 평화를 추구할 경우 비례대표제를 채택하게 되고, 민주주의의 책임뿐만 아니라 확고한 리더십과 효과적인 정책결정을 이유로 일당 내각을 고려한다면 다수대표제를 채택하는 것이 바람직하다.[9] 그러나 근원적으로 사회가 다원화되어 있어서 이해가 상충하고 있다면 단순 다수대표제를 채택하는 것은 어려움이 있다. 영국을 제외한 유럽의 대다수 국가들이 이러한 이유로 비례대표제를 운영하는 측면이 있다.

3. 지방분권화와 권력구조

미국 대통령제의 성공요인 중 하나가 연방제도라는 것은 이미 잘 알려진 사실이다. 미국의 연방제도는 지방분권화의 세 가지 유형인 정치적 분권(political decentralization), 행정적 분권(administrative decentralization), 행정권 위임(deconcentration) 가운데 지방분권화의 정도가 큰 것으로 권력의 수직적 분권을 통해 중앙정부를 견제하면서, 한편으로 주정부가 중심이 되어 지방행정을 주도하고 있다.[10] 내각 책임제를 실시하는 영국의

---

7) Juan J. Linz, 「대통령제와 내각제: 과연 다른가?」 p.144.

8) 레이파트는 오스트리아, 핀란드, 독일, 이탈리아를 의회제로 분류하고 있으나, 본 연구의 분류에 의하면, 오스트리아, 독일, 이탈리아는 내각 중심 혼합제로서 오스트리아 이탈리아는 총리 중심 분권형 대통령제에 속하고, 핀란드는 대통령 중심 분권형 대통령제에 속한다.

9) Arend Lijphart, "Double-checking the evidence", p.165. 라데레트(Guy Lardeyret)는 비례대표제가 소수의 이익을 보호한다는 레이파트의 주장에 대해서 비례대표제가 잘 조직된 압력단체들에 의석을 차지하는 기회를 주게 되어 결국 그런 식으로 선거민을 나누어 나가면 한 사회에서 충돌을 악화시키는 경향이 있다고 부정적으로 보았다. 특히 비례대표는 작은 정당이 다수당을 만들기 위해 필요한 swing seat를 통제하기 때문에 작은 정당에 어울리지 않은 권력을 주는 경향이 있다고 비판하였다. Guy Lardeyret, "The problem with PR", in The Global Resurgence of Democracy, pp.176-178.

10) 무라마쯔 미찌오, 최외출·이성환 공역 『중앙과 지방 관계론』(서울: 대영문화사, 1991), p.18. 이종원, 「대통령제

경우도 연방제도는 아니지만 지방자치라는 위임과 보완의 분권형태를 갖추고 상보적 원리에 입각하여 중앙정부의 효율성을 높이고 있다. 기관 통합형을 실시하던 영국은 2005년 5월 런던시장과 런던 시의회 선거를 기점으로 역사상 처음 기관 분리형 지방 정부를 구성함으로써 지방분권화를 확대하고 있다. 대통령 중심 혼합제를 실시하고 있는 프랑스의 경우, 다른 유럽 국가들과는 달리 200여 년 동안 중앙집권화된 시스템을 운영해 왔으나, 1982년 지방분권법을 제정하여 간선 도지사의 지방행정 집행에 관한 권한이 파격적으로 지방의회 의장과 의회에 양도함으로써 지방분권화가 보다 구체화되었다.[11] 내각 중심 혼합제를 운영 중인 독일은 연방제 국가로서 지방분권화된 연방제도를 통해 국가 차원의 통합과 지방 차원의 다양성의 조화를 이루고 있는 것으로 평가받고 있다.[12]

이처럼 모든 권력구조의 형태에서 지방분권화는 권력구조의 효율성을 높여주는 것으로 나타난다. 즉 한 나라가 채택하는 권력구조의 안정은 한편으로 견제와 균형, 다른 한편으로 위임과 보완이라는 분권에 기초할 때 권력구조가 좀 더 효율적으로 운영될 수 있다는 측면에서 그렇다. 분권을 통해서 중앙정부의 책임이 되어 중앙정부의 부담이 커질 수 있는 사안을 지방정부에 넘김으로써 중앙정부 본래의 업무에 충실할 수 있기 때문이다.

그러나 어떤 권력구조가 지방분권화에 친화적인가라는 측면에서 검토해 보면, 대통령제의 경우 다소 다른 결과가 나온다. 즉 첫째, 대통령제는 권력의 분립이 전제되지 않는 한 권력의 집중을 가져오기 때문에 중앙권력을 강화시켜 중앙 – 지방관계에 있어서 지방분권과 지방자치의 발전에 친화적이지 않다는 것이다. 둘째, 대통령제에서 지방분권화 수준이 높으면, 때로는 지나친 분권화의 경향 때문에 정책 운용의 효율성을 위하여 새로운 중앙집권화를 야기할 수 있다는 것이다. 셋째, 대통령제라는 것이 지역 정치인의 활동을 증대시켜 줄 수 있는 의원 내각제와 달리 그 국가 내 권력 중심으로부터의 중앙정치의 영향력을 극대화하기 때문에 다단계 계층구조에 의한 지방자치제라 하더라도 대통령제 권력구조를 가지고 있으면, 지방분

와 지방분권」, 박호성 · 이규영 편저 『한국 권력구조 논쟁 Ⅳ』(서울: 인간사랑, 2005), p.38.

11) 석철진, 「이원집정제와 지방분권」, pp.132 – 133.

12) 심익섭, 「분권화와 지방자치제도」, 박응격 외 『독일 연방 정부론』(서울: 백산 자료원, 2001), p.403, 이규영, 「의원 내각제와 지방분권」, p.99.

권화 방향에 역행하여 중앙집권화되는 경향이 증대된다는 것이다.[13] 이상에서 언급한 2가지 관점 중, 본 연구에서 대안적 권력구조를 모색하는 데 유용한 관점은 첫 번째 관점인 효율성 면에서의 관점이 될 것이다.

4. 정치문화와 권력구조

알먼드(A. Almond)와 버바(S. Verba)가 "안정되고 효과적인 민주주의 발달은 정부 및 정치의 구조에만 의존하는 것이 아니라 국민이 정치과정에 대하여 가지는 지향, 즉 정치문화에 달려 있으며, 정치문화가 민주주의적 시스템을 지지하지 않는 한 시스템의 성공은 불안하다."[14]고 지적하였듯이, 한 나라의 정치문화는 권력구조의 선택과 효율적 운영에 있어서 매우 중요하다. 바이마르 공화국에서는 실패한 정부형태가 프랑스의 제5공화국에서는 성공적으로 운영되고, 미국의 대통령제가 미국 이외의 국가들에 이식되었을 때는 다른 결과를 초래하는 현상 등은 권력구조가 한 국가의 경험을 반영한 역사적 산물로서 권력구조를 선택할 때에는 반드시 정치문화가 고려되어야 한다는 사실을 보여준 사례들이다.

정치문화는 다양한 분석틀에 의해서 여러 가지 형태로 분류가 가능하다. 그러나 본 연구에서는 정치문화를 단순화시켜 타협적 정치문화와 갈등적 정치문화라는 분석의 틀에서 권력구조와의 조응성을 살펴보고자 한다. 타협적 정치문화의 경우, 모든 형태의 권력구조와 조응성을 갖는다는 점에서 비교의 초점은 어떤 권력구조가 갈등적 정치문화에서도 효율적으로 운영될 수 있는가가 될 것이다.

대통령제에서 주목해야 할 것은 이 제도가 민주정치 내에 강력한 제로 섬(zero sum) 게임의 요소를 도입함으로써 승자 독식의 결과를 초래하게 된다는 점이다. 내각 책임제나 혼합제에서도 한 정당이 절대 과반수 의석을 확보하는 선거 결과가 나타날 수 있지만, 일반적으로 내각 책임제와 혼합제하에서의 선거는 다수 정당이 권력을 공유하는 결과를 초래한다. 이러한 권력구조의 속성 때문에, 대통령제는 다수결 민주

---

13) 이종원, 「대통령제와 지방분권」, pp.29-30.

14) Gabriel A. Almond and Sidney Verba, The Civic Culture(Princeton, New Jersey, 1963), p.498. 백경남, 「바이마르 민주주의 실패 요인 - 정치문화를 중심으로 한 고찰」, 『한국 정치학회보』 제19권, p.20에서 재인용.

주의로 가는 경향이 강하며, 내각 책임제와 혼합제는 합의제 민주주의로 가는 경향이 강하다. 그런데 쉬미터(Philippe C. Schmitter)가 지적한 바와 같이, 합의제 민주주의는 '방어적' 민주주의이기 때문에 문화적, 인종적, 정치적 소수들에게는 다수결 민주주의보다 훨씬 덜 위협적이며,[15] 권력을 공유하면서 권력을 제한하고 또 분산시키는 특징을 갖는 합의제 민주주의가 다수결 민주주의보다 갈등 해소에 훨씬 더 효과적이다. 또한 대통령제는 내각 책임제나 혼합제와는 달리 진정한 연립 정부의 형성을 어렵게 하기 때문에 형식적이고 경직된 제도로 운영될 수밖에 없다. 그리고 대통령은 타협을 싫어하고 또 심리적으로 타협을 기피하게 만든다. 이러한 태도는 다수결에 의존하는 경향을 강화시키고, 다수결에 의거하여 결정을 내리는 것은 합의보다는 갈등과 좌절 그리고 교착상태를 초래한다. 따라서 대통령제는 내각제나 혼합제와 비교해 볼 때 갈등적 정치문화와 조응성이 낮다고 볼 수 있다.

Ⅲ. 제6공화국 정부 권력구조의 특징과 문제점

1. 제6공화국 권력구조의 특징

(1) 대통령 중심 혼합제

제6공화국 헌법이 대통령 중심 혼합제이면서도 보다 대통령제에 근접되었다는 이유는 첫째, 국회의 정부 불신임권[16]과 대통령의 국회 해산권을 규정하지 않고 있으며, 둘째, 국무회의는 내각 책임제의 각료회의와 달리 의결기관이 아니라 심의기관에 불과하고, 국무총리 또는 국무위원도 내각 책임제의 수상이나 각료와는 달리 집행에 관한 실질적인 권한과 책임이 귀속되는 기관이 아니라 대통령의 보좌기관이며, 셋째, 무엇보다도 내각 책임제적 요인이 국회의 영향력을 실질적으로 증대시

---

15) Arend Lijphart, 「대통령제와 다수결 민주주의」, 신명순·조정관 공역 『내각제와 대통령제』, pp.196-219.

16) 국무총리 국무위원에 대한 해임 건의는 단순한 정치적 성격의 건의일 뿐 해임의결이 아니라는 점에서 정부 불신임권과는 구별된다.

키는 역할을 하기보다는 대통령으로 하여금 입법부의 정치 과정에 적극적으로 개입하게 하고, 삼권분립하의 행정부의 수반으로서보다는 삼권 위에 위치하는 국가의 수반으로서의 위상을 강화하고 있다는[17] 점을 들 수 있다.

(2) 정당체계: 다당제의 보편화

한국 정치에 있어서 신당 창당을 통한 정치적 상황 극복은 하나의 패턴이 되어 가고 있으며, 지역주의 투표 성향과 비례대표제의 확대로 다당제가 보편화되어 가고 있다. 제6공화국하에서의 유효 정당의 수를 살펴보면, 13대 국회 전반부에는 민주정의당, 통일민주당, 평화민주당, 신민주공화당의 4개였으나 1990년 3당 합당으로 2개로 줄었다. 14대 국회에서는 민주자유당이 149석, 민주당이 97석, 통일국민당이 31석을 얻어 3당 체제로 바뀐 이후 15대, 16대 국회에도 3당 체제로 유지되었다. 그러나 17대 국회에서는 지역주의 선거와 1인 2표 정당 명부식 비례 투표제 도입으로 열린우리당, 한나라당, 민주당, 민주노동당 그리고 국민중심당이라는 5당 체제의 다당제로 바뀌었다. 후기 산업사회에 나타나는 사회 욕구의 다양성, 정당 유동성의 증가,[18] 유권자들의 정당 일체감의 약화 그리고 지방자치 확산으로 인한 지역 중심 정치 활성화와 지역정당의 등장 가능성 등을 고려하면, 한국 정치에서 향후 다당제 현상은 일반화될 것으로 보인다.

(3) 선거제도: 비례대표제 확대

1인 2표 비례대표제를 도입한 2004년 국회의원 총선거에서 민주노동당이 지역구에서 2석밖에 얻지 못했으나 비례대표에서 8석을 차지함으로써 총 10석으로 제3당으로 국회에 입성한 것은 선거제도가 정당구도에 미치는 영향을 단적으로 보여주는 사례가 되었다. 향후 비례대표제가 확대될 경우, 정강정책에 근거한 정당발전을 촉진시킬 수 있으나, 비례대표제의 성격상 이념 지향적이고 당 규율이 강한 정당들을 다수 생성해 낸다고 가정할 때, 이는 범국민적 지지하에서 정치적 리더십을 추

---

17) 조정관, 「대통령제 민주주의의 원형과 변형」, p.91.
18) 정진민, 『후기 산업사회 정당정치와 한국의 정당발전』(서울: 한울 아카데미, 1998), p.175.

구하는 대통령에게는 장애로 작용할 수 있다.[19] 그러나 비례대표제는 변형의 폭이 넓고 변형에 따른 제도적 충격도 크기 때문에 특정 모델을 지정하지 않는 한 논의가 개념적 모호성을 수반하게 되므로 비례대표제에 대한 일반화된 논의의 전개는 상당한 주의가 요청된다.[20]

(4) 지방분권화의 강화

한국의 지방자치제도는 1961년 5·16 군사쿠데타로 전면 중단되다가 제6공화국 이후 본격적인 검토 과정을 거쳐 1991년 지방의회의원 선거와 1995년 지방자치단체장 선거를 계기로 본격적으로 다시 시작되어 지방분권화가 강화되었다. 지방자치가 전국적으로 실시되면서 한국의 정치문화에 많은 변화가 예상된다. 권력구조 면에서 정부형태가 권력의 수평적 분권에 의한 견제와 균형을 결정한다면, 지방자치는 권력의 수직적 분권을 통해 중앙정부의 권력 집중을 견제하면서 지방정치의 활성화를 통해 지방정치세력이 조직화되면서 중앙정치에 상당한 영향력을 행사할 것으로 보인다. 과거 지방정치는 없고 지방행정만 있던 시기에 지방정부는 중앙정부에 일방적으로 의존할 수밖에 없었지만, 이제는 중앙정부도 지방정부를 의식하지 않을 수 없게 되었다. 지방정부의 정통성이 중앙정부에 의존하지 않고 지역주민에 의해서, 포괄적으로 말하면 국민에 의해서 부여되기 때문이다.

(5) 정치문화의 변화

제6공화국은 정치문화에 있어서도 많은 변화를 동반하고 있다.

첫째, 권위주의 문화와 반체제 정치문화가 퇴조하고 있다. 권위주의 문화의 쇠퇴는 3김 정치의 종식에 의한 것도 있지만, 디지털 인터넷으로 대변되는 지식 정보화 사회로의 변화가 지식 정보의 대중화를 가져오면서 신비주의적 권위주의 문화의 급격한 쇠퇴를 가져온 것으로 보인다. 정보화는 강압적 권위의 탈신비화를 가져왔다. 이제 대중적 언어로 변환되지 않은 지식, 그리고 정치인과 정당은 대중으로부

---

19) 장의관, 「선거제도의 쟁점, 사례 및 제도화 방향」, p.106.
20) 장의관, 「선거제도의 쟁점, 사례 및 제도화 방향」, p.109.

터 외면당하는 본격적인 탈권위주의 시대로 접어들었다.

둘째, 참여 정치문화가 조성되고 대의정치가 변화되고 있다. 지식 정보화 사회를 가능케 한 인터넷은 한국 정치문화에 중요한 상수가 되어 버렸다. 인터넷을 통한 참여 민주주의의 확산으로 시민사회의 자발적 참여가 기존 제도권 정당의 조직을 압도했다는 것은 주목할 만한 변화이다. 직접 민주주의 혹은 전자 민주주의에 대한 비판적인 시각들이 있지만, 정치 영역에서 정보 통신 기술의 활용은 현재 대의 민주주의가 갖고 있는 많은 문제점들을 보완하는 데 상당한 기여를 할 수 있을 것으로 기대된다.

셋째, 제도적 민주주의가 공고화되고 있다. 제6공화국 한국 정치에서 문민정부와 국민의 정부 그리고 참여정부를 거치면서 가장 두드러진 현상 중 하나는 제도적 민주주의가 공고화되고 있다는 사실이다. 절차적 민주주의가 강조되면서 광범위한 정치제도의 변화가 있었고, 권위주의 시대의 가신정치와 같은 비제도적인 요인의 영향력은 현저하게 감소하였다.

끝으로, 타협적 정치문화와 정권교체의 경험을 들 수 있다. 제6공화국 대통령제하에서 이념과 배경이 서로 다른 정치세력 간 연대가 두 차례 있었다. 첫 번째는 1990년 노태우 대통령 시절 전두환이 창당했던 민주정의당, 정통 야당인 김영삼의 통일민주당 그리고 박정희의 맥을 이은 김종필의 신민주공화당이 '민주자유당'으로 통합된 사건이었다. 두 번째는 1997년 대통령 선거를 앞두고 김대중의 새정치국민회의와 김종필의 자유민주연합이 소위 '디제이피(DJP) 연합'을 형성한 사건이었다. 이들 두 번의 서로 다른 정치세력 간의 연대는 근본적으로 권력의 유지나 획득을 목적으로 한 것이지만, 한국 정치의 과제로 주장되어 온 권력의 분점과 공유라는 점에서 의의가 있고, 한국 정치문화에서 타협과 정치적 관용성을 확대시킨 사례로 분석하는 시각도 있다.[21]

노무현 정권에서 책임 총리제를 매개로 한 대연정 제안이 있었다. 비록 헌법상 제도적 문제와 한나라당의 거절로 성사되지는 않았지만, 이 또한 과거 권위주의 정부에서 볼 수 없던 타협적 정치문화의 한 사례로 볼 수 있다.

---

21) 이홍종, 「한국의 정당과 권력구조 - 정치문화 및 책임정당 논의를 중심으로」, 한국 정치학회 연례 학술대회, 1997, pp.489 - 499.

제6공화국에서 또 다른 사건은 1997년 12월 대통령 선거에서 새정치국민회의의 김대중이 15대 대통령에 당선된 것이었다. 이는 한국 정치사에서 1948년 대한민국 정부 수립 후 처음 경험하는 여·야 간의 정권교체였다. 또한 여·야 간의 정권교체 경험은 국가기구들뿐만 아니라 다양한 사회조직단체들에 정권 종속성의 위험성을 예고하였고, 정권 종속성에서 상당히 이탈하게 만들었다.

2. 제6공화국 정부 권력구조의 문제점

(1) 불안정한 혼합제

제6공화국 헌법은 제헌 헌법과 8차례 개정 헌법에서 갖고 있었던 몇 가지의 문제점들을 부분적으로 보완한 점이 있으나, 내재된 불안정한 혼합제적 성격을 지우지는 못했다. 물론 미국식 대통령제, 영국식 내각 책임제에 근접하는 것이 한국의 상황에서 안정된 권력구조를 보장하는 것이라고는 말할 수는 없다. 미국이나 영국 모두 자국의 오랜 역사적 경험의 산물로서 현재의 정부형태를 갖게 되었기 때문이다. 문제는 대통령제에 내재된 일부 내각 책임제적 요소가 대통령제 권력구조 운영 기본원칙에 부합되지 않아 그 효율성을 떨어뜨린다는 것이다.

구체적인 사례를 보면, 국회의원이 국무위원을 겸직함으로써 국회의 제도적 독립성을 훼손하고 있다.[22] 국회의원들이 국무위원이 되려고 대통령의 눈치를 보는 경향이 있는데 이를 통해 대통령이 국회를 통제하게 된다는 것이다. 노무현 대통령의 경우, 국무위원 임명과정에서 국회의원을 최대한 배제하였기 때문에 오히려 소속당의 반발을 사고 소속당과 국회의 지지를 얻는 데 걸림돌이 된 바 있다.

---

22) 김용호, 「2003년 헌정 위기의 원인과 처방」, 진영재 편저, 『한국 권력구조의 이해』(서울: 나남출판, 2004), pp.316-317. "9차 개정 헌법은 대통령제의 원칙에 어긋나는 국회의 국무위원 해임 건의안이 포함되어 있다. 내각제에는 국무위원이 국회에 책임을 지지만 대통령제에서는 대통령에게 책임을 지도록 되어 있으므로 국회가 국무위원의 인사권에 개입해서는 안 된다. 이는 대통령제의 운영원리에도 부합하지 않을 뿐만 아니라 행정부의 안정적인 정책수행에 걸림돌이 되고 있다. 더욱이 분점정부의 상황에서 국회를 장악한 반대당이 국무위원 해임 건의안을 자주 행사함으로써 대통령과 국회가 서로 충돌하게 된다."고 주장한다.

(2) 이원적 정통성과 행정부 – 입법부 간 비대칭성

제6공화국 헌법하에서는 대통령과 국회의원 모두 국민의 직접 선거에 의해서 선출된다. 따라서 대통령과 국회의원 모두 국민들로부터 직접적으로 권한을 위임받은 구조를 갖고 있다. 이러한 이원적 정통성의 문제는 대통령제를 채택한 모든 나라에서는 구조적으로 내재된 일반적인 현상이나 미국과 같이 정당의 규율이 약해 교차투표(cross voting)가 일반화되었거나 분점정부하에서도 대통령이 설득을 통해 문제를 해결해 가는 타협적인 정치문화에서는 크게 문제되지 않는다.

그러나 한국의 정당들은 규율이 강하고 교차투표의 관행보다는 당론투표가 지배적으로 나타나며 민주화 과정에서 형성된 선명성을 중시하는 투쟁적 정치문화를 갖고 있다. 이러한 정치문화 때문에 분점정부 상황에서는 물론 단점정부 상황에서도 의회는 강력하게 대통령과 대립하는 양상을 보였다. 대통령은 전 국민을 대표하게 하는 국민투표(plebiscite)적인 형태의 정통성을 부여받은 것으로 자신을 인식하고 의회가 갖는 정통성을 부정하거나 열등한 것으로 간주하는 경향을 보였고, 야당 국회의원들은 단점정부하에서도 다수결 투표에 승복하기보다는 단상 점거와 같은 극단적 투쟁으로 대처해 왔다.

행정부와 입법부 간의 비대칭성은 2가지 측면에서 이야기할 수 있다. 첫 번째 비대칭성은 국정 운영에 있어서 행정부의 지나친 우위 현상이다.[23] 산업화 과정에서 관료주의적 권위주의 정권이 경제성장에 성공함으로써 아직도 행정부 중심의 국정 운영을 당연시 여기는 경향이 있다. 또한 행정부는 검찰과 국정원 등 권력기관은 물론 거대한 조직이 뒷받침되는 데 반해, 국회는 인력과 자원이 부족한 관계로 대통령이나 대통령 측근의 비리폭로와 같은 수단을 동원하여 견제기능에 치중하였다.

두 번째 비대칭성은 정치적 책임에 관한 것이다. 대통령의 행정부와 국회 간 교착상태가 발생했을 때 교착상태에서 발생하는 모든 책임은 대통령이 속한 행정부에 돌아간다는 점에서 야당 국회의원들은 정치적 목적으로 사태의 악화를 유도한 경우도 있었다. 이러한 현상이 발생하는 것은 대통령제하에서 행정부와 입법부가 권력을 공유하지 않는 관계로 의회에 정치적 책임을 물을 수 있는 제도적 장치가

---

23) 김용호, 「2003년 헌정위기의 원인과 처방」, pp.314–315.

없기 때문이다. 한국 정치문화가 쉽게 바뀌지 않는 한 대통령제하에서 발생하는 이원적 정통성의 문제와 행정부·입법부 간 책임의 비대칭 문제를 해결할 제도적 장치가 필요하다.

(3) 승자의 권력 독점과 제왕적 대통령

제6공화국의 헌법하에서 당선된 모든 대통령들 역시 득표율과 관계없이 모든 권력을 독점하였다. 헌법상 행정권의 수반으로서 행정부의 구성뿐만 아니라 국가 원수로서 입법부와 사법부에까지도 막강한 권한을 행사하였다. 뿐만 아니라 대통령은 주어진 권력을 바탕으로 공기업과 정부 산하 기관의 인사까지 개입하였다. 한국사회의 모든 분야가 정치권의 영향력이 미치는 관계로 대통령의 선거 결과에 따라 공적 영역뿐만 아니라 민간 영역에서도 주류세력의 교체가 이루어졌다. 이렇게 승자가 권력을 독점하는 상황에서 한국의 대통령 선거는 사생결단의 전면전 양상으로 치러져 왔다. 막대한 선거자금과 인력이 동원되었으며, 온갖 부정한 방법과 편법이 동원되었다. 한국 정치의 후진성은 이러한 선거문화와 무관하지 않았으며, 그 선거문화의 이면에는 승자가 권력을 독점하는 제도적 장치가 있었다.

한국의 대통령이 제왕적 대통령으로 불리는 이유를 헌법적인 제도보다는 헌법 외적 요소로 보는 시각도 있다.[24] 첫째, 대통령의 거대 여당 장악인데, 김영삼, 김대중 대통령은 강력한 카리스마와 지역주의적 투표성향, 공천권, 정치자금을 기반으로 하여 여당을 장악하였고, 둘째, 국정원, 검찰, 경찰, 국세청과 같은 이른바 ‘권력기관’이 대통령의 직·간접적 영향하에 있기 때문이라는 것이다.

(4) 분점정부의 보편화와 통치력의 약화

1987년 개헌 이후 대통령의 임기 중 실시된 국회의원 총선거에서 여당이 국회 과반수의 의석을 차지한 것은 2004년 실시된 17대 총선이 처음이었다. 이 선거가 탄핵정국이라는 특수 상황에서 치러졌다는 것을 고려하면, 제6공화국에서 분점정부의 출현은 일반적 현상이 되었다. 제6공화국하에서 분점정부의 출현 가능성이 높아

---

24) 정준표, 「정당·선거제도와 권력구조의 선택」, 진영재 편저, 『한국 권력구조의 이해』(서울: 나남출판, 2004), pp.260–261.

진 데에는 9차 개정 헌법과 주요 정치제도들의 변경에 기인하고 있다.

우선 헌법상 대통령의 임기를 5년, 국회의원 임기를 4년으로 함으로써, 두 선거의 주기가 불일치함에 따라 대통령 임기 중에 국회의원 선거가 실시되는 결과를 나았다. 비교 정치학의 연구에 의하면, 의원 선거에 있어서 대통령 선거 실시 후 몇 개월 이내에 실시되는 허니문 선거의 경우, 대통령 인기의 동반효과(presidential coattail effect)로 대통령 소속 정당에 유리하게 작용하지만, 두 선거가 분리되는 중간 선거의 경우, 대통령에 대한 견제 심리가 강하게 나타나 대통령 소속 정당에 불리하게 나타난다. 이러한 현상은 제6공화국하에서 실시된 13대, 14대, 15대, 16대 국회의원 선거 결과를 통해서 확인되고 있다. 또한 비례대표제의 변화로 민주노동당이 제도권에 진출하게 되었고, 민주노동당은 지역주의에 기반한 민주당, 국민중심당과 함께 한국의 정당체계를 다당제 체제로 이끄는 중요한 한 축이 되고 있다. 제6공화국 이전 군부 권위주의 시대에는 양당제의 골격이 유지되었다. 보다 정확히 말하면 사르토리(G. Sartori)가 말하는 '일당 우위 정당제'가 유지되었다.[25] 그러나 제6공화국에서 '1인 2표 정당 명부식 비례대표제'가 도입되고, 지역주의 정치가 힘을 발휘함으로써 군부 권위주의 시대의 양당제 경향은 무너지지 않을 수 없었다. 이제 한국에서 다당체제는 상수에 가깝다.[26] 그리고 이러한 다당체제는 향후 분점 정부의 출현 가능성을 더욱 높게 하고 있다.

미국과 마찬가지로 한국에서도 분점정부와 정치적 효율성의 저하는 무관하다는 분석도 있으나,[27] 분점정부에 직면했을 때 대통령이 분점정부 상황을 극복하기 위하여 정당 간 합당(1990)이나 무소속 의원의 영입(1992, 1996), 또는 권력공유에 의한 정당 간 정책 연합(2001)을 추진함으로써, 여야 간의 관계가 급속히 냉각되고 대립과 갈등이 심화되어 행정부와 입법부의 교착상태가 나타나 대통령의 통치력이

---

25) 정해구, 「정당정치의 위기」, 성공회 대학교, 2006. 군부 권위주의 시대에 집권 여당과 이에 대립했던 야당이 존재하기는 했으나, 여당은 야당에 의한 정권교체가 불가능할 정도의 거대 여당으로 존재했기 때문에 이를 '일당 우위 정당제'로 본다. 학자에 따라서는 이를 '1.5 당제'라고 부르기도 한다.

26) 안순철, 「내각제와 다 정당체제」, 진영제 편저, 『한국 권력구조의 이해』(서울: 나남출판, 2004), p.132.

27) 장훈, 「대통령과 국회 / 정당」, 박세일 외, 『대통령의 성공 조건 Ⅰ』(서울: 동아시아연구원, 2002), pp.546-547. "국회의 개의일수와 개의율, 회기당 개의일수, 비개의일수, 국정조사권 발동상황 등에 있어서 단점정부와 분점정부는 별다른 차이가 없으며, 국회의 해임 건의안 제출은 대부분 단점정부 상황에서 제출되었다. 경험적으로 획득한 공식적 통계로 판단하면 분점정부가 단점정부에 비해 행정부와 의회 간 갈등과 교착으로 입법 산출이 낮고 의회의 집회가 위축된다는 증거를 발견할 수 없다. 오히려 인위적인 정계 개편을 통한 단점정부로의 전환 이후 행정부와 의회 간 관계가 급속 냉각되고 대립과 갈등이 증폭되었다."고 주장한다.

크게 약화되는 결과를 가져왔다.[28)

분점정부의 문제점이 분점정부의 본질적인 문제는 아니라 하더라도 분점정부가 발생했을 때 대통령과 여당이 이에 대응하는 방식이 한국 정치의 수준을 저하시켰고 정국을 교착상태로 만들어 효율성을 저하시켰다는 점에서 분점정부와 관련한 제도적 보완이 요구된다.

(5) 정당정치의 위기와 책임정치의 실종

정부 수립 이래 한국의 정당은 이념을 중심으로 한 정당이라기보다는 권력을 잡기 위해 동원되는 성격으로 만들어져 왔다. 그러다 보니 대통령제를 추구하면서도 행정부와 입법부는 권력의 분산보다는 권력의 융합적인 성격을 가졌고, 이러한 체제하에서 한국의 정당은 대통령 개인의 사당적 구조를 벗어나지 못했다. 그래서 정당은 권력의 주체와 함께 떠오르고 사라져 갔다. 한국 정치에서 지속적으로 나타나는 신당 창당을 통한 정치적 상황 극복은 정당정치의 제도화를 불가능하게 하고 있을 뿐만 아니라, 대통령제의 단임제로 국민은 정당에도 그리고 단임제하의 대통령에게도 책임을 물을 수 없는 함정에 빠지고 말았다.

제6공화국에서 자주 발생하는 분점정부의 상황은 또한 국정 결과에 대한 책임소재를 찾기 어렵게 만들 수 있다고 지적한다. 분점정부하에서 대통령은 행정부가 추진하는 정책에 대해 확실한 의회 내 지지를 얻어내기가 어려워 수많은 타협을 하게 되며, 그 결과 최종 통과된 정책안은 최초안과는 전혀 다른 것으로 변질되기 때문에 유권자들이 이 정책안의 공과에 대한 책임소재를 찾기란 여간 힘들게 되었다는 것이다.[29)

제6공화국에서 발생한 정당정치의 위기는 국가정책 지속성에 대한 신뢰도를 하락시켰고, 한 정권의 경험이 다음 정권에 계승되지 못함으로써 권력의 주변은 아마추어리즘으로 둘러싸여 국가 경영의 효율성은 저하되었으며, 국민들의 신뢰도는 추락하였다.

종합해 보면, 제6공화국 대통령제하에서는 정당 충성심을 자극할 제도적 유인책

---

28) 조정관, 「대통령제 민주주의의 원형과 변형」, pp.97 - 99, 김정현, 「이원 정부제에 관한 연구」, pp.158 - 159.

29) 안용흔, 「대통령제 논쟁의 비판과 새로운 쟁점의 모색」, 『사회과학 논총』 제4권, 대구 효성 가톨릭 대학교 사회과학연구소, 2005, p.42.

이 없고, 당내 지도자를 키우기에도 부적합하며, 정당 소속이 아닌 국외자의 입후보가 용이하고, 대통령 자신도 약한 정당을 선호한다는 점에서[30] 제6공화국의 정당정치의 위기와 책임정치의 실종 문제는 권력구조와 관련하여 접근할 필요가 있다.

Ⅳ. 대안적 정부 권력구조에 대한 논의

1. 순수 대통령제 회귀론

(1) 총리제 폐지와 내각 책임제적 요소 제거

제6공화국 대통령제하에서 국무총리의 위상은 제도적으로 상당히 애매하다. 국무총리를 대통령의 보좌기관으로 규정하면서도 대통령 유고 시 제1순위 권한 대행권을 갖게 하였고 임명 절차에 국회의 동의를 득하도록 하였다. 이와 관련하여 총리제 폐지론자들은 국민들로부터 직접 정통성을 인정받지 않은 임명직 국무총리에게 대통령 권한 대행을 인정한다는 것은 민주적 대표성 원칙에 위배될 소지가 있다고 주장한다.[31]

다음으로 국무총리와 국무위원의 의원직 겸직을 허용한 조항을 문제 삼는다. 이는 내각 책임제적인 요소로서 행정부가 정당정치로부터 자유롭지 못하게 만드는 조항이라는 것이다. 총리의 국무위원 제청권은 실효성에 문제가 되는데, 현실적으로 대통령이 국무총리의 국무위원 임명 제청을 존중해 주는 차원을 넘어서 이에 구속된다면 대통령의 임명권은 형식적인 것이 되고, 국무총리가 실질적인 임명권을 갖는 결과가 된다는 것이다. 더불어 국무총리가 해임되었을 경우에 국무총리가 임명 제청한 국무위원들도 총사퇴해야 하는가의 문제를 제기한다. 이처럼 국무총리제는 권한과 책임에 있어서 애매성과 모순성을 갖고 있기 때문에 폐지되어야 한다는 것이다.

그러나 국무총리제도를 긍정적으로 보는 시각에서는 국무총리제의 폐지보다는

---

30) 정준표, 「정당, 선거제도와 권력구조」, p.131.
31) 김정현, 「이원 정부제에 대한 연구」, 서울대학교, 2006, p.171.

운영의 묘를 살릴 필요가 있다고 주장한다.[32] 국무총리제도는 우리나라의 역사적 맥락에서 그 의의를 찾아볼 수 있다는 것이다. 조선시대의 영의정으로 대표되는 재상은 단순한 관료라기보다는 신권의 상징적 존재로 인식되었으며, 왕권에 대한 견제적 의미도 가졌다는 것이다. 그리고 영의정 제도에 대한 역사적 전통은 우리의 정치체제 속에 하나의 문화로 체화되어 정착되었다는 주장이며, 1919년 수립된 대한민국 임시정부 시절에 대통령제하에서 국무총리제를 두었던 것도 같은 맥락에서 이해할 수 있다는 것이다.[33] 그리고 비록 국무총리제도가 제헌국회에서 정치세력 간 타협의 산물로서 생긴 제도이지만, 지난 60여 년 동안 우리의 정치, 행정의 현실에 적응해 온 제도이며 그 존재에 대한 국민적 공감대가 형성되어 있다는 것이다. 따라서 우리의 정치 행정제도에 익숙해진 국무총리제도를 정착시켜 권력의 수직적 견제, 정치적 요구에 대한 여과, 정치적 완충 장치로서 계속 운영해야 한다고 주장한다.

(2) 부통령제의 도입

순수 대통령제를 주장하는 사람들은 총리제를 폐지하고 부통령제를 도입해야 하는 이유로 다음과 같은 것을 들고 있다. 첫째, 국민들의 직접 선출로 정통성을 갖는 부통령이 대통령의 제왕적 행태를 견제할 수 있고, 둘째, 대통령 유고 시 국무총리에 의한 권한 대행보다 민주적이고, 셋째, 차기 대통령 후보를 가시화할 수 있어서 정치의 예측 가능성이 높아지고, 넷째, 지역 간 갈등의 완화에 도움이 될 수 있다는 것이다.

그러나 부통령제 도입에 따른 문제점들도 많이 노출되고 있다. 첫째, 임기 중 마음대로 해임할 수 없는 부통령이 제2인자로 존재할 때, 대통령과 부통령이 대립 갈등을 보일 수 있으며, 둘째, 대통령 유고 시 부통령이 대통령직을 승계하는 것도 현재의 국무총리에 의해 승계하는 것보다 오히려 정책의 연속성에 문제가 있을 수 있다. 왜냐하면 대통령 후보가 부통령 후보자를 지명할 때 가장 우선적으로 고려할 요소는 부통령 후보자가 얼마만큼 자신의 당선 가능성을 높여 줄 것인가일 것이며,

---

32) 이재원, 『한국의 국무총리 연구』(서울: 나남출판, 1998), pp.335 – 339.

33) 1919년 3 · 1운동의 결과로 수립된 대한민국 임시정부의 정부기구에 국무총리라는 명칭이 처음으로 등장한다. 즉 권력구조는 대통령 중심제였으나, 행정권은 '국무원'이 갖도록 함으로써 대통령과 국무총리를 유리시켰다. 이재원, 『한국의 국무총리 연구』, p.29.

따라서 후보자의 자질보다는 다른 지지기반을 갖고 있는 다른 정파의 인물을 지명할 가능성이 높기 때문이다. 우리의 투표행태가 지역 투표적인 특성이 강하다는 점으로 미루어 후보자의 출신지역이 가장 중요한 지명 요인이 될 가능성이 높다. 이는 새로운 지역 연합을 출현시켜 지역감정을 해소하기보다는 악화시킬 수 있다. 셋째, 단임제하에서 차기 대통령 후보의 가시화는 대통령의 조기 레임덕 현상을 가져올 수 있고, 중임제로 개헌한 경우에도 부통령의 유명무실화 혹은 내부적 권력투쟁이라는 결과를 가져오기 쉽다.[34]

부통령제 선거방식은 대통령 선거와 별도로 부통령을 독자적으로 선출하는 방식과 대통령과 한 조를 이루어서 선출하는 러닝메이트 방식이 있다.[35] 독자적인 선출 방식을 통해 부통령을 뽑을 경우, 대통령과 부통령의 갈등이 비화될 가능성이 높다. 따라서 부통령제의 도입은 신중할 필요가 있다.

결론적으로 말하면, 국무총리제도와 부통령제는 각각 장·단점을 갖고 있는데, 국무총리제를 폐지하고 부통령제를 도입해야 하는 상당한 이유가 없다는 것이다.

(3) 단임제와 중임제

5년 단임제에 따른 문제점들이 지적되면서 5년 단임제 대신 다시 4년 중임제를 실시해야 한다는 주장이 많다. 4년 중임제를 실시해야 하는 이유로서, 첫째, 국정운영에 대한 국민의 심판 기회가 있어야 한다는 것이고, 둘째, 단임제에서는 당선과 함께 조기 레임덕 현상이 발생할 수 있으며, 셋째, 임기 중 모든 것을 완성하려는 대통령의 조급증에 따른 폐해가 발생할 수 있고, 넷째, 단임제의 경우 축적된 정치적 자산을 더 이상 활용할 수 없으며, 다섯째, 임기 4년의 국회의원 선거와의 시기 불일치를 해소할 수 있다는 것을 들고 있다.

그러나 4년 중임제를 실시한다고 하더라도 첫째, 2번째 임기는 역시 심판을 받을 수 없고, 둘째, 2번째 임기가 시작되면서 마찬가지로 레임덕 현상은 나타날 수밖에 없으며, 셋째, 중임을 위해 소신 있는 정책보다는 오히려 인기 영합적인 정책

---

34) 정준표, 「정당·선거제도와 권력구조의 선택」, p.282.

35) 김정현, 「이원 정부제에 관한 연구」, pp.175 – 177. 독자 투표 방식은 네 가지 선거 결과로 나타날 수 있다. ①대통령과 부통령이 동일 정당이면서 대통령의 득표수가 많은 경우, ②대통령과 부통령이 동일 정당이지만 대통령의 득표수가 적은 경우, ③대통령과 부통령이 다른 정당이고 대통령의 득표수가 많은 경우, ④대통령과 부통령이 다른 정당이면서 대통령의 득표수가 적은 경우이다. ①의 경우는 러닝메이트제 방식에 의한 선출과 유사하다. 그러나 나머지 경우는 대통령과 부통령의 갈등이 비화될 가능성이 높다.

을 쓸 가능성이 높아지고, 넷째, 중임제는 대통령의 권력 독점 현상을 심화시켜 권위주의화 경향을 더욱 자극할 가능성이 크며, 대통령이 수단과 방법을 가리지 않고 재선을 노릴 경우 극단적인 대립과 갈등이 나타날 수 있다.

또한 책임성에 대한 국민의 심판은 정당정치의 제도화를 통해서 연속성을 갖는 정당에 정치적 책임을 물을 수 있고, 또 제도화된 정당을 통해서 경험을 축적할 수 있기 때문에, 책임의 심판과 경험의 축적 등이 5년 단임제를 4년 중임제로 반드시 바꾸어야 하는 이유가 될 수 없다고 본다. 다만 대통령의 임기는 5년이고 국회의원 임기는 4년이기 때문에 불규칙적으로 두 선거가 실시됨으로써 여러 가지 문제점을 일으킨다는 점에서, 대통령의 임기를 5년 단임제보다는 6년 단임제로 하여 두 선거가 규칙적으로 실시되도록 하는 것이 바람직한 것으로 사료된다. 이럴 경우, 한 번은 대통령과 국회의원을 동시에 선거하게 되고, 한 번은 따로 선거하게 되는데, 따로 하는 국회의원 선거는 대통령에 대한 중간 평가적 선거가 될 것이다.

2. 순수 내각제 개헌론

지난 60여 년간 한국 정치에서 나타난 부정적인 측면과 현재도 지속되고 있는 정치의 후진성이 대통령제와 무관하지 않다는 점에서 대안적 권력구조로 내각 책임제가 꾸준히 제기되어 왔다. 특히 자유민주연합에서는 내각제를 당론으로 하여 내각 책임제 개헌을 주장해 왔는데, 내각 책임제를 도입해야 하는 여섯 가지 이유를 다음과 같이 들고 있다.[36)]

첫째, 한국의 정치문화에서 절대 권력은 절대 부패한다는 것이다. 둘째, 탈산업화 사회에서 1인에 의한 권력 집중은 비효율적이며 위험하다는 것이다. 셋째, 대통령 선거는 한국사회에서 천문학적인 규모의 돈이 든다는 것이다. 넷째, 내각 책임제를 통해 지역화합과 국민통합을 이룰 수 있다는 것이다. 다섯째, 평화 통일과 안보에 내각 책임제가 적합하다는 것이다. 여섯째, 내각 책임제를 통해 책임정치를 실현할 수 있다는 것이다.

이러한 자유민주연합의 주장에 대해, 반대론자들은 내각 책임제의 일반적인 장점

---

36) 자유민주연합에서 발표한 자료에는 7가지를 들고 있으나, 나머지 한 가지는 정치 슬로건적인 성격이어서 여기서는 6가지만을 거론하였다.

들을 이야기하기보다는 내각 책임제가 한국의 정치현실에 적합한가를 먼저 검토해
보아야 한다면서, 다음과 같은 이유로 이를 부정적으로 보고 있다.[37]

첫째, 내각제를 위한 사회적·정치적 기반이 조성되지 않았다는 것이다. 둘째,
내각 책임제가 배타적 지역주의 정치를 고착시킬 것이라는 것이다. 셋째, 내각 책
임제는 끊임없는 정치 불안정을 초래할 것이라는 것이다. 넷째, 내각 책임제는 한
국의 정치문화에서 정책의 합리성을 저해할 것이라는 것이다.

순수 내각 책임제 도입과 관련한 학술적 논의도 정치권의 지적들과 크게 다르지
않는데, 위에서 언급되지 않은 것들을 요약해 보면 다음과 같다.

첫째, 비구조화된 다당제와 낮은 정당정치수준을 감안하면, 내각제가 오히려 국
민의 의사에 반하는 정치적 독과점 체제 혹은 극도의 비효율성을 초래할 가능성이
크며, 정당의 이념적 정체성이 모호하고 지역 할거적 구도가 잔존하는 상황에서 3
김씨와 같은 강력한 보스마저 존재하지 않을 경우 내각 책임제는 프랑스의 제3공
화국 형태인 '의회 정부(assembly government)' 유형으로 전락하기 쉽다는 것이다.

둘째, 내각제 옹호론자들은 내각 책임제에서 합의형 정치체제가 나타날 가능성이
커서 소수의 이해관계가 보다 잘 대표될 수 있다고 주장하나, 내각 책임제에서는
다수의 정당이 경쟁하는 정당체계의 파편화가 초래될 가능성이 크고, 그렇게 될 경
우 정치적 결과에 대한 책임 소재가 불분명해지면서 책임정치가 실종될 수 있다고
주장한다. 더군다나 유권자들의 의사와는 관계없이 정치인 또는 정당들 간의 담합
이 빈번해지며 결국 기존 정당이나 정치인들의 기득권을 강화하는 정당 카르텔화
를 가속화할 가능성이 있다고 비판한다.[38]

셋째, 내각 책임제하에서 총리의 독주가 우려된다는 것이다. 내각 책임제는 민주
적 정당성 면에서 일원적 구조를 갖는데, 단일 정당이 국회 의석의 과반수를 차지
할 경우 총리의 강력한 권한 행사를 견제할 수단이 전혀 없게 된다는 것이다.[39]

넷째, 내각 책임제하에서 정치적인 실세가 대통령직에 취임할 경우, 헌법 규범에도
불구하고 대통령이 실질적 권한을 행사하는 이원집정부제적(분권형 대통령제적)인 헌

---

37) 정영국, 「내각제 개헌을 해서는 안 되는 7 가지 이유」, 『사회 비평』 제20호, 1999, pp.25－40. 동 기고문에서
　　자유민주연합이 주장한 7가지 내각 책임제 채택 이유에 대해 안 되는 이유를 7가지로 설명하고 있으나, 여기서는
　　4가지만을 인용하였다.
38) 정진민, 「한국 대통령제의 문제점과 극복방안」, p.232.
39) 김정현, 「이원 정부제에 관한 연구」, pp.178－182.

정 운영이 불가피할 수 있다는 것이다.[40] 제도적으로 권한과 책임이 불분명 상태에서의 분권형 대통령제적인 헌정 운영은 불필요한 대립과 갈등을 유발할 수도 있다.

3. 제6공화국 정부 권력구조 보완론

(1) 책임 총리제론

제6공화국 헌법에 규정된 국무총리제를 통해 헌법의 개정 없이 책임 총리제 형태로 운영할 수 있다는 것이다. 그러나 책임 총리제로 운영되기 위해서는 대통령이 국무총리에게 실질적인 권한을 주고, 국무총리의 임명과 해임에 있어 국회의 의견을 존중한다는 것이 전제되어야 하는데 제도적 장치가 없는 상황에서 대통령의 자의적 판단과 국정 운영방식에 의존해야 하는 책임 총리제를 야당이 수용하기 어렵다.

이와 관련하여 학계에서도 '책임 총리제'로 운영될 수 있도록 하기 위해서는 총리의 임기를 보장하고 권한 배분을 법제화하여 총리의 지위와 역할을 보장해야 한다고 주장한다.[41] 구체적인 내용은 다음과 같다.

첫째, 임명된 총리는 임기를 보장하여 대통령의 임의에 의해 해임당하는 일이 없도록 해야 한다는 것이다. 둘째, 총리의 역할 분담과 관련하여 가능하다면 정부 조직법이나 가칭 '국무총리 지위와 권한 행사에 관한 법률'과 같은 특별법의 제정을 통해 법제화해야 한다고 주장한다. 셋째, 외치와 내치의 역할 분담보다는 국정 운영과정에서 총리에게 인사와 예산에 대한 참여의 기회를 넓히는 것이 실질적인 총리의 역할을 확대할 수 있으며, 중요 정책 외에는 대통령에게 과중된 업무를 적절히 총리에게 분담시키는 것이 국정의 효율을 제고할 수 있다고 주장한다. 넷째, 총리에게 국무위원의 실질적인 임명 제청권과 해임 건의권이 인정되어야 한다는 것이다. 다섯째, 관행이었던 당정 간의 협의를 폐지해야 한다는 것이다. 당정 간의 협의 제도는 의회와 행정부의 견제와 균형보다는 행정부와 여당을 동일시하게 되어 야당과의 대립을 격화시킬 가능성이 높다는 것이다. 즉 정치총리에서 행정총리로의 역할전환이 책임 총리제가 될 수 있는 조건이라는 것이다.

---

40) 박영상, 「한국 권력구조의 개선에 관한 연구」, 연세대학교, 2006.

41) 김용복, 「권력구조 개혁과 국무총리제도: 문제와 개선 방안」, 『국제정치연구』 제6집 1호, 2003, pp.18−21.

이상에서 살펴본 것처럼 헌법의 개정이 없이 책임 총리제를 실시하는 데에는 총리의 임기보장, 총리의 실질적 권한 분담에 대한 대통령의 결단, 총리의 국무위원 제청·해임에 대한 대통령의 존중 등 많은 전제 조건과 제약이 따른다. 따라서 실질적인 분권형 대통령제로의 운영이 필요하다고 하다면, 본 연구에서 대안적 정부 권력구조로 제시하고자 하는 분권형 대통령제로 헌법을 개정하는 것이 타당하다고 본다.

(2) 중간 수준 정치제도의 보완론

한국 정치의 문제점을 정부형태보다는 정당제도, 선거제도와 같은 중간 수준의 정치제도적인 문제에서 접근하려는 것이다. 현재의 정부형태인 대통령제와 중간 수준의 각종 정치제도들과의 조응성을 검토할 뿐만 아니라, 중간 수준 정치제도 간의 조응성, 그리고 하위제도들 간의 조응성도 함께 검토하자는 것이다. 일종의 다층적인 조응성을 검토하여 제도 상호 간에 최적의 효율성이 발휘될 수 있도록 정치제도를 조정하자는 주장이다.

중간 수준의 정치제도 보완을 통해 문제를 해결하자는 주장들은 권력구조를 바꿔야 하는 다른 제안들과 비교할 때 사회적 비용을 줄일 수 있는 합리적인 방안이라고 여겨진다. 그러나 중간 수준의 정치제도 보완을 통해서 문제점을 해결하는 데에는 한계가 있고, 또 이러한 다층적 정치제도 간의 조응성의 문제는 어떠한 권력구조를 채택한다고 하더라도 반드시 고려되어야 할 사항이다. 다시 말하면, 권력구조라고 하는 정부형태가 우선적으로 결정되지 않고서는 논의될 수 없는 성격이라는 점에서, 제6공화국의 대통령제 정부형태를 전제로 한 논의들이라고 볼 수 있다.

Ⅴ. 대안적 정부 권력구조의 모색: 분권형 대통령제

1. 분권형 대통령제의 특징

(1) 분권형 대통령제의 유형

분권형 대통령제의 유형은 두 가지 차원에서 결정된다. 하나는 헌법에서 대통령과 총리의 권한을 명백히 규정하여 어느 한쪽에 우월적 권한을 인정한 경우이고, 다른 하나는 대통령과 총리의 위상이 의회의 의석에 따라 가변적으로 권력의 중심이 바뀌는 경우이다. 헌법상의 규범을 중심으로 보면, 프랑스, 루마니아, 폴란드 등은 대통령 중심 분권형 대통령 국가이고, 오스트리아, 그리스, 아일랜드 등은 총리 중심 분권형 대통령 국가라고 볼 수 있다.[42]

그러나 프랑스의 경우처럼 규범상 대통령 중심 분권형 대통령제라 할지라도 실제운영에 있어서 분권형 대통령제는 가변성과 유연성으로 인하여 특정시기에는 대통령이 총리에 비해 주도적으로 정국을 주도하다가도, 어떤 시기에는 반대로 총리가 정국을 주도해 간다. 이처럼 분권형 대통령제는 정치적 상황, 대통령과 총리의 리더십, 대통령과 총리를 중심으로 한 정파 간의 세력 관계, 의회 내의 역학 관계에 따라 대통령 중심 분권형 대통령제와 총리 중심 분권형 대통령제가 교체되면서 나타날 수 있다.[43]

(2) 분권형 대통령제의 조직 운영 원리

대통령제와 내각 책임제의 혼합제로서 분권형 대통령제는 국민의 직접 선거로 선출된 대통령과 의회라는 두 개의 국민적 정통성을 갖는 기구가 권력을 공유하게 된다. 따라서 행정부는 국가 원수로서 일정하게 실질적 권한을 갖는 대통령과 의회 앞에 정치적 책임을 지는 총리를 중심으로 이원적 구조를 갖게 된다. 분권형 대통령제는 기본적으로 다음의 3가지를 본질적 요소로 한다.

첫째, 대통령은 국민이 직접 선출하는 것을 원칙으로 한다.

둘째, 대통령은 국가 원수로서 상당한 실질적인 권한을 갖는다.

셋째, 총리와 내각은 행정권을 갖고 대통령을 견제하며, 의회의 신임에 의존한다.[44]

---

42) 황태연, 박명호, 『분권형 대통령제 연구』(서울: 동국대출판부), 2003, p.55.

43) 1980년도 '헌법 연구반 보고서'(서울, 법제처, 1980, pp.223-244)에서는 여론의 민감한 반응 때문에 이원집정부제라는 용어를 피하는 대신 '절충형'이라 칭했는데, 동 보고서에서는 절충형 정부형태를 3가지로 분류했다.
 ①제1절충형(의원 내각제에 대통령제적 요소가 가미된 정부): 그리스 헌법과 1961년부터의 터키 헌법.
 ②제2절충형(대통령제에 의원 내각제적 요소가 강하게 가미된 정부): 오스트리아 헌법과 핀란드 헌법.
 ③제3절충형(대통령제에 의원 내각제적 요소가 다소 가미된 정부): 프랑스 헌법.

44) 김철수, 『한국헌법사』(서울: 대학출판사, 1988), p.607. 이원집정부제의 개념을 처음 소개한 헌법학자 김철수는 이원집정부제의 본질적 요소로 첫째, 대통령의 의회에 대한 독립성, 둘째, 의회에 책임지는 내각, 셋째, 국가 긴급 시 대통령이 총리와 국무위원의 부서 없이 행정권을 행사할 수 있는 점을 들었다.

분권형 대통령제를 채택하고 있는 나라들이 기본적으로 위에서 언급한 본질적 요소들을 가지면서 헌법상 유사한 규정을 갖고 있음에도 불구하고, 듀베르제(Duverger)가 지적한 것처럼 실제로는 나라마다 상황에 따라 다르게 운영된다. 그러한 운영상의 차이는 헌법의 실제적 내용뿐만 아니라 전통과 환경적 요인, 의회 내 과반수 구성, 그리고 의회와 대통령의 관계 등 다른 변수와 관계가 있다.[45] 한국에서도 중요한 정권 변동기, 특히 정권교체 또는 승계 문제가 대두되었던 시기에는 분권형 대통령제가 검토되었는데, 시기별로 다소 차이를 보이는 것도 같은 맥락에서 이해될 수 있다.[46]

그러면 분권형 대통령제에서 권력구조의 성격과 운영을 결정하는 중요한 요소들을 분석해 본다.

1) 대통령

분권형 대통령제하에서 대통령의 선출은 국민이 직접 선출하는 것을 원칙으로 하나 간선으로 선출하기도 한다. 대통령을 직선하는 국가로는 프랑스, 핀란드, 포르투갈, 루마니아, 폴란드, 오스트리아, 아일랜드, 불가리아 등이 있으며, 대통령을 간선하는 국가는 이탈리아, 헝가리, 체코, 그리스 등이다.[47] 다당제를 실시하는 프랑스의 경우, 대통령에 당선되기 위해서는 유효투표의 과반수를 득해야 하는데, 만일 1차 투표에서 해당자가 없을 경우에는 다수자 2인을 대상으로 결선투표를 하고 있다. 프랑스의 결선투표가 다당제를 고착시킨다는 비판도 존재하지만, 국가 원수로서 국민적 통합을 이끌어야 하는 대통령의 역할과 관련하여 과반수를 득해야 한다는 결선투표 조항은 중요한 의미를 갖는 것으로 해석된다. 대통령의 임기와 중임 허용 여부는 각국의 정치적 상황에 따라 다르다. 한국에서 분권형 대통령제로 개헌을 한다면, 대통령 직선제에 결선투표를 채택하고, 6년 단임제가 바람직하다고 본다.

분권형 대통령제하에서의 대통령은 일반적으로 외교, 국방, 안보와 위기관리 업무를 맡게 된다.[48] 한국적인 상황에서는 민족교류와 통일의 문제가 대통령의 주요

---

45) 이계희, 「이원집정부제의 한국적 운용」, 『사회과학 논총』 제9권(1998), p.258.

46) 이계희, 「이원집정부제의 한국적 운용」, pp.265－270.

47) 황태연·박명호, 『분권형 대통령제 연구』, p.67.

48) 유럽 나라들의 경우, 유럽 통합의 진전으로 사실상 국내 정책과 대외 정책 간의 차이가 애매해졌다. 그러나 이원정부를 설정한 법적 규정으로 국내 사안에 대해 문제가 생기는 경우에 대통령은 그로 인한 책임 소재로부터 벗어날 수 있다는 점에서 대통령이 이를 이용하여 정치적 책임을 회피할 여지가 있다. 강원택, 「권력구조와 국가 원수의 역할」, 2005.

업무에 포함되어야 할 것이다. 대통령은 국가수반으로서, 총리지명·임명권, 외교권과 군통수권, 비상대권, 국민투표 부의권, 헌법 개정 발의권, 법률안 발의권 및 거부권, 대법원장·대법관·헌법재판소장 임명권, 사면권, 대통령령 발동권 등을 갖는다. 동거정부 시에도 외교, 국방, 통일, 안보(국정원)와 관련된 인사권은 대통령의 재량 사항에 속해야 할 것이다. 국무회의 주재권은 원칙적으로 대통령에게 속한 것으로 두고, 의제가 외교, 국방, 안보와 관계없는 경우에는 총리가 주재할 수 있도록 해야 할 것이다.

분권형 대통령제하에서 의회의 해산권과 관련해서는 대통령의 독자권한으로 인정하는 경우와, 공동권한으로 인정하는 경우로 나누어 볼 수 있는데, 독자권한으로 인정하는 경우는 일반적으로 헌법상의 제한이 있는 경우가 대부분이며, 공동권한인 경우는 헌법상 제한 사유가 별도로 규정되지 않는다.[49] 공동권한이란 대통령이 총리나 내각의 제청 또는 제안에 따라 대통령이 권한을 행사하는 것을 말한다. 한국에서는 제4공화국 유신헌법에서 대통령에게 국회 해산권을 부여하였는데, 내용으로 보아서 대통령의 독자권한으로 인정한 형식이었다. 만약 분권형 대통령제를 도입한다면, 프랑스처럼 헌법상 제한 규정을 두고 대통령의 독자권한으로 인정하는 것이 바람직하다고 본다.

분권형 대통령제하에서 의회의 대통령에 대한 통제는 일반적으로 두 가지 방법에 의해 이루어진다. 첫 번째는 의회의 결의로 국민투표를 실시하여 대통령을 해임시키는 것으로 바이마르 공화국, 오스트리아, 아이슬란드가 이 방식을 채택하고 있다. 국민투표에서 대통령의 사임이 부결될 경우, 일반적으로 의회는 해산한다. 즉 의회와 대통령이 충돌하는 경우, 국민투표의 결과에 따라 의회가 해산하거나 대통령이 사임함으로써 양자 간의 갈등을 정치적으로 해결하는 제도이다. 두 번째 방법은 의회가 대통령을 탄핵소추하는 것이다. 프랑스, 오스트리아는 이 제도를 채택하고 있지만, 아이슬란드는 의회의 탄핵 소추권이 없다. 포르투갈과 핀란드는 탄핵에 대한 규정이 없다.[50]

---

49) 김정현, 「이원 정부제에 관한 연구」, 서울대학교, 2006. 헌법상의 제한의 예를 들면, 프랑스의 경우, 의회가 구성되고 1년 이내에는 의회의 해산이 불가능하고, 포르투갈의 경우, 대통령의 임기 중 마지막 6월 이내, 계엄 또는 비상사태의 발효기간 중에는 해산되지 않는다.

50) 김정현, 「이원 정부제에 관한 연구」, p.142.

분권형 대통령제하에서 대통령과 총리의 관계는 3가지 유형으로 나타나고 있다.[51] 첫째, 의회 의석에 의해서 양자 간 우열이 결정되는 경우로, 바이마르 공화국과 프랑스의 제5공화국이 여기에 해당한다. 대통령이 의회 다수의 의석을 확보하면 강력한 대통령제가 출현하나, 이와 반대로 의회의 과반수를 확보하지 못하면 실질적인 권한이 총리에게 이동한다.[52] 이런 유형은 정국 상황에 따라 권력의 중심이 옮겨지는 가변성을 특징으로 한다. 둘째, 점진적으로 총리의 권한이 강해지는 유형이다. 핀란드와 포르투갈에서 과거에는 대통령이 총리에 대해 우세를 나타냈으나, 최근에는 총리의 권한이 강해지는 추세가 나타나고 있다. 핀란드의 경우, 1950년대부터 1970년대까지 Kekkonnen 대통령 집권 시절 강한 대통령제적 특성을 보였으나, 그의 퇴임 후 총리의 권한이 점차 강해졌고, 1990년대에 양자 간의 균형을 보이다가, 2000년 헌법 개정으로 총리의 권한이 강해질 것으로 보인다. 포르투갈의 경우 1976년 민주화 이후 총리에게로 권력의 중심이 이동하고 있다.[53] 냉전해체라고 하는 국제 요인의 변화를 그 원인으로 보는 시각이 있다. 셋째, 약한 대통령의 유형이다. 오스트리아, 아일랜드, 아이슬란드의 대통령의 경우, 직선 대통령임에도 불구하고, 내각 책임제하의 상징적 대통령의 지위에 머무르고 있다. 한국에서 분권형 대통령제를 실시할 경우, 첫 번째 유형이 되어야 할 것이다.

2) 내각과 총리

분권형 대통령제하에서 대통령은 초당적 국가수반으로서의 역할이 강조되는 데 반해, 총리는 기본적으로 의회의 신임에 종속된 당파적 내각 수반이면서 동시에 법리적으로는 임명권자인 대통령에 대해서도 책임을 지는, 즉 의회와 대통령 양측의 신임에 의존해 있다.

대통령과 관련하여 총리의 위상은 다음의 3가지 유형으로 변화한다.[54] 첫째, 대통령의 소속 정당이 의회 다수당이고, 대통령이 이 당의 제1인자인 경우에는 전적

---

51) 김정현, 「이원 정부제에 관한 연구」, p.143.

52) 강원택, 「권력구조와 국가 원수의 역할」, 한국 정치학회 춘계 학술대회, 2005. 프랑스에서 동거정부가 출현하는 경우, 대통령의 권한은 크게 축소되어 국가 원수의 지위에 머무르게 된다. 그러나 명목상의 국가 원수에 불과한 다른 내각 책임제 국가에 비해서 프랑스 대통령은 국가 원수일 뿐만 아니라 외교, 국방 등 고유한 권한을 가지고 있다.

53) 김정현, 「이원 정부제에 관한 연구」, pp.188 - 192.

54) 황태연 · 박명호, 『분권형 대통령제 연구』, pp.51 - 55.

으로 대통령의 의지에 따라 총리가 지명된다. 비록 총리에게 제청권이 있다 하더라도 내각의 구성도 대통령이 주도하게 된다. 이 경우 분권형 대통령제는 대통령제처럼 운영되며, 총리의 위상은 약화된다. 대통령이 당내 제1인자가 아닌 경우에는 정파 간 타협에 의해 총리가 지명되며, 내각의 구성은 물론 국정 운영에서 대통령과 총리의 역할 분담이 이루어진다. 둘째, 과반수 의석을 차지한 다수당이 없거나 의회의 의석이 4~5개 이상의 다수당으로 분산되어 있는 상황에서는 대통령이 다수당의 소속이 아니라 하더라도 대통령의 총리 지명권은 상당한 정도의 영향력을 발휘한다. 여러 정당이 단합하여 총리 불신임 투표에서 행동통일을 이루기가 어렵기 때문이다. 셋째, 야당이 과반수의 다수당이 된 경우에는 대통령은 불가피하게 야당 대표를 총리로 지명해야 하며, 이때의 총리는 동거정부의 총리로서 국정을 주도할 수 있다. 총리는 외교, 국방, 안보 관련 장관을 제외하고 실질적인 내각의 조각권을 가지며, 대통령과 총리 측 인사들이 뒤섞인 '거국 내각' 또는 '대연정'과 유사한 형태로 국정이 운영된다. 분권형 대통령제하에서 대통령과 총리의 위상은 대통령제하의 양자 간 관계와 비교될 수 없다. 총리의 입지가 가장 유력한 경우에도 총리가 대통령의 지위를 넘볼 수 없는 것과 마찬가지로, 총리가 가장 취약한 경우에도 대통령이 총리의 고유권한을 형해화할 수 없다는 것이다.

분권형 대통령제하에서 의회가 총리를 견제하는 수단은 내각 불신임권이다. 아일랜드와 아이슬란드의 경우처럼 내각 불신임권을 인정하지 않는 경우도 있으나, 대다수의 분권형 대통령제를 채택한 국가들은 내각 불신임권을 채택하고 있다. 아이슬란드의 경우 의회가 총리를 견제할 수 있는 수단은 탄핵 소추에 한한다. 분권형 대통령제하에서 총리는 의회의 지지를 얻지 못하면 의회의 해산을 대통령에게 제청할 수 있다.

한국에서 분권형 대통령제를 채택했을 경우, 실질적인 내각의 운영에 대해서는 단점정부와 분점정부를 나누어서 검토할 수 있다.[55] 단점정부에서의 국정 운영은 두 가지가 가능하다. 첫 번째 방식은 대통령은 국방, 통일, 외교, 안보의 업무를 수행하고 헌법기관을 구성하는 일과 개혁과제 가운데 '대통령 프로젝트' 또는 '대통령 프로그램'을 수행하는 일에만 집중하고 나머지 일상적인 행정업무는 국무총리

---

55) 김정현, 「이원 정부제에 관한 연구」, p.192.

가 중심이 되어 행정 각부를 관장하는 것이다. 두 번째 방식은 총리를 더욱 활용하는 방식으로 국정의 2인자로 전문가를 발탁하여 총리에게 전폭적인 권한을 위임해 독자적인 결정을 할 수 있는 여건을 조성하여 관계부처 장관의 임명권도 실질적으로 보장해 주는 것이다. 단점정부하에서 첫 번째 혹은 두 번째 방식 중 어느 것을 선택할 것인가는 대통령의 통치 스타일에 달려 있다.

동거정부의 경우에는 단점정부에서와 같은 국정 운영은 기대하기 어렵다. 동거정부에서 대통령과 총리의 업무 분담이 명확하지 않은 점은 이미 프랑스 5공화국 정부에서 단점으로 지적되고 있다. 동거정부의 구성에 대비해 현행 부총리제를 폐지하고 내각에 '팀제 시스템'을 도입해 팀별로 선임 장관을 두고, 동거정부 구성 시 대통령과 총리 간에 합의를 통해 분야별로 나누어진 행정부처팀을 각각 관장하게 함으로써 업무 영역에 대한 논란을 불식시킬 필요가 있다.

3) 건설적 불신임제

제2차 세계대전 이후 1949년 독일 연방공화국이 수립되고 지금까지 어떤 정당도 단독으로 정권을 잡은 일이 없다. 모두 연립정권 형태로 정권을 유지하였는데도 현재까지 역대 총리는 8명에 불과하고 재임기간은 평균 9년을 넘는다. 역대 총리들은 국정의 최고책임자로서 강력히 정책을 추진해 비슷한 시기에 출범했으면서도 잦은 불신임에 따른 정권교체로 국민들의 염증을 불러온 이탈리아와 비교된다.

독일의 헌법인 기본법이 총리의 우위를 규정하고 총리가 단독 결정으로 정책을 집행할 수 있는 근거를 제공한 원인도 있지만, 의원 과반수의 지지를 받은 후임 총리가 합의되지 않은 상태에서 현 총리를 불신임할 수 없도록 규정한 건설적 불신임제도로 총리가 안정적으로 내각을 이끌 수 있었기 때문에 가능했다.

한국에서 분권형 대통령제를 채택할 경우, 내각 책임제에 대한 경험 부족과 낮은 정당의 제도화 수준, 지역주의와 비례대표제 채택에 따른 다당제, 엄격한 당 규율 그리고 타협문화의 부재로 총리와 내각에 대한 불신임이 빈번할 수 있다. 따라서 분권형 대통령제 채택과 동시에 건설적 불신임제도도 함께 도입할 필요가 있다.

(3) 정당체제와 분권형 대통령제

1) 다수제 민주주의와 합의제 민주주의

다수제 민주주의는 동질적인 사회에 적합하고 거기서 최고의 기능을 발휘한 반면, 합의제 민주주의는 다원적 사회에 적합하다. 웨스트민스터 체제로 불리는 영국의 경우 양당제와 다수제 민주주의에 바탕하고 있고, 서유럽 국가들은 다당제와 합의제 민주주의에 기초하고 있다. 한국사회는 동질적인 사회로서 권위주의 정권시절에는 다차원적인 정당체제보다 양당제에 가깝게 운영되었고, 다수제 모델이 일반적으로 적용되어 왔다고 볼 수 있다. 권위주의 시대에 선거제도는 소선거구제 단수다수대표제로서 승자가 모든 것을 가져가는 승자 독식의 정치문화로 다수제 민주주의와 연관되어 있다. 그래서 한국에서는 민주주의란 바로 다수에 의해 결정되는 다수제 민주주의 모델과 동일시되어 왔다.

그러나 제6공화국 민주화 이후 지역주의 정당의 등장과 비례대표제의 변화로 다당제 정당체계에 진입하였고, 후기 산업사회의 정당 특성상 한국 정치에서 더 이상 양당제를 기대하기 어렵게 되었다. 이제 한국에서도 다수제 민주주의는 한계 상황에 부딪히고 합의제 민주주의로 전환해야 한다는 주장이 제기되고 있다.[56] 정치권에서 화두가 되었던 소위 상생정치의 대안으로 합의제 모델이 제시되고 있으며, 합의제 모델에서는 권력의 분점과 공유 그리고 협상과 타협이 전제되고 있다. 합의제 민주주의 주장자들은 지금까지 한국의 정치개혁이 정치적 효율성이나 투명성을 높이는 데 있어서는 어느 정도 성공을 거두고 있으나, 한국 민주주의가 정치적 갈등을 필연적으로 수반하는 다수제 모델을 고수하고 있는 한 사회적 균열과 정치적 갈등은 갈수록 고착된다고 생각하고 있다.

일반적으로 양당제 대통령제와 양당제 의회제하에서는 다수제 민주주의가 효율적으로 운영되고, 다당제 의회제하에서는 합의제 민주주의가 안정적으로 운영된다. 분권형 대통령제는 그 출발이 다당제를 운영하는 서유럽 국가들에서 시작되었고 정치권력구조의 한 형태로서 정착되고 있다는 사실에서 알 수 있듯이 기본적으로 합의제 민주주의와 어울리는 권력구조라 볼 수 있다.

---

56) 선학태, 『민주주의와 상생 정치』(서울: 다산출판사, 2005).

2) 양당제와 다당제

한국 정치에서 효율적인 정당의 수를 살펴보면,[57] 유신체제하에서는 2개였고, 제
5공화국에서는 11대 국회에서 민주정의당, 민주한국당, 한국국민당이 원내 교섭단
체을 형성해 3개였으며, 민주화 이후에는 13대 국회 전반부에는 민주정의당, 통일
민주당, 평화민주당, 신민주공화당의 4개였다가, 1990년 3당 통합으로 2개로 줄어
들었다. 14대 국회에서는 민주자유당, 민주당, 통일국민당으로 3개였고, 15대 국회
에서는 신한국당, 새정치국민회의, 자유민주연합으로 3개였으며, 16대 국회에서는
한나라당, 새천년민주당, 자유민주연합의 3개였다. 그리고 17대 국회에서는 원내
교섭단체는 한나라당과 열린우리당 2개이지만, 실질적으로 민주당과 민주노동당 그
리고 국민중심당이 실제 정치에 영향을 미치고 있다. 이처럼 제6공화국하에서 한국
정당정치는 인위적인 3당 합당시기를 제외하고 3~4개의 정당이 원내에서 의미 있
게 활동하는 다당제 정당체계를 유지하고 있다. 제6공화국에서 다당제가 일반화되
는 배경에는 한국의 정당들이 원래가 이념적 성격이 희박하였는데, 권위주의체제가
끝나면서 그나마 있었던 집권당과 야당 간 민주와 반민주의 구도가 사라지면서 지
역중심의 구도로 변모한 것이 주된 원인이 되고 있다. 이러한 지역주의 정당의 성
향과, 17대부터 도입한 1인 2표 정당 명부식 비례대표제의 영향으로 한국 정치에
서 온건 다당제는 당분간 보편적 현상이 될 것으로 보인다. 이미 앞에서 살펴본 것
처럼, 다당제 정당체계에서 대통령제는 많은 문제를 야기할 수 있다. 다당제 정당
체계에서는 타협과 연정을 통한 권력의 공유가 필요하다. 그리고 다당제하에서는
분점정부보다 동거정부가 제도적으로 행정부와 의회의 교착상태를 해결해 나갈 수
있다는 점에서, 다당제하에서 분권형 대통령제는 어울리는 권력구조이다.

3) 선거정당과 정책정당

정권이 바뀔 때마다 해체와 급조의 역사를 반복하고, 특히 대통령 선거 때만 되
면 신당 창당론이 등장하는 것은 한국정당이 선거정당이라는 사실을 단적으로 보
여주고 있다. 이러한 한국의 정당문화는 권력구조와 무관하지 않다. 일반적으로 내
각 책임제에 비해서 대통령제는 상대적으로 약한 정당을 초래하는 것으로 알려졌

---

57) 신명순, 「한국 정당과 민주주의 공고화」, 『21세기 한국의 정치』(서울: 법문사, 2001), pp.219-223. 효율적인
　　정당의 수는 국회에 진출하는 정당들 중에서도 실제 정치에 영향을 미치는 중요한 역할을 하는 정당들의 수이다.
　　한국의 국회에서 효율적 정당은 원내 교섭단체의 요건을 갖춘 정당으로 파악될 수 있다.

다. 유권자들이 정당보다는 개인에 대한 평가에서 후보를 선택하는 것이 대통령제 하에서 나타나고, 이러다 보니 대통령 후보도 정당에 의존하기보다는 직접 대국민을 호소하게 되고, 정당들은 유력후보를 중심으로 헤쳐 모의를 반복해 온 것이 한국의 현실이었다.

3김 시대가 종식되면서 많은 정당들이 정책정당을 표방했지만, 지역주의적 투표 성향 속에서 정책정당의 모습은 매몰되어 왔다. 많은 사람들이 한국에서 정당이 정책정당이 되지 못한 이유를 무엇보다도 한반도의 분단에서 찾고 있다. 정당의 보수화는 이념적 색채에 따라 정당을 구분하는 것을 불가능하게 하였고, 이념적 차별성이 거의 드러나지 않는 정당들이 강령이나 정책을 개발하는 것은 어려웠다고 보는 것이다.[58] 다음으로 오랜 독재 정치의 역사가 정책정당의 발전을 저해하였다고 보고 있다. 정당의 가장 기본적인 본질은 정책을 제시하고 정치권력을 창출하는 것인데, 한국의 정당은 권력을 잡고 사후 정당화하는 기구로 만들어져 왔다는 것이다. 즉 정당이 권력의 모체가 된 것이 아니라 오히려 권력에 기생하는 현상을 보인 것이다. 이것은 대통령제라고 하는 권력구조와 무관하지 않다.

의회의 신임에 내각의 존립 근거를 갖는 분권형 대통령제는 내각 책임제와 마찬가지로 정당발전에 기여할 수 있는 권력구조로 평가받고 있다. 프랑스 제5공화국에서 분권형 대통령제를 채택한 이후 예기치 못한 성과로서 정당제도가 발달되었다는 것은 잘 알려진 사실이다. 한국에서 정당정치의 발전을 통해서 책임정치를 실현하고, 정당의 제도화 수준을 높이는 데 분권형 대통령제는 바람직한 정부형태이다.

(4) 선거제도와 분권형 대통령제

1) 다수대표제와 비례대표제

한국에서는 소선거구 다수대표제에 비례대표제의 일종인 1인 1표에 의한 전국구 의석 배분제를 채택해 왔으나, 2001년 7월 19일 헌법 재판소에서 '1인 1표에 의한 전국구 의석 배분'에 대해 '선거인의 진정한 투표의사와 관련 없을 뿐만 아니라, 정당으로 하여금 사실상 중간 선거인의 역할을 하게 하는 결과를 초래하여 헌법에

---

58) 이홍종, 「한국의 정당과 권력구조: 정치문화 및 책임정당 논의를 중심으로」, 한국 정치학회 연례 학술대회, 1997.

보장된 직접 선거 원칙에 정면으로 위배된다.'며 위헌 결정을 내렸다. 이에 따라 17대 국회의원 선거에서는 '1인 2표 정당 명부 비례대표제'를 도입하였고, 그 결과 이념 정당인 민주노동당이 지역구 선거에서는 2명만이 당선되었으나, 새로 채택된 비례대표제의 영향으로 비례대표 8석을 차지함으로써 총 10석의 의미 있는 의석수를 갖게 되었다.

진보적 정치학자들과 일부 시민단체들에서는 국회의원의 전문성을 살리기 위해서 지역구 의석을 감축하고 비례대표 의석을 늘릴 것을 주장하고 있다. 구체적으로는 비례대표제의 취지를 살릴 수 있는 '독일식 정당명부 비례대표제'를 도입해야 한다고 말한다. 한국에서 비례대표 의석의 증감에 대해서는 정당마다 또 학자마다 그 이해와 주장이 다르기 때문에 향후 비례대표의 확산 여부는 예단할 수 없으나, 현재와 같은 수준을 유지한다 할지라도 특수 이익을 대변하는 소수 정당의 원내 진입은 앞으로도 계속될 것으로 예상된다.

비례대표제가 다당제를 유발할 수 있다는 점에서 양당제를 추구하는 대통령제에 잘 어울리지 않는 선거제도라는 것은 잘 알려져 있다. 그러나 분권형 대통령제는 이미 다당제하에서 연정을 통한 권력의 공유를 제도적으로 강제하고 있기 때문에 후기 산업사회의 다양한 이해로부터 요구되는 다당제 경향에 부합하는 권력구조이고, 비례대표 선거제도와 병행할 수 있는 제도이다.

2) 결선투표제

한국의 제6공화국 헌법은 대통령 후보자가 1인일 때를 제외하고는 대통령 당선에 필요한 득표율을 규정하고 있지 아니하다.[59] 이로 말미암아 유권자 또는 투표자의 과반수에 미달하는 득표율로 대통령 당선자가 나올 경우, 그 집권의 정통성에 관한 시비가 일고, 정국의 안정성이 위협받을 가능성이 있다.[60]

민주화 이후 한국에서 실시된 대통령 선거 결과를 살펴보면 어느 대통령도 과반수 득표에는 실패했다. 특히 13대 대통령 선거의 경우, 군부 권위주의 정권의 종식

---

59) 제6공화국 헌법 67조에 의하면, "최고 득표자가 2인 이상일 때에는 국회의 재적의원 과반수가 출석한 공개회의에서 다수표를 얻은 자를 당선자로 한다."고 명시되어 있고, "대통령 후보자가 1인일 때에는 그 득표수가 선거권자 총수의 3분의 1 이상이 아니면 대통령으로 당선될 수 없다."고만 규정되어 있다.

60) 권영성, 『헌법학 원론』(서울: 법문사, 2006), pp.949－950.

을 바라는 국민들의 열망에도 불구하고 노태우 후보가 콩도르세의 승자가 될 수도 있었던 김영삼 후보를 제치고 36.6%의 득표율로 대통령에 당선된 사실은 우리의 헌정사에서 결선투표의 필요성을 단적으로 보여주는 사례라 하겠다.

결선투표제를 도입할 경우, 민주주의가 공고화되지 않은 국가들의 경우 다당제를 유발해 대통령제하에서 정국의 혼란을 가져온다고 비판적인 시각도 있다. 결선투표를 하게 되면 자연스럽게 정파 간에 연합이 이루어지고, 연합을 통해 승리한 후보는 연정을 해야 하는데 대통령제하에서 연정이라고 하는 것은 권력구조의 특성상 제도적으로 문제가 많기 때문이다. 그러나 분권형 대통령제의 경우, 연정은 제도적으로 자연스럽게 수용될 수 있다는 점에서, 향후 결선투표제가 시행된다 하더라도 잘 조응할 수 있는 권력구조이다.

(5) 지방분권화와 분권형 대통령제

제6공화국에서 다시 실시된 한국의 지방자치에서 지방정부 운영 시스템은 기관 분립형이다. 만약 중앙정부의 권력구조가 대통령제에서 분권형 대통령제로 바뀔 경우, 그대로 기관 분립형을 유지할지 아니면 기관 통합형으로 전환될지, 아니면 제3의 형태로 운영될지는 속단하기가 어렵다. 일반적으로 내각 책임제와 분권형 대통령제가 대통령제에 비해서 지방분권에 더 친화적이지만, 중앙정부의 정부형태가 지방정부의 운영 시스템에 절대적인 영향은 미치지 않는다는 분석이 있다.[61] 그런 맥락에서 보면, 대통령제에서 분권형 대통령제로 바뀐다 하더라도 현재의 지방정부 운영 시스템에는 큰 변화가 없을 것으로 보인다. 중앙정부의 정부형태 변화가 지방정부의 운영 시스템의 변화에 직접적인 영향을 미치기보다는, 중앙정부 권력구조가 갖는 지방분권에 대한 정향에 의해 중앙정부와 지방정부 간의 업무 분담이나 재원 분배 등 실제적인 운영에 변화가 있을 것으로 사료된다.

---

61) 이규영, 「권력구조 논의와 지방자치」, 박호성 · 이규영 편저, 『한국의 권력구조 논쟁 Ⅳ』(서울: 인간사랑, 2005), pp.489 - 511.

2. 분권형 대통령제의 정치적 효과

(1) 이원적 지위의 한계 극복

대통령제에서는 대통령이 국가의 원수(head of state)와 행정부의 수반(head of government)이라는 두 가지의 역할을 동시에 수행해야 한다.[62] 그러나 분권형 대통령제의 경우, 국가 원수로서의 대통령과 행정 수반으로서의 총리의 역할이 나누어지기 때문에 두 직책을 한 사람이 동시에 수행함으로써 오는 직책 간 갈등으로부터 자유로운 장점이 있다. 한 사람이 두 가지 역할을 수행하다 보면, 국가 원수로서의 역할과 행정부 수반으로서의 역할이 서로 충돌할 수 있다는 사실이다. 국가 원수로서 대통령은 국가 통합의 상징으로 전 국민을 대표해야 하는 역할이 기대되는 반면, 행정 수반으로서 대통령은 정파적인 이해관계를 완전히 벗어나기 어렵기 때문이다.

미국의 경우, 두 직책 간의 역할 갈등이 심하게 나타나지 않는 것은 미국의 정당 특성상 정당이라는 고리를 통해 대통령까지 그러한 갈등에 휘말리지 않으며, 미국의 정치문화가 대통령이 국가 원수이지만 동시에 정파적 속성을 지녔다는 점을 인정한다는 것이고, 미국이 연방제라는 점에서 국민들의 일상생활에 관련한 결정은 주로 주 단위에서 내려지기 때문이다. 그러나 한국의 경우, 강한 정당 규율과 구속성, 대통령을 모두의 지도자로 인식한다는 점, 그리고 지방자치 역사가 오래지 않아 중앙정부에 의해서 주요한 내치가 결정된다는 점에서 두 직책 간의 역할 갈등이 나타나고 있다.

(2) 교착상태의 제도적 해결

분권형 대통령제는 정치세력 간 연합과 연정을 제도적으로 수용하는 권력구조이다. 따라서 분권형 대통령제하에서는 대통령제의 분점정부 상황에서 행정부와 의회 간 발생할 수 있는 교착상태를 제도적으로 강제되는 거국내각 형태의 동거정부를 통해 상황을 타결해 나갈 수 있다. 분권형 대통령제하의 동거정부를 불안정한 연정

---

62) 강원택, 『대통령제, 내각제와 이원 정부제』, pp.80 - 86, 황태연 · 박명호, 『분권형 대통령제 연구』, pp.33 - 66.

형태로 이해하기보다는 여야 간의 교착상태를 해결할 수 있는 제도적 장치로 인식할 필요가 있다.

(3) 권력의 공유와 책임정치의 구현

견제와 균형(checks and balances)은 오늘날 자유민주주의 국가들의 국가권력구조에서 중요한 원칙이다. 그러나 어느 일방만이 결과에 대해 책임을 추궁받고, 반대편의 다른 한쪽은 그 책임으로부터 자유롭다면, 견제와 균형이란 처음부터 성립될 수 없는 것이다. 입법과 집행이라는 기능적 분권에 의해서 어느 일방은 견제를 통해서만 권력을 공유한다면, 정책집행의 결과에 대해서 강한 책임의식을 갖지 못할 것이다. 그런 의미에서 보면, 견제와 균형을 원칙으로 하는 권력분립은 권력의 공유(sharing of power)를 전제로 한다. 권력 융합적인 내각 책임제에는 의회 해산을 통해서 의회의 책임을 묻는 장치가 있다는 것은 권력의 공유자로서 책임도 함께 있다는 것을 보여주는 것이다. 그러나 대통령제하에서는 4년마다 치러지는 선거를 통해서만 책임을 물을 수 있을 뿐 의원의 고정된 임기 중에 의회의 책임을 물을 수 있는 제도적 장치가 없다.

분권형 대통령제에서는 의회 다수당의 대표가 총리로서 내각에 참여하여 정책결정과 집행에 실제적으로 관여함으로써 집행권의 공유에 따른 책임도 함께 지게 된다. 이러한 제도적 장치가 갈등의 정치문화를 상생의 정치문화로 이끌게 하는 것이다. 대통령제에서는 규범적으로 권력의 공유를 말하고 있기 때문에 각국의 정치문화와 대통령의 의지에 따라 권력의 공유가 유명무실해질 수 있지만, 분권형 대통령제의 경우, 내각 불신임권과 의회 해산권을 인정함으로써 구체적으로 권력의 공유와 책임을 명시하고 있기 때문에 유명무실해질 수가 없다.

한국과 같이 과거 군부 권위주의 정부에서 대결과 투쟁의 장으로서 인식된 의회정치의 경험을 갖고 있는 경우, 이러한 구체적인 권력과 책임의 공유형태가 없다면 의회는 견제기능만을 강조하고 입법에 따른 정책 결과에 대해 권력 공유자로서의 책임의식을 갖지 못하고, 야당은 중요한 정치적 이슈가 발생하면 행정부에 대해 비타협적 자세로 일관할 수 있다. 더구나 한국의 정치문화가 실용주의적이라기보다는 명분과 선명성으로 평가받는 경향이 있어 타협적인 정치행태를 어렵게 한다는 점에서 포괄적인 규범보다는 구체적인 제도로서 권력과 책임을 공유시키는 것이 정치발전을 위해 바람직하다. 그러한 의미에서 분권형 대통령제는 한국의 정치발전을 위해 요구되는 정부형태이다.

(4) 정당정치의 제도화

후기 산업사회에서 정당의 유동성이 커지면서 정당의 존립이 크게 위협받고 있으며, 대중이 정당을 통하지 않고서도 정치적 의사를 표명할 수 있는 길이 다양화됨에 따라 정당의 역할이 위축되고 있다는 것은 세계적인 추세이다.[63] 그러나 한국에서 정당이 발전하지 못하고 제도화 수준이 낮은 데에는 사회적 환경의 변화 외에도 한국의 정당이 특정 지도자를 중심으로 사당화된 지역정당이 지속되어 왔기 때문이다. 그동안 한국 정치에서는 정치지도자가 정당에 의존하는 것이 아니라 정당이 정치지도자에 의존하는 현상을 보여 왔으며, 대통령 선거에서 국민은 정당을 선택하는 것이 아니라 후보자를 선택하는 양상을 보여 왔다. 후보자를 내지 못하는 정당은 붙임 정당으로 불리고, 그것이 정당의 존폐로까지 위협받고 있는 현상은 한국정당의 성격을 단적으로 설명해 주는 것이다.

정당이 정책이나 이념을 중심으로 형성되지 않고 유력인사를 중심으로 형성되다 보니 정당은 동원체제로 운영되어 왔고, 정당의 조직이 비대해지면 질수록 거기에 소비되는 정치자금은 천문학적인 숫자로 늘어났으며, 그것이 한국 정치의 부패를 가속시켰다. 한국 정치의 사당화는 바로 이러한 막대한 정치자금과 조직관리능력과 연관되어 있다. 이미 정치적으로 기득권을 갖고 있는 소수의 유력인사만이 이 자금과 조직을 감당할 수 있었는데, 그들은 이 자금과 조직을 이용하여 각종 선거의 후보자 공천권에 절대적 영향을 가짐으로써 다시 자신의 정치적 지위를 확고히 하는 정치 순환 고리를 이용해 장기적으로 사당화된 정당을 지배해 왔다.

한국의 정당은 일부 극소수 군소정당을 제외하고는 포괄정당(catch all party)의 성격을 갖고 있다. 한국의 포괄정당화는 산업화 이후 세계적으로 정당이 포괄정당을 지향하는 양상과는 다르다. 한국의 포괄정당화는 지역주의 정당과 대통령 후보

---

63) 정진민, 『후기 산업사회 정당정치와 한국의 정당 발전』(서울, 한올 아카데미, 1998), pp.172 - 181.

를 중심으로 한 정당구조에서 연유한 것이다. 같은 정당 내에서 이념적 스펙트럼이 광범위하게 분산되어 있다는 것은 정책정당이 되지 못하고 선거정당으로 그리고 지역정당으로서의 한국정당의 현주소를 보여주는 것이다. 이러한 한국의 정당구조는 한국의 대통령제 권력구조와 무관하지 않다. 대통령제하에서 한국의 정당은 선거를 위한 동원체제와 대통령의 정치적 활동을 지지하는 것이 정당 활동의 중심과제가 되어 운영되었다. 그러나 이제 한국에서도 유력 인사나 대통령 후보자 대신 정당이 정치의 중심이 되어야 한다.[64]

분권형 대통령제하에서 정당의 위상은 대통령제하에서의 정당의 위상과 다르다. 본시 내각 책임제의 특성이 개인이 아닌 집단이 정치권력을 잡는 것이고 개인적 차원이 아닌 집단적 차원에서 정치적 책임을 지는 것을 특징으로 한다는 것은 잘 알려져 있다. 분권형 대통령제 역시 총리를 중심으로 한 내각은 집단적으로 의회에 대해 책임을 지는 권력구조이고, 그 중심에 정당이 있다. 앞서 연정은 정파 간에 정책 경쟁을 유발한다고 지적한 바 있다. 연정이라는 것은 정당이 중심이 되어 움직이는 것이고, 그러다 보면 정책 경쟁은 결국 정당을 중심으로 이루어질 수밖에 없다. 분권형 대통령제하에서의 정당은 단순히 선거정당으로 존재하는 것이 아니라 정책정당으로 기능해야 하는 제도적 장치를 갖게 되는 것이다.

(5) 정치지도자의 자질 향상

민주화 이후 한국의 경우를 되돌아보면, 1987년 오랜 군부 독재의 그늘을 걷고 한국사회에 절차적 민주주의가 정착되어 직선제 대통령제가 실시되었으나, 10년 후 민주화 운동세력이 권력을 잡은 김영삼 정권에서 외환위기로 IMF의 통제를 받았으며, 2006년 노무현 정권에서는 소위 386세대의 아마추어리즘으로 민주주의의 위기와 신자유주의의 파고가 뒤섞인 어지러운 풍광이다.[65] 김영삼, 김대중 그리고 노무현 정권으로 이어진 아마추어리즘은 대통령제가 갖고 있는 권력구조와 관련된 측면이 있다.

정당을 통한 집단적 통치가 갖는 장점 중 하나는 정책결정이 집단적 심의와 토

---

64) 최장집, 「대통령이 아닌 정당이 정치 중심이 돼야」, 데일리 서프라이즈, 2006년 6월 30일.
65) 최장집, 「대통령이 아닌 정당이 정치 중심이 돼야」, 데일리 서프라이즈, 2006년 6월 30일.

의를 거치는 것이 일반적이어서 잠재적 정치지도자들이 정책의 결정과 집행에 참여할 수 있는 기회가 많다는 것이며, 그 과정을 통해서 차기 지도자가 부상하고 검증될 수 있다는 것이다. 그러나 개인 중심의 권력 행사가 이루어지는 대통령제하에서는 정당정치의 유동성이 크고 정치적 불신이나 기존 정당에 대한 불만이 높을 경우, 정치적 경험이 일천하거나 전혀 검증되지 않은 국외자의 출현 가능성이 상당히 높다.[66] 특히 대통령제하에서는 다른 정치지도자를 대통령 자신에 대한 도전자로 인식하고 후계 정치지도자를 양성하지 않는 경우가 많다.

또한 대통령제는 내각제와 달리 이전 정부와의 연속성이 강하지 않기 때문에 이전 정부에서 봉직한 경험이 있는 참모들을 다수 포함하기 어렵다. 따라서 대통령제는 정부조직이나 정책 형성이나 집행에 대해 별로 잘 알지 못하는 '아마추어'들의 통치에 의존해야 한다. 더구나 그들이 재임 중 얻은 경험은 후임 정부에는 별 소용이 없다는 것이다.[67] 경험적 연구 결과도 장관을 역임한 사람이 다시 장관을 역임하는 재충전 비율은 대통령제 민주정치에서보다 내각제 민주정치에서 3배가 더 많았으며, 장관의 평균 재임기간은 대통령제 민주정치에서보다 내각제 민주정치에서 거의 2배가 더 길었다.[68]

인재양성과 관련하여 분권형 대통령제를 살펴보면, 분권형 대통령제하에서는 내각 책임제에서의 장점에 덧붙여 차기 정치지도자가 현재의 정치지도자와 함께 실제적으로 행정부를 이끌 수 있는 기회를 제공하고 있다는 점이다. 프랑스 제5공화국에서 총리를 하다가 다음에 대통령으로 선출되는 경우가 많았다는 사실을 주목할 필요가 있다.[69]

이상에서 살펴본 것처럼 지도자의 양성과 검증 그리고 경험의 승계와 아마추어리즘의 극복이라는 측면에 있어서 분권형 대통령제는 대통령제에 비해서 비교 우위에 있다고 할 수 있다.

---

66) 강원택, 『대통령제, 내각제와 이원 정부제』(서울: 인간사랑, 2006), pp.73-80.

67) Juan J. Linz, 「대통령제와 내각제: 과연 다른 것인가」, 신명순·조정관 공역, 『내각제와 대통령제』, pp.98-99.

68) Alfred Stepan and Cindy Skach, 「대통령제와 내각제: 비교적 시각」, 신명순·조정관 공역, 『내각제와 대통령제』, p.269.

69) 드골 대통령 당시 총리를 역임했던 퐁피두는 드골에 이어 1969~1974년 대통령으로 통치했으며, 퐁피두, 지스카르 데스텡 그리고 미테랑 아래에서 총리를 했던 시라크는 1995년 이후 2006년 현재까지 대통령에 재임 중이다.

(6) 협의제 정치문화의 조성

분권형 대통령제에서의 연정은 타협과 조정이 없이는 불가능하다. 연정은 권한과 책임을 공유한다는 것이고, 권한과 책임을 공유한 상태에서는 수적인 정치가 아니라 소수자를 배려한 협의적인 정치문화가 조성될 수 있는 것이다. 연정이 제도적으로 허용됨으로써, 타협이 야합으로 비난받던 대통령제하의 경직된 정치문화가 유연한 실용주의적 협의적 정치문화로 전환되는 것이다. 한국 정치에 있어서 협의적 정치문화의 조성을 위해서도 분권형 대통령제로의 전환은 바람직하다.

끝으로 대통령제하에서는 대통령 1인이 최종적인 권한과 책임을 갖는 구조이므로 같은 정당 출신의 후보자라 하더라도 전임자의 평가와 책임을 물려받지 않는다. 따라서 단임제 대통령제의 경우 국가정책의 연속성에 대한 신뢰도가 떨어질 수 있다. 그러나 분권형 대통령제의 경우 정당이 집단적으로 일정 부분 통치에 관여함으로써 그 평가와 책임이 정당에 의해서 계승되므로 국가정책의 연속성이 대통령제에 비해 더 신뢰받을 수 있다.

Ⅵ. 결 론

제6공화국 출범 이래 한국의 정당체계, 선거제도, 지방자치 그리고 정치문화에 많은 변화가 있었다. 대통령제가 다수결 정치문화, 양당제, 선거정당, 다수 득표제와 잘 조응하는 데 비해, 분권형 대통령제는 협의제 정치문화, 정책정당, 비례대표제, 결선투표제 그리고 지방분권화와 잘 조응할 수 있다는 점에서 대통령제보다는 분권형 대통령제가 한국의 정치상황에 더 적실한 제도로 보인다.

분권형 대통령제는 기본적으로 3가지 요소를 본질적 요소로 갖는다. 첫째, 대통령은 국민이 직접 선출하는 것을 원칙으로 하며, 둘째, 대통령은 국가 원수로서 상당한 실질적 권한을 갖고, 셋째, 총리와 내각은 행정권을 갖고 대통령을 견제하며, 의회의 신임에 의존한다. 여기에 추가하여 대통령의 의회 해산권과 대통령의 긴급권을 분권형 대통령제를 구성하는 주요 조직 운영 원리로 들 수 있다.

분권형 대통령제의 유형은 대통령 중심 분권형 대통령제와 총리 중심 분권형 대통령제로 나눌 수 있는데, 그 유형은 두 가지 차원에서 결정된다. 하나는 헌법에서 대통령과 총리의 권한을 명확히 규정하여, 어느 한쪽에 우월적 권한을 인정하는 경우이고, 다른 하나는 대통령과 총리의 위상이 의회의 의석에 따라 가변적으로 권력의 중심이 바뀌는 경우다. 후자의 경우 분권형 대통령제는 제반 상황 변화에 따라 실제적인 운영 형태가 대통령 중심 분권형 대통령제로 때로는 총리 중심 분권형 대통령제로 교체되면서 나타난다.

분권형 대통령제가 내각 책임제적 운영 요소를 갖고 있다는 점에서, 총리와 내각의 안정을 기하기 위해 독일의 재상제에서 비롯된 건설적 불신임제를 채택할 필요가 있다. 특히 한국의 경우 내각 책임제에 대한 경험 부족과 낮은 정당제도화 수준, 다당제의 경향, 엄격한 당 규율 그리고 타협문화의 부재로 총리와 내각에 대한 불신임이 빈번할 수 있다는 점에서 분권형 대통령제 채택 시 건설적 불신임제도의 필요성은 더욱 높아진다.

분권형 대통령제의 정치적 효과로는 첫째, 분점정부하에서 나타나는 대통령과 의회 간 교착상태의 제도적 해결이 가능하고, 둘째, 여야 간 혹은 행정부와 입법부 간 일정 부분 권력을 공유함으로써 책임정치의 구현이 기대되며, 셋째, 내각 책임제적 운영으로 정당이 행정부와 의회의 매개 역할을 함으로써 정당정치가 발전하고, 넷째, 분권형 대통령제가 갖고 있는 집단적 통치 성향으로 잠재적 정치지도자의 양성과 검증이 가능하며, 대통령제하에서 발생하는 정권 간 경험의 단절 현상이 분권형 대통령제하에서는 완화됨으로써 대통령제하의 아마추어리즘의 폐해를 줄일 수 있고, 다섯째, 국가 원수와 행정부 수반을 분리시킴으로써 한 사람이 두 역할을 동시에 수행함에 따라 발생하는 역할 갈등을 해소할 수 있으며, 전임 정부의 평가와 책임을 정당을 통해 계승함으로써 국가정책의 연속성에 대한 신뢰도를 향상시키는 것을 들 수 있다.

따라서 현시점에서 헌법 개정을 통해 제6공화국의 정부 권력구조를 개편한다면 대안적 권력구조로서 분권형 대통령제를 고려해 볼 수 있다.

제5장 **한국 선거의 공정성**[*]

- 1990년대 이후 '공직선거 및 선거부정방지법'을 중심으로 -

이기선

(중앙선거관리위원회)

Ⅰ. 연구의 목적과 의의

민주주의의 의미는 매우 다양하지만 그 본질은 '국민의 자기 지배'에 있다. 그러나 현대 민주주의 국가에서 주권자인 국민들이 모든 정치과정에 직접 참여한다는 것은 현실적으로 거의 불가능한 일이기 때문에 대부분의 국가에서 주권자들은 선거를 통하여 그들의 대표자를 선출하고, 그들로 하여금 국정을 담당토록 한다. 즉 오늘날 대의민주주의에 있어서 선거는 국민의 자기 지배를 구현하는 핵심적 수단으로 기능하고 있다고 할 수 있다.

이러한 선거가 정치적 권력의 정통성을 보장하는 수단으로 기능하기 위해서는 선거의 절차가 공정하고 자유로운 경쟁에 바탕을 두어야 한다. 선거가 금력이나 관권, 폭력 등 부당한 외부적 작용이나 잘못된 제도로 인하여 불공정하고 부조리하게 실시된다면 그러한 선거를 통하여 획득한 정치적 지위 또는 정치권력은 정통성을 갖지 못하게 될 것임은 자명하다.

우리나라는 1948년에 제헌국회의원 선거를 시작으로 지금까지 총 45회의 전국 규모의 선거를 경험해 왔다. 그러나 민주주의에 대한 훈련이 제대로 되어 있지 않은 상태에서 갑작스럽게 도입된 서구식 선거제도는 당연히 정치적 혼란과 시행착오를 되풀이하게 만들었다. 선거 시마다 불법과 타락이 난무하고 흑색선전과 검은

---

[*]본 연구는 필자의 박사학위논문을 본서의 편집 의도에 맞게 발췌·재편집한 것임.

돈이 횡행하는 등 각종 부정·타락·과열현상이 나타났으며 그 결과 선거 자체의 정당성이 훼손되는 일이 반복되어 왔다.

이처럼 반세기가 넘는 기간 동안 수많은 선거를 치러 왔음에도 불구하고 여전히 되풀이되고 있는 선거부정과 부패를 근절하고 공명정대한 선거풍토를 정착시키기 위하여 제정된 것이 1994년 3월 16일 법률 제4739호로 공포된 '공직선거 및 선거 부정방지법'(이하 '공선법')이다. 각국 사례의 엄밀한 비교분석과 수차례에 걸친 국민 의식조사, 관련 전문가들의 의견 수렴 과정을 거쳐 탄생한 '공선법'은 제정 당시 오늘날 영국의 깨끗한 정치와 선거의 기초를 마련한 '부패 및 위법행위방지법'(Corrupt and Illegal Practices Prevention Act 1883)에 비견될 정도로 높은 평가를 받았다.

그러나 '공선법'이 제정된 지 10여 년이 지난 지금, 과연 우리나라 선거가 '공선법' 제정 이전에 비해 획기적으로 공정해졌다고 할 만한 수준에 이르렀는지에 대해서는 의문의 여지가 적지 않다. 실제로 중앙선거관리위원회가 실시한 유권자 의식조사에 따르면, '공선법'이 제정된 이후에 실시된 제15대, 제16대 국회의원 선거에서의 공명성이 동법 제정 이전에 실시된 제14대 국회의원 선거에서의 그것보다 오히려 낮게 나타나기도 하였는데, 이는 '공선법'의 의도된 효과가 나타나지 않았거나 최소한 '제한적으로' 나타나는 데 그쳤음을 의미하는 것이다.

이에 본 연구는 우선 선거에 있어서 공정성의 의미에 대한 개념정의를 시도하고, 이를 토대로 '공선법'이 실제로 선거의 공정성에 기여하였는지를 1990년 이후 실시된 제14대 및 제15대, 제16대 국회의원 선거를 중심으로 살펴보고자 한다. 이어서 위 분석 결과 '공선법'이 선거의 공정성을 보편적으로 제고시키는 데 기여하지 못하였다면 그 원인이 무엇인지를 '법·제도·관행'의 측면과 '정치의식'의 측면으로 구분하여 찾아보고, 마지막으로 '공선법'의 실효성을 보다 제고시키기 위한 방안들에는 어떤 것들이 있는지 모색해 보는 것으로 결론을 대신하고자 한다.

Ⅱ. 선거 공정성의 의미와 성격

1. 공정성의 의미

(1) 공정성의 개념과 유형화

공정성(fairness)의 개념을 명확하게 정의 내리기는 쉽지 않다. 일반적으로 공정성을 기회균등이나 무기대등, 불편부당과 유사한 의미로 사용하기도 하지만, 실제로 각 영역에서 직면하게 되는 공정성의 개념은 매우 추상적이고 다양하기 때문에 이를 일의적으로 규정짓기란 사실상 불가능하다. 그럼에도 불구하고 공정성은 민주주의의 핵심가치인 평등의 구현을 위한 수단적 의미를 강하게 내포하고 있다는 점에서 오랜 시간 동안 많은 사람들에 의해 중요한 관심의 대상이 되어 왔다.

공정성에 대한 수많은 정의와 유형화 시도 가운데 하트(Herbert Lioned Adolphus Hart)의 논의[1]는 공정성 개념의 최소 강령적 구성요소와 범주를 비교적 명확하게 설정해 주고 있다는 점에서 의미가 크다. 그는 공정성을 정의함에 있어 '정당한(just)과 부당한(unjust)'을 '공정한(fair)과 불공정한(unfair)'으로 대체 가능하다고 하면서, 공정성은 사회생활의 두 가지 상황과 관계가 있는데, 첫째는 어떤 부류의 개인들이 그들에게 어떤 부담이 드는 이익을 배분하려는 상황에서 어떻게 취급되느냐의 방법에 관한 것이고, 둘째는 어떤 침해가 발생했을 때 보상 또는 규제를 청구하는 경우라고 말하고 있다.

이와 같은 하트의 견해는 그동안 제기되어 온 수많은 공정성 관련 논의를 크게 두 부류로 범주화시켜 주고 있는데, 그 첫 번째가 획득된 결과의 공정성을 의미하는 '분배(결과)공정성'이고 두 번째가 결과를 결정하는 데 사용된 절차의 공정성을 의미하는 '절차(과정)공정성'이라고 할 수 있다. 오늘날 공정성에 대한 연구는 크게 보아 이 두 가지 범주를 중심으로 이루어지고 있다고 해도 과언이 아니다.

실제로 공정성에 대한 초기 연구는 사람들이 각종 제도, 관계성 그리고 사회적 경험을 자신에게 돌아오는 결과를 기준으로 평가함으로써 그들의 태도나 행위에

---

1) 김현태, 『한국의 선거운동제도와 정치발전』(서울: 오름, 2007), p.39에서 재인용.

영향을 미친다고 보았다. 즉 개개인은 자신에게 돌아온 결과를 각자의 기대수준에 비추어 평가하거나 분배규범의 공정성으로 평가한다는 것이다.[2]

그러나 최근 들어 사람들은 결과보다는 과정에 보다 많은 관심을 두고 있으며 사회적 경험이나 관계성에 대한 평가는 사회적 상호작용의 형태에 의해 영향을 받는다는 주장이 대두되고 있다. 즉 특정 경험에 대한 개인의 반응을 결정하는 데 있어서 형식이나 절차의 공정성 여부에 대한 판단이 중요한 영향을 미친다는 것이다.

이처럼 절차나 과정을 중시하는 이른바 '절차공정성(procedural justice)'으로 공정성에 관한 관심이행이 이루어진 중요한 계기는 티바우트(J. Thibaut)와 워커(L. Walker)의 연구에서 비롯되었다. 이들은 법정 분쟁해결과정을 연구하면서, 소송 당사자들에게 소송과정이나 절차에 대한 통제력이 주어진 경우에는 그렇지 않은 경우보다 소송의 승패에 관계없이 판결이 공정했다고 지각하며, 따라서 소송결과에 승복하는 확률도 더 높다는 사실을 발견하였다.[3] 한편 레벤탈은 사람들이 절차의 공정성을 평가하면서 절차의 평가는 결과 자체의 공정성 지각에 결정적인 영향을 미친다고 주장하였다. 그는 절차공정성의 결정요인으로 ①일관성(consistency), ②편파배제(bias－suppression), ③정확성(accuracy), ④수정가능성(correctability), ⑤대표성(representativeness), ⑥윤리성(ethicality) 등을 제시하였다.[4] 또한 타일러(T. R. Tyler)는 절차공정성에 대한 개념정립을 다시 한 번 시도하면서 의사결정과정의 특성뿐만 아니라 의사결정자가 보여주는 중립성의 정도(neutrality), 의사결정자의 의도에 대한 신뢰의 정도(trust), 의사결정자가 결정과 관련된 사람들의 권리를 존중하는 정도(respect)가 공정성을 인식하는 중요한 요인이라고 주장하였다.[5]

(2) 공정성 이론의 적용

선거는 기본적으로 하나의 '과정'이다. 입후보에서부터 시작하여 선거운동, 투표,

---

2) 김명언·이현정, 「조직공정성: 평가기준과 지각된 공정성, 직무만족, 조직몰입, 봉급만족과의 관계」, 한국심리학회, 『한국심리학회지』, Vol.6, No.2, 1992, pp.11－28.

3) J. Thibaut & L. Walker, *Procedural Justice: A Psychology Analysis*(Hillsdale, N. J: Erlbaum, 1975).

4) 정범구, 「인사관리시스템에 대한 공정성 인식의 결정요인과 결과요인에 관한 연구」, 서울대학교 대학원 박사학위논문, 1993, p.28.

5) T. R. Tyler, "The Psychology of Procedural Justice: a Test of Group－Value Model", *Journal of Personality and Social Psychology*, Vol.57, 1989, pp.830－838.

개표, 당선인 결정까지의 일련의 과정을 통해 주권자인 국민의 의사에 따라 권력을 배분하는 제도가 곧 선거이다. 아울러 선거는 희소한 정치권력을 둘러싸고 벌이는 여러 정치세력들 간의 '경쟁'이기도 하다. 만약 선거, 즉 이러한 '경쟁과정'이 공정하지 못할 경우 선출된 권력의 정통성이 훼손되고 이는 정치적 안정을 크게 해치게 될 것임은 자명하다. 이러한 공정경쟁은 정치 영역에서 평등이라는 민주주의의 핵심가치를 실현하는 수단으로서의 의미를 갖는다.

따라서 선거에 있어 공정성을 이야기할 때 우선적으로 적용될 수 있는 논의는 앞서 살펴본 공정성의 유형 가운데 절차적 차원의 공정성이다. 선거의 절차공정성은 당선인 결정 이전의 선거과정, 즉 입후보와 선거운동, 투표·개표과정에서 선거법이 준수되고, 불합리한 차별을 받지 아니함을 의미한다. 구체적으로 입후보에 있어서는 피선거권을 불합리하게 차별하거나 입후보를 방해하거나 본인의 의사에 반하여 강제적으로 사퇴당해서는 안 된다. 또한 선거운동에 있어서는 후보자의 신분이나 소속 등에 따라 선거운동 기회가 차별적으로 부여되거나 제한되어서는 안 되며, 후보자 등이 선거운동을 함에 있어서는 법에서 규정한 방법과 절차를 준수하여야 한다. 아울러 유권자들이 후보자에 관한 정보를 접함에 있어서도 차별을 받아서는 안 된다. 아울러 투표에 있어서는 선거권이 불합리하게 제한되지 않고, 유권자는 누구나 편리하고도 자유롭게 투표할 수 있도록 법적으로나 행정적으로 조치되어야 하며, 개표에 있어서는 법에서 규정한 절차에 따라 개표가 진행되고 유·무효표와 후보자별 투표지가 정확히 분류·집계되어야 한다.

선거절차의 공정성과 관련된 또 하나의 중요한 사항은 선거관리위원회나 검찰·경찰 등 선거관계기관의 '공선법' 위반행위에 대한 감시·단속활동이다. 동 기관 등이 '공선법' 위반행위를 감시·단속함에 있어서는 행위자의 소속이나 신분 등에 관계없이 동일한 기준을 적용하여야 한다. 만일 유사한 죄질의 범죄임에도 불구하고 행위자가 누구인가에 따라 합리적 범위를 벗어난 상이한 조치를 취한다면 선거의 공정성을 크게 훼손하게 될 것임은 자명하다. 따라서 선거관계기관에서 선거범죄를 조치함에 있어서는 반드시 형평성을 유지하여야 한다.

이러한 선거의 공정성 범주 가운데 본 연구에서 중점적으로 분석하게 될 부분은 선거운동의 공정성과 관련된 것이다. 선거운동과정은 후보자·정당 및 그 지지자들이 그들의 정견이나 정책 등을 가지고 국민을 설득하여 지지를 구하는 행위이면서 동시에 국민이 국민적 관심 사안에 대하여 자신의 의사를 형성하고 이를 표명·전달하는 정치적 의사형성 및 전달과정이라는 점[6]에서 매우 중요한 의미를 가질 뿐만 아니라, 선거 자체의 공정성 여부를 가늠하는 판단기준이 되기도 하기 때문이다.

2. 선거 공정성의 성격

(1) 선거의 공정성과 준법성

선거는 후보자들이 유권자들의 지지를 보다 많이 얻기 위한 경쟁과정이며, 선거법은 선거가 권력이나 금력 등 외부적인 힘의 영향을 받지 않고 유권자의 자유로운 의사와 민주적 절차에 의하여 공정히 행하여지도록 하기 위하여 선거 참여자들이 준수해야 될 일종의 행동기준을 규정해 놓은 것이다. 그러나 현실적으로 선거제도는 합리적인 논의의 산물이기보다는 정치적 권력관계의 산물로서 특정 집단에 편향된 경우가 허다하며 이러한 불합리한 선거제도는 유권자의 주권자로서의 의사를 왜곡시키는 중요한 요인 중의 하나이다. 이러한 경우에 선거의 공정성 확보 측면에서 불합리한 선거 규정을 준수해야 될 것인지 여부에 관한 문제가 제기된다.

사실 이와 같은 문제는 '공선법'의 규범력 논의를 넘어서는 법 일반의 성격과 기능에 직결된 것이다. 그러나 선거법의 경우 그것의 부정과 불복종은 선거를 통해 선출된 국가권위의 공동화(空洞化)를 가져와 궁극적으로 체제의 존립 자체에 심각한 위협을 초래할 수 있다는 점에서 준법성의 요구가 보다 강하게 대두된다고 할 수 있다. '부정의한 법도 무질서보다는 나으며, 악법들도 무정부상태보다는 평등한 자유를 더 보장한다.'는 괴테(Goethe)의 언명은 체제유지와 직결된 '공선법' 영역에서는 보다 더 높은 적실성을 갖는다.

따라서 공직선거에 참여하는 모든 자는 '공선법'에서 규정한 사항을 준수하여야 할 의무가 있다. 만약 동 규정 중에 불합리한 내용이 있다고 한다면 정당한 절차를

---

6) 김현태, 앞의 책, p.20.

밟아 이를 개정하기 위한 노력은 강력하게 추진하여야 할 것이지만, 그것이 개정되기 전까지는 현행법인 이상 이를 준수하는 것이 타당하다. '공선법'의 권위가 부정되고 선거질서가 유지되고 있지 않은 상황에서 선거의 공정성을 기대할 수 없음은 명백하다. 제16대 국회의원 선거에 있어서 총선시민연대가 단체의 선거운동을 금지한 '공선법' 제87조[7] 규정이 국민의 알권리를 침해한 불합리한 조항이라고 주장하며 자체적으로 선정한 부적정 후보자들에 대한 낙선운동을 벌인 바가 있다. 이에 대한 여론조사 결과, 응답자의 70% 이상이 무능하고 부패한 정치인을 청산하기 위해서 낙선운동을 강행해야 한다는 데 찬성하고 있음에도 불구하고 검찰과 법원에서 유죄로 인정을 한 것도 그러한 이유라 할 것이다.[8]

따라서 선거 규정이 합리적인 경우는 물론 불합리한 경우라 하더라도 이를 준수하는 것이 선거질서를 확립시키고 나아가 선거의 공정성 확보에 도움을 주게 됨은 자명하다. 이렇게 볼 때 선거에 있어서 준법성은 공정성을 구성하는 중요한 요소이다.

(2) 선거의 공정성과 형평성

민주정치는 정치적 평등을 뜻한다. 우리 헌법은 정치적 생황 영역에서의 평등을 구현하기 위하여 선거권(제24조), 국민투표권·공무담임권(제25조), 선거운동의 기회균등(제116조) 등을 규정하고 있고, '공선법'은 이를 구체화하고 있는 대표적 법규이기 때문에 정치적 평등은 '공선법'이 추구해야 할 가장 핵심적 가치 가운데 하나이다.

선거에 있어서 형평성이라 함은 이러한 헌법정신에 따라 모든 선거 참여자들이 선거과정에서 불합리한 차별을 받지 않는 것을 의미한다. 이 가운데 선거운동과 관련된 형평성의 내용은 다음 두 가지로 나누어 볼 수 있다.

먼저 후보자가 선거운동을 함에 있어서, 그리고 유권자들이 후보자에 관한 정보를 접함에 있어서 불합리한 차별을 받아서는 안 된다.

---

7) '공선법' 제87조에서는 단체는 선거기간 중에 그 명의 또는 그 대표의 명의로 특정 정당이나 후보자를 지지·반대하거나 지지·반대할 것을 권유하는 행위를 할 수 없도록 규정하고 있다.

8) 울산지방법원 형사부는 제16대 국회의원 선거에 있어 총선시민연대가 낙선대상자로 선정한 특정 후보자에 대한 낙선운동을 벌인 울산참여연대 간부들에 대하여 300만 원의 벌금형을 부과하였으며(2000 고합 142, 2000. 7. 28), 동 상고심에서 대법원은 원심을 확정하였다. 대법원 재판부는 판결문에서 "정치개혁의 명분이 있었다는 점을 인정하지만 법 테두리를 벗어난 선거운동은 용납될 수 없다."고 밝히고 있다(≪조선일보≫, 2001년 1월 27일 29면).

선거운동은 후보자들이 자신을 유권자들에게 알려 호감을 얻고자 하는 일종의 선전행위이다. 만일 후보자들이 선거운동을 함에 있어서 소속 정당이나 신분 등에 따라 차별을 받는다면 유권자는 후보자들에 관한 편향된 정보를 접할 수밖에 없으며, 그 선거의 결과는 국민의 진정한 의사와는 다르게 나타날 가능성이 크다. 헌법재판소는 정당추천후보자의 경우 합동연설회 이외에 정당연설회를 가질 수 있도록 규정한 구국회의원선거법 제55조의 3과 정당추천후보자에게 무소속후보자에 비하여 소형인쇄물을 2종 더 인쇄·배부할 수 있도록 한 동법 제56조에 대하여 불평등규정으로 위헌 결정한 바 있다(1992. 3. 13. 92헌마37, 39).

다음으로 선거과정에서 공권력이 차별적으로 적용되어서도 안 된다. 특히 불법행위를 규제함에 있어서 특정 정당이나 후보자에게 유리하거나 불리하게 법을 적용한다면 자유로운 선거분위기를 훼손하고, 유권자에게 왜곡된 정보가 전달되며, 선거 결과 역시 유권자의 진정한 의사와는 다르게 나타나게 된다.

이와 같이 선거과정에서 참여자들이 불합리한 차별을 받게 된다면 이는 필연적으로 유권자의 의사를 왜곡시키게 되고, 궁극적으로는 국민들이 바라지 않는 선거 결과를 가져오게 된다. 이렇게 볼 때 형평성은 선거의 공정성을 구성하는 또 하나의 요소임이 명백하다.

Ⅲ. 역대 국회의원 선거의 공정성 비교·분석

1. 선거의 공명성에 대한 총체적 평가

중앙선거관리위원회에서는 매 선거 시마다 유권자 의식조사를 실시하고 있다. 이하에서는 중앙선거관리위원회가 선거 종료 후에 실시한 유권자 의식조사 내용 중에서 선거의 공명성에 대한 응답내용을 분석하여 제14대 및 제15대 그리고 제16대 국회의원 선거의 공명성을 총체적으로 평가하여 보고자 한다.[9]

---

9) 본 연구에서 인용되는 설문조사 내용 및 결과는 모두 중앙선거관리위원회에서 실시한 '유권자 의식조사'를 토대로 한 것이다. 그 외의 자료는 별도의 각주를 통해 출처를 언급했음을 밝혀 둔다.

먼저 제14대 국회의원 선거에 있어서는 1,159명의 응답자 중에서 동 선거가 아주 공명했다고 응답한 사람이 5.7%, 대체로 공명했다고 응답한 사람이 63.5%로 69.2%의 응답자들이 긍정적으로 평가한 반면, 부정적으로 평가한 사람은 별로 공정하지 못했다 27.2%, 전혀 공정하지 못했다 3.6% 등 30.8%였다.[10] 한편 제15대 국회의원 선거에 있어서는 매우 공명하였다는 응답자가 8.4%, 대체로 공명하였다는 응답자가 57.7%로 66.1%가 긍정적으로 평가한 반면, 대체로 불공명하였다는 응답자가 28.0%, 매우 불공명하였다는 응답자가 5.9%로 33.9%가 부정적으로 평가하고 있는 것으로 나타났다. 마지막으로 제16대 국회의원 선거에 있어서는 제15대 국회의원 선거보다 훨씬 더 깨끗한 선거였다는 응답이 5.2%, 약간 더 깨끗한 선거였다는 응답이 39.7%로 44.9%만이 긍정적으로 평가한 반면, 그때와 비슷하다는 응답이 44.1%, 그리고 오히려 더 혼탁했다는 응답이 11.1%였다.

한편 선거의 공정성에 대하여 긍정적으로 응답한 경우를 배경변수별로 분석해 보면 아래 <표 5-1>과 같다. <표 5-1>에서 볼 수 있는 바와 같이 선거의 공정성에 대해 긍정적으로 응답한 사람들의 비율이 각 선거 공히 남자보다는 여자가, 연령이 높을수록, 저학력층에서 많았다. 여기서 특이한 사실은 '공선법'이 처음 적용되었던 제15대 국회의원 선거의 경우 대도시 거주자의 긍정적 응답비율이 제14대 국회의원 선거 시보다 7.5%나 낮아졌음에도 불구하고, 중소도시 거주자의 경우에는 65.3%로 같았고, 군 지역 거주자들은 오히려 10%나 높게 나타나는 등 지역에 따라 큰 차이를 보이고 있다는 점이다. 이는 일응 '공선법'이 군 지역 국회의원 선거에서 특히 효과적이었음을 뒷받침하는 증거로 볼 수도 있겠으나 제16대 국회의원 선거에서는 긍정적 응답자가 모든 지역에서 20% 이상 하락하였으며 그중에서도 특히 군 지역 거주자의 하락폭이 가장 큰 것으로 나타났다는 점에서 이러한 가능성을 일반화하기는 어렵다. 즉 '공선법'이 처음 적용된 제15대 국회의원 선거에서는 지역(군 지역)에 따라 동법이 가진 공정성 보장 장치들이 실효성을 갖기도 하였으나 동법이 두 번째 적용된 제16대 국회의원 선거에서는 지역에 관계없이 실효성을 갖지 못하였다고 보는 것이 보다 타당하다.

---

10) 한국갤럽조사연구소의 조사 결과에서는 제13대 국회의원 선거보다 공명했다는 응답이 56.6%, 공명하지 못했다는 응답이 17.9%로 나타났으며(≪서울신문≫, 1992년 4월 3일), ≪조선일보≫가 실시한 여론조사에서는 공명했다는 응답자가 56.6%, 공명하지 못했다는 응답자가 17.9%로 나타났다(≪조선일보≫, 1992년 3월 25일).

〈표 5-1〉 배경변수별 공정성 평가

(단위: %)

구분		14대				15대				16대			
		긍정적			부정적	긍정적			부정적	긍정적			부정적
		계	매우 공명	대체로 공명		계	매우 공명	대체로 공명		계	매우 공명	대체로 공명	
전체		69.2	5.7	63.5	30.8	66.1	8.4	57.7	33.9	44.9	5.2	39.7	55.1
성별	남자	64.5			35.5	61.9			38.1	42.4			57.6
	여자	73.6			27.4	70.0			30.0	47.2			52.8
연령대	20대	60.8			29.2	60.6			39.4	38.3			61.7
	30대	65.5			34.5	57.5			42.5	42.9			57.1
	40대	72.9			27.1	70.9			29.1	43.3			56.7
	50대 이상	79.6			20.4	74.5			25.5	53.9			46.1
학력별	중졸 이하	74.4			25.6	73.1			26.9	55.9			44.1
	고졸	69.0			31.0	64.0			36.0	48.1			51.9
	대졸 이상	59.2			40.8	60.0			40.0	34.8			65.2
거주지별	대도시	71.7	5.0	66.7	28.3	64.2	5.4	58.9	35.8	44.5	5.1	39.4	55.5
	중소도시	65.3	5.6	59.7	34.7	65.3	9.3	56.0	34.7	42.9	3.2	39.7	57.1
	군 지역	68.6	7.3	61.3	31.4	78.6	19.7	59.0	21.4	52.4	11.7	40.7	47.6

자료: 중앙선거관리위원회. 제14대~제16대 국회의원 선거총선거에 관한 유권자 의식조사에서 재정리.

　참고적으로 대통령 선거에 대한 여론조사 결과를 살펴보면, 구대통령선거법에 의하여 실시된 제14대 대통령 선거가 공명하였다고 응답한 비율이 77.3%(매우 공명했다 11.2%, 대체로 공명했다 66.0%)였으나, '공선법'이 적용된 제15대 대통령 선거에서는 89.1%(공명했다 29.5%, 대체로 공명했다 59.6%)로 긍정적 응답률이 11.8%나 높게 나타났다. 그러나 제16대 대통령 선거에 있어서는 82.9%(매우 공명했다 25.2%, 대체로 공명했다 57.7%)로 다시 낮아졌다.

　그리고 지방선거에 대한 여론조사 결과를 보면, 구지방의회의원선거법이 적용된 1991년 광역의회의원 선거의 경우 공명했다는 응답자가 39.3%에 불과하였으나 '공선법'이 처음 적용된 제1회 전국동시지방선거의 경우 4개 동시선거로 후보자 수가 훨씬 많았음에도 불구하고 86.1%(매우 공명했다 11.8%, 대체로 공명했다 74.3%)로 나타나 긍정적 응답률이 무려 46.8%나 높아졌다. 그러나 제2회 전국동시지방선거에서는 63.5%(매우 공명했다 7.7%, 대체로 공명했다 55.8%)가, 제3회 전국동시지방선거에 있어서는 43.2%(매우 공명했다 6.5%, 대체로 공명했다 36.7%)만이 긍정적으로 응답함으로써 선거가 거듭될수록 공명했다고 느끼는 유권자 비율이 감소하는 것으로 나타났다.

　국회의원 선거와 대통령 선거 그리고 지방선거의 이러한 여론조사 결과를 종합
적으로 비교·분석해 볼 때, '공선법'이 처음 적용된 선거에서는 지역에 따라, 선
거의 종류에 따라 동법이 실효성을 갖는 경우도 있었지만, 그 이후의 선거에 있어
서는 지역이나 선거의 종류에 관계없이 실효성을 갖지 못하였다고 하겠다. 이는 곧
선거의 공정성을 높이는 데 있어서 '공선법'의 효과가 매우 제한적이었음을 의미하
는 것이다.

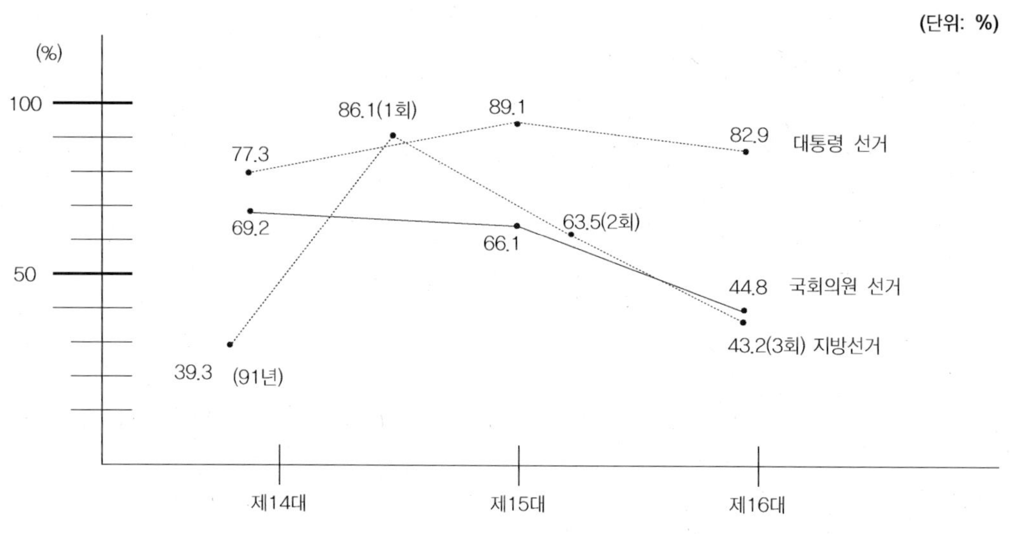

〈그림 5-1〉 선거별 공명성에 대한 긍정적 평가 상황

2. 준법성 분석

　'공선법'의 적용을 받는 행위자들은 크게 보아 유권자, 후보자 그리고 검찰·선
거관리위원회 등의 선거관계기관이 있다. 선거의 공정성과 관련하여 후보자나 유권
자 그리고 선거관계기관에서 준수하여야 할 선거법 규정은 특히 선거운동 부분이
다. 후보자 등의 선거운동은 유권자를 대상으로 하는 것이며, 따라서 일반 국민들
도 주로 선거운동과정에서의 불법행위 내용이나 발생 정도에 의하여 선거의 공정
성을 평가한다.

(1) 유권자의 준법실태

우선 선거운동의 객체로서의 유권자의 준법실태를 판단할 수 있는 지표로는 후보자 등 선거운동관계자에게 금품이나 음식물 등을 기부하도록 요구하거나 그들로부터 받는 행위가 있다.

먼저 기부를 요구하는 행위를 살펴보면, 제14대부터 제16대 국회의원 선거에 이르기까지 정도의 차이만 있을 뿐 적지 않은 유권자들이 후보자들에게 기부를 요구하고 있다는 증거가 여러 곳에서 발견된다. 제14대 국회의원 선거에 관한 유권자 의식조사에 의하면 유권자가 후보자 측에 금품이나 음식물 접대를 직접 또는 간접적으로 요구해서 받았다고 응답한 경우가 9.6%에 달하였다. 또한 1993년 6월 11일에 실시된 강원도 명주·양양군선거구와 철원·화천군선거구 그리고 경북 예천군선거구의 제14대 국회의원보궐선거에서 선거운동원으로 활동하였던 395명을 대상으로 실시한 여론조사 결과에 따르면, 선거기간 중 유권자로부터 금품이나 향응 요구를 받은 적이 있다는 선거운동원이 응답자의 44.8%인 177명이었으며, 이들 가운데 19.2%가 한 번, 24.3%가 두 번 그리고 51.4%가 세 번 이상 요구를 받았다고 응답하였다.[11][12] 이러한 경향은 그 정도가 다소 약화되기는 했지만 제15대, 제16대 국회의원 선거에서도 유사하게 나타나는데, 지역주민들이 모여 식사를 하고 후보자 측에 식사 대금을 요구하거나 산악회·향우회 등 각종 단체들이 '발전기금'과 '활동비' 명목으로 또는 입당을 대가로 금품을 요구하는 경우가 허다하였다는 선거관계자들의 잇따른 증언이 이를 뒷받침한다.

다음으로 유권자들의 기부에 대한 태도를 살펴보면 적지 않은 유권자들이 기부행위에 대하여 방조 내지 묵시적으로 동조하는 우려스러운 태도를 보이고 있음을 알 수 있다. 제15대 국회의원 선거에 있어서 후보자 측으로부터 금품이나 향응을 제공받을 경우 어떻게 대처할 것인지를 묻는 설문에 대하여 86.3%가 '받지 않을

---

11) 중앙선거관리위원회, 「제14대 국회의원보궐선거에 관한 선거운동원 의식조사(명주 / 양양, 철원 / 화천, 경북 예천)」, 1993, pp.35 - 36.

12) 이러한 결과는 같은 해 8월 12일에 실시된 대구시 동구을선거구와 강원도 춘천시선거구의 제14대 국회의원보궐선거에서의 선거운동원 여론조사에서도 유사하게 나타난다. 즉 445명의 선거운동원을 대상으로 실시한 동 여론조사 결과에 따르면 응답자의 56.0%인 249명이 유권자로부터 금품이나 향응요구를 받은 적이 있다고 응답하였으며, 이들 중 13.3%가 한 번, 28.1%가 두 번 그리고 58.6%가 세 번 이상 요구를 받았다고 각각 응답하였다(중앙선거관리위원회, 「제14대 국회의원보궐선거에 관한 선거운동원 의식조사(대구시 동구을 / 춘천시 선거구)」, 1993, pp.47 - 48).

것'이라고 응답하였으나 13.7%나 되는 유권자들이 '받을 것 같다.'고 응답하였고, 제16대 국회의원 선거에 있어서 '부재중에 선거운동원이 잘 부탁한다면서 돈 봉투를 놓고 갔다면 어떻게 하였을 것 같습니까?'라는 설문에 대하여 '돈 봉투를 받았으니 찍어 주었을 것이다.'라고 응답한 경우가 1.2%, '돈 봉투를 받았지만 찍는 것은 내 소신대로 하였을 것이다.'라고 응답한 경우가 55.8%로 돈 봉투 제공에 대하여 묵시적으로 동조한 응답자가 56.9%에 달하였다. 반면에 '돈 봉투를 돌려주고 다른 사람을 찍었을 것이다.' 25.5%, '사직당국에 고발하였을 것이다.' 17.6% 등 적극적으로 거부한 응답자는 43.1%에 불과하여 유권자 의식이 아직도 성숙되어 있지 않음을 보여주고 있다.

이상에서 유권자의 준법실태를 살펴보았으나 매 선거 시마다 설문내용이 달라 선거별 준법성 정도를 비교할 수는 없었다. 그러나 여러 증거로 미루어 볼 때 유권자들이 표를 미끼로 후보자 등에게 금품·음식물을 요구하거나 후보자 등으로부터 제공받는 사례는 '공선법' 제정 전의 선거에서나 후의 선거에서나 크게 달라진 것이 없는 것으로 보인다.

(2) 후보자 등의 준법실태

먼저 후보자 등의 기부실태(유권자들이 후보자 등으로부터 기부를 받은 실태)를 살펴보면, 제14대 국회의원 선거에 있어서는 1,176명의 응답자 중에서 금전을 받은 경험이 있는 자가 2.8%(33명), 물품을 받은 경험이 있는 자가 4.1%(48명), 음식접대를 받은 경험이 있는 자가 11.0%(129명), 선심관광의 경험이 있는 자가 0.3%(4명)로 단순합계 18.2%가 기부를 받은 것으로 나타났다. 그리고 제15대 국회의원 선거에 있어서는 향응접대 6.4%, 금품 수수 3.4%, 물품 수수 3.2%, 그리고 선심관광 1.7% 등 단순합계 14.7%가 기부를 직접 경험하였거나 본 적이 있다고 응답하였으며, 제16대 국회의원 선거에 있어서는 식사나 술 접대 7.0%, 금품 수수 3.4%, 선심관광 2.0% 등 단순합계 12.4%가 기부를 받은 것으로 각각 나타나 후보자 등의 기부행위는 약간씩 감소하고 있는 것으로 보인다.

이와 관련하여 대통령 선거에서의 기부행위 경험 여부에 대한 여론조사 결과를 보면, 제14대 대통령 선거에서는 금전·물품 4.8%, 선심관광 0.6%, 음식접대 6.3%

등 단순합계 11.7%가, 제15대 대통령 선거에서는 금전·물품 0.9%, 선심관광 0.5%, 음식접대 1.5% 등 단순합계 2.9%가 각각 기부를 받은 경험이 있다고 응답하여 무려 8.8% 감소라는 의미 있는 변화가 있었다. 그러나 제16대 대통령 선거에서는 금전·물품·선심관광·음식접대 등 기부행위를 받은 경험이 있다는 응답자가 7.0%로 다시 증가하였다. 이는 앞에서 제14대 대통령 선거에 비하여 제15대 대통령 선거의 공명성 평가가 매우 높아졌으나 제16대 대통령 선거에서 다시 크게 낮아진 것과 같은 현상이다.

<표 5-2> 선거관리위원회의 유형별 불법행위 적발 상황

[단위: 건(%)]

구분\n대별	계	시설물·\n인쇄물 이용	연설회 관련	기부행위	집회·모임\n이용	언론 이용	비방·\n흑색선전	기타
제14대\n총선	674\n(100)	276\n(40.9)	137\n(20.3)	104\n(15.4)	32\n(4.8)	30\n(4.5)	10\n(1.5)	85\n(12.6)
제15대\n총선	741\n(100)	327\n(44.1)	74\n(10.0)	100\n(13.5)	32\n(4.3)	33\n(4.5)	32\n(4.3)	143\n(19.3)
제16대\n총선	3,017\n(100)	1,325\n(43.9)	205\n(6.8)	594\n(19.7)	249\n(8.3)	69\n(2.3)	101\n(3.3)	474\n(15.7)

자료: 중앙선거관리위원회, 제14대~제16대 국회의원 선거총람에서 재정리.

다음으로 선거관리위원회와 검찰에 의해 조치된 후보자 등의 불법행위에 대해 살펴보면, 먼저 선거관리위원회에서 적발한 불법행위 건수는 제14대 총 674건, 제15대 741건, 제16대 3,017건으로 지속적 증가추세를 보이고 있다. 유형별로는 위의 <표 5-2>에서 볼 수 있는 바와 같이 시설·인쇄물 이용 불법행위가 가장 많았고 기부행위, 연설회 관련 불법행위 순으로 나타났다.

한편 검찰에 의하여 입건된 선거사범[13] 역시 제14대 653명, 제15대 1,990명, 제16대 3,717명으로 선거관리위원회 조치건수와 유사한 추이를 보이고 있다. 이처럼 시간이 지남에 따라 두 기관 모두의 불법행위 조치건수가 증가하는 원인에 대하여는 여러 가지 분석이 가능하겠으나 이는 본 연구의 연구 범위를 넘어서는 것으로서 본격적인 논의는 생략하고자 한다. 다만 이와 같은 불법행위 적발 및 단속건수의 증가는 '공선법'의 의도된 효과가 적어도 가시적으로는 나타나고 있지 않다는 사실을 반증하는 것으로 볼 수 있다.

---

13) 대검찰청, 「제14대 국회의원 선거 분석·평가」, 1992. 3, pp.22-23, 「제15대 국회의원 선거 선거사범 단속결과」, 1996, 「제16대 국회의원 선거 선거사범 처리결과」, 2000 참조.

(3) 관(官)의 준법실태

　　관권선거[14]는 과거 우리나라 선거에 있어서 공명선거를 저해하는 주요한 요인으로 지적되어 왔다. 중앙선거관리위원회의 유권자 의식조사 결과에 의하면, 제14대 국회의원 선거에서 공직자의 선거개입을 경험하였다는 응답자는 6.5%였으나 제15대에서는 4.3%, 그리고 제16대에서는 3.9%로 조금씩 감소하는 추세를 보이고 있다. 그리고 당해 선거의 공명성을 해친 원인 또는 문제점이 무엇인지 물은 데 대하여 관권선거를 지적한 응답자가 제14대 국회의원 선거에서는 9.3%, 제15대에서는 2.1%, 제16대에서는 1.1%로 위의 설문에서와 마찬가지로 감소하고 있어 국회의원 선거에 있어서 관권개입은 이제 더 이상 공명성을 해치는 중요한 요인이 아님을 알 수 있다.

　　그러나 다른 선거에서의 관권개입 상황을 살펴보면 이와는 다른 양상이 발견된다. 대통령 선거의 경우 제14대 대통령 선거에서는 2.6%, 제15대 대통령 선거에서는 2.1%로 나타나 국회의원 선거에서와 마찬가지로 다소 감소하는 추세를 보였으나 제16대 대통령 선거에서는 7.7%로 다시 높아졌다. 또한 지방선거에 있어서는 제1회 전국동시지방선거 시 7.5%였으나 제2회 전국동시지방선거에서는 8.2%(광역단체장 선거 1.9%, 기초단체장 선거 2.3%, 광역의원 선거 1.6%, 기초의원 선거 2.4%), 제3회 전국동시지방선거에서는 9.8%로 오히려 점차 높아지는 추세를 보이고 있다.

　　이러한 사실은 관권선거를 방지하는 데 있어서도 '공선법'의 효과가 제한적이었음을 보여주는 것이라 하겠다.

3. 형평성 분석

　　본 항에서는 선거관리위원회와 검찰이 선거사범을 단속·조치함에 있어서 행위자의 소속이나 신분 등에 관계없이 동일한 기준을 적용하는지를 살펴보고자 한다. 이러한 분석을 함에 있어서는 몇 가지 가정을 전제로 한다. 먼저 과거의 예로 볼

---

14) '관권선거'라 함은 행정력이나 경찰력뿐만 아니라 그들의 영향력하에 있는 단체 등을 이용하여 특정 후보자에게 유리하거나 불리한 선거분위기를 조성하고, 궁극적으로 그들이 의도하는 투표 결과를 얻기 위하여 자유로운 투표권 행사에 직·간접적으로 영향을 미치는 일체의 행위를 말한다.

때 여당 후보자나 선거운동관계자들이 야당 후보자나 선거운동관계자보다 불법선거운동을 많이 할 것이라는 점이다. 따라서 분석결과 야당보다는 여당과 관련된 불법행위가 많이 적발·조치되었으면 일응 형평성을 유지하였다고 보고자 한다. 이 경우 모든 후보자는 동일한 횟수의 불법행위를 할 것이라는 점을 전제로, 각 정당별 불법행위 수를 그 정당 소속 후보자 수로 나누어 후보자 1인당 불법행위 적발·조치건수로 비교하고자 한다. 같은 논리로서, 정당별 후보자 수와 입건된 선거사범의 수, 입건된 선거사범의 수와 기소된 선거사범의 수도 서로 비례한다고 보고, 그 나눈 수가 비슷하면 형평성을 유지했다고 보고 그렇지 않으면 형평성을 잃었다고 보고자 한다.

(1) 선거관리위원회의 선거사범 단속

아래 <표 5-3>은 제14대부터 제16대까지 주요 정당의 지역구 국회의원 선거 후보자 수와 선거관리위원회가 적발한 불법행위 적발건수, 그리고 주요 정당별 적발건수를 그 소속 정당 후보자 수로 나눈 1인당 불법행위 적발건수를 보여주고 있다. 아래 표에서 알 수 있는 바와 같이 제14대, 제15대, 제16대 국회의원 선거 모두에서 여당의 적발건수가 야당에 비해 적게는 1.7배에서 많게는 3.3배까지 많은 것으로 나타났다.

<표 5-3> 주요 정당별 선거사범 단속 현황(선관위)

(단위: 명)

구분	제14대			제15대				제16대			
정당명	민자당	민주당	통일 국민당	신한국당	국민 회의	민주당	자민련	한나라당	민주당	자민련	민주 국민당
후보자 수	237	225	189	253	230	225	219	225	225	171	125
불법행위 적발건수	227	120	110	261	92	81	84	532	899	359	114
1인당 적발건수	0.96	0.53	0.58	1.3	0.4	0.36	0.38	4.0	2.36	2.1	0.91

자료: 중앙선거관리위원회, 제14대~제16대 국회의원 선거총람에서 재정리.

이와 같이 여당의 적발건수가 많은 원인에 대하여는 두 가지의 해석이 가능할 것이다. 그 하나는 선거관리위원회의 단속활동이 형평성을 잃어 여당 후보자에 대한 감시·단속을 상대적으로 철저히 한다는 것이고, 다른 하나는 실제로 여당 후보자가 야당 후보자보다 불법선거운동을 많이 한다는 것이다.

생각건대 선거관리위원회에서 여당의 후보자를 편파적으로 단속한다는 것은 집권당에 권력이 집중되어 있는 우리나라 정치현실이나 선거관리위원회의 인적 구성[15]을 고려할 때 설득력이 없다. 따라서 주요 야당 후보자들의 1인당 불법행위 적발건수가 유사함에도 불구하고 유독 여당 후보자의 선거법위반행위 적발건수가 많은 것은 선거관리위원회 단속의 형평성 문제가 아니라 실제적으로 불법행위를 많이 하기 때문인 것으로 보아야 할 것이다.

본 항의 모두에서 전제하였듯이 정권교체 전후 공히 여당의 불법행위 적발건수가 야당의 불법행위 적발건수보다 많은 것으로 미루어 볼 때 선거관리위원회의 선거사범 단속은 형평성을 유지하였다고 하겠다.[16]

(2) 검찰의 선거사범 조치

먼저 검찰의 선거사범 조치상황을 기소율을 통해 살펴보면 제14대 국회의원 선거 이후 검찰의 선거사범 조치는 일견 강화되었다고 할 수 있다. 제12대 국회의원 선거 시에서는 기소율이 25.1%였고 제13대 국회의원 선거에서는 21.3%에 불과하였으나, 제14대 국회의원 선거에 있어서는 총 1,044명을 입건하고 427명(구속 49명)을 기소함으로써 기소율이 40.9%에 이르렀다. 특히 제13대 국회의원 선거에서는 한 명의 당선자도 기소하지 않았던 데 비하여 당선자 5명을 기소하였다. 또한 제15대 국회의원 선거에서는 총 1,990명을 입건(구속 170명)하고 이 중에서 677명을 기소함으로써 34.0%의 기소율을 보였으며, 제16대 국회의원 선거에서는 총

---

15) 중앙선거관리위원회 위원은 9명이며, 그중에서 3명은 대통령이 임명하고, 3명은 국회에서 추천하며, 3명은 대법원장이 지명한다(헌법 제114조 제2항). 시·도 이하 각급 선거관리위원회에도 교섭단체를 구성하는 정당에서 추천한 위원이 1명씩 포함되어 있다(선거관리위원회법 제4조). 또한 2000년 2월에 개정된 제12차 개정 '공선법'에 의하여 새로이 도입된 선거부정감시단에도 후보자를 추천한 정당이 추천하는 사람이 각 3명씩 포함되어 있다('공선법' 제10조의 2).

16) 대검찰청, 「제14대 국회의원 선거 분석·평가」, 1992, 「제15대 국회의원 선거 선거사범 단속결과」, 1996, 「제16대 국회의원 선거 선거사범 처리결과」, 2000.

3,717명을 입건(구속 132명)하고, 이 중에서 1,521명을 기소하여 40.9%의 기소율을 보였다. 이와 같은 자료에 입각해 볼 때 검찰의 선거사범 조치는 선거를 거듭할수록 더욱 엄격해지고 있음을 알 수 있다.

그러나 이러한 1인당 입건자 수 및 기소율을 정당별·당선자별로 구분하여 검토해 보면 검찰의 조치행태가 선거사범의 특성에 따라 상이하게 나타나고 있음을 발견할 수 있다. 먼저 정당별·당선자별 1인당 입건자 수를 살펴보면, 아래 <표 5-4>에서 볼 수 있듯이 선거사범 입건에 있어서는 제14대부터 제16대까지 모든 경우에 여당 소속 후보자가 많으나, 당선자인 선거사범의 입건비율은 전체 선거사범의 입건비율보다 매우 낮게 나타나고 있음을 알 수 있다. 이러한 결과는 검찰에서 다른 선거운동관계자들보다도 당선자를 입건하는 데 신중을 기하고 있기 때문인 것으로 해석할 수 있다.

다음으로 정당별 기소율을 비교해 보면 공히 여당 소속 후보자의 기소율이 낮게 나타나고 있음을 알 수 있다. 입건에 있어서는 제14대와 제15대 그리고 제16대 국회의원 선거에서 공히 여당관계자의 입건비율이 1.4배 이상 높게 나타났음에도 불구하고 기소에 있어서는 오히려 여당관계자의 기소율이 낮다는 것은 여당관계자를 기소함에 있어서 보다 신중하였음을 의미한다고 하겠다.

한편 당선자인 선거사범의 기소율은 제14대 5.4%, 제15대 8%, 제16대 20%로 전체 선거사범에 대한 기소율(제14대: 40.9%, 제15대: 34.0%, 제16대: 40.9%)보다 훨씬 낮은데, 이 역시 검찰에서 일반 선거사범과 당선자인 선거사범을 기소함에 있어서 형평성을 잃고 있음을 보여주는 것이다. 특히 이를 여당과 제1야당으로 구분하여 비교해 보면 그 차이가 분명히 드러난다. <표 5-4>에서 볼 수 있듯이 제15대 국회의원 선거에서는 3.9%(신한국당) 대 9.5%(새정치국민회의), 제16대 국회의원 선거에서는 15.3%(새천년민주당) 대 25.9%(한나라당)로 여당 소속 당선자의 기소율이 현저히 낮다.

<표 5-4> 주요 정당별 선거사범 조치상황(검찰)

(단위: 명, %)

구분	제14대			제15대				제16대			
정당명	민자당	민주당	통일국민당	신한국당	국민회의	민주당	자민련	한나라당	민주당	자민련	민주국민당
후보자 수	237	225	189	253	230	225	219	225	225	171	125
입건자 수	149(55)	82(25)	71(9)	601(77)	249(21)	118(4)	206(16)	612(58)	849(59)	300(8)	121
1인당 입건자 수	0.63 (0.47)	0.36 (0.33)	0.38 (0.36)	2.4 (0.6)	1.1 (0.3)	0.5 (0.4)	0.9 (0.4)	2.72 (0.52)	3.77 (0.61)	1.75 (0.67)	0.99
기소자 수				134 (3)	65 (2)	33 (0)	103 (4)	281 (15)	354 (9)	143 (1)	77 (0)
기소율				22.3 (3.9)	26.1 (9.5)	28.0 (0)	50 (25.0)	45.9 (25.9)	41.7 (15.2)	47.7 (12.5)	63.6

자료: 대검찰청, 제14대 국회의원 선거분석·평가, 제15대 국회의원 선거 선거사범 단속결과, 제16대 국회의원 선거 처리결과에서 재정리. ( )는 당선자 수 및 당선자 1인당 입건율(기소율)임.

검찰의 선거사범 처리의 형평성을 살펴볼 수 있는 또 다른 지표로 법원의 재정신청 수용상황을 검토해 볼 필요가 있다. 재정신청은 정당이나 후보자, 그리고 선거관리위원회에서 고발한 선거사범에 대하여 검찰이 불기소 처분하였을 경우 이를 고발한 정당이나 후보자 또는 선거관리위원회가 법원에 재판에 부의하여 줄 것을 요청하는 제도이다. 따라서 재정신청의 인용 여부는 검찰의 선거사범에 대한 불기소 처분의 적정 여부를 판단하는 기준이 될 수 있다.

제15대 국회의원 선거와 관련하여 재정신청된 사건은 32건이었다. 법원은 이 중에서 9건을 받아들였는데, 8건이 신한국당 당선자와 관련된 것이며, 1건은 새정치국민회의 당선자와 관련된 것이었다. 그리고 제16대 국회의원 선거에 있어서는 선거관리위원회에서 총 12건을 재정신청하였는데, 이 중에서 5건이 부심판되고 7건이 기각되었다. 이를 정당별로 살펴보면 한나라당과 관련된 재정신청은 없었고, 새천년민주당은 10건의 재정신청 중에서 4건이 부심판되었고, 6건이 기각되었으며, 자유민주연합은 2건이 재정신청되어 1건이 부심판되고 1건이 기각되었다. 또한 재정신청된 12건 중 당선자와 관련된 건은 7건으로, 모두 새천년민주당 당선자와 관련된 것이며, 이 중에서 4건이 부심판되고 3건이 기각되었다. 이러한 사실은 재판 결과와 관계없이 검찰의 선거사범 수사가 '여당 편향적'이었을 가능성이 높음을 암시하는 것이라 하겠다.[17]

Ⅳ. '공선법'의 실효성 저해요인 분석

1. 법·제도 및 관행

(1) 선거범죄에 대한 소극적 조치

1) 검찰의 선거사범 조치

앞서 살펴본 바와 같이 선거사범에 대한 검찰의 조치는 소속정당이나 당선 여부에 적지 않은 영향을 받고 있음을 추론해 볼 수 있다. 이와 관련하여 역대 국회의원 선거에 있어 검찰의 선거사범의 기소상황을 살펴보면 기소율이 최저 2.92%(6대)에서 최고 41.07%까지 매우 심한 편차를 보이고 있음을 알 수 있는데, 이 역시 검찰의 선거사범 조치가 당시의 정치상황이나 권력구도와 무관하지 않을 수 있음을 암시하는 것이라 하겠다.

〈표 5-5〉 역대 국회의원 선거별 선거사범 기소상황

(단위: %)

	1대	2대	3대	4대	5대	6대	7대	8대	9대	10대	11대	12대	13대	14대	15대	16대
기소율	27.83	11.75	4.18	8.18	24.39	2.92	17.53	18.80	18.35	33.11	25.57	25.15	21.34	40.86	34.02	41.07

자료: 제1대~제13대 자료는 법무부, 『선거사범편람』, 1983. 제14~제16대는 대검찰청의 제15대~제16대 국회의원 선거의 선거사범단속결과 보도자료에 의함.

또한 이미 언급한 것처럼 검찰의 선거사범 조치가 미흡하였음을 확인할 수 있는 또 다른 증거로서 검찰의 불기소 처분에 대한 재정신청이 많았고, 재판부에서 이를 상당부분 받아들였다는 점을 지적할 수 있겠다.

제15대 국회의원 선거와 관련한 선거범죄 재정사건 32건(당선자 관련 23건) 중에서 9건(28%)이 법원에 의하여 받아들여졌으며, 현역 의원에 대하여는 재정신청에 접수된 23명 중에서 7명(30.4%)이 받아들여졌다.[18] 또한 제16대 국회의원 선거

---

17) ≪경향신문≫, 1997년 2월 22일 22면. ≪중앙일보≫, 1997년 2월 22일 4면. ≪동아일보≫, 1997년 2월 23일 3면

18) ≪한국일보≫, 1997년 2월 22일 31면.

에 있어서는 76건(56명)의 재정사건 중에서 24%인 18건(14명)이 받아들여졌고, 56건(40명)은 기각, 2건(2명)은 취하되었다.[19] 이 중에서 선거관리위원회에서 제기한 재정신청은 12건으로 5건이 받아들여지고, 7건이 기각되었다.

이와 같이 법원이 상당수의 재정신청을 받아들여 재판에 회부한 것은 동 선거사범에 대한 검찰의 불기소 처분이 적절치 않았음을 의미하는 것이라 하겠다.

2) 선거사범에 대한 재판

그동안 '공선법'의 실효성을 저해하는 요인으로 일관되게 제기되어 온 문제 가운데 하나로 선거사범에 대한 사법부의 소극적 태도를 들 수 있다. 요점은 크게 두 가지로, 첫째는 선거사범에 대한 양형이 지나치게 관대하였다는 것이고, 둘째는 선거범죄에 대한 재판이 지연됨으로써 불법적으로 당선된 자의 공직임기를 보장해 주는 결과를 초래해 왔다는 것이다.

먼저 선거사범 재판에 있어서 양형실태를 살펴보면, 제14대 국회의원 선거의 경우 선거관리위원회에서 사직당국에 고발·수사의뢰한 선거사범 24건 중 당선무효형인 벌금 100만 원 이상을 선고받은 것은 16건으로 66.6%였고, 제15대의 경우 57.1%(28건 중 16건), 제17대의 경우 72.7%(278건 중 202건)로 비교적 높은 수준을 보이고 있다.

그러나 항소심, 특히 당선인의 경우에는 1심에 비해 훨씬 관대한 양형이 이루어지고 있음을 알 수 있는데, 제15대 국회의원 선거에 있어서 선거관리위원회에서 고발한 선거범죄 중 항소심까지 올라간 3건에 대한 1심과 항소심의 형량을 비교해 보면 1심에서 징역 8개월 집행유예 2년을 선고받은 사건이 벌금 600만 원으로, 1심에서 벌금 350만 원을 선고받은 사건이 벌금 100만 원으로, 1심에서 징역 8개월을 선고받은 사건이 징역 8개월에 집행유예 2년으로 각각 낮춰졌다. 특히 당선인의 경우 14명이 1심에서 의원직 상실기준인 벌금 100만 원 이상의 형을 선고받았으나 항소심에서는 6명만이 의원직 상실에 이르는 형을 선고받았을 뿐이며, 심지어는 1심에서 1천만 원 이상의 벌금형이 항소심에서 80만 원으로 낮아진 경우도 있다.[20]

---

19) ≪한국일보≫, 200년 7월 12일 30면.
20) 김화남(무소속), 최욱철(한나라당), 이신행(한나라당), 조종석(자유민주연합), 홍준표(한나라당), 이기문(새정치국민회의) 등이다.

제16대 국회의원 선거에 있어서도 당선무효와 관련된 선거사범, 즉 당선자와 그 가족, 선거사무장, 선거사무소 회계책임자의 선거범죄에 대한 재판에 있어서는 그 양형이 여전히 관대하였다.[21] 아래 <표 5-6>에서 보는 바와 같이 형이 확정된 당선자 등과 관련된 선거범죄 71건 중에서 집행유예 이상의 중형은 5.6%인 4건에 불과하며, 100만 원 이상의 벌금형은 43.7%인 31건, 그리고 100만 원 미만의 벌금형은 각각 47.9%인 34건이었다. 이는 앞에서 이미 살펴본 선거관리위원회에서 고발 또는 수사의뢰한 전체 선거사범에 대한 양형보다 훨씬 관대한 조치이다.

〈표 5-6〉 제16대 국회의원 선거 당선자 등에 대한 양형표

(단위: 명)

구분	계	징역	집행유예	벌금 100만 원이상	벌금 100만 원미만	무죄
계	71(36)	1	3	31(7)	34(27)	2(2) (기각 1)
한나라당	34(16)	1	2	13(2)	17(13)	1(1)
민주당	35(18)	·	1	18(5)	15(12)	1(1) (기각 1)
자민련	2(2)	·	·	·	2(2)	·

자료: 중앙선거관리위원회 제공 자료에 의하여 재작성함. ( )는 당선자임.

한편 당선자의 선거범죄에 대한 항소심의 양형을 살펴보면, 1심에서 100만 원 이상의 벌금형을 선고받았으나 항소심에서 100만 원 미만의 형으로 낮춰진 경우가 9건에 달하였으며, 1심의 양형을 유지 또는 낮췄으나 100만 원 이상의 벌금형을 선고하여 당선이 무효로 된 것은 7건이었다. 그리고 1심에서 100만 원 미만의 벌금형을 선고받고 항소심에서 그 양형을 그대로 유지한 경우는 12건이었다. 이러한 결과는 1심과 마찬가지로 항소심에 있어서도 당선무효에 해당하는 형을 선고하는 데 매우 신중하였음을 의미하는 것으로, '수단과 방법을 가리지 않고 당선되면 그만'이라는 과거 악습을 끊기 위해 상급심이 원심보다 형량을 낮춰 주는 일은 없을 것'이라던 법원의 다짐을 무색하게 하고 있다.[22]

---

21) '공선법'에서는 선거비용제한액의 200분의 1을 초과 지출하여 선거사무장 또는 선거사무소의 회계책임자가 징역형을 선고받거나, 선거범죄로 당선인이 징역 또는 100만 원 이상의 벌금형을 선고받거나, 선거사무장, 선거사무소 회계책임자 또는 후보자의 가족이 징역형을 선고받은 때에는 그 후보자의 당선을 무효로 하도록 규정하고 있다(제263조 내지 제265조).

다음으로 선거사범 재판의 지연실태를 살펴보면, 우선 제14대 국회의원 선거의 경우 당선자 5명에 대한 선거법위반사건에 대하여 1심은 대부분 6월 이내에 판결이 선고되었으나 항소심은 대부분 법정기간을 초과한 것으로 나타났다.[23] 또한 제15대 국회의원 선거에 있어서도 선거사범 중 국회의원 19명의 경우 법정기한인 6개월 이내에 1심 재판이 끝난 것은 4건(21%)에 불과하다. 2심 및 3심 재판은 더욱 지연되어 심지어는 의정활동을 시작한 지 2년 11개월이 지나서야 대법원에서 상고심 판결을 내려 의원직을 상실시킨 경우도 있다. 반면에 의원직 상실에 영향을 미치지 않는 선거운동원 등에 대한 선거재판에 있어서는 기소된 681건 중에서 70%가 넘는 497건이 법정재판기간 내에 형이 확정된 것으로 나타나 커다란 대조를 보였다.[24]

제16대 국회의원 선거에 있어서 선거관리위원회에서 고발 또는 수사의뢰하여 기소된 선거사범 283건에 대한 재판기간을 살펴보면, 1심의 경우 법정기간인 6개월 이내에 종료된 것은 283건 중 251건(88.7%)이며, 6개월을 초과하여 1년 이내에 종료된 것은 29건(10.2%), 그리고 1년을 초과한 것은 3건으로 대체적으로 법정기간을 준수한 것으로 나타났다. 한편, 항소심과 상고심의 경우 법정기간인 3개월 이내에 판결이 이루어진 것은 각각 111건 중 55건(49.6%), 41건 중 19건(46.3%)에 지나지 않는 등 여전히 지연되고 있으나 대부분 6개월 이내에는 종료됨으로써 과거의 선거사범 재판보다는 신속하게 진행된 것으로 나타났다.

〈표 5-7〉 제16대 국회의원 선거 당선자 등 재판기간

(단위: 건)

구분	계	3개월 이내	4~6개월 이내	7~12개월 이내	1년 이상
1심	73(36)	17(2)	26(14)	25(15)	5(5)
2심	59(33)	8(2)	30(16)	20(14)	1(1)
3심	30(17)	3(3)	10(4)	12(7)	5(3)

자료: 중앙선거관리위원회 제공 자료에 의하여 재작성함. ( )는 당선자임.

---

22) ≪세계일보≫, 2001년 7월 4일 6면, ≪한국일보≫, 2001년 7월 4일 5면, ≪중앙일보≫, 2001년 7월 4일 3면, ≪동아일보≫, 2001년 7월 4일 A3면. 다만 동 재판에서 1심에서 1,500만 원의 벌금형을 선고받은 장성민의 선거사무장에 대하여 '이례적'으로 징역 10월, 집행유예 2년을 선고하였다(≪세계일보≫, 2001년 7월 4일 5면, ≪경기일보≫, 2001년 7월 4일 1면).

23) 법원행정처, 「공직선거및선거부정방지법위반사건에 관한 판사회의 결과보고서」, 1995, p.381.

24) ≪경향신문≫, 1997년 6월 23일 1면.

그러나 위의 <표 5-7>에서 보는 바와 같이 당선자 등의 당선무효와 관련된 재판이 일반선거사범에 비하여 크게 지연되고 있음은 제15대 국회의원 선거에 있어서와 다름이 없다. 법정기간인 6개월 이내에 1심이 끝난 사건은 총 73건의 58.9%인 43건이었으며, 3개월 이내에 2심이 끝난 사건은 총 59건의 13.6%인 8건, 그리고 3개월 이내에 3심이 끝난 사건은 총 30건의 10%인 3건이었다.

이를 다시 당선자와 기타 관계자로 구분하여 보면 당선자의 재판은 더욱 지연되고 있음을 알 수 있다. 즉 1심 재판이 법정기간 내에 끝난 사건은 기타 관계자의 경우 73.0%(37건 중 27건)인 데 비하여 당선자는 44.4%(36건 중 16건)였으며, 2심 재판의 경우 3개월 이내에 끝난 사건은 기타 관계자의 경우 23.1%(26건 중 6건)인 데 비하여 당선자는 6.1%(33건 중 2건)에 지나지 않았다.

이와 같은 선거범죄 재판에 대한 법원의 늑장판결은 유권자의 국회의원선출권이 몇 년씩이나 지연되는 중대한 결과를 가져오고, 또 당선무효된 국회의원들의 입법활동의 유·무효 논란까지 제기되기도 한다. 뿐만 아니라 선거법을 위반하더라도 '당선만 되면 그만'이라는 인식을 갖게 함으로써 결과적으로 선거법 경시풍조와 불법선거운동을 조장하게 된다고 하겠다.

(2) 선거사범에 대한 사면

우리나라에 있어 사면·복권의 역사는 얼룩진 헌정사와 궤를 같이하여 왔다. 군사정권 시절에는 불법적으로 권력을 장악·유지하는 과정에서 필연적으로 이른바 시국사범을 대량 구속하는 사태가 빚어졌고, 얼마 지나지 않아서 '국민적 화해'라는 이름으로 사면하는 악순환이 되풀이되었다. 그리고 6공화국 이후에는 권력형 부패사범을 풀어주는 구실로 사면권이 남용되기도 하였다.[25] 이와 같은 사면권의 남용은 사법권을 훼손하고 법의 권위를 무너뜨리는 결과를 가져오게 됨은 물론 선거법에 대한 경시풍조를 조장함으로써 공명선거 풍토를 조성하는 데 역행하는 결과를 가져오게 될 것임은 자명하다 할 것이다.

---

25) ≪동아일보≫, 2000년 8월 4일 A5, 우리나라에 있어 건국 이후 2000년 8월 15일 특별사면까지 무려 84차례의 사면·복권이 행하여졌다. 집권기간을 고려하면 역대 정권 중에서 전두환 시기가 가장 빈번하여 8년 동안 무려 21차례의 사면·복권이 이루어졌다(≪동아일보≫, 2000년 8월 15일 5면).

1998년 김대중 정부가 들어설 무렵에 새로 여당이 된 새정치국민회의는 선거사범들이 '정치적 탄압의 차원에서 표적·편파수사 등으로 사법처리되었다.'고 주장하면서 새 대통령 취임 직후 단행할 특별사면·복권대상에 자당 소속 선거사범을 포함시킬 것을 시도하였다. 이에 대하여 검찰과 법원이 일단 위법으로 판단한 사안을 정권이 교체되었다고 해서 정치적으로 사실상 무효화하는 것은 사법절차를 중시하는 법치주의에 어긋나고 형평성 문제가 있다는 주장들이 제기된 바 있었다.26) 1998년 8월 15일에는 '과거의 어두운 정치사를 극복하고 그 굴레에서 벗어나기 위하여' 이른바 '국난 극복을 위한 국민대화합'의 명분으로 광범위한 사면조치를 단행하면서 1995년 6월 27일 지방선거 이전의 선거사범 가운데 상습적인 선거사범 222명을 제외한 1,404명에 대하여 형 선고 실효 및 복권조치를 취한 바 있다.27) 그리고 2000년도 8·15 기념 특별사면 시에는 제15대 국회의원 선거 때 선거법위반혐의로 기소되어 피선거권이 박탈된 전직 의원 등 6명이 형 선고 실효로 복권되는 등 선거사범 382명이 포함되었다.28) 또한 2003년 8월 15일에는 또다시 전직 의원과 제16대 국회의원 선거 시 낙천·낙선운동을 벌였던 시민단체회원 등 선거사범 170명을 특별사면·복권시켰다. 이에 대하여 선거사범에 대한 무더기 사면이 자칫 선거법 위반 풍조를 조장할 수 있다거나 정치개혁을 올바로 하려면 정치 관련법을 준수해야지 정치개혁을 주장하면서 다른 한쪽으로는 선거법 위반자에게 출마기회를 주기 위해 법원판결을 뒤집는 것은 자가당착이라는 비판 등이 제기되었다.29)

(3) '공선법' 내용상의 문제점

사회구성원들이 스스로 법규범을 수용하기 위해서는 무엇보다도 자신이 불합리한 규제나 차별을 받지 않음이, 즉 법을 지켜도 자신이 부당한 손해를 보지 않는다는 신뢰가 전제되어야 한다. 더구나 선거는 당선 아니면 낙선이라는 일종의 영합게임(zero-sum game)이기 때문에 '공선법'에서의 불합리한 규제나 차별은 준법성을

---

26) 《조선일보》, 1998년 2월 17일 15면, 《문화일보》, 1998년 2월 18일 6면, 《동아일보》, 1998년 2월 28일 3면.
27) 《조선일보》, 1998년 8월 15일 1면.
28) 《한겨레》, 2000년 8월 4일 19면, 8월 15일 3면, 《조선일보》, 2000년 8월 15일 4면.
29) 《중앙일보》, 2003년 8월 12일 26면.

저해하는 매우 중요한 원인이 될 수 있다. 전술한 바 있듯이 '공선법'은 과거의 선거법에 비하여 선거의 공정성을 담보할 수 있는 여러 가지 제도적 장치를 마련하고 있음에도 불구하고, 선거운동 방법을 지나치게 규제하고, 정치신인이나 무소속 예비후보자보다는 현역 의원이나 정당 소속 예비후보자 등 이른바 기득권자에게 유리한 규정이 적지 않다.

그 대표적인 것이 사전선거운동 금지규정이다. '공선법' 제59조에서 사전선거운동을 금지하는 이유는 후보자 간 선거운동기회의 형평성을 확보하고, 선거분위기가 조기에 과열되는 것을 방지하며, 선거운동에 소요되는 경비가 지나치게 많이 들어 후보자 간 경제력 차이로 인한 선거운동기회의 불균형과 돈 선거를 방지하자는 데 있다. 그러나 현실적으로 어떤 후보자도 후보 등록 이전에 전혀 선거운동을 하지 않고 있는 것은 아니며, 다만 음성적으로 은밀히 하고 있을 뿐이다. 결국 사전선거운동 금지라는 비현실적인 규정이 대부분의 후보자들을 범법자로 만들고,[30] '공선법'의 권위를 스스로 떨어뜨리는 결과를 초래하고 있다고 하겠다.

더구나 현역 국회의원의 경우에는 선거기간이 시작되기 전날까지 의정활동보고를 통하여, 정당추천 예비후보자의 경우에는 이른바 통상적인 정당 활동이라는 이름하에 당원교육이나 단합대회, 지구당개편대회, 후보자선출대회 등을 개최하여 사실상의 선거운동을 할 수 있다. 이에 비하여 비현역이나 무소속으로 출마할 사람은 사전선거운동 금지규정에 의하여 일체의 선거운동을 할 수 없도록 함으로써 결과적으로 국회의원 등 기성 정치인과 형평성을 잃어 '공선법' 준수에 대한 거부감을 조장하는 등의 부작용을 초래하고 있다고 생각된다. 또한 '공선법'에서 선거운동 방법에 대하여 지나치게 세부적인 사항까지 규정하고 있는 것도 선거분위기를 너무 경직시키고, 범법자를 양산시키는 결과를 낳고 있는 것으로 판단된다.

---

30) 강원택, 「선거에서의 진입장벽, 어떻게 낮출 것인가」, 『전진포럼 토론회자료집』, 2003, p.7. 실제로 선거관리위원회에서 단속한 사전선거운동건수를 보면 제14대 국회의원 선거에서는 총 단속건수 674건 중 321건(47.6%), 제15대에서는 총 741건 중 416건(56.1%), 제16대에서는 총 3,017건 중 1,530건(50.7%)이었다(중앙선거관리위원회 제공자료).

2. 정치의식

(1) 정치인(후보자)의 정치의식

‘어떤 국가의 정치수준도 그 나라 국민의 수준을 넘을 수 없다.’라는 말이 의미하듯이 한 나라의 정치수준은 국민의 정치의식수준에 의하여 결정된다. 우리나라 현행 ‘공선법’이 동법 위반행위에 대한 엄격한 처벌규정을 두고 있는 등 공명선거를 담보할 수 있는 각종 제도적 장치를 갖추고 있음에도 불구하고 선거 시마다 불법선거운동이 지속되고 있는 중요한 원인은 후보자와 유권자의 정치의식이 낮기 때문이다.

먼저 선거와 관련된 정치인 등의 의식을 살펴보면, 대부분의 정치인들이나 정당간부들은 금품·향응 등의 제공이 득표활동에 도움이 된다고 보고 있으며 이러한 인식은 선거운동원들에게서도 동일하게 관찰되고 있다.31) 그 외에 인신공격, 중상모략, 흑색선전 등도 ‘돈이 별로 들지 않으면서도 상당한 효과를 얻을 수 있는 방법’으로 인정되고 있으며,32) 실제로 많이 발생되고 있는 불법선거운동 사례이다. 이러한 행위는 해명할 시간적 여유를 주지 않기 위해서 선거일에 임박하여 집중적으로 자행되는데 사실 여부를 떠나 당사자에게 큰 피해를 주게 되며, 치유 또한 거의 불가능하다. 그것을 조작한 후보자는 대부분 익명으로 은밀히 하기 때문에 발각될 우려도 없고,33) 당연히 반사적 이익을 얻게 된다.

또한 후보자들은 세과시가 득표에 도움이 된다는 생각을 갖고 있다. 따라서 합동연설회나 개인·정당연설회에 급조된 지지자들(이른바 박수부대)을 동원하고, 자원봉사자를 빙자하여 일당을 주고 고용한 유권자들에게 피켓이나 어깨띠를 두르고 거리에 도열하여 자신을 연호하도록 한다. 뿐만 아니라 대가를 주면서 입당원서를 받기도 하고, 개인연구회나 산악회 등 조직을 구성하고 확대시키기 위하여 노력한

---

31) 중앙선거관리위원회, 『공명선거실현을 위한 여론조사결과 분석보고서』, 1991, p.135, 『제14대 국회의원보궐선거에 관한 선거운동원 의식조사(명주／양양, 철원／화천, 경북 예천)』, 1993, p.37, 『제14대 국회의원보궐선거에 관한 선거운동원 의식조사(대구시 동구을, 춘천시 선거구)』, 1993, p.49.

32) 현대사회연구소, 『선거풍토 개선방안 연구』, 1984, p.99.

33) 제16대 국회의원 선거에 있어서 선거관리위원회에서 고발 또는 수사의뢰한 비방·흑색선전 행위 95건 중에서 기소된 것은 15.8%인 15건에 불과하다. 이는 기부행위 46%, 유사기관·사조직 61.1%, 인쇄물·시설물 30.1%, 집회·모임 등 48.2% 등 다른 불법행위 유형보다도 월등히 낮은 기소율이다.

다.[34] 이와 같이 유권자들을 조직·동원하는 과정에서는 당연히 불법적으로 금품이 제공되기 마련이다. 이는 선거분위기를 과열시키고 혼탁과 타락을 부추기며, 금권선거를 조장하는 중요한 요인이 되고 있다.

(2) 유권자의 정치의식

다음으로 유권자들의 정치의식은 그들이 불법선거운동을 어떻게 인식하고 거기에 적극적으로 대응하는가와 실제 후보자 선택 시 그들의 준법성을 얼마나 고려하는가에 따라 판단할 수 있다.

우선 제15대 국회의원 선거에 있어 후보자들 중에서 어느 후보가 선거법을 더 잘 지키는지 알고 있는지를 묻는 설문에 대하여 '안다'고 응답한 경우는 10.5%에 불과하였으며, 제16대 국회의원 선거에 있어서는 14.1%만이 '알고 있다'고 응답함으로써 대부분의 유권자들이 후보자들의 '공선법' 준수 여부를 잘 알지 못하고 있는 것으로 나타났다. 또 금품·향응 제공 행위에 대하여도 유권자들은 '선거 때면 흔히 있는 일이기 때문에 받았다.'(27.5%)거나 '직접 또는 간접적으로 요구해서 받았다.'(9.6%)고 응답하였고 '후보자 측으로부터 금품이나 향응이 제공될 경우 어떻게 하시겠습니까?'라는 설문에 대하여 응답자의 13.7%나 되는 응답자들이 '받을 것 같다'고 응답하기도 하였다.[35] 한편 불법선거운동 목격 시 대응방안을 묻는 질문에서는 90% 가까운 응답자들이 '모른 척했다'고 답함으로써 대부분의 유권자들이 불법선거운동에 소극적으로 대응하고 있는 것으로 나타났다.

다음으로 후보자 선택 시 그들의 준법성 여부를 얼마나 고려하는가를 살펴보면 제16대 국회의원 선거 후 실시한 여론조사에서 '원래 찍어 주려 했으나 선거법을 안 지키고 있어서 후보를 바꾼 적이 있습니까?'라는 설문에 대하여 '있었다'고 응답한 투표자는 9.4%에 불과해 선거법을 준수하지 않고 있다는 것이 지지후보를 바꾸

---

34) 제17대 국회의원 선거를 앞두고 중앙선거관리위원회에서 파악한 입후보예상자(1,430명)들과 관련된 조직·단체는 전국적으로 1,225개에 이르며, 이 중에서 산악회가 233개로 가장 많고, 개인연구소는 116개인 것으로 나타났다(≪세계일보≫, 2003년 12월 15일 9면).

35) 제16대 국회의원 선거에 있어 후보자 측의 금품·향응 제공에 대하여 '주위 사람들'은 어떻게 할 것이라고 생각하느냐고 물은 데 대하여는 42.9%가 '받을 것'이라 응답한 반면, '받지 않을 것'이라는 의견은 40.9%에 불과함으로써 타인의 준법의식에 대하여는 더욱 부정적으로 평가하고 있다(중앙선거관리위원회, 『제16대 국회의원 선거에 관한 유권자의식조사』, 2000, p.37).

는 데는 거의 영향을 끼치지 않은 것으로 나타났다. 이는 후보자들의 선거법 준수 여부가 투표행태에 큰 영향을 미치지 못하고 있음을 간접적으로 보여주는 것이다.

이상에서 살펴본 바와 같이 우리나라 유권자들은 불법선거운동에 대한 범죄의식 및 신고의식이 미흡하고 설령 그것을 인식하였다고 하더라도 실제 투표에 반영하지 않는 경향을 보임으로써 후보자들의 불법에 대한 유인을 증가시키고 결과적으로 불법선거운동을 직·간접적으로 조장하는 역할을 하고 있는 것으로 볼 수 있다.

V. 대안 및 결론

공명선거가 구현되기 위해서는 선거의 공정성을 담보할 수 있는 제도적 장치가 마련되고, 그것이 준수되어야 하며, 유권자의 민주시민의식에 의하여 뒷받침되어야 한다. 아무리 훌륭한 법이라 하더라도 지켜지지 않으면 존재의미가 없으며, 설령 강제력에 의하여 일시적으로 지켜진다 하더라도 민주시민의식의 뒷받침이 없으면 언제든지 허물어질 수 있기 때문이다.

본 연구에서는 현행 '공선법'이 선거의 공정성을 담보할 수 있는 여러 가지 제도적 장치를 갖추고 있음에도 불구하고, 그것이 실효성을 갖지 못함으로써 선거의 공정성을 높이는 데 제대로 기여하지 못하고 있음을 확인하였다. 그리고 그 주된 원인이 법·제도·관행적 측면에서는 동법을 집행하는 관계기관의 소극적 대응과 법규정상의 미비 때문에, 그리고 정치의식적 측면에서는 동법의 적용을 받는 후보자 등 선거관계자들과 유권자들의 정치의식이 미흡한 데 있음을 보았다.

따라서 '공선법'이 그 기대한 효과를 충분히 발휘하고 궁극적으로 선거의 공정성 제고에 기여하기 위해서는 다음과 같은 과제들이 해결되어야 할 것이다.

먼저 법·제도·관행적 측면에서는 선거사범의 엄격하고도 공정한 조치를 위한 전제조건으로 검찰의 정치적 중립성 확보가 중요하다. 이를 위하여 검찰총장은 인사청문회와 국회의 동의를 거쳐 임명하도록 하고, 일단 임명된 후에는 탄핵에 의한 경우가 아닌 한 임기가 절대적으로 보장되어야 한다. 또한 검찰청을 법무부 산하기관이 아닌 독립기관으로 설치하고, 검사인사의 공정성을 확보하기 위하여 재야 법조와 학계 등이 참여하는 검찰인사위원회에서 검사의 인사를 담당하도록 할 필요가 있다. 그리고 선거사범을 전담하는 특별검사제도의 도입도 고려해 볼 만하다.

선거사범 재판에 있어서는 기부행위나 흑색선전, 관권개입 등 선거의 자유와 공정성을 현저히 저해하는 중대한 선거범죄의 경우에는 단호히 당선무효에 이르는 형을 선고하는 것이 마땅하다. 국회의원이 기소된 때 또는 1심 재판에서 당선무효에 이르는 형을 선고받은 때에는 그 지위를 이용하여 재판을 지연시키지 못하도록 당선의 효력정지나 직무집행 정지제도를 도입하는 방안도 적극 검토되어야 하며 일정 횟수 이상 재판에 불참하는 경우에는 궐석재판을 할 수 있도록 관련 규정을 개정해야 한다. 그리고 선거사범은 사면대상에서 제외하거나 사면되더라도 공직에는 참여하지 못하도록 법률로 제한함이 바람직할 것이다. 설령 특별사면을 허용한다 하더라도 대통령이 특별사면을 하기 전에는 반드시 대법원장의 의견을 듣도록 하거나 대통령·국회의장·대법원장 등이 추천한 사람들로 구성된 사면심사위원회의 사전심사를 받도록 하는 등 대통령이 자의적으로 사면권을 행사하지 못하도록 견제장치가 마련되는 것이 마땅할 것이다.

'공선법' 입법개선을 위한 방안으로는, 먼저 사전선거운동 금지규정을 완화하여 선거일 일정 기간 전부터 비용이 많이 들지 않는 제한된 범위 내의 선거운동을 할 수 있도록 허용하되, 선거비용을 철저히 통제할 수 있는 제도적 장치를 마련하여야 한다. 그리고 불명확하고 포괄적이어서 자의적으로 법을 해석·집행할 여지가 있는 선거운동 개념 정의와 선거운동으로 보지 아니하는 예외규정을 철폐하고, 특정 방법이나 행위에 대하여 개별적으로 규제하는 것이 바람직할 것이다. 그러나 보다 본질적인 문제는 객관적인 입법보장 장치를 만드는 것이다. 그 방안으로 국회의장 산하에 학계, 시민단체, 선거관리위원회 등 중립적 전문기관이나 단체에서 추천한 자들이 공동으로 참여하는, 실질적 권한을 가진 범국민정치개혁위원회를 설치하여 정치관계법의 제정이나 개정 시 사전에 심의를 거치도록 하는 방안이 고려될 수 있겠다. 또한 정치관계법은 반드시 입법예고하도록 하고, 공청회 절차를 의무화하며, 입법과정과 표결내용을 공개하도록 의무화하여 입법과정에서의 국회의원의 역할이 유권자들에게 낱낱이 공개되고, 차기 선거에서 후보자를 선택하는 기준이 되도록 하는 방안 등이 고려될 수 있겠다.

　다음으로 정치의식 개선 측면에서는 단순히 선거에 관한 단편적인 계몽이 아니라 국민들의 민주시민의식을 높이기 위한 노력을 체계적·지속적으로 실시하여야 한다. 그러기 위해서는 우선적으로 민주시민교육에 대한 기본법을 마련하고, 민주시민교육을 총괄적으로 기획, 지원, 실시하는 교육기관을 설치하는 것이 시급하다. 그 후에 그 교육기관이 중심이 되어 학교나 시민단체, 성인대상 교육기관 등과 연계하여 국민을 대상으로 민주시민의 올바른 자세에 대하여 지속적으로 교육시켜야 한다. 성인도 교육대상이 되어야 함은 물론이지만 인간의 의식이 단기간 내에 변화되지 않는 것임을 고려하여 어렸을 때부터 꾸준히 민주시민으로서의 자질을 향상시키는 노력이 매우 중요하다. 선거에 관한 교육은 전체 교육프로그램의 일부로 실시하되, 선거에 관한 올바른 인식을 가질 수 있도록 민주주의 국가에서의 선거의 중요성, 공명선거를 구현하기 위한 유권자의 자세 등에 대하여 교육을 실시하는 것이 필요하다. 그리고 정치인들에게는 불법선거운동이 결코 득표에 도움이 되지 않으며, 오히려 손해를 보게 된다는 인식을 갖도록 불법행위자를 공개하고, 엄격한 사법조치를 하는 등의 적극적인 조치가 뒷받침되어야 할 것이다.

　이상에서 '공선법'의 실효성을 확보할 수 있는 방안을 법·제도·관행적 측면과 정치의식적 측면으로 구분하여 살펴보았다. 이와 관련하여 우리나라 현실에서 무엇보다 중요하고도 필요한 것은 대통령의 결단이다. 대통령은 여당의 다수의석 확보에 연연해하지 말고, 오직 공명선거 구현만이 정치를 바로 세우고 나라를 살리는 길이라는 확고한 의지를 사법기관에 분명히 인식시켜 주는 것이 필요하다. 공명선거에 대한 대통령의 확고한 의지는 사법기관이 선거사범에 대하여 일체의 정치적 고려를 하지 않고, 법을 엄격하고도 공정하게 집행하는 데 매우 큰 영향을 끼치게 될 것이다.

　오늘날 우리 국민들이 가장 절실하게 바라는 것은 정치개혁이다. 정치개혁은 깨끗한 선거에서 비롯된다. 대통령이 '불법선거와의 전쟁'을 선포하고 단호히 맞서는 추상같은 모습을 보여준다면 공명선거는 구현될 것이고, 정치개혁은 자연스럽게 이루어지게 될 것이다.

 한국 지방자치와 민주화[*]

이동선

(여주대학)

Ⅰ. 서 론

1995년 6월 27일 4대 지방자치제 선거가 실시되었다. 1961년 5·16 군사쿠데타 이래 중단된 지 34년 만에 전면 부활한 것이다. 이후 2006년 5월 31일 제4회 전국 동시지방선거를 거치면서 현재 제4기 민선 지방자치가 실시되고 있다. 이와 같은 지방자치의 부활을 만시지탄의 감회로 받아들이고 있는 사람들이 있는가 하면, 지방자치가 초래할 미증유의 변화에 대해 우려를 표명하는 사람들도 있다. 특히 전후 세대라 일컬어지는 20~40대의 젊은 층에게는 30여 년 이상 중단되었던 지방자치 제에 대해 경험이 없기 때문에 무관심과 함께 무지에 가까울 정도로 낯설 수밖에 없을 것이다.[1] 이제 본격적인 지방자치가 실시된 지 10년을 넘어서면서 한국사회 의 민주화라는 거대한 역사의 흐름이라는 거시적 시점에서 그 방향성을 점검해 보 는 것은 향후 지방자치의 발전을 위해 의미 있는 작업이라 생각된다.

지방자치의 기본 가치는 지방분권과 주민참여에 있다고 할 수 있다. 즉 지방자치 는 국가권력이 분권적으로 조직되고 경쟁적인 정치과정을 통해 운영되는 동시에 시민들의 자율적인 참여를 보장하는 정치체제라 할 수 있다.[2] 본 연구에서는 먼저

---

[*] 본 연구는 필자의 박사학위논문의 일부를 본서의 편집 의도에 맞게 발췌·재편집한 것임.

1) 6월 27일 4대 지방자치제 선거에 참가한 유권자들의 연령별 분포에서 과거에 실시된 지방자치에 대한 경험이 없을 것으로 추정되는 20대는 29%, 30대는 27.6%로, 40대는 17.2%로 모두 73.8%에 달한다. 반면에 지방자치 실시 에 대한 경험을 갖고 있는 50대는 14.2%, 60대는 12%로 26.2%에 불과하다.

2) 조창현, 『한국 지방자치의 이상과 현실』(서울: 문원, 1995), p.14.

지방자치의 개념을 다음과 같은 두 가지 수준에서 정의하고자 한다. ①지방자치란 국가권력이 중앙으로 집중되어 비대화·개인화되는 것을 방지하기 위해 그 권력을 수직적으로 분립하는 것이며, 지방자치단체라고 하는 각 지역의 지방정부로 하여금 국가로부터 위임받은 일정한 권력을 자율적으로 행사하게 하는 자치활동이다.[3] ② 지방자치는 지방정책의 결정과 그 집행과정에서 최대한 주민참여를 보장하여 정책에 대한 지지기반의 저변을 확장하고 정책의 성공적 집행에 공헌하는 것이다. 따라서 지방자치제도는 민주적 정치체제의 하위체제(sub-system)로 볼 수 있다. 즉 모든 국가권력이 독점되고, 정부구성에 경쟁과정이 배재되며, 시민이 단순한 동원의 대상으로 남아 있는 권위주의체제하에서는 진정한 의미의 지방자치가 실시될 수는 없을 것이다. 반대로 국가권력이 제도적으로 분산되고, 경쟁적인 정치과정을 통해 정부가 구성되며, 시민이 주권자로서 자유롭게 참여하는 민주주의체제에서는 체제의 원활한 운영을 위해 지방자치의 실시가 요구될 수 있을 것이다.

실제로 제3세계 국가에서 분권화와 지방자치는 정치민주화의 하위과정의 하나로서 전개되어 왔다. 즉 정치체제의 민주화는 중앙정부의 민주화뿐만 아니라 중앙정부와 지방정부 간의 수직적인 권력관계도 민주화시키고, 그에 따라 민주주의를 지방수준으로 확산시키는 것이다. 이는 민주주의의 본질이 정치공동체에 속하는 모든 성원들이 치자이면서 동시에 피치자가 되는 '자치의 원리'에 기초하고 있기 때문이라 할 수 있다.[4]

그동안 제3세계 국가들에서 실시되어 온 지방자치는 권위주의 정치체제하의 집권자들이 권력의 정통성을 부여하거나, 정치적 불안정을 타개하기 위한 수단으로 활용되기도 하였다. 예를 들어 1980년대 초 아르헨티나의 군부는 권력의 지방분산을 통해 집권세력의 통치부담을 덜고자 하였고, 1980년대 말 페루의 가르시아 (Garcia) 대통령은 지방자치의 실시를 통해 정권의 민주화 이미지를 심고자 하였

---

3) 이 같은 정의는 지방자치가 갖고 있는 권력분립이라는 기본적인 특성에 연유한다고 보아야 할 것이다. 권력분립론은 기본적으로 국가권력의 집중과 전횡을 방지하여 국민의 자유를 보호하기 위한 제도적 장치라 할 수 있다. 권력분립에는 다음 두 가지 종류가 있다. 먼저 수평적 권력분립으로 입법·사법·행정의 3권 분립과 함께 국가권력을 중앙과 지방이 나누어 행사하는 것을 말한다. 그리고 수직적 권력분립인 지방분권이 있다. 최철화, 「지방분권에 관한 이론고찰」, 서울시립대 도시권연구소, 『연구논집』 제9집(1981년), 유종해, 「집권과 분권의 맥락에서 본 현대자치제의 특성」, 『고시연구』(1993년 2월) 참조.

4) 장동진, 「민주사회 운영의 기본원칙에 관한 정치이론적 논의: 한국정치의 민주화와 국가의 역할」, 안병준 외, 『국가, 시민사회, 정치민주화』(서울: 한울, 1995), 39.

다.[5] 한국의 경우를 보더라도 이승만 대통령은 정권 연장을 위한 지지기반을 동원하기 위해 전쟁 중임에도 불구하고 1952년에 최초의 지방자치 선거를 실시하였으며, 그리고 제5공화국이나 제6공화국하의 지방자치 논의도 정권의 정통성 부재와 정치적 위기의 타개책으로 허용되었다는 점은 주지의 사실이다.

따라서 지방자치제도가 단순히 도입되고, 실시되는 것만으로 정치체제의 민주화를 가늠할 수는 없을 것이다. 지방자치제도가 민주화 이행과정에 긍정적으로 기능하기 위해서는 사회의 다양한 제 계층의 민주화 요구를 토대로 과거 중앙집권적 정치체제의 폐해를 청산하고, 폭넓은 자치권을 전제로 한 지방분권과 주민들의 비판과 참여를 보장하는 새로운 민주주의 정치체제의 하부구조로서 자리 잡을 수 있어야 한다. 즉 지방분권과 주민참여를 기본적 가치로 하는 지방자치가 정착되고 발전하기 위해서는 지방자치와 민주주의의 상관성에 기초한 목표설정이 우선되어야 한다. 그리고 이 같은 목표가 구체적이고 현실적으로 실현되기 위해서는 먼저 법적·제도적 장치가 마련되어야 할 것이며, 성공적인 운영을 위한 사회·경제적 조건들이 완비되어야 할 것이다.

본 연구는 위와 같은 인식에 기초하여 한국 지방자치의 부활을 민주화 이행과정의 파생물로 보고, 향후 지방자치의 발전방향도 민주화 이행의 폭과 깊이에 의해 제한을 받을 것이며, 지방자치의 발전은 민주화 이행과정을 촉진하는 촉매제(觸媒劑)로서 기능할 수 있을 것이라는 전제에서 논의를 제기하고자 한다. 즉 본 연구에서는 민주화 이행과 함께 진행되고 있는 한국 지방자치가 민주주의를 정착시켜 궁극적으로는 국가발전에 순기능적으로 작용할 수 있는 발전방향을 모색하고자 한다.

Ⅱ. 지방자치 논의에 대한 반성

한국에서 지방자치에 대한 논의는 매우 제한적인 범주에서 진행되어 왔다. 즉 한국의 권위주의 중앙집권적 정치체제의 오랜 전통은 지방자치 논의를 원천적으로

---

5) 김성한, 「기만적 정치개혁으로서의 지방자치: 페루의 경우(1985–1990)」, 한국국제정치학회, 『국제정치논총』 제32집 제2호(1992년), pp.335–357 참조.

제약하는 요소로 작용하였다. 심지어 군사정권의 통치기간 동안에서는 지방자치에 대한 논의 자체가 반체제운동의 일환으로 취급되어 금지되기도 하였다. 따라서 한국 지방자치에 대한 논의는 그 양적·질적인 측면에서 모두 일천한 수준에 있다고 할 수 있다. 그간에 이루어진 지방자치 연구주제들이 보여주는 특징을 살펴보면 다음과 같다.

첫째, 한국의 지방자치에 관한 연구의 대부분은 지방행정에 관한 주제들에 편중되어 있다. 한국의 권위주의적 행정국가의 유산은 지방을 관료조직의 하위행정체계의 하나로 간주하였다. 즉 지방자치는 하위행정체계의 자율화, 즉 행정분권으로 인식되었다. 따라서 기존 행정국가체계 아래 지방의 문제에 대한 학문적 연구 역시 행정학이 중심이 될 수밖에 없었다. 이 같은 상황은 한국 지방자치의 제도화 및 부활과정에서도 행정학적인 접근이 주류를 이루게 하였으며, 그 결과 한국의 지방자치가 과도한 행정주의적 발상으로 치우치게 되는 데 한몫을 하였다.[6]

둘째, 한국의 지방자치를 논의하는 데 있어 지방자치가 엮어 내는 실제 내용인 '지방정치'(local politics)에 관한 연구는 극소수에 불과하다. 한국사회에서는 지방행정은 있어도 지방정치라는 사회적 실체가 성숙되지 못했다는 비판은 해방 이후 주로 권위주의체제로 일관해 온 한국의 정치체제와 무관하지 않을지도 모른다. 지방정치가 지방행정이라는 제도적인 한계성 속에 매몰되었던 것은 역사적으로 한국사회가 처했던 현실 때문이기도 하다. 국가의 경제발전을 위해서는 비능률적이라는 평가를 받았던 지방정치의 희생이 불가피하였다고 변명할 수는 있지만 사회가 성숙되면서 지방정치의 부재가 국가 운영에 항상 효율적으로 기능하지는 않는다는 것은 자명하다.[7]

셋째, 한국의 지방자치에 관한 논의는 실제에 있어서뿐만 아니라 이론적인 측면에서도 매우 취약하다. 즉 지방자치에 관한 각종 사회과학적 논의가 주로 법과 제도적 장치의 주어진 틀 내에서 사무의 배분이나 재정자원의 확충방안 등 행정적이거나 절차적인 문제에만 매달려 왔다.[8]

---

6) 김만흠, 「지방자치 논리의 역사적 배경과 한국의 지방자치」, 한국사회과학연구소, 『동향과 전망』 통권 제24호, 1994년 겨울(서울: 녹두, 1994), pp.22 - 28.

7) 지방자치실무연구소, 『한국의 지방자치: 이론과 실제』(서울: 의암출판, 1995), pp.51 - 55.

8) 강명구, 「주민자치와 주민투표제: 비교(지방) 정치적 함의를 중심으로」, 한국행정학회, 『한국행정학보』 제28권 제3

넷째, 한국 지방자치제에 관한 역사적인 연구가 결여되어 있다. 가장 큰 이유는 그동안 권위주의적인 정권에 의해 오랫동안 지방자치가 실시되지 못한 현실을 지적해야 하겠지만, 그 밖에도 학문적으로 한국의 지방자치제의 역사를 논증해 줄 만한 이론적 확신이 없었기 때문일 것이다. 그것은 한국의 지방자치 '유제(遺制)'에 대한 '정당한' 평가에 대한 확신, 더 나아가 '근대적' 지방자치제의 기점에 관한 합의된 통설이 없었기 때문이라 할 수 있다.[9]

한국사회의 민주화와 함께 1980년대부터 부활된 지방자치에 관한 논의는 다음과 같은 새로운 논거(論據)를 토대로 제기되어 왔다.

첫째, 중앙집권체제의 폐해를 제거하기 위한 수단으로서 지방자치를 실시해야 한다는 주장이다. 이는 지난 30여 년 동안 개발 지향적 권위주의 통치체제 속에서 상실했던 국민의 기본권을 회복하기 위한 민주화의 요청에 힘입은 바가 크다 할 수 있다. 즉 참여와 분권을 요구하는 민주화의 욕구 분출은 중앙정부의 민주화뿐만 아니라 중앙정부와 지방정부 간의 수직적인 권력분배의 원칙을 실현시키고, 그에 따라 민주주의를 지방수준에까지 확산시키는 지방자치를 실시해야 한다는 주장이다.[10]

둘째, 지방자치제도가 가지고 있는 본래적 가치를 한국사회에 실현시키자는 논의이다. 지방자치가 가지고 있는 바람직한 가치로서 가장 중요한 것은 민주성이다. 즉 지방자치는 국가권력의 중앙과 지방 간의 수직적 분산을 통해 중앙정부의 자의적 권력행사를 견제하여 개인의 자유와 권리를 신장시키며, 주민과의 거리를 단축시킴으로써 정책의 대응성과 책임성을 증진시킨다. 다음으로 효율성의 가치를 들 수 있다. 즉 지방자치는 정책이 주민의 참여를 통해 입안될 수 있기 때문에 정책집행을 용이하게 하며, 주민의 요구에 합치되는 서비스의 제공을 통해 자원배분의 효율성을 증대시킨다는 것이다.[11]

호(1994년 가을), p.903.

9) 이석희, 「한국지방자치사 연구의 접근방법과 자치유제」, 한국행정학회, 『한국행정학보』 제28권 제1호(1994년 봄), pp.345-346.

10) 제3세계 국가들에서 실시되어 온 중앙집권적 제도와 관행의 폐해(弊害)를 주장하는 연구자들은 중앙집권적인 권위주의 정치체제는 주민의 참여를 제약하고, 조정과 관리의 비용을 증가시키고, 지방의 실정에 맞지 않는 행정을 조장하며, 중앙과 지방 간 그리고 지방 간의 불균형을 초래하고, 권위주의적 문제 해결 방식을 고착화시킴으로써 발전을 가로막고 있음을 지적해 왔다. 안성호, 「우리나라 지방분권화의 논거」, 한국행정학회, 『한국행정학보』 제27권 제3호(1993년 가을), p.825.

11) 유재원, 「지방자치의 정치: 정당의 역할을 중심으로」, 한국행정학회, 『한국행정학보』 제28권 제2호(1994년 여름), p.499.

셋째, 세계화[12] 속에서 지방화의 요구에 대해 대응하기 위한 전략적 대안으로서 '지방주도의 발전전략' 그리고 세계화에 따른 불가피(不可避)하고 불가역(不可逆)적인 동반 현상으로서 지방자치에 대한 논의이다. 이는 정보화 사회의 도래, 사회주의 국가권의 붕괴에 의해 촉진된 세계화의 추세에 따라 전통적으로 영토고권이나 배타적 주권이 승인되어 온 국민국가의 성격이 변화하기 때문에 국가경영 단위의 축소를 통한 대외경쟁력의 신장을 제고해야 한다는 주장이다.

그러나 민주주의든 지방자치든 그것은 본질적으로 지배세력의 지배관철을 위한 제도적 수단인 동시에 저항세력의 투쟁을 위한 제도적 발판이라 할 수 있다. 즉 민주주의와 지방자치는 다 같이 사회적 제 세력의 정치경제적 이해의 확대를 향한 헤게모니적 투쟁의 대상으로 된다. 그러한 헤게모니적 투쟁의 양상은 특정 시대나 사회가 처한 지배와 저항의 조건 및 역관계에 따라 구체적으로는 다양하게 나타난다. 즉 근대 이래의 지방자치란 그 본질적 성격 자체가 타협의 산물로 빚어진 것이기 때문에 그 연구가 권력관계를 중심으로 하는 정치(학)적 마인드가 개입되지 않고는 결코 제대로 된 수준에 도달할 수 없는 연구 분야라 할 수 있다. 따라서 지방자치에 체현되는 실정법과 제도, 혹은 그 틀 안에서의 정책집행을 중심으로 할 수밖에 없었던 그동안의 행정학적 지방자치론에 갇히지 않고, 그러한 법과 제도를 둘러싼 권력이나 세력, 지배관계 등에서부터 탐구의 시발점을 잡아 나가는 정치학적 지방자치론의 모색이야말로 세계사적 전환기 아래에서 실종되었던 지방자치를 부활시키기 위해 무엇보다 중요하고 시급한 과제라 할 수 있다. 그동안 정치학자들은 중앙에서의 권력 및 그 투쟁의 문제로 국한할 뿐, 거기에 지방에서의 권력문제나 지방과 중앙 간의 권력문제는 아예 생각할 여지도 없었다. 따라서 현실에서 주민복지 향상이나 정치적 민주주의의 발전이 그로부터 도움을 받을 일이 그다지 없게 된 것 또한 당연한 결과였다.[13]

오늘날 한국 지방자치의 발전을 위해서 가장 중요한 것이 바로 우리의 인식의 전환이라 한다면, 지방자치에 대한 연구 영역 역시 보다 확대되어야 할 것이다.[14]

---

12) 세계화의 개념에 대해서는 많은 논란이 있지만 본 연구에서는 '자본축적의 공간적 범위를 범지구적으로 확장하는 새로운 형태의 생산양식과 교환의 체계를 목격하면서 구성되는 인식의 틀'이라는 잠정적인 정의에 따르고자 한다. 박재창, 「지방화시대의 중앙정치와 지방정치의 역할」, 『세계화시대의 지방화』(서울: 여의도연구소, 1995), pp.33 -41 참조.

13) 유영국, 『한국민주주의와 지방자치』(서울: 세종출판사, 1995), pp.3-4.

즉 지방자치 연구에 있어서 먼저 지방자치를 인간의 자유권을 포함한 기본권 실현과 불가분의 관계가 있는 것으로 파악해야 하며, 중앙과 지방의 관계 역시 단순한 행정분화를 벗어나 국가권력의 제한과 견제의 차원으로 승격시켜야 하며, 주민의 자치참여를 단순한 행정참여 내지는 행정절차 참여의 차원을 넘어서 국가시책에 대한 참여라는 정치형성적 의미로 파악하여야 할 것이다.

Ⅲ. 민주주의와 민주화 그리고 지방자치

1. 민주주의와 지방자치

지방자치의 필요성은 특정 국가나 사회 그리고 시대의 변화에 따라 강조되는 측면이 상이하다. 특정 상황에 따라 민주성·효율성·형평성·생산성·효과성 등의 지방자치의 가치 가운데 특정 가치가 상대적으로 강조되기 마련이다. 그러나 일반적으로 지방자치를 거론할 때 가장 우선적으로 제기되는 가치가 바로 '민주성'이다. 즉 지방자치가 실시됨에 따라 민주주의가 발전할 것인가, 아니면 전혀 관계가 없는 것인가, 오히려 지방자치는 민주주의의 발전에 저해요인을 제공하는 것인가의 문제는 지방자치를 둘러싼 가장 기본적인 쟁점이라 할 수 있다.

이 같은 쟁점에 접근하기 위해서는 먼저 민주주의에 대한 개념의 정리에서 시작해야 할 것이다. 민주주의를 규정지을 수 있는 가장 기본적인 원칙은 국민주권의 원칙, 권력제한의 원칙, 대표성의 원칙이라 할 수 있다. 국민주권의 원칙이란 모든 권력은 국민으로부터 나오는 것으로 정기적인 선거를 통해 국민이 권력 담당자를 자유롭게 선출하는 선거제도로서 구현된다. 그리고 권력제한은 기본권 보장과 권력분립으로 실현된다. 삼권분립과 지방자치는 권력을 분산하기 위한 제도적 장치이

---

14) 이 같은 관점에서 몇몇 연구들은 매우 중요한 성과를 제시하고 있다. 김태창, 「현대지방민주주의론: 지방자치의 정치철학적 함의와 '지방정치공동체'의 형성과제」, 한국정치학회, 『한국정치학회보』 25집 1호(1991), 강명구, 「지방화시대의 지방자치: 국가 재구조화 과정을 중심으로」, 한국공간환경연구회, 『지역불균형연구』(서울: 한울, 1994), 유영국, 『한국민주주의와 지방자치』(서울: 세종출판사, 1995), 성경륭, 『국민국가 개혁론; 연방주의와 지방주의의 논리』(춘천: 한림대출판부, 1996).

다. 끝으로 대표성의 원칙은 정치가 소수의 특권과 기득권을 보장하는 것이 아니라 다수 국민의 이해관계를 반영하는 것이라는 생각에 기초한다. 즉 선거를 통해 당선된 국민의 대표자는 국민들의 요구를 결집하고 정책으로 응답할 의무를 가지고 있다는 원칙이다.[15]

지방자치에 대한 최고의 극찬은 지방자치를 민주주의의 꽃으로 비유하는 것이라 할 수 있는데, 이 같은 비유는 민주주의의 다양한 개념 가운데 민주주의를 단순히 '나쁜 권력'을 '좋은 권력'으로 대치하는 것이 아니라 권력의 분산, 나아가 자기결정과 자기지배(self-governing) 내지 자치, 즉 지배와 피지배의 분리를 극복하는 것이라는 이해에서 출발하는 것이다.[16]

이와 같이 지방자치와 민주주의가 상호보완적이며 필연적인 인과관계를 가진다고 주장하는 학자들의 긍정적 견해를 살펴보면 다음과 같다.[17] 첫째, 지방자치는 민주주의의 이념을 실현한다. 지방자치는 일정한 지역 안의 공동문제를 그 지역주민들의 참여와 토의를 통하여 자주적으로 결정하고 집행하는 것이므로, 민주주의의 기본원리인 '자기결정성'과 '자기책임성'을 주민과 가장 가까운 정부단위에서, 그리고 주민들의 일상생활에서 실현하게 한다. 브라이스(James Bryce)는 민주주의가 시민들에게 보다 많은 참정의 기회를 제공한다는 점을 들어 지방자치와 민주주의가 필연적 관계에 있음을 역설하기도 했다.[18] 둘째, 지방자치는 민주시민을 교육하고 양성하는 훈련장이다. 일찍이 토크빌은 미국의 정치제도 특히 읍회(town meetings)의 교육적 기능이야말로 민주주의와 자유를 가능케 한다는 감상을 토로한 바 있다.[19] 지방자치는 지역의 주민과 그 대표자들에게 공동문제 처리에 대한 참여와 토

---

15) 정수복, 「현실 정치와 시민 운동: 지방화 시대의 민주주의」, 크리스챤 아카데미 편, 『주민자치, 삶의 정치』(서울: 대화출판사, 1995), p.127.

16) 손호철, 「6·27 지방자치체 선거와 민중운동」, 『이론』 통권 제12호(1995년 가을호), p.53.

17) 지방자치와 민주주의의 관계는 매우 친화적이라는 것이 전통적인 견해이다. 이러한 전통적인 입장으로 토크빌 (Alexis de Tocqueville), 브라이스(James Bryce) 등의 주장을 들 수 있다. 이후 민주주의와 지방자치의 관계에 대한 본격적인 논쟁은 1952년 헤이그에서 열린 제2회 세계정치학회에서 랭로드(Georges Langrod)가 양자의 상관성을 체계적으로 부정함으로써 제기되었다. 이에 팬터-브릭(Keith Panter-Brick)은 랭로드의 주장에 반대하여 양자의 상관성을 적극 옹호하였다. Georges Langrod, "Local Government and Democracy", *Public Administration*(Spring 1953), Vol.31, No.1.; Keith Panter-Brick, "Local Government and Democracy: A Rejoinder", *Public Administration*(Winter 1953), Vol.31, No.4. 이에 대한 소개와 함께 랭로드와 팬터-브릭 논쟁의 한계에 대해서는 유영국, 『한국민주주의와 지방자치』(서울: 세종출판사, 1995), pp.25-41 참조.

18) "지방자치는 민주주의를 위해 더 이상 좋을 수 없는 학교이며 민주주의의 성공을 보장받을 수 있는 가장 확실한 보증이다." James Bryce, *Modern Democracies*(New York: Macmillan Co., 1921), Vol.1, p.131.

의, 비판, 협조 등을 통하여 공공심과 협동심을 길러 나가게 한다. 셋째, 지방자치는 민주주의의 방어선 역할을 한다. 권력이 집중되면 부패하기 쉽고 부패한 권력은 그 부패를 은폐하기 위해 비민주적 권력으로 탈바꿈하기 쉽다. 즉 아무리 중앙정부가 민주적으로 구성되었다 하더라도 국가기능의 확대에 따라 행정권이 강화되고 직업관료제가 비대해질 때에는 국정의 전제화와 관료화의 가능성이 있는데, 지방자치는 바로 이러한 경향에 대한 견제의 역할을 할 수 있다.[20] 넷째, 지방자치는 정국 마비를 방지할 수 있다. 민주정치는 정당정치에 따르는 정권교체의 가능성을 필수조건으로 하기 때문에 정권교체에 따른 일시적인 혼란과 마비를 수반할 수 있다. 지방자치는 이러한 혼란과 마비를 극복하고 정국의 안정을 도모하는 데 이바지할 수 있다. 다섯째, 지방자치는 평화적인 사회개혁을 가능케 한다. 지방자치가 발달한 나라에서는 권력이 지방에 분산되어 있기 때문에 중앙정부의 권력을 탈취하는 것만으로 쿠데타나 혁명이 성공할 수 없을 뿐만 아니라, 각 지방에서의 여러 가지 개혁들이 모여서 전국적인 개혁에 이르게 하기 때문에 평화적인 사회개혁의 중요한 장치가 된다.

위와 같이 지방자치와 민주주의의 관계를 긍정적으로 바라보는 주장들이 있는가 하면, 반면에 지방자치와 민주주의의 상관성에 대해 의문을 제기하는 부정적 견해를 표방하는 학자들도 있다.[21] 첫째, 현실 지방자치는 낮은 참여로 인해 지방자치의 본래 취지를 살리지 못하기 때문에 민주주의를 발전시키지 않는다. 즉 참여의 기회를 확대한다는 것과 실질적인 참여가 이루어진다는 것은 전혀 다른 별개의 문제라는 것이다. 이는 중앙선거에 비해 지방선거의 투표율이 낮고, 특히 저소득·저교육 계층의 투표율은 상대적으로 더욱 낮게 나타나고 있는 현상에서 잘 나타나고 있다. 둘째, 지방자치는 다수의 지배를 전제로 한 민주주의의 구현보다는 오히려 소수전제(minority tyranny)를 초래할 가능성이 있다. 지역주민의 참여를 보장하는

---

19) "자유에 대해 읍회가 지니는 의미는 학문과 관련하여 초등학교가 지니는 의미와 같다. 읍회는 자유를 시민의 손에 닿을 수 있는 곳에 가져다줄 뿐 아니라, 그 자유를 어떻게 누리고 어떻게 활용할 수 있는지를 가르쳐 준다." Alexis de Tocqueville, *Democracy in America*, Phillips Bradley(ed.)(New York: Knopt, 1945), Vol.2, p.61.

20) 이러한 사실은 논리보다도 역사를 통해서 잘 알려진 사실이다. 1933년 이후 독일에서 나치정권의 히틀러나 같은 무렵 군국주의하의 일본에 지방자치가 없었던 사실에 유념해야 할 것이다. 조창현, 『한국의 지방자치의 이상과 현실』(서울: 문원, 1995), p.26.

21) 대표적인 학자로 랭로드를 들 수 있다. 랭로드는 지방자치와 민주주의의 인과관계를 부정적으로 파악하고 양자의 유기적 관계를 부정한다.

지방자치제도가 실질적으로는 소수의 지역 엘리트에 의해서 장악될 경우가 발생할 수 있다. 셋째, 역으로 지방자치는 실시 과정에서 다수전제(majority tyranny)의 가능성도 가지고 있다. 즉 지역사회가 거의 동일한 이해관계를 가지는 사람들로써 구성될 때, 이들 다수 집단이 소수의 기본권을 무시하면서까지 자신들의 이익을 추구할 가능성이 있는 것이다. 넷째, 지방자치는 지역적 이익을 지나치게 중시하는 배타주의와 분리주의를 초래할 수 있다. 지방자치가 지역발전이라는 지역의 특수한 목적만을 중시할 경우, 전국적 수준의 국가발전을 저해할 가능성이 있다. 소위 자신의 지역에 혐오시설이 유치되는 것을 반대하는 NIMBY(not in my back yard) 현상과 유익시설의 유치를 둘러싸고 경쟁하는 PIMFY(please in my front yard) 현상이 만연될 경우 지방자치는 개별 지역들 간의 이기적이고 소모적인 경쟁만을 추구할 것이다.[22]

위에서 살펴보았듯이 민주주의와 지방자치의 상관관계에 대해서는 긍정론과 부정론이 함께 주장되고 있다. 따라서 지방자치가 민주주의를 보장하고 촉진할 수 있는 제도가 될 수 있기 위해서는 먼저 지역주민의 높은 관심과 참여가 전제되어야 할 것이다. 그러한 경우 부정론을 주장하는 학자들의 우려에도 불구하고 지방자치는 민주주의를 발전시킬 수 있는 기본적인 제도로서 기능할 수 있을 것이다. 그리고 주민의 자율성과 책임성을 강조하는 지방자치제도가 실시될 경우, 이러한 책임의식의 제고는 지방자치뿐만 아니라 국가경영에까지 긍정적 영향을 줌으로써 국민의 연대감을 증대시켜 건전한 국가발전에 기여할 수 있게 할 것이다.

2. 민주화와 지방자치

한국정치의 가장 중요한 쟁점의 하나가 바로 민주화(democratization)이다. 특히 1987년 민주화 운동 이후 한국사회의 민주화에 대한 논의는 큰 관심을 끌고 있다. 더욱이 1970년대 중반 이후 1980년대에 이루어진 세계적인 민주화 흐름으로 한국사회의 민주화 논쟁은 더욱 심도 있게 전개될 수 있었다. 한국사회에서뿐만 아니라 반민주

---

22) 김병준, 『한국지방자치론: 지방정치·자치행정·자치경영』(서울: 법문사, 1994), pp.22-26.

적인 권위주의체제를 유지하고 있는 국가들도 정치체제변화의 목표로서 민주화를 추진하고 있다. 근래에 들어 이런 변화과정은 한층 더 두드러지게 확대되고 있다. 이런 의미에서 헌팅톤은 '제3의 민주화 물결'(the third wave of democratization)이라는 표현을 사용했다.23) 그에 의하면 민주화의 물결은 일정한 기간 동안 상당수의 국가들에서 그 이전의 시기와는 달리 비민주적 정치체제에서 민주적 정치체제로의 전위 현상이 일어나는 것을 의미한다.24)

특정 정치체제는 특정 정치·경제·사회세력의 지배연합에 의해 수립되고, 유지된다고 할 수 있다. 그리고 정치체제의 변화는 지배연합세력과 도전연합세력 간에 갈등과 투쟁으로 인해 국가권력의 조직과 운영방식 그리고 시민의 정치참여 방식이 변화하는 것이라 할 수 있다. 한편 지방자치의 본질은 권력의 분산과 주민의 참여로 요약된다. 따라서 지방자치의 실시과정에서 나타나는 권력분산의 정도, 주민참여의 방식은 정치체제 유형에 직접적인 영향을 받을 수밖에 없는 것이다. 따라서 민주화라고 부르는 정치체제변화는 정치체제수준의 변화를 지칭하는 개념으로 비민주적 정치체제에서 민주적 정치체제로의 전위 현상을 지칭한다고 할 수 있다. 그리고 중앙집권적 정치체제에서 지방분권적 정치체제로의 변화를 의미하는 지방자치는 민주화 과정과 커다란 상관성을 가질 수밖에 없는 것이다. 즉 민주화와 지방자치는 정치체제의 변화라는 측면에서 상호 유기적인 관계를 갖는다고 할 수 있다.

실제로 제3세계 국가에서 분권화와 지방자치는 정치민주화의 하위과정의 하나로서 전개되어 왔다. 즉 정치체제의 민주화는 중앙정부의 민주화뿐만 아니라 중앙정부와 지방정부 간의 수직적인 권력관계도 민주화시키고, 그에 따라 민주주의를 지방수준으로 확산시키게 되는 것이다. 이는 민주주의의 본질은 정치공동체에 속하는

---

23) 헌팅톤은 그러한 물결이 역사적으로 근대세계에서 세 차례에 걸쳐 일어났다고 지적했다. 첫 번째 물결은 미국과 프랑스 혁명에 뿌리를 둔 민주화의 출현이었고, 두 번째 물결은 제2차 세계대전 후에 몇몇 국가들, 즉 독일, 일본, 이탈리아 등에서 나타났다. 그리고 세 번째 물결은 1970년대 중반에 들어서 상당수의 제3세계국가들에서 전개되고 있는 것이다. 그러나 아직도 그들은 안정된 민주적 정치질서를 성공적으로 확립하지 못하고 있다. Samuel P. Huntington, *The Third Wave: Democratization in the Late Twentieth Century*(Norman & London: University of Oklahoma Press, 1991), pp.13 - 26 참조.

24) 정치체제는 국가나 정부의 개념과 구별하여 국가와 시민(주민) 간의 정치적 관계를 특정한 방식으로 조직하는 제도적인 틀을 의미한다. 따라서 정치체제의 유형은 국가권력의 조직방식이 집중되어 있는가 아니면 분산되어 있는가의 여부, 정부를 구성하기 위한 방식이 경쟁적인가 아니면 비경쟁적인가의 여부, 그리고 시민(주민)들이 정치과정에 참여하는 방식이 동원적인가 아니면 참여적인가의 여부에 따라 구분할 수 있을 것이다. 성경륭, 『체제변동의 정치사회학』(서울: 한울, 1995), pp.42 - 51.

모든 성원들이 치자이면서 동시에 피치자가 되는 '자치의 원리'에 기초하고 있기 때문이라 할 수 있다.[25]

민주화와 지방자치는 정치체제변화의 하나로서 그 과정은 일반적인 정치체제변화와 마찬가지로 다양한 형태로 나타난다. 따라서 그에 대한 이해는 어느 한 가지 측면에서 이루어지기 힘들다. 또한 정치체제변화는 변화의 강도나 범위에 따라, 또한 그런 변화를 가져오는 방법과 절차에 따라 각기 다르게 규정될 수 있다. 정치변화의 과정이 정해진 규정과 절차에 따라 정치체제변화가 이루어진다고 가정할 때 대부분 그러한 변화양태는 기존의 정치질서가 유지되는 범위 내에서 나타난다. 또한 이런 변화는 선거와 같은 합법적인 수단과 방법을 통해 이루어지는 것이 보통이다. 이와는 반대로 변화의 범위가 광대하고 그 강도가 큰 폭으로 나타날 때, 정치체제변화는 급진적으로 일어나며, 이때에는 정부의 인적 구성과 제도적 측면을 다 포함해서 전면적인 변화양태가 나타난다.[26]

즉 지방자치의 실시과정 역시 진공 속에서 이루어지는 합리적 과정이 아니기 때문이다. 지방자치가 정치세력들 간의 권력배분을 변화시키는 정치적 행위라면, 지방자치의 구체적 양태는 이를 주도하는 정치세력들의 당파적 관계를 필연적으로 반영하게 될 것이다. 즉 지방자치는 미리 정해진 합리적 기준에 따라 중앙의 권한을 지방으로 이양하는 기계적 절차가 아니다. 지방자치는 정치세력들 간의 기존의 권력배분의 형태를 변경시키는 고도의 정치행위로서 정치세력들 간에 일어나는 권력싸움의 형태를 띠게 된다. 따라서 지방자치의 과정은 필연적으로 정치세력의 이해관계를 반영하게 되고, 정치세력의 균형이 변화해 감에 따라 지방자치의 모습도 역동적으로 변화하게 된다. 그 과정에서 지방자치는 때로는 본래의 의도와는 다른 방향으로 나갈 수 있다.[27] 이와 관련해서 지방자치는 민주화 이행과정에서 관련 정치행위자들이 권력배분을 위한 기제로서 활용될 수 있음을 확인할 수 있다.

민주화는 정치적 수준, 국가적 수준, 사회적 수준 등의 3가지 수준에서 진전된다

---

25) 장동진, 「민주사회 운영의 기본원칙에 관한 정치이론적 논의: 한국정치의 민주화와 국가의 역할」, 안병준 외, 『국가, 시민사회, 정치민주화』(서울: 한울, 1995), p.39.

26) 정치변화에 대한 자세한 유형은 신정현, 『정치학: 과학과 사유의 전개』(서울: 법문사, 1993), pp.571-624 참조.

27) 류재원, 「지방자치의 정치: 정당의 역할을 중심으로」, 한국행정학회, 『한국행정학보』 제28권 2호(1994년 여름), pp.499-500.

고 볼 수 있다.[28] 그러나 다양한 민주화 이행이론들의 공통점들은 정치적 민주화를 선결요건으로 간주하고 있다. 정치적 수준의 민주화란 국가와 시민사회 양자를 매개하는 대표체계로서 정치사회가 국가로부터 자율성을 갖고 시민사회의 이해를 공정하게 대표하는 것을 의미한다고 할 수 있다.

민주화 과정은 민주적 제도의 수립뿐만 아니라, 그러한 제도를 운영하는 절차와 형태를 다 포함한다. 민주화는 단순히 헌법에서의 삼권분립이나 국민의 기본권 등의 채택만으로는 충분하지 않다. 정치적인 변화과정으로서 민주화는 실천적인 관행과 절차 및 방법을 필요로 한다. 따라서 민주화를 '정치체제의 변화과정으로서 통치행위에 있어서 과거 권위주의적 유산과 관행을 청산하면서 시민권의 규범과 원칙을 점진적으로 통치 영역에 확대·실현·공고화시켜 나가는 과정'이라고 정의해 볼 수 있을 것이다. 따라서 민주화의 실천적 관행에서 가장 보편적으로 등장할 수 있는 제도적 장치가 바로 지방자치이다.

구체적으로 민주화는 정치적 경쟁(contestation)이 시민의 권리와 자유의 조건 아래서 공정하게 실현되고, 또한 시민의 참여(participation)가 확대되고 따라서 정치권력의 책임성(responsiveness)이 심화되는 과정이라 할 수 있다.[29] 한편 권력의 분화를 통해 정치체제 내에 경쟁을 도입하고 그곳에 마련된 공간에 시민들이 참여한다는 지방자치의 정치적 의의는 민주화 이행과정의 결실이자 추진요인으로 작용할 수 있을 것이다.

일반적으로 제3세계에 있어서 지방자치는 서구와는 달리 민주화 및 국가발전전략과의 연계 아래 논의되어 왔다. 특히 남미의 여러 국가들의 경험을 살펴보면 이와 같은 사실은 더욱 흥미롭다. 남미를 위시한 개발도상국의 지방자치 전통은 한국의 지방자치를 연구하는 데 많은 시사점을 줄 수 있다.[30] 남미의 경우 제도적으로

---

28) G. A. O'Donnell & P. C. Schimitter, *Transitions from Authoritarian Rule: Tentative Conclusions about Uncertain Democracies*(Baltimore: The Johns Hopkins Univ. Press, 1986) 참조.

29) 로버트 달(Robert A. Dahl)은 현실적 민주주의체제를 다두체제(多頭體制; polyarchy)로 개념화하고, 경쟁(contestation)·참여(participation)·책임(responsiveness)이 보장되는 정치체제라고 규정짓고 있다. Robert A. Dahl, *Polyarchy: Partication and Opposition*(New Haven: Yale University Press, 1971), pp.1-4.

30) 남미를 중심으로 한 제3세계의 지방자치 논의의 특징은 강명구의 다음 연구를 참조. 강명구, 「비교적 관점에서 본 한국의 지방자치: 서구 및 남미와의 비교」, 한국사회과학연구소, 『동향과 전망』(녹두: 1994년 겨울), pp.83-86. 「지방화시대의 지방자치: 국가 재구조화 과정을 중심으로」, 한국공간환경연구회, 『지역불균형연구』(서울: 한울, 1994), pp.235-237.

는 연방제를 비롯한 형식적인 지방자치제가 존재하여 왔지만, 현실에 있어서는 과도한 중앙집권이 실시되고 있다. 남미의 지방자치는 민주화 과정에서 민선정부의 정통성 확보를 위한 하나의 수단으로서, 또는 연방정부가 특정 정책목표의 달성을 위하여 지방의 지원을 필요로 하거나 중앙정부의 의지를 관철시키고자 하는 제도적 수단으로 이용되어 왔다. 따라서 제3세계 국가들의 지방자치의 전통은 서구와는 달리 '위로부터의 성격'이 강하다고 할 수 있다.

남미에서의 지방자치 논의는 일반적으로 두 단계를 거치면서 활발히 진행되고 있다. 먼저 1970년대 후반에는 주로 지방자치와 발전전략의 연계하에 제기되었다. 1950년대 이래 개발도상국가들이 이룩한 근대화의 기치는 국가통합과 경제성장의 효율적 관리를 위하여 강력한 중앙정부를 상정하였다. 그러나 결과적으로 이들에게 돌아간 것은 군부독재와 경기침체였다. 따라서 이러한 실패를 시정하기 위한 하나의 수단으로 지방자치가 논의되기 시작한 것이다. 지방자치에 관한 논의는 다음 두 가지 방향에서 구체화되었다. 첫째, 중앙정부 중심으로 전국적 규모로 행해진 탈중앙집권 행정체계 개편이다. 둘째, 지역화식 지방분권은 주로 경제·사회적 침체지역의 개발을 위한 지역개발적 측면이 강하였다.

이후 1980년대 후반에는 군부 권위주의체제가 재민주화 과정을 겪으면서 지방자치 문제는 국가 대 시민사회의 관계를 재조정하는 새로운 역할을 할 것으로 기대하는 논의가 이루어졌다. 즉 국제 경제적 위기에 따르는 남미경제의 세계자본주의에로의 적극적인 재편입은 자본축적의 기능과 정권유지를 위한 정통성 획득에 심한 갈등을 야기하였다. 이에 대한 임시적인 해결방법으로 지방자치 도입이 논의되었다. 즉 남미에서 지방자치는 위기에 처한 정권에 통치의 부담을 지방적 수준의 국가기구와 경제적으로 분담하는 효과를 나타냈으며, 위기에 처한 정권담당자에게 민주화의 정치적 이미지를 심어 주는 훌륭한 장치였다.

한국 민주주의의 전환적 발전과정은 국가권력으로부터 시민사회의 자율성을 보호하는 데 초점이 맞추어져 왔다. 보다 구체적으로 국가의 자의적 권력행사로부터 시민사회의 기본권과 정치적 자유를 보장받는 정치적 과정에서 국민의 참여를 확보하는 데 노력이 경주되었다. 시민사회의 자율성을 보장하기 위해서는 국가권력의 자의적 행사로부터의 독립이 요구되지만, 동시에 시민사회 내의 권리 및 이익 갈등의 문제를 해결하기 위해서 국가권력을 인정하는 것은 불가피하다고 할 수 있다. 시민사회의 발전은 국가의 정치권력으로부터 자율성 확보와 그리고 정치권력의 형성과 정책결정과정에의 참여의 확대를 가져오지만, 이와 함께 시민사회 내의 복잡다양한 권리 및 이해갈등관계 현상을 수반하게 되고, 이러한 시민사회 내의 복잡한 현상의 증대는 오히려 국가의 개입해결을 필요로 하는 역현상이 일어나게 된다.

민주화 과정을 통해 시민사회는 체제변화와 정치변화에 간과할 수 없는 핵심적인 요인의 하나로 인식되게 되었다. 시민사회의 힘은 장기간 지속되던 권위주의체제를 붕괴시키고 민주주의체제를 회복하는 데 결정적인 역할을 하였다.[31] 자율적 시민사회는 절차적 민주주의를 보완할 수 있는 요건이다. 국민동의에 의한 정부는 시민사회가 활발하게 자치활동을 전개하게 될 때 더욱더 강화되며 정당성을 확보할 수 있다. 반대로 민주주의는 자율적 시민사회를 보호할 뿐만 아니라 그것의 원활한 운영을 위해서는 꼭 필요한 전제가 된다.

지방자치는 시민사회의 자율성을 보장하는 기반을 이룬다. 원래 자치권은 사회의 기층에서 민원을 해결하고 시민생활의 수준을 증진하는 데서 발전되었기 때문이다. 이러한 자치권은 교회, 노동조합, 각종 협회와 같은 시민조직들에 의하여 쟁취되어 왔다. 따라서 이러한 조직 및 단체들이 자기들의 권익보호를 옹호하기 위하여 적극적으로 노력할 때 자율적인 시민사회가 조성된다. 이처럼 시민들에게 가까운 곳에서 자율적인 소체제(sub – system)가 형성될 때 그 상위에서도 절차적 민주주의가 실현가능한 것이다. 지방자치의 실시는 시민(주민)들의 참여와 경쟁을 촉진하는 효과를 초래할 것이다.[32]

---

31) 신명순, 「한국사회에서 시민사회 형성과 민주화과정에서의 역할」, 안병준 외, 『국가, 시민사회, 정치민주화』(서울: 한울, 1995), p.69.
32) 안병준, 「민주적 국가; 시민사회 관계의 제도화를 위한 과제」 안병준 외, 『국가, 시민사회, 정치민주화』(서울: 한울, 1995), p.204.

Ⅳ. 한국 민주화 과정과 지방자치

1. 민주화 과정

건국 이래 한국의 현대 정치사는 일관되게 민중항쟁이나 군부 쿠데타 등의 물리적 힘에 의한 정치변화를 보여주고 있다. 그리고 정치변화의 결과로 등장한 역대 정권들은 한결같이 일원적 과두지배를 본질로 하는 권위주의체제였다.[33] 즉 문민독재의 전형이었던 이승만 정권, 5·16 군사쿠데타로 집권한 박정희 정권, 1980년 서울의 봄을 무참히 깨고 들어선 전두환 정권, 그리고 이완된 군부체제 노태우 정권 등 상호 유사성을 공유하는 권위주의체제의 연속과정이었다. 그 결과 한국사회는 민주적 행위양식과 규범을 발전시킬 기회를 박탈당하였고, 사회의 각 영역 내부에 불합리와 불균형을 강요하는 제도적 기제가 뿌리 깊게 형성되었다. 권위주의체제는 성장 위주의 발전 이데올로기를 국민 일반에 각인시키면서 변형과 왜곡의 정치 게임의 불가피성을 강조하여 왔다. 고도성장, 국가안보, 집단적 복지향상, 경쟁의 비효율성 등의 명분에 기대어 한국의 권위주의체제는 민주적 가치관을 잠정적으로 유보하는 지배이념의 절박성을 제도적 영역으로 전환시키는 데 주력하여 왔던 것이다.[34]

기본적으로 제5공화국 체제는 유신체제의 기반 위에 구축된 일종의 후계체제였다. 따라서 제5공화국의 체제적 특성과 정치적 역동성은 본질 면에서 유신체제와 유사하다고 볼 수 있다. 즉 대통령을 입법부·행정부·사법부의 위에 군림시켜 통치권의 사유화를 인정하는 1인중심체제였다. 더구나 보안사를 주축으로 한 군부가 정치·경제·사회 등 모든 부문을 철저히 통제하는 군부지배체제를 구축하였다. 유신체제가 군부를 단순히 정치적 지지기반으로 활용한 데 반해 제5공화국은 군부의 패권적 지위를 한층 더 강화하였다. 한편 이 시기에는 권위주의체제의 강화에 대항하는 반체제세력의 역량과 도전 또한 강화되었다. 이들은 민주화라는 포괄적

---

33) 김호진, 『한국정치체제론』(서울: 박영사, 1994), p.541.
34) 송호근, 『열린 시장, 닫힌 정치: 한국의 민주화와 노동통제』(서울: 나남출판, 1994), p.55.

가치를 매개로 범국민적인 반체제운동을 활발하게 전개하여 결국 6월 항쟁의 토대를 마련하였다.

6·29 선언은[35] 정치적 양보이자 동시에 온건파에 의한 수용전략의 산물이라 볼 수 있는데, 정권교체라는 단절적 전환에는 못 미치는 미흡한 것이라 할지라도 그 자체로서 민주화 진전을 촉발시킨 계기로 작용하였다는 의의를 갖는다. 즉 6·29 선언은 한국의 정치민주화를 알리는 서곡이라 할 수 있다. 그러나 6·29 선언은 시민적 저항에 부딪힌 정권 담당자들이 '관용에 비해 억압의 비용이 너무 비싸다.'[36]는 판단에 의해 권위주의체제의 전면 붕괴와 단절적 민주화를 억제하기 위해 시민적 저항과 불만을 수용한 것이라 평가할 수 있다. 즉 6·29 선언을 위와 같이 상징적 조작 차원에서 보면 민주화 운동에 굴복한 항복선언이라고 볼 수도 있지만, 실제로는 집권세력이 주도면밀한 계산과 시나리오에 따라 보다 적극적으로 위기를 타개해 나가려는 '대대적인 역공세의 첫 번째 국면'이라는 성격을 강하게 보이고 있다.[37]

6·29 선언 이후 출범한 제6공화국의 앞날도 순탄치만은 않았다. 1988년 4월에 실시된 제13대 국회의원 선거에서 민정당은 과반수 획득에 실패하여 여소야대 정국을 초래하였다. 야당의 공세로 수세에 몰린 정권은 불가항력적으로 야당의 개혁요구에 순응할 수밖에 없었다. 이와 같은 정국을 배경으로 1990년 2월 15일에 민정·민주·공화당이 서로 합당을 선언함으로써 3당 합당이 이루어졌다. 이로써 여소야대의 4당 균형체제는 여대야소의 양당체제로 전환하게 되었으며, 그것은 제6공화국의 정치구도를 1당 우위체제로 바꾸는 일대 이변이었다.[38]

3당 합당의 결과는 과거 권위주의정권의 세력들이 별다른 비용을 들이지 않은

---

35) 민주화 과정의 여러 단계에서 집권세력과 주요 정치사회세력들 사이에 소위 '정치협약'이나 '사회계약'이 이루어질 수 있다. 민주협약에 대해서는 Guillerermo A. O'Donnell and Philippe C. Schmitter, *Transitions from Authoritarian Rule Tentitive Conclusions about Uncertain Democracies*(Baltimore: The Johns Hopkins University Press, 1986), pp.40 - 45를 참조. 한국의 민주화 이행기에는 두 개의 협약이 있었다. 1987년의 6·29선언과 1990년의 3당 합당이 그것이다. 송호근, 앞의 책, p.71.

36) Robert A. Dahl, *Polyarchy: Participation and Oppression*(New Haven: Yale University Press, 1971), pp.15 - 16.

37) 양길현, 「한국의 1987 민주화 이행과 위로부터의 책략: 구조화된 가능성의 시각에서」, 경남대학교 극동문제연구소, 『한국과 국제정치』 제11권 제1호(1995년 봄·여름), pp.101 - 135 참조.

38) 3당 합당은 권위주의체제에 대한 시민적 불만이 고조되고 정권유지를 위한 정당성이 고갈되어 가던 상황에서 지배세력이 단절적 민주화의 위험을 최소화하려는 의도에서 고안해 낸 정권유지의 전략적 선택이었다.

채 민간 출신의 정치인에게 정권을 양도할 수 있었다. 1992년 12월의 대통령 선거가 바로 그것이다. 대통령 선거는 권위주의체제의 정권 담당자들에게는 민주화 전환기의 마감을 알리는 신호였지만, 문민정부에는 민주체제의 공고화를 위한 일련의 개혁을 시작해야 한다는 정치적 과업의 출발점이었다.[39] 그러나 김영삼 정부의 출범이 민주화의 완성과 제도화를 의미하는 것이 아니라 그것을 위한 지속적인 개혁의 과제를 수반하고 있음을 유의해야 할 것이다. 개혁 없이 민주주의의 제도화가 불가능한 것이라면 김영삼 정권은 민주화의 제도화를 위한 준비기에 해당한다고 말할 수 있을 것이다.

2. 지방자치의 부활

한국에서 주민자치의 원리에 근거한 근대적 의미의 지방자치제도는 1948년 7월 17일에 제정된 제헌 헌법에 의해 헌법상 그 기본원칙을 보장받았으며, 1949년 7월 4일 법률 제32호로 지방자치법이 공포되면서 시작될 수 있었다. 이후 지방자치제도는 제1공화국과 제2공화국에 이르는 9년 동안 다섯 차례의 지방자치법 개정과 세 차례의 각급 지방선거를 거치면서 전개되었다. 그러나 유사 이래 처음으로 광범위한 완전자치를 추구했던 제2공화국의 지방자치는 반년도 채 못 되어 1961년 5·16 군사쿠데타로 폐지되고 말았다. 이후 한국사회에서는 중앙집권적인 권위주의 정권이 계속적으로 집권함으로써 지방분권과 주민의 참여를 본질로 하는 지방자치에 관한 논의 자체가 30여 년 동안 중단될 수밖에 없었다.

한국에서 지방자치는 5·16 군사쿠데타로 긴 동면기에 들어간 이후 전두환 정권으로 다시 발아가 되기 시작하였다. 이는 10·26 사건으로 유신 권위주의시대를 마감하려는 시기에 혼란을 틈타 정권을 획득하였으며, 민주화 운동들을 무력으로 진압하여 정권을 획득한 신군부로서는 집권기간 동안 점증하는 민주화 욕구를 해소하고 취약한 정권의 정통성을 보완하기 위한 수단으로 지방자치에 대한 기대를 자극한 것이라 볼 수 있다. 헌법상의 유보조항이 일부 제거되었다고는 하나,[40] 권

---

39) 송호근, 앞의 책, pp.69-70.
40) 유신헌법의 부칙 제10조 "지방의회는 조국통일이 이루어질 때까지 구성하지 아니한다."는 조항이 제5공화국 헌법에

위주의체제의 유형을 답습하고 있던 제5공화국에서는 지방자치에 대한 논의는 허용하였지만 실제 도입에 대해서는 미온적이었다.

　1980년대의 한국사회에 불어 닥친 민주화의 열망으로 권위주의의 탈피가 주창되고, 중앙정부의 역할의 축소가 논의되고, 지역적 균형발전이 심각한 쟁점으로 떠오르면서 지방자치에 관한 논의도 재개될 수 있었다. 사회 각 부문에서 진행된 민주화의 요구 가운데 정치 및 정책의 우선순위, 과정, 절차, 집행방식이 주민에 의해 결정되어야 한다는 지방자치의 요구는 민주화 이행과정과 밀접한 관련을 맺으면서 전개되었다.41) 즉 1980년대 이후 한국사회의 민주화 이행과정은 지방자치제도의 도입과 밀접한 관계를 갖고 있다. 권력남용, 부패 그리고 인권탄압과 같은 비민주적 행위는 중앙집권적 정부하에서 자행되었기 때문에 중앙집권은 바로 비민주성이라는 등식이 성립하였던 것이다. 따라서 지방자치의 실시는 중앙집권의 병폐를 치유하여 민주주의를 회복하는 길이라고 여겨졌다. 지방분권이 바로 민주주의라는 신념은 국민들 간에 너무도 강하게 작용하고 있어 집권세력도 이를 전면적으로 거부할 수는 없었다.42) 1984년에 1987년 상반기 중 지방자치제 실시를 약속하였고, 1985년 '지방자치제 실시 연구위원회'를 구성하였지만, 제5공화국의 임기 내에는 지방자치법 개정조차 시작하지 못하였다.

　지방자치는 집권 여당의 권력기반을 약화시킬 우려가 있기 때문에 집권당은 지방자치의 실시를 최대한 연기하거나, 실시 범위를 가급적이면 축소하려 하였다. 또한 지방자치를 실시하더라도 지방행정부를 장악하려는 의도 때문에 먼저 지방의회만을 구성하고 자치단체장의 선거는 연기하려 하였다. 집권세력의 이와 같은 소극적인 태도에 반해 야당은 지방자치의 전면적이고 즉각적인 실시를 주장하여 왔다. 또한 실시 범위에 있어서도 처음에는 읍·면·동 수준까지 확대 실시를 주장하였다.

　1987년 6월 민주항쟁으로 정권의 위기를 맞은 집권세력은 정국타개 방안으로 제시된 6·29 선언을 통해 지방자치의 실시를 천명하게 되었다. 초기에는 헌법 부칙

　　는 "지방자치단체의 재정자립도를 감안하여 순차적으로 구성하되, 그 구성 시기는 법률로써 정한다."고 수정되었다.

41) 이종수, 「한국의 지자제실시에 대한 평가와 향후 과제전망」, 한국정치학회 주최 국제워크숍(1994년 11월 19일), "한국의 민주화와 정치사회의 변화"에서 발표된 논문, p.7.

42) 류재원, 「지방자치의 정치: 정당의 역할을 중심으로」, 한국행정학회, 『한국행정학보』 제28권 2호(1994년 여름), pp.499－500.

제10조를 삭제함으로써 지방자치의 헌법적 제약을 완전히 제거하였지만,[43] 그 실시에 대해서는 여전히 소극적일 수밖에 없었다. 그러나 계속되는 민주화의 물결은 정부로 하여금 지방자치법의 전면적인 개정을 불가피하게 만들었다. 결국 집권 여당은 1988년 3월 제7차 지방자치법 개정안을 국회에서 단독으로 통과시키게 되었다. 동 법률은 4월 6일 법률 제4004호로 공포되어 빛을 보게 되었다. 이 개정법률은 형식적으로는 법률개정이나 실질적으로는 신법제정이라 할 수 있을 정도로 전문개정이 이루어졌다.

그 후 제13대 총선의 결과로 구축된 여소야대의 상황에서 야3당은 정부여당이 시·군·구의회의 구성이 1989년 4월 30일까지 지키지 않을 조짐을 보이자, 기존의 지방자치법을 개정하는 법안을 1988년 12월 의회에 제출하였다.[44] 그러나 1989년 3월 야3당 합의로 국회를 통과한 지방자치법 개정법률안은 동년 3월 24일 대통령의 거부권 행사로 무산되었다. 거부권 행사와 함께 기초의회 구성의 법정 기일을 위반함으로써 여론의 비판에 직면한 정부와 여당은 결국 단체장 선거를 1991년 6월 30일 이내에 실시하기로 하는 제8차 개정법률안에 합의하여 1989년 12월 19일 국회에서 통과시켰다.[45]

그러나 전대미문의 3당 합당으로 계획되었던 지방선거가 연기될 수밖에 없었다. 그 후 야당은 지자제 합의사항 파기에 맞서 원외투쟁에 돌입하였고, 여야는 극한 대립을 겪었다. 그 결과 1990년 12월 31일 지방자치법 제9차 개정법률이 법률 제4310호로 공포됨으로써,[46] 1991년 3월 26일 시·군 및 자치구의회의원 선거와

---

43) 제6공화국 출범을 앞둔 1987년 10월 29일 헌법 개정에서는 종래의 지방의회 구성에 관한 유예적 성격의 부칙규정을 삭제하고 지방자치에 관한 장을 신설하였다. 즉 지방자치단체는 주민의 복리에 관한 사무를 처리하며 법령의 범위 안에서 자치에 관한 규정을 제정할 수 있으며(헌법 제117조 ①), 지방자치단체에 의회를 두며 지방의회의 조직·권한·의회선거와 지방자치단체의 장의 선임방법 기타 지방자치단체의 조직과 운영에 관한 사항은 법률로 정한다(헌법 제118조 ①, ②)고 규정하였다.

44) 야3당이 합의하여 국회를 통과시킨 개정안은 광역의회의원과 광역자치단체장의 선거를 기초의회 및 기초자치단체장 선거보다 먼저 실시하고, 읍·면·동장까지 직선으로 선출할 것을 규정하고 있었다.

45) 이 같은 과정을 통해 개정된 지방자치법 제8차 개정법률은 1989년 12월 30일 법률 4162호로 공포되었다. 동 개정법률의 주요 내용은 다음과 같다.
　①시·도 및 시·군·자치구의회의원정수규정 삭제(지방의회의원선거법에 수정 규정)
　②지방의회의원의 겸직금지 범위의 확대
　③지방의회의 행정사무에 대한 감사권 인정
　④시·도의회의 연간 총회의 일수를 100일 이내로 확대
　⑤시·도의 부시장과 부지사의 임명에 있어 당해 자치단체의 장의 추천권 인정
　⑥시·도 및 시·군·자치구의 의회의원의 선거는 1990년 6월 30일 이내에, 시·도지사 및 시장·군수·자치구의 구청장의 선거는 1991년 6월 30일 이내에 실시

1991년 6월 20일 시·도의회의원 선거가 각각 실시되어 실로 30여 년 만에 지방의회의 구성이 이루어졌다. 제6공화국 정부가 지방자치법 개정에 합의하여 지방의회의원 선거를 실시하게 된 배경에는 당시 5공 청산 문제로 교착상태에 빠진 정국을 타개하기 위한 수단으로 볼 수 있다.

그러나 14대 총선과 대통령 선거를 앞두고 지방자치단체장 선거를 실시하는 데 부담을 느낀 제6공화국 정부는 1992년 단체장 선거의 연기를 발표하여, 처음에 규정한 법정기일인 1992년 6월 30일은 지켜지지 않았다. 1992년 총선과 대통령 선거를 거치고 새 정부가 출범한 뒤, 여당의 김영삼 후보의 선거공약에 따라 1995년 6월 27일에 단체장 선거를 포함한 4대 지방선거를 동시에 실시하기 위한 제12차 지방자치법 개정법률안이 1994년 3월 통과되고, 3월 16일 법률 제4741호로 공포되었다. 그 결과는 6·27 지방선거로 나타날 수 있었으며, 이로써 군사정부에 의해 중단된 지방자치제도가 34년 만에 전면 부활할 수 있었던 것이다.

3. 민선 지방자치 시대

마침내 제1회 전국동시지방선거가 1995년 6월 27일 전국에 일제히 실시되게 되었다. 1961년 5·16 군사쿠데타로 중단된 지 34년 만에 지방자치가 전면 부활된 것이다. 한국 지방자치 역사상 최초로 전국 동시에 실시된 4대 지방선거 결과, 광역자치단체장 15명, 기초단체장 230명, 광역 지방의회의원 875명, 기초 지방의회의원 4,541명 전체 5,661명의 지방자치의 주역들이 선출되었다. 선거 결과의 내용을 보면 집권 여당인 민자당은 각급 단체장과 지방의원의 3분의 1 정도밖에 확보하지 못했으며, 야당인 민주당과 자민련은 여당의 2배 이상의 당선자를 배출하였다(<표 6-1> 참조).

---

46) 동 개정법률에서는 지방의회의원의 겸직금지조항에 농업협동조합 등의 조합장과 그 상근 임직원이 추가됨과 더불어 지방선거의 실시시기를 지방의회 의원 선거는 1991년 6월 30일 이내로, 지방자치단체의 장 선거는 1992년 6월 30일 이내로 규정하였다.

<표 6-1> 제1회 전국동시지방선거(1995. 6. 27.)

기관	정당	합계	서울	부산	대구	인천	광주	대전	경기	강원	충북	충남	전북	전남	경북	경남	제주
광역단체장	민자당	5		1		1			1						1	1	
	민주당	4	1				1						1	1			
	자민련	4						1		1	1	1					
	무소속	2		1													1
	합계	15	1	1	1	1	1	1	1	1	1	1	1	1	1	1	1
기초단체장	민자당	70	2	14	2	5			13	9	4				8	10	3
	민주당	84	23			5	5	1	11	1	2		13	22	1		
	자민련	23			1			4		1	2	15					
	무소속	53		2	5				7	7	3		1	2	14	11	1
	합계	230	25	16	8	10	5	5	31	18	11	15	14	24	23	21	4
광역의원	민자당	284	10	49	8	13			52	27	12	3		1	50	52	7
	민주당	353	123			18	23		57	6	10	2	49	62	1		2
	자민련	86			7			23		1	4	49			2		
	무소속	152		6	22	1			14	18	10	1	3	5	31	33	8
	합계	875	133	55	37	32	23	23	123	52	36	55	52	68	84	85	17
기초의원	정당무공천	4,541	806	320	203	206	125	17	599	245	180	223	283	343	399	451	51

출처: 중앙선거관리위원회, 「선거정보 - 역대선거정보 - 당선인」, http://home.nec.go.kr(2004년 4월 1일 검색)

6·27 지방선거는 본격적인 지방자치 시대의 개막을 알리는 이정표였다. 1991년 지방의회의원 선거에 이어 재차 지방의회의원을 선출한 선거임과 동시에 처음으로 자치단체장을 주민의 손으로 선출하였다는 점에서 의의를 찾을 수 있다. 이것은 단순히 법률상 선출직으로 규정된 공직자를 선출한다는 것 이상의 의미를 갖는다. 이로 인해 지방자치의 외형적 형태가 완전히 갖추어졌고 실질적 의미의 지방자치를 구현할 수 있는 대표자를 모두 구성하였다는 점에서 새로운 지방자치 시대의 개막을 알리는 것이었다.[47]

동시에 정치적·행정적 의미에서 6·27 지방선거는 중앙집권에서 지방분권화로 변화과정을 가속화하는 시발점이 되었다. 민선단체장의 선출로 지방이익을 도모하는 지방의 논리가 확산되고 반대로 중앙의 논리가 축소됨으로써 지방의 목소리와 권한이 한층 신장되는 계기가 만들어졌기 때문이다. 이로 인하여 중앙집권적인 권위주의형 관치행정체제가 지방분권적 주민참여형 자치행정체제로 전환됨으로써 새

---

47) 박호성·양기호·이동선, 『한국정치와 지방자치』, pp.69-70.

로운 지방자치 시대를 맞이하게 되었다.

제2회 전국동시지방선거는 1998년 6월 4일 실시되었다. 선거 결과, 울산광역시가 추가되어 16개 지역으로 늘어난 광역자치단체의 단체장 선거는 여당인 국민회의 6명, 자민련 4명 그리고 야당인 한나라당이 6명의 당선자를 배출하였다. 기초단체장으로는 국민회의 84명, 한나라당 74명, 자민련 29명, 국민신당 1명의 당선자를 냈고 무소속은 44곳에서 승리했다. 광역의원 당선자는 한나라당이 224명, 국민회의가 271, 자민련이 82명, 무소속이 39명이다. 그리고 정당 공천이 없는 기초의원은 전체 3,489명이 당선되었다. 6 · 4 지방선거는 김대중 정부 출범 이후 처음 치러진 전국 동시선거에서 여야는 각각 강력한 개혁추진을 위해 정국안정이 필요하다는 '안정론'과 신권위주의에 대한 견제가 필요하다는 '견제론'으로 공방을 벌였으나 여권이 승리하였다. 그러나 국민회의와 자민련이 연합한 여권은 호남과 충청에서, 야당인 한나라당은 강원과 영남을 석권하는 등 서여동야(西與東野)로 새롭게 굳어진 고질적인 동서지역 분할구도의 중앙정치가 재연되었다(<표 6-2> 참조).

<표 6-2> 제2회 전국동시지방선거(1998. 6. 4.)

기관	정당	합계	서울	부산	대구	인천	광주	대전	울산	경기	강원	충북	충남	전북	전남	경북	경남	제주
광역단체장	한나라당	6		1	1				1		1					1	1	
	국민회의	6	1				1			1				1	1			1
	자민련	4				1		1				1	1					
	합계	16	1	1	1	1	1	1	1	1	1	1	1	1	1	1	1	1
기초단체장	한나라당	74	5	11	7				3	6	13					14	14	1
	국민회의	84	19			9	5	1		20	1	2		9	15	1		2
	자민련	29	1			1		4		2	2	6	11			2		
	국민신당	1											1					
	무소속	44		5	1				2	3	2	3	3	5	7	6	6	1
	합계	232	25	16	8	10	5	5	5	31	18	11	15	14	22	23	20	4
광역의원	한나라당	224	15	43	26	4			9	18	21					44	41	3
	국민회의	271	78			20	14			61	12	3	1	32	42			8
	자민련	82	1	1		1		14		9	3	17	30		1	5		
	무소속	39				1			5		6	4	1	2	7	5	5	3
	합계	616	94	44	26	26	14	14	14	88	42	24	32	34	50	54	46	14
기초의원	정당무공천	3,489	520	224	146	135	81	75	59	466	195	146	206	249	295	342	309	41

출처: 중앙선거관리위원회, 「선거정보 - 역대선거정보 - 당선인」, http://home.nec.go.kr(2004년 4월 1일 검색)

6 · 4 지방선거는 IMF 관리체제라는 비상시국, 새 정권의 중간평가, 정계 개편 논의 등이 겹치면서 어김없이 중앙정치의 볼모가 되어 버렸다. 선거 초반부터 여야당 수뇌부가 총출동해 전국의 선거현장을 누비며 '내 고장 일꾼'을 뽑자는 지방선거인지 정권의 향방을 결판 짓는 대선이나 총선인지 분간하기 어려울 정도였다. 지방선거는 어디까지나 지방자치 일꾼을 뽑는 지역행사로서 후보들이 각자 내놓는 정책을 보고 내 고장 살림을 가장 잘 꾸려 갈 인물을 지역주민 스스로 골라 지역 살림을 맡기자는 것이 본래 취지이다. 그런데 6 · 4 지방선거는 중앙정치가 과도하게 개입하면서 풀뿌리 지방자치의 싹을 여지없이 짓밟고 다니고, 지역감정을 주로 부추기고 조장하여 지방선거의 의미를 훼손하고 왜곡시켜 놓았다.[48] 그 결과 전국 16개 시 · 도 전부가 '1당 지배체제'라는 우려를 낳게 되었다. 특정 정당이 시 · 도별로 광역단체장과 기초단체장, 시도의회의 과반수를 독점함으로써 16개 시 · 도가 대부분 1당 지배로 떨어졌다. 견제와 균형이라는 풀뿌리 민주주의의 기본정신이 사실상 설자리를 잃게 된 셈이다. 이는 앞으로 각 지역의 지방의회들이 자치단체장의 예산 및 행정을 견제하지 못하고 단체장과 의회가 담합할 가능성이 높아졌다는 것을 의미하는 것이다. 또 이들 지방자치단체와 지방의회가 그 지역을 지배하는 지역당에 종속돼 있어 1당 지배의 전국화는 곧 '풀뿌리 독재'로 이어지고 이로 인해 지역 분할 등 망국적인 현상이 더욱 심화될 것으로 우려된다.[49]

제3회 전국동시지방선거는 2002년 6월 13일 실시되었다. 6 · 13 지방선거 결과는 시 · 도지사뿐 아니라 시장 · 군수 · 구청장 등 기초단체장, 시 · 도의회의원까지도 야당인 한나라당에 압승을 안겨줬다. 광역자치단체장은 16명 가운데 한나라당 11명, 민주당 4명, 자민련 1명 그리고 기초자치단체장으로는 232명 가운데 한나라당 140명, 민주당 44명, 자민련 16명, 민주노동당 2명, 무소속 30명이 배출되었다. 광역의회의원도 3분의 2 이상을 한나라당이 독점하였다(<표 6 - 3> 참조).

---

48) ≪동아일보≫, 1998년 6월 6일.
49) ≪국민일보≫, 1998년 6월 6일.

<표 6-3> 제3회 전국동시지방선거 (2002. 6. 13.)

기관	정당	합계	서울	부산	대구	인천	광주	대전	울산	경기	강원	충북	충남	전북	전남	경북	경남	제주
광역 단체장	한나라당	11	1	1	1	1		1	1	1	1	1				1	1	
	민주당	4					1								1	1			1
	자민련	1											1					
	합계	16	1	1	1	1	1	1	1	1	1	1	1	1	1	1	1	1
기초 단체장	한나라당	140	22	13	8	8			3	24	15	5	4			21	16	1
	민주당	44	3			2	4			4	2	1	2	9	16			1
	자민련	16						5		1		3	7					
	민노당	2							2									
	무소속	30		3			1			2	1	2	2	5	6	2	4	2
	합계	232	25	16	8	10	5	5	5	31	18	11	15	14	22	23	20	4
광역 의원	한나라당	431	82	40	24	23		8	13	84	31	19	7			47	44	9
	민주당	121	10			2	16			7	6	1	3	27	44			5
	자민련	29						8				2	19					
	민노당	2							2									
	무소속	26				1			1	3	2	2	3	5	2	4	1	2
	합계	609	92	40	24	26	16	16	16	94	39	24	32	32	46	51	45	16
광역 의원 (비례)	한나라당	36	5	2	2	2		1	2	6	2	2	1	1	1	4	3	2
	민주당	22	4	1		1	2	1		3	1		1	2	3	1	1	1
	자민련	4						1				1	2					
	민노당	9	1	1			1		1	1	1			1	1		1	
	합계	73	10	4	3	3	3	3	3	10	4	3	4	4	5	6	5	3
기초 의원	정당 무공천	3,485	513	215	140	131	84	75	59	500	190	150	209	237	291	339	314	38

출처: 중앙선거관리위원회, 『선거정보 - 역대선거정보 - 당선인』, http://home.nec.go.kr(2004년 4월 1일 검색)

그 결과 16개 시·도 의회도 호남권을 제외한 거의 대부분 지역이 한나라당의 장악 아래 들어갔다. 지방자치단체의 '행정'과 '입법권'을 모두 한 정당이 거머쥐게 된 셈이다. 민주당은 광주·전남북, 자민련은 충남도의회의 과반을 확보했을 뿐이다. 6·13 지방선거에 처음 도입된 정당투표에서도 한나라당은 압도적 득표율을 기록했다. 단체장과 의회의 견제와 균형이 무너지고 전국 대부분의 지역에서 한나라당 '1당 독주' 현상이 나타날 우려를 자아내었다.[50]

제4회 전국동시지방선거는 2006년 5월 31일 실시되었다. 5·31 지방선거 결과는 16명의 광역자치단체 단체장 중 한나라당 12곳, 민주당 2곳, 열린우리당과 무소속이 각 1곳에서 당선됐다. 전국 230개 기초자치단체 단체장은 열린우리당 19곳, 한나라당 155곳, 민주당 20곳, 국민중심당 7곳, 무소속 29곳으로 나타났다. 광역의원은 한나라당 557명, 민주당 80명, 우리당 52명, 국민중심당 15명, 무소속 15명, 민노당

---

50) ≪조선일보≫, 2002년 6월 15일.

14명 순이었다(<표 6-4> 참조). 한나라당은 정당 득표율에서도 역대 최고인 60.6%를 기록했다. 열린우리당 정당 득표율은 18.1%로, 한나라당의 절반에도 못 미쳤다.

〈표 6-4〉 제4회 전국동시지방선거(2006. 5. 31.)

구분		합계	열린우리당	한나라당	민주당	민주노동당	국민중심당	무소속
계		3,872	702	2,345	378	81	89	277
시·도 지 사		16	1	12	2	–	–	1
구·시·군의 장		230	19	155	20	–	7	29
시·도 의원	지역구	655	33	519	71	5	13	14
	비례대표	78	19	38	9	10	2	–
	교육의원	5	–	–	–	–	–	5
구·시·군 의 원	지역구	2,513	543	1,401	233	52	56	228
	비례대표	375	87	220	43	14	11	–

출처: 중앙선거관리위원회, 「제4회 전국동시지방선거 당선자 현황」(2006. 6. 2.)

1995년 6월 27일 전국 동시 지방선거를 계기로 지방자치가 전면 부활한 이후 4기 지방자치가 구성되어 실시되고 있다. 그동안 지방자치제도는 주민들이 직접 참여하면서 국정 전반에 지대한 영향을 미쳤고, 자치 시대의 지방행정을 제도적으로 보장하는 단초를 제공하였다는 점은 높이 평가할 수 있다. 또한 올바른 주민의식을 함양할 수 있는 계기가 된 것은 사실이나, 아직도 지방자치가 생활정치로 뿌리내리지 못한 상황에 있다. 지방자치가 우리 토양에 제대로 뿌리내리고, 지방자치제도의 정착뿐 아니라 운영의 효율화를 도모하기 위해 개선하고 정비하여야 할 실천과제들이 많이 남아 있다. 지방자치가 도입된 이래 지금까지 지방자치제도의 정착을 위하여 많은 부문의 변화가 꾸준히 있어 왔다. 그러나 내용 면에서 완전하게 지방자치제도가 실현되기에는 아직도 미흡한 점이 많고, 여러 부문에서 효율적 제도개선을 추진해야 할 과제가 남아 있다고 보아야 할 것이다. 한국 지방자치의 역사를 중앙권력구조의 변화와 함께 정리해 보면 <표 6-5>와 같다.

〈표 6-5〉 역대 지방선거 실시 과정

공화국 구분	헌법 개헌 회차 개헌 일자	지방선거				비고
		선거일	선거 구분	지방의회	자치단체장	
제1공화국	제헌 1948.07.17.	1952.04.25.	시읍면의회의원	제1대 의회 1952~1956		중앙정치의 불모로서 지방자치
		1952.05.10.	도의회의원			
	1차 개헌 1952.07.07.					
	2차 개헌 1954.11.29.	1956.08.08.	시읍면의회의원 시읍면장 (일부)	제2대 의회 1956~1960		
		1956.08.13.	도의회의원			
제2공화국	3차 개헌 1960.06.15.	1960.12.12.	서울특별시 · 도의회의원	제3대 의회 1960~1961	시읍면장 서울특별시장 도지사	
		1960.12.19.	시읍면 의회의원			
	4차 개헌 1960.11.29.	1960.12.26.	시읍면장			
		1960.12.29.	서울특별시장 · 도지사			
제3공화국	5차 개헌 1962.12.26.					지방자치의 암흑기
	6차 개헌 1969.10.27.					
제4공화국	7차 개헌 1972.12.27.					
제5공화국	8차 개헌 1980.10.27.					
제6공화국	9차 개헌 1987.10.27.	1991.03.26.	시군자치구의회의원	제4대 의회 1991~1995		민주화 과정으로서 지방자치
		1991.06.20.	시도의회의원			
		1995.06.27.	제1회 전국동시지방선거	제5대 의회 1995~1998	민선 1기	
		1998.06.04.	제2회 전국동시지방선거	제6대 의회 1998~2002	민선 2기	
		2002.06.13.	제3회 전국동시지방선거	제7대 의회 2002~2006	민선 3기	국가 재구조화 수단으로서 지방자치
		2006.05.31.	제4회 전국동시지방선거	제8대 의회 2006~2010	민선 4기	

Ⅴ. 지방자치와 주민참여

1. 주민참여의 현황과 문제점

한국사회에서 지방자치 시대의 본격적인 개막은 지방의원과 함께 단체장을 주민들이 직접 선출하게 됨으로써 외형상으로는 지방자치제 실시에 필요한 형태를 갖추는 계기를 이루었다. 향후 한국 정치는 각급 정부 간 관계 및 지방 내부의 문제를 결정짓는 지방정치라는 새로운 차원이 추가되어 더 한층 복잡한 양상을 띠고 있다. 지방정치는 국지적(local) 공간 단위에서 지역 사회를 이끌고 가는 권력구조와 주체들의 상호작용에 관한 과정과 현상들을 말한다. 따라서 지방정치는 지역주민의 직접 참여하에 이루어지는 정치를 말하지만, 대의민주주의체제에서는 지방의회와 지방정부가 이를 직·간접적으로 대변하는 형식을 취한다. 이런 의미에서 지방정치는 지방정부, 지방의회, 지역주민 등의 정치적 실체들이 지방의 경제개발과 지방 공공서비스 공급 등을 둘러싸고 만들어 내는 정치과정이라 할 수 있다. [51]

주지하듯이 지방자치의 두 요소는 단체자치와 주민자치로 구성되어 있다. 단체자치는 지방자치단체와 국가 간 관계, 주민자치는 지방자치단체 내에서 지방정부와 주민과의 관계를 주요 요소로 하고 있으며 지방자치의 성공은 이 두 요소의 조화에 있다 할 수 있다. 그러나 한국 지방자치의 역사는 단체자치를 중심으로 전개되어 오면서 상대적으로 주민자치는 정체되어 왔다. 주민참여의 보장이 없는 지방분권은 중앙권력이 지방의 지배세력에게 형식적으로 분권된다는 것을 의미할 뿐, 진정한 지방분권으로 보기 어려울 것이다. 따라서 실질적인 분권의 전제로서 중앙의 권한을 광역자치단체로 분권하고, 광역자치단체는 기초자치단체로 분권하고, 기초자치단체는 주민에게 분권하여, 진정한 주민참여행정을 이루어 나갈 때 올바른 지방자치가 발전할 수 있고, 풀뿌리 민주주의는 튼튼하게 뿌리를 내릴 수 있을 것이다. 분권화 시대에 접어들어 지방자치의 완성을 위해서는 주민자치의 발전을 위한

---

51) 지방의정활동비의 지급, 지방의원의 상해·사망 등에 대한 보상, 행정사무감사 및 조사권의 강화, 지방의회의 회기 연장, 지방자치단체장의 선결 처분권의 확대, 지방자치단체장의 부단체장 등에 대한 제청권 부여, 읍·면·동장의 일반직화, 지방자치단체 분쟁조정위원회의 설치, 직무이행 명령제도의 도입, 국가공무원의 지방직화, 통합선거법인 '공직선거 및 선거부정방지법'의 제정 등 지방자치제도의 운영을 효율화하기 위한 노력들이 있었다.

방안과 제도적 보완이 시급한 과제라 할 수 있다.

한국사회에서는 그동안 과거 권위주의체제하 지방자치제의 부재상황에서 주민은 참가의 주체가 아니고 홍보와 지도의 수동적 존재에 그친 경우가 대부분이었다. 따라서 한국사회의 주민참여는 자발성보다는 동원에 의한 것이 많았고, 이성적인 토론과 절충형태의 참여보다는 사전대화가 결여된 상태에서 곧바로 격렬한 시위 등으로 발전된 경우가 많았다. 그러나 지난 1995년 6월 27일 4대 지방선거를 계기로 본격적인 지방화 시대를 맞이하게 되었다. 정치적 또한 행정적으로 분권화의 시발점이 될 지방자치 시대의 개막은 중앙집권적인 관치행정체제를 벗어나, 지방분권적인 주민참여·자치행정체제로의 전환을 의미한다. 지방자치제도의 도입은 지방의 주요 사안에 대해 주민들이 직접 참여하는 기회를 확대하고, 수요자인 지역주민의 편익을 극대화시키게 되었다.

이러한 주민참여는 크게 제도적 참여와 비제도적 참여로 나누어 볼 수 있다. 먼저 제도적 참여는 국가 또는 자치단체의 법규에 의해 공식적으로 인정되어 있거나 인정되는 경향이 있는 참여 행위를 말한다. 이에 반해 비제도적 참여는 제도적 이외의 참여 형태, 즉 국가나 자치단체의 법규에 의해 공식적으로 인정되지 않는 참여 행위를 말한다. 법에서 금지하고 있는 비폭력 시위나 시민 불복종 등을 예로 들 수 있을 것이다.[52] 한국사회에서 실시되고 있는 주민참여 가운데 제도적 참여의 유형은 주민조직, 각종 (자문)위원회, 공청회, 청원, 주민투표제 등을 들 수 있다.

주민조직이란 특수한 집단이나 계층의 이익을 대변하는 조직이 아니면서 동일한 요구와 문제를 가지고 능동적으로 구성된 조직을 말한다.[53] 주민조직의 하나인 반상회는 1917년 일제의 식민지 통치의 수단으로 시작되었으며, 여러 명칭으로 불려오다가 1976년 자율적 주민조직의 육성을 위한다는 명분으로 운영이 강화된 행정 말단조직이다.[54] 주민참여 방법 중에서 가장 대표적인 것으로 각종 (자문)위원회를

---

52) 김병준, 『한국지방자치론』, p.446.

53) 의타적 조직: 반상회, 개발위원회, 농지위원회, 농협, 민방위협의회 등.
　　자생적 조직: 새마을 지도자협의회, 식량증산위원회, 방위협의회 등.
　　조장적 자생조직: 4H 구락부, 농지개량구락부, 새마을 청년회 등.
　　순수 자생조직: 친목회, 상조회, 대동계, 두레(품앗이), 축구회 등.

54) 반상회는 지역주민의 조직이 존재하는데 정부의 홍보자료 배포, 소득약 배포, 각종 모금 등을 담당하고, 행정의 말단 조직·하청조직이라는 기능만을 수행하여 왔다. 그리고 군사독재시설에는 주민통제의 수단으로 악용되기도 하였다.

들 수 있다. 이러한 위원회는 주민참여의 요구에 부응한다는 취지에서 설치된 것이나, 위원을 자치단체장이 위촉하다 보니 전문가 중심으로 구성되거나, 관료들의 결정을 추인하고 정당화하는 데 이용되어 왔다는 비판도 제기되고 있다. 이와 다른 주민참여의 제도로 공청회를 들 수 있다. 공청회는 정책 사안에 따라 이해관계자 및 전문가들의 의견 수렴을 그 목적으로 한다. 권위주의 정치체제하에서는 공청회 제도가 별로 활용되지 못했으나, 민주화 이후 행정에 대한 주민들의 요구가 증가하면서 공청회의 횟수가 늘어나고 있다. 다만 주민의 이해관계가 직결되지 않을 경우 주민의 관심이 낮을 뿐만 아니라 위원회와 마찬가지로 집행기관에서 조직하다 보니 전문가 중심의 구성 그리고 의견 수렴보다는 정책의 정당화의 기회로 활용되기도 한다.

이 밖에도 주민의 참여가 이루어지는 방법으로 민원과 청원을 들 수 있다. 다만 민원은 지속적인 증가에도 불구하고 대부분 개별적 이해관계를 둘러싼 문제가 대부분으로 주민참여의 형태로 보기는 어려운 측면이 있다. 지방자치법에 의하면 주민참여의 방법으로 청원을 인정하고 있다. 그러나 청원권마저도 청원서를 지방의원의 소개를 얻어서 제출하도록 규정함으로써 독자적인 주민활동을 저해하고 있다.[55] 현재까지는 청원 역시 민원과 마찬가지로 개별적 이해관계를 반영하는 경우가 많은 것이 현실이다. 그러나 현행 지방자치제도에서 주민의 직접적인 발의가 인정되지 않고 있기 때문에 앞으로 주민들과 시민단체들의 입법운동은 대부분 청원의 형태로 이루어질 것 같다.

주민참여 가운데 가장 대표적인 방법이 주민투표이다. 주민투표는 특정 사안에 대하여 해당 주민들의 의사를 직접 묻는 직접 민주주의적인 해결 방법이라 할 수 있으며, 그 결과는 강력한 정치적 구속력을 갖게 되기 때문에 주민들의 정치적 위상을 강화시켜 줌으로써 민주주의 발전에 기여할 수 있는 중요한 제도라 할 수 있다. 우리나라 지방자치제도에서는 주민투표가 도입되지 않았다가, 1994년 3월 16일 제12차 지방자치법 개정으로 주민투표제도가 법으로 규정되게 되었다. 개정된 지방자치법은 '제13조 2'를 신설·삽입하여 주민투표제도 도입을 규정하고 있다. 법

---

55) 현행 지방자치법 제8절에 '청원'에 관한 규정을 제65조에서 제68조까지 두고 있다. 그리고 제65조에서는 지방의회에 청원을 하고자 하는 자는 지방의회의원의 소개를 얻어 청원서를 제출하여야 한다고 규정하고 있다.

규정에 따르면 지방자치단체의 장은 지방자치단체의 폐치·분합 또는 주민에게 과도한 부담을 주거나 중대한 영향을 미치는 지방자치단체의 주요 결정사항 등에 대하여 주민투표에 부칠 수 있다고 규정하면서 주민투표의 대상·발의자·발의요건·기타 투표절차 등에 관하여는 따로 법률로 정한다고 하였다. 주민투표제도의 도입에도 불구하고 주민투표의 발의자를 지방자치단체의 장으로 제한함으로써 한계성을 내포하고 있었으며, 사실상 주민투표 실시를 보장할 수 있는 별도 법률이 제정되지 않아 유명무실한 제도로 남을 수밖에 없었다.

노무현 정부에 들어와서 분권화 정책의 일환으로 2004년 12월 29일 제16대 국회(2000～2004년) 제244회 본회의에서 신행정수도특별조치법 등 지방분권 3대 특별법과 주민투표법(법률 제7124호, 2004년 1월 29일 공포) 등이 통과되었다.[56] 주민투표법은 지방자치단체의 주요 결정사항에 관한 주민의 직접 참여를 보장하기 위하여 지방자치법 제13조의 2의 규정에 의한 주민투표의 대상·발의자·발의요건·투표절차 등에 관한 사항을 규정함으로써 지방자치행정의 민주성과 책임성을 제고하고 주민복리를 증진함을 목적으로 하고 있다(제1조). 그리고 부칙에 의하면 주민투표법은 공포 후 6개월이 경과한 날부터 시행하도록 규정하고 있어, 2004년 7월 30일부터 시행하게 되었다.

행정자치부는 2004년 4월 13일 주민투표법 시행에 필요한 지자체의 조례 제정을 지원하기 위해 주민투표에 관한 표준적인 절차와 기준을 담은 '주민투표조례 표준안'을 마련하여 전국 지방자치단체에 시달했다. 표준안에 따르면 투표권자는 20세 이상 주민이며, 주민투표 대상은 구·읍·면·동의 명칭과 구역 변경, 문화회관 복지시설 등 주요 공공시설의 설치관리, 각종 기금 설치·지방채 발행·민간투자사업 실시, 공원 화장터 등 기타 주민의 복리·안정에 중대 영향을 미치는 결정사항 등이다. 안건은 투표권자 3분의 1 이상 투표와 투표자 과반수 찬성으로 가결된다.

---

56) 주민투표법과 함께 국회 본회의에서 의결된 지방분권 3대 특별법은 다음과 같다.
　①신행정수도의 건설을 위한 특별조치법: 국무총리와 민간인을 공동위원장으로 관계부처 장관 및 민간인 30명 이내의 '신행정수도건설추진위원회'를 대통령 소속으로 설치함. 체계적인 재원 뒷받침을 위해 건설교통부장관이 관리·운용하는 '신행정수도건설특별회계'를 둠. 위원회는 국가 균형발전전략 등을 토대로 충청권 지역에서 이전 대상 지역을 지정하고 기본계획을 수립, 대통령의 승인을 얻어 이를 추진함.
　②국가균형발전특별법: '국가균형발전위원회'를 대통령 자문기구로 두고 특별회계를 설치·운영함으로써 일관성 있고 지속적인 국가균형발전을 도모함.
　③지방분권특별법: 지방자치의 내실화를 위해 교육·경찰·재정·입법 등에 있어서 자치권을 강화하고 그 실천계획의 추진 상황을 심의·평가하는 위원회를 대통령 소속하에 둠.

주민투표 실시를 청구할 경우 서명해야 하는 주민의 수는 주민투표 청구권자 총수의 20분의 1로 권고됐다. 그러나 그린벨트 내 행위 및 건축 제한 완화 등 법령에 위반되거나 재판 중인 사항, 국가 또는 다른 지자체 권한 및 사무, 지방세 사용료 수수료 분담금 등 각종 공과금 부과 및 감면, 행정기구 설치·변경, 공무원 인사, 정원 등 신분·보수에 관한 사항 등은 주민청구에 의한 주민투표가 금지된다. 이런 안건에 대해서는 중앙행정기관의 장이 필요하다고 인정할 경우 투표실시 구역을 정해 관계 지자체장에게 주민투표 실시를 요구할 수 있는데, 기관장은 그 결과에 구속받지 않는다는[57] 내용을 담고 있다.

주민참여가 실질적으로 보장되는 주민투표법이 제정됨으로써 참여와 분권을 위한 중요한 진전을 이루어진 것은 사실이지만 그 내용상에서는 완전한 주민참여 보장을 저해하는 문제점들이 여전히 발견되고 있다. 먼저 주민투표의 대상에서 제외되는 예외를 지나치게 광범위하게 인정하고 있다. 또한 국가의 중요한 정책결정 사항에 대해서는 중앙행정기관만이 주민투표를 요구할 수 있게 함으로써, 지역주민들이나 지방의회가 지역주민들의 삶에 중요한 영향을 미치는 국가적 정책결정사항에 대해 주민투표를 청구할 수 있는 길을 봉쇄해 놓았다. 주민투표의 결과가 어차피 법적 구속력이 없다면 지방의회나 지역주민들도 국가정책결정사항에 대한 자문적 주민투표를 청구할 수 있도록 해야 할 것이다. 그리고 주민들이 주민투표를 청구하기 위해 받아야 하는 서명숫자도 투표권이 있는 주민 수의 20분의 1로 권고하고 있어 인구 규모가 큰 지방자치단체의 주민들이 주민투표를 청구하는 것을 사실상 불가능하게 만들어 놓았다.

주민투표제는 이상과 같은 제약 요인을 안고 있으면서, 그 역기능도 우려되고 있다. 예를 들어 행정부 우위의 전통을 가지고 있는 상황에서 자치단체의 장이 의회의 견해를 피하기 위해 주민투표를 이용할 가능성이 매우 높을 뿐만 아니라, 주민투표가 지역 이기주의를 정당화시켜 주는 장치로 이용될 가능성도 배제할 수 없을 것이다. 심지어 단체장이나 의회가 책임지기 싫은 문제를 주민투표에 회부할 경우 지방행정을 책임진 관계자들의 책임은 회피되는 반면, 그 부담은 지역주민들에게 지워질 가능성이 있다.

---

57) 행정자치부 대변인실, 「행정자치부, 주민투표조례 표준안 제공」, 〈보도자료〉(2004년 4월 13일).

따라서 주민참여를 확대시키기 위해서는 주민투표제 외에도 다양한 주민참여의 방법들을 도입하는 방안도 모색해 보아야 할 것이다. 그동안 많은 시민단체들과 지역주민들이 요구해 온 주민발안, 주민소환, 주민소송제도 등의 도입을 검토해 볼 수 있을 것이다. 지방자치단체장이나 지방의원이 각종 비리나 부정을 저지르거나 주민들의 삶의 질을 악화시키는 전횡을 자행하는 경우에 임기 중이라도 주민들의 투표로 그 직책에서 해임시킬 수 있는 주민소환(recall)제도, 그리고 지방자치단체의 위법한 재무회계상의 행위에 대해 주민이 소송을 제기할 수 있게 함으로써 주민에 의한 예산통제를 가능하게 하는 주민소송제도 등은 지방자치제도의 필수적인 주민참여제도라 할 수 있다.

2. 시민운동의 활성화

지방자치의 성패를 결정짓는 것은 궁극적으로 지역주민의 참여가 제도화되는 데 있다. 그러나 지역주민 개개인의 의식과 행동이 구체화되기 이전이라도 시민단체활동을 통해 주민의 개인적 참여 활성화를 유도하고, 주민의 집단적 참여가 제도화됨으로써 주민참여 활성화를 기대할 수 있을 것이다. 즉 지방자치의 발전을 위한 주민참여의 내실화를 위한 방안 가운데 최근 주목을 받고 있는 것이 민간단체 혹은 시민단체(NGO: Non-Governmental Organization)의 적극적인 참여방식이다.[58] 지방자치와 시민운동은 근본적으로 지역주민에 의한 지역 만들기, 지역 살리기를 위한 공동체 운동이라는 점에서 공통점을 가지고 있다. 주민참여를 활성화하는 데 시민단체의 역할이 크기 때문일 것이다. 시민단체는 주민과 행정, 주민과 의회를 중계하거나 직접 대변하여 지역의 공공적 이익을 옹호하고 주민참여를 활성화할 수 있기 때문이다. 또한 시민단체는 지역주민의 정치의식을 높여 지방정치에 대한 주민참여의 활성화를 도모하기도 한다.

---

58) NGO(Non-Governmental Organization)는 정부대표로 구성된 국제기구에 비정부기구인 민간단체가 참여하게 되면서 정부단체가 아니라는 뜻에서 사용되었다. 이와 유사한 표현으로 비영리단체(NPO; Non-Profit Organization)를 들 수 있다. NPO는 1990년대 시민운동을 포괄하는 대표용어로 자리 잡혀 가고 있다. NPO의 특징으로는 공공성조직, 정부로부터 자율성 확립, 비영리조직, 자발성, 공익성, 비당파성 등을 들고 있다. 김동춘 외, 『NGO란 무엇인가』(서울: 아르케, 2000) 참조.

한국사회에서 시민운동이 본격화된 것은 20세기 후반에 나타난 현상으로 최근의 일이다. 특히 1980년대 후반의 점진적인 민주화 이후 시민단체의 운동이 활발해지면서 그 숫자만도 12,000여 개에 이르고 있으며, 제5의 권력으로 인정받을 정도로 뿌리를 내리고 있다.[59] 최근에는 순수 민간주도 활동지원을 위한 '비영리민간단체지원법'이 제정되어 시민단체를 지원하여 주민참여를 활성화시킬 수 있는 법적, 제도적 지원책을 현실화하고 있다. 한국의 시민운동은 최근 들어 제5의 권력으로 각광을 받으면서 공공정책에 영향을 미치는 강력한 변수로 작용하고 있다. 시민운동은 양적인 규모 확대에 그치지 않고, 정치개혁과 경제민주화, 환경과 인권문제, 국민연금 등의 각종 사회적인 이슈와 정책결정에 이르기까지 그 영향력이 확대되고 있다. 냉전의 종식 이후, 다양한 영역에 걸친 개혁흐름으로서 신사회운동을 지원하는 새로운 계층의 형성에 영향받아 시민운동은 정치개혁, 경제민주화 운동, 환경운동, 언론개혁운동에로 영역을 확대시켜 나가고 있다. 이제 중앙정부나 지방자치단체가 주요 정책을 의제 설정하고 결정, 집행, 평가에 이르기까지 시민단체의 관여하지 않는 어떠한 과정도 이야기할 수 없을 정도이다.

한국사회에서 시민사회가 성장하게 된 원인은 한국경제의 성장과정과도 연관이 있지만, 1980년대 이후 한국사회에 시민운동이 나타나게 된 내부적 계기는 근대화의 한계가 노출되면서 나타난 사회·정치적 변화와 관계가 있다. 이후 1990년대 군사정권의 퇴장과 민간정부의 등장 이후 정치민주화가 진전되면서, 시민단체들이 다양한 부문과 영역으로 분화, 확산되면서 시민운동의 다원화 현상이 나타났다. 급증하는 시민단체들은 환경, 소비자, 청소년, 장애복지 등 각 부문별 연대운동과 공선협, 정사협 등 전국적 연대운동의 경험과 성과를 토대로 1994년 9월에 비교적 규모가 큰 40여 개 시민단체들이 모여 한국시민단체협의회를 결성하여 집단적 실체로 부상할 정도였다.[60] 시민단체를 중심으로 확대되기 시작한 시민운동이 한국사회의 변화를 주도하는 또 하나의 사회운동으로 부각되기 시작했다. 1990년대에 접어들어 한국사회운동의 주도세력은 급진적인 사회변혁을 요구하는 민주화 운동에

---

59) 1997년 시민단체총람에서 2,914개로 조사되었으며, 2000년 총람에서는 민간단체가 무려 천여 개가 늘어난 4,023개에 달하는 것으로 조사되었다. 1997년 총람에서 시민단체의 지부조직까지 합하면 9,400여 개가 이르는 것으로 나타났으며, 2000년 총람에서는 지부조직까지 합한 경우 20,000여 개로 추산되고 있다.

60) 한국시민단체협의회, 「한국시민단체협의회 창립선언문」, 창립대회 자료집(1994. 9. 12).

서 온건하면서도 일상생활에 밀착된 실천대안을 제시하는 시민운동으로 이동하는 경향이 두드러졌다. 시민단체는 민주화를 주도하는 시민의 정치참여와 시민운동을 결합시키는 매개역할을 수행하였다. 시민은 더 이상 수동적인 정치의 객체에 머물지 않고 정치의 주체로 등장하여 정치개혁과 지속적인 사회민주화를 강력히 요구하기 시작했다.[61]

한국사회의 시민운동은 새로운 시대적 과제와 현실적 문제를 중심으로 운동의 주체와 운동의 형식이 계속 변하는 적응단계와 변화과정을 거치며 성장해 갈 것이다. 한국사회의 민주화와 연관하여 지방자치와 시민운동은 밀접한 관계를 맺으며 발전해 갈 수 있을 것이다. 시민운동의 지역화는 전문화와 함께 시민운동의 수평적 결합 형태를 의미한다. 지역자치공동체의 수립은 지방자치제의 근본 취지와도 연관되지만, 시민운동은 민주주의의 이상이자 최종 형태라고 볼 수 있는 직접 민주주의의 이상을 구현하는 '민주적 지역자치공동체'의 수립을 장기적인 목표라 할 수 있다.

시민운동은 지역사회에서 운동의 방향성과 실천과제를 찾을 수 있다. 지역사회는 현시점에서 뚜렷한 좌표를 확보하지 못하고 있는 시민단체에 '추상에서 구체로'·'이념에서 사람으로'·'중앙에서 지방으로'·'타율에서 자율로'·'통치에서 자치로' 전환할 수 있는 계기를 부여해 줄 것이다. 주민연대에 기초한 지역공동체 회복운동과 지역연합에 기초한 지역공동체 완성운동은 민주화를 한 차원 높일 뿐 아니라, 분단을 넘어 통일 이후 한국사회의 원형과 미래상을 가꾸어 가는 터전이 될 것이다.

Ⅵ. 결 론

일반적으로 지방분권의 전통이 강한 국가에서는 근대화나 근대민족국가 확립의 최대과제는 지방분권의 극복과 중앙집권제의 정립을 통한 통일국가의 건설이었다고 할 수 있다. 그러나 한국에서의 근대화는 이미 확립되어 있는 중앙집권제의 성격을 어떻게 개조하느냐는 목적을 지니고 있었다. 이렇듯 지방분권이나 자치의 전

---

61) 손혁재, 「정치개혁 논의의 허와 실: 참여민주주의의 실현과 NGO의 역할」, 한국정치쟁점연구회 발표논문(1999. 5), pp.1 - 13.

통이 약하고, 다른 국가들과는 달리 중앙집권적 통일국가의 형태를 이미 오래전에 확립한 한국에서 굳이 지방자치제를 실시해야 될 이유는 어디에 있는 것인가.

　그것은 무엇보다도 먼저 지방자치가 민주화에 있어 불가결의 요소이며 필요조건이기 때문이다. 한국의 근대국가 확립의 과제는 민주화를 통한 국민국가로의 개혁을 그 주된 내용으로 하고 있다. 그리고 한국에서의 지방자치는 대한민국정부 수립 이래 정치제도 및 원리로서 헌법에 채택되어 왔을 뿐만 아니라 민주화의 주요 수단 및 내용의 하나로 간주되어 왔다. 지방자치제도의 도입과 실시는 민주적 개혁의 중요한 수단이며, 동시에 목적이 되는 것이다. 즉 한국에서의 민주화는 중앙정부의 차원과 지방정부의 차원에서 이원적으로 동시에 추진되어야 한다는 판단이 헌법적 규범으로 명시되어 있고, 국민적 합의로 정치화되어 있다. 즉 지방자치제도는 흔히 정치적·법적·행정적인 성격의 지방분권적 제도를 지칭함과 동시에 더 큰 범위의 사회적인 발전과 정치적 민주화라는 가치목표와도 깊은 연관성을 지니는 것이다.

　그리고 한국에서 지방자치제도의 실시는 중앙정부의 단일체제가 완전히 충족시켜 주지 못하는 직접 참여에 대한 필요를 상당한 정도 해결하자는 데 그 일차적의의가 있다. 현대국가에서는 국민이 가장 중요한 권력자원이며 그들의 참여를 통한 힘의 활성화만이 국력을 증대시킬 수 있다는 국민주권사상의 타당성은 재론의 여지가 없다. 그러나 현존하는 대의제도 속에서 어느 정도 표출시킬 구체적 방법이 지극히 미비하다고 믿는 상황에서는 새로운 참여의 길을 모색하여 민주제도를 보완해야만 할 것이다. 나아가 지방자치제도 실시의 현실적인 목적은 민주화의 완성보다도 민주화에 필요한 교육적 효과라 할 수 있다. 민주국가의 운영을 위해서는 본질적 규범에 못지않게 절차적 규범이 중요하다. 절차적 규범의 습관화는 구체적 경험, 특히 반복되는 일상적 경험을 통해서만 가능하다. 지방자치는 국민으로 하여금 구체적 정치과정에 개입할 기회를 증대시켜 줌으로써 그들의 정치능력을 획기적으로 향상시켜 줄 수 있을 것이다.

　이와 더불어 지방자치는 국민의 이해와 보다 직접적으로 연관되는 정치인이나 지도자를 양성할 수 있다. 즉 정치인을 발견하는 것이 아니라 지방자치를 통해 만든다는 것은 국민의 구체적인 정치적 경험이 일상화할 때 가능한 것이다. 지방자치의 실시가 국민의 대표를 만들어 내는 국민의 정치능력을 향상시키는 데 기여한다면, 그 결과로 중앙정치의 지도자들도 국민에 의하여 만들어지는 새 전통이 점차 자리 잡게 될 수 있을 것이다.

한국사회는 역사적으로 강력한 중앙집권의 전통을 지속해 온 결과 지방분권의 경험이 일천하여 지방자치제도가 발달할 수 있는 여건이 발달하지 못했다. 더구나 국토가 협소하고 단일 문화권을 형성하고 있다는 지리적 특성과 함께 남북 분단을 명분으로 한 안보논리 및 급속한 경제발전의 논리가 강조됨으로써 지방자치는 위축될 수밖에 없었다.

민주주의를 보장하기 위한 권력의 수평적 분화가 삼권분립으로 표현되었다면, 권력의 수직적 분화로 지칭되는 지방자치의 실시는 현실적의 정치권력의 재편을 초래할 수밖에 없는 정치변동을 의미했다. 따라서 이에 관련된 정치행위자들은 자신들의 정치적 이익을 추구해 가는 과정에서 지방자치의 모습을 그려 갔다. 즉 지방자치의 제도적, 실제적 내용과 형식은 관련 정치행위자들의 전략적 선택에 따라 그 모습을 변화시켜 왔다. 1980년대부터 일기 시작한 민주화의 열기는 중앙정치수준의 민주적 절차뿐만 아니라, 지방수준의 민주화의 확산을 요구하는 지방자치제도의 실시를 촉구하였다. 즉 1990년대 부활된 한국의 지방자치는 거세게 불어 닥친 민주화 과정의 산물이라 할 수 있다. 중앙집권적인 권위주의 정치체제에 기반을 둔 지배연합은 지방자치 실시의 법정기일을 세 차례나 위반하고 대통령이 거부권을 행사하는 등 지방자치의 실시를 강력히 저지해 왔지만, 정권의 정통성에 대한 끊임없는 도전, 5공 청산 등의 정치적 난국을 타개하기 위한 수단으로 지방자치 실시에 마지못해 동의할 수밖에 없었던 것이다.

그러나 지방자치가 곧 민주주의의 진전이나 지방의 발전을 보장하는 것은 아니다. 지방자치제도의 실시는 그 자체로서 의미도 중요하지만, 그 실시 시기, 분권화의 정도, 중앙정부의 지방정부에 대한 통제수준, 지역사회 권력구조의 민주화를 토대로 한 주민참여의 보장 등을 둘러싼 구체적인 진전이 중요하다고 할 수 있다. 한편 각국의 지방자치제도는 제도의 형식도 중요하지만 각국의 지방자치환경에 달려 있다고 보아야 한다. 즉 중앙과 지방의 관계의 정도의 차이는 각 국가의 발생배경 및 전통, 영토의 규모, 발전전략, 체제의 선택 등 다양한 요소에 의해 결정되기 마련이다.

한국의 정치체제는 전통적으로 중앙집권적인 체제를 가지고 있고, 동시에 진정한 의미의 지방자치를 실시한 경험이 미약하기 때문에 국가와 지방자치단체 간의 관계는 물론 지방자치단체 간 관계(광역 간, 기초 간, 광역과 기초 간)는 힘의 역학관계 측면에서 보면 대립의 관계라기보다는 종속의 관계, 그리고 협력의 관계라기보다는 복종의 관계를 유지해 오고 있다고 할 수 있다. 그러나 민주화 과정에서는 정부 간 관계의 새로운 형태를 모색해야 할 것이다. 국가와 지방자치단체 간의 관계는 지방분권적 시각에서, 그리고 지방자치단체 간의 관계는 협력의 시각에서 새로운 형태의 관계를 모색해 나가야 할 것이다. 즉 종전에는 중앙정부와 지방정부가 수직적 상하관계로서 지방자치단체가 중앙정부에 종속되어 있었으나(포괄권위형), 자치 시대에는 수평적인 상호 역할분담관계, 더 나아가서 수평적 경쟁관계(중첩권위형)로 전환될 것으로 전망된다.

한편 향후 자치와 자율의 정신에 철저한 지방자치의 발전을 위해서는 주민의 대표기관인 의회에 의한 감사가 강화되어야 함은 물론이다. 그렇게 되기 위해서는 지방의원의 전문성 확보를 위한 각종의 조치가 병행되어야 한다. 사무기구의 확충은 물론 정보센터의 운영, 보좌진의 확충, 계속적 교육훈련의 제도화, 의원직의 전업화 등의 조치가 마련되어야 할 것이다. 또한 지방의원의 기능을 강화하도록 전반적인 지방의회의 기능 강화가 선행되어야 한다. 자치단체에 대한 견제와 감독의 기능에 충실한 지방의회가 되어야 하는 것이다. 한국사회에서 지방자치 시대의 본격적인 개막은 지방의원과 함께 단체장을 주민들이 직접 선출하게 됨으로써 외형상으로는 완벽한 형태를 갖추는 계기를 이루었다. 따라서 향후 한국 정치는 각급 정부 간 관계 및 지방 내부의 문제를 결정짓는 지방정치라는 새로운 차원이 추가되어 한층 복잡한 양상을 띠게 되었다.

지방자치의 성공을 위해서는 무엇보다도 중요하고도 결정적인 요소는 지방자치에 대하여 주민들이 갖는 태도와 자세라고 할 수 있을 것이다. 주민들이 지방자치에 대하여 갖는 태도와 자세는 다름 아닌 자치의식이다. 한국사회의 주민참여는 매우 저조한 상태에 머물고 있다고 볼 수 있다. 그러나 민주화의 도래와 지방자치의 실시는 주민참여에 대한 욕구를 증가시킬 것이고, 주민참여는 민주화를 공고화와 지방자치의 발전의 기초가 될 것으로 전망된다.

따라서 한국의 지방자치의 진로도 역사적, 사회·경제적 토양 위에 국가에 대한 시민사회의 자율성 수준에서 결정된다고 보아야 할 것이다. 지난 6·27 4대 지방 선거에 대해 '완전한 지방자치'이라고 하는 평가는 시기상조라 할 수 있다. 왜냐하 면 한국의 지방자치는 이제야 최소한의 제도적 틀을 마련한 상태로 보아야 하기 때문이다. 이제 제도적 틀 내에 무엇을 넣을 것인가 하는 문제가 남아 있다.

　먼저 중앙·지방정부 간 관계의 민주화를 위해서는 양자의 자율성을 전제로 한 동반자 관계를 목표로 많은 제도적 개혁이 필요하다. 이를 위해서는 지방정부수준에 서 노력도 중요하지만, 현실적으로는 거의 대부분이 중앙정치의 선택에 달려 있다고 보아야 한다. 지방자치는 중앙정치와의 상호작용 속에서 지방자치의 기대목적들이 효과적으로 달성시키는 데 있다는 점에 유의해야 할 것이다. 그리고 한국의 지방자 치는 민주화의 큰 흐름 속에서 국가와 시민사회의 관계를 조정하는 계기로 활용되 어야 할 것이다. 한국의 지방자치가 민주주의의 수단이자 내용이 되기 위해서는 지 방자치 자체가 목적이 아니라 지역사회에 민주화에 기초한 지방자치, 민주적 지방자 치를 지향하는 노력이 이루어져야 할 것이다. 특히 주민참여의 한 수단으로서 지역 적 수준의 시민운동의 활성화와 연대는 효율적인 수단이 될 수 있을 것이다.

제7장 **국가정책의 선택과 변화**[*]

– 제6공화국의 북방정책을 중심으로 –

임춘건

(국회 사무처)

I. 서 론

1985년 미하일 고르바초프가 소련 공산당 서기장으로 등장하면서 사회주의 국가들은 개방과 개혁의 거대한 물결에 휩싸이고, 미국의 레이건 행정부도 소련과의 군비감축 및 평화공존의 데탕트를 모색하기 시작하였다. 진영외교를 주도하던 미·소가 1986년 레이카비츠에서, 1989년 몰타에서 동서화해를 모색하고, 동구와 서구는 1990년 파리에서 냉전의 종식을 공식 선언하기에 이른다.[1]

한국 역시 이념대결이 종식되는 국제환경 아래에서 국민의 직접선거에 의해서 노태우 대통령이 등장하여 새로운 전기가 마련되고 있었다. 1988년 2월 노태우 대통령은 제13대 대통령 취임사에서[2] "우리와 교류가 없던 저 대륙국가들에도 국제협력의 진로를 넓게 하여 북방외교를 활발히 전개할 것입니다. 이념과 체제가 다른 이들 국가들과의 관계 개선은 동아시아의 안정과 평화, 공동의 번영에 기여하게 될 것입니다. 북방에의 이 외교적 진로는 또한 통일로 가는 길을 열어줄 것입니다."라고 밝혀 사회주의 국가와의 관계 개선과 통일을 위하여 적극적으로 추진해 나갈 정책의지를 천명하였다.

사회주의 국가와 우호적인 외교관계를 맺고자 한국의 북방정책은 1988년 제6공

---

[*] 본 연구는 필자의 박사학위논문의 일부를 본서의 편집 의도에 맞게 발췌·재편집한 것임.

1) 김태현, 「외교안보정책」, 세종연구소, 『탈냉전기 한국 대외정책의 분석과 평가』(1998), p.42.

2) 대통령 공보비서실, 『민주·번영·통일의 큰 길을 열며』(서울: 동화출판사, 1993), pp.133-134.

화국 정부가 들어서면서 '냉전의 고도'[3]에서 벗어나기 위해 본격적으로 추진되었다. 그러나 이미 1960년대 말부터 사회주의 국가들과의 직·간접적인 접촉을 거쳐 한국과 사회주의 국가들과의 접촉이 이루어지기 시작하였으며, 1973년 '평화통일 외교정책에 관한 특별성명'(6·23 선언)을 통해서 사회주의 국가들과의 우호적인 외교관계를 형성하고자 하는 국가정책을 발표하였다. 사회주의 국가와의 대립과 반목의 역사를 청산하고, 새로운 국가관계를 맺고자 하는 노력은 제5공화국에서 계속되어 86아세안 게임과 88서울 올림픽에서 사회주의 국가들이 대거 참여하여, 한국과의 접촉과 교류, 협력을 활발하게 전개하였다.

사회주의 국가들과의 교류·협력이나 국교를 수립하겠다는 국가정책은 이들 국가들을 적대시하던 국민들에게는 획기적인 국가정책의 전환이며, 뜻밖의 발표였다. 그러나 사회주의 국가들과의 관계 개선을 통해서 국민들이 열망하는 남북한의 통일을 이룩하겠다는 정책 의도는 제6공화국의 임기 말에 이르러 사회주의 국가와의 국교수립을 완료하고, 남북한의 통일대화가 마련됨으로써 북방정책은 소기의 목적을 달성했다는 평가를 받고 있다.

임기를 3개월 남겨놓은 1992년 11월 청와대에서 개최된 '북방정책 보고회의'에서 노태우 대통령은 북방정책의 성과를 첫째, 우리는 능동적, 창조적 외교로 전방위 외교시대를 개화시켰으며, 둘째, 북방대륙의 무한한 시장이 열리게 되었으며, 셋째, 북방정책은 국가안보에 크게 기여했으며, 넷째, 가장 중요한 성과는 통일의 큰 길이 열린 점이라고 지적하였다.[4]

이렇듯 북방정책은 한국의 국가정책으로서의 중요한 의미를 가지고 있음에도 불구하고, 현재까지 이에 대한 면밀한 분석이 이루어지지 않아 왔다.

이러한 관점에서 제6공화국은 정책환경의 변화에 대해서 어떻게 인식하고 있었으며, 어떠한 원인과 과정을 거쳐서 제6공화국의 국가정책으로 북방정책을 선택하게 되었는지 그리고 어떠한 제도화 과정을 거쳐서 국가정책으로 체계화되었는가를 살펴봄으로써 북방정책의 성격과 의미를 규명하고자 한다.

---

3) James A. Baker III, "America in Asia: Emerging Architecture for the Pacific Community", *Foreign Affairs*, Vol.7. No.5(Winter, 1991), p.12.

4) 공보처, 『제6공화국 실록 — 노태우 대통령 정부 5년』 제5권, 1992년, pp.427 — 429.

Ⅱ. 국가정책의 선택과 의미

북방이란 한 국가를 기준으로 북쪽에 위치하고 있다는 지리적 개념으로 북방정책은 특정 국가의 북쪽에 위치한 국가를 상대로 한 대외정책[5]을 의미한다.[6] 따라서 이는 남방정책에 상응하는 개념이기도 하며, 서독의 브란트(Willy Brandt) 정부의 동방정책(Ostpolitik)[7]과 유사한 개념이라 할 수 있다. 지리적 관점에서 출발하고 있는 북방정책은 대체로 한반도의 휴전선을 축으로 북쪽에 위치한 중국이나 소련 등과의 관계를 상정한 대외정책을 포괄적 의미로 북방정책이란 용어로 사용하였다.

그러나 북방의 개념은 북방외교, 대공산권정책, 북방외교정책, 북방3각관계, 북방정책 등의 형식으로 다양하게 적용되어 왔다. 시기적으로 6·23 선언이 발표되는 탈냉전기에는 대공산권정책, 70년대 후반의 냉전강화시기에는 북방외교라는 명칭으로도 사용되었으며, 80년대 초반 냉전이 강화되면서도 남-북방3각관계에 대한 논의가 중심이 되었으며, 북방외교 혹은 북방정책이라는 용어는 80년대 중반 이후 탈냉전기와 제6공화국의 성립 이후에 본격적으로 사용되었다.

북방정책 개념의 다양성은 국제관계나 정책내용과 대상의 변화를 반영하는 것으로서, 논자의 관점이나 접근방법, 정부의 입장에 따라 다양하게 사용되었으며, 정부

---

5) 노어(Klaus Knorr)는 대외정책을 각 국가들의 정부가 국가 간 협조와 갈등을 차단하거나 감소시키고 유지하며 또한 확대하려고 하는 행위 혹은 그 행위를 위한 전략으로 정의하면서 대외정책은 다른 국가들과의 관계에서부터 다양한 이득을 획득하기 위하여 여러 가지 자원의 사용을 포함한다고 하였다. Klaus Knorr, *The Power of Nations*(New York: Basics Books, Inc. 1975) pp.27-29. 로즈노우(James N. Rosenau)는 정식으로 지명된 국가사회의 관리들이 그들의 전임자 또는 그들 자신이 결정한 목표에 일치하는 방향으로 국제체제 상황을 유지 또는 변경시키기 위하여 추구하는 행위과정으로 보고 있다. James N. Rosenau(ed.), The Analysis of International Politics(New York: The Free Press, 1972), p.71. 왈라스는 세분화시켜서 ①국제환경에 대한 안정된 일군의 태도 ②일국이 외부세계와 맺어진 관계에 관한 묵시적 또는 명시적 계획 ③세계 속에서 존재론적 또는 당위론적으로 국가의 지위에 관한 의식적 이미지 ④국제적 문제들에 관한 사항들을 결정하여 영향을 주는 어떤 일반적인 지도원칙 또는 태도로 보고 있다. William Wallace, *Foreign Policy and the Political Process*(London: Macmillan, 1971) p.11. 러셋(Bruce Russett)은 첫째, 외교정책의 의도는 다른 행위자의 행태에 영향을 주며, 둘째, 외교정책은 다른 행위자에게 영향력을 행사하거나 행위자를 조절하기 위해 끊임없이 노력하는 것이며, 셋째, 외교정책은 그 과정과 출생, 양조 모두 국내에서 행하여지는 것과 국제환경 사이의 연계(linkage)라 정의하고 있다. Bruce Russett and Harvy Star, *World Political Process*(London: Macmillan, 1971), p.11.

6) 이희승, 『국어대사전』(서울: 민중서림, 1981), p.1308.

7) 아데나워의 동방정책이 할슈타인원칙에 근거하고 있었지만, 1960년대 들어 서독과 동유럽 국가와의 관계 개선과 미·소간의 긴장완화를 배경으로, 브란트 정부는 동독 및 소련, 동구권 국가에 대한 관계 개선 정책으로 동방정책을 추진하였으며, 1973년부터 동독은 지리적 반대 개념으로 서방정책(Westpolitik)을 추진했다. 김학성, 「독일의 외교정책」, 『세계외교정책론』(서울: 을유문화사, 1995), pp.525-540.

나 학계에서도 통일적인 개념으로 정립시키지 못하고 있다. 이로 인하여 학문적 차원에서는 가치중립적이고 이론적인 분석을 어렵게 하는 원인이 되었으며, 정책실무 차원에서는 정책목적을 설정하고 추진방법이나 전략을 모색하는 데 있어서 불필요한 혼란이나 논쟁의 원인이 되었다.

북방정책이라는 용어는 1971년 미국무성의 한국과장인 아브라모비츠(Morton Abramowitz) 과장이 자신의 논문에서 북방정책(Northern Policy)이라는 용어를 사용한 것이 처음이다. 여기서 아브라모비츠는 "국제정세가 긴장완화의 흐름에 있기 때문에 한국도 북한의 존재를 인정하는 것과 동시에 중국, 소련 등의 공산권 국가들과의 외교적인 접촉을 하는 북방정책을 채용해야 한다."고 주장하였다.[8] 그러나 북방정책이라는 용어는 그 후에는 사용되지 않았으며, 정책내용의 측면에서 6·23 선언에서 정부의 대공산권 문호개방정책으로 천명되었을 뿐이다.

북방정책이란 용어가 정부 차원에서 공식적으로 처음 사용된 것은 1983년 6월 29일 이범석(李範錫) 외무부장관이 국방대학원에서 "선진조국의 창조를 위한 외교과제"라는 주제로 한 특강에서 비롯되었으나, 구체적인 개념을 정의한 것이 아니며, 단지 중국과 소련이라는 사회주의 국가와의 관계 개선을 역설한 것이다.[9]

그 후 1988년 2월 25일 노태우 대통령도 역시 취임사에서 북방외교(Nordern Diplomacy)를 국가정책으로 제시하면서 정책결정자로서는 공식적으로 최초로 사용하였다.[10] 그러나 북방정책의 명확한 개념 규정이 이루어진 것은 아니며, 1988년 4월 4일에 북방정책의 추진에 따른 관련 부처 실무자회의나 1988년 4월 29일 李洪九 당시 통일원 장관이 전경련 월례조찬 특강에서도 북방정책이라는 용어를 사용하였지만, 어디에서도 북방정책의 구체적인 대상이나 목적 등에 관해 개념화되지 못했다.

이러한 입장에서 북방정책의 개념화를 위하여 구체화하여 보면, 먼저 북방이 지정학적으로 지칭하는 대상 범위에 따라 분류할 수 있다. 즉 한반도와 인접한 소련

---

8) Mortn Adramowitz, "Moving the Clacier: Two Koreas and the Powers", *Adelphi Papers*, No.80(London: The International Institute for Strategic Studies, 1971), p.10.

9) 이범석, 『선진조국 창조를 위한 외교과제』(서울: 국방대학원, 1983), pp.52－58.

10) 대통령공보비서실, 『민주·번영·통일의 큰 길을 열며: 노태우 대통령 재임 5년의 주요 연설』(서울: 동화출판사, 1993), pp.133－135.

및 중국에 한정하는 시각,[11] 이에 북한을 추가하여 동북아를 중심으로 보려는 시각,[12] 또 중국, 소련, 동구국가로 한정하려는 시각[13]과 동구뿐만 아니라 베트남 및 쿠바 등 모든 사회주의 국가를 포괄하는 최광의의 시각,[14] 북한을 제외한 사회주의 국가로 보려는 시각들이 산재되어 있다.[15] 또한 일반 국민들도 북방정책의 대상 범위를 동구권(3.9%) 소련, 중국(4.2%), 소련, 중국, 북한(27.19%) 소련, 중국, 북한, 동구권(36.2%), 그리고 모든 사회주의 국가(28.5%) 순으로 이해하고 있다.[16]

개념의 미정립에도 불구하고, 노태우 정부의 북방정책은 소련, 중국, 동유럽 등의 모든 사회주의 국가를 포함하는 정책으로 추진되었으며, 남북한 관계의 개선과 통일 한국의 건설을 북방정책의 최종 목적지로 하고 있었다. 따라서 본고에서는 북방정책의 대상을 정책의 목적과 전략에 있어서 뚜렷한 차이와 변화를 살펴볼 수 있

---

11) 북방정책을 중·소와의 관계 개선을 통해 분단상황을 개선하고자 하는 정책으로 이해하는 입장은 이범석, 「선진조국의 창조를 위한 외교과제」, 국방대학원(1983. 6. 29), pp.52~53, 강석승, 「한국북방외교의 추진현황과 과제」, 『안전보장』(1988. 8), p.31, 엄재호, 「한국의 북방외교」, 『평화연구』 경북대학교 평화문제연구소, 제10집 제1호(1985. 7), p.250.

12) 소련·중국·북한과 개별적 혹은 2~3개국과 동시에 관계 개선을 추구하는 외교정책과 외교행위로 보는 입장은 김유남, 「한국외교의 현안문제와 전망」, 『국회보』(1983. 1), p.70, 외교안보연구원, 「북방외교」 정책자료 83-07(1983. 11), p.4.

13) 지리적으로 한국의 북쪽에 있는 사회주의 국가들인 소련, 중국, 동구권 국가들과 북한을 대상으로 하는 정책으로 이해하는 연구로 박홍규, 「북방정책과 한국의 대미·일관계」, 『국제정치논총』 제29집, 제2호(1989), p.106, 이경숙, 「북방정책과 통일정책」, 숙명여자대학교, 『통일논총』 제8권(1991. 12), p.16, 유석렬, 「북방정책과 통일환경 개선」, 『외교』 제20호(1991. 12), p.16, 김대환, 「북방정책 추진에 따른 북한의 대응전략 방향」, 국제문제조사연구소 『정책연구』 제98호(1990), p.28, 이상우, 「한국의 북방정책」, 평양고보동문회 - 이북5도민회 - 조선일보, 『북방정책과 통일문제 토론회 발표 논문집』(1989. 3), p.25, Park Sang-Seek, "Northern Diplomacy and Inter-Korea Relations", *Korea and World Affairs*, Vol.12, No.4(Winter 1988), p.750.

14) 북한, 중국, 소련, 동구제국은 물론 베트남 등 모든 사회주의 국가를 포함하는 입장으로 지리적 개념, 이념적 대상을 최광의로 포함하는 연구로서 김달중, 「북방정책의 개념, 목표 및 배경」, 『국제정치논총』 제29집 제2호(1989), p.42, 허만 「북방정책과 평화통일: 2000년대의 외교」, 『외교』 제12집(1989. 12), p.89, 이석호, 「한국의 북방정책: 현황과 전망」, 『외교』 제9호(1989. 3), p.7, 김명기, 『북방정책과 국제법』(서울: 국제문제연구소, 1989) p.19, 나창주, 「한국의 북방정책의 과제와 전망」, 『북방정책연구소 주최 한국 북방정책 및 통일정책관련 세미나 발표 논문』(1988. 12), p.2, 박영호, 「북방정책과 북한의 대외관계: 대소련·중국관계를 중심으로」, 『국제정치논총』 제29집 제2호(1989), p.118, 김태구, 「북방정책 추진에 따른 북한의 대응전략 방향」, 『정책연구』 제98집(1990), p.28, 전정환, 「한국의 대공산권 외교에 관한 북한의 대응태도 및 전략」, 단국대 미소연구소 『미소연구』 제2집(1988), p.165, 전락희, 「북방정책의 추진과 남북한 관계의 개선」, 국가안전보장회의, 『국가안전보장논총』 제16집(1989), p.285, Choung-Il Chee, "South Korea's Foreign Ploicy in Transition", *Korea and World Affairs*, Vol.12, No.4(1988), p.750 등이다.

15) 대북한 정책과 일반적인 대공산권 정책을 구분해야 한다는 입장은 안병준, 「북방외교의 과제와 전망」, 『외교』 제6호(1988. 7), p.18, 김국진, 「아국의 북방외교정책 전개 방향」, 외교안보연구원 정책연구 88-20(1988. 12), p.18, 김세균, 「북방정책과 통일정책」, 『국제정치논총』 제29집 제2호(1989), p.143, 서병철, 「북방정책과 한국·동유럽 관계」, 『국제정치논총』 제30집 제1호(1990), p.99가 있으며, 베트남이나 쿠바를 제외하는 사회주의 국가만을 대상으로 하는 입장은 정무장관 1실, 『북방외교를 위한 초당적 협력 방안 연구』, 1989. 9. 7 등이 있다.

16) 박인희, 엄재호, 강지한, 「북방정책에 관한 국민의식조사」, 경북대학교 평화문제연구소, 『평화연구』 제15집(1992. 12), pp.65-163.

는 소련과 중국을 비롯하여, 동구권 사회주의 국가를 3개의 군으로 분류하여 살펴
보고자 한다.[17] 특히 북한은 북방정책의 대상으로서의 중요성이나 남북통일이라는
북방정책의 목적, 남북한 관계가 한국의 대외정책에 미치는 영향, 그리고 북한과
북방정책의 대상국가들과의 긴밀했던 관계가 북방정책에 주요한 고려 요인이었다
는 측면에서 남북관계를 함께 살펴보고자 한다.

정책내용을 중심으로 북방정책의 개념을 살펴보면, 국교수립이라는 외교정책과
교류협력 확대라는 통상정책으로 분류할 수 있으며, 국가안보를 위한 안보정책, 통
일여건을 조성한다는 의미에서 통일정책으로 유형화할 수 있다. 그리고 문화, 체육
분야를 통해서 관계 개선을 추진한다는 의미에서 스포츠 외교 등과 같은 사회문화
정책 등으로 세분화할 수 있을 것이다.[18] 이러한 세분화는 담당 정책기구에 따라
살펴보면, 외무부의 외교행위로 보려는 시각, 외무부는 물론 청와대, 안기부, 통일
원, 국방부, 경제기획원, 상공부, 체육부 등이 관련되어 있는 종합적 대외정책으로
보는 시각, 대외정책을 국내문제와의 연계시켜 보려는 시각이 있다. 이는 북방정책
을 어디에 초점을 맞추느냐와 내용상 정치, 안보, 경제, 사회문화 등의 영역별로 구
분 혹은 제한하고 있다. 따라서 북방정책의 연구를 위하여 정치, 경제, 사회문화,
안보, 통일정책 등 모든 부문에 관련되어 있는 국가정책의 의미로 파악하여 총체적
으로 살펴봄으로써, 정책 선택이 단순한 의사결정 이상으로 정치적 의미를 가지고
있다는 것을 살펴보고자 하는 것이다.

다음으로 북방정책의 개념은 이념적 측면에서 마르크스 - 레닌주의에 기초한 사
회주의 국가들에 대한 한국의 대외정책이라는 성격을 가지고 있다. 냉전체제는 진
영외교와 경제블록을 형성했으며, 동맹외교를 통해 국가이익을 구현한다. 또한 자

---

17) 그 외 한국과 수교하지 않았던 쿠바, 몽고, 베트남 등이 있으나 이는 논외로 한다.

18) 분야별 주요 연구들을 보면, 대부분의 연구가 속해 있는 안보적 관점은 유석렬, 「북방정책 전개에 따른 한국의 군사
적 대응」, 『국방학술논총』 제4집(1990. 8), pp.5 - 45, 경제적 관점은 Dan C. Sanford, *South Korea and the
Socialist Countries: The Politics of Trade*(New York: St. Martin's Press, 1990), Dan C. Sanford, "ROK's
Nordpolitik, Revisited", *Important*, Vol.7, No.1(Winter / Spring, 1993), pp.1 - 31, 노희목, 「한국의 대북방 경
제교류 증진방안」, 『국제정치논총』 제29집 제2호(1989), pp.155 - 168, 사회문화적 영역을 중심으로 하는 연구들
은 양영식, 「북방외교를 위한 초당적 참여 방안 연구」, 정무장관(1)실, 정책자료 89 - 16, 정용석, 「남북한 교류시
대의 좌경문제」, 『자유논총』 제261호(1988. 12), pp.59 - 67, 조순환, 「민족교류를 통한 남북한 통일」, 『민족지
성』 제25호(1988. 3), pp.34 - 41 등이며, 기타 국내정치의 민주화 관련된 북방연구는 박홍규, 「남북한관계 변화
와 국민의식」, 『통일문제연구』 제4권 제4호(1992. 겨울호), pp.108 - 118, 최종기, 「한국의 북방정책과 관료의 역
할」, 『행정논총』 제28권 제1호(1990), pp.133 - 143, 통일이나 민족의 문제와 관련된 연구는 김세균, 「북방정책
과 통일정책」, 『국제정치논총』 제29집 제2호(1989), pp.143 - 154 등이 있다.

본주의 국가와 사회주의 국가는 반대진영에 대하여 배타적이거나 적대적인 관계를 형성하며, 동맹 간의 정치적, 군사적, 경제적 대립관계를 형성하게 된다. 북방정책은 기존의 한국이 냉전체제하에서 사회주의 국가에 대한 배타적, 적대적인 관계를 청산하여 이념의 장벽을 무너뜨리고, 사회주의 국가와의 관계를 개선함으로써 북한에 대한 적대적 관계에서 같은 민족으로서의 동질성과 통일에 이르는 정책 의미를 가진다. 따라서 북방정책은 이념적으로 사회주의를 표방하는 국가들과의 관계라는 개념적 영역을 설정할 수 있다.

북방정책이 선택된 이후 구체화되기 시작한 북방정책의 개념적 성격을 3가지 차원에서 분류할 수 있다. 첫째로 북방정책은 정치지리적인 측면에서 한반도의 북쪽에 위치한 국가들인 소련, 중국, 동구제국 그리고 북한을 대상으로 하는 대륙정책이다. 둘째로 지금까지 접촉과 교류가 전혀 없던 소련, 중국 등의 공산국가들과의 냉전적 적대관계를 해소하고, 상호이해 증진과 국익도모를 위한 협력관계를 형성하는 것이므로, 국가정책으로서 종합적인 성격을 가진다고 할 수 있다. 셋째로 북방정책은 이념적으로 북한을 포함하여 사회주의 국가들을 대상으로 하면서도, 기존의 자본주의 동맹국가들과의 관계를 재설정한다는 현상타파정책의 의미를 가지게 된다.

이러한 북방정책의 개념의 설정을 통해서 북방정책의 목표나 전략 등의 내용과 대상 그리고 성격이 보다 명확해질 수 있을 것이다.

Ⅲ. 제6공화국의 정책환경과 북방정책의 형성

1. 제6공화국의 등장과 정책환경의 변화

제6공화국의 정책환경은 제5공화국의 정책환경과 연속선상에 있지만, 정치지도자의 변화를 비롯한 국내외의 정책환경과 분단환경의 극심한 변화를 경험하는 전환기를 맞게 된다. 이러한 관점에서 북방정책의 선택을 위한 맥락적 요인을 살펴보고, 맥락적 요인들 사이의 상호 인과적 관계를 거쳐 배경적 요소로서 정책엘리트 및 정책결정자의 평가를 통해서 정책환경은 북방정책으로 재개념화된다.

제6공화국은 세계체제의 변화라는 국제환경을 경험하고 있었다. 세계체제의 변화는 미·소간의 대결이 종식되고, 사회주의 동맹체제의 붕괴되면서 탈냉전과 탈이념화가 촉진되고 있었다. 탈냉전은 소련 사회주의체제의 구조적 병폐로 인한 노동생산성의 저하, 경영의 불합리, 기술 낙후성 등 구조적 난관 타개를 위하여 미·소 경쟁을 지양하고, 경제적 개혁을 넘어 정치적 개혁을 추진함으로써 시작되었다.[19] 미국의 레이건 행정부도 집권 제2기에 들어와 재정 및 무역적자의 누적 등 경제적인 난관 타개를 위한 군비축소 등 미·소 대결에서 벗어나기 위한 방향 전환을 꾀하고 있었다. 세계 강대국으로서 미·소간의 이해의 일치로 인하여 수차에 걸친 양국 정상회담을 거쳐[20] 미·소 양국은 중거리핵전력(INF)철폐협정 체결(1987. 12), 전략무기 감축협상(START) 및 재래식 무기 감축협상에도 상당한 진전을 보임으로써 신데탕트를 이룩하게 되었다.

냉전체제의 붕괴는 동서 간의 군사적 경쟁을 경제우선주의로 전환시키고 있었다. 경제단위가 세계로 확대되어 상호의존에 의한 세계화가 촉진되고 있었으며, 세계는 이념적 경직성이나 진영외교를 넘어 자국의 경제이익에 따른 대외 통상외교를 강화하여, 지역주의나 쌍무주의가 발달하여 다자간의 복수적 양자관계로 분리 발전시키고 있었다.[21]

사회주의 국가들은 자신들의 경제성장과 정치적 불안을 극복하기 위하여 이 주변 정세의 안정과 함께 국내문제 해결의 우선(the primacy of internal affairs)에 역점을 두고 있었으며, 강대국들은 전쟁이나 긴장과 같은 고비용 고위험의 대외정책보다는 평화와 안정을 바라는 '저비용 저위험'(low cost & risk)의 대외정책을 채택하고, 이념분쟁보다는 실리외교에 역점을 두고 있었다.

지역체제에 있어서도 아-태지역에서의 평화가 모색되고 있었다. 고르바초프 소련 공산당 서기장은 '블라디보스토크 연설'(1986. 7.) 및 '크라스노야르스크 연설'(1988. 9.)을 통하여 아·태지역 국가들과의 전반적인 관계 개선을 표방하였고, 중국과의 관계

---

19) 김영준, 「북방정책의 평가와 전망」, 경희대학교 정치학과 동문회, 『한국의 정치상황과 북방정책』 1990. 6, p.19.

20) 1986년 10월 레이카비크(Raykjavik) 정상회담에 군축 및 평화공존을 촉진시키는 계기가 되었으며, 자유민주주의의 승리의 시발점으로 보고 있다. Henry Kissinger, *Diplomacy*(N. Y.: Simon & Schuster, 1994), pp.762 - 803.

21) Jagdish Bhagwati, "Regionalism Versus Multinationalism", *The World Economy*, Vol.15, No.5(september, 1992), p.535, John Gerard Ruggie, "Multilaterialism: The Anatomy of an Institution", *International Organization*, Vol.46, No.3(Summer 1992), p.571.

개선을 위하여 중국이 제시한 '3대 장애요인'인 중·소 국경문제, 아프가니스탄 및 캄보디아 사태의 해결에 있어서 전향적 태도를 취함으로써 중·소 화해를 모색하고 있었다. 그리고 미국을 비롯한 일본도 소련에 대한 경계를 유지하면서, 태평양의 주요 세력으로서 한반도에서 자국의 이익이 침해되지 않기를 바라고 있었다.[22]

4대 강국의 평화의 모색은 북방－남방3각관계의 세력균형체제를 개별 국가 중심의 쌍무적 관계로 점진적으로 발전시키고 있었으며, 이념대결 종식과 함께 군사적 갈등에서 군사적 협력으로 전환되고 있었다. 이러한 협력체제의 구축은 동북아의 현상 유지 및 평화를 희구하도록 하고 있었다.[23]

양자체제에 있어서도 한국은 사회주의 국가들과의 관계 개선을 급증하고 있었다. 제5공화국에서 88서울 올림픽을 대비한 접촉과 비정치적 교류가 확대되고 있었으며, 점차 국가관료들의 직접 접촉으로 발전함으로써, 하위정치에서 한 단계 높여 나가는 관계 발전을 추진하고 있었다. 특히 이들 국가의 대한 인식 호조와 함께 국민들의 사회주의에 대한 인식이 새롭게 조성되고 있었던 것이다. 사회주의 국가들의 경제개혁과 개방은 국가의 경제적 위기를 극복하기 위한 필요에 기인함으로써 이를 지원하고 협력할 수 있는 한국의 이미지나 경제력에 대한 인식의 변화가 반영되고 있었다.

그러나 냉전종식에 따라 한반도의 안보협력체제인 동맹체제의 이완이 촉진되고 있었다.[24] 한국과 동맹체제를 구축해 왔던 서방선진국들과의 관계는 북한의 대남적화 통일에 대한 분쟁가능성과 중국과 소련의 세계전략에 대응하여 한국을 이념적 보루로 인식하였던 것과는 달리 탈냉전 및 경제우선주의로 인하여 한국의 안보를 위한 정치적, 경제적 협력관계가 이완될 수 있는 정책환경이 조성되고 있는 것이다.

한반도에서의 전쟁재발 억지와 대소전략의 일환으로 주둔시켜 왔던 주한미군의 필요성이 약화되고 있으며,[25] 일본을 비롯한 미국, 유럽 국가들의 한국에 대한 경

---

22) *Newsweek*, March 6, 1989, p.8.

23) 김국진, 「북방외교」, 『한국외교 40년』(외무부, 1990. 6), pp.205－206.

24) 후쿠야마 교수는 냉전체제의 종식은 이념대결의 종식이며, 사회주의의 종식으로 보고 있다. 따라서 동맹체제, 군사 협력체제는 붕괴되는 것이다. Francise Fukuyama, "TheEnd of History", *The National Interest*(Summer, 1989), pp.3－35.

25) 한승주, 「한국외교의 진로」, 정일영(편), 『한국외교 반세기의 재조명』(서울: 세종연구소, 1993), pp.520－521, 유 승익, 「한국외교정책의 분석틀」, 이범준, 김의곤(공편), 『한국외교정책론』(서울: 법문사, 1995), pp.144－145.

제협력도 경쟁과 갈등이 점차 확대되고 있는 것이다.

제6공화국의 출범으로 국내 정책환경은 급변하고 있었다.[26] 군사독재체제에서 국민의 직접 선거로 선출된 노태우 정권이 등장함으로써 논란에도 불구하고 정권의 정통성이 마련되고 있었다. 이에 따라 제5공화국과의 차별화 및 새로운 비전 설정에 대한 국민적 열망이 확대되고 있었으며, 특히 통일과 민주화에 대한 국민들의 정치적 개혁의 요구가 폭발하고 있었다.

이는 국가 이데올로기로서 자유민주주의를 국가이념으로 채택하고 있는 제6공화국에서 사회주의 세력으로 인식되고 있었지만, 젊은 세대를 중심으로 전개되고 있는 민족자존에 입각한 자주외교에 대한 강렬한 열망을 표출하고 있었다.[27] 국가 이데올로기로서의 자유민주주의체제에 대한 맹신에서 벗어나 사상적 융통성을 확대시키고 있었으며, 보수적인 정책엘리트들의 인지적 이중성을 강화시키고 있었다. 이는 사회주의 국가를 비롯한 북한에 대한 인지적 이중성은 극단의 봉쇄정책도 획기적인 포용정책도 갈등을 야기할 수 있게 되었다.[28] 한국은 미국이 북한에 대한 어느 방향을 취하더라도 만족할 수 없었으며, 한·미간 균열의 한 원인이 되고 있었다.[29]

직접 선거에 의해서 민주정의당이 집권하였지만, 야당 3김씨로 통칭되는 여소야대 국회의 출현과 정치적·경제적 민주화 요구, 5공 청산을 요구하는 야당 및 재야세력, 노동 및 학생운동 세력에 의하여 정치적 불안이 가중되고 있었다. 이러한 정치적 불안과 야당 및 사회의 민주화 요구는 의회의 논쟁을 활성화시키고 있었으며, 민주적인 의사 수렴이 강조되었다. 특히 집권세력에 의하여 국내 정치적 목적으로 활용될 수 있었던 안보정책이나 통일정책, 대외정책이 더 이상 대통령 혹은 정부의 '특권'(prerogative power)이 될 수 없게 되었다.[30] 즉 정치민주화 및 국민 정치의식의 성장, 정보접근의 자율성의 확대로 정부의 정책결정에 있어서 재량권은 축소되고 국민적 합의와 설득을 위한 절차는 전에 없이 중요해져 정책결정과정의

---

26) 제6공화국 출범 당시의 유리한 정책환경을 첫째, 정통성의 시비가 거의 없었으며, 둘째, 경제적으로 좋은 조건에 있었으며, 셋째, 88서울 올림픽을 앞두고 국민총화가 요청되는 안정과 번영의 시기였으며, 넷째, 이로 인하여 웬만한 갈등은 능히 해결할 수 있었으며, 다섯째, 대통령의 국가운영에 관한 예비수업을 거쳤다는 점을 지적하고 있다. 공보처, 『제6공화국 실록』 1권, pp.81-82.

27) 김국진, 「북방외교」, 전게논문, pp.205-206.

28) 이 점에 대해서는 김태현, 「대북인식의 이중구조와 북한핵문제」, 세종연구소, 『국가전략』 제2권 2호(1996년 8월) 참조.

29) 김태현, 「외교안보정책」, 전게논문, p.54.

30) 김태현, 「외교안보정책」, 전게논문, p.56.

개방과 투명이라는 형태로 나타나고 있었다.[31]

그리고 경제의 지속적 성장으로 사회부문의 자율성과 국가정책에 대한 참여와 민주화의 요구가 확대되고, 사회주의 국가와의 경제교류가 촉진되면서, 이들 국가와의 관계 개선 및 경제통상요구가 점증하고 있었다. 민간부문 이외에도 국가관료들은 북방국가들과의 경제협력은 자원부족국가로서 자원의 확보와 미·일·EC 등에 편중되어 있던 수출시장을 다변화할 수 있는 돌파구로 인식하고 있었다.[32]

남북한은 탈냉전을 비롯한 새로운 제6공화국의 등장에도 불구하고, 남북대화는 진전되지 못하고 있었다. 특히 1987년 12월의 KAL기 격추사건과 88서울 올림픽 불참 결정으로 인하여 긴장이 고조되고 있었다. 먼저 한국은 제5공화국의 민족공동체통일방안을 통해 정상회담 제의, 이산가족 제의, 체육회담 등의 다양한 형태로 발전하고 있다. 국민들의 통일요구에 맞추어 공청회 및 의회를 통한 의견 수렴을 거쳐 체계화된 한민족공동체 통일방안을 제시하였다. 이는 7·7선언의 대원칙에 따라 이루어진 것으로 기능주의적, 점진주의적 통일방안을 제시하고 있었다. 북한은 고려연방제에 의한 정치회담, 군사회담으로 발전하고 있었다. 남북한의 통일제안들은 일방이 타방의 제안을 거부함으로써 통일대화로서 발전하지 못하고, 체제유지를 위한 국내 정치적 선전으로만 강화되고 있었다. 북한은 88서울 올림픽의 불참을 계기로 한국과의 체제경쟁에서 패배함으로써 한국에 새로운 제안을 하기보다는 미국과의 관계 개선 및 서방진영과의 교류협력의 강화를 기대하고 있었을 뿐, 한국과의 새로운 관계 모색을 위한 정책 발전은 기대할 수가 없었다.

분단환경의 남북한대화는 1984년 남북대화가 활기를 되찾은 이후, 86아세안게임과 88서울 올림픽 개최를 계기로 남북대화는 국내 정치적 목적을 위하여 남북한의 긴장완화 및 통일 모색은 불가능해진 것이다.

제6공화국의 성립을 전후로 가장 큰 변화는 국민들의 통일 욕구가 폭발적으로 일어나고 있었다. 한국은 88서울 올림픽의 성공을 위하여 북방정책과 통일정책을 분리하여 추진하고 있었지만, 국민들의 바람은 88서울 올림픽이 통일의 계기가 되기

---

31) 한승주, 「한국외교의 진로」, 전게논문, pp.520~521.

32) 소련과의 경제협력을 통해서 한국이 필요로 하는 기초과학기술을 전수받거나 첨단과학기술을 민간 상품기술화하거나 또는 기존 기술공동국으로부터 이전받기 어려웠던 기술을 습득할 수 있다는 기술협력의 가능성에 대한 논의되었다. 김학수, 『한국의 대외경제협력에 관한 정책과제와 방향』(서울: 대외경제정책연구원, 1991), pp.20 - 21.

를 희망하고 있었으며, 이를 위한 방안을 놓고 국내의 야당 및 재야세력, 학생들이 반발하면서 분단을 고착화시키는 국가중심적 통일방안에서 민족중심적인 통일방안을 요구하고 있었다. 국민들은 정치적 논쟁으로 인하여 통일에 대한 기대치를 높이고 있었으며, 민주화 및 반미주의와 연계된 통일운동은 점차 세력화되고 있었다.

북한은 국제사회주의 동맹체제의 이완, 비동맹국가의 영향력 약화, 지속적인 경제성장의 둔화, 테러 및 인권으로 인한 국가 이미지 추락 등의 환경변화로 인한 고립을 탈피하기 위하여 미국이나 일본, 서유럽 국가들과의 관계 개선을 추진하고 있었지만, 이들은 북한에 한반도의 긴장완화 및 성실한 남북대화를 요구하고 있었다.

특히 북한의 체제단속에도 불구하고, 중국과 소련 등 사회주의 국가의 개방으로 한국에 대한 많은 정보가 북한 주민들에게 전달됨으로써 한국에 대한 새로운 인식이 확대되고 있었다.

제6공화국 정책환경은 제5공화국의 정책환경과 관련되어 연속성과 변화가 동시에 전개되고 있었다. 먼저 연속성의 측면에서 살펴보면, 첫째, 정책엘리트의 일관성과 계속성이다. 제6공화국과 제5공화국은 정책망을 비롯한 국가관료의 변화는 군부 세력의 일부 퇴진을 재외하고는 발생하지 않았으며, 오히려 제5공화국의 실무 정책엘리트인 국가관료나 북방정책을 희망하던 학계 인사들이 제6공화국의 주요 정책엘리트로 등장하였던 것이다. 둘째, 88서울 올림픽을 준비해 온 제5공화국의 정책환경이 제6공화국의 정책환경으로 계속되고 있었다. 탈냉전을 비롯한 경제우선주의와 같은 국제적 환경과 국내적으로 올림픽 개최라는 정책환경이 지속되고 있었으며, 이러한 정책환경은 제6공화국의 북방정책을 추진하는 데 오히려 긍정적으로 발전하고 있었다. 셋째, 국가정책으로서의 북방정책의 목적과 구체적인 전략들이 발전되고 있었다. 제5공화국의 북방정책은 정권말기에 구체화적인 국가정책으로 기획안이 마련되기 시작하였으며, 88서울 올림픽의 성공적 개최를 위하여 사회주의 국가와의 관계를 강화시키고 있었다.

그러나 제6공화국의 북방정책은 제5공화국의 북방정책과는 달리 정책환경의 본질적인 의미에서 다른 변화를 가져오고 있었다. 먼저 제6공화국은 대외정책에 있어서 국가 자율성이 급격히 취약해졌다. 여소야대 국회를 비롯한 민주화의 요구는 정책과정의 투명성을 요구하고 있었으며, 국민적 합의를 요구하는 정책 선택의 요구는 국가의 정책자율성을 제한하고 있었다.[33] 둘째, 88서울 올림픽을 통한 사회주의 국가와의 자연스러운 접촉이 88서울 올림픽 개최 이후 사회주의 국가와의 관계를 국교수립을 추진함으로써 사회주의 국가 내부의 반발과 북한의 강력한 도전에 직면하게 됨으로써 정책능력의 동원이 확충되어야 했다. 셋째, 제5공화국의 북방정책이 사회주의 국가를 주요 대상으로 하였지만, 제6공화국은 북한을 주요 대상으로 할 뿐만 아니라, 정책 역량의 동원을 위해서는 북한에 정책 역량을 이용함으로써 나타나는 보수세력 및 진보세력의 저항이 동시적으로 나타나, 정책집행의 난관에 봉착할 가능성이 있다는 것이다.

이러한 국내외의 정책환경 및 분단환경의 변화는 1988년 성립된 제6공화국에 새로운 정책 대응의 필요성이 확대되고 있었다. 제6공화국은 대외정책의 방향을 민족자존과 민주, 통일로 설정하고 있었다. 이러한 외교 이념의 형성은 냉전의 종식과 동구 및 소련 사회주의체제의 와해 등 국제관계의 대변혁이 작용하고 있으며, 이들 개념들은 국력신장을 바탕으로 하는 민족자존 의식의 고양은 대내적으로 권위주의 체제의 종식과 민주주의의 실현으로 표출되었고, 이는 민족문제인 통일문제의 해결에 주요한 기본원칙으로 연결되는 하나의 연속적인 개념으로 보고 있었다.[34]

북방정책은 이러한 제6공화국의 외교정책 이념을 구체화시키는 정책으로서 '민족자존과 통일번영을 위한 특별선언(7·7 선언)'을 통해서 북방정책의 실천적인 행동지침이 마련되었던 것이다.

2. 7·7 선언과 북방정책의 형성

북방정책이 제6공화국에서 국가정책으로 구체적인 실천 프로그램이 제시되기 시작한 것은 88서울 올림픽 직전인 1988년 7월 7일 '민족자존과 통일번영을 위한 대통령 특별선언'에서 유래하고 있다.[35] 7·7 선언은 북한과의 대결 및 적대 관계를

---

33) 앞으로 설립될 제6공화국 제1의 국정지표를 민주화로 하고 있었다. 노태우, 『위대한 보통사람들의 시대』(서울: 을유문화사, 1987), p.24.

34) 공보처, 『제6공화국 실록』 제2권, pp.33 - 35.

35) 선언은 ①정치인, 언론인, 종교인, 문화·예술인, 체육인, 학자 및 학생 등 남북동포 간의 상호교류를 적극 추진하며, 해외동포들이 자유로이 남북을 왕래하도록 문호를 개방한다. ②남북적십자회담이 타결되기 이전이라도 인도주

청산하고 민족공동체의 인식을 바탕으로 민족의 공동번영을 모색하고, 북한과 한국의 우방 간의 국제관계를 적극 도우며, 한국이 중·소 등 공산국가와 관계를 정상화시키는 것이다. 특히 북한의 개방 유도와 한반도의 평화 정착을 통해 통일 여건을 조성하는 계기를 마련하고, 북한이 책임 있는 국제사회 성원이 되어 국제사회에서 한국과 함께 민족 공동이익을 구현하며, 한반도 주변 4강의 한국과 북한의 관계개선을 적극 유도하려는 적극적인 실천의지를 포함하고 있다.[36]

이러한 7·7 선언은 통일정책과 대외정책을 포괄하는 선언으로서 한국의 국력신장 및 국제적 지위 향상에 따른 통일정책의 획기적인 변화를 추구할 필요성에서 이루어진 것이며, 대북한 우위확보가 명백해짐에 따라 정부는 대북한 경쟁 및 대결 외교를 지양하고, 동반자적 입장에서 주도적인 대북한 관계를 모색하려는 정책의도와 실천의지를 분명히 하고 있다.[37]

7·7 선언은 1988년 10월 노태우 대통령의 유엔총회 연설에서 한반도의 평화=>동북아의 새 평화질서=>태평양시대의 평화와 번영을 겨냥하여 한국외교의 중장기적 비전을 설정하고 있으며, 제6공화국의 통일정책인 '한민족공동체통일방안'의 모태가 되었다.

7·7 선언으로 구체화된 제6공화국의 북방정책은 어떻게 재개념화되어 국가정책으로 선택되었는가? 제4공화국의 문호개방정책과 제5공화국의 스포츠 외교 그리고 제6공화국의 북방정책은 서로 밀접하게 관련되어 사회주의 국가를 대상으로 하는 연속성을 가지고 있었다.

제6공화국 북방정책의 대상은 한국과 이념 및 체제가 다르면서도 한반도의 평화정착과 궁극적인 통일여건을 조성하기 위해 한반도의 안보환경에 직간접적으로 영향을 미칠 수 있는 소련 및 중국, 동구권 국가들과 관계 개선을 적극적으로 도모하

의적 견지에서 기능한 모든 방법을 통해 이산가족들 간에 상사·주소확인, 서신왕래, 상호방문 등이 이루어질 수 있도록 적극 주선·지원한다. ③남북 간 교역의 문호를 개방하고 남북 간 교역을 민족내부 교역으로 간주한다. ④ 남북 모든 동포의 삶의 질을 향상시킬 수 있도록 민족경제의 균형적 발전이 이루어질 수 있기를 희망하며, 비군사적 물자에 대해 우리 우방들이 북한과 교역하는 데 반대하지 않는다. ⑤남북 간의 소모적인 경쟁·대결 외교를 종결하고 북한이 국제사회에 발전적 기여를 할 수 있도록 협력하며, 또한 남북대표가 국제무대에서 자유롭게 만나 민족의 공동이익을 위하여 서로 협력할 것을 희망한다. ⑥한반도의 평화를 정착시킬 여건을 조성하기 위하여 북한이 미국·일본 등 우리 우방과의 관계를 개선하는 데 협조할 용의가 있으며, 또한 우리는 소련·중국을 비롯한 사회주의 국가들과의 관계 개선을 추구한다는 것이다. 외무부, 『한국외교 40년』 전게서, pp.104-105.

36) 외무부, 『한국외교 40년』 전게서, pp.103-104.

37) 공보처, 『제6공화국 실록』 2권, pp.94-96.

고, 북한과 새로운 관계정립을 모색하고자 하는 외교적 노력을 총체적으로 의미하고 있다.[38]

좁은 의미로 우리의 대중·소 관계 개선을 북방정책으로 하고 북한을 제외시켜 통일정책으로 구분하는 것과는 달리, 제6공화국에서는 중국과 소련, 사회주의 국가를 비롯한 여타의 사회주의 국가뿐만 아니라, 북한에 대한 정책을 포괄하는 넓은 의미로 사용하고 있다는 것이다. 따라서 제6공화국은 북한에 영향을 주는 사회주의 국가를 통해서 한반도의 평화정착과 통일의 여건을 조성한다는 중장기적인 정책과제로서 북방정책을 선택하고 있다.[39] 이는 북방정책의 대상에 따른 개념 설정을 제5공화국까지의 사회주의 국가와의 관계 설정을 통해 한반도의 긴장을 완화시키는 소극적 차원을 넘어서, 사회주의 국가와의 관계를 통해서 북한을 설득하고, 긴장완화 및 통일방안을 추진해 나간다는 공세적, 적극적 개념으로 확대된 것이다.

이러한 북방정책의 대상의 확대 및 적극화는 북방정책의 목적에도 영향을 미치게 된다. 북방정책의 정책 주체들이 제시하는 북방정책의 목적은 소련·중국을 비롯한 공산권 제국과의 정상적인 국가관계를 설정하여 한반도 및 동북아지역의 평화와 번영에 기여하면서, 한반도의 평화정착과 평화통일 기반을 조성하고, 소련·중국·기타 동구권 국가들의 관계 개선을 통한 외교 영역을 확대하여 국제적인 지지기반을 넓히며, 한국의 경제적 진출과 자원 공급원 확보 등을 통한 국가의 경제적 실익을 추구하는 것으로 제시하고 있다.[40]

구체적으로 북방정책은 대상에 따라서 정책목적을 달리하고 있었다. 소련에 대한 북방정책의 목적은[41] 첫째, 한국과 소련의 화해를 통해서 사회주의 종주국인 소련으로부터의 외교적 승인을 받는 일이다. 둘째, 한국이 모스크바에 접근함으로써 소련이 평양에 영향력을 행사해 주기를 기대할 수 있고, 그것은 한반도 긴장완화 및 남북한 통일에 긍정적인 결과를 가져오리라 기대하였다. 셋째, 한국정부가 대미관계에서뿐만 아니라 국내정치에서 소련카드를 사용할 수 있다는 것이다. 넷째, 소련

---

38) 이상우, 「한국의 북방정책」, 평양고보동문회 - 이북5도민회 - ≪조선일보≫ 주최, 『북방정책과 통일문제 토론회』 발표논문, pp.53 - 60.

39) 유석렬, 「통일외교」, 전게논문, pp.108 - 109.

40) 유석렬, 「통일외교」, 전게논문, 109쪽, 유석렬, 「북방외교의 현황과 추진 방향」, 한국정치학회, 『민족공동체와 국가 발전』, 1989, p.556.

41) 김의곤, 「한소관계의 발전과 남북한 관계의 전망」, 『국제정치논총』 제30집 제1호, 1990년, pp.48 - 49.

에 거주하는 43만 조선족의 법적 지위를 높이고 이들의 모국 방문을 원활히 할 수 있는 효과를 거둘 수 있다. 다섯째, 경제적 동기로 러시아의 보물창고라고 일컬어지고 있는 시베리아를 개발이라는 안정적 자원공급과 기술과 자본의 수요공급이 일치할 수 있다는 점이다.

중국과의 관계에 있어서[42] 첫째, 정책목표의 의미는 한국과 중국이 수교를 함으로써 역사상 중국과 대등한 위치에서 주권국가로서의 자주독립외교를 수행할 수 있으며, 둘째, 12억 인구라는 시장 잠재성을 가지고 있는 중국과 수교함으로써 새로운 시장의 안정적 확보가 가능하다는 것이다. 1970년대 말부터 시작된 중국식사회주의의 개혁은 1980년대에 초반에 자본주의를 부분적으로 도입하고 제한적이나마 사유재산과 시장경제를 허용하고 있었으며, 이에 힘입어 일본과 미국 등은 1970년대에 중국에 진출하고 있었다. 이러한 중국 시장에 한국은 경제적 진출 필요성이 확대된 것이다. 셋째, 한국과 중국의 경제협력 및 국교수립은 장기적인 측면에서 중국-북한 관계의 재정립을 초래할 것이다. 넷째, 중국에 거주하는 100만 조선족의 지위 향상과 모국 방문의 기회를 주는 촉매작용을 할 것이다.

그리고 동구권 외교의 목표는[43] 첫째, 한국-동구의 관계 증진은 우회적 전략으로서 소련을 비롯한 여타 사회주의 국가의 한국정책에 변화를 줄 수 있다는 것이다. 둘째, 북한의 대외정책, 특히 대남정책에 간접적으로 영향을 줄 수 있다는 것이다. 셋째, 경제적 측면에서 심화되고 있는 동구의 경제실패에 따라 한국과의 경제협력 가능성을 높였으며, 한국의 입장에서도 소비재 시장의 확대라는 필요성을 가지고 있었다.

북방정책의 개념적 특징을 통해서 북방정책의 의미를 보면, 첫째, 북방정책의 외교다변화 전략으로 서방선진국 일변도의 경제교류를 다변화하고 구체적으로 경제실익을 획득하고자 한다는 명분을 구축하는 것이다.[44] 둘째, 탈이념화 전략이다. 구적국과의 적극적인 관계 개선을 통해 한국 외교를 탈이념화시킴으로써 한국의

---

42) 김의곤, 전게논문, pp.48-49.

43) 김의곤, 전게논문, pp.48-49.

44) 경제교류의 목적은 첫째, 자원부족국가로서 자원의 공동개발을 통하여 필요한 자원을 확보, 둘째, 미·일·EC 등에 편중되어 있던 교역시장 특히 수출시장의 다변화, 셋째, 대소경협에서와 같이 한국이 필요로 하는 기초과학기술의 전수나 첨단과학기술의 민수기술화, 또는 기존 기술공동국으로부터 이전받기 어려웠던 기술을 습득하는 기술협력의 가능성으로 구분할 수 있다. 김학수, 전게서, pp.20-21.

대외적 위상을 높이고, 이미지를 고양시킨다는 것이다. 셋째, 북한에 대한 공세적 경쟁 전략이다. 교차승인을 명분으로 수교경쟁에서 북한을 압도하고, 우월한 국력을 바탕으로 공세적으로 남북협상을 이끌 수 있다는 것이다.[45] 넷째, 한국 외교의 자주화 전략이다. 한국의 자주외교의 요구에 대응하여, 진영외교에서 벗어나 사회주의 국가와의 관계 개선에 있어서 자주적 대외정책을 추진하고, 한반도 문제를 점진적으로 남북한 당사자의 문제로 자주화시킨다는 것이다.

그러나 북방정책은 여러 가지 측면에서 또 다른 부정적 결과를 가져올 수 있었다.[46] 북한의 동맹국인 소련과 중국을 중립화시킴으로써, 결과적으로 북한은 고립된다는 것이다.[47] 북한의 고립화는 한반도의 평화에 긍정적으로 작용할 수도 있지만, 반대로 북한의 모험주의에 의존하도록 할 수 있다는 것이다. 그리고 한국이 사회주의 국가인 소련과 중국과 수교를 하게 되고, 북한이 미국과 일본과 수교를 하게 되면, 이는 사실상 분단의 고착화로서 통일에 긍정적으로 작용하도록 하는 또 다른 실천방안의 모색이 필요하다는 것이다. 교차승인은 한반도의 평화정착에 기여하지만, 북한의 주장처럼 통일에 긍정적으로 작용할지 여부는 미지수인 것이다.

이러한 북방정책이 가져올 부정적인 결과에 대응하여, 원칙적인 정책 운영 방향이 설정되었다. 즉 ①북한의 고립화를 추구하지 않는다. ②대북한 정책과 통일정책을 연계시킨다. ③정치적 교류와 비정치적 교류를 과감하게 병행하여 추진한다. ④국민적 합의의 바탕 위에 추진한다. ⑤미국을 비롯한 기존 우방국들과의 유대관계를 더욱 다지는 바탕 위에서 추진해 나간다는 것이다.[48] 그러나 이 원칙은 북방정책이 가져올 결과와 논리상 상호 모순을 일으키는 것을 방지하고자 하는 정책의도를 분명히 하는 것이었다.

---

45) 7·7선언은 다음과 같이 말한다. "한반도 평화를 정착시킬 여건을 조성하기 위하여 북한이 미국·일본 등 우리 우방과의 관계를 개선하는 데 협조할 용의가 있으며 또한 우리는 소련·중국을 비롯한 사회주의 국가들과의 관계 개선을 추구한다." 공보처, 『제6공화국 실록』 전게서(1992), p.488.

46) 김태현, 「외교안보정책」, 전게논문, p.52.

47) 정종욱, 「북방정책 다변화가 북한사회주의 국제관계에 미치는 영향」, 서울대학교 국제문제연구소, 『논문집』 제14호, 1990, p.5.

48) 박철언, 「민족의 진운과 북방정책」, 『민족지성』 통권 38호(1989. 4), pp.188 – 189.

Ⅳ. 제6공화국의 북방정책 선택과 국가정책

1. 북방정책의 선택과 정책엘리트의 역할

정책엘리트는 정책기구에서 정책을 관장하는 국가관료로서 자신들의 담당업무에 따라 역할과 기능이 형성된다. 이는 정책기구의 표준운영절차로서의 정부조직법이나 각 부처의 내규에 의존하지만, 무엇보다도 최고정책결정자의 의지에 의거하여 형성된다. 따라서 이들은 정책을 최고정책결정자의 의지를 반영하고, 공공선(commom goods)을 함목적성으로 하여 자신들의 정치적 이해를 투영시키게 되며, 정책환경을 평가하고, 대안을 제시하며, 정책을 평가하여 또 다른 변화를 야기하게 된다.

제6공화국의 대외정책기구는 대통령을 중심으로 부총리급의 경제기획원과 통일원과 대외협상업무를 담당하는 외무부가 각각 경제, 통일, 협상과 관련된 분야별 대외정책을 관장하고, 이들 정책기구는 국무회의와 조정기구를 통해서 정책 협조 및 조정을 하게 되며, 기타 행정부의 정책기구들도 부처의 입장과 대비하여 국무회의를 통해서 정책의제형성과정에 개입하게 된다. 특히 대통령을 중심으로 하는 청와대 비서실과 국가안전기획부,[49] 평화통일자문회의, 국가안전보장회의가 대통령의 자문 및 협의, 합의 기구로서 역할을 수행하고 있었다.

이러한 정책기구의 정책엘리트는 제6공화국의 북방정책의 문제제기 및 정책의제 형성, 그리고 정책을 선택하기까지 주요한 영향을 미쳤으며, 또 집행을 직접 담당함으로써 정책 역량을 형성하는 데 주요한 역할을 행하고 있었다. 제6공화국의 북방정책은 1985년 3월 박철언 안기부장 특별보좌관을 팀장으로 하는 15명의 북방 및 남북관계전담팀이 안기부 내에 공식적으로 발족하면서 체계화된 국가정책이 작성되기 시작하였다.[50]

---

49) 조정업무 및 비밀업무 등에 관하여서는 국가안전기획부법 및 정보 및 안보업무기획 · 조정규정 제5조 참조.

50) 김일동, 「청와대 북방정책 인맥」, 『신동아』(1990. 9), p.217, 박철언, 「남북관계정상화 무엇이 문제인가: 북방정책과 통일전략」, 『민족지성』 통권 제77호(1992. 2), p.98.

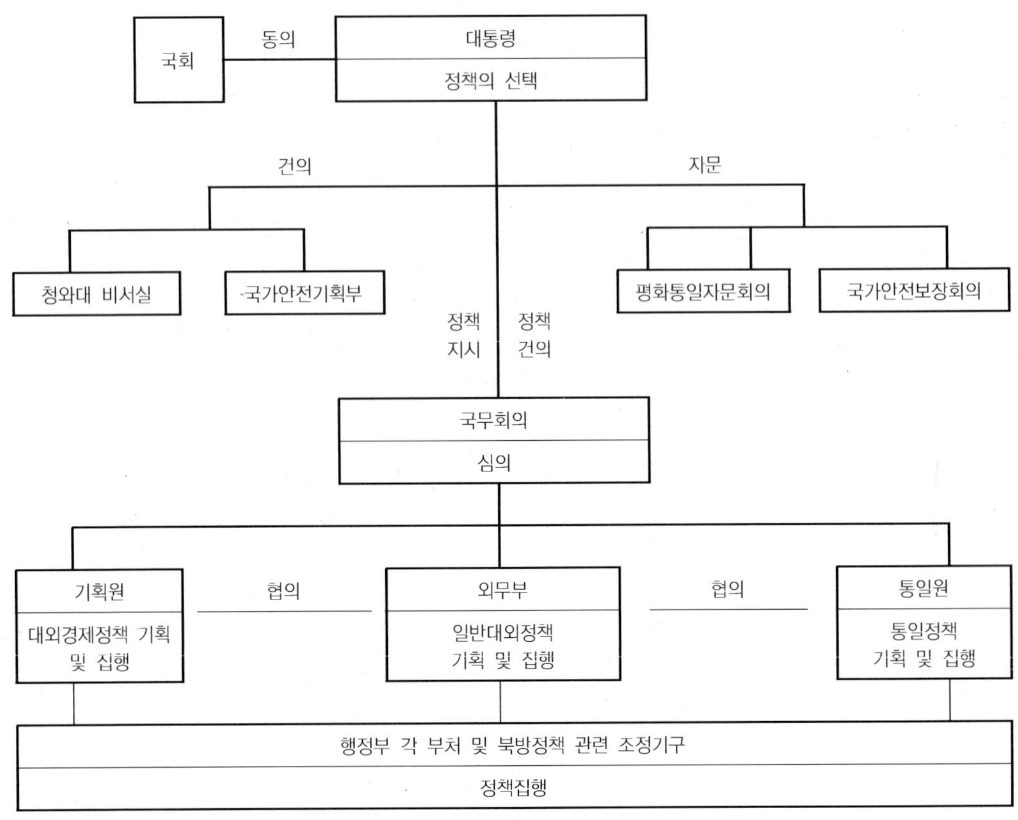

〈그림 7-1〉 한국의 대외정책의 선택 및 집행기구의 구조

* 민족통일연구원, 『남북한 국력추세 비교연구』(서울: 통일원, 1992), p.574, 참조.

    그러나 이미 제3공화국에서 사회주의 국가와의 교류협력의 필요성에 대한 논쟁을 비롯하여, 6·23 선언과 스포츠 외교를 통해서 외무관료들의 적극적인 북방정책을 주창하고 있었다. 경제부처는 사회주의 국가와의 교류와 접촉이 강화되는 1980년대에 이르러 사회주의 국가와의 관계 개선에 대한 필요성을 지적하고 있었다. 그러나 안기부를 비롯한 보수적인 정책기구인 국방부는 사회주의 국가와의 교류와 협력을 안보의식의 해이를 명분으로 반대하고 있었다.

    그러나 제6공화국에 들어서 북방정책을 선택하는 데 있어서 정책엘리트들의 갈등은 논쟁으로 번지지 않았다.[51] 이는 최고정책결정자를 중심으로 정책엘리트들이

---

51) 국가관료들의 사회주의 국가 및 북한에 대한 경계심은 인식적 이중성을 강화시켜 안보정책과 북방정책은 구분되었으며, 안보의식의 약화를 우려하는 보수적인 국가관료들의 반발이 일기도 하였으나, 북방정책 추진기구의 제도화와 안보정책 및 북방정책을 구분함으로써 논란이 감소되었다. 정무장관(1)실, 『남북관계에 대비한 북방정책 방향』(서

배치되었을 뿐만 아니라, 여타의 정책기구의 정책 선택에의 참여를 제한하고 있었기 때문이다.[52] 특히 행정부처에도 통일원, 외무부, 경제기획원이 북방정책을 지지하는 정책엘리트로 임명되었을 뿐만 아니라. 이들이 청와대와 연계되어 북방정책을 추진했던 것이다. 이로써 북방정책의 원활한 추진을 위한 우호적 정책망이 형성되었으며, 갈등과 논쟁으로 인한 정책 수행의 장애를 제거하는 정책 역량의 극대화가 가능했던 것이다.

그러나 북방정책의 주요 정책엘리트들은 북방정책의 선택에 있어서 자신들의 정치적 이해를 반영하고 있었다. 외무부는 국제환경의 변화에 대응하고 북한과의 체제경쟁에서 주도권을 확보해야 하며, 외교의 다변화를 위한 지평의 확대를 위하여 사회주의 국가와의 관계 개선의 필요성을 역설했다. 또한 청와대의 특정 인사들을 중심으로 하는 담당 부서가 설치되고, 부처들 사이의 업무 협의나 조정이 불가능해짐으로써 행정부의 부처들 사이에서, 그리고 정치적 선점을 위하여 의회에 행정부와의 갈등과 경쟁이 발생하기도 하였다.[53] 이러한 관점에서 북방정책의 선택이나 집행에 있어서 정책참여자들의 성과주의와 유권자들에 대한 기대감 등의 정치적 동기는 주요한 요인이 되었음을 알 수 있다.

특히 정책엘리트의 북방정책에 대한 정치적 동기는 지배연합으로서의 경제계의 시장 다변화라는 정책적 요구를 적극 수용하는 계기가 되었다. 이는 우호적 정책망으로서 기업 등 경제부문의 역할을 동원하고, 이들의 요구를 수렴하는 것으로서 권력기반의 안정성을 확보하고, 정치적 성과를 동시에 이루는 전략이라는 측면에서 정책엘리트의 적극적인 북방정책의 선택을 요구하고 있었던 것이다.

이들 정책엘리트들은 계속되는 문제제기를 통해서 국가정책으로 정책목적의 함목적성을 부여하는 대안을 마련하고, 최고정책결정자의 선택에 중요한 역할을 하였을 뿐만 아니라, 정책을 집행하는 데 있어서 자신들의 정책에 대한 이해와 경험을 긍정적으로 조성하고 있었을 뿐만 아니라 적극적 추진의 원인이 되기도 하였다.

울: 정무장관 1실, 1990) 참조.

52) 노태우 대통령은 김종휘 외교안보수석 비서관이 공식적이고 공개적인 것과 기본적인 것을 전부 관장했으며, 박철언 정책보좌관이 비공식적인 일을 수행했다고 밝히고 있다. 조갑제, 「노태우의 육성 회고록」, ≪월간조선≫(1999. 5), p.87.

53) 이 사례에 관한 분석은 문수언, 「탈정치적 제도화의 역설과 북방정책」, 서울대학교 국제문제연구소, 『논문집』 1991. 38쪽. 서두원, 「김영삼 - 박철언. 누가 승자인가?」 『신동아』(1990년 5월호), p.181 참조.

2. 정책결정자와 북방정책의 선택

  최고정책결정자의 선택은 정책과정에서 정부부처의 정책집행을 의미한다. 따라서 최고정책결정자는 정책환경을 해석하고, 국가 능력을 총합적으로 판단하여, 특정정책에 배정할 수 있는 정책능력을 평가하는 주체이며, 자신과 집단의 정치적 이해나 정치적 인식에 근거하여 국가정책을 선택하고, 변화시키는 것이다.

  한국의 최고정책결정자로서의 대통령은 헌법에 부여된 막강한 권력뿐만 아니라, 3권을 통괄할 수 있는 막강한 권력을 일반적으로 인정받고 있다.[54] 이러한 막강한 권력의 최고정책결정자인 노태우 대통령의 선택은 정책엘리트를 비롯한 모든 국가 정책기구의 재구성과 국가 동원체제의 구축을 의미하는 것이다.

  제6공화국에 있어서 북방정책은 제5공화국과 계속성을 가지고 발전하고 있었지만, 제6공화국에서는 제5공화국과 달리 명확하게 국가정책으로 선택되고, 모든 역량을 동원하여 구체적인 프로그램이 단계적으로 추진하였으며, 정책 결과를 정권의 업적으로 상징화하였다. 이러한 관점에서 제6공화국의 북방정책은 최고정책결정자의 정책의지를 반영하는 것으로 평가할 수 있을 것이다.

  북방정책의 선택은 최고정책결정자의 의지라는 것이다. 제6공화국의 북방정책이 처음 국가정책으로 선택되어, 구체적으로 공식화된 것은 7·7 선언이었다. 그러나 7·7 선언은 이미 국가정책으로 추진되고 있는 상황에서 대통령의 임기 개시 5개월 후에 발표된 것이며, 이는 이미 정책 선택과정을 거쳤던 것이다.

  최고정책결정자의 문제제기나 인식, 그리고 정책엘리트의 문제제기는 정책을 선택하는 과정의 의미를 가진다. 노태우 대통령은 1981년 88서울 올림픽 유치와 준비과정을 주도하면서 북방정책의 기초를 마련하고 있었으며,[55] 88서울 올림픽 조직위원장과 체육부 장관을 거치면서 사회주의 국가와의 관계 강화의 필요성에 대해 인식을 하고 있었다.[56] 그러나 노태우 대통령의 북방정책에 대한 인식은 정책대

---

54) 대한민국 헌법 제66조~제100조 참조.

55) 1981년 7월 15일 예편 후, 외교안보담당인 제2정무장관에 임명되어 9월 초 대통령에게 건의서를 올렸으며, 다음 날 대통령의 최종 재가와 함께 유치 책임자로 임명되었다. 노태우 장관의 인식은 비동맹국 사람들을 껴안아야 남북대결외교에서 이길 수 있다는 것에서 출발하고 있으며, 북방정책에 대한 구상은 비동맹 외교에서 사회주의 국가에 대한 외교로 확대시키는 단계적 구상을 한 것으로 밝히고 있다. 조갑제, 「노태우의 육성회고록」, 전게자료, pp.81-84.

56) 노태우, 「북방정책」, 고려대학교 언론대학원 특강(1995. 6. 4), ≪월간조선≫(1995. 7.)

안이나 문제제기로 구체화되지 못했지만, 제13대 대통령 선거가 전개되면서 북방정책의 의지를 구체적으로 표현하고 있었다. 노태우 대통령 후보는 대통령 선거기간 중 국가안보와 평화적 민족 통일을 위한 자주외교의 필요성과 적극적 북방외교를 제시하고 있었다.[57] 대통령 선거유세에서 노태우 후보는 "임기 중에 중화인민공화국과 정식외교관계를 갖도록 추진하겠다."고 공약하였으며, 다른 후보들도 사회주의 국가들과의 관계 설정을 교차승인의 입장에서 접근하고 있었지만,[58] 이들 후보들과는 달리 국가정책으로서 북방정책을 인식하고 구체화된 프로그램을 제시하고 있었다.[59]

〈표 7-1〉 제13대 대통령 출마자들의 북방정책 공약

민정당(노태우)	민주당(김영삼)	평민당(김대중)	공화당(김종필)
민족화합민주통일에 의한 단일정부 수립	6원칙 5단계 한민족공동체통일방안	평화정책, 평화교류, 평화통일 3단계공화국 연방	민주주의에 입각한 5단계 통일실현
4대국 시차 교차승인 및 3단계 북방정책	연방제 / 단일정부 등 제도개선보다 체제우호 관계 우선 추진	4대국과 유엔 협력 아래 동시 교차승인	국제환경조성을 위한 적극적 통일외교추진
남북수뇌 상호방문			

*자료: ≪한국일보≫ 1987년 11월 8일

대통령으로 당선된 이후 노태우 후보는 1987년 12월 21일 대통령 취임준비위원회를 구성하여, 자주적, 자생적 대외정책을 표방하고 있었으며, 이는 대통령 취임사(1988. 2. 25), 3·1절 기념사, 취임 이후의 첫 기자회견(1988. 4. 21.)에서도 주요 정책으로 언급되었으며, 이는 점진적으로 구체화되어 나갔다.

---

57) 동아일보사, 『동아연감』, 1988년, pp.73-74. 노태우, 『위대한 보통사람들의 시대』 전게서, pp.229-231.

58) 북방정책이 선거공약으로 제시되어 국민적 관심 및 평가에 대한 분석은 박치영, 「한국대통령 선거와 외교정책 이슈」, 『국제정치논총』 제29호 제1호(1989), pp.25-58.

59) 제13대 대통령 선거기간 동안에는 공산권 국가 접근을 3단계로 구분하여, 1단계는 문화, 스포츠 같은 비정치적, 비경제적 분야의 교류 촉진, 2단계는 경제교류와 협력 촉진, 3단계는 정치외교관계 수립으로 하고 있다. 노태우, 『위대한 보통사람들의 시대』 전게서, pp.229-231. 그리고 북방정책의 전체적인 구상은 1단계로 동구권, 소련, 중국과의 수교가지를 1단계로 하며, 북한을 완전 포위하는 것이며, 2단계는 남북한 통일로 '남북기본합의서'가 하나의 성과이다. 3단계는 최종목표로서 생활문화권을 북방으로 확대하는 것이다. 조갑제, 「노태우의 육성 회고록」, 전게자료, p.87. 노태우 대통령의 북방정책의 단계적 구상은 박철언 정책 비서관의 제5공화국시절 작성했던 청사진인 1단계로 특정 사회주의 국가와의 국교를 수립하여 기초, 반석을 다지며, 2단계로 중국, 소련을 포함한 모든 사회주의 국가와 국교를 수립하여, 관계를 정상화하고, 남북문제에 정상회담을 실현하여 평화공존, 자유왕래가 도래하는 단계와 제3단계로 조국의 평화적 통일을 실현하는 것으로 설정하고 있다. 박철언, 「한반도 정세와 통일에의 길」, 북방정책과 한·소관계 세미나, 『민족지성』(1991. 4), pp.124-125.

최고정책결정자의 이러한 선택과 강력한 추진의지는 어떠한 이유에서 가능했던가? 먼저 제13대 대통령으로 당선된 노태우 당선자는 북방정책에 관한 다양한 성과를 접하면서, 북방정책의 성공가능성에 대한 확신하고 있었다. 1988년 1월 16일 대한상공회의소는 사회주의 국가 최초로 헝가리 상공회의소와 경제협력 확대를 위한 6개 항의 업무협정을 체결하였으며, 1월 25일 상공부는 국회에서 '88년도 통상정책 방향' 보고서에서 동구권과의 무역사무소 개설 등 사회주의 국가들과의 교역을 강화할 방침을 밝히고 있었다. 1월 26일에는 최광수 외무장관이 동구권과의 무역확대 방안의 하나로 3월에 헝가리 상공회의소 무역사무소가 설치된다는 것을 밝혔다. 민간부문에서 베트남을 비롯한 중국과의 투자조사활동 및 투자상담이 이루어지고 있었다. 제5공화국 말기의 사회주의 국가와의 교류협력의 성과는 제6공화국에서 북방정책을 국가 주요 정책으로 선택 가능성을 높여 주고 있었을 것이다.

그리고 정책역량에 대한 평가도 88서울 올림픽으로 한국에 대한 이미지와 위상이 높게 평가되고 있었으며, 이들 국가의 국가관료들과 커뮤니케이션 루트가 확보되어 있었다. 그리고 86년 이후 대외무역의 흑자가 유지되고 있으며, 이를 통해 북한보다 우월적인 입장에서 대외적인 경제적 지원이나 협력이 가능하였기 때문이다.

최고정책결정자는 4월 21일 대통령 취임 후 첫 기자회견에서 '올림픽은 북방외교를 위한 새로운 전기가 될 것'이라며 중국과 동구권 국가들과의 교류가 진전되고 있다고 지적하면서, 북방정책을 과감히 추진할 것을 밝히고 있었다.[60]

둘째, 제6공화국의 정치적 업적으로 북방정책을 상징화하고자 하는 정책결정자의 정치적 동기이다. 노태우 대통령은 대통령 선거기간 동안 한국의 3대 국가과제로 민족통일을 설정하고 있었다.[61] 통일에 대한 국민적 욕구를 충족시키고,[62] 국가발전을 위한 정책과제로서의 북방정책을 연계하여 '순서'라는 작은 것을 잠시 양보하여, 정책목표를 달성하고자 하는 전략적 선택인 것이다.[63]

88서울 올림픽을 계기로 북방정책이 적극 추진되고 있는 상황에서 한반도의 긴

---

60) 공보처, 『제6공화국 실록』 제1권, 전게서, p.82.

61) '우리의 과제를 줄여서 세 가지로 압축해 보면, 첫째, 남북관계에 있어서의 안보와 사회안정의 문제이고, 둘째, 경제발전의 문제이며, 셋째, 민주주의의 문제이다.'로 지적하고 있다. 노태우, 『위대한 보통사람의 시대』 전게서, p.235.

62) 박상변, 「북방정책의 평가: 사회적·문화적 측면」, 서울대학교 국제문제연구소, 『논문집』 제15호, 1991, p.20.

63) 노태우, 『위대한 보통사람의 시대』 전게서, 230쪽.

장완화와 평화정착, 통일토대의 마련은 민족통일을 이룬다는 국가목표를 달성하는 것이며, 북방정책과 통일정책을 구체적으로 연계시킴으로써 정권의 업적으로 만들고, 이를 통해서 국민적 지지를 받고자 하는 것이다. 정책결정자의 정치적 동기는 북방정책의 정치화라는 야당의 반발과 정책 독점이라는 비판을 받기도 하였으며, 총선거, 지방선거 등의 선거나 중간평가 연기와 5공 청산 과정에서 정치적으로 이용되고 있다는 국민들의 비판을 받기도 하였다.

셋째, 대외정책의 성과를 통해서 국내적 지지를 확보하는 전략적 선택이었다. 제13대 대통령으로 당선된 이후 노태우 당선자는 2월 민주화합추진위원회의 건의(2. 23.)와 이에 따른 일련의 조치에 대한 긍정적 여론이 조성되지 않고, 3월 20일 중간평가와 관련한 특별담화를 발표하여 연기 가능성을 제시하였지만, 정치권의 반발을 사고 있었다. 특히 4·26 총선에서 여당이 과반수 의석을 차지하지 못하고[64] 여소야대 국회가 형성됨으로써 대법원장 임명 동의안이 부결되어 야당 3당은 더욱 결집되게 되었다. 또한 제5공화국의 전직대통령 일가의 비리를 중심으로 하는 여야 간의 논쟁이 전개되고,[65] 6월 임시국회에서 국정조사권을 가진 5공비리 특위와 광주민주화 운동 조사특위가 구성되어 군인 출신인 대통령을 비롯한 집권세력에게 큰 부담이 되고 있었으며, 7월 국회에서는 국정감사조사법 개정안의 처리로 동행명령제를 받아들이게 되어 정치권의 불안은 지속되고 있었다. 그리고 노동계 및 학생운동의 시위로 인하여 사회불안이 심화되고 있는 상황에서 노태우 대통령의 정국운영은 심각한 부담으로 작용하고 있었다.

이러한 국내 정치의 어지러운 상황은 대외정책의 강력한 추진으로 국민 여론의 지지를 받는 전략적 선택을 요구하고 있었다. 국민의 통일 및 민주화 요구의 분출로 인한 수렴을 위한 정치적 역량이 한계가 있고, 여소야대 국회로 인한 정치적 갈등의 심화로 인하여 노태우 대통령은 국정 운영의 심각한 차질이 발생하고 있는 상황에서 88서울 올림픽과 성공 가능성이 있는 북방정책의 강력한 추진은 국내적 간섭이 없이 정권의 업적으로 상징화할 수 있는 국가정책이었던 것이다.

북방정책을 추진하고자 하는 대통령의 의지는 임기만료 직전인 1992년 11월 24

---

64) 13대 국회의원 총선 결과 투표율 75.8%, 지역구 당선자 민정 87명, 평민 54석, 민주 46석, 공화 27석, 무소속 10석의 분포를 보였음. 중앙선거관리위원회, 『제13대 국회의원 선거 총람』(서울: 중앙선거관리위원회, 1998) 참조.
65) 문수언, 「탈정치적 제도화의 역설과 북방정책」, 전게논문, p.39.

일 청와대에서 열린 '북방정책 보고회의'에서 북방정책의 성과를 지적하면서 민족 통일, 국가번영, 나라 위상에 새로운 지평을 연 것으로 평가하고 있는데,[66] 이는 대통령이 북방정책을 국가 주요 정책으로서 효과에 대한 자신감을 가지고 있었다는 평가를 가능하게 한다.[67]

그러나 대통령의 의지는 북방정책을 국가정책으로 선택하여, 이를 정책과정에서 제도화시켜 추진하는 데 오히려 장애가 되고 있었다. 즉 초기의 정책을 선택한 대통령이 청와대 중심으로 지침을 시달하고, 또 이를 직접 관리함으로써 실무부서들은 북방정책의 개념화 및 정책 추진에 있어서 정치적 결정을 요하는 많은 사항에 대하여 청와대의 지침을 기다려야 했던 것이다. 이러한 원인은 대통령의 정책 선택이 자신의 정치적 동기를 공적 목적으로 전환하여 추진함으로써 심화되었으며,[68] 국회나 여론의 정책 혼선 및 독주에 대한 비판이 제기된 이후 제도화가 추진된 원인이기도 하다.

Ⅴ. 제6공화국의 북방정책 제도화

1. 북방정책 추진 정책기구의 형성

북방정책은 7·7 선언을 통해서 구체화되지만, 이는 제6공화국의 성립과 더불어 이미 제도적 준비 단계로 진입하고 있었다. 북방정책은 주요한 대외정책으로서 대통령의 참모조직인 청와대가 중심이 되어 추진하게 되었으며, 외무부 등의 관련 행정 부처들은 자신들의 업무와 관련된 부분적인 정책집행을 맡게 되었다.

먼저 대통령의 참고기구로서 청와대에 정책기구가 설치되어, 이들 정책기구가 북방정책의 추진 주체가 되었다.[69] 대통령 취임식 날 정책조사보좌관실을 설치하고

---

66) ①우리는 능동적, 창조적 외교로 전방위 외교시대를 개화시켰음. ②북방대륙의 무한한 시장이 열리게 되었음. ③북방정책은 국가안보에도 크게 기여했음. ④가장 중요한 성과는 통일의 큰 길이 열린 점이다. 공보처, 『제6공화국 실록』 제5권, 전게서, pp.427-429.

67) 1987년 "유연한 교차승인의 시기가 왔다는 것을……" 판단할 정도로 자신감이 서 있었다. 노태우, 『위대한 보통 사람들의 시대』 전게서, p.229.

68) 박철언 씨는 1989년 가을의 한 인터뷰에서 "북방외교는 노대통령의 입지와 밀접하게 연관되어 있어 청와대가 관장할 수밖에 없다."고 말한 적이 있다. 김일동, 「청와대 북방정책 인맥」, 전게자료, p.219.

박철언 씨를 임명하였으며, 산하에 정책기획비서관, 정책조사연구담당 비서관, 남북
문제담당 비서관을 두어 북방정책을 실질적으로 담당하도록 했다. 그러나 1989년
7월 19일 박철언 씨가 정무1장관으로 임명하면서 정책조사보좌관실이 폐지되고,
통일문제는 정무수석실 소속의 섭외 및 통일업무담당 비서관이 담당하고, 외교·
안보는 국제안보담당비서관, 국방행정담당비서관, 외교담당비서관을 산하에 두고
외교·안보보좌관이 담당하게 되었다. 초기 청와대 중심의 북방정책 추진은 행정
부처들 간의 조정을 위한 북방교류협력조정위원회 등이 발족하면서 북방정책의 권
한이 고유 주무부서로 많이 이양되었다.[70]

그러나 주요한 비밀업무 추진이나 대통령이 관련된 사안은 청와대가 중심이 되
어 추진할 수밖에 없었다. 1989년 초 정주영 현대그룹 명예회장의 방북이나 1990
년 6월의 샌프란시스코의 정상회담도 노재봉 대통령 비서실장과 김종휘 외교안보
보좌관이 추진 주체가 되어, 소련과의 교섭을 맡았으며, 소련 또는 미국으로부터의
연락도 외무부를 거치지 않고 직접 청와대로 전달되었다.[71] 북한과의 협상을 위한
접촉과 정책의 선택은 청와대와 안기부가 중심이 되었으며, 이들 정책기구의 조정
을 거쳐서 통일원이 집행기능을 수행하였다.

청와대를 중심으로 하는 북방정책의 선택과 집행에도 불구하고, 정부조직법에 의
한 북방외교의 주무부처는 외무부이고, 남북한 통일정책은 통일원에서 담당하고 있
었다. 경제기획원을 비롯한 상공부, 재무부, 등이 경제수석과 함께 사회주의 국가들
과의 경제협력에 관한 문제를 협의하였으며, 공보처 및 교육부, 체육부 등 거의 대
부분의 부서가 각 분야에 관련된 북방정책을 추진하고 있었다. 따라서 북방정책은
행정부의 대부분의 부서가 망라되는 종합적 성격의 정책으로, 청와대의 정책 지침
과 방향이 설정되면, 이를 각 부처에 집행하는 정책과정을 밟게 되었다.

7·7 선언 이후 북방정책 및 남북관계 개선을 위한 조치들이 본격화되면서 청와대
의 업무의 독점으로 인한 불협화음이 표출되고 실무내용에 대한 청와대 및 안기부의

---

69) 헌팅턴의 제도화의 개념에서 조직을 중심으로 살펴보고자 한다. 민준기, 배성동, 『정치발전론』(서울: 을유문화사,
    1987), p.27.

70) 차성덕, 「외교정책결정에 있어서 정책결정체계의 영향에 관한 연구」, 관악행정학회, 『한국사회와 행정연구』 제6권
    (1995. 12), p.240.

71) 이호, 『외교는 사기다』(서울: 제일미디어, 1997), pp.92-95.

조정의 한계가 발생하였다. 제5공화국의 말기까지는 각 부처별로 추진되어 왔던 사회주의 국가에 대한 정책의 집행이 제6공화국에서 청와대를 중심으로 행정 각부의 의견을 조율하는 위원회 및 협의회로 확대 개편되었다. 조정기구들은 총리 및 부총리를 중심으로 하는 결정기구와 차관급이 중심이 되는 조정기구로 대별할 수 있다.[72]

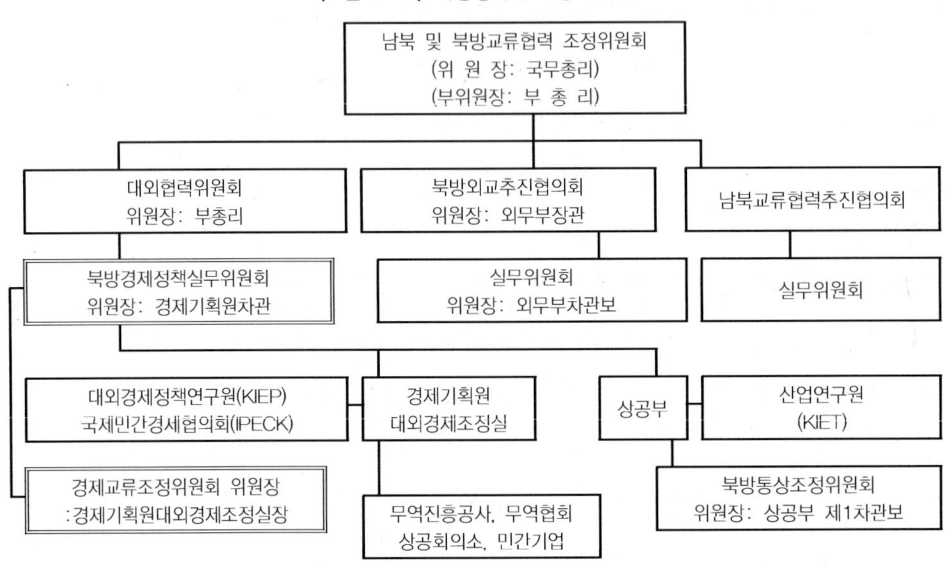

〈그림 7-2〉 북방정책의 조정 기구표

* 자료: 산업연구원, 『북방경제협력의 과제와 전망』(1991. 4), 77쪽.

이들 정책기구들은 국무총리, 경제기획원장관인 부총리, 외무장관이 중심이 되어 운영되었으며, 각각의 실무위원회가 구성되는 위계적 구조를 가지고 있다. 그리고 행정부서 내의 이견조정뿐만 아니라 민간과 공공 영역 간의 관계를 조절하고, 사업 내용을 조정하고 배분하는 집행기구들로 구성되어 정책과정에서 권력을 공권력이 독점하고 있었다. 그리고 연구기관을 북방정책 기구에 포함시킴으로써 대외정책의 포괄성과 정치성을 배제하는 실무적 차원의 정책집행 및 장기적인 대응책 마련에 심혈을 기울이고 있었다. 그리고 이러한 조정기구나 집행기구에도 불구하고, 청와대나 안기부가 정보의 수집 및 주요 결정의 핵심적 역할을 하고 있었으며, 부처 간의 갈등은 조정기구의 설치가 완료되는 1989년에 이르러서는 갈등은 완화되기 시작하였다.

---

72) 김학수, 전게서, p.86.

정책기구의 제도화와 함께 진행된 정책집행제도로서의 법적 장치도 마련되었다. 7·7 선언은 이러한 법적, 제도적 장치를 마련하는 기초로서 각 부처별로 북방정책을 위한 후속조치들이 추진되었다. ①남·북 동포 간의 적극적인 상호교류 추진과 해외동포의 남·북 자유왕래를 위한 문호개방 조치(선언 제1항) ②남·북 교육당국 회담 제의(88. 7. 15), 해외동포 남·북 간 자유왕래 문호개방 조치(88. 7. 19), 납북 및 월북 문인 작품 해금조치 및 북한에 대한 비방방송 전면 중지(88. 7. 19), 북한 및 공산권에 관한 정보와 자료의 대민공개 방침 발표(88. 9. 3), 납·월북 미술·음악인 작품 해금조치(88. 10. 27), ③이산가족들의 생사·주소 확인, 서신왕래, 상호방문의 주선 노력(선언 제2항 관련), ④선언 제8항과 관련 남·북 경제교류, 문호개방을 위한 7개 실천 조치사항 발표(88. 10. 7), ⑤국제사회에서의 남·북 간 협조(선언 제4, 5, 6항), 미·일 등 우리 우방과 북한 간의 상담 목적 민간왕래 및 지사 설치 불반대, 북한의 각종 국제기구 가입에 우리 정부의 적극 협력 방침 발표 등(88. 7. 16.)으로 정부의 각 부처의 업무 영역에 따라 발표되었다.

그리고 최광수 외무부 장관은 1988년 7월 16일 한반도에서 긴장완화 및 평화정착, 그리고 남북한 관계를 민족공동체 내에서의 동반자 관계로 발전시켜 나가기 위해 '7·7 특별선언'의 후속조치로서 앞으로 정부가 실천해 나갈 관련 외교시책을 밝혔으며,[73] 이어서 1988년 7월 19일 전 세계에 살고 있는 450여만 명의 해외동포들의 남·북한 자유왕래를 위한 후속조치를 발표하였다.[74]

그리고 정부는 남북교류를 뒷받침하는 법적, 제도적 장치를 마련하여 본격적인 남

---

73) 7·7선언에 따른 외무부의 외교시책은 ①우리의 우방들이 자국의 명령과 정책에 따라 북한과 비군사적 물자를 교역하는 데 반대하지 아니한다. ②교역을 위하여 상담 등을 목적으로 한 우리 우방과 북한 간의 민간인의 왕래에 반대하지 아니한다. ③우리 우방이 북한에 만간상사의 지사 또는 지점을 설치하는 데 반대하지 아니한다. ④북한이 UN헌장의 정신과 원칙에 따라 세계평화와 인류의 발전에 기여할 것을 희망하고 북한이 국제사회의 책임 있는 일원으로 참여할 수 있도록 협력한다. ⑤북한과 소모적 경쟁·대결외교를 지양한다. ⑥모든 국제기구, 국제회의를 포함한 외교무대에서 남·북한은 민족공동체로서 중상이나 비방 등 비생산적 논쟁을 지양할 것을 북한에 촉구한다. ⑦북한이 UN의 모든 산하기구와 전문기구, 정부 간 지역협력 및 개발기구 등에 참가하는 것을 환영한다. ⑧남·북 대표가 함께 참가하는 모든 국제회의 및 행사에서 상호 접촉과 대화를 갖도록 능동적으로 대처한다. ⑨남·북의 공관이 함께 설치되어 있는 국가에서 남·북 외교관 간의 접촉과 대화를 추진한다. ⑩우리의 우방이 북한과 문화·예술·스포츠 등의 분야에서 민간교류를 갖는 것에 반대하지 않으며, 필요하다면 이에 협조할 용의가 있다는 것이다.

74) ①우리나라 국민으로서 해외에 생활근거를 둔 영주권 소유자, 영주권에 준하는 장기체류 허가를 취득한 거주 여권 소지자에게 북한방문을 허용한다. ②해외에 거주하는 북한국적 동포에게도 자유로운 모국 방문을 보장한다. ③공산권에 거주하는 우리 동포의 자유로운 모국 방문을 보장한다. ④이와 관련하여 남·북한을 방문하는 해외동포들의 신변안전 보장에 관하여 남·북한 관계 당국자 간에 협의할 것을 북한 측에 제의한다. 유석렬, 「통일외교」, 전게논문, pp.105 - 107.

북교류협력을 가능하도록 하고 있다. 1989년 6월 12일 대통령 지시 1호로 발표된 '남북교류협력에 관한 기본지침'을 제정했으며, 1990년 8월 1일에 선포된 '남북교류협력에 관한 법률' 및 '남북협력기금법'이 그것들이다. 제도적 뒷받침이 마련됨에 따라 남북한 사이의 민간인 수준에서의 교류도 대단히 활발하게 이루어졌다.[75]

2. 북방정책의 형성과 민주화의 진전

북방정책을 선택하고, 집행하는 정책과정에서 정치개혁의 요구는 민주화를 촉진시키고 있었다. 먼저 의사결정과정의 민주화이다. 국회는 예산배정, 조약 체결 승인, 정책 대안을 통해서 정책 통제를 해 왔다.[76] 그러나 대통령의 막강한 권력과 약체 야당, 그리고 권위주의적 통치로 인하여 대외정책에 있어서 국회는 거수기에 불과하였지만, 여소야대의 출현과 국민들의 민주화 및 통일에 대한 욕구(관심)는 청와대가 중심이 되는 정책 독점과 비밀외교, 행정부의 정책기구들의 갈등을 비판하고 있었으며, 이에 대응하여 정책과정의 민주화가 촉진되고 있었다.

먼저, 대외정책의 정책과정을 정부 독점이 것이 불가능해졌다. 민주당, 평민당, 공화당의 정치지도자들은 대체로 북방정책의 추진 필요성을 인식하고, 정책과정에 참여를 적극 추진하고 있었다. 사회주의 국가와의 관계 개선에 대해 야당 정치지도자들의 인식이 구체화되지는 못했지만, 제6공화국 출범 이후 북방정책에 대한 적극적인 의지를 밝히고 있었다.[77]

따라서 국회에서의 논쟁은 주로 원칙적 찬성과 함께 북방정책의 전략이나 정책수단, 방법에 대한 논쟁으로 처음으로 제기된 것은 북방정책의 정치화에 대한 비판이다. 야당과 재야세력 등은 7·7 선언의 발표 배경을 북한의 8·15평양축전에 참

---

75) 박상변, 「북방정책의 평가: 사회적·문화적 측면」, 전게논문, p.21.

76) 대한민국 헌법 제40조(입법권), 제54조~제59조(예산권), 제60조(조약 승인권), 제61조~제62조(정책감사 및 제안권), 제63조~제65조(해임요구 및 탄핵권) 등의 권한이 있다.

77) 김대중 신민당 총재도 "북방외교는~정치적으로는 국제적 지위 향상, 한반도 평화, 우리의 통일 촉진에 기여할 수 있고, 경제적으로는 새로운 시장 확보라든가 자원을 획득하는 문제 등에서 이점이 있다."고 긍정적으로 평가하고 있다. 『외무통일위원회회의록』 제145회 임시국회, 제2호, 10쪽, 민주당의 김영삼 총재로서 1988년 6월 140회 임시국회 대표연설을 통해 평화와 통일을 위해서라면 모스크바든 북경이든 평양이든 어느 곳이라도 찾아갈 용의가 있다고 강력한 의지를 보이고 있었으며, 별도로 북방정책을 위한 참모조직을 두기도 했으며, 야당 총재(1989. 6.)로서, 집권당의 대표최고위원자격(1990. 3.)으로서 2차례 소련을 방문했다. 이호, 전게서, pp.35-55.

가하려는 학생들에 대한 선점전략이며, 또한 제13대 총선을 비롯하여 제6공화국의 대통령 선거 공약이었던 중간평가, 그리고 지방의회의원 선거와 관련되어 정부나 정책엘리트의 성과주의,[78] 내각제 추진 등의 당내 갈등을 북방정책의 성과로 정리하려는 전술[79] 등을 취함으로써 야당을 비롯한 재야세력, 노동 및 학생운동 세력으로부터 북방정책의 정치화로 비판을 받았다.[80] 다음으로 통일정책 방향과 전략에 대한 논쟁으로 남북한의 교류, 협력과 정치, 군사문제의 우선 처리에 대한 논쟁, 국가보안법 개폐 논쟁, 팀스피리트 훈련 폐지 논쟁 등의 민간 및 야당과의 정책논쟁이 전개되었다. 그리고 방문인사의 법적 형평성의 논쟁을 제기하여 정주영 현대그룹 회장과 문익환 목사, 임수경 양, 문규현 신부, 유원호 씨의 방북의 법률 적용의 차별성을 부각시키고 있었다. 그러나 국회는 행정부의 의견에 이의를 제기하는 차원을 넘어 정책 수정이나 변경을 유도하는 데는 미치지 못했다.

다음으로 집권당의 정책 참여가 확대된 것이다. 집권당인 민정당(1990년 2월 이후, 민자당)과 행정부는 당정협의를 거쳐서 국무회의 의결 이전에 주요 정책 및 제출안건을 조율하며, 주요 사항에 대해서는 당의 대표를 통해서 주례회동에서 정책의 방향이나 현안에 대한 건의를 하는 수렴 과정을 강화하고 있었으며, 당내 북방정책특별위원회를 구성하여 의견을 수렴하고 있었으며, 여야나 시민 영역과의 논쟁에 대응해 나갔다.

정책과정의 민주화 요구는 정부의 독점적, 편의적 북방정책, 통일정책에 대한 비판으로부터 시작되었다. 비판이나 논쟁은 대외정책의 정책과정의 민주화를 촉진시키고 있었으며, 남북한 교류와 관련된 법적, 제도적 장치의 제도화에 기여했다. 또한 북방정책의 합목적성을 찾는 데 도움이 되었지만, 국가정책의 추진에 있어서 많은 정책혼선과 지체를 낳기도 하였다.[81]

---

78) 조정현, 「3당 통합의 원인: 3당 통합과정과 원인에 관한 정당체제론적 접근」, 『한국과 국제정치』 제11권 1호 (1995년 봄호), pp.79-99. 3당 통합은 정치안정과 경제발전을 위한 보수대연합이라는 당사자들의 입장은 박철언, 『변화를 두려워하는 자는 창조할 수 없다』(서울: 고려원, 1992), pp.62-75. 김영삼, 「민자당은 도덕적 보수세력이 되어야 한다」, 『한국논단』(1990. 4), pp.154-165.

79) Lee, Hong Young, "South Korea in 1991: Unprecedented Opportunity, Increasing Challenge", *Asian Survey*, Vol.32, No.1(Jan. 1992), p.73.

80) 문수언, 「탈정치적 제도화의 역설과 북방정책」, 전게논문, 40쪽. 유근일, 「유엔정국이 노리는 것」, ≪조선일보≫, 1991년 8월 10일 5쪽.

81) 한·소 국교수립 1년이 되어 외무부가 외교 채널로 제도화된 시기에 박철언 체육부 장관이 옐친 러시아 대통령을 초청한다는 보도가 있었다. 이를 북방정책에 심혈을 기울여 온 한 개인의 개인적 열정으로 돌려버릴 수도 있지만,

Ⅵ. 결 론

　북방정책은 한반도의 분단과 한국전쟁을 거치면서 악화된 사회주의 국가에 대한 관계 개선의 의지를 밝힌 동시에 한국의 대외정책에 있어서 큰 획을 긋는 국가정책이었다고 평가할 수 있다.

　본 연구는 제6공화국의 사회주의 국가에 대한 국가정책으로서 북방정책의 선택과 제도화 분석을 통해 북방정책이 가지는 성격을 밝히고자 하는 것이다. 국가정책은 정책결정자가 자신의 특정 정책에 대한 인식과 이해를 바탕으로 정책 환경을 통해서 국가정책의 목적을 구현할 수 있는 정책능력으로 평가되어 정책결정자에 의해서 정책의제로서 선택되는 것이다.

　국가정책으로 상징화되고 실천적 정책성과를 가져온 제6공화국의 북방정책은 노태우 대통령의 남북한 대결외교에 관한 인식과 88서울 올림픽에 대한 인식을 통해서 북방정책의 추진 필요성과 적극적인 의지로 국가정책으로 선택되었다. 정책엘리트 및 경제계의 우호적인 정책망의 문제제기와 정책의제로의 형성 노력은 제6공화국의 등장과 더불어 북방정책의 정책능력을 높이고 있었다.

　88서울 올림픽과 탈냉전, 민주화 및 경제발전으로 인한 이미지 재고와 사회주의 국가들의 경제교류 욕구라는 정책환경을 통해서 북방정책은 집권 초기부터 성과를 나타내기 시작하였으며, 북방정책에 대한 자신감과 정치적 동기는 동구 및 소련, 중국으로 이어지는 국교수립을 더욱 가속화시켰다. 특히 이들 사회주의 국가와의 수교는 통일정책과 연계되어 남북한 유엔 동시가입과 비핵화선언, 남북기본합의서 채택 등의 남북관계의 획기적인 변화가 이루어졌으며, 이는 우호적인 국제적 정책망의 지원과 한국의 북한에 대한 정책개입으로 가능했다.

　이러한 제6공화국의 북방정책이 갖는 성격적 특징은 첫째, 제6공화국에서 국가정책으로 공세적으로 추진된 현상타파전략이었다는 점이다. 진영외교에서 탈피하여 탈냉전이 가지는 국가이익 추구, 경제우선주의 경향을 통해 사회주의 국가들과의 관계를 형성함으로써 기존의 남북한의 대외경쟁정책의 상태를 파괴하는 것이다.

북방정책 추진의 난맥상으로 지적되었다. ≪조선일보≫, 1991년 8월 24일. 문수언, 「탈정치적 제도화의 역설과 북방정책」, 전게논문, p.37.

둘째, 북방정책은 진영외교의 범주를 넘어서는 자주적인 민족이익 확보전략이었다. 한반도 문제의 한국화와 국제적 지원체제의 구축은 추진전략의 국제적 성격과 한국의 민족자존과의 모순과 갈등에도 불구하고, 한국은 민족의 이익을 구현하고 국가정책으로의 변모 과정을 밟고 있었다.

셋째, 북방정책은 그 성과를 통해 국내 정치적 목적을 달성하는 종합적인 대외정책이며, 통일정책이었다. 북방정책은 국내 정치적 목적을 위한 자원추출 전략과 이익배분전략, 국제적 비준을 통한 대내외적 우월한 위상 정립 등을 달성하기 위해 모든 영역을 동원해 총력적으로 대응체제를 구축했으며, 한국의 우월적 정책능력을 우회적으로 활용하여 남북관계의 진전과 통일여건의 조성이라는 성과를 이룩하기 위해 국내외적인 자원을 총동원했던 통일정책이었다고 할 수 있다.

이러한 북방정책의 성격적 특성은 논란의 가능성에도 불구하고 대외정책과 통일정책을 연계시키는 개념적 발전을 통해서 집행의 성과를 극대화시켰던 상징화된 국가정책이었다고 할 수 있다. 1970년대 이래로 정책변화의 요인을 인식하고 외교관계나 남북관계의 변화를 촉발시켰던 북방정책은 특히 제6공화국에 들어서 정책산출을 통해 한국의 대외적 위상과 남북관계의 진전에 큰 계기를 만들었다. 아직도 북방정책은 통일이나 동북아에서의 생활권의 확대 등의 목적은 구현되지 못하고 있지만, 지금까지의 발전은 시대상황의 변화를 느껴 오던 정책결정자의 인식을 바탕으로 목적을 추진할 수 있는 한국의 정책능력을 통해 민족적 가치를 추구함으로써 한국의 위상을 한 단계 높였던 국가정책이었던 것이다.

제8장

김대중 정부의 대북 포용정책 결정요인[*]

― 최고 정책결정자의 심리적 요인 중심으로 ―

허성우

(자유선진당)

Ⅰ. 연구의 배경과 목적

본 연구의 목적은 화해·협력시대에서 남북관계의 토대를 제공한 김대중 정부의 대북 포용정책의 결정에 있어서 지배적인 영향을 미친 요인을 분석하는 데 있다. 김대중 정부가 국내외의 제반 환경을 배경으로 대북정책을 결정하는 데 영향을 미친 결정요인을 분석하려는 배경은 김대중 정부의 대북정책과 조작적 환경 사이의 상호관계에 대한 의문점에서 출발한다.

'국민의 정부'에서 추진된 '햇볕정책'은 종래의 남북 대립구도에서 탈피하여 북한을 포용함으로써 북한의 개혁·개방을 유도하고 궁극적으로는 평화적 통일을 달성할 수 있는 민족적 전기를 마련했다고 평가받고 있다. 그러나 서해교전, 북한의 핵개발 등의 사례로 말미암아 '햇볕정책'은 아무런 성과 없는 북한에 대한 '일방적 퍼주기에 지나지 않는다.'라는 평가 역시 존재한다. 특히 김대중 정부는 대북정책의 일관성을 유지시키기 위해 북한의 협력을 이끌어내고 또한 적대적인 대결의 남북관계에서 화해협력의 관계로 전환시키기 위해 비정상적인 대북지원 정책에 매달림으로써 많은 논란을 낳기도 했다.

그동안 한국의 대북정책은 정권의 성격과 최고 정책결정자의 대북정책에 대한 신념과 인식에 따라 좌우되어 왔다. 한국의 민주화는 정책결정과 관련하여 최고 지

---

[*] 본 연구는 필자의 박사학위논문을 본서의 편집 의도에 맞게 발췌·재편집한 것임.

도자의 정책결정력을 약화시키는 방향으로 전개되어 왔다는 것이 보편적인 주장이었다. 그러나 민주화 이후에도 한국의 대북정책에서는 최고 정책결정자의 심리적 환경요인이 결정적 요인으로 작용하면서 최고 지도자의 정책결정력이 오히려 강화된 것으로 나타나고 있음이 발견되었다.

이러한 인과 관계에 주목하여 본 연구는 김대중 정부의 집권 이후 대북정책 결정에 있어서 최고지도자의 인식 및 역할에 대한 실증적인 분석을 통해 그 결과를 제시해 보고자 하였다. 이를 위해 본 연구에서는 브레처(Michael Brecher)의 외교정책결정에 관한 분석틀을 원용하여 분석을 시도하였다.

브레처 모델의 가장 커다란 특징은 체계론적 관점에서 환경과 정책결정자의 인식 간의 상호작용을 중심으로 하는 분석틀을 제시해 주고 있다는 점이다. 브레처는 외교정책의 결정체계를 행위자와 환경 사이에 상호작용이 이루어지는 투입, 결정, 그리고 산출의 체계로 파악하고 있다. 브레처는 정책결정의 제1단계에 해당하는 투입과정에 영향을 미치는 요인을 조작적 환경(operational environments)과 심리적 환경(psychological environments)으로 구분하여 설명하고 있다.[1] 조작적 환경은 정책결정자의 외부에 존재하는 객관적 환경을 말하는 것으로 크게 국내적 환경과 국제적 환경으로 구분하고 있다. 이들 객관적 환경은 정책결정자의 이미지를 통해 여과되어 정책결정에 영향을 미치게 된다. 국내적 환경에는 정치구조, 경제력, 군사력 등과 같은 요인들을 포함하고 있으며, 국제적 환경에는 국제체계, 지역체계 및 양자체계 등을 포함시키고 있다.

여기에서 조작적 환경에 해당하는 대부분의 요소들은 각국의 국제적 위상에 따라 외교정책에 미치는 영향력도 다르게 나타나는 것으로 볼 수 있다. 예컨대 조작적 환경을 구성하는 요소들은 대체로 각국의 국력이나 힘을 의미한다. 따라서 이러한 요소들은 외교정책의 대상, 즉 정책대상 국가나 체제와의 관계를 통해 각국의 정책에 미치는 영향이 다르게 나타난다는 것이다.

---

1) Michael Brecher(1972), pp.1 - 20.

<그림 8 - 1> 브레쳐의 외교정책결정 모델

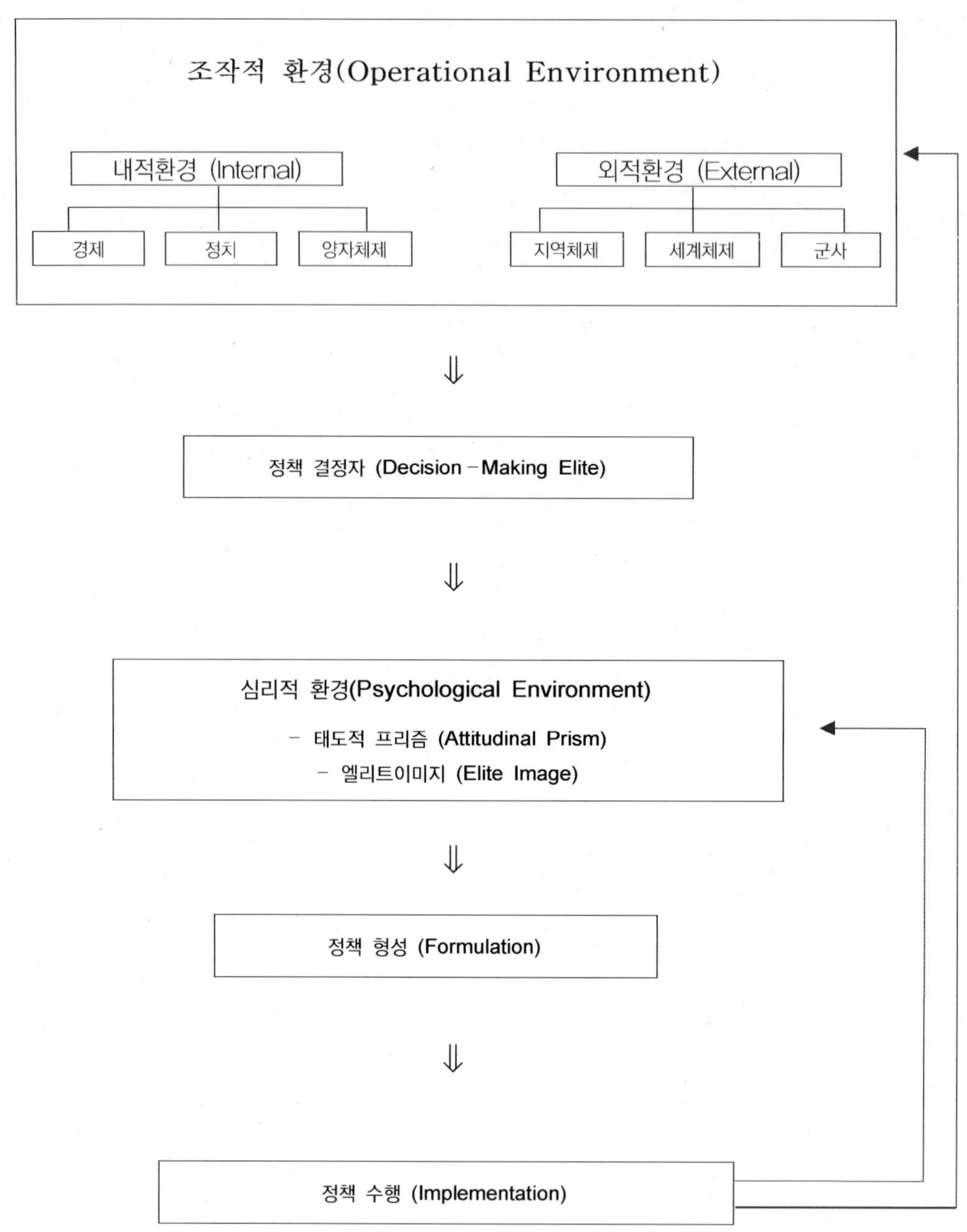

출처: M. Brecher, *The Foreign Policy System of Israel: Setting, Images, Process* (London: Oxford University Press, 1972), p.4.

Ⅱ. 연구의 방법 및 범위

본 연구에서는 한국의 대북정책 결정과 관련된 기존의 연구에서 비교적 소홀하게 취급되어 왔던 최고 정책결정자의 신념체계가 대북정책 결정에 어떤 영향을 미쳤는지를 중심으로 분석하였다.

따라서 본 연구는 브레처가 제시하고 있는 외교정책 결정이론에 의거하여 김대중 정부의 대북정책에 영향을 미치는 결정요인을 분석하는 사례연구의 성격을 내포하고 있다. 브레처 모델은 김대중 정부의 대북정책이 일관되게 추진될 수 있었던 요인들을 규명하는 데 매우 적실성 있는 분석틀을 제시해 주고 있다고 판단하였다.

김대중 정부에 의해 대북 포용정책이 결정된 이래 동반되기 시작한 대북정책의 일관성에 주목하면서 다음과 같은 몇 가지 문제를 중심으로 연구를 진행하고자 한다.

첫째, 김대중 정부가 결정한 대북 포용정책의 내용구조를 체계적으로 분석해 보고자 한다. 김대중 정부의 대북정책은 역대 정부에 의해 추진되어 왔던 대북정책과는 달리 매우 심각할 정도로 국민적 균열과 갈등의 원인을 제공하였다. 이러한 김대중 정부의 대북정책에 대해서는 매우 상이한 관점의 해석들이 공존하고 있었다. 아직도 김대중 정부의 대북정책을 둘러싼 논란이 계속되고 있는 사실이 그 단적인 예라고 볼 수 있다. 이에 따라 본 연구에서는 김대중 정부의 대북정책을 구성하고 있는 전반적인 내용을 체계적으로 검토해 봄으로써, 대북 포용정책과 김대중 대통령 사이의 상호관계를 규명해 보고자 한다.

둘째, 본 연구에서는 김대중 정부의 대북정책과 조작적 환경 사이의 상호관계에 대한 의문점을 분석하는 데 초점을 두고자 한다. 김대중 정부의 대북정책은 정책환경의 유사성에도 불구하고 상이한 정책을 결정하기도 하고, 반면에 상이한 정책환경에서는 정책의 일관성을 유지하려는 특징을 보여 왔다는 점이다. 이에 따라 본 연구에서는 정책환경으로 대변되는 조작적 환경을 브레처의 분석모델에서 제시하고 있는 분석요인을 원용하여 체계적으로 접근해 보고자 한다. 이를 위해 본 연구에서는 김대중 정부의 대북정책에 영향을 미친 조작적 환경을 국제적 환경과 국내적 환경으로 구분하고, 이들 요인들이 대북정책에 어떠한 영향을 미쳤는지를 집중적으로 규명해 보고자 한다.

셋째, 김대중 정부의 대북정책과 심리적 환경 사이에 존재하는 상호관계를 분석해 보고자 한다. 브레처의 분석모델에 의하면 모든 나라의 외교정책은 심리적 환경의 산물로 주장되고 있다. 이에 따르면 김대중 정부의 대북정책도 조작적 환경보다 심리적 환경이 결정적인 영향을 미친 것으로 볼 수 있다. 따라서 김대중 정부의 대북정책도 브레처 모델에서 제시하고 있는 것처럼 심리적 환경의 산물로 볼 수 있는지를 분석하는 것에 초점을 맞추어야 한다. 따라서 본 연구에서는 김대중 대통령을 심리적 환경의 주체로 상정하여, 김대중 대통령의 심리적 환경에 해당하는 요인들을 제시하고 그 내용을 분석하게 될 것이다. 이를 위해 김대중 대통령의 저작물이나 연설문, 그리고 각종 선행연구의 분석 자료들을 중심으로 하여 대북정책에 관한 신념체계를 주된 분석의 대상으로 삼고자 한다. 아울러 김대중 대통령이 집권 이후 대북 포용정책을 결정함에 있어서 심리적 환경이 어떠한 영향을 미쳤는지를 분석하고자 한다.

본 연구에서는 외교정책의 결정을 분석하는 데 적용되고 있는 대통령 중심의 개인적인 심리학적 접근방법에 의존하고 있다. 일반적으로 민주화 이래 그동안 한국에서는 정책을 독점해 왔던 대통령과 정부의 역할이 축소되고 비정부적 행위자들의 영향력이 크게 확대되고 있는 것으로 주장되고 있다. 민주화는 과거 대통령과 소수 정책결정자들의 전유물이었던 대북 이슈의 성격을 허물었을 뿐만 아니라 대북정책 결정에 의회, 시민단체, 여론 등 다양한 정치, 사회적 행위자들의 직·간접적인 견제와 감시 그리고 참여와 개입을 불가피하게 했다는 것이다.[2] 그리고 정부 내에서도 대통령과 일반 전문성을 겸비한 전문 직업관료 사이에서도 불일치의 모순과 균열이 동반되고 있다는 주장이 제기되고 있다. 그럼에도 불구하고 한국의 대북정책은 여전히 대통령의 의지나 정책선호에 따라 좌지우지되고 있다고 보고 있다.

그것의 한 예로써 김영삼 정부의 정책실패는 정책의 결정과 추진에서 대통령의 역할이 얼마나 중요한지를 실증적으로 분명하게 보여주고 있다.[3]

---

2) 권영진, 「북한 핵문제에 대한 한국의 정책결정과정 연구」(서울: 고려대학교 대학원 박사학위논문, 1998), p.4.

3) 최완규, 「Icarus의 비운: 김영삼 정부의 대북정책 실패요인분석」, 『한국과 국제정치』, 제14권 2호(1998년 가을·겨울), pp.189-212: 김상조, 「김영삼 정부의 개혁실패와 경제위기」, 이병천·김균 편, 『위기, 그리고 대전환 - 새로운 한국경제 패러다임을 찾아서』(서울: 당대, 1998), p.202: 문정수, 「김영삼, 김대중 대통령의 리더십 비교연구」(부산: 동아대학교 대학원 박사학위논문, 2003): ≪경향신문≫, 1996년 9월 25일.

따라서 한국의 대북정책의 정책결정과정에 있어서 정책결정자의 주관적인 판단이 정책 입안 및 정책의 기조가 유지되었다는 가설로부터 출발하였다. 즉 국내외의 환경을 전문가 집단 및 객관성을 확보하여 정책을 결정한 것으로 보기보다는 대통령(정책결정자)의 심리적 여과장치만을 통해 인식된 환경에 따라 결정이 된 산출물로 파악한다. 다시 말한다면 한국의 대북정책은 대통령의 인식체계와 정치적 성향에 의해 결정된다는 분석에 바탕을 두고 있다.

<그림 8-2> 대통령의 정책선호의 정책화 과정

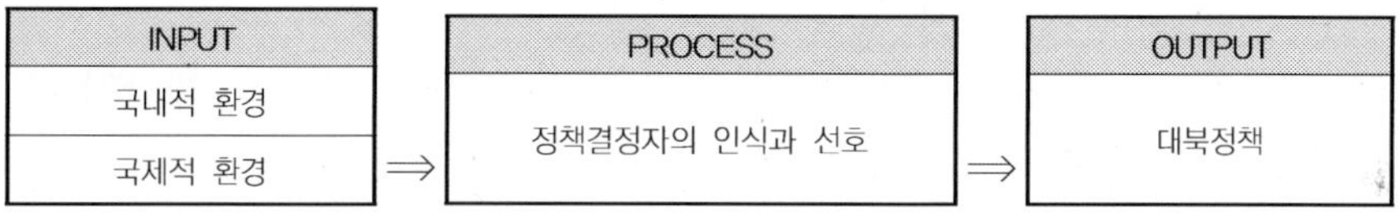

INPUT	PROCESS	OUTPUT
국내적 환경	정책결정자의 인식과 선호	대북정책
국제적 환경		

본 연구의 연구 범위는 1998년 2월 김대중 정부 출범 이후부터 2000년 6월 제1차 남북정상회담까지를 그 대상으로 한다. 2000년 6월의 남북정상회담은 김대중 정부가 결정한 대북 포용정책의 조작적 환경과 심리적 환경 사이의 상호관계를 가장 분명하게 보여주는 역사적 사건이다. 이 역사적 사건은 김대중 정부의 출범 이후 남북관계의 개선을 위해 대북 포용정책을 추진하면서 역점을 두어 왔던 핵심적인 정책적 과제였다. 따라서 김대중 정부의 출범 이후부터 남북정상회담에 이르기까지의 연구 기간에는 조작적 환경과 심리적 환경 간의 상호관계를 가장 명확하게 분석할 수 있는 연구 대상들이 포함되어 있다는 점을 반영하였다.

한편 김대중 정부에 의해 결정된 대북정책은 김대중 정부가 공식적으로 출범한 시기로부터 추진되기 시작한 것으로 볼 수 있지만, 실제로는 김대중 정부가 출범하기 이전부터 존재하고 있었기 때문에 필요한 사항에 대해서는 부차적으로 연구시기의 범위 이외의 문제들을 부분적으로 활용하였다.

김대중 정부에 의해 제시되기 시작한 대북정책은 역대정부에 의해 추진되어 왔던 대북정책을 부분적으로 계승하고 있었지만, 근본적으로는 새로운 유형의 정책패러다임의 성격을 띠고 있었다. 그것의 변천과정을 살펴보면, 1970년대부터 한반도 통일문제에 대해 집중적인 연구과정을 거쳐 1990년대에 이르러서는 체계적인 이론적 수준으로 발전하여, 김대중 대통령이 집권하면서는 '햇볕정책'이라는 이름으로 공식화되었다. 이러한 역사적 사실을 통해 유추해 볼 수 있는 것은 '햇볕정책' 곧 김대중의 통일론에 기반을 두고 있다는 것을 의미한다. 1995년 김대중이 설립한 아·태평화재단에서 발행한 『김대중의 3단계 통일론』에 의하면 김대중의 '햇볕정책'은 "민족이익에 부합되고 현실성 높은 통일방안이 절실히 요구되어 70년대 이후 오늘날에 이르기까지 확고한 신념하에서 일관성 있게 주장되어 온 과거의 통일방안에 포함되었던 핵심적인 내용을 그대로 담았다."[4]고 설명하고 있다. 즉 김대중 정부의 대북정책은 김대중 대통령의 북한과 통일에 대한 신념에 바탕을 두고 있다는 점이다.

따라서 역대의 어느 정부보다도 대통령에 의해 직접 구상되고 제안된 정책이라는 점에서 강력한 정치적 기반에 의해 뒷받침된 정부의 정책으로도 평가할 수 있지만, 그것이 잘못된 방향으로 진행되었을 때 제어할 수 있는 제도적인 장치가 없다는 심각한 문제점 역시 내포하고 있었던 것이다.

김대중의 '햇볕정책'의 특징은 다음과 같다. 첫째, 남북 간의 대결관계를 화해·협력의 관계로 전환시키는 데 목표를 두고 있는 '현상변경 정책'의 성격을 띠고 있다. 둘째, 북한이 스스로 변화할 수 있는 여건과 기반을 제공하는 것에 대한 정책의 방향성을 제시하고 있다는 점이다.

셋째, 남한이 적극적으로 북한문제에 개입하여 북한의 변화를 유도하려는 개입정책의 성격을 띠고 있다.

〈표 8-1〉 대북 적대적 이미지와 화해·협력적 이미지의 내용비교

	대북 적대적 이미지	대북 화해·협력적 이미지
북한실체	북한체제를 전면적 부정	북한체제에 대한 실체인정
정책목표	흡수통일	남·북간 공존공영
정책방향	일방주의	상호주의
인식성향	불신	이해
인식방법	외재적 접근	내재적 접근

이러한 특징과 함께 김대중 정부의 '햇볕정책'은 한반도 문제를 국제사회를 통하

---

4) 아·태평화재단(1995).

여 공론화하고 평화적인 협상으로 이끌어내어 궁극적으로는 냉전의 해체를 목표로 하고 있는 것이다. 한반도 문제는 남·북한 당사자들만의 양자문제가 아니라 주변 국가 및 국제정세와도 밀접하게 연계되어 있는 국제문제라는 판단에 입각한 정책 설정이었던 것이다. 다른 한편으로는 한반도의 문제 해결은 국제사회의 협력이 수반되지 않고서는 남·북한의 독자적인 힘만으로는 해결하기 힘들다는 판단에 기인한 것으로 판단된다.

한편 김대중 정부의 대북정책은 대북전담팀 및 대북관련 전문가 집단 또는 국제사회의 여론수렴 및 관심증대 등의 공론화 과정을 통한 결정을 거치지 않은 채 김대중 대통령의 개인적인 경험과 사상 및 이념에만 지나치게 의존하여 형성되었다는 것이다. 이러한 결정은 김대중 정부가 슬로건으로 내건 국민의 정부가 지향하는 참여민주주의의 정신에도 상충되고 있으며, 객관성 및 합리성에도 위배되었다고 평가할 수 있다.

Ⅲ. 대북 포용정책의 내용과 특징

김대중 정부의 대북 포용정책에 영향을 미친 국내외의 조작적 환경은 양면성을 내포하고 있다. 즉 대북 포용정책에 긍정적인 영향을 미친 요인들과 부정적인 영향을 미치는 요인들이 함께 공존하고 있는 것이다. 따라서 김대중 정부가 '햇볕정책'을 효과적으로 추진해 나가기 위해서는 부정적 요인들의 한계를 극복해야 하는 부담을 항상 안고 있었는데, 김대중 대통령은 조작적 환경의 부정적 요인들을 인식함에 있어서 객관적 판단보다는 지나치게 개인적인 신념에 기초한 주관적 인식을 선호한 것으로 나타났다.

둘째로, 김대중 정부의 대북정책 결정에서 김대중 대통령의 신념과 의지가 결정적인 영향을 미친 것으로 분석되었다. 김대중 대통령은 집권 이전에 분단 현실에 대한 경험을 바탕으로 민족주의, 민주주의, 평화주의라는 3대 이데올로기를 대북정책의 이념으로 결정하고, 역대 정부와는 차별성을 가지는 매우 진보적인 대북관과 통일관을 갖고 있었던 것으로 나타났다.

셋째로, 김대중 대통령이 집권 전에 형성된 대북정책에 관한 심리적 환경은 집권 이후 대북정책을 결정함에 있어서 대북정책을 주도해 나가는 결정적인 동력을 제공한 것으로 분석되었다. 국민의 정부의 대북정책 결정에는 국내외로부터 대북 포용정책의 적실성의 문제가 대두되고 있는 상황이었음에도 불구하고, 김대중 대통령은 대북 포용정책의 일관성을 유지하기 위한 수단으로 대북지원 사업을 민간단체를 통해 끊임없이 지원하고 유도해 나갔다. 이것은 김대중 대통령이 대북정책에 대한 신념과 정책성과에 대한 지나친 기대감에 따른 결과로 판단된다.

김대중 대통령은 집권 초기에는 대북정책 결정에 있어서 균형성을 유지하려고 노력을 해왔다. 그러나 자신의 임기 내에 대북정책의 성과에 집착한 나머지 대북정책과 관련된 상황 인식을 자신의 신념과 이데올로기를 일치시키는 방향으로 재해석함으로써 대북정책의 본질을 왜곡 및 변질시킴으로써 정책결정에 대한 균형감을 상실하였다.

또한 김대중 대통령은 대북정책의 결정에서 민주적인 방식을 표면적으로 강조하고 있었지만, 실제로는 자신의 신념을 일방적으로 구현하려는 권위주의적 행태를 강하게 보여 왔다. 특히 김대중 대통령은 자신의 입지를 강화하는 데 있어서 대북정책을 정치적으로 이용하는 데 주저하지 않았으며, 국민합의를 무시한 채 '정책의 일관성'만을 강조한 나머지 '햇볕정책'을 무리하게 추진함으로써 국내외적으로 많은 우려와 논란을 야기 시켰던 것이다.

Ⅳ. 대북 포용정책의 결정의 상황적 요인

한국의 대북정책은 국내외의 조작적 환경으로부터 자유롭지 못하다. 김대중 정부의 경우도 국내외의 제반 환경은 대북정책을 결정하고 운영하는 과정에서 중요한 정책환경에 해당하였다.

그러나 김대중 정부의 출범을 전후로 하는 시기의 국내외의 제반 환경은 김대중 정부가 대북정책을 결정하는 데 있어서 결정적인 영향을 미친 것으로는 볼 수 없었다. 김대중 정부의 출범과정에서 제시된 대북정책, 즉 '햇볕정책'은 김대중 정부의 출범 이전에 이미 김대중 대통령에 의해 오랜 기간에 걸쳐 준비된 정책구상에 바탕을 두고 있었기 때문이었다. 김대중 대통령은 '햇볕정책'이 한반도 문제를 가장 합리적이고 현실적으로 해결할 수 있는 유일한 정책대안이라는 주관적인 믿음을 바탕으로 정부정책으로 공식화하였다. 따라서 지금까지 김대중 정부의 출범을 전후로 하는 시기의 국내외 제반 환경에 대한 검토는 김대중 대북정책을 결정하는 데 영향을 미친 요인이라기보다는 김대중 정부가 결정한 '햇볕정책'의 적실성을 평가하고 판단하는 데 유용한 요인으로서의 성격을 띠고 있다. 그것은 김대중 대통령에 의해 결정된 '햇볕정책'이 과연 김대중 정부의 출범 이후에도 적실성 있는 대북정책으로서의 유용성을 갖고 있는지에 대한 문제제기인 것이다.

<표 8-2> 대북 포용정책의 국내외 조작적 환경

환경	요인		'햇볕정책'에 대한 영향	
			긍정	부정
국제환경	국제정세		세계화	한반도문제의 국제화
	동북아정세		탈냉전, 상호의존의 심화	냉전, 상호불신
	북한정세		김정일 체제의 출범	핵, 미사일 등의 대량살상무기
	양자관계	남북관계	민족주의 트렌드	북한의 통미봉남 전략
		한미관계	클린턴의 대북 포용정책	한미동맹의 약화
국내환경	민주화와 정치		김대중의 정책의지, 정치개혁	여소야대, 좌파적 이미지
	경제사정		위기관리	자원동원의 어려움
	사회구조		정책수단의 동원	보수
	안보환경		남한체제에 대한 자신감	안보환경의 악화

김대중 정부가 결정한 '햇볕정책'에 영향을 미치는 국내외의 제반 환경은 크게 긍정적인 성격의 요인과 부정적인 성격의 요인들이 함께 공존하고 있었다. 우선 '햇볕정책'에 긍정적인 영향을 미칠 수 있는 요인들은 다음과 같다.

첫째, '햇볕정책'은 김영삼 정부의 정책실패에 따른 남북관계의 악화에 의해 초래된 안보불안을 해소하고 남한이 한반도문제의 당사자로서의 지위를 회복하여 민족문제의 주도권을 행사하려는 확고한 정책목표를 제시하였다는 점에서 국민들로부터 높은 관심을 받을 수 있었다.

둘째, 김대중 정부가 출범하기 이전에 발생한 사상초유의 금융위기 사태는 김대중 정부에 위기관리 및 위기극복을 위한 강력한 리더십을 부여하면서 정국운영의 주도권을 행사할 수 있는 분위기를 제공해 줄 수 있었다는 점이다.

셋째, 김대중 정부의 '햇볕정책'은 미국의 대북정책과 유사성을 공유하고 있었다는 점에서 한·미간의 정책공조와 함께 북한의 통미봉남 전략의 실효성을 약화시키는 효과를 기대할 수 있게 되었다.

넷째, 북한의 국내정세가 최악의 위기국면으로부터 벗어나 김정일을 중심으로 사회주의체제의 안정성을 회복하려는 방향으로 진전되고 있었다는 점도 김대중 정부가 '햇볕정책'을 추진하는 데 매우 긍정적인 영향을 미칠 수 있었다. 다른 무엇보다도 북한체제가 김정일을 중심으로 강력한 결속력을 유지하는 한편 체제생존을 위한 실용주의적인 발전전략을 결정하려는 경향은 김대중 정부의 '햇볕정책'이 침투할 수 있는 가능성을 높여줄 수 있기 때문이었다.

한편 김대중 정부는 '햇볕정책'을 추진하는 데 부정적인 영향을 미치는 환경에 노출되어 있었다. 첫째, 김대중 정부는 취약한 집권기반으로 인해 '햇볕정책'을 효율적으로 추진하는 데 커다란 난관에 직면하고 있었는데, 여소야대의 분점정부는 김대중 정부의 정책추진력을 저하시키는 요인으로 작용하고 있었다.

둘째, 경제 위기에 따른 정책수단의 제약이었다. 국내경제의 위기상황은 김대중 정부의 대북 지원을 바탕으로 하는 '햇볕정책'의 명분을 저해할 수밖에 없었다.

셋째, 북한의 통미봉남 전략과 대남 불신으로 인한 한계였다. 김대중 정부의 '햇볕정책'은 북한이 수용할 때에만 효력을 발생할 수 있는 정책이었다. 그럼에도 불구하고 북한은 남한을 불신하고 상대하지 않으려는 전략의 고수로 인해 '햇볕정책'이 침투할 수 있는 공간을 확보하는 데 많은 어려움에 직면할 수밖에 없었다. 이밖에도 김대중 정부에 대한 의혹과 불신 등은 한반도 문제를 해결하려는 '햇볕정책'을 추진하는 데 상당한 심리적 부담으로 작용하고 있었다. 결국 국내외에서 북한을 적대적 이미지로 규정하려는 환경들이 분출하고 있었음에도 불구하고, 김대중 정부가 대북 포용정책을 결정한 것은 심리적 환경의 영향력에 따른 가설의 적실성을 더욱 뒷받침해주고 있다.

이상의 분석을 정리해 보면 다음과 같은 사실을 도출 할 수 있다. 김대중 정부의 대북정책 결정과정에서는 조작적 환경과 대북 포용정책의 결정 사이에는 뚜렷한 인과관계가 성립되지 않고 있음을 알 수 있었다. 김대중 정부가 대북정책을 결정하는 데 영향을 미친 조작적 환경에는 '햇볕정책'에 우호적인 성격의 요인들도 존재하였지만, 다른 한편으로는 '햇볕정책'의 추진을 저해하는 부정적 성격의 요인들도 함께 공존하고 있었기 때문이다. 다시 말해 김대중 정부가 대북 포용정책을 결정하게 된 것에 대해서는 조작적 환경만으로는 설명이 되지 않는 부분들이 존재하고 있었던 것이다. 따라서 김대중 정부가 '햇볕정책'을 결정한 배경은 조작적 환경에 의해 기인한다는 가설은 설득력이 없다는 결과를 얻을 수 있었다.

이상의 분석을 토대로 본 연구는 대북 포용정책 결정의 심리적 요인에 초점을 맞추어 분석을 시도하였다.

Ⅴ. 대북 포용정책 결정의 심리적 요인

브레처에 의하면 조작적 환경은 곧바로 정책형성에 영향을 미치지는 않는다. 정책결정자의 인지를 통해서만 정책결정에 영향을 미친다고 주장하고 있다. 김대중 정부가 '햇볕정책'을 대북정책으로 결정하는 행위도 조작적 환경에 대한 심리적 환경이 반응하는 과정을 거쳐 이루어진다고 볼 수 있다. 따라서 대북정책의 결정 행위 역시 객관적 환경에 대한 정책결정 주체의 직접적인 반응이라기보다는 인지과정에서 조성되는 이미지에 대한 반응의 결과이기 때문이다. 이러한 점에서 김대중 정부의 대북정책과 조작적 환경 사이의 상호관계를 규명하는 것도 중요하지만, 김대중 정부의 대북정책과 심리적 환경 사이의 상호관계를 규명하는 것도 매우 중요하다고 판단하였다.

김대중 정부의 '햇볕정책'은 김대중 대통령이 대통령에 당선되기 이전 오랜 기간 동안 연구되고 준비되어 왔던 대북정책이었다. 김대중 대통령은 '햇볕정책'을 한반도문제에 가장 합리적으로 해결할 수 있는 유일한 정책대안이라는 확고한 신념과 자신감을 갖고 있었다.

그럼에도 불구하고 김대중 정부가 '햇볕정책'을 바탕으로 북한의 변화를 유도하고 남북관계를 개선하려는 시도는 출범초기부터 많은 도전과 어려움에 직면하고

있었다. 김대중 정부의 대북 포용정책에 영향을 미치는 정책환경은 우호적 환경뿐
만 아니라 비우호적인 환경도 존재하는 매우 복잡한 상황에 노출되어 있었다. 따라
서 김대중 정부는 집권 초기부터 대북 포용정책을 추진해 나가기 위해서는 강력한
돌파력이 필요한 실정이었던 것이다.

　김영삼 정부의 대북정책의 실패는 김대중 정부가 대북정책의 추진 기반을 새롭
게 창출할 수밖에 없는 과제를 부여받았지만, 다른 한편으로는 국내외로부터의 총
체적인 위기의 상황은 김대중 정부에 위기국면의 타개를 위한 강력한 리더십을 행
사할 수 있는 명분과 수단을 제공했다고 볼 수 있다. 김대중 대통령과 정부당국은
대북 포용정책을 통해 위기극복에 대한 국민적 기대감을 충족시키는 한편 북한의
협력을 이끌어내려는 매우 공세적인 전략을 구사하기 시작하였다. 이러한 입장으로
말미암아 김대중 정부의 대북정책은 역대정부와 다른 정책목표와 방향, 그리고 내
용을 기반으로 하고 있다는 점에서도 주목을 받게 되었던 것이다.

　그동안 한국의 대북정책은 국내외적 환경으로부터 얼마만큼의 많은 지지와 동의
를 받을 수 있느냐에 따라 정책의 성패가 달려있었다. 결국 김영삼 정부의 대북정
책이 실패한 것도 북한을 포함한 국내외적 환경이 뒷받침되지 못 했기 때문에 지
지를 받을 수 가 없었다.

　김대중 정부의 대북정책은 초기에는 국내외로부터 많은 기대감을 받고 있었지만,
실제적인 정책추진 기반은 역대 어느 정부보다도 취약한 상황이었다. 또한 김대중
정부는 비우호적인 환경 속에서 '햇볕정책'을 추진하기 위하여 김대중 대통령의 개
인적 역량에 크게 의존하고 있었다. 김대중 정부에서 김대중 대통령이 차지하는 정
치적 위상은 정책결정에서도 그대로 반영되었다.

　특히 김대중 대통령은 대북 포용정책을 결정함에 있어서 새로운 정책기반을 창
출하는 것에서부터 정책추진을 저해하는 요인들을 대응하는 문제에 이르기까지 거
의 모든 문제들에 대하여 정치적 영향력을 행사하려는 권위주의적 통치스타일을
보여주었다. 결국 그는 대북정책 결정에 대한 부정적인 모든 환경들을 객관적으로
인식한 것이 아니라 자신의 신념체계, 가치관에 맞게 재해석하고 왜곡함으로써 대
북정책의 '선명성'에 있어서도 많은 의혹을 불러 일으켰다. 김대중 대통령의 권위
주의적 정책결정은 대북 포용정책이 안정성을 유지하면서 일관성 있게 추진될 수

있는 가장 강력한 정치적 기반으로 자리매김하고 있었던 것이다. 김대중 정부가 출범한 이후에도 최고 통치자는 민주적 절차를 통해 선출되지만, 일단 선출만 되면 모든 권력이 통치자 1인에게 위임되고 집중되는, 제도화 이전의 민주주의에 머물러 있었다.[5]

앞서 언급한 바와 같이 김대중 정부의 '햇볕정책'은 공식적인 제도적 절차에 의거하여 정책을 결정하는 형식을 취하고 있었지만, 실제로는 김대중 대통령의 정책 의지에 의해 좌지우지되어 왔다. 소수정권으로 출범한 김대중 정권은 국정 운영도 소수그룹과 관료들에 의해 주도되면서 정책과 인사의 공간이 취약해지는 결과가 초래되었다.[6] 특정 인물을 중심으로 한 소수그룹의 대북정책 주도는 초기에는 추진력을 갖고 효율적으로 전개되지만, 국정 운영 중심세력의 부재상태에서 정책과 인사의 공간이 한층 협소화되도록 하였고, 화해·협력과 안보의 균형이 취약해지도록 하였다.[7]

김대중 정부의 대북 포용정책은 북한의 우호적인 협력을 통해서만 성공할 수 있는 일종의 모험적인 정책이었다. 따라서 북한의 협력을 이끌어내는 데 정책의 목표를 두고 있었던 만큼 그것에 사활을 걸 수밖에 없었던 것이다. 이러한 김대중 정부의 일관된 대북 포용의지 및 노력으로 말미암아 결국 북한의 대남 전략의 변화를 유도하는 동인이 될 수 있었다. 그러나 김대중 정부의 대북 포용정책에도 불구하고 북한의 대남 인식의 근본적인 변화는 이루어지지 않은 것으로 생각된다. 그것은 과거 북한의 대남 인식의 핵심적 요체였던 한·미관계에 아무런 변화가 동반되지 않고 있는 등의 문제가 산재해 있다. 따라서 북한은 김대중 정부의 적극적인 평화의지, 대북지원 등을 적극적으로 수용하여 체제생존 및 경제적 실리를 획득하는 데 최대한 활용하는 한편 남한을 상대로 분단체제를 해체하는 과정에는 소극적으로 대응하는 이중성인 전략으로 대응하고 하였다고 밖에 평가할 수 없다.

결국 '햇볕정책'에 대한 김대중 대통령의 집념은 정책의 일관성을 통해 궁극적으로 북한의 협력을 이끌어내는 데에는 성공할 수 있었으나, 그것은 '햇볕정책'이 기대하였던 진정한 변화라기보다는 남한의 협력을 얻기 위한 조건적 변화의 성격을

---

5) 손호철(2003), p.556.

6) 배정호, 『21세기 한국의 발전전략구상과 대북전략』(서울: 통일연구원, 2002).

7) 허문영 외, 『통일정책 추진체계 실태연구』(서울: 통일연구원, 2003), p.172.

띠고 있었다는 점에서 적실성과 효용성의 측면에서는 잘못된 정책이라는 평가를 받을 수밖에 없는 것이다.

Ⅵ. 결 론

본 연구는 김대중 정부가 전임정부의 대북정책을 계승하지 않고 '햇볕정책'으로 상징되는 대북 포용정책을 결정하고 집권기간 동안 일관성 있게 추진해 온 경험적 사실을 분석하는 데 있다. 본 연구의 초점은 왜 김대중 정부는 전임정부의 대북정책의 변화를 결정하였으며, 국내외의 환경변화에도 불구하고 어떻게 대북정책의 일관성을 선호할 수 있었는지에 대한 의문점을 설명하는 데 있다. 이것은 곧 김대중 정부의 대북 포용정책에 결정적인 영향을 미친 요인을 규명하고 그 내용을 분석하는 것이다.

본 연구에서는 브레쳐(Michael Brecher) 모델이 김대중 정부가 대북정책을 결정하는 과정에서 동반된 특징적 현상을 분석하는 데 있어 적실성이 높은 것으로 보고, 브레쳐 모델을 원용하여 김대중 정부의 대북정책에 영향을 미친 결정요인을 분석해 보았다. 이에 따르면 김대중 정부의 대북 포용정책도 집권기간 동안의 국내외 환경에 대하여 김대중 대통령의 심리적 환경이 작용하여 그것에 대한 인식의 산물로 결정되어 왔음을 알 수 있다. 따라서 본 연구에서는 김대중 정부의 대북 포용정책의 결정요인을 분석하기 위해 김대중 정부의 대북정책에 영향을 미친 환경을 크게 조작적 환경과 심리적 환경으로 구분하여 각각의 환경에 해당하는 세부적인 환경요인들을 제시하고 그 내용을 검토하였다.

김대중 정부의 대북 포용정책의 결정요인을 분석하는 것은 우선 조작적 환경을 국제환경과 국제환경으로 구분하여 각각의 환경적 요소들이 김대중 정부의 대북정책에 어떠한 영향을 미치고 있었는지에 대한 분석 작업이었다.

심리적 환경적인 측면으로는 태도적 프리즘과 엘리트 이미지로 구분하여 김대중 대통령의 신념(이데올로기), 역사적 유산, 그리고 김대중 대통령의 정치성향 등이 조작적 환경을 인식하는 도구로 활용되었으며, 이를 통해 김대중 대통령의 독자적인 대북관, 통일관, 미국관 등을 중심으로 하는 정책이미지가 형성되었음을 규명하였다.

이러한 분석을 통해 김대중 대통령은 집권 이전부터 오랫동안 일관되게 주장해 왔던 '3단계 통일론'을 집권 이후 '햇볕정책' 내지 대북 포용정책이란 이름으로 실천하려는 강력한 정책신념과 의지를 갖고 있었던 것을 유추할 수 있었다. 김대중 대통령은 북한을 상대로 평화교류, 평화공존, 평화통일이라는 3단계 과정을 통하여 한반도의 통일을 위한 제반 정책적 프로그램들에 대한 강한 확신을 갖고 있었다. 이러한 확신은 국내외의 역사적 경험이 대북정책에 큰 영향을 미치는 것으로 나타나게 된 것이다.

이러한 결과를 통해 알 수 있는 사실은 김대중 대통령의 정세인식과 판단, 그리고 심리적 상태와 정책적 태도 등은 집권 이후 대북정책을 결정하는 데 있어서 결정적 영향을 미친 심리적 환경에 해당하는 것으로 볼 수 있다. 즉 김대중 대통령이 집권 이후 대북정책을 결정하는 데 있어서 적용된 대부분의 심리적 환경들은 집권 이전에 통일전문가로서의 역량을 축적해 오는 과정에서 이미 내재되어 있었다. 이러한 의식 및 인식으로 인해 김대중 대통령은 새 정부를 출범시키는 과정에서 대북 포용정책을 강력하게 공식화시켰던 것으로 판단된다.

김대중 대통령은 집권 이전 '좌파적 이미지'를 가진 정치인으로 독자적인 통일론을 발전해 오면서 민족, 민주, 평화를 핵심적인 가치로 하는 사상과 이념을 정립해 왔다. 그는 북한의 협력에 기초한 통일론에 대하여 강한 확신을 갖고 있었고, 일을 처리해 나가는 과정에서 권위주의적 성향을 드러내기도 하였다. 이러한 김대중 대통령의 심리적 요소들은 집권 이후의 대북정책을 결정하는 데 있어서 재생산되고 있었다는 점을 발견할 수 있다.

먼저 김대중 정부가 대북 포용정책을 결정하는 데 작용하는 조작적 환경들은 긍정적인 영향을 미치는 요인들과 부정적인 영향을 미치는 요인들이 복잡하게 산재되어 있는 것으로 나타나고 있었다. 국제환경에서는 한국의 대북정책에 지대한 영향을 미치는 클린턴정부도 김대중 정부의 결정과 유사한 대북 포용정책을 통해 북한과의 관계 개선을 모색하고 있었다. 또한 기타 동북아 지역을 포함하는 국제관계는 탈냉전이후의 각국들이 자국의 국가이익을 중심으로 하는 실리주의적 대외정책을 선호하려는 경향으로 추진되고 있었는데, 이는 김대중 정부의 대북 포용정책에게도 긍정적인 영향을 미쳤던 것으로 사료된다.

다른 한편으로 김대중 정부는 북한의 통미봉남 전략에 따른 남북관계의 악화, 국내적으로는 여소야대의 현상, 그리고 외환위기로 인한 경제위기, 국제적으로는 탈냉전으로 인한 안보환경의 악화 등으로 인해 대북 포용정책을 추진하는 데 많은 어려움에 처해 있었다. 그럼에도 불구하고 김대중 정부는 대북 포용정책을 결정하였다. 그것은 대북 포용정책에 대한 김대중 대통령의 강한 신념의 표현이었다고 판단된다.

김대중 정부에 의해 대북 포용정책이 결정된 이후에도, 김대중 대통령은 지속적으로 대북 포용정책을 결정하는 데 있어서 결정적인 역할을 수행하였다. 결국 김대중 정부의 대북정책 일관성을 유지할 수 있었던 것은 역시 최고 정책결정자인 김대중 대통령의 대북 포용정책에 대한 신념 때문에 가능할 수 있었다는 사실을 재차 확인할 수 있었다. 이러한 김대중 대통령의 심리적인 요인으로 인해 결정된 대북정책은 정책 결과에 대한 조급함에 의해 일관성이 있는 정책이 아니라 수정할 수 없는 정책으로 변질됨으로써 국내외의 지탄을 받는 등의 문제점을 불러일으켰다.

김대중 대통령 인식은 북한의 협력이 선행되어야 하는 전제와 함께, 남한에게 북한은 일방적으로 소멸의 대상이 아닌 남북관계 개선과 통일의 대상으로 바라보아야 한다는 대북관과 통일관에 기반을 두고 있었다. 따라서 김대중 대통령에게는 북한을 포용하고 화해·협력적 태도를 취하는 것은 남한이나 북한에게 바람직할 뿐만 아니라 가장 합리적인 정책대안으로 인식되고 있었던 것이다. 그러나 이러한 인식의 반영을 이루기 위해 선행되어야 할 중요한 조건으로는 북한을 개혁·개방의 길로 유도하기 위해 남한의 대북정책이 먼저 바뀌어야 된다는 점인데, 이러한 김대중 대통령만의 새로운 시각은 남북관계의 특수성을 고려하지 않은 판단으로 평가할 수 있다.

한국의 대북정책은 대외정책, 통일정책, 국내정책이라는 다양성을 지니고 있는 종합적·포괄적 성격을 지니는 정책이다. 대북정책은 다방면의 유기적 연계를 동반해야만 정책성과를 도출할 수 있는 '고비용 저효율'의 정책으로 표현할 수 있다. 그러나 김대중 대통령은 대북정책의 전체적인 것이 아닌 단면적인 측면만을 고려하여 자신의 '상황 인식'에 대한 확신만을 가진 채 정책의 일관성만을 강조했던 것이다.

김대중 정부는 처음에는 엄격한 상호주의를 적용하였지만, '햇볕정책'에 대한 북한의 강력한 비판에 직면하면서 비대칭적 상호주의로 전환하여 북한의 거부감을 완화시키는 전술적 변화를 시도하였다. 이러한 변화는 국내적으로는 정책의 경직성을 초래하였고, 자신이 결정한 것에 대한 절대성은 다른 가치나 결정을 무시 및 경시하려는 태도를 견지하게 되었다.

다른 한편으로는 김대중 정부는 민족문제에 대해서도 적극적인 공세를 통해 주도권을 행사하려는 노력과 함께 미국을 비롯한 주변 국가들의 협력을 통해 해결하려는 실리주의적 특징을 보여 주었다. 60년대 이후 대통령직에 도전했던 정치인 중에서는 상대적으로 가장 진보적인 정치인이라고 할 수 있는 김대중 대통령이 박정희, 전두환보다도 더 친미적이고 '반자주적'인 경제정책을 펴고 있다는 점에서, 역사의 아이러니 내지 '역사의 간계'를 느끼지 않을 수 없다는 지적을 받아 왔다.[8]

김대중 정부의 대북정책 결정에 있어서 김대중 대통령의 대북관련 이미지들이 결정적인 영향을 미친 것으로 나타났다. 김대중 대통령에게 북한은 역대정부와는 달리 적대적 이미지가 아니라 화해·협력의 대상으로 이미지화되었다. 김대중 대통령은 역대정부가 선호하고 있는 적대적 이미지에 기초한 대북정책으로는 한반도 문제를 해결하는 것이 아니라 악화시키는 결과만을 가져온다는 입장을 견지하였다. 따라서 김대중 대통령의 화해·협력적 대북 이미지는 북한과의 갈등과정에서도 대북 유화정책을 전략적으로 결정하게 하는 기반이 되었던 것이다.

마지막으로 김대중 대통령의 독특한 정치성향도 대북정책을 결정하는 데 결정적인 영향을 미친 것으로 나타났다.

김대중 대통령은 민주주의를 지향하고 있었지만, 실제로 정치활동을 수행하는 과정에서는 권위주의적 정치성향을 보여 주었다. 김대중 대통령의 권위주의적 정치성향은 '햇볕정책'의 일관성을 유지하는 데에는 긍정적으로 기여하였지만, 대북정책에 대해서는 배타적이고 독점적이며 일방적으로 자신의 생각을 관철하려는 비민주적인 정책추진방식이라는 문제점을 드러내고 있었다. 이러한 의식과 함께 다른 요

---

8) 손호철(2003), p.528.

인으로는 강력한 여당에 대항하여 투쟁했던 야당시절에 정치적 결속력을 강화하기 위한 방편으로 형성하였던 지역적 대표성에 기초한 '카리스마적 권위'와 가신정치라고 할 수 있는 '동교동계'를 비롯한 제왕적인(일방주의적인) 정치행태가 집권 후에도 나타났던 것이다.

김대중 대통령의 권위주의는 엘리트주의적 속성을 띠고 있다. 즉 대중보다는 엘리트의 역할이 중요하게 고려되고 있었던 것이다. 그것의 실제 예로 김대중 대통령은 남북관계의 변화방식에 대해 아래로부터의 변화보다는 위로부터의 변화를 선호하고 있었다. 북한의 경우는 수령중심체제, 남한의 경우는 보수지향의 국민성으로 인해 아래로부터의 민주적인 추진방식은 한계가 있는 것으로 인식되고 있다. 이로 인해 김영삼 정부가 잘못 읽은 여론을 추종한 결과 정책적 실패를 가져 왔다고 한다면, 김대중 정부는 여론의 향배를 잘못 이해하고 철저히 도외시했기 때문에 많은 비판을 받았다.9) 이러한 비판은 자신의 전문성에 대한 자만심 때문인 것으로 판단된다. 국민여론은 기본적으로 대북 포용정책의 기본 방향에 대해서는 동의하고 있었지만, 정책의 일관성보다는 사안에 따른 신축성을 선호하고 있었음을 간과하고 있었던 것이다.

김대중 대통령은 대북정책을 추진하는 과정에서, 과거 자신이 부도덕하다고 비판하였던 전직 대통령의 행태를 답습하는 현상이 나타나고 있었다. 민족과 국가를 위한 목적을 위해서라면 합법적이고 민주적인 과정이나 절차를 생략하고 무시해도 좋다는 행태를 보여주었다. '햇볕정책'을 자신의 개인적 욕구충족의 수단으로 활용하려는 경향을 보여 주었으며, 특히 국내정치의 난관을 타개하기 위한 수단으로 활용하기도 했다. 따라서 대북정책을 자신의 집권기반 내지 정치적 지지기반으로 확대하려는 국내정치적 목적을 달성하기 위한 방편으로 활용하려는 문제점을 보여주었다.

김대중 대통령이 화해·협력과 함께 안보의 중요성을 역설한 것은 북한으로부터의 안보위협의 탓도 있었지만 자신의 '좌파적 이미지'로부터 야기되는 우려감을 불식시키려는 의도도 포함되어 있음을 알 수 있었다. 그리고 단시간에 정책성과를 거두려는 조급성을 드러내고 있었다. 이것은 '햇볕정책'의 신뢰도를 저하시키면서, 정책추진력의 균형감을 깨뜨리고, 정책일관성을 유지하는 저해요인으로 작용하였다.

---

9) 남궁 곤(2003), p.151.

한편 김대중 정부가 결정했던 대북정책은 과거의 정부에서는 추진할 수 없었던 남북관계 개선에 획기적인 전기를 마련하였다는 점과, 남북관계 개선을 위한 노력과 대북 포용정책의 기본정신은 높게 평가해야 한다고 본다. 그러나 김대중 정부의 대북정책 결정에 있어서 부정적 환경들은 객관적 인식에서 벗어나 지나치게 정치지도자의 개인적 신념과 이데올로기가 작용되어 바람직하지 않다는 경험적 사실을 본 연구를 통해 알 수 있었다. 특히 중요한 정보가 공개되고 의사결정 참여가 비교적 자유로운 오늘날 국가정책 결정에 있어서 지도자의 객관적 환경 인식보다 주관적인 가치가 지나치게 개입된다면 안정된 국가발전을 기대하기가 어렵다고 보기 때문에 국정 최고 정책결정자의 '상황인식'이 국가운영을 좌지우지할 수 있다고 평가한다.

이상과 같은 분석을 통하여 김대중 정부의 대북 포용정책은 국내외의 조작적 환경에 의해 커다란 영향을 받고 있었지만, 실질적으로 대북 포용정책의 결정에 있어서 김대중 대통령의 정책신념과 이미지, 그리고 정치적 성향 등이 결정적인 요인으로 작동하였다고 판단된다.

이러한 연구결과가 우리에게 주는 시사점(implication)은 다음과 같다. 정책을 결정함에 있어서 최고 결정자가 지녀야 할 가치관과 바람직한 인식(perception)의 중요성을 간과해서는 안 된다는 점이다. 이와 함께 잘못된 정책을 제어할 수 있는 제도적 장치의 필요성의 문제가 대두되고 있다.

따라서 정책결정자는 체계적이고 객관성을 지닌 전문가 집단의 의견, 국민의 여론 등을 충분히 수렴하여 정책판단에 대한 신뢰도(creditworthiness)와 효용성을 극대화할 수 있는 정책을 일관되게 추진해 나가야 하겠다.

끝으로, 향후 논의 될 정책결정자의 환경요인과 심리적 요인 등에 대한 심층적인 비교연구가 이루어지는 데 본 연구가 선행연구로서 그 기회를 제공할 수 있을 것으로 기대한다.

 노무현 정부의 대북정책[*]

이창헌
(조선대학교)

Ⅰ. 서 론

노무현 정부의 대북정책인 '평화번영정책(Policy of Peace & Prosperity)'은 노무현 정부 취임 한 해 전에 발생한 '제2차 북핵문제'로 인하여 재임기간(2003. 2. 25~2008. 2. 24) 내내 적지 않은 부담을 안고 추진되었다. 2006년에는 북한의 미사일 발사 사건과 핵실험 파문이 일어나 그 어느 때 보다도 남·북한 관계의 긴장이 우려되는 상황을 맞기도 하였다. 그럼에도 불구하고 남·북한 제반 협력사업 및 대북지원 사업 등은 큰 무리 없이 진행되었고, 임기 말에는 제2차 남북정상회담이 개최되는 등 재임기간 동안 남·북한관계에 기여한 측면들이 적지 않았다. 특히 제2차 남북정상회담은 다분히 국내정치적 이해관계를 고려한 정략적이고 이벤트성 회담이라는 내부 여론의 비판에 직면하기도 하였으나, 향후 제3차 남북정상회담이 개최될 수 있는 가능성을 열어 놓기도 하였다.

그러나 노무현 정부는 북한에 대해 시종일관 저자세를 보였으며, 대북정책은 북한의 실질적 변화를 유도해 내는 데 실패했다는 비판도 적지 않다. 이와 함께 대북인식과 대북정책 추진에 따른 상반된 국민정서는 심각한 사회적 갈등현상을 초래하기도 하였다. 노무현 정부 이후 2008년 2월에 출범한 이명박 정부가 '비핵·개

---

[*] 이 글은 이창헌, "노무현 정부 대북정책의 성과와 평가", 『정치·정보연구』, 제11권 1호〈통권22호〉(2008. 6)의 내용으로 문맥과 주 등 일부만 수정, 보완한 것임.

방·3000' 구상을 통해 새로운 대북정책의 근간을 표명한 것은 바로 이러한 대북정책 추진에 따른 부정적 현상 및 비판적 평가와 관련이 깊을 것이다.[11]

이와 같은 엇갈린 평가만 보더라도 정부가 대북정책을 수립하고 추진하는 것이 얼마나 힘들고, 현실적으로 여러 가지 곤란성과 내외적 제약이 많은 것인가를 가늠하게 한다.

여기서 남·북한관계의 개선과 미래 발전, 그리고 평화통일을 모색하기 위해서는 지속적으로 개선된 대북정책의 개발과 출현이 필요하다고 본다. 이를 위해서는 먼저 전임 정부의 대북정책을 회고하고 평가해 보는 것이 의미 있고 필요한 일이라고 본다.

정부의 대북정책을 논의하는 데 있어서 가장 큰 어려움은 대북한 인식 및 남·북한 관계를 보편성에 입각해서 볼 것인지, 아니면 특수성에 입각해서 볼 것인지 하는 문제이다. 남·북한은 엄존하는 서로 다른 국가 대 국가의 관계에 있기도 하지만 한편으로는 분단된 한 민족으로서 통합을 모색해야 할 운명공동체이기도 하기 때문이다.[12] 이러한 두 가지 상반되거나 혹은, 중첩된 현실과 인식은 오랫동안 한국 정부의 대북정책을 규정해 오고 있으며, 실제 대북정책 평가에 대한 준거의 틀로 활용되고 있다. 따라서 대북정책에 대한 평가와 논의는 남·북한관계가 갖는 보편성과 특수성이라는 이중성에서 완전히 자유로울 수 없는 것이 현실이다. 또한 올바른 정책평가를 위해서는 가치중립적인 자세를 견지하는 것이 바람직하지만 남·북한 관계의 특성과 대북정책의 수립·추진자와 평가자 간의 패러다임의 다양성으로 인하여 가치중립을 견지하는 것도 쉽지 않다. 일반적으로 정책효과가 그러하지만 특히 대북정책효과는 긍정적인 면과 부정적인 양면성을 띠고 있고, 더구나 현실의 남·북한 관계 특성상 그 성과는 단기간보다는 장기적으로 관찰하고, 기대

---

11) 이명박 대통령에 대한 통일부 업무보고(2008. 3. 26)에서 나타난 이명박 정부의 통일정책 비전을 보면, 한반도 평화통일의 실질적 토대를 확충하기 위해 새로운 평화구조를 창출(비핵화)하고, 남북경제공동체(개방 3000)를 구축하며, 이를 위한 정책기조는 창조적 실용주의에 입각, 그 결과는 생산성이 있어야 한다는 것이다. 또한 국민합의를 바탕으로 국제협력과 조화해 나가며 '상생·공영의 남북관계발전'을 추구한다는 것이다. http://www.unikorea.go.kr (검색일: 2008. 6. 24, 12. 22). 이렇게 볼 때, 이명박 정부는 전임 노무현 정부와 김대중 정부의 대북정책에 대한 비판적, 반성적 시각을 반영하여 대북정책의 새로운 패러다임을 수립·추진하고 있는데, 이는 대북정책에서 실용주의와 함께 상호주의에 무게를 두려는 것으로 보인다.

12) 예컨대 금강산 관광 사업이나 개성공단 사업 등은 국가 대 국가 간의 통상적인 거래개념에 입각하여 남한이 경제적 이익을 창출하지 못하고, 투자여건에 한계가 많다면 이들 사업은 중단되는 것이 바람직할 것이다. 그렇지만 남·북한 관계가 지니는 특수성에 입각한다면 이들 사업의 의미는 경제성 여부로만 판단할 수 없는 면이 있다.

해야 할 경우가 많으며 또 성과가 가시적이기보다는 비가시적인 성격을 지니는 경우가 많다는 점도 유의할 필요가 있다. 이러한 점에서 이 글에서 논의되는 내용은 한계성을 갖고 있고 잠정적인 것일 수 있다.

이 글은 노무현 정부의 대북정책이 어떤 성과와 문제가 있었는지 평가해 보고, 향후 대북정책에서 필요한 고려사항을 논의해 보는 데 목적이 있다. 노무현 정부 대북정책의 평가는 이 정책의 추진 배경과 기조, 그리고 주요 성과와 문제 등에 기초하여 대북정책 철학의 실천여부, 대북정책목표 달성정도, 현실의 남·북한 관계 등을 고려하여 살펴보는 것이 바람직 할 것으로 본다. 이를 위해서는 먼저 노무현 정부의 대북정책 추진의 대내외적 환경을 살펴보고 대북정책의 기조 및 주요 내용을 검토한다. 다음으로 노무현 정부 대북정책의 추진성과를 한반도 평화증진 측면에서 북핵문제의 대응 및 관리와 군사적 긴장완화, 남북대화 문제를 살펴보고, 남·북한 공동번영 측면에서 경제협력문제와 대북 인도적 지원, 이산가족 교류협력 등을 분석, 평가한 후에 향후 대북정책추진방향의 고려사항을 제시하고자 한다.

Ⅱ. 대북정책의 환경과 주요 내용

1. 대내외 환경

노무현 정부 때 대북정책의 환경은 다음과 같이 대내외 측면으로 나누어 살펴볼 수 있다. 먼저 대북정책 추진의 대외환경을 보면 결코 양호했던 것으로 볼 수 없다. 노무현 정부는 전임 김대중 정부의 대북'화해협력정책'(햇볕정책, 포용정책)을 기반으로 하고 있었지만 보다 큰 틀에서는 남·북한관계의 화해협력의 수준을 넘어서고자 하였다. 즉 남·북한 화해협력과 더불어 동북아의 평화와 번영까지 추구하겠다는 것이었기 때문이다. 바로 이러한 이유 때문에 노무현 정부는 전임 김대중 정부시기에 비해 대북정책적인 면에서 고려사항이 많아지고, 대미 및 대북 관계뿐만 아니라 보다 넓은 국제적 여건과 상황도 감안해야 하는 과제를 떠안게 되었다.[13] 특히 국제적 여건과 관련하여 2002년 10월 발생한 북한의 '핵개발 프로그램 시인' 사건인 이른바 '제2차 북핵문제'(또는 '제2차 북핵위기')[14]는 노무현 정부의 대북정책 추진에 부정적인 영향을 미치는 요인이었다. 이 사태 이후 북한은 2003년 1월 10일 핵확산 금지조약(NPT: Nuclear Non-Proliferation Treaty) 탈퇴선언 및 국제원자력기구(IAEA: International Atomic Energy Agency)와 체결한 핵안전협정조치로부터의 자유를 선언함으로써[15] 1994년 북미 제네바합의는 사실상 폐기되는 상황이 되었다. 이로 인하여 북미관계는 크게 악화되었고, 한반도 및 동북아정세도 1994년 제1차 북핵문제의 위기 당시와 다를 바 없는 불안정한 상황이 조성되었다.

이러한 상황에서 제2차 북핵문제의 해결방안으로서 중국이 중재에 나서 남·북한과 미국의 베이징 3자회담이 2003년 4월 개최되었지만 이 회담은 핵문제 해결에 대한 상호 간의 의중만 확인했을 뿐 큰 성과를 내지 못했다. 이후 제2차 북핵문제에 대한 논의는 같은 해 8월 27일부터 29일까지 열린 남·북한과 주변 4강(미·중·러·일)이 참여하는 6자회담으로 협상 형태가 바뀌게 되었고, 이 6개국의 협의를 통해 그 실마리를 풀고자 하였다. 이에 따라서 제1차 6자회담을 시작으로 하여 노무현 정부시기에만 총 6차례의 6자 본회담이 열렸다. 2005년 4차 6자회담 결과, 한반도 비핵화 원칙 등 6개항에 걸친 '9·19공동성명'이 발표되어 북핵문제 해결의 큰 틀이 마련되었고 2007년에는 '2·13 핵합의'를 이루어 그간 정체되었던 북핵문제 해결의 실마리가 마련되었으나 전반적으로 6자회담은 북미관계 악화 및 남·북한 관계 등 제반 요인으로 인하여 서행과 정체를 반복하였다. 특히 2005년 9월 16일 이래 또 다른 북미현안으로 부각된 미국에 의한 '북한의 방코 델타아시아(BDA: BANCO DELTA ASIA)자금' 동결문제가 상당기간 해결되지 않고,[16] 6자

---

13) 전경만, 「평화번영 정책과 동북아 안보협력」, 『한반도 평화번영과 국제협력』(서울: 통일연구원, 2003), p.61.

14) '제2차 북핵문제'는 2002년 10월 미국의 켈리특사가 북한을 방문했을 때 북한의 강석주 외무성 제1부상이 우라늄농축을 통한 핵개발프로그램을 시인했다는 데서 비롯된 사건이다. 강석주는 "핵무기를 비롯한 이보다 더한 것도 갖고 있다."고 발언한 것으로 알려졌다. ≪연합뉴스≫, 2002년 10월 25일.
한편 두 차례에 걸쳐 발생한 북한 핵문제 사태와 관련하여 "동북아 지역패권 유지를 추구하는 미국과 현상의 변화를 통한 새로운 질서창출의 가능성을 모색하는 중국과의 '협력과 경쟁'을 둘러싼 구조적이고 장기 지속적인 위기구조와 내재적 연관성이 크다."고 보는 입장도 있다. 조 민, 「한반도 평화체제 구축 – 현황과 대안모색」, 『신정부 국정과제 추진방향: 통일, 대북정책을 중심으로』(서울: 통일연구원, 2003), p.11.

15) ≪조선중앙통신≫, 2003년 1월 10일: http:www.kinu.or.kr.html.(검색일: 2008. 3. 16).

16) 미국은 2005년 9월 20일부터 대북 금융제재에 착수했다. 미국은 마카오에 있는 방코 델타 아시아(BDA)가 위폐제

회담도 정체되는 가운데 북한이 2006년 7월에 미사일을 발사하고, 급기야 10월에는 핵실험을 강행함으로써 노무현 정부의 대북정책은 커다란 위기적 상황에 봉착하기도 하였다.

또한 노무현 정부 시기의 한·미관계는 순탄했던 것으로만 볼 수 없는데, 이는 대북정책 추진환경에 유리한 요소는 아니었다. 이러한 관계에는 먼저 노무현 정부와 부시 행정부 간의 대북정책 성향 및 대북한 인식의 차이가 영향을 미쳤다. 부시 행정부는 이미 북한을 '악의 축' '폭정의 전초기지'라는 표현과 함께 '불량국가' '부도덕한 불법정권'으로 취급해 왔기 때문에 노무현 정부의 포용과 평화, 번영의 대상과는 거리가 있는 대북한 인식과 정책성 향상의 차이를 나타내고 있었다. 이에 따라서 노무현 정부의 대북 유화정책기조와 부시 행정부의 대북 강경정책기조 사이에는 불협화음이 나올 수밖에 없었다. 예컨대 제2차 북핵문제와 관련하여 북한의 NPT 탈퇴, 핵실험 및 핵보유 국가 선언, 6자회담 거부 그리고 미사일 시험발사 등과 같은 일련의 도전적인 행동에 대해서 미국은 모종의 조치를 취해야 한다는 입장이었으나 노무현 정부는 전임 정부의 기조를 계속 이어감으로써 한·미간 인식의 간극 경향이 지속되었던 것이다.[17] 다음으로 노무현 정부는 주한미군 감축 및 철수 등 안보문제와 관련하여 한·미동맹에 대해 새로운 관점에서 동맹의 재정립을 모색해야 하는 여건변화가 있었다는 점이다.[18] 한·미 양국은 이미 탈냉전시대의 국내외적 안보상황의 변화에 부응하여 냉전적인 동맹규범을 조절해야 하는 시점을 맞이하면서 전통적 한·미동맹관계에 대한 상호접근의 차이를 노정하고 있었다.[19] 특히 노무현 정부는 동맹의 재정립과 관련하여 기존의 한·미동맹 개념과는 다른 새로운 관점을 내세웠는데, 바로 '협력적 자주국방'에 관한 것 이었다[20]. 물론

작 등 북한의 불법행위에 연루됐다며 최우선 돈세탁 우려기관으로 지정했고, 이에 따라 이 은행에 있던 2,400만 달러 상당의 북한계좌가 동결됐다. http://www.naeil.com/News/politics/(검색일: 2008. 5. 21). 이 사건은 2007년 6월 동결되어 있던 북한 자금이 러시아 은행을 통해 북한 측에 송금됨으로써 해결되었고, 이로써 북핵문제 해결을 위한 제5차 6자회담의 합의 사항 중 하나가 해결되었다.

17) L. Gordon Flake, "Without a Safety Net: U. S.-ROK Relations once again in the Balance", paper presented in the 2006 RIIA International Conference *An emerging new order in Northeast Asia and new directions of ROK diplomacy in the 21st century*(November 21, 2006): 송은희, 「참여정부의 대외관계 평가와 과제」, 통일미래사회연구소, 『참여정부의 대북정책 성과와 과제』동북아시대위원회 용역과제 6-9(서울: 동북아시대위원회, 2006), p.147. http://www.nabh.go.kr/board/data/policy/397/61218_fnh.hwp (검색일: 2008. 12. 22).

18) 노무현 대통령은 취임 첫 해 8·15 경축사에서 자주국방의 필요성을 언급하였다. 즉 "앞으로 10년 이내에 우리 군이 자주국방의 역량을 갖출 수 있는 토대를 마련하고자 한다."고 선언했다. ≪동아일보≫, 2003년 8월 16일.

19) 신욱희, 「한미동맹의 내부적 역동성: 분석틀의 모색」, 『국가전략』, 제7권 2호(2001).

이는 한·미동맹과 자주국방이 배치되는 것이 아닌 협력안보에 기초하는 것이라고 하지만 해외주둔미군의 재배치계획(GPR: Global Defense Posture Review)과 전시작전통제권 환수문제 등의 실행에 따른 주한미군감축과 군사안보 공백 및 불안을 보정하고자 하는 것이었다. 어떻든 이런 문제들로 인하여 한·미관계는 군사안보 면에서 적지 않은 불안정성의 양상을 보였다. 한·미간의 미묘한 입장을 보인 것은 물론 국내적으로도 여야 정당 또는 진보와 보수 진영 간에 첨예한 찬반갈등 양상을 분출한 것이다. 노무현 정부시기의 이 같은 상황과 태도들에 대해 소수그룹이기는 하지만 미국 내에서도 한·미동맹 파기와 주한미군 철수를 요구하는 상황이 발생하였다. 이러한 요구는 무엇보다도 남한의 전략적 가치가 하락했다는 인식을 바탕으로 한 것이기도 하지만[21] 전통적 동맹관계의 해이에 대한 미국의 섭섭한 정서도 작용한 것으로 해석된다. 이처럼 노무현 정부 시기는 대북정책 추진에 있어서 결코 이롭지 않은 대외 환경에 놓여있었다.

한편 노무현 정부 대북정책추진의 대내 환경도 우호적이거나 안정적이지 못했다. 노무현 정부는 김대중 정부 이래로 남한사회 내부의 이념적 대립, 갈등 양상이 분출되고 더욱 심화되는 환경 속에서 대북정책을 추진하였다. 그 원인은 크게 보면 북한이라는 존재 자체로부터 파생된 것 이라고 할 수 있다. 북한의 존재가 한국의 정치·사회구조를 총체적으로 조건 짓고 한국정치의 전반적인 경기규칙과 한계를 규정짓는 구조적 요인으로 작용해 왔다[22]는 점에서 그렇다. 분단된 한국정치사회에서 이러한 구조적 북한 요인을 어느 정도 인정하고 수용하느냐, 아니하느냐에 따라서 대북정책의 진보성 여부를 구분하는 경향이 있기도 하다. 한국사회는 북한 인식에 대한 이분법적 이념 지형이 장기간 계속되어 왔으며 대체적인 이념 지형은 보수 대 진보, 좌익 대 우익, 개혁세력 대 수구세력, 자주 대 외세 등으로 구분되는데,[23] 이른바 '색깔론'은 북한이라는 존재 자체가 국내정치에 정략적 수단으로 이

---

20) 한·미동맹에 대한 노무현 정부의 이 같은 입장의 요체 특히 '자주국방'의 핵심은 한국군의 독자적 작전수행능력과 권한 회복, 한국군의 정보와 작전기획능력 보강, 군비와 국방체계의 재편 등이다. 한용섭, 「동맹 속에서의 자주국방: 이론과 실제의 딜레마」, 한용섭 편, 『자주냐 동맹이냐: 21세기 한국 안보외교의 진로』(서울: 도서출판 오름, 2004), p.18.

21) Doug Bandow, *Tripwire: Korea and U. S. Foreign Policy in a Changing World*(Whashington D. C.: CATO Institute, 1996).

22) 신종대, 「남·북한 관계와 남한의 국내정치」, 경남대학교 북한대학원, 『남·북한관계론』(서울: 한울아카데미, 2005), p.175.

용된 대표적 사례라고 할 수 있다. 선거 때는 물론이고 평상시에도 특정 정당 및 대통령의 이념성을 문제 삼아 이를 정략적으로 이용하기도 하기 때문이다.[24] 노무현 정부는 임기 내내 보수적이거나 우익적인 세력들로부터 좌파라는 이념적 공격을 받았다. 이는 노무현 정부의 포용적 대북정책 추진과 전통적인 한·미관계 및 안보상황의 변화움직임에 대한 보수적 또는 우익적 세력들의 거센 반발에 기인한 것이다. 이로 인하여 노무현 정부의 대북정책 추진은 일정 부분 제동이 걸리게 되었다. 보수적 성향을 지닌 시민사회와 정치세력들은 김대중 정부 시기와 마찬가지로 대북경제교류와 인도적 지원에 대한 '퍼주기' 논란을 계속하였고 특히 북한의 핵문제와 인권문제 등이 해결되지 않는 데 대한 노무현 정부의 대북정책을 불신하고 비판하기도 하였다. 한편 북한을 인도적 차원과 동포애 차원에서 조건 없이 지원하고 사회 문화교류도 활성화해야 한다는 포용적인 여론과 보수진영으로부터 비난을 받는 진보적 성향의 시민사회 여론도 폭넓게 확산되어 있었다. 이처럼 노무현 정부의 대내적 대북정책환경은 보수와 진보간의 이념적 양극화와 남남갈등현상[25]이 심화되는 상황에 있었다.

2. 추진 배경과 주요 내용

노무현 정부의 대북정책은 통일·외교·안보정책 전반을 포괄하는 '평화번영정책'으로서 그동안 역대정부가 이룩해 놓은 통일정책의 성과를 계승·발전시킨 것이다.[26] 특히 평화번영정책은 "한반도에 평화를 증진시키고 남북 공동번영을 추구함으로써 평화통일의 기반조성과 동북아 경제 중심국가로의 발전토대를 마련하고자 하는 노무현 대통령의 전략적 구상"이었다.[27]

이러한 대북정책은 "포괄적이고 중장기적인 국가발전전략"으로서 추진되었다. 그

---

23) 조민, 앞의 글, p.8.

24) '색깔론' 공세가 심했던 선거사례는 1987년, 1992년, 1997년, 2002년 대선이라고 할 수 있다.

25) 대북정책과 통일논의 등에 대한 남남갈등의 현상 및 이념적 쟁점사항에 대해서는 경남대학교 극동문제연구소, 『남남갈등 진단 및 해소방안』(서울: 경남대학교 출판부, 2004)과 길병옥·라미경, "한반도 평화통일 논의와 비정부기구(NGO)의 역할", 『정치·정보연구』, 제8권 1호(2005), pp.10-11을 참고.

26) 통일부, 『통일백서 2008』(서울: 통일부, 2008), p.15.

27) 통일부, 『참여정부의 평화번영정책』(서울: 통일부, 2003), p.2.

동안 한반도가 북핵문제를 비롯한 북한의 미사일 문제 등으로 동북아 불안정의 주요 원인을 제공했다면 향후에는 동북아 평화와 번영의 중심이 되어야 한다는 역사적 소명 의식이 그 배경이 되었다고 할 수 있다. 특히 이 같은 정책추진 배경에는 경제발전 및 민주화 등으로 한국의 국가적 위상이 높아지고 국민적 자신감을 갖게 된 점, 지난 정부가 이룩해 놓은 통일·대북정책 성과를 바탕으로 남·북한 관계를 한 차원 더 높은 단계로 진전시킬 수 있도록 여건이 성숙되었다는 점, 동북아 경제안보환경의 변화와 한반도 문제가 민족 내부 문제이면서 국제문제라는 점에서 한국 정부의 대북정책은 남·북한관계 차원을 넘어 동북아지역의 안정과 발전도 함께 고려해야 한다는 점들이 자리 잡고 있었다.28)

한편 노무현 정부의 대북정책은 전임 김대중 정부의 대북화해협력정책이 안보면에서 취약성을 드러냈다는 대내외적 비판을 감안하여 안보적 측면(평화)과 경제적 측면(번영)의 균형적인 면을 강조함으로써 대내외적 지지기반의 폭넓은 확보가 가능한 대북정책 구상을 만들어야 한다는 의지도 그 배경에 깔려있었다.29) 이와 관련하여 노무현 정부가 전임 김대중 정부의 대북정책을 계승하고 발전시킨다고 하는 것은 크게 두 가지 차원에서 해석되기도 한다. 먼저 김대중 정부의 대북정책에 대한 철학을 계승하는 것이고 다음으로, 발전은 역대정부가 이룩해 놓은 성과를 포함해 햇볕정책의 문제점을 보완·발전시키는 것으로 해석된다. 특히 발전은 김대중 정부에서 드러났던 '남남갈등', 대북정책 결정 및 추진과정에서의 '투명성', 대북정책의 '과잉 정치화' 등과 같은 문제점들을 해결할 것임을 의미하는 것으로 보았다.30)

이러한 배경 속에서 평화번영정책의 목표는 '한반도 평화증진', '남북 공동번영 실현' 및 '동북아 공동번영 추구'에 두었다.31) 한반도에서 평화를 증진시킨다고 하는 것은 기본적으로 북한 핵문제를 해결하는 가운데 궁극적으로는 남·북한 간 협력과 항구적인 한반도의 평화체제를 구축하는 것이라고 할 수 있다. 한반도가 평화와 안정 및 동북아 번영의 중심이 되기 위해서는 무엇보다도 이러한 문제들이 해

---

28) 통일부, 『통일백서 2008』(서울: 통일부, 2008), pp.18 - 19.
29) 김영재, 「노무현 정부 평화번영정책의 분석」, 『국제정치연구』, 제9집 1호(2006), p.85.
30) 허문영 외, 『평화번영정책 추진성과와 향후 과제』(서울: 통일연구원, 2007), pp.24 - 25.
31) 통일부, 『통일백서 2008』(서울: 통일부, 2008), pp.19 - 20.

결되어야 한다고 본 것이다. 남·북한 공동번영 및 동북아 공동번영 추구는 남·북한 경제협력 활성화가 그 핵심으로서 중장기적으로는 남·북한 간 경제공동체를 형성하고, 이를 통해서 동북아 전체의 번영에도 기여하고자 한다는 것이다.

이 같은 중장기적 정책목표를 추진하기 위해서 노무현 정부는 네 가지 원칙을 제시하였다.[32] 첫째, 남·북한 간 대화를 통해 문제를 해결한다는 것이다. 이 같은 원칙을 견지하게 된 것은 남·북한이 군사적으로 대치하고 있는 상태에서 긴장과 갈등의 지속, 무력충돌 가능성이 상존하고 있다는 점에서이다. 둘째, 상호신뢰 우선과 호혜주의이다. 이는 남·북한 및 주변국들이 상호 이해를 바탕으로 신뢰 우선의 원칙에 입각하여 지역의 평화와 협력을 지향해 나간다는 것을 의미한다. 다른 지역과 달리 동북아지역은 역내 국가들 간에 상이한 정치, 경제체제를 비롯해 문화적으로도 차이가 존재한다는 점에서 이 같은 원칙이 필요하다고 본 것이다. 셋째, 남·북한 당사자 원칙에 입각한 국제협력으로서 이는 한반도 문제의 이중성을 바탕으로 하고 있다. 남·북한 문제는 당사자 문제이면서 국제문제라는 점을 감안한 원칙으로서 한반도 문제 해결에서 주변국의 지지와 협력이 절대적으로 중요하다는 점이 바탕이 되고 있다. 넷째, 국민과 함께 하는 정책을 원칙으로 한다. 노무현 정부는 대북정책 추진에 있어서 국민적 합의를 기본원칙으로 그 어느 정부보다도 투명한 대북정책을 추진하겠다는 것이었다.

노무현 정부는 평화번영정책의 목표달성을 위해서 북핵문제의 평화적 해결, 한반도 평화체제 구축 그리고 동북아 공동번영 추구라는 세 가지 추진전략을 수립하였다.[33] 먼저 북핵문제를 평화적으로 해결하고자 한 것은 북핵문제 해결 자체가 한반도에 평화를 정착시키고 남·북한 관계를 한 단계 높게 발전시키는 과정으로 간주했기 때문이다. 이러한 인식을 토대로 북한의 핵 불용, 평화적인 방법으로 핵문제 해결 그리고 핵문제 해결에 있어서 한국 정부의 적극적인 역할이라는 3대 원칙을 견지하며 핵문제를 해결하고자 하였다. 다음으로 한반도 평화체제 구축 전략과 관련하여 보면, 북한 핵문제가 평화적으로 해결되면 남·북한 간 제반 정치, 경제 협력이 진전될 것이며, 이는 궁극적으로 한반도에 평화 여건을 제공한다는 것이다.

---

32) 통일부, 『통일백서 2008』(서울: 통일부, 2008), pp.20－21.
33) 통일부, 『통일백서 2008』(서울: 통일부, 2008), pp.21－23.

이와 같은 여건이 조성된다면 현재의 정전상태를 항구적인 평화체제로 바꾸는 것이 어렵지 않을 것으로 보았다. 마지막으로 동북아 공동번영 추구 전략은 한국의 국익을 위한 중장기 전략으로서 한반도의 평화와 번영이 곧 동북아의 안정과 번영에도 기여한다는 인식을 바탕으로 남북경제공동체 건설과 동북아의 평화번영을 위한 협력체 창설을 제시하였다. 즉 북한 핵문제가 평화적으로 해결되고 한반도에 항구적인 평화체제와 남북경제공동체가 정착되면 동북아의 평화번영에 기여하게 되고, 또 동북아 경제·안보협력과정이 이뤄지면 궁극적으로 남북관계의 안정적 발전, 북한의 개방과 발전에 도움이 될 것이라는 입장이었다.

이상에서 검토한 노무현 정부의 대북정책인 평화번영정책의 핵심은 ①김대중 정부의 대북화해협력정책의 기조와 성과를 바탕으로 발전한 것이며, ②악화된 북한 핵문제를 대화를 통해서 평화적으로 해결하는 데 적극적 역할을 수행하고, ③한반도 평화를 증진시키며, ④남·북한 공동번영을 이루어 한반도가 동북아의 경제중심축이 되도록 토대를 마련함으로써 동북아의 공동번영을 추구하고, ⑤대북정책 추진은 국민과 함께, 국민적 합의에 기초한다는 것으로 요약된다.

Ⅲ. 대북정책의 추진 성과와 평가: 한반도 평화증진 측면

노무현 정부의 대북정책인 평화번영정책의 중심어는 '평화'와 '번영'이다. 따라서 여기서는 한반도 평화증진과 남·북한 공동번영이라는 두 가지 큰 측면에서 다음과 같은 몇 가지 사항을 중심으로 대북정책의 추진성과를 분석하고 평가할 수 있을 것이다.

1. 북핵 문제의 대응 및 관리

한반도 평화증진 측면에서 노무현 정부 대북정책의 화두는 북핵문제를 어떻게 대응하고 관리할 것인가에 모아졌다고 본다. 특히 출범 당시부터 대북정책 추진에 있어서 북핵문제 재발이라는 암초를 만났는데, 취임 전인 2002년 10월 미국에 의한 북핵 개발의혹의 제기와 북한의 핵개발프로그램 시인에 따라서 한반도 정세를 비롯한 동북아 정세 전반이 크게 악화되어 있는 상황이었다. 이는 지난 1994년 북미 제네바 합의에 의한 북핵 동결 상황이 북한에 의해 일방적으로 해제되는 결과가 되었다.

노무현 정부는 취임과 동시에 평화번영정책을 통해 북핵 불용, 평화적인 방법에 의한 핵문제 해결, 핵문제 해결에 있어서 한국 정부의 적극적인 역할을 강조하는 등 북핵문제 해결 전반에 관한 입장을 밝혔다. 특히 북핵문제의 평화적 해결을 위해 남북대화는 물론 주변 국가들과의 외교적 협력의 필요성을 강조하였다. 즉 남북대화에 의한 북한 설득과 동시에 다자외교 채널을 활용하고자 하였다. 먼저 남북대화 채널에서 북한에 대한 설득 작업은 주로 남북장관급회담을 통하여 이루어졌다. 2003년에 개최된 세 차례의 남북장관급회담(제10차: 4월, 제11차: 7월, 제12차: 10월)에서 노무현 정부는 주로 북핵문제 해결을 위한 다자회담의 필요성을 강조하였고, 북한이 대화의 장에 나설 것을 촉구하였다. 이 같은 노력의 결과는 2003년 4월 베이징 3자회담과 8월의 제1차 6자회담 그리고 2004년 2월 제2차 6자회담이 개최되는 데 기여하게 되었다. 2003년 5월 노무현 정부는 한·미 정상회담을 통하여 미국과 북핵문제 해결, 남북관계 병행이라는 합의점을 도출하였다. 2004년 6월에 개최된 제3차 6자회담에서 한국은 북한의 모든 핵 프로그램을 국제적 검증하에 투명하고 철저하게 폐기할 것을 요구하였으며, 미국과 일본도 이에 동조하여 철저하고 투명한 핵 프로그램의 폐기를 주장하였다.[34]

제3차 6자회담 이후 북한의 핵문제 해결에 대한 소극적인 태도로 인해 후속 회담이 열리지 않는 상황에서 북한은 2005년 2월 10일 외무부 성명을 통해 자신들의 핵무기 보유 주장과 함께 6자회담의 무기한 참가 거부를 선언하였다.[35] 이 같은 북한의 태도로 인해 북핵문제 해결이 더욱 어려운 상황으로 치닫게 되자 한국 정부는 6자회담 재개를 위해 주변국들과 협력을 적극 모색하였다. 특히 2005년 5월에 한중 정상회담과 6월에 한·미 정상회담 등을 개최하며 정체상태에 있는 6자회

---

34) 허문영 외, 앞의 책, p.33.

35) 북한외무성 성명, 2005. 2. 10: http://www.kinu.or.kr/issue/index.jsp?category=2(검색일: 2008. 3. 25).

담의 돌파구를 찾고자 하였다. 또한 6·15 남북정상회담 5주년 공동행사를 계기로 정동영 통일부장관이 방북하여 김정일 국방위원장에게 한반도 비핵화 원칙의 준수와 북한의 6자회담 조속 복귀를 촉구하였다. 아울러, 한국 정부는 북핵문제 해결을 위한 '중대제안'을 내놓았는데,[36] 이는 북한의 핵 폐기를 이끌기 위한 것으로서 북한이 6자회담에서 핵 폐기에 합의하면 한국 정부 책임으로 북한에 200만 Kw의 전력을 직접 제공한다는 것이었다. 이러한 결과, 2005년 7월과 9월에 제4차 1단계 및 2단계 6자회담이 개최되었으며 특히 9월에 개최된 4차 2단계 6자회담에서는 그간에 진행되어 왔던 회담들의 성과를 담아 낸 것으로 볼 수 있는 '9·19 공동성명'이 채택되었다.[37]

'9·19 공동성명'으로 남·북한 관계도 한층 탄력을 받았던 것으로 분석되는데, 무엇보다도 개성공단 건설과 남북경협사무소 개소(2005. 10. 28), '남·북한관계발전에 관한 기본법률' 제정·공포(2005. 12. 29)에 힘을 실어주었다.[38] 그러나 북핵문제는 제5차 6자회담에서 북한이 BDA문제 우선해결을 주장하면서 북미 간 갈등이 노정되었고, 이후 후속 회담도 개최되지 못했다. 이 같은 상황에서 노무현 정부는 2006년 4월과 7월에 각기 개최된 제18차 및 제19차 남북장관급회담에서 북측에 6자회담 복귀를 촉구하였지만 북한이 그해 7월 미사일 발사사건을 일으킴에 따라 대북 인도적 지원을 유보하고 동시에 9월 14일 한·미 정상회담을 통해 북핵문제의 평화적 해결 원칙을 재확인하는 등 북핵문제 해결에 대한 강한 의지를 보였다.

6자회담이 중단된 가운데 발생한 2006년 10월 9일 북한의 핵실험강행은 한반도 정세를 더욱 크게 악화시켰다. 북한의 핵실험에 대해 한국 정부는 이를 결코 용납하지 않겠다는 의지의 표명과 함께 북한 핵실험에 대한 유엔안보리 결의 1718호를 존중하겠다는 것을 분명히 하였다.[39] 북한의 핵실험 이후 한국 정부는 6자회담의 재개와 더불어 핵문제의 실질적인 해결을 위해 6자회담 관련국들과의 접촉을 계속하는 등 외교적 노력을 기울였다. 이후 북핵문제는 11월에 제5차 1단계 12월에 제

---

36) ≪중앙일보≫, 2005년 7월 13일.

37) '9·19 공동성명'의 주요 내용은 북핵 폐기 및 북한의 안보 우려 해소, 북미 및 북일 관계 정상화, 북한에 대한 국제지원, 한반도 및 동북아 안전과 평화비전 제시, 이행 원칙 등이다.

38) 허문영 외, 앞의 책, p.39.

39) 외교통상부, 『외교백서 2007』(서울: 외교통상부, 2007), pp.34-35.

5차 2단계 6자회담이 개최됨으로써 비핵화 초기단계 조치 및 '9·19 공동성명' 이행방안에 대한 협의가 진행되었다.

2007년 들어 북핵문제는 새로운 국면을 맞게 되었는데, 2월 8일부터 2월 13일까지 제5차 3단계 6자회담이 개최되었고, 이 회담에서 '9·19 공동성명 이행을 위한 초기조치' 즉 '2·13 핵합의'가 이루어지게 되었다[40]. 2·13 핵합의 과정에서 한국의 역할이 적지 않았다고 보는데, 무엇보다도 한국 정부는 북핵문제 해결을 위한 미국과의 공조체제 구축과는 별도로 유관국들과 긴밀한 협조체제를 구축하는 등 외교적 노력을 보였기 때문이다. 특히 이 회담에서 한국 정부는 북한의 비핵화 행동과 연계된 인센티브 개념의 대북지원 방침을 제안하였고, 이것이 결국은 북한을 움직이게 했던 것으로 설명하고 있다.[41]

그러나 2·13 핵합의 이후에도 BDA의 북한 동결자금 문제가 해결될 때까지 6개월여의 시간이 경과한 뒤에서야 비로소 한국 정부의 대북 중유 5만 톤 제공이 개시되고, 북한은 5개 핵시설(5MWe·50MWe·200MWe 원자로, 핵재처리시설, 핵연료공장)에 대한 폐쇄, 봉인 조치를 시작하였다. 이후 북핵문제는 6자회담 실무그룹을 중심으로 비핵화 진전을 위한 단계로서 2007년 10월 3일 제6차 6자회담 2단계 회의를 개최하고 '9·19 공동성명' 이행을 위한 2단계 조치로서 '10. 3 합의'를 이루어 냈다. 즉 북한은 연내 모든 핵시설의 불능화, 모든 핵 프로그램의 완전하고 정확한 신고완료, 핵 비확산 등을 밝히고, 참가국들은 북미관계 정상화, 북일관계 정상화 노력, 중유 100만 톤 상당의 대북 경제·에너지·인도적 지원에 합의하였다. 이에 따라서 북한은 11월 이후 영변의 5MWe 원자로와 핵재처리시설, 핵연료공장 등 3개 핵시설의 불능화 작업을 미국 등 관련국과 협조하에 진행 중인 것으로 알려졌다.[42]

그러나 위 합의에 따른 북핵 신고문제는 당초 기한인 2007년 말까지 이행되지 않았다. 그렇지만 노무현 정부의 임기가 2개월여 지난 후인 2008년 5월 9일 미국

---

40) '2.13 핵합의'의 내용은 북한 핵시설의 폐쇄, 봉인 및 IAEA 요원복귀, 모든 핵 프로그램 목록작성 협의, 중유 5만 톤 상당의 대북 에너지 지원, 북미, 북일 간 관계정상화 대화개시 등이며, 이 합의사항 이행협의를 위해 30일 이내에 관련국 간에 5개 실무그룹(한반도 비핵화, 북미관계 정상화, 북일 관계 정상화, 경제 및 에너지 협력, 동북아 평화·안보체제)을 구성하기로 한 것이다.

41) 외교통상부, 『외교백서 2007』(서울: 외교통상부, 2007), p.38.

42) 통일부, 『통일백서 2008』(서울: 통일부, 2008), pp.27 - 28.

국무부는 방북 중인 성 김 한국과장이 영변 원자로의 과거 가동자료를 북한으로부터 받았다고 확인하였으며, 이 자료에 대한 검증절차를 거쳐 만족스러운 결론에 도달하면 미국은 테러지원국 명단에서 북한을 삭제할 방침인 것으로 알려지고 있다.[43] 또한 북한은 테러지원국명단에서 해제된 후 24시간 내에 영변 5MWe 원자로의 냉각탑을 폭파하기로 미국과 합의했다는 내용의 보도도 나왔다.[44] 만약 그렇게 된다면 이것은 1990년대 초 북한 핵문제 발생 이후 가장 의미 있는 북핵문제 해결의 진전된 최초 증표가 되는 것이라고 할 수 있다.

이상에서 살펴본 노무현 정부의 한반도 평화증진과 관련한 북핵문제 대응 및 관리에 대해서는 다음과 같이 평가 할 수 있다. 우선 북핵문제에 대해서 실용적으로 대응했던 것으로 평가할 수 있다. 노무현 정부는 출범 당시부터 진보적인 이념성향으로 인해 특히 제반 한·미관계에서 미국과 갈등이 우려되었다. 그러나 북핵문제에 있어서는 이 같은 이념에 매달리지 않았고 실용적인 대응을 했던 것으로 평가된다.[45] 무엇보다도 북핵문제의 평화적 해결을 위해 관련국과의 관계에서 주도적 역할은 아니지만 중재자로서 적극적 역할을 아끼지 않았다는 점을 들 수 있으며, 이를 통해 북핵문제에서 한국의 역할과 입지를 어느 정도는 세우게 되었다. 이는 핵문제 해결을 위한 한국 정부의 국제적 노력 및 6자회담 등에서도 나타난다. 한국 정부는 북한의 핵실험 파문에 따라 유엔안보리 대북제재 결의의 참여와 함께 평화적으로 문제를 해결하기 위한 대화에도 노력을 기울였다. 한편 북핵문제로 인해 한때 북미 간 갈등양상이 날카로워지는 상황에서 부시 대통령이 북핵문제 해결을 위해 무력사용 가능성을 시사한 것에 대하여 노무현 정부는 그것이 해결방법이 아님을 주장하기도 하였는데, 이는 제제와 봉쇄를 통해 북한의 굴복 내지 붕괴를 추구했던 부시 정부 강경파들의 입지를 축소시키고 부시대통령이 현실적이고 실용적인 대북정책으로 전환하는 데 기여하였고, 이러한 노력과 역할 제고로 미국이 한국과의 관계에서 과거 권위주의 시대처럼 전적인 영향력을 행사하지 못했던 것으로 평

---

43) ≪조선일보≫, 2008년 5월 10일.

44) ≪조선일보≫, 2008년 5월 3일.

45) 여기서 실용적 대응이라고 볼 수 있는 것은 한국 정부의 북핵 해법이 미국과 다를 경우 미국과 대립각을 세운 적도 있지만 전시작전통제권 이양, 미군기지 재편, 주한미군의 전략적 유연성 등에 대해서는 미국의 요청을 들어주었다는 것이다. 해외파병의 문제도 지지기반의 이반을 감수하면서 미국의 요청을 들어준 셈이다. 이근, "노무현 정부, 과연 좌파이념정부인가?" 미래전략연구원, 『개인칼럼』(2008. 3. 21). http://www.kifs.org (검색일: 2008. 6. 25).

가되기도 한다.[46] 또한 북한을 2·13 핵합의에 이끈 사실도 긍정적으로 평가할 수 있는 부분이다. 9·19 공동성명 이후 북한의 6자회담 참여 거부가 계속되는 상황에서 한국 정부의 '중대 제안' 즉 북한에 대한 전력지원 제안이 있었다. 이는 북한의 6자회담 복귀를 견인하는 원동력이 되었던 것으로 볼 수 있고 결국, 북한이 2·13 핵합의에 서명하는 데 영향을 미친 것으로 풀이할 수 있다.[47]

이처럼 노무현 정부는 북핵문제 해결에 있어서 기본적으로 북한과는 대화를 통해서, 그리고 미국, 중국 등 유관국과는 긴밀한 협력 체제를 통하여 해결하고자 하였다. 특히 북한과는 대화와 더불어 핵문제 해결 상황을 보아가며 대북지원을 연계하는 등 다소 신축성 있는 입장을 보였던 것으로 해석할 수 있다.

노무현 정부의 북핵문제 대응은 이처럼 긍정적인 평가를 받을 수 있는 부분이 많지만 한편으로는 북핵 위기관리에 있어서는 제한된 모습을 보였다는 비판도 면할 수 없다. 2006년 북한이 대포동 미사일을 발사하고, 핵실험을 강행해도 별다른 책임을 묻지 못하고 레드라인(Red Line)을 자꾸만 후퇴시켜 온 대북협상이었다는 비판도 제기된다.[48] 따라서 노무현 정부가 남·북한 관계를 북핵문제와 병행시키겠다는 정책적 발상은 북핵문제의 본질적 성격을 간과한 것으로 볼 수 있다. 이는 노무현 정부로 하여금 북핵문제에 대한 한국의 입장과 역할을 과잉 의욕적으로 설정하게 만들었고, 이로 인해 '남·북한 관계 유지'와 '한·미공조' 또는 '대북압박'과 '북미 간 대화요구' 사이에서 딜레마적 상황에 놓이기도 하였다.[49] 사실 북핵문제의 대화를 통한 평화적 해결을 대북정책의 추진전략이요, 북핵문제 해결원칙으로 천명한 노무현 정부이지만 북핵문제가 이미 남·북한문제만이 아닌 북미문제와 국제적 문제이며 또 북한의 일방적인 핵정책 강행으로 인하여 북핵문제에 대한 위기관리는 제한을 받을 수밖에 없었다. 북한의 빈번한 6자회담 불참과 핵실험 파문은 노무현 정부의 북한 핵 대응 및 위기관리에 대한 한계를 나타내는 것이었다.

---

46) 박건영, 「노무현 정부 대북정책의 평가와 과제」, 한국국제정치학회 연례학술회의 발표논문(2007), p.105.

47) 이에 대해서는 다른 견해도 있다. 즉 9·19 공동성명이 북한의 BDA 문제 및 6자회담 중단으로 이행되지 않고 있는 상황에서 미국이 북미 베를린회동을 통해 BDA문제 해결에 대한 전향적인 입장을 보임으로써 북한이 6자회담 개최 및 2·13 핵합의를 가능하게 했다는 것이다. 위의 글, p.106.

48) ≪조선일보≫, 2008년 5월 2일.

49) 허문영 외, 앞의 책, p.74.

2. 군사적 긴장완화

한반도 평화증진을 위한 노무현 정부 대북정책의 또 다른 노력은 궁극적으로 한반도의 평화체제 구축을 지향하는 남·북한 간 군사적 긴장완화에 초점을 두었던 것으로 보인다. 군사회담을 살펴보면, 노무현 정부시기에 남·북한 국방장관회담과 장성급군사회담 및 군사실무회담이 5년간 총 29회가 개최되어 많은 회담수치를 나타내고 있다(<표 9-1> 참조).

〈표 9-1〉 노무현 정부시기 남북회담통계

연도 / 회담분야	정치	군사	경제	인도	사회문화	총계
2003	3	5	15	5	1	29
2004	2	5	13	2	1	23
2005	10	3	11	4	6	34
2006	5	4	8	3	3	23
2007	13	11	22	3	6	55
2008		1	3		1	5
총계	33	29	72	17	18	169

*통일부 자료를 활용하여 필자가 임의로 〈표〉의 제목과 기간을 정하여 산출함.
대상기간: 2003. 2. 25~2008. 2. 24 산출일자: 2008. 6. 1
자료: http://dialogue.unikorea.go.kr/sub1/sub1_3.asp (검색일: 2008. 6. 1): 통일부 남북회담본부, 「회담통계」.

김대중 정부와 노무현 정부의 집권기간 동안 남·북한 군사회담은 총 45회 개최되었는데 노무현 정부가 29회, 김대중 정부가 16회를 기록하고 있다. 이로써 노무현 정부가 김대중 정부에 비하여 군사회담 횟수를 훨씬 상회한 것으로 나타나고 있다(<표 9-1>, <표 9-2> 참조). 이것은 단순히 수치상의 비교결과 의미만 있는 것이 아니고 군사방면에 노무현 정부가 상당한 적극성을 가졌다는 흔적이며, 또 군사회담을 통해서 남·북한군 간 긴장완화를 위한 대화의 틀을 적극적으로 구축하고자 했다는 점, 북한도 이에 호응하는 태도를 보였다는 점에 더 의미가 있는 것이다.

한편 2004년에는 남·북한 함정 간 공용통신망을 운용하기로 합의했으며, 이는 과거 서해교전과 같은 우발적 무력충돌을 방지하기 위한 것이었다. 또한 군사분계선에서 남·북한이 상호 선전활동을 중지키로 했는데, 그 일환으로 2005년 8월에는 상호 간의 선전수단을 완전히 제거하였다. 북측 해역에서 선박조난 시 남측 구조함정 진입에 대한 합의 등도 이루었다. 2007년 12월 제7차 남북장성급군사회담에서는 '동·서해지구 남북관리구역 통행·통신·통관의 군사적 보장을 위한 합의서'를 채택하였고, 제35차 남북군사실무회담에서는 문산-봉동 간 철도화물 수송을 위해 10m 구간의 군사분계선을 개방하기로 합의하였다. 이에 따라서 12월 1일부터 최초로 문산-봉동 간 화물열차 운행을 개시하여 주중 매일 1회 운행 중이며, 2007년도에는 총 219.5톤의 물동량을 처리하는 등 현재진행 중에 있는 개성공단 사업과 금강산 관광사업 등 남·북한 제반 경협 사업을 원만히 진행시키기 위해 통행과 출입을 보장하는 군 당국 간 협의와 합의가 이루어져 시행되기도 하였다.[50]

전임 김대중 정부는 대북화해협력정책을 추진하여 여러 성과 가운데에도 특히 남북정상회담을 개최하고 6·15 공동선언을 채택함으로써 여러 면에서 남·북한 관계를 한 단계 더 진전시킬 수 있는 역사적 계기를 만들었다. 그러나 유감스럽게도 한반도 평화모색에서 중요한 군사적 협의 및 합의사항에 대해서는 구체적인 언급이 없었다. 이러한 점에서 노무현 정부는 전임정부의 대북정책이 비판을 받았다는 점을 인식하고 남·북한 간 군사적 대화를 통해서 일정한 평화증진의 성과를 거두고자한 것으로 분석된다.

이와 같은 노무현 정부의 남·북한 간 군사적 긴장완화 노력은 군사적 신뢰구축 및 한반도평화체제 형성을 위한 초기단계 조치로서 그동안 북한의 대남 군사적 대응태도를 감안할 때 남·북한관계에서 의미 있는 성과를 도출한 것이라고 하겠다. 그러나 정전체제를 해체하고 한반도 평화체제를 구축한다는 보다 진전된 노무현 정부의 대북정책 추진전략은 남북분단의 엄연한 현실 속에서 남·북한군이 대치하고 있고, 북한이 직면한 여러 가지 어려운 내외문제의 위기타개를 '선군정치'에 의존하고 있으며,[51] 당면한 북핵문제도 해결되지 않은 상황에서는 일정한 한계를 가질 수밖에 없었을 것으로 판단된다.

---

50) 통일부, 『통일백서 2008』(서울: 통일부, 2008), pp.84-88: http://dialogue.unikorea.go.kr/sub2/sub2_2.asp (검색일: 2008. 5. 31). 통일부, 『통행·통신·통관 군사적 보장 합의-제7차 남북장성급 군사회담-결과 해설자료』: http://kref.naver.com/doc.naver?docid=7579889(검색일: 2008. 6. 1). 통일부대변인, 『보도자료』(2008. 1. 14).

51) '선군정치'는 북한이 강성대국건설을 주장하면서 내놓은 '사상중시, 총대중시'의 구체적인 실현을 위한 정치방식이다. 김창희, 『북한정치사회의 이해』, 제4판(서울: 법문사, 2006), pp.187-188. 김정일 시대가 시작되면서 출현한 '선군정치'는 북한에서 군을 핵심으로 한 권력구조를 강화하고 이를 대내외 정치의 주요 통치원리로 작동시키고 있다. 또한 '선군정치'는 특히 적대관계에 있는 국가들과의 갈등이나 이로 인한 안보위기 발생 시에 문제 해결 수단의 차원에서 적극 활용되었으며, 현재도 이러한 대외정책 대응방식은 계속되고 있다. 이창현, 「김정일 시대 '선군정치'의 대외 정책적 함의」, 『정치·정보연구』, 제9권 1호(2006), pp.286-287, p.298. 북한은 북미제네바합의와 남북정상회담을 선군정치의 산물로 주장하기도 하였다. 《로동신문》, 2001년 10월 9일.

3. 남북대화의 활성화

　노무현 정부의 대북정책목표달성을 위한 4대 추진원칙 중 첫 번째가 대화를 통한 문제 해결이다. 한반도의 불안정한 정전체제와 군사적 대치상황으로 인해 긴장과 갈등이 지속되고 있는 등 우발적인 무력충돌 가능성이 상존하고 있기 때문에 한반도의 제반 갈등과 현안사항은 반드시 대화를 통해서 평화적으로 해결한다는 점을 원칙으로 설정한 것이었다. 그만큼 남·북한관계 개선과 한반도 평화증진에 있어서 남북대화가 갖는 평화적인 수단과 방법으로서의 중요성과 필요성을 인식, 천명한 것이라고 할 수 있다.

　노무현 정부에서는 출범 전후의 북핵문제 위기상황으로 인하여 전임 김대중 정부시기에 비해 남북대화가 소강상태에 빠지지 않을까 하는 우려도 깊었었다. 그러나 남북대화는 총 169회 개최되었고,(<표 9-1> 참조) 2007년 한 해 동안만 해도 남북정상회담을 포함해서 장관급 회담 등 총 55회가 개최되었다.[52]

<표 9-2> 김대중 정부 시기 남북회담통계

연도 / 회담분야	정치	군사	경제	인도	사회문화	총계
1998	4			1		5
1999	8					8
2000	18	4	3	2		27
2001	2	2	3	1		8
2002	4	9	14	3	2	32
2003	2	1	2	2		7
총계	38	16	22	9	2	87

*통일부 자료를 활용하여 필자가 임의로 <표>의 제목과 기간을 정하여 산출함.
대상기간:1998. 2. 25~2003. 2. 24. 산출일자: 2008. 6. 2.
자료: http://dialogue.unikorea.go.kr/sub1/sub1_3.asp (검색일: 2008. 6. 2): 통일부 남북회담본부, 「회담통계」.

　노무현 정부에서는 정치, 군사, 경제, 인도, 사회문화 분야 등 다양한 영역에 걸쳐 대화가 추진되고 이루어졌다(<표 9-1>, <표 9-2> 참조). 남북회담 총 횟수 면에서 전임정부의 거의 2배에 이르는 통계를 보이는 것은 그만큼 활발한 대북접촉과 대화의지를 실현한 것으로 보인다. 회담분야 면에서도 모두 두 자리 수치를

---

52) 통일부, 『통일백서 2008』(서울: 통일부, 2008), p.39.

기록하였고, 연도별로도 매년 20회 이상의 회담을 개최하여 고른 분포를 보였다. 특히 72회의 경제 분야회담이 압도적으로 많은 것은 이 분야에서 남북교류협력이 활성화되었다는 것을 의미한다. 2007년 한해에 각 분야별 회담 총계가 55회에 이른 정도로 많은 것은 그동안 노무현 정부가 추진한 대북정책이 탄력을 받아 나타난 현상이고 또한 임기 말에 즈음하여 그간 추진한 사업의 성과를 결속하기 위한 노력의 결과였던 것으로 분석된다.

또한 노무현 정부가 추진한 남북대화 가운데 마무리를 장식하는 성과는 임기 말에 이루어진 남북정상회담이라고 할 수 있다. 남북정상회담은 2007년 10월 2일부터 4일까지 북한의 백화원 영빈관에서 개최되었으며, 동 회담에서 남·북한은 "2007 남북정상선언('남북관계 발전과 평화번영을 위한 선언')"을 채택하였다. 동 선언은 2000년 남북정상회담에서 약속한 '6·15 남북공동선언'의 적극 구현 및 상호존중과 신뢰의 남북관계로의 확고한 전환 등을 포함해 남·북한 간 정치, 경제, 군사, 평화, 사회문화, 인도 분야, 국제무대에서의 상호협력 등 총 40여개의 의제를 담고 있다.

'6·15 남북공동선언'이 총론적이었다면 '2007 남북정상선언'은 각론적인 함의를 갖는 것인데 특히 핵문제와 정전체제 종식문제, 서해평화협력특별지대 등 정치적 문제의 제기는 의미를 더하는 것이었다.[53] 다양한 긴장요인이 상존하고 있는 남·북한 관계의 현실을 감안할 때 남북정상회담은 그 자체로도 한반도의 긴장완화와 평화 진전을 위해서 그 의미가 결코 적지 않다고 평가할 수 있다. 2007년의 남북정상회담과 '2007 남북정상선언'은 노무현 정부가 임기 중 추진한 대북정책을 결산하고 향후 남·북한이 함께 가야 할 방향을 모색하는 데에 의의가 있다. 또한 2000년 6·15정상회담에 이어서 또 다시 남북정상회담이 개최됨으로써 향후에도 남북정상회담이 개최될 수 있고, 나아가 정례화될 수 있는 가능성의 선례를 마련했다는 점에서 의미 있는 성과라고 평가된다.

이렇게 노무현 정부 시기 남북대화는 북핵문제 재발여파 및 북한의 미사일발사, 핵무기 보유선언, 핵실험강행 등 일련의 여러 가지 불안 요인이 출현했음에도 불구하고 비교적 다양하고 원활하게 추진, 진행되고 지속된 것으로 평가할 수 있을 것

---

53) 김창희, 「노무현 정부의 평화번영정책과 제2차 남북정상회담」, 『통일전략』, 제8권 제1호(2008), p.172.

이다. 이 점은 남북대화의 제도화에 기여할 수 있는 현상인데, 남북대화의 제도화는 남북대화가 정상적, 안정적, 지속적으로 작동하기 위해서 반드시 갖추어야 할 필요조건이다.[54] 그러나 북한은 근본적인 남북문제 해결을 위한 논의를 회피해 왔으며, 남·북한 간의 정치적 문제와 북핵문제 등에 대한 남북 당사자 간 대화는 개최되지 못하거나 6자회담에서 논의되는 점은 남북대화의 기본방향에 대한 수정, 개선이 필요한 것으로 지적되었다.[55] 또한 국군포로와 납북자 문제 해결을 위한 대화에서는 북한의 소극적 태도로 인하여 문제제기 수준에 머물러 진전이 없었는데 이를 두고 오히려 북한의 눈치를 본다는 일각의 비판도 있었다. 2007년 10월의 남북정상회담 개최가 12월로 예정되어 있었던 대통령 선거를 겨냥한 대내 정치적 성격이 짙다는 의혹도 제기되었다. 이 같은 의혹은 노무현 정권 말기에 정상회담을 개최한 점, 그리고 한나라당 대선후보 경선 시기에 정상회담을 개최하기로 한 점 등에서 연유한다.

Ⅳ. 대북정책의 추진성과와 평가: 남·북한 공동번영 측면

1. 경제협력의 확대 추진

노무현 정부의 대북정책목표 가운데 남·북한 공동번영 및 동북아 공동번영 추구는 남·북한 경제협력을 활성화시켜서 중장기적으로는 남·북한 경제공동체를 만들고, 나아가서 한반도가 동북아의 번영에도 매개역할을 하고자 한 것이었다. 이를 위해서 노무현 정부는 무엇보다도 남·북한 경제협력을 확대하고 발전시키는 데 치중하였다.

노무현 정부 시기의 남북교역 규모는 역대 정부들에 비해 크게 증가했던 것으로

---

54) 이창헌, 「김대중 정부 시기 남북대화의 전개와 평가」, 평화문제연구소, 『통일문제연구』, 하반기호〈통권42호〉(2004), p.270.

55) 박광기, 「차기 정부의 대북정책 방향」, 『2007 남·북한 관계와 차기 정부의 대북정책』, 한국정치·정보학회 연말 학술회의 발표논문(2007), p.22.

분석되는데, 5년간 총 56억여 달러를 기록하고 있다. 또한 교역 구조도 매우 다양화되었다는 것을 알 수 있다. 교역구조의 다양화와 관련하여, 그동안 남북교역은 초기에 해외중개상을 통한 간접교역 형태로 진행되어 오다가 1990년대 중반부터 남북교역 당사자 간 직접 교역이 증가했으며, 특히 2005년 10월 '남북경제협력협의사무소'가 개소된 이후 남·북한 간 직접교역 비중이 높아지고 있고, 2007년도에는 개성공단 입주업체 생산품과 북한산 농수산물·광산물 반입 증가 등 상업적 거래가 크게 증가한 것으로 나타났다.[56)

남·북한 경제협력 사업은 개성공단 사업과 금강산관광사업을 중심으로 꾸준히 확대되었다. 개성공단 사업은 남·북한 사업자 간, 당국 간 협의과정을 거쳐 2003년 6월 30일 1단계 330만㎡ 개발이 착공되었다. 2007년 12월 현재 기반시설 준공 및 분양 완료 등 1단계 개발이 완료됨으로써 본격 운영단계에 진입했다.[57) 금강산관광사업의 경우는 북핵문제의 여파 등으로 사업 위축이 크게 우려되었으나 2007년 6월부터 내금강 관광도 가능하게 되었던 점으로 미루어 볼 때 북핵문제의 영향을 크게 받지 않았던 것으로 보인다.

한편 경제협력사업 승인은 2004년부터 개성공단 사업이 본격적으로 추진되면서 크게 증가했으며, 2007년의 경우 총 176건에 달했다.[58) 또한 경제협력사업의 가시적인 성과라고 할 수 있는 남북철도와 도로 연결사업의 경우, 동해선 도로는 2004년 11월 완공되어 12월부터 이용하고 있고, 철도는 2005년 12월에 동해선[59) 궤도 부설공사가 완료되었으며, 2007년 5월에는 남·북한을 연결하는 경의선·동해선 남북열차가 시험운행 되었고, 같은 해 12월부터 문산－봉동 간 화물열차가 정기적으로 운행되고 있다.[60)

개성공단사업 및 금강산관광사업 등 제반 남·북한 경제협력사업은 2007년에 개최된 남북정상회담으로 인해 한 단계 더 도약할 수 있는 계기를 마련했다. 특히 경제적 측면에서 남·북한 상호 보완성을 강화할 수 있는 기틀을 마련했다고 볼 수

---

56) http://www.unikorea.go.kr/ (검색일:2008. 6. 2); 통일부, 『통일백서 2008』(서울: 통일부, 2008), pp.113－118.

57) 통일부, 『통일백서 2008』(서울: 통일부, 2008), p.121.

58) 통일부, 『통일백서 2008』(서울: 통일부, 2008), p.113.

59) 동해선 철도의 경우 남측 구간은 제진 → 군사분계선(7km)이고, 북측 구간은 금강산 → 삼일포 → 감호 → 군사분계선(18.5km)까지이며, 총 연결구간은 25.5km이다.

60) http://epic.kdi.re.kr/epic_attach/2007/R0708157.hwp(검색일: 2008. 6. 2).

있는데, 남북경제협력추진위원회가 부총리 급의 남북경제협력공동위원회로 격상되고 이 산하에 8개 분과위원회가 구성되었으며, 서해평화협력특별지대추진위원회가 구성되어 각기 회의가 진행된 것 등이 그것이다.

노무현 정부는 남·북한 공동번영이라는 대북정책목표를 달성하기 위하여 노력한 결과 남·북한 경제협력을 확대하였고, 그 필요성과 가능성의 기반을 조성하는 성과를 냈다. 그러나 대북투자와 경제협력 사업이 현실적으로 얼마나 경제적 이득을 주는 것이며 그것이 경제논리를 배제한다고 하더라도 남·북한 관계 진전에 효과가 있었는가에 대해서는 회의적인 여론과 평가가 적지 않았다. 특히 북한의 미사일 발사와 핵실험 이후에는 이러한 사회적 분위기가 증가하였다.

2. 대북 인도적 지원과 이산가족의 교류와 협력

노무현 정부의 남북 인도적 분야 협력추진은 대북정책목표인 남북공동번영 달성을 위한 일환이라고 하겠다. 인도적 분야의 대북정책 추진은 북한주민의 삶의 질과 관련한 대북지원, 이산가족과 국군포로·납북자 문제, 새터민 정착지원 및 북한주민의 인권 문제 등에서 이루어졌다. 여기서는 북한주민의 삶의 질과 관련한 대북지원과 이산가족 교류에 초점을 두어 살펴보고자 한다.

우선 노무현 정부의 대북지원에 관한 정책적 목표는 크게 두 가지에 초점이 맞추어졌다. 즉 당위적 측면으로서 인도주의 정신과 동포애를 구현하는 것이며, 실용적 측면에서 남·북한 화해협력의 실현에 두었다. 이를 실천하는 데 있어서 특정한 정치적 상황과 연계하지 않는다는 것이었는데, 이는 주로 북한에 대한 식량지원과 농업생산성 향상 지원에 중점을 두면서 보건-의료분야 등으로 지원 분야를 확대하였다. 또한 민간차원의 지원은 정부 차원과 상호 보완 구도 아래 자율적인 추진을 권장하되 농업분야, 보건의료 분야, 취약계층지원 등 전문분야 별로 특화되도록 지원하는 정책을 추진하였다.[61]

---

61) 김수암, 「참여정부의 사회문화 및 대북지원 분야의 성과와 과제」, 통일미래사회연구소, 『참여정부의 대북정책 성과와 과제』, 동북아시대위원회 용역과제 6-9(서울: 동북아시대위원회, 2006), pp.122-123: http://www.nabh.go.kr/board/data/policy/397/61218_fnh.hwp (검색일: 2008. 12. 22).

　인도적 지원에 관한 현황을 구체적으로 살펴보면, 우선 북한의 식량증산을 돕기 위한 대북 비료지원은 2003년부터 2007년까지 총 160만 톤(5,119억 원)이 지원되었다. 한국 정부 차원의 식량차관은 남북협력기금으로부터 지출되었는데, 2003년부터 2007년까지 총 6,300억 원에 이른다. 한편 국제기구를 통해 2003년, 2004년에 각각 옥수수 10만 톤, 2007년 옥수수 1.2만 톤 등을 지원했다. WHO를 통해 말라리아 방제사업, 영·유아를 위한 긴급 의료지원을 목적으로 2003년부터 2007년 까지 총 2,603만 달러 상당의 약품과 기자재를 지원하였다. 2005년에 북한 영유아에 대한 특별지원 장기계획을 수립한 이후 취약계층 지원금으로 100만 달러, 2006년 230만 달러, 2007년 315만 달러를 각각 지원하였다.[62]

　기타 한국 정부는 2004년 용천재해와 2005년 조류 인플루엔자 방역지원 등 상황이 발생할 때마다 긴급지원을 실시하였다. 2007년 북한의 수해와 관련하여 8월에 라면, 모포, 생수, 의약품 등 총 75억 원 상당의 긴급구호품을 전달한 바 있으며, 북한의 요청에 의해 2007년 9월부터 11월까지 총 374억 원 규모의 수해복구 건설장비 및 자재를 지원하였다. 한편 대북 인도적 지원과 관련하여 또 하나 주목되는 점은 북한의 자립·자활능력을 제고하기 위해 2005~2007년 까지 중장기적 차원에서 합동사업을 진행하였다는 것이다. 이는 정부재원과 민간단체의 대북지원 경험이 결합된 사업으로서 총 137,6억 원이 지원되었다.[63]

　다음에 이산가족 교류문제와 관련해 보면 노무현 정부 시기 당국차원의 이산가족 상봉인원은 14,600명을 나타냈다.[64] 남북 이산가족 교류는 주로 생사확인, 서신교환, 방북상봉 형태로 추진되었으며 당국차원에서는 화상상봉이, 민간차원에서는 제3국 상봉이 이에 더하여 실행되었다. 이를 합산해 보면 민간차원에서 총 9,536건과 당국차원에서 총 7,817건으로 집계된다. 노무현 정부의 이산가족교류 추진의 특징은 다음과 같이 지적할 수 있다. 첫째, 역대 어느 정부와 비교될 수 없을 정도의 양적, 질적 교류의 변화를 기록했으며 둘째, 2005년부터는 화상상봉이 개시되었다는 점 셋째, 당국차원 외에도 민간차원의 교류가 활발하게 진행되었다는 점 넷째, 당국차원의 서신교환은 2003년을 끝으로, 그리고 김대중 정부 시기에 실시했던 방

<hr>

62) 통일부, 『통일백서 2008』(서울: 통일부, 2008), pp.217-227.
63) 통일부, 『통일백서 2008』(서울: 통일부, 2008), pp.224-225.
64) http://www.unikorea.go.kr/ (검색일: 2008. 06. 03).

남 상봉은 아예 제외되어 있다는 점 등이다.

이상에서와 같이 노무현 정부는 다양한 대북 인도적 지원협력과 이산가족교류협력을 실행하였다. 특히 북한 핵문제로 남·북한관계와 한·미관계가 경색되는 분위기 속에서도 대북 인도적 지원협력 기조는 변하지 않았다. 때문에 대북 인도적 지원협력 사업은 남북경제교류협력 사업과 함께 '퍼주기'식 이라는 사회 일각의 비판을 받아야만 했다. 그렇지만 이는 평화와 번영을 추구하는 노무현 정부 대북정책의 철학과 목표 실행, 그리고 남·북한 관계의 현실적이고 거시적인 맥락에서의 유연한 정책적 선택이었던 것으로 평가된다.

V. 결 론

이상에서 살펴본 노무현 정부의 대북정책인 평화번영정책은 '평화'와 '번영'이라는 지향점을 걸고 주로 한반도 평화증진과 남·북한 공동번영에 중점을 두어 추진되었다. 노무현 정부의 대북정책 추진은 노무현 정부 출범전과 재임기간 내내 북핵문제 및 북미관계 악화로 인하여 남·북한 관계의 악화와 정체가 우려되는 불리한 상황이었다. 그러나 전임정부의 대북 포용 및 화해협력기조를 발전시켜 평화번영의 기조로 대북정책을 추진하여 남·북한 교류와 협력을 시현하고 한반도 평화와 번영을 위한 토대를 마련하고자 노력을 경주하였고, 남·북한 관계는 부침은 있었으나 대체적으로 순조롭고 활발하게 진행되었다. 노무현 정부의 대북정책은 많은 부분에서 의미와 성과가 있고 긍정적인 면이 있지만 동시에 문제점과 한계성도 드러났다.

노무현 정부 대북정책의 성과와 문제점을 요약하면 다음과 같다. 첫째, 노무현 정부는 북핵문제 해결과 관련하여 북한과는 대화를 통해서, 관련국과는 긴밀한 협력관계를 통하여 해결하고자 하였고, 핵문제의 상황에 따라서 대북지원을 연계하는 모습도 보였다. 그러나 남·북한관계를 북핵문제와 병행, 발전시킨다는 정책적 발상은 북핵문제의 본질적 성격을 간과한 것으로 볼 수 있다. 북한의 핵실험 강행은 북한핵을 용인하지 않고, 대화를 통해서 평화적으로 북핵문제를 해결한다는 북핵 해결원칙을 내세웠던 노무현 정부의 대북정책 한계성을 드러내게 하였고, 노무현 정부뿐만 아니라 국민을 당혹하게 만든 사건이 되었다. 이 점은 대북 포용과 화해협력, 그리고 평화와 번영을 지향하는 노무현 정부 대북정책의 제일 큰 딜레마였다.

둘째, 남·북한 간에 수차에 걸친 군사회담을 통해서 인적·물적 교류협력 사업을 가능하게 하고, 군사적 긴장완화와 신뢰를 모색한 것은 의미 있는 평화증진 노력의 성과였다. 그러나 정전체제를 해체하고 한반도 평화체제를 구축한다는 노무현 정부의 대북정책 추진전략은 엄연한 남북분단의 현실, '선군정치'에 의존하고 있는 북한의 상황, 당면한 북핵문제의 미해결 상황에서 절대적인 한계를 가질 수밖에 없었다. 따라서 군사적 긴장완화 노력은 인정되지만 군사적 신뢰구축이나 한반도 평화체제구축은 정책적 지향수준에 머물렀다고 하겠다.

셋째, 노무현 정부 시기 남북대화 환경은 악화된 북핵문제로 인하여 불안정 요인이 지배적 이었으나 이와는 다르게 남북대화는 비교적 다양하고 원활하게 추진, 진행된 것으로 평가할 수 있다. 특히 2007년의 남북정상회담은 노무현 정부의 대북정책을 결산하고 향후 남·북한의 방향을 모색한 것에 의의가 있고, 핵문제와 정전체제 종식문제, 서해평화협력특별지대 등 정치적 문제를 제기하여 의미가 있었다. 또한 6·15정상회담 이후 또 다시 남북정상회담이 개최됨으로써 향후에도 남북정상회담이 개최되고, 정례화될 수 있는 가능성의 선례를 남겼다는 점에서 성과라고 할 수 있다. 그러나 남북정상회담 개최가 당시 예정된 대통령 선거를 겨냥한 대내 정치적 성격이 짙다는 의혹도 있었다. 국군포로 및 납북자 문제 해결과 관련한 대화는 진전이 없었고, 북한의 미온적 태도 때문에 이 문제는 미해결로서 문제제기 수준에 머물렀다. 무엇보다도 근본적인 남·북한 문제와 정치적 문제, 북핵문제 등에 대한 북한의 대화 반대와 회피는 남북대화의 기본방향에 대한 수정과 개선이 필요한 것으로 지적되었다.

넷째, 남·북한 공동번영의 대북정책목표를 추진한 결과 남·북한 경제협력을 확대하였고, 그 필요성과 발전 가능성의 기반을 조성하였다. 그러나 대북투자와 경제협력 사업이 얼마나 경제적 이득을 가져오며 또 경제논리를 배제하더라도 실제 남·북한 관계 진전에 얼마나 효과가 있는가에 대해서는 회의적인 여론과 평가가 적지 않았다. 특히 북한의 미사일 발사와 핵실험 이후에는 이러한 사회적 분위기가 증가하였다. 결과적으로 노무현 정부의 대북정책이 북한의 실질적 변화를 유도해 내지 못함으로써 남한은 주고 북한은 실리만 얻는 것에 익숙한 타성만을 배태시킨 것이 아닌가 하는 비판적 시각도 낳았다.

다섯째, 대북 인도적 지원협력과 이산가족교류협력이 다양하게 실행되었는데 특히 이산가족교류는 역대 어느 정부와 비교될 수 없을 정도의 양적, 질적 교류형태의 변화를 나타냈으며, 북한 핵문제로 남북 및 한·미 관계가 경색되는 분위기 속에서도 대북 인도적 지원협력 기조는 변하지 않았다. 대북 인도적 지원협력 사업은 남북경제교류협력 사업과 함께 '퍼주기'식 이라는 사회 일각의 비판을 받았다. 그러나 이는 평화와 번영을 추구하는 노무현 정부 대북정책의 철학과 목표 실행, 그리고 남·북한관계의 현실적, 거시적 맥락에서 볼 때 유연한 정책적 선택이었던 것으로 평가될 수 있었다.

향후 남·북한 관계발전을 위한 대북정책의 추진방향에 있어서는 다음과 같은 몇 가지 사항을 고려할 필요가 있을 것이다. 기본적으로 남·북한의 긴장완화와 안정, 평화분위기를 조성하는 노력이 필요하다고 본다. 남·북한관계의 안정과 평화는 누구를 위해서가 아니라 한국을 위해서 필요한 것이다. 통일이 장기적이고 이상적인 한민족의 지향점이라고 한다면, 분단의 평화적 관리는 명분이나 자존심의 문제가 아니라 실리의 문제이고, 미래의 문제가 아니라 현실의 문제이다. 따라서 역대 정부의 대북정책의 장·단점을 고려하되, 대북 화해협력과 평화번영의 기조를 실용적으로 발전시켜 활용하는 것이 바람직할 것으로 보인다.

남북대화 채널을 유지하도록 하고, 가능하면 상시화할 필요가 있다. 대화를 통해서 남·북한 문제를 협의, 조율하고 관리할 수 있기 때문이다. 장기적인 대립과 갈등관계에 있는 남·북한 간에 대화채널은 최소한 평화 유지선이요, 통로이다. 이런 점에서 여건이 마련된다면 남북정상회담도 계속 이어갈 필요가 있고, 정례화 내지 교차 방문의 형식을 모색하여 보다 차원 높은 새로운 남북대화의 문화를 창출하고 제도화할 필요가 있을 것이다.

남북경제협력 사업과 사회문화교류 및 인도적 사업은 여건이 허락되는 한 지속하고 활성화하는 것이 바람직하다. 남·북한 관계는 단기적 안목 보다는 장기적 관점이 필요하고, 예민한 정치적 문제보다는 비정치적 분야에서 공동관심과 실익을 서로 나눌 수 있는 공통분모와 최대공약수를 찾을 수 있기 때문이다. 그러나 남북

경제협력 사업은 경제성 논리를 전혀 배제할 수 없고, 사회문화교류 및 인도적 사업도 국민의 여론을 무시할 수 없는 현실적인 제약요인이 있음을 감안하여야 한다. 이러한 점에 유의하여 남·북한 경제, 사회의 현실에서 서로에게 도움이 되고 필요한 부분과 장·단점을 찾아서 활용, 협업함으로써 상호 이익창출을 도모할 수 있어야 할 것이다. 남·북한 교류협력 사업은 보다 거시적 차원에서는 체제와 이념, 제도의 차이와 장·단점을 인식하고 이해하는 확산효과도 있을 것이다. 역설적으로 이러한 접근이 남·북한 관계에서 보다 현실적이면서 미래지향적이고 더 정치적인 논의를 가능하게 할 수도 있을 것이다.

당연하면서도 쉽지 않은 문제이지만 대북정책은 국민적 여망과 합의에 기초하여 수립하고 추진하는 것이 전제되어야 할 것이다. 김대중 정부와 노무현 정부 시기에 대북인식과 대북정책 추진에 대한 상반된 국민정서와 심각한 사회적 갈등양상의 분출은 한국사회 내부에서 이념적, 정서적 분절현상을 초래하는 문제점을 나타냈기 때문이다. 따라서 어떻게 하면 국민적 합의와 초당적, 사회적 협력을 바탕으로 대북정책을 추진할 수 있느냐 하는 것은 정부의 큰 과제로 제기되어 있다.

또한 대북정책은 최대한 투명하게 수립·추진되어야 하고, 대내 정치의 수단으로 이용되어서는 안 된다는 점이다. 역대 정부의 대북정책들이 나름대로 의미를 가졌고 성과도 적지 않았지만 대내적인 비판에서 자유로울 수 없었던 것은 바로 이러한 점을 위배하거나 간과했기 때문으로 보인다. 물론 남·북한 관계의 특성상 남북정상회담과 같은 행사나 대북정책이 일반정책과 달리 보안성을 유지해야 하고 비공식적 접촉이 필요한 경우가 있다는 것을 부정할 수 없다고 하더라도 대북정책은 최대한 투명하게 수립·추진하고, 정치적 이용수단이 되어서는 안 될 것이다. 이러한 점을 유념하고 지킬 때 정부의 대북정책은 신뢰도가 향상되고 힘 있게 추진될 수 있을 것이다.

마지막으로, 탈냉전 이래 남·북한관계의 특징은 남·북한 관계에서 일희일비(一喜一悲)현상과 부침(浮沈)현상이 반복되고 있다는 점이다. 따라서 대북정책은 남·북한 상호 간의 진정성을 토대로 하여 성급한 성과주의 보다는 인내심을 가지고 지속성을 발휘하며 추진하는 자세가 바람직 할 것이다.

정현수
(글로벌교육문화연구원)

I. 서　론

우선 본 연구는 탈냉전시대의 사회주의 진영에서 일어나고 있는 혁명적인 체제변화에 주목하면서, 비교적인 맥락에서 북한의 정치체제의 동태적인 변화과정에서의 이데올로기의 위상과 역할 등을 종합적으로 검토하여, 양자 간의 상호관계에 대한 역사적인 분석에 목적을 두고 있다.

북한에서는 1945년 이래 마르크스-레닌주의가 지향하는 공산주의사회를 한반도에 건설하기 위하여 부단한 노력을 경주하여 왔다. 이러한 과정에서 그들은 이데올로기, 정치, 경제, 사회, 문화, 군사 등 다방면에 걸쳐 매우 독특한 사회주의체제를 구축하여 왔다. 그 결과 북한은 사회주의 국가의 일반적 패턴과는 크게 다른 예외적(例外的)인 국가로 규정될 수 있는 특징적 요소를 다방면에 걸쳐 내포하고 있다는 데에는 의견의 일치를 보이고 있다. 그러나 북한에 대한 예외의 규정성에 대해서는 매우 상반된 입장이 존재하고 있는 실정이다.[1]

---

[*] 본 연구는 1992년도 박사학위논문으로 제출된 내용을 부분적으로 압축하여 재작성한 논문이다. 따라서 본 연구는 최근 북한에서 동반되고 있는 상당한 변화의 흐름에 대해서는 포함되지 않고 있다. 이러한 한계점을 보완하기 위하여 본 연구에서는 논문작성 이후의 북한의 정치체제와 이데올로기에 대해서는 간단하게 부가되었음을 밝혀두는 바이다.

[1] 북한예외론에 대한 상반된 입장을 대변하고 있는 예로는 경희대학교 『대학원보』(1991. 11. 5)에 실린 북한예외론 비판이라는 제하의 글에 잘 나타나 있다. 이 글에서는 나종일 교수의 「The Unification of Korea and the Stability in East Asia」의 논문에 대한 양성철 교수의 논박이 게재되어 있다. 논쟁의 요지는 나종일 교수가 제기한 가설인 한반도통일문제와 관련된 4강(미. 소. 중. 일)의 반통일성. 북한정권을 한국 최초의 민중봉기에 의하여 성립된 정권이라는 규정. 그리고 북한체제변화에 대한 예외 등에 대한 양성철 교수의 비판으로 요약해 볼 수 있다.

일반적으로 북한과 같은 사회주의체제의 변화와 관련하여 그동안 많은 분석이 이루어져 왔다. 사회주의체제의 변화와 관련한 다양한 연구 가운데에서 북한체제와 관련하여 가장 관심을 끌고 있는 것이 이데올로기의 문제이다. 모든 사회주의 국가에서는 마르크스-레닌주의를 그들의 존재근거로 삼아 왔을 뿐만 아니라 유일적 이데올로기로서 채택되어 왔기 때문이다. 즉 마르크스-레닌주의라는 이데올로기가 없는 공산주의사회는 상정될 수 없는 것이다.[2] 이러한 점에서 마르크스-레닌주의는 사회주의체제를 특징짓는 중요한 요소로서 간주되어 왔던 것이다.[3]

그러나 마르크스-레닌주의는 그 자체가 갖고 있는 시대 구속성과 각 국가의 특수한 역사적 맥락에서의 구체성(예컨대 공산혁명과정, 정치문화, 경제발전의 수준 등) 때문에 모든 사회주의 국가의 현실에 적합한 일률적인 혁명의 실천 전략을 제공해 주지 못하였던 것이다. 이러한 점에서 사회주의 각국에서는 마르크스-레닌주의 외에도 자국의 특성에 맞는 별도의 이데올로기의 개발을 통하여 사회주의·공산주의 이행과정에 따르는 이데올로기의 변화를 시도하여 왔던 것이다.

이와 같이 유일적인 이데올로기를 바탕으로 성립하고 있는 사회주의 국가에서도 이데올로기의 형식과 내용은 그들의 구체적인 현실적 맥락을 반영하면서 상당한 변화가 동반되고 있는 것으로 보여 진다. 이데올로기 자체는 만하임(K. Mannheim: 1893-1947)이 지적하고 있는 바와 같이 기존질서의 옹호를 주장하는 관념체계로서 기존질서에 변화가 생기면 이데올로기 자체도 변화할 수밖에 없는 것이다.[4] 따라서 사회주의 국가들이 유일적 이데올로기체제를 채택하고 있지만 그들의 구체적인 현실이 끊임없이 변화되는 속성을 띠어 왔기 때문에 이데올로기상에도 많은 변화가 수반되기 마련이다. 북한의 경우에서도 다른 사회주의 국가와 마찬가지로 한반도에서 마르크스-레닌주의가 지향하는 공산주의사회를 건설하기 하기 위하여 혁명과 건설이라는 두 가지의 목표를 동시적으로 추구하여 오는 과정에서 이데올로기의 분야에서 적지 않은 변화가 있어 왔다.

---

2) 최완규, 『이데올로기의 위상변화: 마르크스-레닌주의와 김일성주의』, 염홍철 외, 『북한사회의 구조와 변화』(서울: 경남대 극동문제연구소,1987), p.15.

3) Stephen White, What is Communist System?, Studies in Comparative Communism, Vol.XVI, No.4 Winter 1983, pp.252-254: Gary K. Bertsch & Thomas W. Ganschow, *Comparative Communism: The Soviet, Chinese, and Yugoslav Models*(San Francisco: W. H. Freeman and Company, 1976), pp.1-7 참조.

4) K. Mannheim, *Ideology and Utopia*, 황성모 역, 『이데올로기와 유토피아』(서울: 삼성출판사, 1983) 참조.

그러나 일반적으로 사회주의체제에서의 이데올로기의 변화에는 대체로 두 가지 의미와 연관되어 이루어져 왔다. 하나는 이데올로기의 변화와 함께 체제변화의 양상을 보여 왔다는 점이고, 다른 하나는 이데올로기의 기능과 역할이 점차로 약화되어 왔다는 점이다. 이와 같은 현상과 관련하여 종래에는 대체로 사회주의 국가에서도 사회경제적인 발전에 따라 체제변화가 이루어지고 그와 함께 이데올로기의 역할도 크게 약화되고 있는 것으로 설명되어져 왔다. 물론 이 같은 주장은 사회주의 국가에서도 사회경제적 발전에 따라 정치발전이 이루어지고, 정치발전의 과정에서 필연적으로 탈이데올로기 현상이 나타날 것이라는 가설을 분석해 낸 결과이다.[5] 과거 구소련을 비롯한 동구사회주의 국가들의 혁명적인 체제변화가 진행되는 과정에서 마르크스-레닌주의를 수정하거나 포기하려는 양상이 바로 그것이다. 따라서 북한에서도 그동안 지배 이데올로기에서 적지 않은 변화가 있어 왔지만 종국적으로는 이데올로기의 독점성과 배타성이 약화되는 방향으로의 변화가 불가피하게 초래될 수 있을 것이라는 가설을 제시할 수 있을 것이다.

따라서 본 연구에서는 사회주의 국가의 발전 단계에서 나타나는 체제변화와 함께 이데올로기의 구조적, 기능적 변화가 일어나고 있는 점에 주목하고 체제변화와 이데올로기를 분석단위로 하는 양자 간의 관계를 통하여 이러한 관계 유형이 북한에서는 어떠한 방향으로 변화되어 왔는지를 분석해 보고자 하는 것이다. 그것은 곧 사회주의 국가가 발전하는 과정에서 체제변화의 양상과 함께 이데올로기의 역할 혹은 탈이데올로기적 현상이 북한에서도 나타날 수 있는지를 검토해 보고자 하는 것이다. 이러한 분석을 통해 북한에서의 체제변화와 이데올로기간의 상호관계가 갖는 변화의 특성과 요인을 검토해 보고, 그 결과를 토대로 하여 북한체제의 변화 가능성과 방향성을 진단해 보고자 한다.

---

5) 이러한 가설을 적용하고 있는 대표적인 사례는 Nina P. Halpern, Economic Reform and Democratization in Communist systems: The Case of China, *Studies in Comparative Communism*, Vol.XXII, No.2 / 3, Summer / Autumn 1989, pp.139 - 152.

Ⅱ. 사회주의체제의 이데올로기

모든 사회주의 국가들은 마르크스-레닌주의라는 유일적 이데올로기에 의해 형성되고 작동되어 왔다는 점에서 이데올로기적인 접근방법은 사회주의체제를 분석하는 방법으로 폭넓게 사용되어 왔다. 그러나 이데올로기라는 용어는 상이한 의미들과 기능들을 부여하는 접근방법의 다기화뿐만 아니라 그것이 지니는 다양한 정치적 내포(political connotation)때문에 사회과학에서 가장 다의적이고 파악하기 어려운 개념의 하나가 되어 왔다.[6]

1. 이데올로기의 개념과 역할

이데올로기라는 용어가 18세기 프랑스 계몽주의자들에 의해 최초로 사용될 당시만 하더라도 형이상학적인 편견으로부터 구체적인 실증성에 기반 하여 객관성을 극대화하기 위한 "The Science of Ideas"(이념과학)를 의미하였었다. 그러나 이데올로기라는 것은 오늘날 단순하게 인간의 과학적인 사고의 형성을 목적으로 하는 관념 상태로 존재하는 것이 아니라 역사적인 변천과정에서 매우 부정적이고 정치적인 의미를 부여받아 왔던 것이다. 정치라는 것은 본질적으로 현상을 유지하거나 변동시키는 모든 행위를 지칭하는 것이다. 이데올로기가 역사적인 흐름 속에서 정치적인 의미를 강하게 띨 수 있었던 것은 이데올로기가 단순하게 인간의 의식 상태에서만 존재하는 것이 아니라 실제적인 현실세계의 행동 원리로서 제공되어 왔기 때문이었다. 관념들은 단지 개인의 마음속에서 내면적인 동의를 구하려는 데 반하여, 이데올로기는 외부세계에 직접적으로 작용하여 실천적인 행위를 유발하는 계기를 부여하는 것이다. 이데올로기는 수많은 마음을 포괄하거나 최소한 영향을 미침으로써 집단적인 의사의 형성을 통해 정치적인 행위를 유발할 수 있는 계기가 마련되는 것이다. 이러한 점에서 비교적 체계적인 관념복합체(a more or less intergrated set of ideas)[7]로의 이데올로기는 그 행동 정

---

6) Jorge Larrian, *The Concept of Ideology*(London: Hutchinson & Co., 1980), p.13.

7) G. H. Dodd, Ideology and Political Development, Robert Benewick, R. N. Berki and Bhikhu(eds.),

향성(action - oriented)으로 인해 다른 관념체계와 구별될 수 있는 것이다. 더욱 이데올로기는 다른 무엇보다도 구체적 정치현실을 설명해 줄 뿐만 아니라 한 계급이나 집단, 나아가서는 한 사회의 집단적 목표를 설정함으로써 행동의 준거를 제시하려는 성향이 강하다. 이데올로기는 정치적 문제를 제기하고 생각하며 이에 대처할 새로운 상징체계[8]로 사회의 유지 및 변화를 위한 집단적 행동의 계획[9]을 마련해 주는 것이다.

이러한 점에서 이데올로기는 일종의 목표 정향성을 띠고 인간행위에 특징적인 합목적성의 특수한 일면을 보이고 있다. 이데올로기가 인간에 의해 생성된 다양한 관념적 산물 가운데에서 뚜렷하게 차이 나는 점으로는 신념의 집단성(사회현상화)과 신념의 행동성(정치행태화)을 들 수 있다.[10] 이데올로기란 어떤 인간집단이 기존 혹은 전망되는 정치사회적 여건에 대해 갖고 있는 행동 지향적이고 어느 정도 일관성 있는 신념체계[11]라 정의할 수 있는 것이다. 요컨대 이데올로기는 행동일치를 요구하는 관념이자 행동하는 관념[12](ideas - in - action)이라는 데에 그 특징이 있는 것이다. 따라서 이데올로기는 인간의 의식과 의미 있는 작용을 연결시켜주는 매개체[13]로서 인식의 사고 또는 설명의 사고가 아니라 행동의 사고[14]라 말할 수 있다.

이와 같은 이데올로기에 대해 알몬드(G. A. Almond)와 같은 비교정치학자들은 정치문화라는 개념을 통하여 설명하고 있는데, 그들에 의하면 이데올로기는 바로 이러한 정치문화의 구성요소이자 하위요소로서 간주하고 있다. 이데올로기도 인간들의 정치적 사고형성과 정치적 행동을 유발하는 데 목적을 두고 있다는 점에서 정치적 행동을 유발하는 심리적 상태를 의미하는 정치문화와 속성과 유사하다는

Knowledge and Belief in Politics(London: Allen & Unwin, 1973), p.245.

8) Clifford Geertz, Ideology as a Cultural System, David E. Apter(ed.), *Ideology and Discontent*(London:The Free Press, 1964), p. 65.

9) Wiilliam A. Mullins, On the Concept of Ideology in Political Science, *American Political Science Review*, Vol.66(1972), p.510.

10) 이명남, 박사학위논문, p.12: 특히 이데올로기와 제반 관념 형태와의 차이점에 대해서는 Leon P. Baradat, *Political Ideologies: Their Origins and Impact*(En glewood Cliffs, New Jersey: Prentice - Hall, Inc., 1984), pp.9 - 10.

11) 이명남, 상계논문, p.12.

12) Reo M. Christenson(eds.), *Ideologies and Modern Politics*(Harper & Row Publishers Inc.,1981), p.4: Roy C. Macridis, *Contemporary Political Ideologies*(Mass.: Winthrop Publishers,Inc.,1980), pp.3 - 4.

13) Goran Therborn, *The ideology of Power and the power of Ideology*(Trowbridge and Esher: Redwood Burn Ltd.,1980), p.2.

14) Maurice Cranstone, *Ideology and Politics*, 이재석 역, 『이데올로기의 이해』(민족 문화사, 1985), p.15.

것이다. 뿐만 아니라 이데올로기를 포함하는 정치문화는 일국의 정치체제의 형태와 정치행태에 많은 영향을 미치고 있는 것으로 분석하고 있다.

2. 사회주의체제의 이데올로기 변동

사회주의 국가에서 이데올로기가 변화되는 가운데에서 나타난 일반적인 추세는 마르크스-레닌주의의 일반적인 원칙에 의거하면서도 다른 한편으로는 자국의 현실적 상황을 고려하여 새로운 이데올로기를 계속해서 재생산하여 왔다는 점에 있다. 즉 이데올로기의 마르크스-레닌주의의 장점은 그 자체가 발전 가능한 이론으로 제시되고 있다는 점이다.[15] 따라서 각각의 사회주의 국가에서는 마르크스-레닌주의라는 보편이데올로기 외에도 자국의 특수한 상황에 적용될 수 있는 마르크스-레닌주의를 개발하여 이데올로기상에도 보편성과 특수성이 존재하여 왔던 것이다.

마르크스주의를 기반으로 하는 공산주의이데올로기가 시대적, 공간적 요인과 결합하여 다양하게 변화되는 특성과 관련하여 사회주의체제의 이데올로기는 순수 이데올로기(pure ideology)와 실천 이데올로기(practical ideology)의 위계적 구조를 갖는 형태로 변모되어 왔다. 셔만(Franz Schurman)은 이데올로기가 관념과 행동을 연결하는 관념체계[16]의 성격을 띠고 있다는 점에서 그 연결 상태가 직접적인가 간접적인가에 따라 순수이데올로기와 실천이데올로기로 분류될 수 있다고 한다.[17] 셔만은 이데올로기가 개인이나 계급의 특징적인 사고방식으로서 조직의 형성과 운용을 위하여 봉사하는 행동하는 체계적인 관념체계라고 규정하고 있다.[18] 셔만에 의하면 순수이데올로기는 인간에게 통일되고 의식적인 세계관을 부여하기 위하여 계획된 신념체계이며, 실천이데올로기는 현실적으로 행동에 필요로 하는 합리적 도구를 제공하는 관념체계라는 것이다.[19] 이 때 순수이데올로기 없이 실천이데올로기는 정당

---

15) 정정숙, 「북한노동당에서의 마르크스-레닌주의의 수용과 변천에 관한 연구」, 『북한·통일연구논문집-(I)-정치분야-』(서울: 통일원, 1990), p.189.

16) Reo M. Christenson, et al., *Ideologies and Modern Politics*(New York: Harper & Row, 1981), p.4.

17) Franz Schurman, *Ideology and Organization in Communist China*(California: The University of Calieornia, 1973), pp.21-22.

18) *Ibid.*, p.18.

19) *Ibid.*, p.22.

화될 수 없고, 한편 실천이데올로기 없이는 순수이데올로기의 세계관을 실천에 옮길 수 있는 행동으로 유발시킬 수 없다는 것이다. 따라서 양자는 위계적인 구조를 통해 상호보완적인 관계에 놓여 있다고 볼 수 있다. 실천이데올로기는 순수이데올로기의 구현을 위해 실천을 해나가는 과정에서 구체적인 현실적 여건과의 작용에서 잉태되는 것으로 볼 수 있다.

이와 같이 사회주의 국가에서의 이데올로기의 體系는 純粹이데올로기와 實踐이데올로기의 位階的 構造를 통하여 體制의 維持와 發展에 필요한 機能을 담당하고 있다. 특히 중국의 공산주의자들은 그들의 이데올로기의 형태를 마르크스 - 레닌주의와 毛澤東思想을 각각 순수이데올로기와 실천이데올로기로 구분하여 이들 간의 구조화에 따라 각기 다른 기능을 담당하고 있는 것으로 간주하고 있다는 것이다. 즉 중국의 공산주의자들은 마르크스주의를 世界觀(world - view)로 간주하고 있고, 레닌주의는 혁명과 조직의 원칙으로써 간주하고 있으면서 공산주의이데올로기의 핵심으로 간주하고 있다는 것이다.[20] 마르크스와 함께 레닌의 사상이나 이론도 순수이데올로기로서의 가치를 지니고 있다고 보고 있는 것이다. 그러나 역사적으로 볼 때 레닌의 사상 내지 이론은 적어도 러시아혁명의 전후에는 실천이데올로기의 성격을 내포하고 있었다고 볼 수 있다. 레닌은 마르크스의 원칙에 충실하면서도 동시에 구체적인 현실 속에서 공산주의사회로 이행하기 위한 전략전술의 개발에 역점을 두어 왔다. 즉 레닌은 공산주의사회로의 이행에 있어서 주요한 전략적 목표는 공업화와 인간개조에 두고 이러한 목표를 달성하기 위한 추진력으로 공산당이 전위적인 역할을 담당해야 한다는 보다 구체적인 일정과 프로그램을 마련해 주었다. 요컨대 레닌주의는 계급 없는 이상적인 사회에 도달하기 위한 실천적 지침으로서 革命과 建設 이라는 양대 목표를 설정하고 이를 위해서는 혁명을 통해 舊時代의 殘滓를 척결하고 전인민의 사상을 새로운 공산주의적 가치로 무장시키고 건설을 통해서는 물질적 환경의 변혁을 통해 공산주의의 물질적 토대의 확보가 필요하다는 점을 강조하였던 것이다. 따라서 레닌주의는 새로운 勞動倫理에 입각한 공산주의적 인간과 급속한 공업화를 통하여 사회주의건설을 시도하는 방안으로 나타났으며, 이에 따라 레닌주의의 가치는 道具로서의 行動主義(instrumental activism)

---

20) *Ibid.*, p.21.

에 있다고 볼 수 있다.[21] 같은 레닌주의는 레닌사후에 마르크스주의와 동등한 가치를 지닌 것으로 격상되었고 다른 국가에 그대로 도입됨으로써 마르크스주의와 함께 순수이데올로기로 간주되어 왔던 것이다.

반면에 毛澤東思想은 마르크스 - 레닌주의의 순수이데올로기를 중국에서 실천에 옮기기 위한 목적을 갖는 실천이데올로기로서 간주하고 있다는 것이다. 다시 말하면 모택동사상은 마르크스 - 레닌주의의 보편적 진리를 중국에서의 혁명과 건설의 실천과정에 접합시킨 실천이데올로기에 해당한다는 것이다.[22] 중국의 관점에서 보자면 理論(theory)은 순수이데올로기에 해당하고, 思想(thought)은 실천이데올로기에 귀속되는 성질의 것으로 파악하고 있다.[23] 여기에서 말하는 理論이란 결코 변화될 수 없는 보편적인 眞理라는 의미가 내포되어 있다. 이와 같은 중국공산주의자들의 이데올로기에 대한 이해는 이데올로기가 행동의 산물이지 그 반대는 아니라고 이해하고 있는 점에 있다. 따라서 중국에서의 실천이데올로기가 창조되는 과정은 중국에서의 혁명과 건설에서 나타난 실천과정을 통해 형성되었다고 보고 있는 것이다.

이와 같이 중국에서는 마르크스 - 레닌주의를 공산주의를 지향하는 사회주의 국가의 순수이데올로기로 규정하고 중국의 특수한 상황에 맞게 마르크스 - 레닌주의를 실천하는 과정에서 모택동사상이라는 실천이데올로기가 형성되었다고 보고 있는 것이다.

그런데 사회주의 국가에서 이데올로기가 분화되어 마르크스 - 레닌주의가 사회주의공산주의의 존재이유를 밝혀 주고 이념적 목표를 제공해 주고 있는 순수이데올로기로서의 위치를 갖게 되고 그것의 달성을 위한 혁명과 건설의 전략과 방안 등을 마련해 주고 있는 실천이데올로기가 존재하고 있는 것은 하나의 일반적인 현상인 것이다. 이와 같이 공산주의의 이데올로기가 위계적인 체계를 구축하게 된 것은 마르크스 - 레닌주의 자체의 본성으로부터 유래될 수밖에 없는 것으로 볼 수 있다.

공산주의의 이데올로기의 핵심은 바로 프롤레타리아혁명이며 이를 통해 계급 없는 새로운 사회를 창조하는 것이다.[24] 이러한 사회와 관련된 세계관과 목표에 대한

---

21) Talcott Parsons, *The System of Modern Societies*(Englewood Cliffs, N. J.: Prentice - Hall, Inc., 1971), p.124.

22) *Ibid.*, p.29.

23) *Ibid.*, p.23.

관념체계가 공산주의에서의 순수이데올로기에 해당하는 것이다. 특히 마르크스의 세계관에서는 사유재산제도에 기반하고 있는 사회를 계급사회로 규정하고 계급사회에서는 불가피하게 지배와 착취의 모순적 사회관계가 성립한다는 견해를 일반적인 이론으로 정립시켰다. 따라서 이와 같은 마르크스의 사상은 자본주의사회에서는 급진적인 이데올로기로 나타나는 반면에 사회주의사회에서는 정당성의 기반을 제공해 주는 보수적인 이데올로기이자 순수이데올로기로서 채택되어 왔던 것이다.

한편 월레스(Antony F. C. Wallace)는 이데올로기를 문화체계로 이해하고 이데올로기에는 目標文化(goal culture)에 해당하는 것과 轉移文化(transfer culture)에 해당하는 것이 있다고 분류하고 있다.[25] 월레스가 말하는 목표문화는 셔만의 순수이데올로기에 해당하는 개념이고, 전이문화는 실천이데올로기에 해당하는 개념으로 볼 수 있다. 목표문화는 이상사회에 대한 청사진을 제공하고 있는 문화로서 기존 문화와 대비해 볼 때 어떤 점에 있어서는 부적합하거나 사악한 것으로 간주된다. 반면에 전이문화는 기존문화와 목표문화를 연결해 주는 전달체계로서 기존문화를 목표문화로 전이시키는 작용체계로서의 성격을 띠고 있다. 이러한 점에서 존슨(Chalmers Johnson)은 이데올로기의 목표문화는 현실과 대조적으로 이상화된 궁극적 유토피아의 이미지이고, 전이문화는 혁명적 지도자들이 목표문화에 접근하기 위해서 택해야 할 제반 설치를 구체적으로 규정한다고 보고 있다.[26]

Ⅲ. 북한체제의 변천 과정과 이데올로기

1. 북한체제의 형성과 마르크스 – 레닌주의

1948년 8월 15일 南韓에서 大韓民國의 출범과 곧이어 9월 9일 北韓에서도 조선민주주의인민공화국이란 分斷型 共産主義政權의 創出은 남한뿐만 아니라 북한

---

24) 鄭漢求, 「北韓의 이데올로기와 動員運動」, 『北韓』(1978. 5), p.172.

25) Anthony F. C. Wallace, *Culture and Personality*(New York: Random House, 1961).

26) Chalmers Johnson, Comparing Communist Nations, Chalmers Johnson(ed.), *Change in Communist Systems*(Standford：Standford University Press, 1970), p.7.

에게도 體制의 形成과 그 이후의 向方에 커다란 영향을 미치는 歷史的 事件이었다. 즉 남·북한의 독자적인 분단정권은 각기 분단 상황에 기초하여 자기의 이념과 제도를 공식적으로 정당화할 수 있는 계기가 마련된 것이었다.

그러나 북한의 경우에는 분단형 사회주의 국가로서 공식적으로 출범하였지만 마르크스 - 레닌주의적인 원칙에서 볼 때 사회주의체제의 독자적인 기반을 완전하게 갖추지는 못하였다. 비록 사회주의 국가의 출범을 선언하고 있었지만 내부적으로는 사회주의 국가를 특징짓는 법적, 제도적인 요건이 완비된 상태에서 출범한 것은 아니었다. 그 가운데에서도 北韓의 社會主義體制가 갖는 가장 커다란 취약점은 남·북한 내에 별개의 共産黨이 존재하고 있었다는 점이다. 이것은 마르크스 - 레닌주의의 一國一黨主義原則에 위배되는 모순을 내포하고 있었다. 뿐만 아니라 북한의 대표적인 권력기관인 勞動黨과 國家機關사이에도 구체적인 관계 설정이 제대로 확립되지 않고 있었다. 따라서 분단정권의 수립 당시에 北韓體制는 外形的으로는 프롤레타리아獨裁體系를 바탕으로 하는 사회주의체제의 특징을 내포하고 있었지만 실질적으로는 불완전한 형태로 출범하고 있었다.

그러나 남·북한 내에서 이념과 제도를 달리하는 분단정권의 수립은 남한에 활동기반을 갖고 共産黨의 中央으로 행세해 왔던 朴憲永의 남로당의 몰락을 가져다 주는 동시에 김일성에 의해 지도되는 북로당이 韓半島의 唯一한 共産黨으로서의 地位를 확보하는 데 결정적인 계기로 작용할 수 있었다. 북로당은 조선민주주의인민공화국의 수립을 선포한 직후인 1948년 9월 말에 제2기 3차 전원회의를 통하여 소집하였다. 이 회의에서는 黨의 전반을 管理, 統制하는 組織委員會를 신설하고 위원장에 김일성, 위원들로는 허가이, 김열, 박창옥, 박영선 등의 소련계 한인 2세들을 선출함으로써 당내에서 해외파의 세력들을 강화하였다.[27] 이러한 북로당의 조치는 분단정권의 수립으로 더 이상 남한에서 활동기반을 상실한 남로당의 越北에 대비하여 북로당의 우위를 점유하기 위한 일종의 사전정지 작업을 시도하려는 데 목적이 있었다고 볼 수 있다.

1949년 6월 30일 남로당과 북로당과 통합하여 남북을 통일적으로 지도하는 단일 전위정당으로서의 朝鮮勞動黨이 성립을 보게 되는 것은 북한의 정치사에 획기적

---

27) 徐大肅, 「政權樹立과 變遷過程, 北韓體制研究」(서울: 國土統一院, 1989), p.43.

인 전환점을 가져다주었다. 이러한 효과는 우선적으로 남로당에 대한 북로당의 우위를 가져다주는 동시에 북로당을 지배하고 있었던 김일성의 정치적 지위를 크게 향상시켜 주었다. 이와 함께 남북노동당의 합당으로 탄생한 조선노동당이 프롤레타리아독재체계를 실질적으로 이끌어갈 수 있는 前衛黨으로서의 지위를 획득할 수 있었던 것이다. 즉 그동안 북로당이 북한의 공산당으로서 국가기관들을 실질적으로 이끌어오고는 있었으나 남한에서 활동하고 있는 남로당의 존재로 인하여 지역정당으로서의 위상을 벗어나지 못해 전위당으로서 공식적인 영향력을 행사하기에는 취약점을 안고 있었던 것이다. 이렇게 하여 남로당과 북로당의 통합에 따른 조선노동당을 정점으로 하는 유일당체제가 확립되고, 권력구조도 갑산파, 소련파, 연안파, 국내파 등 한반도의 全共産主義勢力을 망라하는 4集團의 派閥 間의 聯合體制를 바탕으로 하는 集團指導體制의 형태로 출범되었다.

2. 김일성체제의 등장과 주체사상의 형성

집단지도체제로 운영되던 조선노동당의 권력구조에 변화가 일기 시작한 것은 1950년의 6·25전쟁이었다. 6·25전쟁은 한민족 간의 엄청난 참극을 가져다주는 민족적 비극이었지만 남·북한 쌍방의 정치지도자나 체제의 안정적 기반을 마련하는 데에는 더없는 계기로 작용하였다. 6·25전쟁은 김일성에게도 경쟁세력을 물리치고 북한의 최고지도자로 부상하는 훌륭한 소재를 제공하였다.

6·25전쟁을 통하여 남·북한 간의 서로에 대한 직접적인 적대적 경험은 상층엘리트뿐만 아니라 일반대중들에게도 상대방체제에 대한 뿌리 깊은 불신감을 조성해 주면서 자기 체제에 대한 무조건적 정당성을 부여하는 데 결정적인 계기로 작용하였다. 그것은 그동안 남·북한 쌍방의 상층엘리트들의 신념체계와 논리가 정당하다는 것을 구체적으로 보여 주는 정치적 명분을 제공해 주었던 것이다. 즉 일반대중들에게는 상대방의 실체를 확인하면서 상층엘리트들의 신념과 일치될 수 있는 효과를 가져다주었다. 다시 말하면 6·25전쟁 이전까지에는 국민적 합의를 거치지 않은 채 분단정권의 정당성으로 주창되어 왔던 쌍방의 이데올로기가 전국적으로 확산되면서 정당성을 취득할 수 있는 전환점을 제공해 주었고 특히 공산주의

가 강조하는 반제국주의는 상당한 설득력 있는 이데올로기로 정착될 수 있는 계기
가 될 수 있었다. 또한 그것은 쌍방 내의 반체제적인 요소들을 자연스럽게 교환되
게 하면서 어느 정도 체제불안의 잠재적 요인을 해소하는 데 커다란 기여를 하였
다. 따라서 6·25전쟁은 전반적으로 북한으로 하여금 사회주의체제를 확립할 수
있는 여건을 조성하는 데 기여하였다고 볼 수 있다.

그러나 분단정권의 수립과 6·25전쟁 등 연속적인 정세변화에 따라 공산주의자
들의 정치적 기반은 점차로 강화될 수 있었으나, 반면에 통일전선정책하에 4개의
집단으로 구성된 집단지도체제의 권력구조는 점차 북한사회가 사회주의단계로 이
행하는 과정에서 집단 간의 알력과 견해 차이를 수반하면서 정치적 분열과 갈등을
증폭시켜 왔던 것이다. 즉 공산주의자들이 권력획득을 통해 그들의 세계관을 실현
시킬 수 있는 정치적 조건을 확보하기까지에는 통일전선을 통해 정치적 단합이 이
루어 질 수 있었으나, 권력획득의 이후에 제기되는 권력의 향방 내지 소재문제는
북한에서도 정치적 갈등의 원천으로 작용하였다. 권력의 구체적인 당면과제로서 제
기된 북한의 사회주의혁명과 건설의 노선과 정책은 그동안 공산정권의 창출이라는
당면한 목표를 중심으로 하나로 결집되어 있던 집단지도체제하의 복합적인 권력구
조의 와해와 분열상을 드러내는 계기로 작용하였던 것이다.

6·25전쟁은 남·북한 간의 이질적 요소들을 자연스럽게 해소해 주는 동시에
그동안 북한에서 적용되어져 왔던 통일전선정책의 개념을 부분적으로 변화시킬 수
있는 명분을 제공해 주었다. 즉 통일전선정책의 개념에는 민족적 대단결을 통해 자
주적인 독립국가를 건설한다는 원대한 구상이 내포되어 있었던 것이다. 그러나 6·
25전쟁은 남·북한 모두에게 이러한 통일지상주의에 입각한 통일전선정책의 추구
의 정당성을 약화시키는 반면에 자기체제의 정당성을 입증하는 역사적 계기로서
제공될 수 있었던 것이다. 따라서 民族主義와 관련된 統一의 과제는 유보되고 그
대신에 자신의 체제를 적극적으로 발전시킬 수 있는 政治理念이 나름대로 자리 잡
을 수 있는 여지가 마련될 수 있었다. 이러한 상황변화로 인하여 북한에서는 종전
이후에 장차 통일에 유리한 고지를 점유하기 위한 內的 條件 마련에 역점을 두게
되었고 그러한 목적의 일환으로 북한에서의 社會主義革命과 建設이 중심적인 과
제로 부각될 수 있었다.

이와 같은 政策上의 變化는 자연적으로 統一戰線政策하에 하나로 묶여 있던 정치세력들의 구심점을 약화시키는 동시에 상황변화에 따른 主導權을 장악하기 위한 분열상을 드러내면서 그 결과로 집단지도체제는 붕괴되고 그 대신 김일성을 중심으로 하는 항일무장투쟁세력에 의해 주도되는 單一指導體制로 변모되는 내부적인 權力構造의 變動이 초래되었던 것이다. 따라서 북한에서 노동당이 유일적인 전위당으로서의 지위가 확보되고 또한 내부적인 권력관계의 조정이 이루어져 김일성을 정점으로 하는 단일지도체제가 구축됨으로써 이데올로기를 표방할 수 있는 政治的 條件과 主體的 條件이 마련될 수 있었던 것이다.

3. 김일성 수령체제와 주체사상의 유일화

金日成體制의 부상과 함께 마르크스 - 레닌주의의 주체적 수용이 강조된 이래 북한에서는 사회주의건설을 위한 독자적인 모델의 개발을 통하여 정치적으로는 당과 국가기관과 같은 권력기관의 조직개편과 권력구조의 변화를 동반하는 체제변화와 함께 이데올로기의 構造變化를 시도하여 왔다. 이러한 과정에서 북한체제는 體制强化期, 體制管理期, 그리고 體制移行期의 세 가지 단계로 구분되는 특징을 내포하는 단계적인 변화를 거치면서 北韓式 社會主義體制로 변모되어 왔다.

1958년 3월 6일에는 노동당 제1차 당대표자대회가 소집되고 김일성은 이 자리에서 종파주의의 청산을 공식적으로 선언하고 그간의 반종파투쟁이 마무리되었음을 발표하였다.[28] 代表者大會는 긴급한 문제가 발생할 시 개최되는 비상설회의임을 감안할 때 이 대회가 갖는 의미는 그간에 북한에서 진행되었던 종파주의와의 투쟁을 통하여 집단지도체제가 무너지고 김일성을 중심으로 하는 단일지도체제가 확립되었음을 말해주는 것이었다. 이로써 북한에서는 김일성의 지도력행사에 위협이 될 수 있는 세력들은 모두 제거되어 김일성은 자신의 의도와 의지를 본격적으로 북한사회에 적용할 수 있는 지도력을 행사할 수 있게 되었던 것이다.

이와 같이 주체사상의 제기된 이후의 가장 커다란 변화는 종파투쟁의 형식을 빌

---

28) 第1次 黨代表者大會에서는 당시 북한지도부를 구성하고 있었던 김두봉, 최창익, 박헌영, 오기섭, 서휘, 한빈 등의 인물들이 모두 宗派主義的 反黨派로 규정되었다.

린 권력투쟁으로 인하여 북한사회를 지배하는 권력구조상에서 질적인 변화가 초래되었다는 점이다. 정권수립 당시의 북한정권 초기의 집단지도체제의 권력구조는 일련의 계속된 반종파투쟁의 결과에 따라 1958년 제1차 黨代表者大會에 들어와서 김일성을 정점으로 하는 單一指導體制로 재편되는 변화가 수반되었던 것이다. 더욱 1961년도 9월에 개최된 제4차 당 대회는 김일성중심의 지도체제의 구성을 완결짓는 계기이자, 항일 빨치산세력과 그 추종세력의 득세를 결정짓는 당 대회였다. 이 대회에서 김일성은 총결기간은 우리나라 혁명과 우리 당 발전에서 준엄한 시련의 시기였으며 역사적인 전환의 시기[29]로 규정하고 그 결과로서 종파주의를 척결하고 완전한 통일을 이룩하였다고 보고하였다.

주체의 정책노선이 50년대 후반부터 60년대에 걸쳐 일관되게 추진된 결과 1967년에는 이제까지 실시되어 왔던 제반 정책의 주요 내용들을 주체사상으로 통합하여 그것을 勞動黨의 唯一思想으로 표방하기 시작하였다. 김일성은 1967년 12월에 개최된 最高人民會議 제4기 제1차 회의에서 한 연설을 통해 우리 당의 주체사상은 우리의 혁명과 건설을 성과적으로 수행하기 위한 가장 정확한 마르크스-레닌주의적 지도사상이며 공화국정부의 모든 정책과 활동의 확고부동한 지침입니다.[30]라고 지칭하여 勞動黨의 指導理念이 마르크스-레닌주의적인 主體思想임을 선언하였다. 결국 이러한 양상은 의도적이었든 그렇지 않았든지 간에 主體에 관한 金日成의 統治思想이 북한에서의 實驗段階를 거쳐 하나의 체계적인 思想의 형태로 格上되어 支配的인 이데올로기로서의 등장되었음을 의미하는 것이었다.

그러나 주체사상이 하나의 이론적인 형태로 등장하기는 하였지만 아직까지는 마르크스-레닌주의를 단순하게 적용하는 단계에 머무르고 있고, 또한 주체사상의 내용은 아직 추상적이고 내용 없는 슬로건의 성격을 벗어나지 않는 것이었다.[31] 따라서 김일성의 지배가 강화되는 시기에서 나타난 북한이데올로기의 양상은 김일성이 주체적인 사상 내지 사상에서의 주체에 입각하여 북한의 실정에 맞는 독자적인 정책을 마련하고 시행하는 일련의 과정을 통하여 중국에서 모택동사상이 실천이데

---

29) 김일성, 「조선노동당 제4차 당 대회에서 한 당중앙위원회 사업총화보고」, 『김일성선집』(1965), 前揭書, p.468.

30) 김일성, 「국가 활동의 모든 분야에서 자주, 자립, 자위의 혁명정신을 더욱 철저히 구현하자」, 『김일성저작선집』, 제4권(평양: 조선노동당출판사, 1968), p.533.

31) 申一澈, 「北韓의 主要 黨-政 文件 分析」, 『現代中國과 北韓 40年(Ⅱ)』, 前揭書, p. 265.

올로기로서 등장하는 패턴과 유사한 방식으로 북한 최초의 독자적인 이데올로기로
서의 주체사상이 등장하여 북한체제에서 자리매김을 하는 단계로 이행되는 특성을
보여 주고 있다.

4. 김일성체제의 위기와 주체사상

　북한에서 김일성의 유일체제가 주체사상을 통한 이데올로기적 지배양식을 발판
으로 견고하게 작동되는 상황의 전개는 1990년대 북한 내외의 위기상황에 중대한
고비를 맞이하게 된다. 김일성의 유일체제와 그것을 떠받치고 있는 주체사상의 정
당성은 국내외의 취약한 국가존립기반에도 불구하고 스스로의 힘으로 북한식 사회
주의체제의 안정과 발전을 도모해 왔다는 점에 있다.
　그러나 김일성의 유일체제와 주체사상의 정당성에 영향을 미치는 국내외의 환경
은 1990년대를 기점으로 새로운 국면으로 전개되고 있었다. 밖으로는 북한체제의
대외적 정당성을 주장할 수 있었던 사회주의체제의 몰락이고, 안으로는 북한체제의
내적 정당성을 제공해 주는 경제사정이 악화되기 시작하였다는 점이다.
　주체사상이 그토록 강조해 왔던 사회주의체제에서의 唯一黨, 唯一思想의 神話
는 국제사회에서 서서히 무너지고 있다. 20세기 최대의 변화로 기록되었던 러시아
에서의 볼셰비키혁명의 성공으로 등장한 소련의 사회주의체제에서 또다시 공산당
이 해체되는 제2차의 혁명적인 변화가 일어나고 있다. 즉 마르크스 - 레닌주의에
기초한 공산당지배체제의 정당성이 무너지고 있다는 것이다. 비록 북한이 외부로부
터의 영향력을 극소화하기 위하여 대내외적인 자주성을 강화하여 왔다 할지라도
사회주의체제의 가장 합리적인 통치모델로서 간주되어 왔던 공산당에 의한 유일적
지배체제가 붕괴되었다는 점은 주체사상의 논리와는 크게 상반되는 상황이 아닐
수 없다는 점이다.
　그러나 북한의 경우는 앞에서 살펴본 바와 같이 체제변화를 기대할 수 있는 객
관적 요인은 다른 사회주의 국가들과 마찬가지로 존재하고 있음에도 불구하고 그
러한 변화가 일어날 가능성은 상대적으로 매우 낮다고 볼 수 있다. 그 근거로는 첫
째로, 체제변화를 주도할 만한 담지자로서의 주체적 여건이 부재하다는 점이다. 둘

째로, 제아무리 변화의 객관적 요인이 내포되어 있다 할지라도 그것을 체제의 본질적인 문제로 인식할 만한 비판적인 사상의식이 필요한데 북한에서는 오직 주체사상적인 사고와 행동만이 지배하고 있다는 점에 있다. 셋째로, 북한의 경우는 동구에서 본바와 같이 체제의 변화를 촉진시켜 줄 수 있는 외부적인 압력이나 영향력의 행사가 극히 어려운 구조적 특성을 갖고 있다는 점에서 외재적 요인에 의거한 체제변화도 직접적인 영향력을 미치기에는 한계가 있다는 점이다. 따라서 북한의 경우는 변화의 와중에 놓여 있는 다른 사회주의 국가들과 비교해 볼 때 여러 가지 점에서 많은 차이점을 갖고 있다. 따라서 북한이 사회주의체제의 본질적인 특성을 넘어서는 질적인 변화를 당장에 기대한다는 것은 사실상 어려운 일로 보여 진다.

오히려 북한은 사회주의 국가에서의 체제변화는 정치경제적인 문제에서 비롯된 것이 아니라 공산주의이데올로기의 약화에서 야기된 것으로 보고 있다. 또한 체제변화의 내용을 구성하고 있는 다원주의와 다당제를 허용하는 것은 인민대중의 정치적 통일을 파괴하고 사회주의제도를 근본적으로 허물어버리는 엄중한 결과를 가져 온다[32]고 경고하고 있다. 북한에서는 사회주의 국가들의 위기의 원인을 이데올로기의 해이에서 비롯된 것으로 보고 있기 때문에 오히려 이데올로기의 강화를 통하여 주민들의 의식통제를 더욱 강화하라는 것으로 보인다. 그것은 곧 주체사상을 더욱더 강화하겠다는 의사로 볼 수 있다. 이러한 북한측의 대응으로 미루어 보아 그들은 자신들 앞에 제기되는 문제나 과제를 主體思想의 內的 論理에 의해 계속해서 해결하거나 추진할 것으로 보인다.

1991년 9월 9일 북한정권의 43주년 기념행사에서 李種玉 副主席은 지난날과 마찬가지로 주체사상이 가르치는 사회주의의 길을 따라 인민정권을 강화하고 그 기능과 역할을 끊임없이 높이면서 우리식의 사회주의의 우월성을 전면적으로 발양시켜 나갈 것[33]을 천명함으로써 북한식 사회주의체제의 고수를 재차 강조하고 있다. 북한 사회주의를 이끌어가고 있는 실력자중의 한사람인 延亨默 總理도 최근 1991년 10월 2일 남·북한의 역사적인 유엔가입에 즈음한 총회연설을 통해 우리의 사회주의는 다른 나라에서 수입한 것도 아니고 모방한 것도 아니며 우리의 실정에

---

32) 위의 신문.
33) 내외통신. 1991년 9월 13일.

310

맞게 선택하고 우리 인민 자신에 의하여 강화, 발전되어 나가는 우리식의 독특한 사회주의다[34]라고 밝히면서 북한식 사회주의의 독자성을 강조한바 있다.

북한이 주체사상을 고수하고 현재의 사회주의체제의 우월성을 강조하면서 변화의 필요성에 대해 강력하게 반대하는 이유는 다음과 같은 객관적 요인이 존재하고 있기 때문이다. 첫째로는, 북한체제의 변화를 저해하는 가장 주요한 요인은 북한이 처한 分斷狀況이다. 둘째로는, 최근의 국제정세가 오히려 북한에게는 체제변화의 역기능적인 요인으로 작용할 수 있다는 점이다. 셋째로는, 북한의 權威主義的 文化의 존재이다.

Ⅳ. 김정일 시대의 이데올로기

1. 사회주의체제의 권력교체와 이데올로기

북한에서는 사회주의체제의 존립을 저해하는 국내외의 환경 속에서도 김일성을 중심으로 하는 북한식 사회주의체제의 핵심적 골격에는 아무런 변화 없이 일관성을 유지하고 있었다. 즉 북한에서는 북한식 사회주의체제와 충돌되는 상황이 국내외에서 분출되는 환경에 직면하는 과정에서도 김일성 시대의 독특한 사회주의체제를 통해 해결해 나가는 방식을 선택한 것이다.

그렇지만 수령식 정치체제와 주체사상을 중심축으로 하는 북한식 사회주의는 1994년 김일성의 사망으로 중대한 전환점을 맞이할 수밖에 없었다. 북한과 같은 사회주의체제에서 최고지도자가 차지하는 비중은 거의 절대적이다. 북한에서 김일성은 거의 신격화된 카리스마적 존재로 군림하여 왔기 때문이다. 따라서 북한식 사회주의체제에 있어서 김일성의 사망은 다른 어떠한 환경요인과는 비교가 안 될 정도로 중대한 변화의 요인으로 볼 수 있다.

일반적으로 사회주의 국가에서 지도자의 교체는 항상 권력구조의 변화와 정책변

---

34) 동아일보, 1991년 10월 2일.

화를 동시적으로 수반하여 왔다. 그러나 북한에서는 김일성의 사망에 따른 체제변동의 요인이 거의 이루어지지 않았다. 북한에서는 이미 오래전부터 김일성 이후의 북한체제를 대비하여 김정일을 김일성의 후계자로의 자질과 역량을 지속적으로 축적해 왔기 때문이었다. 따라서 북한에서는 김일성의 사망에 따른 정권교체, 권력의 교체, 지도자의 교체과정이 별다른 충격 없이 김정일의 집권으로 이어지는 사례를 연출할 수 있었다.

김일성의 대를 이어 집권한 김정일은 오래전부터 김일성의 후계자로서 김일성의 사상과 정책 및 제도의 정당성과 중요성을 역설해 왔다는 점에서, 김정일 시대가 출범한 이후에도 북한체제에 별다른 변화를 기대하기는 어려운 실정이었다. 따라서 김정일은 김일성의 사망 이후 공개적으로 김일성의 유훈통치를 강조하면서 김일성 시대의 북한식 체제와 정책을 일관성 있게 추진해 나갈 것이라는 점을 밝혀 왔다.

그러나 김정일의 지지기반이 주로 1945년 이후에 사회주의적 전문교육을 통하여 배양된 전문기술관료들을 중심으로 하는 소위 혁명 3세대로 구성되어 있기 때문에 식민지시대와 냉전시대를 살아온 혁명 1세대보다 계급투쟁의 이념노선보다는 북한체제의 발전을 보장할 수 있는 현실적이고 실용주의적인 정책을 선택할 가능성이 그만큼 높다고 볼 수 있는 것이다.[35] 정권의 정통성문제와 관련해서도 김정일의 집권은 사실상 김일성이 결정적인 영향을 미쳐 왔기 때문에 부자간 세습체제가 안고 있는 근본적인 문제점을 여하히 해결하느냐 하는 문제가 대두할 수 있다. 권력기반과 정통성은 정치적 수사가 아닌 구체적인 政策的 成果(policy performance)에 의해서만 확보될 수 있는 것이다.[36] 이러한 점에서 김정일이 아버지의 그늘에서 벗어나 자신의 권위를 확립하기 위해서는 자신의 역량을 발휘할 수 있는 획기적인 조치가 마련될 수 있는 소지가 충분히 내포되어 있다.

---

35) 이러한 점에 관해서는 朴在圭, 「北韓의 金正日 承繼體制: 그 問題와 展望」, 慶南大 極東問題研究報告書, 85－1(No.7) (1985. 7); 金炳日, 「北韓體制變化의 可能性 展望, 1990年代 北韓體制의 變化樣相에 대한 分析과 評價」(서울: 慶熙大 社會科學研究所, 1991), pp.25－56 참조.

36) 崔完圭, 「北韓의 對南政策: 持續性과 變化, 1990年代 北韓體制의 變化樣相에 대한 分析과 評價」, 上揭書, p.196.

2. 김정일의 선군형 이데올로기와 정치체제

북한에서 선군정치가 본격적으로 구현하기 시작한 것은 김일성이 사망한 다음 해인 1995년부터 시작된 것으로 알려지고 있다.[37] 이러한 점에서 볼 때 선군정치는 건국 이래 체제의 존립이 위협받고 있는 아주 특별한 역사적 조건을 배경으로 하는 정치적 대안으로 등장하고 있음을 알 수 있다. 따라서 군을 북한 정치의 전면에 내세우는 독특한 성격의 선군정치는 다분히 위기시대에 적합한 정치방식이라는 성격을 띠고 있다.

이렇게 하여 등장하기 시작한 선군정치에 의거한 방식은 "군사선행의 원칙에서 혁명과 건설에서 나서는 모든 문제를 해결하고 군대를 혁명의 기둥으로 내세워 사회주의 위업 전반을 밀고 나가는 영도방식"[38]으로 규정하고 있다. 김정일의 선군정치란 군사선행의 원칙에서 국정을 운영해 나가며 인민군대를 혁명의 주력군으로, 기둥으로 하여 사회주의 위업 전반을 이끌어 나가는 것을 말한다. 따라서 선군정치는 군부가 정치의 주체로 나선다는 의미가 아니라 수령과 당이 군에 의존하여 군력을 선차적으로 활용해 나가는 정치를 실시한다는 것을 의미하는 것으로 보여 지고 있다.

선군정치의 핵심은 "군대를 혁명의 주력군, 나라의 기둥으로 간주하는 정치"[39]라는 점에 있다는 것이다. 한마디로 선군정치란 군의 정치적 역할을 강조하는 통치방식을 말하는 것이다. 따라서 군을 중시하면서 군에 의존하는 선군정치는 위기시대에 적합한 국가관리 방식을 의미한다고 볼 수 있다.

그러나 북한에서 군을 중시하려는 정치적 선택은 김정일 시대에서만 볼 수 있는 특유한 현상이 아니라 북한사회주의의 이행과정에서 일관되게 지속되어 왔던 '북한적 현상'이라고 할 수 있다. 북한에서 군의 정치화는 오랜 전통으로 지속되어 왔다. 북한에서는 식민지시대나 분단시대의 역사적 조건을 배경으로 전개되어 왔던 공산주의운동의 역사적 경험을 배경으로 '군'을 대단히 중요하게 고려하여 왔기 때문이다.

---

37) 북한에서는 "1995년 1월 1일 경애하는 장군님께서 다박솔 초소를 찾으신 날은 이 땅 위에 선군정치의 첫 포성이 울린 역사의 날"이라고 선전되고 있다. ≪로동신문≫, 2000년 11월 18일.

38) 위의 신문: 김화·고봉, 『21세기 태양 김정일 장군』(평양: 평양출판사, 2000), pp.225-226.

39) 조성박, 『세계를 매혹시키는 김정일 정치』(평양: 평양출판사, 1999).

조선노동당 규약에 의하면 "조선노동당은 항일혁명투쟁시기에 위대한 수령 김일성동지에 의해 이룩된 영광스러운 혁명전통을 계승, 발전"시키며 "조선노동당은 항일유격대식 사업방법, 청산리정신 및 청산리방법을 철저히 관철"[40]하자는 내용을 명문화시켜 놓고 있다. 이를 위해 조선노동당에서는 "조선인민군은 항일무장투쟁의 영광스러운 혁명전통을 계승한 조선노동당의 혁명적 무장력"[41]으로 규정하여 왔다. 이에 따라 북한에서는 김일성 시대에서도 모든 정치, 경제활동을 영위하는 과정에서 '전투' 개념을 적용하여 왔었다.[42]

이러한 점에서 김정일 시대의 선군정치는 북한사회에서 군의 위상과 역할을 보다 집약적이고 체계적인 형태로 정리하여 김정일식의 정치스타일로 규정하기 위한 개념으로 일상화하여 김정일의 카리스마를 창출하려는 정치적 의도도 포함되어 있는 것으로 보여 진다. 따라서 1990년대 북한에서는 선군정치라는 개념을 등장시키면서 국방을 민족이 창조한 모든 재부를 전면적으로 수호하는 국가정치의 중핵분야일 뿐 아니라 민족의 번영과 사회적 진보를 이룩해 나가는 것을 최대과제로 지향하고 있는 국사 중의 국사로 높게 평가하고 있는 것이다.[43]

북한에서 김정일 시대에 들어와 갑자기 선군정치라는 정치방식을 강조하기 시작한 무엇 때문일까? 결론적으로 말하자면 선군정치는 북한당국이 당면한 체제위기를 극복하기 위한 방편으로 군대를 중시하고 군대를 강화하려는 정책적 의도를 담고 있는 것으로 볼 수 있다.

김정일은 선군정치를 펼치게 된 이유에 대해서는 '경제는 주저앉았다가도 다시 추설 수 있지만 군사가 주저앉으면 나라의 백년대계의 기틀이 허물어지게 된다. 군대가 강해야 경제건설의 평화적 조건이 보장되게 된다.'[44]고 하면서 정권이 정치를 실현하는 기본수단이라면 군대는 정권을 지키는 기본수단[45]이라고 설명한다. 즉

---

40) 조선노동당 규약 전문, 『95 북한개요』(서울: 통일원, 1995), pp.560－561.

41) 조선노동당 규약 제46조.

42) 김일평, 『북한정치경제입문』(서울: 한울, 1987), pp.53－55참조.

43) ≪로동신문≫, 1998년 11월 14일.

44) 북한은 경제력이 약해지더라도 우선 국방력을 강화해야 한다는 주장을 계속해야 주장한다. "조선의 국방력은 매우 비싼 대가로 이루어졌다. 조선인민은 허리띠를 졸라매면서도 국방력만은 최대로 강화하여왔다." ≪로동신문≫, 1999년 10월 9일.

45) "우리 당의 선군정치는 필승불패이다.", ≪로동신문≫, 1999년 6월 16일.

1990년대 위기상황에서 체제유지와 위기관리가 최우선적인 과제이기 때문에 당장의 경제적 어려움보다는 체제보장에 더 많은 노력을 기울이겠다는 것이다.

김정일 시대의 선군정치를 제도화하려는 노력은 1998년 헌법 개정을 통해 주석직을 폐지하고 김정일이 국방위원회 위원장으로서 국가수반의 지위를 부여하면서 구체화·체계화되었다고 할 수 있다. 북한의 최고인민회의 상임위원장으로 선출된 김영남은 김정일을 국방위원장으로 추대하는 자리에서 "나라의 정치·군사·경제 역량의 총체를 통솔 지휘하여 사회주의 조국의 국가체제와 인민의 운명을 영도하는 국가의 최고 직책"[46]으로 소개함으로써 국방위원장은 김일성 시대의 국가를 대표하는 최고직책이라는 점을 공식적으로 대내외에 천명해 주었다.

이것은 선군정치를 제도적으로 구현하기 위한 방편으로 김정일을 최고지도자로 하는 국방위원장 중심의 지도체제가 나라의 모든 정치·군사·경제적 역량을 총지휘할 수 있도록 국가체제를 재편한 것으로 볼 수 있다. 이에 따라 국내의 연구자들 사이에서는 북한의 권력구조를 국방위원장 중심의 통치체제라는 용어로 규정하기도 하였다. 이에 대해 북한에서는 "군사중시의 우리 국가기구체계는 무적의 군사력에 의거하여 나라의 정치적 자주권을 확고히 담보하고 경제발전과 나라의 부흥을 힘 있게 추동하는 가장 우월한 우리식의 정치체제이다."[47]라는 식으로 평가하였다.

이에 대해 북한에서는 "군사중시의 우리 국가기구체계는 무적의 군사력에 의거하여 나라의 정치적 자주권을 확고히 담보하고 경제발전과 나라의 부흥을 힘 있게 추동하는 가장 우월한 우리식의 정치체제이다."[48]라는 식으로 평가하였다.

선군정치를 표방하는 김정일에게 국가수반의 역할을 수행할 수 있는 토대를 제공한 1998년 헌법체제에서 가장 커다란 변화는 김일성 시대에 국가주석을 중심으로 모든 국가기관들이 일사분란하게 움직여 나갈 수 있는 유일적 지도체제의 골격이 크게 완화되었다는 점이었다. 김정일에게 국가수반의 역할을 수행할 수 있는 공식적인 국가직책인 국방위원회 위원장은 "일체의 무력을 지휘 통솔하며 국방사업 전방을 지도"한다는 군통수권을 행사할 수 있다는 내용을 명시해 놓고 있으며, 최고인민회의 상임위원장은 대외적으로 국가를 대표하도록 되어 있고, 내각 총리가

---

46) ≪로동신문≫, 1998년 9월 6일.
47) "우리 당의 선군정치는 필승불패이다." ≪로동신문≫, 1999년 6월 16일.
48) 위의 신문.

정부를 대표한다고 명시하고 있어 외형적으로 집단지도체제에 입각한 국가운영방식을 채택하고 있는 것처럼 보여 지고 있다.

이에 따라 1998년도 헌법 개정은 국방위원장 중심의 지배체제를 근간으로 하는 군중시의 국가체제를 제도화하여 김정일의 선군정치를 안정적으로 구현해 나갈 수 있는 제도적 발판을 마련하였다는 점에 정치적인 의미를 부여할 수 있을 것이다. 새로운 헌법에서는 전반적으로 정치적 성향이 강한 당의 국가기구에 대한 장악도를 약화시키고, 상대적으로 전문성이 강한 행정경제 관리기관들의 위상과 권한을 강화시키는 방향으로 나타났다. 따라서 1998년 헌법은 선군정치를 표방하는 군사국가화의 경향을 제도화하였다는 정치적 의미를 지니고 있는 것으로 평가해 볼 수 있다. 따라서 김정일 시대에서는 이데올로기에 의존하는 정신적 지배와 함께 물리적 강제력을 중시하는 군사적 지배의 양식을 병행 추진하는 통치스타일의 변화를 통해 새로운 활로를 모색하고 있다.

3. 김정일 체제에서의 이데올로기의 위상과 역할

김정일 시대의 북한은 총체적 위기에 직면하고 있다. 김정일 시대에서도 가장 우려하는 경계의 대상은 오래 자본주의적 문화적 침투이다. 북한체제에서는 국내 경제사정의 어려움을 배경으로 자의반 타의반으로 비사회주의적인 자본주의적 요소의 공간이 점차 그 규모를 확대해 나가고 있다.

북한에서 시장화, 분권화, 이차경제의 증대는 새로운 비사회주의적 경제활동에 종사하는 새로운 집단과 세력들을 형성하게 된다. 이차경제의 존재는 주민들에게 시장경제를 학습할 수 있는 기회를 증대시켜 주게 될 것이다. 텃밭이나 가내부업 등을 통한 합법적인 사적인 경제활동 등은 더욱 증대될 것으로 전망된다. 이에 따라 북한체제의 전 구성원, 북한주민들의 사고방식이나 생활양식 등에 있어서도 비사회주의적 요소들이 등장하고 있는 것으로 보여 진다.

이에 따라 북한에서는 변화를 위한 "의식의 변화"가 통해 이미 오래전부터 시작되었다. 시장경제적 사고의 확산에 따라 북한주민들의 가치관과 행동양식이 변화되고 있다. 노력한 만큼 수입이 생기고, 늘어난 수입만큼 더 나은 생활을 할 수 있다는 노동의 동기가 자연스레 부여되고 있다.[49] 북한주민들의 시장친화적 사고와 근무방식들이 관찰되고 있다.

1990년대의 위기상황에서 주민들의 일상생활은 주체사회주의의 요구대로 영위되지 못하고 주체사회주의가 극복하고자 했던 개인주의적 시장경제적 인간형의 단초가 만들어지면서 이것이 집단주의적 인간형과 병존 내지 충돌이 진행되고 있다. 아래로부터의 정체성의 변화가 나타나고 있다는 것이다.[50] 북한주민의 가치관이 바뀌고, 국가관에도 변화가 나타나기 시작하였다. 90년대 당과 국가에 의해 제시된 '구호'의 내용들을 살펴보면 다분히 북한체제의 균열을 우려하고 있는 구호들이 상당수 포함되어 있는 것을 알 수 있다.

그러나 북한의 지도부는 자본주의적 다원화에 대해서는 매우 단호한 반대 입장을 견지하고 있다. 김정일은 "남북 교류협력이 정치사상적으로 기존질서 파괴를 초래한다."는 우려와 경고를 표명한바 있다.(2005. 9) 따라서 북한은 "남조선을 활용해 경제난을 해결하는 한편 내부 단속은 더욱 철저히 한다."[51]라는 내부방침을 정한 것으로 알려지고 있다. 남・북한 간에는 상호의존이 심화되는 과정에서도 남한에 대해 자신의 '정체성'을 보존하려는 노력은 조금도 흔들리지 않고 있다. 이것은 아직 북한에게서 세계화의 전제인 주권국가의 탈주권화의 논리를 적용하기 어렵다는 것을 의미한다.[52]

그러나 북한체제의 존재자체를 위협하는 안보상황으로 여전히 계속되고 있다. 북한체제 내부에서 계획경제나 사회주의체제를 위협하는 시장경제의 활동공간이 증대되고 있기는 하지만, 외부로부터의 안보위협은 여전히 계속되고 있다는 점에서 이데올로기의 중요성도 계속해서 강조되고 있는 형국이다. 위기상황은 이데올로기를 통해 북한체제의 결속력을 다져 나가는 데 매우 중요한 환경을 조성해 주고 있다.

김정일 시대에 들어와서도 여전히 북한에서는 이데올로기에 대한 의존도가 매우 높게 나타나고 있다. 북한에서 이데올로기는 여전히 매우 중요한 정치적 지배의 수

---

49) 김영윤 외, 『북한이 변하고 있다』(서울: 통일연구원, 2007), p.7.

50) 김갑식, 「세계화・정보화와 북한의 국가정체성: '주체 사회주의'의 지속과 변화」, 『통일정책연구』, 제13권 2호 (2004), pp.145 - 169.

51) 최원기, 「남북접촉 막전막후 500일 드라마」, 『월간중앙』(2000년 5월호), pp.114 - 125.

52) 송두율, 『21세기와의 대화: 발상의 전환을 위한 20가지 테마』(서울: 한겨레신문사, 1998), p.68.

단으로서의 역할을 수행하고 있다. 김정일 시대에서도 이데올로기는 여전히 북한체제에서 중요한 역할을 수행하고 있다. 국내외로부터의 도전에 대응하여 북한체제의 안정을 유지하는 데 이데올로기가 가장 중요한 수단으로 활용되고 있다. 그럼에도 불구하고 김정일 시대의 북한에서는 미래지향적 성격의 이데올로기도 중시되고 있지만, 북한내외의 현실적 상황에 대해서도 중요한 의미를 부여하고 있다.

북한의 최고지도자 김정일의 통치스타일은 어느 한쪽으로 편향된 노선이나 정책 및 제도에 의존하여 북한체제가 작동되는 방식을 경계하고 있다. 김정일 시대에 들어와서는 김일성 시대의 '유일성'의 원칙과는 다른 형식의 이중성 내지 다원성이 증대되고 있음을 발견되고 있다. 따라서 김정일 시대에서는 이념과 명분도 중요하지만 북한체제의 유지와 발전에 도움이 될 수 있는 실리추구에도 커다란 관심을 보이고 있다.

V. 결 론

本 論文에서는 北韓의 社會主義가 形成되고 發展되어 오는 過程에서 정치체제와 이데올로기와의 상호작용의 관계를 분석해 보고자 하였다. 아울러 그러한 관계에서 내포되어 있는 特性과 要因은 무엇인가를 규명해 보고자 하였다. 또한 이러한 분석내용을 통하여 새롭게 변하고 있는 급격한 국내외의 정세 속에서 北韓의 정치체제와 주체사상은 어떠한 關係를 유지할 것인가를 함께 살펴보고자 하였다.

최근의 사회주의체제의 변화에는 탈사회주의적이고 탈이데올로기적인 개혁뿐만 아니라 대외적으로 서구 자본주의 국가들에 대한 開放과 관계 개선을 시도하려는 방향으로 전개되고 있는 실정이다. 과거의 사회주의체제에서의 體制變化의 內容이 社會主義體制의 本質的 特性이 維持되는 한도 내에서의 部分的인 變化가 이루어져 왔다면 1990년대를 전후로 하는 시기에서의 變化의 흐름은 變化의 主體나 方向, 그리고 內容 面에 있어 과거의 변화와는 비교가 안 될 정도로 質的인 變化를 보이고 있다는 점에 차이점이 있다. 이제는 社會主義體制의 變化에는 脫全體主義

내지는 脫이데올로기의 변화를 넘어서 체제 내부적인 改革과 외부세계에 대한 開放을 의미하는 內容까지도 포함되고 있다. 이에 따라 오늘날에 와서는 북한체제도 體制維持를 전제로 하는 防禦的인 의미의 變化뿐만 아니라 脫社會主義에로의 質的인 變化가 과연 가능할 수 있을 것인가에 변화의 초점이 맞추어지고 있다.

그러나 北韓에서는 국내외의 환경변화에도 불구하고 다른 사회주의 국가와는 달리 건국 이래 유일적 지도자의 위상을 지속하고 있는 金日成을 정점으로 하는 首領式 全體主義體制와 그것의 정당성을 주장하는 이데올로기가 점차적으로 强化되는 例外的인 方向으로 變化되어 왔다는 점이다. 北韓에서도 社會經濟的인 發展(革命的인 段階)이 지속적으로 추진되어 오는 과정에서 그에 상응하여 정치체제의 형태에 많은 변화가 수반되어 왔지만 政治體制와 支配이데올로기는 프롤레타리아 계급의 利益과 意思를 반영하기보다는 唯一的 支配者의 强力政治를 강화하는 방향으로 변화되어 왔다는 점으로 요약된다. 따라서 사회주의 국가에서도 社會經濟的인 發展은 中央集權的인 政治體制를 分散的인 體制로 變化되고 그에 따라 이데올로기도 형성초기의 唯一的 支配이데올로기에 대한 神話가 弱化된다는 일반적인 假說의 北韓的 適用은 사실상 적합하지 않은 것으로 판명할 수 있다.

북한의 이와 같은 예외적인 특성은 체제의 전 부문에 걸쳐 나타나고 있으나 정치체제와 이데올로기가 변화되어 오는 과정에서 나타난 특성을 종합해 보면 다음과 같다. 첫째로, 북한에서는 마르크스-레닌주의가 지향하는 공산주의이념을 달성하기 위한 사회주의적 민주주의의 정치모델을 대변하는 프롤레타리아 민주주의보다는 프롤레타리아독재를 중시하는 계몽적 혁명체제로서의 首領體制의 발전에 역점을 두어 왔다. 그들에게 있어 수령체제란 大衆과 유리된 독재체계가 아니라 大衆的 同意에 기반을 두는 이념형 獨裁體系로 발전시키려는 데에 역점을 두어 왔다는 점이 특징적이다. 즉 북한에서는 공산주의이념을 구현하는 정치경제적인 목표달성을 위한 과도적 형태의 프롤레타리아독재의 원리를 단순히 수령과 당의 일방적인 지배의 원리로서 강조해 온 것이 아니라 아래로부터의 大衆적 동의와 지지기반에 입각하여 首領과 大衆을 하나의 運命共同體로 변모시키는 과정을 통한 가부장적인 독재체제에 구축에 역점을 두어 왔던 것이다. 따라서 북한에서 이데올로기는 수령체제를 지탱하는 가장 커다란 정치적 수단으로 기능하고 있는 것으로 분석되었다.

둘째로, 북한에서 수령식 정치체제로의 변화과정은 이데올로기의 부문에서도 현저한 변화가 동반되면서 사회주의 국가의 일반적인 순수이데올로기로 채택되어 왔던 마르크스 - 레닌주의가 주체사상과 김일성주의 라는 독자적인 이데올로기로 변형되어 왔다. 마르크스 - 레닌주의로 출발한 지배 이데올로기가 主體思想을 거쳐 김일성주의로까지 변화되고 있는 실정이다. 이제 주체사상이나 김일성주의는 마치 북한사회에서 모든 사람들의 정치사회적 信念과 世界觀을 마련해 주는 강력한 宗敎的 기능을 수행하고 있다. 북한의 유일적 종교로서의 주체사상이 지향하고 있는 정치모델이 수령체제로 나타나고 있다는 점에서 주체사상은 수령체제의 정당성을 제공해 주는 정치문화를 생산해 내는 이데올로기의 문화적 기능을 담당하고 있다.

이와 같이 정치체제와 이데올로기가 변화되는 과정에서 북한의 사회주의체제는 주체사상을 통한 內在的인 發展路線이 일관성 있게 적용되고 실천되어 오늘날에는 다른 사회주의 국가와는 매우 독특한 북한식 사회주의체제로 변모되어 왔다. 주지하다시피 소련군의 점령이라는 外部的 要因이 결정적인 영향을 미친 가운데 탄생한 從屬的 社會主義國家로 출범하여 主體思想을 바탕으로 하는 對內外的인 自主路線을 견지해 온 결과 오늘날에는 정치, 경제, 사회, 문화 등 모든 면에 걸쳐 '자주성'을 중시하는 매우 독특한 주체형의 사회주의 국가로 등장하고 있다. 그 결과 북한체제는 비교적 다른 사회주의 국가들보다 외부적인 영향과 간섭 및 압력으로부터 벗어나 스스로의 내재적인 논리에 따라 체제의 행태를 결정하려는 경향이 농후하다. 소련 및 동구 사회주의 국가들에서의 혁명적인 체제변화가 이루어지고 있는 현재의 상황 속에서도 그들은 독자성을 주장하면서 우리식 사회주의의 고수와 발전을 강조하고 있는 실정이다.

이와 같이 북한에서 정치체제와 이데올로기가 首領을 정점으로 하는 一人支配體制를 강화하는 방향으로 일관성을 지속하고 있는 것은, 북한체제의 방향이 단순히 社會經濟的인 要因과의 因果論적인 關係에서 결정되기보다는 政治的, 文化的 要因 등을 포함하여 국내외의 여러 가지 요인들이 복합적으로 작용하고 있기 때문으로 볼 수 있다. 정치적으로는 북한체제의 政策路線을 결정하고 있는 권력구조가 사회주의체제를 선호하는 保守主義勢力들이 계속해서 支配하고 있는 一貫性을 維持하고 있기 때문으로 볼 수 있다. 文化的으로도 一人支配體制와 支配이데올로기를 맹목적으로 수용하려는 權威主義的 政治文化가 계속해서 유지되고 있기 때문으로 볼 수 있다. 그러나 보다 더 근본적인 요인은 강력한 1인 독재체제를 정당화시키는 북한 주변의 환경 특히 남·북한관계를 포함하는 分斷狀況과 같은 요인들이 아직까지도 그들의 종래 노선을 고수하는 데 적지 않은 영향을 미치고 있다는 점이다.

그러나 사회주의진영의 해체를 동반하는 탈냉전시대의 도래는 한 사람의 최고지도자에 전적으로 의존하는 수령체제의 권력구조와 이데올로기를 그대로 지속하는 것을 현실적으로 매우 어렵게 만들고 있다. 북한사회 내부에서도 사회경제적으로 체제변화를 유도할 수 있는 要因들이 점증하고 있고 국제사회도 계급투쟁의 차원보다는 상호공존의 시대로 접어들고 있는 상황변화가 이루어지고 있는 시점에서 과거의 冷戰的인 狀況과 소위 主體時代에 근거하여 防禦的인 次元에서 敵對意識을 조장하고 있는 주체사상에 입각하여 북한사회의 적응과 발전을 도모한다는 것은 북한의 집권층에게 엄청난 부담이 되지 않을 수 없다. 그것은 그동안 북한이 그들의 특수한 현실에 근거하여 강력한 정치체제의 고수를 정당화할 수 있었으나 그들 내부의 정치경제적인 요인과 국제적인 상황의 변화는 主體思想의 論理를 바탕으로 하고 있는 북한체제의 維持에 역기능적인 환경적 요인으로 작용할 수 있다. 따라서 소극적인 의미의 체제방어적인 차원에서 보다 적극적으로 사회주의체제의 발전을 도모하기 위해서는 首領體制와 自立體制를 강조하는 主體思想의 修正이나 抛棄가 불가피할 것으로 보여 진다.

현재 北韓 內外의 狀況은 다른 사회주의 국가와 마찬가지로 改革과 開放을 절대적으로 필요로 하는 시점에 도달하고 있는 것은 사실이다. 그러나 이러한 문제점을 해결하기 위한 방법으로 蘇聯이나 中國이 채택한 政治改革이나 經濟改革을 동반하는 變化의 過程을 그대로 답습할 것으로 가정하기란 많은 例外的인 要因이 내포되어 있기 때문에 단정하기 어렵다. 政治的으로는 이데올로기의 해석권을 장악하고 있는 上層部의 權力構造가 革命勢力들에 의해 獨占되어 있고, 文化的으로는 主體思想의 이데올로기의 內面化 또는 政治社會化過程에 의하여 首領의 支配를 정당시하는 家父長的인 權威主義文化가 지배하고 있고, 狀況的으로도 북한체제에게 직접적인 이해관계를 갖고 있는 南北韓關係를 포함하는 동북아정세가 크게 변화되지 못하고 있다는 점 등을 들 수 있다. 이러한 현상은 김일성이 사망하고 그의 아들인 김정일이 대를 이어 북한사회를 이끌어 나가는 과정에서도 계속되고 있는 실정이다. 따라서 이제까지의 북한체제의 변화와 이데올로기의 변화과정에서 나타난 특징을 놓고 볼 때 北韓은 단기간 내에 기존의 首領體制와 主體思想의 路線에서 크게 後退하거나 또는 變更할 것으로 기대되지는 않는다. 다만 그들도 국내외적으로 體制變化의 요인들이 점차로 증대되고 있기 때문에 變化의 要因들에 적응하기 위한 방향으로의 政策變化나 主體思想의 論理를 부분적으로 수용할 것으로 보인다.

이준희

(국방대학교)

Ⅰ. 서 론

1. 연구 목적

2000년 6월 13일부터 6월 15일까지 있었던 역사적인 남북정상회담으로 인하여 남북관계에 획기적인 이정표가 마련되었다. 그러나 이전까지만 해도 북한사회는 전혀 예측할 수 없는 동토의 왕국이었으며 '지구상에 남아 있는 마지막 빙하지대'라는 표현처럼 극도로 폐쇄된 사회였다. 1994년 7월 김일성이 사망한 뒤 북한은 제한된 범위 내에서 개방적인 자세를 보이고 있으며 남북정상회담 개최로 서로를 이해하는 데 도움이 되었지만 아직도 북한사회의 실체를 파악하고 미래를 예측하기는 어려운 실정이다.

한편 2003년 4월 베이징에서 있었던 미·중·북 3자회담에서 북한이 핵무기를 보유하고 있다고 선언함으로써 남북관계는 여전히 긴장상태에 놓여 있다. 그동안 북한전문가, 정부기관, 학계에서 북한에 대한 연구가 계속되어 왔지만[1] 분단이라는 특수상황 때문에 법적·제도적으로 많은 어려움을 받아 왔다. 북한사회연구에 있

---

* 본 연구는 필자의 박사학위논문을 본서의 편집 의도에 맞게 발췌·재편집한 것임.

1) 국내외에서 획득한 정치학박사 학위논문과 한국정치학회 회원으로서 정치학과 밀접히 관련된 주제의 학위논문의 수는 총 432편인데(1951년~1991년) 이 가운데 북한관련 논문은 총 22편으로 5%에 불과하다. 민만식, 「박사학위논문을 중심으로 본 한국 정치학 연구와 방향」, 『한국정치학회보』, 제26집 3호(1993), pp.315-341.

어 경험적 자료에 대한 접근이 어려워 귀순자들의 증언에 의존해 옴에 따라 북한 실체에 대한 파악과 검증의 어려움이 북한연구의 대표적인 문제점이라 하겠다. 이러한 점이 「북한학」의 발전가능성을 위태롭게 하고 있다.2) 다시 말해 북한을 연구함에 있어 자료 부족이라는 제약 조건이 따르며 비록 북한에서 나온 자료라 할지라도 대내·외적으로 정치 선전·선동 자료가 대다수를 차지하고 있다.

다시 말해 북한이 극도로 폐쇄화된 사회이기 때문에 가까스로 얻은 자료라도 신뢰와 객관성을 기대하기가 어려우며, 실상을 반영하기보다는 대내외 선전을 위한 것인 경우가 많다3). 즉 일명 '하더라'가 북한사회 연구의 주류를 이루어 오고 있다. 그래서 북한사회의 변화를 정확하고 바르게 진단하기 위해서는 귀순자의 증언에 의존하기보다는 공식적인 자료에 의한 실증적 분석이 급선무라 할 것이다. 이처럼 북한 연구에서 자료의 실체파악이 어려워 신빙성이 없는 것이 커다란 난제인데, 이러한 점을 해소시켜 주는 것이 노동당 기관지인 ≪로동신문≫과 그 외 정기간행물의 개방이다.4) 「북한신년사」가 과거에는 특별 관리로 인해 자료접근이 어려웠으나 최근에는 일반자료로 분류되어 접근이 용이하다. 또한 신년사가 대내·외 선전용이지만 매년 정기적으로 발표되고 있으며 일정한 형식의 틀을 유지하고 있어 분석의 신뢰성을 높일 수 있다. 최근에는 컴퓨터 통신망을 통해 통일부와 내외통신사에서 북한의 동향을 일일, 주간 단위로 제공해 주고 있어 북한연구의 폐쇄성과 자료 확보의 제약성이 극복되고 있다.5) 그리고 국내 여러 대학에서 북한학을 가르치는 대학과 대학원이 늘어나면서 북한 연구는 더욱 활발하게 진행되고 있다.6) 6·15 남북정상회담이 북한사회가 개방화되고 국제사회의 일원으로 제 역할을 할 수 있는 결정적인 계기가 되리라고 예상했으나 우리가 기대했던 수준에는 못 미치고 있다. 그럼에도 불구하고 남북대화를 통한 관계 개선은 한반도 평화정착을 위한 유일한 대안이기 때문에 분단 이후 지금까지의 남북관계를 실증적으로 분석하여 현황파악은 물론 적절한 대응방안을 모색하는 것이 북한연구가 지향해야 할 최우선적 과제이다.7)

---

2) 이태간 외 『21세기 북한학 특강』(서울: 인간사랑, 2003), p.19.

3) 이온죽, 『북한사회 연구를 위한 기초자료분석』(사회과학과 정책연구, Vol.8, No.1, 1989), pp.303-304.

4) 이태간 외, 전게서, p.19.

5) 육군사관학교(편) 『북한학』(서울: 박영사, 2003), p.13.

6) 소치형 외, 『북한의 이해』(서울: 건국대출판부, 2002), p.14.

따라서 이 논문은 과학적인 연구방법을 통해 실증적인 북한연구를 시도하고자 공식적인 자료인 「신년사」를 분석하여 북한의 대남한 인식 변화를 살펴보고 대남 인식과 남북관계 변화의 개연성을 밝혀 보고자 하였다. 북한의 대남한정부(정권)에 대한 인식 변화추이는 지칭용어 사용의 변화, 연도별 지칭용어의 빈도변화, 북한 신년사 문장에 대한 가중치 부여 등 다양한 방법을 통해 살펴볼 수 있다. 그리고 이와 같은 방법은, 본 연구에서 설명되고 있는 인식과 이미지 고정관념에 대한 개념적·이론적 분석을 통해 더욱 공고화된다. 요컨대, "인식"이라는 형태를 보다 과학화함으로써 객관성을 추구하는 전체 연구방향의 출발점으로 설정한 것이다.

이 논문에서는 대남한을 지칭하는 긍정·부정 용어사용의 빈도를 연도별 그래프로 나타내어 이것을 인식 변화로 보았다. 이를 좀 더 쉽게 설명하자면 사람을 부르는 호칭과 관련지어 상대를 부르는 호칭에 의해 상호관계 정도를 파악할 수 있다. 존칭어나 가치중립적인 용어로 상대를 부르는 것과 반말어투의 비하적인 용어로 상대를 부르는 것에는 분명한 인식차이가 있다. 마찬가지로 북한이 우리 정부에 대하여 긍정적으로 인식하고 있다면 가치중립적인 용어사용 혹은 부정적으로 인식하고 있다면 적대적 의미의 비화된 용어를 주로 사용할 것이다. 북한은 남한을 기본적으로 부정적으로 인식하고 있으며, 그것이 일종의 '국시'이기도 하다. 따라서 북한이 중립적 용어를 사용하는 것은 긍정적 방향으로의 '변화'인데 양적 변화이다. 결과적으로 가치중립적인 용어는 북한 현실에 있어서 긍정적 용어라 볼 수 있다.

그래서 북한 신년사에 나타난 대남한 호칭의 변화와 연도별 빈도분석을 통해 북한의 대남한 인식 변화를 살펴보고, 이것이 실제 남북관계와 어떠한 상관관계를 가지고 있는가를 통계적 분석방법을 통해 살펴보고자 한다. 즉 신년사가 변화(연도별 긍정·부정 빈도)하면 남북관계(「남북관계 55년사」[8] 분석)도 변화하는가를 규명하는 것이 이 논문의 연구목적이다. 특히 이와 같은 분석은 북한의 일관되지 않은 대외정책을 규명하는 데 기여할 수 있을 것으로 보인다. 예를 들어 지난 2002월드컵에서 북한은 축전을 보내는 등 유화적 형태를 보였지만 동시에 서해교전이 일어났다. 이와 같은 양면적 특성은 분단 이후 북한의 대남 정책에서 자주 발견되는 것으로 비교적 일원적으로 나타나는 대부분 국가의 외교 행태와는 차이를 보인다. 본

---

7) 송종환, 『북한협상형태의 이해』(서울: 오름, 2002), p.317.
8) 북한문제연구소(편), 『남북관계 55년사』(서울: 북한문제연구소, 2001).

연구에서는 계량적 방법을 통해 이러한 점을 실증 분석하였다.

한편 본 연구는 '북한의 대남한 인식 변화'를 다양한 각도에서 살펴보기 위해 우리나라 역대 정권별, 지도자별(김일성·김정일) 그리고 시대별(냉전·탈냉전), 정책별(햇볕정책 전·후) 인식의 차이를 차례로 살펴보면서 북한의 대남한 인식 변화를 다양한 각도에서 논의해 보고자 한다. 또한 남북관계 변화에 대해서도 인식 변화와 같이 남한의 역대정권별, 북한 지도자별(김일성·김정일), 시대별(냉전·탈냉전), 정책별(햇볕정책·정상회담) 전·후로 구분하여 차이를 규명하면서 남북관계변화의 특성을 살펴보고자 하였다. 이러한 인식과 관계의 분석 결과를 토대로 북한의 남한 인식과 실제 남북관계(긍정관계·대남 공세적인 정책)의 상관관계를 살펴보았다. 이처럼 인식 변화와 남북관계에 대한 다양한 논의와 함께 상관성을 규명해 봄으로써 앞으로 신년사의 변화추이에 따른 남북관계 변화 양상을 예측할 수 있다고 판단한다. 결론적으로 이 논문은 「북한 신년사」 내용분석을 통해 신년사의 변화(대남한정부 지칭용어 사용빈도 횟수)로부터 인식 변화를 유추하여 남북관계의 변화추이를 예측해내는 과학적 분석틀을 제공하고 「북한 신년사」가 남북관계에 미치는 영향을 파악하는 것을 목적으로 한다.

2. 연구 범위 및 방법

(1) 연구 범위

북한연구를 위한 실증적인 자료로는 ≪로동신문≫, 신년사, 북한 중앙방송 당·군·청년보의 공동사설 등이 있다. 그중에서도 「북한신년사」는 연초 국제사회와 남한, 그리고 북한주민들을 대상으로 통치 이념과 주요정치를 나열하고 있어 이에 대한 체계적인 연구는 북한사회 전반의 변화를 예측하는 단초를 제공해 준다. 북한 신년사 분석 결과로 대남한 인식 변화를 살펴보기 위해서는 가능한 많은 자료를 분석하는 것이 신뢰도를 높일 수 있다고 판단하였다. 따라서 해방 이후 2003년까지 기간의 신년사를 전수 분석하였다. 「북한 신년사」는 김일성 사망 직전까지는 「김일성 신년사」를 중심으로 그리고 김일성 사망 후에는 유훈 통치로 인하여 신년사가 발표되지 않았고 당·군·청년보 공동사설로 대체되었다. 또한 1952~1953년은 축하문, 1954~1955년은 연설문, 1957, 1995~2003년까지는 공동사설로 대체하고 있다.

예외적으로 햇볕정책, 남북정상회담 전후의 북한의 대남한 인식 변화를 보기 위한 신년사 자료가 불과 3~5년의 신년사에 불과하므로 분석결과에 대한 신뢰성을 높이기 위해 전후 3~5년간 ≪로동신문≫의 사설을 월별로 분석하여 보완하였다.[9]

북한 신년사 연표 <표 11-1>은 1946년 북한신년사 '신년을 맞이하여 전 인민에게 고함'으로부터 2003년 공동사설 '위대군 선군기치 따라' 공화국의 존엄과 위력을 높이 떨치자'에 대해 연도별로 나열해 보았다. 또한 긍정·부정적인 남북관계의 빈도를 파악하기 위해서 북한문제연구소에서 2001년도 발행된 「남북관계 55년사」 책자와 통일부 발행(2003) 「통일백서」 부록 남북관계 주요 일지를 참조하였다.

<표 11-1> 북한 신년사 연표[10]

연도	형식	제목 및 요지
1946	신년사	'신년을 맞이하여 전국 인민에게 고함'
1947	〃	'이미 얻은 승리를 공고히 하며 새로운 승리를 쟁취하기 위하여'
1948	〃	'47년도 인민경제 승리 적으로 완수' 등 주장
1949	〃	'국토의 완정과 조국의 통일을 위하여 궐기하자'
1950	〃	'1950년을 맞이하여 공화국 전체 인민들에게 보내는 신년사'
1951	〃	'1951년을 맞이하면서 전국 인민에게 보내는 신년사'
1952	축하문	'1952년 새해를 맞이하여 조선인민국 육해공군 장병들에게 보내는 최고 사령관 김일성의 축하문'
1953	축하문	'1953년 새해를 맞이하여 조선인민국 장병들에게 보내는 축하문'
1954	연설	'신년 축하연에서 한 연설'
1955	연설	'신년 축하연에서 한 연설'
1956	신년사	'증산하고 절약하여 3개년 계획을 초과 완수하자'
1957		없 음
1958	신년사	'인민경제 복구사업 완성 및 사회주의 경제건설의 새로운 단계 진입' 등 주장
1959	연설	'신년 축하연회에서 한 연설'
1960	신년사	"1차 5개년 계획 2년 반 앞당겨 완료" 등 주장
1961	〃	"새로운 7개년 계획 성과적 수행 위한 준비" 등 독려
1962	〃	"알곡 5백만 톤, 직물 2억5천만 톤, 수산물 80만 톤, 주택건설 20만 세대, 강철 1백20만 톤, 석탄 1천5백만 톤의 6개 고지 점령" 등 독려

---

9) 1993~2001년까지 ≪로동신문≫ 「대남 정세분석」을 신년사와 동일한 방법으로 분석하였다. 매월 1회씩 분석으로 표본수가 증가하여 결과의 신뢰성을 높였다.

10) 1946~1995년 연표 북한문제연구소(편), 『북한 신년사 분석』(서울: 정진사, 1996), p.6., 1996~2001년 연표 북한문제연구소(편), 『월간 북한 2월』(서울: 북한문제연구소, 1996~2001), pp.83-92, 2002년도 연표 민주평화통일 자문회의 『2002년도 북한 신년공동 사설분석』(서울: 민주평화통일 자문회의 사무처, 2002), 2003년 연표 북한문제연구소 『월간 북한 2월』(서울: 북한문제연구소), 1957년은 뚜렷한 이유도 밝히지 않은 채 발표하지 않았음(한국전쟁 패배에 따른 책임전가를 위한 치열한 내부 투쟁 등의 이유로 미발표)

연도	형식	제목 및 요지
1963	〃	"알곡 5백만 고지 점령" 등 주장
1964	〃	"논 면적 70만 정보로 확대" 등 독려
1965	〃	"관계공사 및 치산치수사업 성과" 등 부각 선전
1966	〃	새로운 승리에로 부르는 1966년
1967	〃	새해에 더욱 큰 승리를 쟁취하자
1968	〃	새해 새 승리를 향하여 힘차게 전진하자
1969	〃	1969년 새해를 맞이하여—신년 경축 야회에서 한 연설
1970	〃	1970년을 새로운 역사적인 승리의 해로 빛내자
1971	〃	"6개년 계획 완수" 등 독려
1972	〃	"3대 기술혁명 완수" 등 독려
1973	〃	"채취공업의 강화" 등 역설
1974	〃	"농촌기술혁명 강화" 등 역설
1975	신년사	"700만 톤 알곡생산" 등 주장
1976	〃	"11년제 의무교육 완전실시" 등 주장
1977	〃	"인민경제 모든 부분에서 6개년 계획 완전히 수행" 등 주장
1978	〃	"2차 7개년 계획 수행 완수 위한 준비" 등 독려
1979	〃	"수송혁명 2백일 전투 성과적 수행" 등 강조
1980	〃	"수출품의 우선적 생산보장" 등 강조
1981	〃	"당 6차대회의 성과적 진행" 등 강조
1982	〃	"온 사회의 주체사상화 작업 진전" 등 선전
1983	〃	"9백50만 톤 알곡고지 점령" 등 주장
1984	〃	"혁명과업의 완성과 인민의 생명, 재산을 보호하기 위한 사회질서 유지" 등 역설
1985	〃	"주체혁명 위업 실현" 촉진
1986	〃	"온 사회의 주체사상화 실현 투쟁" 촉구
1987	연설	1986. 12. 30. 최고인민회의에서의 김일성 시정연설' "사회주의의 완전한 승리를 위하여"로 대체
1988	신년사	"남북연석회의" 등 주장
1989	〃	"200일 전투 및 대중적 영웅주의 정신발휘" 등 찬양
1990	〃	"남북고위급이 참가하는 당국정당 등의 협상회의 소집" 등 주장
1991	〃	"사회주의체제 강화 발전" 등 역설
1992	〃	"통일 위한 유관국들의 적극적인 협력" 등 촉구
1993	〃	"자립적 민족경제 수립" 등 강조
1994	〃	"우리식 사회주의 고수" 등 주장
1995	공동사설	당보(로동신문), 군보(조선인민군), 청년보(노동청년), 공동사설
1996	공동사설	"붉은 기를 높이 들고 힘차게 나아가자" 등 강조
1997	공동사설	"위대한 당의 영도 따라 내 조국 건설하자" 등 강조
1998	공동사설	"위대한 당의 영도 따라 총 진군 다그치자" 등 강조
1999	공동사설	"올해를 강성대국 건설의 전환의 해로" 등 강조
2000	공동사설	"천리마 대 고조의 불길 속에 승리의 해로" 등 강조
2001	공동사설	"고난의 행군에서 승리한 기세로" 등 강조
2002	〃	"위대한 수령님 탄생 90돌을 맞는 올해를 강성대국 건설의 비약의 해로" 등 강조
2003	〃	"위대한 선군기치 따라 공화국의 존엄과 위력을 높이 떨치자" 등 강조

(2) 연구 방법

북한을 바라보는 관점에 따라 북한을 연구하는 방법이 달라지는데 관점에 따라 외재적 접근법과 1980년대 후반 이후 '북한 바로 알기 운동'이 전개된 내재적 접근법이 있다. 외재적 접근법이라 함은 북한의 사회주의를 자본주의나 자유민주주의에 입각한 가치·척도에 따라 분석하는 것으로, 북한이라는 대상을 외부인의 시각을 기준으로 분석하는 인식의 방법이다. 반면 내재적 접근법은 북한이라는 대상을 분석할 때 북한 내부인의 시각을 기준으로 북한의 특수한 현실을 고려해야 한다는 입장을 말하는 것으로 북한체제가 설정해 놓은 이념과 논리를 기준으로 북한사회의 각종 현상을 분석하는 연구방법이다. 이 논문의 접근시각은 기존의 "외재적 접근"에 가깝다. 본 연구의 계량적 분석은 북한을 하나의 일반적 행위자(general actor)로 상정하고 있는 것이다.

본 연구에서 사용할 분석문헌은 일반자료로 분류되어 접근이 용이하였다. 즉 「북한 신년사」는 1차 문헌자료 확보가 용이하고 매년 유사한 내용을 유사한 형식으로 전달하고 있으므로 「북한 신년사」 내용을 동일한 기준으로 분석하면 북한의 대남한정부인식 변화추이를 살펴볼 수 있다. 다음의 <그림 11-1>은 이와 같은 문헌연구를 포함하는 본 연구의 전체적인 연구방법을 설명한 것이다.

<그림 11-1> 변수선정

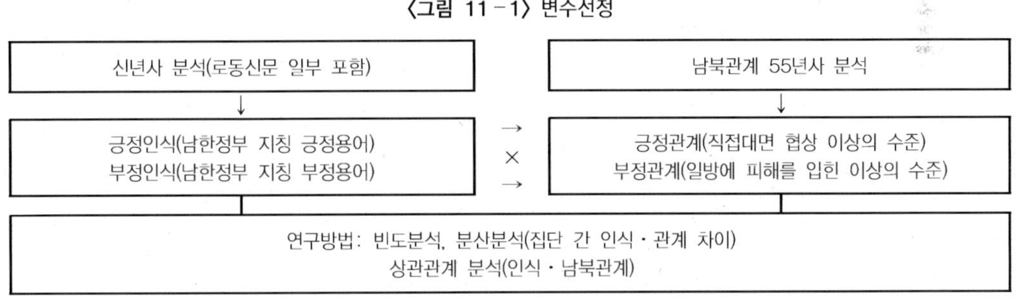

이 논문은 표본선정에 따른 오류를 제도적으로 방지하고자 전수문헌분석 방식을 택하였다. 물론 전수분석도 측정과정상의 오류(measurement error)[11]는 발생 가능하다. 만일 북한의 대남 호전성을 알기 위해서는 매월 1회씩 ≪로동신문≫ 사설만

---

11) 전수분석이므로 표본이 모집단을 대표하는가에 대한 오류는 발생하지 않지만 측정상에 있어서 오류가 발생할 수 있다. 즉 북한 신년사에 나타난 대남한정부 지칭용어를 긍정·부정 인식으로 분류하는 과정상과, 남북관계를 긍정적인 관계와 공세적인 부정관계로 분류하는 과정상에서 각각 오류가 발생할 수 있다.

분석하여도 알 수 있지만 북한의 대남한 인식 변화를 체계적으로 알기에는 불충분하다. 따라서 전수분석에 의한 결과치를 연결하여 신뢰성을 높이고자 하였다.

앞서 연구목적에서도 언급한 바와 같이 이 논문은 매년 발표되는 신년사 분석을 통해 향후 남북관계 변화추이를 예측해 보고자 함에 있다. 이는 신년사의 변화가 남북관계에 영향을 끼칠 것이라는 전제에 기초하고 있다. 그리고 이러한 전제는 다음과 같은 가설들로 구체화될 수 있다.

① 북한의 대남한 인식과 남북관계는 역대 정권별로 차이가 있을 것이다.

② 북한의 대남한 인식과 남북관계는 북한 지도자 간 차이가 있을 것이다.

③ 북한의 대남한 인식과 남북관계는 시대별로(냉전·탈냉전시대) 차이가 있을 것이다.

④ 북한의 대남한 인식과 남북관계는 한국의 정책별로(햇볕정책·남북정상회담) 전, 후의 차이가 있을 것이다.

〈표 11-2〉 《로동신문》이 사용한 남한정부 지칭 용어횟수 비교

구분	1989년 9월	1990년 9월	구분	1989년 9월	1990년 9월
중립적 용어			적대적 용어		
남조선 당국자	216	176	노태우 일당	209	44
남조선 당국	75	30	괴뢰	204	20
현 '정권'	20	13	파쑈도당	161	78
노태우 '정권'	20	7	남조선 괴뢰	56	60
남조선 '정권'	10	6	남조선 괴뢰도당	55	14
당국	9	37	남조선 군사 파쑈도당	48	5
당국자	6	7	괴뢰도당	45	30
서울 '정권'	4	·	노태우 파쑈도당	42	4
이남당국	4	·	노태우 괴뢰도당	26	1
남조선 '정부'	4	·	남조선 파쑈도당	22	9
현 노태우 정부	4	·	남조선통치배	19	35
기타	8	4	노태우 군파쑈도당	14	5
			군사 파쑈도당	13	4
			괴뢰당국	11	32
			남조선 괴뢰당국	7	1
			군부독재 '정권'	6	·
			남조선 괴뢰정권	4	·
			독재정권	4	4
			민족반역의 무리	4	·
			파쑈정권	4	·
합 계	380(27.28%)	280(42.77%)	합 계	1,013(72.72%)	372(57.23%)
총 합 계		1989년 9월		1,393	
		1990년 9월		652	

*출처: 신명순 외, 「남·북한통합론」(서울: 인간사랑, 1992), p. 213.

한편 북한의 대남한정부(정권)를 지칭하는 용어를 공군교육사령부에서 교육을 받고 있는 인문사회과학 출신 장교 15명을 대상으로 중립과 부정으로 분류하는 용어분류조사를 실시하여 총 15명 중 11명(비율적으로 73%) 이상 선택을 받은 57개 단어를 <표 11-3>을 중심으로 부정·긍정 용어를 중심으로 양분하였다. 용어분류조사 결과는 앞서 신명순의 남한정부 지칭 용어분류와 거의 일치하였다. 정권별로 긍정(가치중립용어)인식과 부정인식으로 나누어 빈도를 합산하고 그 분포의 변화를 인식 변화로 보았다. 이 방법은 연구자의 주관성을 배제할 수 있기 때문에 보다 객관적인 분석으로 판단된다. 연도별로 긍정·부정인식 지수그래프 연결하여 변화 경향을 인식 변화로 보았다.

〈표 11-3〉 북한 신년사·공동사설(1995~2003)에 나타난 남한정부 지칭 용어표

부정용어		중립용어
이승만 도당	군사 파쑈분자들	남조선
반동분자들	이승만 김구 등의 매국족들	남조선 통치자
원수들	박정희집단	남조선 당국자들
괴뢰정부	남조선 괴뢰도당	남조선사회
괴뢰반동정권	악당들	남조선 공화국
침략자들	반동괴뢰정권	남의 고위급들
적들의	군부독재정권	전두환 정부
매국도당들	반동세력들의	남조선측
역도들이	사대매국정권	남조선의 지도급인사들
이승만 역도들	분열정권	남조선의 여당인사들
그수구들을	파쑈독재정권	노태우정권
남조선 통치배	분열주의자들	남한당국자
군사 파쑈적 통치배	김영삼 일당	남조선정권
군사 파쑈도당	김영삼 괴뢰정권	북과 남의 지도급인사들
괴뢰정권	반통일 매국세력	문민정권
박정희도당	반통일 분열주의 세력	남한당국자
앞잡이들	사대매국세력	북과 남이
깡패들	추종세력들	국민의 정권
괴뢰 통치배	남조선 호전분자들	
남조선 괴뢰도당		

북한의 대남한 인식 변화와 실제 남북관계(남북대화, 사건)가 어떠한 관련성이 있는가를 살펴보기 위해, 앞서 북한의 대남한 인식을 긍정적인 지수(중립용어 사용)와 부정적 지수(부정적인 용어 사용)로 나눌 수 있는 것과 마찬가지로 남북관계에

있어서도 긍정·부정적 남북관계로 구분하여 이를 연도별로 지수화가 가능하다고 보았다. 긍정적인·부정적인 남북관계의 빈도를 파악하기 위한 자료로 북한문제연구소 2001년도 발행 「남북관계 55년사」를 통하여 1945년부터 2001년까지 남북관계 주요일지를 분석 자료로 활용하였으며, 2002년부터 현재까지는 통일부 2003년 발행 「통일백서」 부록 남북관계 주요일지를 분석 자료로 활용하였다. 즉 위의 자료를 긍정적 남북관계, 부정적 남북관계의 빈도를 연도별로 나타내어 이를 남북관계의 긍정적·부정적 지수변화로 보았다. 이 때 긍정적 남북관계라고 할 수 있는 남북대화와 협상, 부정적 남북관계인 공세적 대남 정책의 비중이 사안별로 서로 다르기 때문에 남북대화와 협상[12], 공세적 대남 정책[13]의 비중은 고려하지 않았다. 인식 변화 그래프를 정권별, 지도자별, 시대별, 정책별로 나누어 변화를 살펴보았던 것처럼 남북관계 그래프도 똑같은 방식으로 분석하고 논의를 해 보았다. 이것이 가능한 것은 긍정적·부정적 관계에 있어서도 상태나 정도 비교가 아닌 오직 빈도변화를 지수화 했기 때문이라고 볼 수 있다. 이러한 빈도변화에 대한 다양한 논의를 위해 앞서 4개의 가설을 설정한 바 있다. 가설을 검정하기 위해 T-검정을 통해 정권별 인식·관계 차이, 김일성·김정일의 인식과 관계 차이, 냉전·탈냉전의 인식과 관계 차이, 정책별 인식과 관계 차이에 대한 유의성을 살펴보았다. 이러한 통계수치에 대한 해석뿐만 아니라 북한 대남한 인식의 변화에 영향을 줄 수 있는 북한지도자의 성향 차이, 국제사회의 조류 통일정책변화 역대 정권의 독특한 성격 등의 다양한 측면에서 논의를 해 보았다. 그리고 「신년사」 분석에 의한 인식 변화와 「남북관계 55년사」, 「통일백서」 분석에 의한 남북관계 변화의 상관관계를 살펴보고자 하였다.

그러나 남북관계를 파악할 수 있는 대화와 사건들이 남북 사이에 긍정적 혹은 부정적 영향을 끼쳤는가를 판단하는 것은 연구자의 주관적인 가치가 개입될 소지가 많다. 이러한 주관성을 배제하고 남북관계를 긍정적 남북관계, 부정적 남북관계로 구분(평가)하는 데 신뢰성을 높이기 위해서 스콧(W. Scott)의 Pi Index 산출 공식을 이용하였다. 이 공식을 통하여 상호신뢰도(Inter coder-Reliability)를 측정하기

---

12) 긍정관계의 남북대화는 제의수준은 배제하고 직접대면 협상수준 이상.
13) 공세적 대남 정책은 위협정도는 배제하고 일방에 피해를 입힌 수준 이상.

위해서 일정한 코딩가이드(Coding Guide)를 설정하였다. 즉 앞서 언급한 바와 같이 긍정적인 남북관계는 대화 제의 수준은 배제하고 협상테이블에 마주앉아 직접 대면 협상수준 이상을 채택하였고 공세적인 남북관계는 위협정도는 배제하고 일방에 피해를 입힌 이상의 수준을 채택하였다. 이러한 코딩가이드(Coding Guide)를 3명의 코드인 공군장교 강성진(서울대학교 대학원 경제학부), 강수민(서강대학교 대학원 경제학과), 박기범(고려대학교 대학원 경영학과)에게 상세하게 설명하고 각 긍정관계와 공세적인 대남 정책에 점수를 매긴 후에 스콧의 Pi Index 산출 공식을 적용하여 Pi 값을 구하였다. 그 결과 Pi 지수는 0.842로 신뢰할 수 있는 것으로 나타났다.

Ⅱ. 이론적 배경과 분석의 틀

1. 인식론과 실제에 관한 논의

(1) 인식과 이미지론

인식(認識)은 사물에 대한 하나의 영상(映像)이 그려지기 바로 직전의 상태이며, 이미지의 초기단계이다. 다시 말해 하나의 사물을 다른 사물과 비교하여 분별하는 순간 그 사물에 대한 인식이 생겨나는데, 이러한 인식이 모여 하나의 영상(映像)인 이미지를 형성하게 된다. 인식과 이미지를 명확한 개념으로 구분하기는 어려우며 사물에 대한 가치판단으로 인한 상(像)이 뚜렷이 맺혀지기 전의 상태가 인식이며, 가변적이고 유동적인 불완전한 상태를 말한다. 아래의 <그림 11-2>에 인간의 인지과정이 잘 나타나 있다. 특정 대상을 지각하고 인식하면서 관점이 형성되고 형성된 관점을 대상을 관찰하는 과정에서 이미지가 형성되며, 지식체계화가 이루어짐을 보여 준다.

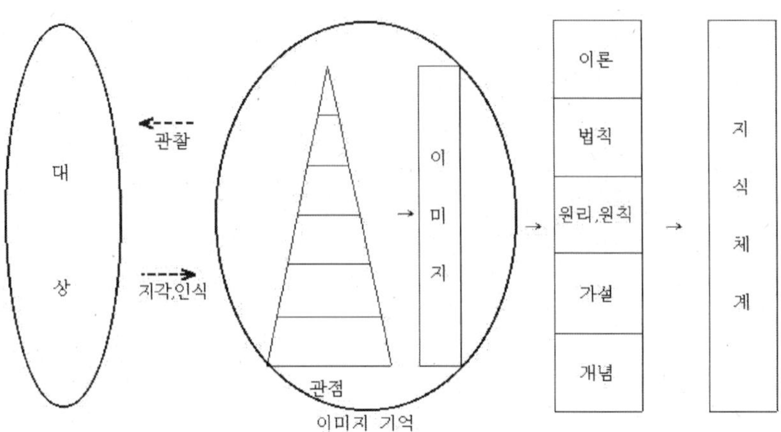

출처: 주창윤 『영상이미지의 구조』(서울: 나남, 2003), p.14.

한편 똑같은 사물에 대한 인식도 보는 시각에 따라 다양하게 바뀔 수 있다. 대표적인 사례가 색깔에 대한 인식의 차이이다. 똑같은 붉은 색을 바라보면서도 사람에 따라서 떠오르는 상(像)이 제각기 다르다. 붉은 색 자체는 아무런 내용도 담지 않은 물리적, 광학적 현상에 지나지 않지만 빛의 파장의 정도에 따라 다른 색과 구별되어 우리에게 지각되어진다. 예를 들어, 젊은 세대는 붉은 색을 '정열'의 상징으로 인식하는가 하면 이데올로기전쟁을 몸소 체험한 세대는 붉은 색을 '빨갱이' 즉 공산주의로 인식한다. 이처럼 붉은 색의 시각적 인식은 전쟁을 미경험세대는 '뜨거운 열정'을 상징하고 경험한 세대에 있어서는 이데올로기적 내용을 포함하는 메시지인 것이다. 이와 같이 똑같은 색을 바라보면서도 사람마다 서로 다른 상(像)이 맺히며 그 상은 시간의 흐름에 따라 또 다른 스펙트럼으로 변하는 것이다.

한편 이미지는 일종의 인식(認識)의 문제(problem of perception)에서 파생되는 것으로 인간에 주어진 자극과 정보를 재구축하는 반응의 결과이다. 이미지란 인간의 심중에 간직된 사물의 형상으로서 사람들은 이를 통해 주변 환경을 인식하게 된다.[14]

좀 더 구체적으로 말하면 어떤 대상에 대한 정보(information)가 기득(旣得)한 개념과 신념들의 집락(集落)을 통과함으로써 개개인의 인식(認識)이 이루어지는데 이

---

14) Kenneth E. Boulding, The Image: *Knowledge in Life and Society*(Ann Arber: The University of Michigan Press, 1956), pp.97-114.

러한 인지과정(認知過程)에서 결정적인 역할을 하는 것이 신념체계이다. 이는 물질
적·사회적 환경으로부터 오는 정보를 정리하고 두드러진 특징을 찾아내어 의미를
느끼게 해준다. 다시 말해 수집된 정보가 인식(認識)의 과정을 거쳐 이미지가 되고
이미지는 매듭으로 엮어져 신념체계를 형성한다. 따라서 인식에 의해 이미지가 형
성되고 인식이 변하면 이미지도 변하게 된다.

(2) 이미지론

월터 리프만(Walter Lippmann)에 의하면 이미지란 우리 인간이 어떤 대상에 대
해 갖고 있는 영상(mental pictures in our head)을 의미한다. 이미지란 물질적·사
회적 환경의 기본적인 특성에 대한 일반적인 신념을 말하는데, 이미지가 개인의 신
념을 반영하는 만큼 이미지는 신념체계의 하위 개념으로 볼 수 있다.

리프만은 이미지는 인간의 머릿속에 그려지는 관념적인 그림이라 할 수 있고 비
과학적이며 불확실한 관찰을 통해서 얻어지기도 하지만 주로 매스미디어를 통해서
얻어지며, 우리의 눈에 보이거나 나타나는 것은 아니라고 말한다.[15] 케네스 E. 볼
딩(Kenneth E. Boulding)은 이미지를 "어떤 사람이 과거에 겪은 종합적인 결과이
다."라고 정의하고 있다.[16] 아리스토텔레스도 이미지에 대해서 직접적인 언급은 하
고 있지 않지만 "정신적인 그림(mental picture)없이 생각한다는 것은 불가능하다."
라고 말하고 있어,[17] 이미지에 대한 간접적인 표현이라 생각된다.

다니엘 J. 브르스타인(Daniel J. Boorstein)은 이미지의 속성에 대해 다음과 같이
밝히고 있다.[18] 첫째, 이미지는 조립한 종합물이다. 둘째 이미지는 사실과는 다르
지만 믿을 만한 가치가 있다. 셋째, 이미지는 수동적이며 눈에 보이지는 않지만 눈
에 보이는 듯 역동적이다. 넷째, 이미지는 어떤 대상에 대해 자신이 기대하지 않은
부분은 이미지 형성과정에서 제외시키기 때문에 이미지는 실제의 모습보다 단순화
된 상태이다. 이상철도 이미지 속성에 대해 현실과는 다르고 새로운 변화에 저항하

---

15) Walter Lippmann, *Public Opinion*(New York: The Free Press, 1965), p.95.

16) Kenneth E. Boulding, op. cit., pp.6 - 7.

17) Paul Edwards, *The Encyclopedia of Philosophy*, Vol.4(New York: The Macmillan Co, 1960), p.65.

18) Daniel J. Boorstein, *The Image*(New York: Harper & Row, 1961), pp.185 - 193.

는 힘이 있고 비과학적이고 편견적이며 불완전하고 대상을 지나치게 일반화하는 경향이 있다고 말한다.[19] 다시 말해 이미지는 현실과 거리감이 있거나 과장하는 경향이 있으며, 우리가 어떤 대상에 대해 가지고 있는 편견을 바꾸기가 힘들듯이 변화 모색에 강한 제동을 거는 것이라고 본다.

이비 티처너(E. B. Titchener)는 구성심리학의 입장에서 지각(知覺)을 분석하고 있는데 그에 의하면 이미지는 재생된 2차적 지각이고, 감각과 심리적 성질에 있어 큰 차이가 없는 과정으로 파악하고 있다.[20] 심리학에서는 이미지란 말은 영어 'imagery'에서 나온 것으로 어떤 대상에 대한 상징화된 형상을 의미한다.[21] 이것을 우리말로 심상(心像)이라고 하는데, 이는 직접적인 외적 자극에 의하지 않고 의식에 나타난 직관적인 내용을 가리킨다. 이런 관점에서 이미지는 직접적인 감각대상의 자극이 없어도 의식 가운데 만들어지는 상이며, 감각적 자극이 있을 때만 반응하는 지각(知覺)[22]과는 구별된다.

이와 같이 이미지의 개념을 종합해 보면 사실인 것 같지만 사실(reality) 그 자체가 아니며, 가상적이고 비과학적인 속성을 나타낸다. 즉 불완전하고 사실을 지나치게 일반화(over-generalization)하는 것이라고 할 수 있다.

(3) 이미지와 고정관념의 관계

고정관념이란 구체적인 경험으로서의 이미지가 축적되어 우리 머릿속에 하나의 경향(tendency)으로 각인(刻印)되었을 때의 그 경향성을 의미하는 것이라고 할 수 있다. 다시 말하여 편견(bias)에 의해 인간의 머릿속에 그려진 관념적인 형상(이미지)이 일정한 형태로 고정되어 복잡성보다는 단순성(單純性, simplicity), 정확성보다는 오류성(誤謬性, errorless), 직접 경험보다는 2차적으로 습득되는 성향, 새로운 경

---

19) 이상철, 『국제정보론』(서울: 일지사, 1984), p.302.

20) E. B. Titchener, *Lecture on the Experimental Psychology of the Thought-process*(New York, Macmillan, 1990), p.76.

21) 서정우, 『국제커뮤니케이션과 한국사회』(서울: 나남, 1997), p.427.

22) 知覺: "사람들이 감각적 자극에 대해 시종일관된 상으로 선별하고, 조직하고, 해석하는 복잡한 과정"이라는 Berelson 과 Steiner의 정의에서 보는 바와 같이 지각은 감각적 자극을 중요시한다. B. Berelson and G. A. Steiner, *Human Behavior: An Inventory of Scientific Finding*(New York: Harcort, Brace & World, 1964), p.84. 오창우, 「한국의 국가 이미지에 관한 연구」, 연세대학교 박사학위논문, 1989, p.8에서 재인용.

험에 의해 변화되기보다는 항재성(恒在性)을 띠게 하는 것, 좋은 것과 나쁜 것으로의 이분법(dichotomy)으로 구분하는 성격을 띤다.23) 이처럼 우리가 어떤 대상에 대한 가치판단을 함에 있어서 대상을 직접 접한 경험에 의해 형상을 그려야 함에도 불구하고 대부분의 경우에 있어서 대상을 어떠한 형상이라고 먼저 규정짓고 난 후에 보고 접하게 된다. 이처럼 어떤 대상에 대한 고정관념화된 이미지(stereotyped image)는 현실에 대한 가상적인 이미지일 뿐 결코 현실 그 자체는 될 수 없다. 이와 같이 어떤 대상에 대하여 편향적인 시각의 고정관념(stereotype)을 가지게 된다. 한편 카터(Carter)는 낙관론과 비관론을 고려하여 세 가지 차원의 고정 관념을 제시하였다.24)

고정관념은 상대방에 대한 이미지를 동질화(homogenization)시킴으로서 어떤 외부의 자극에 대하여 안정된 반응을 하도록 기능한다. 그러나 고정관념이 대상에 대한 동질화를 넘어서 편극화(polarization)되면 그것은 부정적 기능을 하게 된다. 동질화된 이미지나 편극화된 이미지 모두는 오랫동안 지속되는 경향, 즉 고착성(fixedness)이 있다.25)

이처럼 고정관념은 속성적인 측면에서 이미지와 매우 유사하다. 가치적 차원에서 이미지는 좋음과 나쁨의 속성을 지니고 있고 고정관념 또한 이를 좀 더 심화시켜 이분법적인 속성을 내포하고 있다. 이미지와 고정관념은 직접적인 '현실'이 아니라 우리의 머릿속에 구성된 2차적 현실이라는 점에서 유사한 범주에 속하며 새로운 변화를 거부하는 성질을 가지고 있다. 이미지와 고정관념의 서로 다른 점은 변화하지 않으려는 강도(强度)상의 차이라 할 수 있다. 변화하지 않으려는 힘이 이미지에 내재되어 있지만 고정관념의 경우 강도가 더욱 강하다. 이것은 이미지가 고정관념보다는 변화되기 쉽기 때문이다.26)

---

23) Ithielde Sola Pool(ed.), *Handbook of Communication*(New York: Rand Mcnally, 1973), pp.779–835.

24) 이미지와 고정관념은 서로 다른 개념들이지만 둘 다 좋고 나쁨에 대한 이분법적 속성을 내포하고 있을 뿐만 아니라 직접적인 현실이 아닌, 우리 머릿속에 구성된 이차적 현실이라는 점에서 서로 비슷하다고 할 수 있다. 여기서 이미지와 고정관념이 서로 다른 점은 이미지의 경우에 변화하지 않으려는 힘이 내재되어 있지만 강도가 약한 반면, 고정관념의 경우는 그보다 변하지 않으려는 힘이 강하게 내재되어 있다. 따라서 이처럼 변화에 저항하는 힘, 즉 고착성의 정도에 따라 이미지, 고정 관념화된 이미지(stereotyped image), 고정관념(stereotype)으로 분류하고 있다.

25) John E. Bowes, "Stereotyping and Communication Accuracy", *Journalism Quarterly*(Vol.23. Summer, 1977), p.71.

26) A. S. Edelstein, *Comparative Communication Research*(Beverly Hills, London, SAGE 1982), p.77.

(4) 이론과 실제에 관한 논의

1) 이미지와 실상

인식이 고착화되어 이미지가 형성되고, 형성된 이미지가 더욱 굳어져 고정관념화가 된다. 인간행동은 직접적이고 확실한 지식에 근거하는 것이 아니라 각자가 그린 이미지에 의존한다. 우리는 세상일을 실재(객관적 현실)가 아닌 자신의 이미지에 근거하여 반응한다. 다시 말해 마음속에 그리는 이미지는 세상을 바라보는 눈이고 살아가는 데 없어선 안 되는 삶의 기준이다. 현대는 정보의 홍수에 빠져 일을 하지 못하는 사회이다. 이럴 때 정보를 골라내는 기준이 이미지이다. 사람들은 필요한 정보를 수집하고 평가해서 의사결정을 하지만 실제적으로 정보가 충분하지 않거나 시간이 불충분할 때 이미지에 의존해 수집된 정보를 취사선택하고 실제 상황의 의사결정을 내리게 된다.[27]

그러나 기존의 잘못 형성된 이미지에 의존하여 실제에 있어서 크게 왜곡되어 있을 시에는 잘못된 이미지를 바꿀 수 있는 구체적인 사실에 관한 정보를 제공해야 한다. 이미지와 실제가 차이가 있기 때문에 이미 형성된 이미지와 다른 정보를 제공하면 쉽게 받아들여지지 않는다. 따라서 이미 형성된 이미지가 잘못된 것임을 확인할 수 있도록 명확한 근거에 의한 구체적인 자료를 제공해야 한다. 이미지와 실제 사이의 차이는 크지만 주어진 상황의 극단성을 고려해서 이해해야 한다.[28] 에드먼드 리치(Edmund Leach)는 사물(objects)과 이미지 그리고 우리의 머릿속에 가지고 있는 개념(concept)의 관계에 대해서 다음과 같은 도식을 가지고 설명하고 있다.[29]

---

27) 이규완, 『이미지 삼국지』(서울: 들녘, 2002), pp.20 - 21.
28) 스튜어트 유웬, 『이미지는 모든 것을 삼킨다』, 백지숙(역)(서울: 시각언어, 2002), p.25.
29) Edmund Leach, *Culture & Communication*(Cambridge Univ., N. Y. 1976), pp.19 - 20.

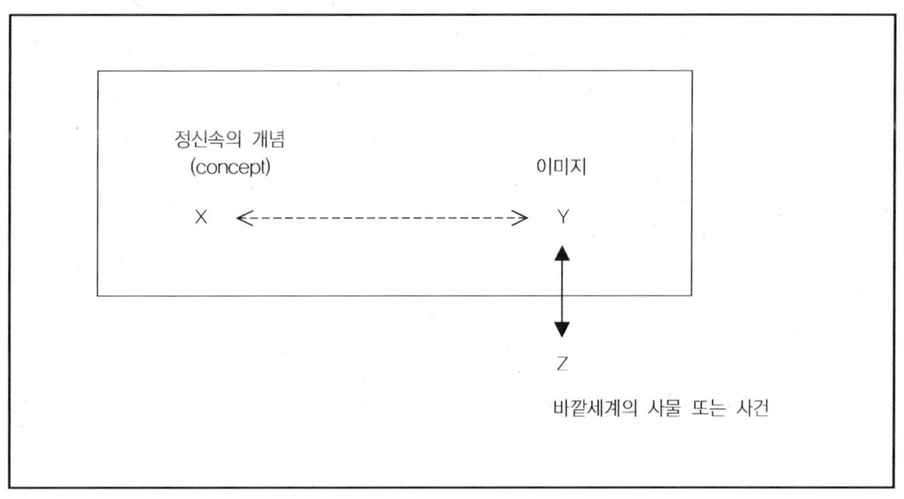

위의 <그림 11-3>에 대하여 리치는 다음과 같이 말하고 있다. 즉 X와 Y의 관계는 내재적인 것으로서 동전의 앞뒤와 같다. 반면에 Y와 Z의 관계는 항상 상징적인 것이다. 여기에서의 상징적인 의미는 본질적이 아니라 임의적이고 사회적이라는 것을 뜻한다. 이러한 임의적이고 상징적인 관계가 습관적인 사용에 의하여 고정화되면 하나의 기호(sign)[30]가 된다. 중요한 것은 상징이 기호(sign)가 되는 과정이다. 우리가 '공산주의자들은 늑대다.'라고 할 때나 '유대인들은 여우다.'라고 할 때 두 개의 대상과 표현 사이의 관계는 임의적인 것에 불과하다. 그러나 사회적 공감 속에서 사용된다면 대상을 나타내는 수식어는 하나의 기호(sign)로서 역할하게 된다. 우리가 어떤 개인에 대하여 가지고 있는 이미지, 지역적으로 고정화되어 있는 이미지, 국가 간에 형성되어 있는 상호인식의 이미지 등은 이러한 과정 속에서 만들어진다.

2) 국가 행위에 있어서 이미지

앞에서 살펴본 인식 – 이미지 – 고정관념의 개념은 국가 간 관계에 있어서도 적용될 수 있다. 그와 같은 개념들 중에서 가장 자주 언급되고 있는 것이 이른바 '국가 이미지'이다. 일반적으로 국가이미지는 "어떤 국가에 대하여 사람들이 지니고 있는

---

30) 리치가 사용하는 sign은 환유적인 관계에 사용되는 것으로 A와 B를 구성하는 한 요소를 가지고 B를 나타내는 경우에 A는 B의 sign이라 말한다. 예를 들어 왕관은 충성에 대한 sign이다.

인지적 묘사", 혹은 "그 나라 국민들에 대해서 사람들이 일반적으로 사실이라고 믿는 것"으로 정의하고 있다. 이와 같은 국가이미지는 케네스 왈츠(Kenneth Waltz)의 분석수준에 따라 다양하게 적용될 수 있다.[31]

첫째로 정책결정자 개인수준에 있어서 국가의 행동은 정책결정에 책임을 지고 있는 사람들, 즉 정책결정자들이 주관적으로 정의한 상황(situation)에 의해 결정되기 때문에 이들이 어떤 이미지를 갖느냐에 따라 외교정책 패턴이나 특정 국가에 대한 반응으로 나타나게 된다. 정책결정자의 이미지 틀에 의하여 변형·왜곡된 정보가 잘못된 인식을 낳고 이는 상대국에 대한 부적절한 외교정책의 결정으로 나타난다. 이로 인해 잘못 채택된 외교정책은 상대국의 반응에 의해 다시 결정자의 이미지를 경고화(更鼓化)시켜 주며 적대적인 외교정책을 낳게 된다. 이와 같은 정책결정자의 이미지를 구성하는 요인으로 브레처(Brecher)는 이데올로기, 역사적 유산, 개인의 성격 등을 들고 있고 홀스티(Holsti)는 과거의 경험, 정책결정자 개인의 성격, 이데올로기, 상대국에 대한 편견, 정책결정자의 가치, 국내 정치적 요소 등을 들고 있다.[32]

둘째로 국가수준에서 볼 때 한 국가가 특정 국가에 대하여 가지는 국가이미지도 외교정책에 있어 중요한 요소로 평가될 수 있다. 특히 오늘날같이 민주주의가 전 세계적으로 확산되고[33] 민주주의의 제3의 물결[34]이 도래하는 상황에서 외교정책에 미치는 국민, 제도, 국가 특유의 문화 등 국가 수준에서 확인되는 요소들의 영향력은 크다고 할 것이다. 이와 같은 국가이미지는 역사적 경험이나 문화사조, 유행, 경제상황 등에 의해 구성된다. 즉 한 국가의 이미지는 단순하게 생성되는 것이 아니라 심리적, 사회적, 역사적 과정에서 복합적인 산물로 생성된다.[35] 이처럼 일반적

---

31) Kenneth Waltz, *Man, The State, and War: a Theoretical analysis*(New York: Columbia University Press, 1959), pp.72–77.

32) William Buchnan and Hadley Cantril, *How Nations See Each Other*(Urbana: University of Illinois Press, 1953), p.428.

33) Joseph Schumpeter, *Capitalism, Socialism, and Democracy*(London: Allen & Union, 1954), pp.135–139.

34) Samue . P. Huntington, *The Third Wave: Democratization in the late Twentieth Century*(Norman University of Oklahoma Press, 1991), p.38.

35) 국가이미지 생성에 대해 가장 쉽게 알 수 있는 것이 우리 국민들이 일본에 대해 갖는 부정적 인식이다. 이것은 일제 치하에서 36년간 식민통치를 받는 치욕이 우리나라 국민의 가슴에 한(恨)이 되어 부정적인 이미지로 고정화되었다. 다시 말해 일제 탄압에 대한 부정적 인식이 부정적 이미지로 고착화되었다고 할 수 있다. 고착화된 부정적인

으로 한 국가가 다른 국가에 대해 잘못 형성된 이미지는 국가 간의 오해를 일으키고 분쟁의 원인이 되기도 한다.

이러한 국가이미지는 국가를 구성하는 개인들이 갖는 이미지의 집합인 동시에 대표성을 띤 정책결정자의 이미지가 된다. 정책결정자들은 자신이 갖는 이미지에 따라 행동하는 것이지 사실에 근거해서 행동하기가 매우 어렵다. 볼딩(Boulding)의 주장대로 우리의 행동을 결정짓는 것은 현실 그 자체가 아니라 우리에게 인식되는 현실이다.[36] 오히려 인식적 불일치 혹은 오인(misperception)에 의해 중요한 외교적 결정이 내려지고, 특히 전쟁이 일어난 사례도 적지 않게 확인할 수 있다.[37] 이처럼 특정국가에 대해 형성된 이미지는 실제 모습과는 다른 경우가 많지만 국가이미지가 일단 한번 형성되면 실제라고 믿게 된다. 국내정책에서든 국제정책에서든 정책결정자들은 일련의 이미지 체계를 소유하게 되는데, 이것이 그들에게 세계를 바라보는 시각을 형성시켜 주며 결정을 내리기 위한 전반적인 심리적 하부구조를 형성시켜 준다.[38] 고정된 이미지와 이에 수반되는 제 관념으로 인하여 각종 상황에 대한 자기의 이미지와 상반되는 사실과 증거에 대하여는 정책결정자가 이를 거부하는 경향을 나타낼 것이며, 심한 경우에는 왜곡해서라도 자신의 지각적인 인식을 유지하려고 할 것이다.[39]

국가이미지는 다른 집단 구성원과의 차이가 무엇인지를 알게 해줌으로써, 집단의 정체성을 이해하는 방식에 대한 특정관점을 제공하는 기능을 한다.[40] 따라서 모든 국가들이 지니고 있는 특정국가에 대한 이미지는 결국 그 국가의 독특한 사고방식이나 가치기준으로 볼 수 있다.

셋째로 국제체제의 수준에서 볼 경우에는 국가이미지가 중요한 변수로 작용하기

대일 이미지가 일제탄압을 경험하지 못한 후세에까지 영향을 미치고 있는 것을 통해 부정적인 대일 인식은 결코 지울 수 없는 역사적인 산물이라 하겠다.

36) Kenneth Boulding, "National Images & International System", *Journal of Conflict Resolution*, Vol.3(June 1959), pp.120-131.

37) Robert Jervis, *The Logic of Images in International relations*(Princeton. New Jergy: Princeton. University Press, 1970), p.59.

38) Brecher, Michel, *A Framework for Research of Foreign Policy Behavior.*

39) Hadley Cantril, *The Human Dimention: Experiences in policy Research*(New Brunswick, N. J.: Rutgers University Press, 1967), p.16.

40) T. J. Smith Ⅲ(ed.), *Propaganda, A Pluralisitic Perspective*, New York: Praeger, 1989, p.23.

힘들다. 이는 국제체제 자체의 성격으로 국제체제의 무정부성이 개별국가들이 갖고 있는 특수성에 상관없이 국가들로 하여금 일정한 방향으로 행동하도록 하는 거시적인 틀을 제공한다는 것이다.41) 이와 같이 살펴볼 때, 국가이미지와 외교정책간의 관계를 논하는 데 있어, 정책결정자인 개인수준 그리고 국민을 포함하는 국가수준이 그 분석수준(level of analysis)으로서 타당하다. 이와 같은 인식을 바탕으로 남·북한 관계와 국가이미지에 대해 살펴본다.

3) 인식 변화와 남북관계

남·북한 간의 이미지도 앞의 과정을 거쳐 형성된다. 한반도 내의 커뮤니케이션 양식은 두 가지 개념에 의해서 설명할 수 있다. 첫째 남·북한을 '우리'라는 지역적 개념으로 설명할 수 있다. 한반도의 이질화가 심화되어 있지만 동일한 문화권에서 관습화하는 집단적 개념으로 보는 것이다. 두 번째는 '그들'이라는 적대적 개념으로서 '우리'와는 대칭되는 개념이다. 이것은 물리적 힘의 대립관계를 나타내고 분단에 의해 초래된 남·북한 간의 갈등적 커뮤니케이션 개념으로 볼 수 있다.42) 남·북한 간의 갈등은 무력충돌이라는 명시적 폭력에 국한되지 않고 민족적·이념적 등 다양한 갈등의 성격을 띠고 있다. 또한 남·북한은 한 개의 민족이 두 개의 국가로 나뉘어져 있다. 따라서 남·북한의 갈등을 국가 간(inter - state)의 갈등으로 규정할 수 있다.43) 그것은 남·북한이 과도기적 정치체제이지 고착화된 국가는 아니라는 견해가 지배적이기 때문이다.44) 남·북한 갈등의 기능적 성격은 군사갈등의 성격을 띠고 있다.

특히 '김일성 주의화'는 남·북한의 갈등차원을 넘어서 문화, 정서적 이질화에 기여한다. 이와 같이 분단에 의한 이질화와 김일성 우상화와 같은 남·북한 갈등요인에 의해서 부정적 이미지가 형성되고, 다시 기호(sign)화되어 신년사의 내용으로 나타난다. 기호(sign)화된 남·북한의 인식이 어떻게 변화하고, 실제 남북관계에서 어떻게 투영되는가를 다음의 분석의 틀에서 살펴보고자 한다.

---

41) Waltz, op. cit.

42) 박종수, 「남·북한 평화통일을 위한 방송의 역할」, 방송과 문화, 1991, pp.279-407.

43) Hans J. Morgenthau, *Politics Among Nations*, New York: Knopf, 1973, p.377.

44) 양성철, 『남북통일이론의 새로운 전개』, 서울: 경남대학교 극동문제연구소, 1989, p.244.

(5) 분석의 틀(conceptual frame work)

우리나라는 냉전 이데올로기의 주도세력이라고 할 수 있는 미·소에 의해 남북으로 분할 통치를 받았으며, 동족상잔의 6·25전쟁이 발발함으로써 거의 영구적인 분단으로 고착화되었다. 이처럼 남·북한은 분단으로 인해 오랜 기간 단절되어 있었기 때문에 문화적인 이질감뿐만 아니라 기존 이미지의 왜곡·심화를 가져왔다. 즉 남·북한 간에 상이한 정치적 이데올로기가 정책결정자들의 이미지 형성에 주요변수로 작용하였고 상호 적대적 인식형성의 원인이 되었다. 이러한 역사적인 배경을 바탕으로 북한의 대남한 인식에 영향을 줄 수 있는 요인은 북한의 정치·경제적 현실(대남 통일정책 포함) 남한지도자의 인성, 국제정세변화, 갈등관계에 의한 대남한 누적이미지 등이다.

<그림 11-4> 시간의 흐름에 따른 對 남한 인식(이미지) 변화과정

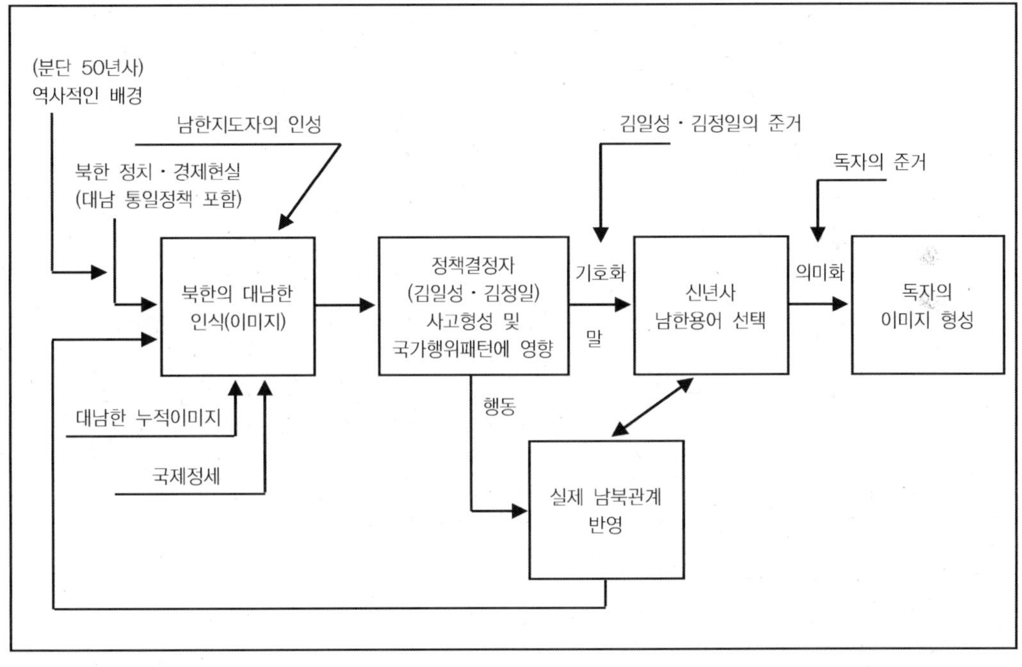

* 이 그림은 존 피스케의 삼각형 모형 <그림 1>을 응용하여 북한의 대(對) 남한 인식이 기호(sign)화되고 다시 재생산하는 과정을 묘사한 그림이다.

다양한 요인에 의해 형성된 북한의 대남한 인식(이미지)은 김일성·김정일의 북한 정책결정자의 사고형성 및 국가행위 패턴에 영향을 미치게 된다. 즉 형성된 북한의 대남한 인식은 기존 북한 정책결정자의 준거를 반영, 기호(sign)화되어 신년사의 남한지칭용어로 표현되며, 실제 남북관계에도 반영된다. 이것은 다시 독자의 준거에 의해 의미화된 독자의 인식(이미지로)으로 다시 나타나게 된다. <그림 11-4> 는 이와 같은 과정을 도식화한 것이다.

다시 말해 북한은 남한에 대한 인식을 신년사를 통해 상징, 조작하고 이를 북한 주민들에게 탐독한 후 대남 부정적인 인식을 고취시킴으로써 내부 통치체제를 유지하고 있다. 또한 북한의 대남한 인식은 정책결정자의 국가행위에 영향을 미쳐 실제 남북관계에 반영된다. 이를테면 부정적인 대남한 인식은 공세지향의 대남 정책으로 추진되며, 시대변화와 내부적인 요인에 의해 인식이 바뀌면 우호적인 관계를 형성하기도 하는 것이다.

이처럼 정책결정자의 사고형성과 국가행위패턴은 신년사의 용어선택이라는『말』과 실제 남북관계 반영이라는『행동』으로 표현되어 진다. 따라서 정책결정자의 사고가 기호화되어진 북한 신년사의 용어선택과 실제남북관계는 상호관련성을 유지하며 둘 중 어느 한쪽을 분석하면 다른 한쪽을 예측할 수 있다. 다만 이 논문에서 신년사 분석을 통해 남북관계를 진단하고자 한 것은 자료 확보의 용이성과 남북관계 분석의 어려움, 즉 분석상의 효율성 여부에 기인한다. 환원적으로 실제 남북관계는 어떠한 형식으로든 북한의 대남한 인식형성에 영향을 주게 된다. 다시 말해 북한이 공세지향의 대남 정책을 추진했을 경우 이에 대한 당위성 피력, 책임회피·전가하는 과정에서 북한은 더욱 부정적으로 대남 인식을 하게 되고 이것은 다시 신년사의 남한정부지칭 부정용어로 표현되어 진다. 이러한 분석틀을 바탕으로 신년사 분석을 통해서 남북관계변화를 설명하는 논리적 당위성을 제시하고자 한다.

2. 신년사 분석

(1) 신년사의 의미와 특성

매년 초에 발표되는「북한 신년사」는 정치행태적인 측면에서 매우 유용한 시사점을 주고 있다. 북한에서 신년사는 '당과 국가의 수반이 한 해를 마무리하고 새해를 맞이하여 시행하는 공식적인 연설'이라고 정의하는 점에서는 어느 국가에서나 흔히 있는 의례적인 신년메시지와 다름이 없어 보인다.[45] 그러나 북한 신년사를 통상적인 선전물 정도로 평가절하 할 수는 없다. 북한의 신년사는 최고 권력자의 공식적인 교시이자 한 해 동안의 분야별 정책추진 과제를 직접 밝히고 있다. 뿐만 아니라 행정기관·기업소·협동농장에 이르기까지 모든 사업계획을 구체화하는 지침이 되기 때문에 공식적이고도 포괄적인 정책제시 수단의 기능을 수행하고 있다. 특히 신년사에는 북한의 대남 인식을 나타내고 대외 선언적 의미를 포괄하고 있기 때문에 올바른 대북정책 수립과 남북관계 전망을 분석하는 데 커다란 의미를 갖는다.[46]

신년사의 기원은 1946년 1월 1일 0시, '평양종' 타종과 함께 김일성이 '조선공산당 북조선조직위원회 책임비서' 자격으로 '신년을 맞으면서 전국 인민에게 고함'이라는 제목의 연설을 함으로써 비롯되었다.[47] 김일성 사망 이후 1995년부터는 당보(로동신문)·군보(조선인민군)·청년보(청년전위) 등의 공동사설 형식으로 직접 연설을 대신하여 발표되고 있다. 북한에서 신년사가 발표되는 1월 1일 아침에는 공휴일이라는 의미보다 전 주민들이 의무적으로 라디오와 TV 앞에서 중계방송을 시청해야 하는 일이 더 중요하다. 다시 말해 신년사가 발표가 된 다음 토론이 직장단위별로 있고 제대로 암송하지 못하면 심하게 비판받게 된다. 각 시·도 및 단체, 그리고 공장·기업소별로 신년사 관철 결의모임과 궐기대회를 거의 한달 동안이나 진행시켜 체제 결속과 새해 목표달성 분위기를 조성하는 등 정치행사의 성격을 강하게 띠게 된다. 또한 북한에서의 신년사는 북한 주민의 의식과 생활에 많은 영향을 주어 왔으므로 이것의 분석을 통하여 북한 당국이 북한 주민에게 강요하는 바가 무엇인지를 알 수 있다.

지금까지의 북한 신년사를 종합적으로 분석해 보면 다음과 같은 특징을 발견할 수 있다. 첫째, 형식면에서 일정한 명칭이나 격식에 얽매이기보다는 신년사, 연설문, 축하문, 신문사설 등 여러 가지 명칭으로 대내·외적 상황에 따라 융통성 있게 발표되고 있다는 점이다.[48] 특히 김일성 사망 이후 최근 7년 동안은 김정일 명의

---

45) 조선말 사전, 평양, 1992년 판.

46) 북한연구소(편), 『북한 신년사 분석』(서울: 북한연구소, 1996), p.9.

47) 1946년부터 2000년 현재까지 54년 동안 신년사 35회, 연설문 6회, 축하문 2회, ≪로동신문≫ 사설 3회, 공동사설 6회를 실시했으며, 1957년과 1987년의 2년은 발표되지 않았다. 1957년 신년사가 없었던 것은 '8월 종파사건'이 1956년 8월에 발생했기 때문이고, 1987년의 경우는 1986년 12월에 열린 최고인민회의 제8기 1차 회의 시정연설로 신년사를 대신했을 것이라는 분석이 유력하다. 박헌옥, 「2000년 북한 신년 공동사설 분석」, 『북한』(2000. 2), pp.30-31.

의 신년사 발표여부가 관심의 초점이었으나 '신문공동사설' 형식을 빌려 간접 발표하고 있다.

둘째, 내용면에서는 새해 인사말로 시작하여 지난해의 정세를 회고하고 사업분야별 실적평가 그리고 당해 연도의 정세전망과 사업방향 및 구체적인 과업제시 등으로 구성되는 데 경제 분야가 평균 40~60%로서 가장 큰 비중을 차지하고 있다. 특히 경제 분야는 세밀한 지침을 포함하고 있는데 농업, 광업, 수산업, 중공업, 경공업, 화학 등 거의 전 분야에서 추진방향 제시와 함께 구체적인 목표량까지 제시하고 있다.

셋째, 신년사의 파급효과 면에서 북한 전역의 전 주민이 동시에 시청한다는 동시성과 전체성을 띠고 있다. 매년 새해 첫날 아침에 북한의 전 주민이 경청하는 가운데 동시방송으로 전국에 전파하는 것은 물론 최고 권력자가 정세분석과 당해 연도 정책추진 과제를 직접 밝히고 있다.

넷째, 신년사의 정치사회화 기능적 특징이다. 즉 일사불란한 1당 독재와 1인지배체제를 공고히 하고 이른바 '우리식 사회주의'를 유지해 나갈 수 있도록 주민결속을 다지는 한편 전체 사회가 하나의 방향으로 나아갈 수 있도록 해 주는 정치사회화 동원수단으로 이용되고 있다.[49] 따라서 북한 신년사는 서방세계의 연두 기자회견이나 연두교시와는 다르게 국정 전반을 포괄하는 최고 권력자의 지시(指示)라는 특성과 이를 반드시 관철해야 하는 목표 제시적 성격이 강하다고 할 수 있다.

(2) 신년사의 구성과 내용

북한에서 신년사는 지난해의 성과를 정리하고 새해의 과제와 정책방향을 제시하고 있다. 따라서 신년사의 내용은 일반적으로 지난해에 대한 회고적 평가(retrospective)와 새해에 대한 전망적 (prospective)진술로 구성된다. 우리는 신년사분석을 통해 북한의 정책과 노선을 확인하고 사전에 예측한다. 김일성 사후의 신년사를 통해 큰 줄기에서의 북한의 정책방향을 짐작할 수 있었다. 즉 1996년 신년사에서 처음 등장한 '붉은 기 철학'과 '고난의 행군'이 당시 체제위기의 심화와 권력승계의 내적

---

48) 박헌옥, 「2000년 북한 신년공동사설분석」, 『북한』(2000. 2), pp.31 - 32.

49) 북한연구소(편), 『북한 신년사 분석』(서울: 북한연구소, 1996), p.6.

갈등을 극복하기 위한 집단적 단결을 강조하는 것이었다. 1998년 권력승계의 공식적 완료 이후에는 이른바 '강성대국론'과 '제2의 천리마대진군'을 통해 체제안정 이후 경제건설과 희망적 메시지를 제시하고 있다.[50] 북한 신년사의 구성은 대체로 다음의 골격을 유지하고 있다. 즉 첫째, 사회주의 건설에서의 중요성 둘째, 당해 연도의 대내·외 주요산업과 성과 셋째, 남북관계에 대한 회고와 앞으로의 정책방향 넷째, 국제정세와 대외정책방향을 제시하는 순으로 되어 있다.

대내적 정책과제와 실천 방법 등에 이어 대남 통일정책에 대해 논의한다. 여기에서는 먼저 지난해 남북관계를 평가하고 남한의 통일정책 또는 대통령 및 국가기구·법제도 등을 비난한다. 그리고 북한이 주장하는 통일의 원칙, 통일정책 등을 선전하고 북한 주민과 남한 국민들을 선동하는 언사가 이어진다. 마지막으로 신년사는 대외정책을 언급하는데, 주로 지난해 국제적 사건을 거론하여 비난하면서 북한이 주장하는 국제질서와 이를 위한 대외관계에 대한 입장을 표명한다. 여기에는 사회주의 국가와 "진보적 인민"들과의 단결과 연대, 주변 국가들과의 관계에서 제기되는 이슈에 대한 북한의 입장을 밝힌다.

(3) 신년사의 기능

북한 신년사는 구체적으로 다음과 같은 기능을 수행한다.[51] 첫째, 신년사 역시 김일성 부자의 연설문, 저작집, 교시 등과 함께 주체사상으로 취급되어 북한체제를 유지하거나 김일성 부자 신격화의 지도지침이 되고 있다. 둘째, 신년사는 북한 주민들에게 참된 행복, 지상낙원이 보장되는 우월한 사회제도를 창조해 나감은 물론 노동계급이 역사의 주인으로 된다는 이른바 사회정체감을 갖도록 해준다. 셋째, 신년사는 혁명과 건설에서 북한이 당면한 과업의 제시뿐만 아니라 난관의 극복 등 제 문제를 해결하고 계속 전진, 승리하는 안내자 역할을 함으로써 "수령님의 은혜"에 보답하고 충성하는 신민형적(臣民型的) 인간이 되도록 하는 기능을 갖는다.

---

50) 박헌옥, 「1998년 북한신년사 사설분석」, 『북한』(1998. 2), pp.221－222.
51) 우경식, 「북한 지배층의 담화와 인민의 이데올로기 지형: 김일성 신년사, 근로자논설, 조선문학 소설의 내용을 중심으로」, 한양대학교 대학원 박사학위논문, 1994, p.40.

Ⅲ. 신년사 분석 결과에 대한 논의

1. 대남 인식 변화와 남북관계 분석

(1) 역대 정권별

앞서 서론에서 '북한신년사가 변화되면 남북관계에도 많은 변화가 있을 것이다.' 라는 가설을 검증하기 위해 북한의 대남한 인식과 남북관계는 역대 정권별로 차이가 있을 것이라는 연구 과제를 설정하였는데, 분석결과 『북한 신년사』에 나타난 대남한 긍정·부정 인식(정부지칭 용어상용)과 남북 긍정·부정관계는 역대 정권별로 차이가 있는 것으로 나타났다. 즉 북한 신년사에 대남한(정부, 지도자) 지칭용어 사용과 남북관계는 정권의 성향(역대대통령의 특성, 통일정책 등)에 많은 영향을 받고 있다. 남한정부에 호의적이면 긍정용어를 많이 사용하고 있다.

그러나 부정적인 남북관계는 남한정권의 특성(호의, 비호의)에 무관하여 진행되어 지고 있음을 알 수 있으며, 특이하게 부정적으로 인식할수록 부정관계로 직접 연결되지 않고 오히려 부정적인 사건이나 공세적인 정책이 줄어드는 경향도 있는데 이것은 부정인식은 상대에 대한 두려움의 표시라고 해석할 수도 있으므로 오히려 부정적인 사건이 적게 발생될 수 있다. 예를 들어 박정희·이승만 정권의 경우 타 정권에 비해 가장 부정적으로 인식하면서도 부정적 남북관계가 상대적으로 빈도 면에 있어서 적게 발생된 것으로 나타났다. 예외적으로 김영삼 정권에 대해서는 김일성 사후에 조문사절단 파견을 거절한 것에 대한 감정의 개입으로 가장 부정적 인식하고 부정적인 관계도 가장 많았다.

▶ 역대 정권별로 북한의 대남한 인식 변화
○ 정권별 북한의 대남한 부정적 인식은 각 정권 간에 통계적으로 유의한 차이가 있으며

($P = 0.008 < 0.05$), 김영삼 정권에 대해서 가장 부정적으로 인식.

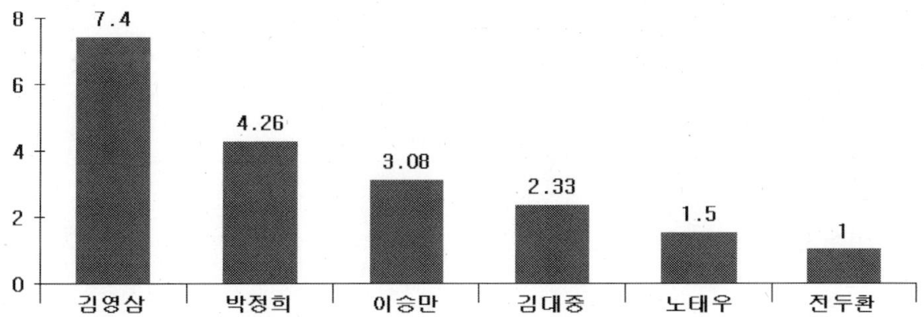

○ 정권별 북한의 대남한 긍정적 인식은 각 정권 간에 통계적으로 유의한 차이
가 있으며 노태우 정권에 대해 가장 긍정적 인식.

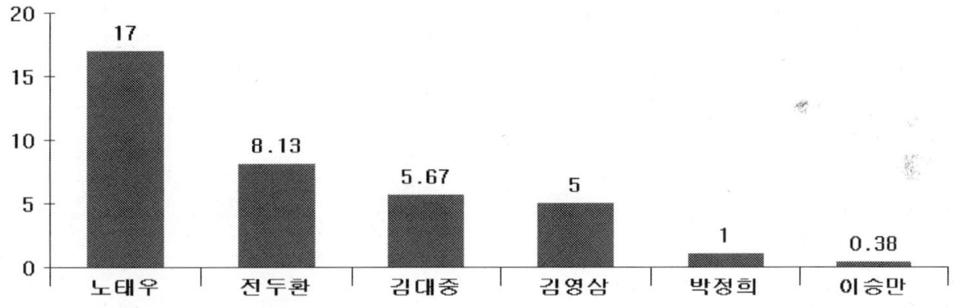

▶ 역대 정권별로 북한의 대남한관계

○ 역대 정권에 대한 북한의 대남한관계는 통계적으로 유의한 차이가 있음
(P=0.000<0.05), 김영삼 정권에 대해 가장 부정적 관계

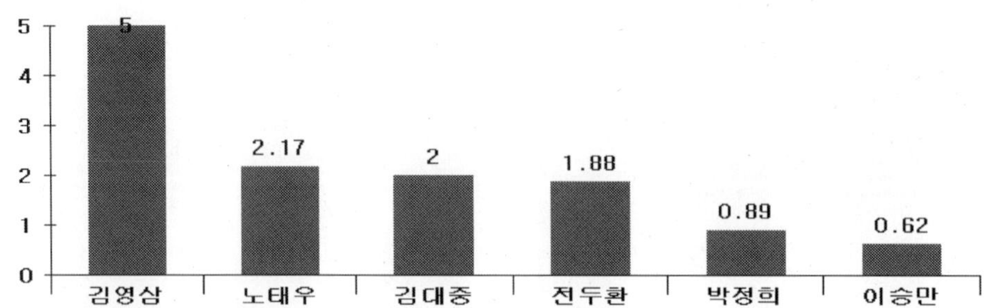

○ 정권별 남·북한의 긍정적 관계는 통계적으로 유의한 차이가 있음 (P=0.000<0.05), 김대중 정권에 대해 가장 긍정적인 관계

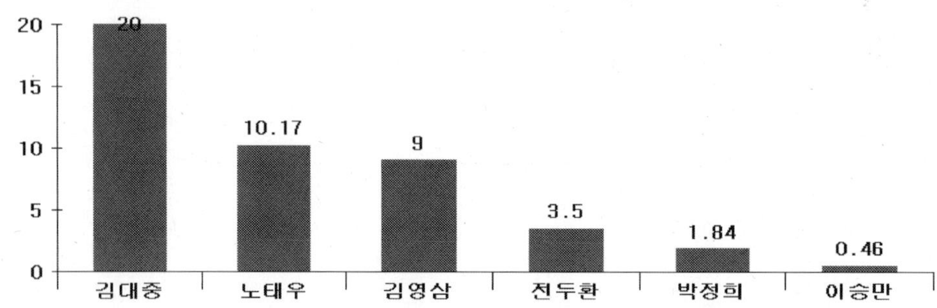

위의 내용을 모두 종합해 보면 역대정권 가운데 가장 긍정적 인식은 노태우 정권, 부정적 인식은 김영삼 정권, 긍정관계는 김대중 정권, 부정관계는 김영삼 정권으로 나왔다. 즉 김영삼 정권에 대해서는 가장 부정적으로 인식하면서 관계를 형성하고 있었음을 알 수 있다.

김대중 정권이 가장 긍정적 관계가 많았던 것은 햇볕정책 추진과 남북정상회담 개최로 남북 간에 교류가 잦았음에 기인하며, 김영삼 정권 시기에 가장 부정적 관계가 많았던 것을 분석해 보면 다음과 같다. 지금까지 남한정부의 내부 상황이 북한에 직·간접적으로 영향을 주어왔지만 가장 민감하게 반응한 것은 김일성 사망 시 김영삼 정부가 조문단 파견을 거절한 것에 대한 북한의 반응이라고 생각한다. 북한은 감정이 섞인 언어로 표현하였다. 다시 말해 이승만의 북진통일론, 박정희 5·16군사 쿠데타, 10월유신, 자주국방과 경제개발 계획, 10·26사태, 5·18광주민주화 운동, 전두환·노태우 정권 화해 협력의 통일정책추진 등 북한에게 영향을 끼칠 남한 내부의 크고 작은 일이 많았지만 김영삼 정권의 조문단 파견 거부는 북한에게 가장 충격적으로 받아들어졌고 이를 『신년사』 등을 통하여 감정 격하게 표현하였다.

즉 1994년 김일성 사망 후 다음 해 1995년 신년사 내용을 보면 김영삼 정권의 조문단 파견 거절에 대한 격한 감정이 잘 나타나 있다. "남조선 통치배들은 뜻밖에 발생한 동족의 유고에 조의예절을 지키는 대신 총부리를 대고 배신의 길로 나아간다." 라는 표현에서 격한 감정이 잘 표현되었고 1990년대 들어와서 부정적인 용어 사용이 평균 1~2회에 못 미쳤는데 조문을 거부한 이후 1995년 이후에는 부정용어 사용이 8~11회 정도로 급작스럽게 크게 증가하였으며 아울러 부정관계도 크게 늘었다.

다시 말해 1995년 대북 쌀 지원 선박에 인공기 게양 강요, 정권협정 파기선언, 공동경비구역 내 무장병력 130명 투입, 1996년 강릉해안에 북한 잠수정 침투 등의 사건이 바로 이 시기에 발생하였다. 한편 아이러니 하게도 박정희, 이승만 정권이 북한에 대해 강경책으로 인해 북한이 부정적으로 인식했음에도 불구하고 부정관계가 생각보다 적게 발생된 것은 시사하는 바가 크다. 이승만 정권의 북진 통일론 등의 강력한 대북 제스처가 오히려 북한으로 하여금 함부로 대남 공세적인 정책을 못 하도록 했던 것이 아닌가 생각한다.

(2) 지도자별

▶ 김일성·김정일 시대의 대남한 인식 변화와 남북관계
○ 김일성·김정일의 대남한 부정인식은 차이가 있고 긍정인식은 차이가 없음
○ 김일성·김정일의 부정, 긍정 관계는 차이가 있음
※ 김일성 시대보다 김정일 시대에 대남한정부에 대해 부정적인 인식이 높았으며, 긍정적인 관계도 많았지만 부정적인 관계가 많았음
※ 부자세습체제로 권력이 이양되면서 대남한에 대한 긍정적 인식의 차이는 없으며 부정적 인식, 부정적 관계가 많음

　2번째 연구과제로 '북한의 대남한 인식과 남북관계는 북한 지도자 간 차이가 있을 것이라고 보았는데, 분석결과를 살펴보면 김일성·김정일의 대남한 부정인식은 차이가 있고(김정일의 대남한 인식이 더 부정) 긍정인식은 차이가 없으며 남북관계(긍정, 부정)는 차이가 있는 것으로 나타났다. 다시 말해 노령기의 김일성은 남한의 경제성장, 한반도에 대한 전 세계적인 이목주시와 남·북한의 위상차이, 탈냉전시대의 도래와 화해와 협력의 물결, 공산주의 종주국인 소련의 몰락과 동구유럽의 탈공산화, 변함없는 한·미동맹에 의한 주한미군 주둔 등의 다양한 요인에 의해 남한을 무력으로 적화통일 시키겠다는 의지가 어쩔 수 없이 대남한에 대한 인식에 있어서도 초기 김일성이 갖고 있던 강한 부정적 인식이 누그러뜨려지는 반면에 김정일은 오랜 동안 체계적인 지도자 수업을 받았음에도 불구하고 무모하고 과격할 뿐만 아니라 1970년 이전 대남 사업에 대하여 냉혹한 비판을 가하면서 대남한에 대한 강한 부정인식을 표출하였다.

　다시 말해 김정일은 대남 공세적인 정책 사업을 직접 주도하여 도끼만행사건, 미얀마 아웅 산 폭파, KAL기 피격, 최근 동해안 잠수정 침투 등을 발생시켰음을 통해 그는 남한에 대하여 긍정보다는 부정적 인식이 팽배했음을 알 수 있고 긍정, 부정 대남 관계에 있어서도 과거 김일성 이에 비해 훨씬 적극적이었음을 알 수 있다. 긍정관계 뿐만 아니라 부정관계도 적극적이었음에 주시할 필요가 있다. 이러한 분석결과를 통해 남북정상회담 당시 그가 애써 보여주려고 했던 미소가 무엇을 의미하는 가를 느끼게 한다. 한편 북한은 대남한과의 관계에 있어서 긍정관계와 부정관계를 서로 달리하여 긍정관계는 긍정관계대로 관계를 유지하고 부정관계는 별도로 관리했으리라 판단한다.

　왜냐하면 상식적으로 긍정관계가 늘어나면 부정관계는 줄어드는 것이 상례인데 긍정관계가 늘어나면서 부정관계도 늘어난다는 것은 별도 관리하고 있음을 입증하는 것이라 하겠다. 이 점은 상식적으로 도저히 이해되지 않으며, 북한연구에 있어서 반드시 규명해야 할 매우 중요한 단초라고 생각한다. 바로 북한의 이러한 현상은 화전양면의 공산주의 전략·전술과 연결되는 것이 아닌가 한다. 다시 말해 외관상으로 평화를 지향하는 것처럼 위장하면서도 음흉한 전략을 꾀하는 속성이 아닌가 한다.(비록 부자지간이지만 개인의 성향, 특성, 주변여건에 따라 차이가 있음을 알 수 있다.) 결과적으로 북한의 대남한 인식과 남북관계는 인적요소 특성과 성향에 많은 영향을 주고받는 것을 알 수 있다.

(3) 시대별

▲ 냉전 / 탈냉전시대의 북한의 대남한 인식 변화와 남북관계

○ 인식적인 측면에서는 냉전, 탈냉전시대의 별다른 차이가 없으며(탈냉전으로 가면서 긍정지수가 높아졌으나 통계적으로 유의성 없음), 관계에 있어서 긍정, 부정관계 모두 크게 증가하였음

<그림 11 - 9>

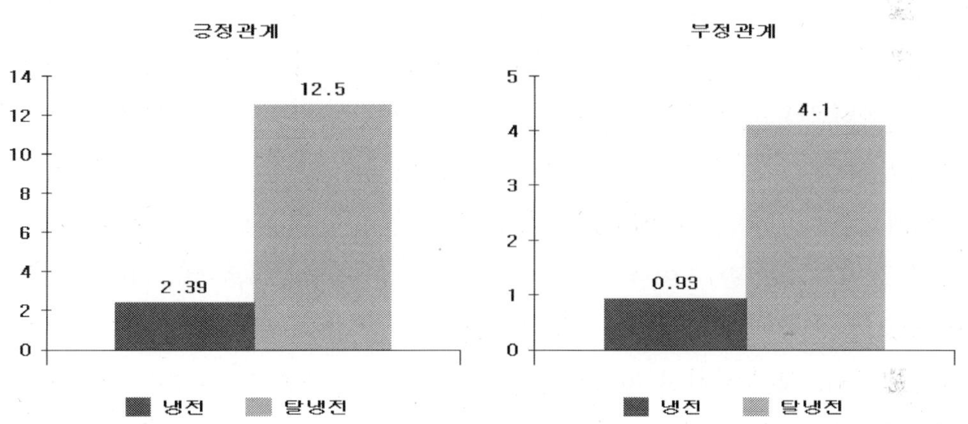

※ 냉전에서 탈냉전으로 시대가 옮겨가면서 긍정관계도 많이 일어나면서 부정관계가 더욱 많이 발생하였다. 세 번째 연구과제로 북한의 대남한 인식과 남북관계는 시대별로 차이가 있을 것이라고 설정했는데, 나타난 분석결과는 시대별(냉전, 탈냉전)에 따라 인식 적인 측면은 차이가 있으나 관계(긍정, 부정)는 시대변화와 무관하게 증가하는 것으로 나타났다. 냉전에서 탈냉전으로 바뀌면서 부정적 인식에서 점차 긍정적 인식으로 바뀌고 있으며, 남북관계도 긍정적 관계 증가하고 있다. 그러나 긍정인식, 긍정관계가 증가하면 부정관계는 줄어들 것으로 예상되지만 실제적으로 부정관계도 증가하고 있다.

다시 말해 고르바초프 등장 이후 본격적 시작된 탈냉전의 국제적 기류는 생각보다 거세게 밀려와 남북관계 전반에 영향을 미친 것으로 분석된다. 북한이 남한정부를 바라보는 긍정, 부정 인식뿐만 아니라 긍정, 부정 남북관계 모두에 영향을 미쳤다. 국제사회에서 불어오는 화해·협력의 무드는 오랜 세월기간 동안 얼어붙어 있던 공산주의 사회를 눈 녹이듯 단계별로 와해시켰으며, 이러한 국경을 초월한 해방무드는 북한의 대남한 인식에 있어서도 변화를 몰고 왔다. 긍정인식, 긍정관계에서뿐만 아니라 부정인식, 부정관계에 모두 영향을 미쳤다. 이러한 현상은 이 논문에서 인식 변화와 남북관계를 연구하면서 발견된 중요한 현상의 하나로서 남북 간에 서로 마음의 문을 닫고 경계를 강화할 시기에는 오히려 부정적인 관계 발생이 줄어드는데, 대화가 재개되고 해빙의 무드가 재개되면 그때에는 부정적인 사건이 많이 발생하고 있음을 알 수 있다. 여기에서도 냉전에서 탈냉전의 무드가 조성될수록 남북관계를 저해하는 사건·사고가 많이 발생되었음을 알 수 있다.

미얀마 아웅산묘소 폭발사건, 김현희에 의한 대한항공 858기 폭파, 북측대표 서울불바다 발언, 강릉해안에 좌초된 북한 잠수정 등의 잇따른 해안선에서 북한 잠수함·간첩침투, 최근까지 이어지는 NLL 침투 등 탈냉전 이후에 본격적으로 발생되고 있음을 주목해야 할 것이다. 바로 이러한 사실은 자연스러운 현상이라고 간주할 수는 없으며, 시대에 따라 변화를 거듭해 온 북한의 대남 통일정책과 관련이 있을 것이라고 본다. 최근 북한의 통일정책이 외관상으로 남북화해와 평화를 지향하려는 것 같지만 대남 적화통일을 근본적으로 바꾸지 않고 있음을 이러한 분석을 통해 알 수 있는 것 같다. 이러한 것으로부터 북한의 이중적인 속성을 엿볼 수 있다. 결과적으로 시대상황의 변화(냉전 → 탈냉전)에 따라 북한의 대남한 인식과 남북관계가 영향을 받지만 인적특성보다는 영향이 덜한 것으로 판단됨.

(4) 정책별

▲ 햇볕정책 이전, 이후의 인식 변화와 남북관계
○ 햇볕정책 이전, 이후에 있어 긍정인식, 부정인식은 커다란 차이가 없으며, 긍정관계, 부정관계는 이전, 이후 차이가 있음(통계적으로 유의)
○ 특히 긍정적인 남북관계는 햇볕정책이후 두드러지게 증가 추세인데, 부정적

인 남북관계도 증가추세를 보이고 있다.

※ 햇볕정책 이후 긍정적인 남북관계가 증가하면서 부정적인 사건도 많이 발생하고 있다.

▲ 남북정상회담 이전, 이후의 인식 변화와 남북관계

○ 남북정상회담 이전, 이후 북한의 대남한 인식 변화에 있어서 별다른 차이가 없으며, 긍정·부정관계에 있어 이전보다 이후에 증가추세를 보임
  - 긍정남북관계(4.05 → 31.33)
  - 부정남북관계(1.56 → 6.00)

※ 남북정상회담 이후에 북한은 긍정적인 관계를 유지(증가)하면서도 부정적인 사건도 발생(증가)시키는 이중적인 면을 보이고 있음.

네 번째 연구과제로 북한의 대남한 인식과 남북관계는 '한국정책별(햇볕정책, 남북정상회담) 전·후로 차이가 있을 것이다.'라고 설정하였는데, 위의 분석결과를 종합해 보면 햇볕정책 전·후, 남북정상회담 전·후는 인식에는 별다른 차이가 없으나 남북관계는 두드러진 차이가 있는 것을 나타났다. 다시 말해 햇볕정책이나 남북정상회담 모두 전·후 대남한 긍정, 부정인식은 변화가 없고, 남북관계에 있어서 특히 긍정적인 남북 관계가 많이 증가한 것으로 나타났다. 부정적인 사건에 있어서도 이전보다 이후가 증가하여 여전히 이중적인 양상을 보이고 있다. 다시 말해 긍정적인 관계 개선과 부정관계를 연계시키지 않고 분리하여 상식적으로 이해가 되지 않는다. 이처럼 우리의 정책변화와 남북최고지도자 간의 회담재개는 긍정, 부정적인 남북관계에 커다란 영향을 주었음을 알 수 있다. 긍정적인 관계가 봇물 터지듯이 발생하는 가하면 이에 못지않게 부정적인 사건 발생도 증가했음을 알 수 있다. 앞서 언급한바와 같이 아무리 긍정적인 관계가 빈번하게 진행되었다고 하더라도 단 1건의 부정적인 사고가 남북관계에 미치는 파장이 더 크다고 해도 과언이 아닐 것이다. 그만큼 남북관계 개선 정도를 가늠 하는 데에는 부정관계 유무를 파악하는 것이 중요하다 하겠다. 여기에서도 남한의 정책(햇볕, 남북정상회담)추진에 따라 긍정관계도 증가하면서 부정관계도 증가하는 것을 보면서, 북한이 대남 관계

에 있어 이원화 정책을 추진하고 있음을 알 수 있다. 즉 시대상황 변화에 발맞추어 우호적이고 긍정적인 관계를 유지하면서도 공산주의 사회특성상, 적화 통일전략을 시대변화에 무관하게 지속적으로 진행시키고 있음을 알 수 있다. 이러한 연유로 하여 긍정인식, 긍정관계와 더불어 부정인식, 부정관계도 자행하고 증가시키는 것으로 해석 할 수 있다.

2. 대남 인식 변화와 남북관계의 상관관계 분석

(1) 역대 정권별

역대정권에 대한 북한의 대남 인식 변화와 상관관계 분석에서 남·북한 간에 10번의 긍정관계보다는 1번이라고 치명적인 부정적인 사건이 발생했느냐 그 여부가 남북관계 개선정도를 파악함에 있어서 큰 의미를 부여 할 수 있다. 북한의 역대정권에 대한 긍정, 부정 인식을 긍정관계 보다는 부정관계와 어떠한 상관관계가 있는가를 살펴보면 다음과 같다. 이승만 정권은 긍정인식이 높아지면 부정관계가 줄어들고 부정인식이 높아지면 부정관계가 늘어나는 것으로 이것을 말과 행동으로 표시하면 말이 거칠 때에는 행동을 좋지 않게 하고 말이 부드러울 때 공손하게 행동을 한다.

박정희 정권은 긍정인식이 높아지면 부정관계가 늘어나고 부정인식이 높아지면 부정관계도 늘어난다. 이것을 말과 행동으로 표시하면 말이 부드럽거나 거칠거나 공히 좋지 않은 행동은 늘어났으나 정도는 경미하였다. 이를 미루어 북한이 박정희 정권에 대하여 부정적으로 인식했음에도 부정적인 관계는 적었다. 여기에서 부정인식은 박정희 정권에 대한 두려움으로 표시할 수 있는데, 즉 군사정부인 박정희 정권에 대한 경계심 때문에 북한의 공세적인 행동이 소극적이었다는 것이다. 전두환 정권은 긍정, 부정인식 증가 모두다 부정관계가 줄어든다. 이것을 말과 행동으로 표현하면 쓰는 말에 무관하게 부정적인 행동(사건·공세적인 정책)이 줄어들었다. 북한은 전두환 정권에 대하여 긍정적으로 인식하고 있음을 알 수 있다. 노태우 정권 시에는 인식하는 대로 관계가 형성되는 말과 행동이 일치하고 있다. 김영삼 정

권은 긍정인식이 높을수록 부정관계가 뚜렷하게 늘어나고 다시 말해 부정인식이
높을수록 부정관계가 늘어난다.

<표 11-4> 북한의 대남한 정권별 인식 변화와 남북관계의 상관관계

구분	인식 - 관계의 상관관계	상관계수
이승만	긍정인식 - 긍정관계	-0.379
	긍정인식 - 부정관계	-0.513
	부정인식 - 부정관계	0.573
	부정인식 - 긍정관계	0.273
박정희	긍정인식 - 긍정관계	0.105
	긍정인식 - 부정관계	0.466
	부정인식 - 부정관계	0.179
	부정인식 - 긍정관계	0.369
전두환	긍정인식 - 긍정관계	0.333
	긍정인식 - 부정관계	-0.073
	부정인식 - 부정관계	-0.286
	부정인식 - 긍정관계	-0.631
노태우	긍정인식 - 긍정관계	-0.333
	긍정인식 - 부정관계	-0.763
	부정인식 - 부정관계	0.381
	부정인식 - 긍정관계	-0.027
김영삼	긍정인식 - 긍정관계	0.405
	긍정인식 - 부정관계	0.851
	부정인식 - 부정관계	0.350
	부정인식 - 긍정관계	-0.682
김대중	긍정인식 - 긍정관계	-0.791
	긍정인식 - 부정관계	-0.181
	부정인식 - 부정관계	-0.352
	부정인식 - 긍정관계	0.245

　　말을 부드럽게 하거나 거칠게 하거나 공히 부정관계가 늘어난다는 것으로 북한
은 김영삼 정권에 가장 부정적으로 인식하고 더불어 가장 부정적인 관계를 형성하
고 있다. 김대중 정권은 긍정인식이 높을수록 부정관계가 줄어드는데 상태는 매우
미약(-0.181)하며 부정인식이 높을수록 부정관계도 줄어드는 것으로 나왔다.

실제로 여타 정권과 비교하여 긍정관계가 매우 많았고 부정관계도 적지 않게 발생되었다. 분석결과를 놓고 볼 때는 북한이 김대중 정권에 대해 김영삼 정권과 정반대로 인식 관계를 맺어왔으며, 전두환 정권과 비슷한 정도로 우호적임을 알 수 있다.

(2) 지도자별

〈표 11-5〉 김일성·김정일 인식 변화와 남북관계의 상관관계

구분	김일성	김정일
긍정인식 - 긍정관계	0.641	- 0.458
긍정인식 - 부정관계	0.125	0.175
부정인식 - 부정관계	0.015	- 0.027
부정인식 - 긍정관계	- 0.72	- 0.442

김일성·김정일 시대의 인식과 관계의 상관관계를 보면 김일성 시대는 긍정, 부정으로 인식하는 대로 남북관계가 긍정, 부정으로 변한다면, 김정일 시대는 긍정적으로 인식하면 긍정관계가 줄고 부정인식이 늘면 부정관계가 줄어드는 것으로 이것은 김일성 시대가 말과 행동이 일치한다면 김정일 시대는 말과 행동이 따로 노는 이중성을 엿볼 수 있다.

앞서 빈도 분석에 있어 김일성 시기보다 김정일 시기에 긍정, 부정인식은 물론 긍정, 부정관계 빈도에 있어 크게 증가한 것으로 나타나 있는데, 젊은 김정일 시대에 김일성과 비교하여 훨씬 모든 면에 적극적이며 이러한 적극성은 대남 관계의 2원화(긍정, 부정)정책추진 측면에서도 그대로 나타난다고 하겠다.

(3) 시대별

〈표 11-6〉 냉전·탈냉전시대의 인식 변화와 남북관계의 상관관계

구분	냉전	탈냉전
긍정인식 - 긍정관계	0.617	- 0.34
긍정인식 - 부정관계	0.444	- 0.581
부정인식 - 부정관계	0.114	0.303
부정인식 - 긍정관계	- 0.093	- 0.073

(4) 정책자별

1) 햇볕정책
○ 신년사

〈표 11-7〉 햇볕정책 이전·이후의 인식 변화와 남북관계의 상관관계

구분	햇볕 이전	햇볕 이후
긍정인식 - 긍정관계	0.000	- 0.791
긍정인식 - 부정관계	0.851	- 0.181
부정인식 - 부정관계	- 0.201	- 0.352
부정인식 - 긍정관계	- 0.682	0.245

※ 햇볕정책 이전에는 긍정적으로 인식되면 남북관계가 개선되지만 햇볕정책 이후에는 긍정인식이 높을수록 부정적인 남북관계 밀접하게 나타남

먼저 신년사 분석으로 햇볕정책 이전에는 긍정인식이 커지면 부정관계도 증가한 반면 햇볕정책 이후에는 긍정인식이 커지면 부정관계가 줄어듦(정도 미약)으로 알 수 있고 햇볕정책 전·후 공히 부정인식이 커지면 부정관계도 줄어드는 현상으로 나타났다. 햇볕정책이전에는 말과 행동이 따로 갔다면 이후에 말과 행동 일치하고 있음.

○ ≪로동신문≫

〈표 11-8〉 햇볕정책 이전·이후의 인식 변화와 남북관계의 상관관계

구분	햇볕 이전	햇볕 이후
긍정인식 - 긍정관계	0.308	- 0.049
긍정인식 - 부정관계	0.872	0.367
부정인식 - 부정관계	- 0.466	- 0.358
부정인식 - 긍정관계	- 0.544	- 0.238

≪로동신문≫ 분석으로 햇볕정책 이전, 이후 공히 부정인식이 높아질수록 부정관계가 줄어든다. 줄어드는 정도가 이전(- 0.466)보다 이후(- 0.358)가 작다고 볼 수 있다. 또한 햇볕정책 이전, 이후 공히 긍정인식이 높아질수록 부정관계가 늘어나는 것(0.372 → 0.367)으로 나타났다. 이것은 햇볕정책추진으로 이전보다는(0.37) 부정관계가 늘어나는 폭이 줄어든 것(0.367)에 의미를 부여 할 수 있다.

2) 남북정상회담

○ 신년사

〈표 11-9〉 남북정상회담 이전·이후의 인식 변화와 남북관계의 상관관계

구분	회담 이전	회담 이후
긍정인식 - 긍정관계	− 0.550	− 0.964
긍정인식 - 부정관계	0.756	− 0.962
부정인식 - 부정관계	− 0.50	0
부정인식 - 긍정관계	0.246	0.011

※ 남북정상회담 이전에는 긍정적으로 인식되면 긍정적인 관계가 많아지나 남북정상회담 이후에는 긍정적인 관계가 많을수록 부정적인 관계도 많아짐

먼저 신년사 분석을 통해 정상회담 전·후 3년간 인심변화와 남북관계는 긍정, 부정인식 변화와 부정적인 남북관계를 중심으로 보면 남북정상회담 이전에는 좋은 말을 쓰면서도 좋지 않은 행동을 하는 양면성을 드러내고 있다가 이후에는 좋은 말을 쓸수록 좋지 않은 행동이 두드러지게 줄어드는 것을 알 수 있다. 다른 말로 정상회담 이전에는 말이 거칠수록 좋지 않은 행동이 줄어드는데 이후에는 말이 거칠어진 것과 행동과는 무관한 것으로 나타났다.

○ ≪로동신문≫

〈표 11-10〉 남북정상회담 인식·남북관계의 상관관계

구분	회담 이 전	회담 이 후
긍정인식 - 긍정관계	0.883	− 0.767
부정인식 - 부정관계	0.978	0.866
긍정인식 - 부정관계	− 0.723	− 0.760
부정인식 - 긍정관계	− 0.998	0.871

≪로동신문≫ 분석을 통해 남북정상회담 이전에는 긍정인식과 긍정관계의 상관관계가 양적인 선형관계를 나타낸다. 다시 말해 긍정적 인식이 높을수록 긍정적인 관계로 나타난다. 강도는 매우 강하게(0.883) 나타난다. (통계적으로 유의하지는 않다, P=0.31>0.05) 그러나 남북정상회담 이후에는 긍정인식과 긍정관계의 상관관

계가 강한 음적인 선형관계(－0.767)를 나타내고 있다. 이 결과치가 말하는 것은 남북정상회담 이전에는 긍정인식이 높으면 긍정관계도 늘어났으나 이후에는 긍정인식이 높을수록 긍정관계가 줄어들고 있음을 알 수 있다.

또한 부정적인 인식과 부정적인 관계는 양적인 선형관계를 나타낸다. 정상회담 이전(0.978), 정상회담 이후(0.866) 둘 다 공히 강한 양적인 선형관계를 나타내고 있다. 정상회담 이전, 이후 공히 부정적인 인식이 높을수록 부정적인 관계가 매우 많이 증가하는 것으로 나타났다. (통계적으로 유의성 없음, P＝0.134>0.05) 긍정인식과 부정관계의 상관관계는 이전, 이후 공히 강한 음적인 선형관계를 나타낸다. 긍정인식이 높아질수록 오히려 부정관계는 매우 많이 줄어드는 것으로 나타났다. 정상회담 이전에는 부정인식과 긍정관계의 상관관계는 매우 뚜렷한 음적인 상관관계(－0.998)를 나타낸다. 부정인식이 높아질수록 긍정적인 관계가 줄어드는 것으로 나타냈다. 그리고 회담이후에는 매우 뚜렷한 양적인 선형관계(0.871) 즉 부정인식이 높을수록 긍정관계는 늘어나는 것으로 나타났다. 정상회담 전, 후 공히 말이 거칠수록 좋지 않은 행동을 많이 하는 것으로 나타났으며 말이 부드러울수록 좋지 않은 행동이 줄어드는 것으로 나타났다. 단 정상회담이전보다 이후가 정도에 있어서 차이가 있었다. 좋지 않은 행동도 하는 데 있어서도 이전보다 줄었으며, 말이 부드러울수록 좋지 않은 행동이 줄어드는 데에 있어서도 이전보다 이후가 더 크게 줄어들었다. 결과적으로 남북정상회담의 영향으로 이전보다는 이후가 좋지 않은 행동을 적게 한 것으로 나타나고 있다.

Ⅳ. 결 론

상대를 어떻게 인식하느냐하는 것은 상대에 대해 내면적으로 어떠한 감정을 가지고 있느냐에 따라 달라진다. 호의적으로 인식한다면 평소 편안하고 친근한 감정이 내재되어 있고 비호의적으로 인식한다면 적개심을 불러일으키는 좋지 않은 감정이 내재되어 있을 것이다. 이러한 감정의 표현은 문자에 의한 메시지나 직접 행동으로 싫고 좋음을 표시할 수 있다. 좋은 감정은 호의적인 용어로 표현되고 상호

협력적인 관계를 유지할 것이며, 나쁜 감정은 문장 사용에 있어 격앙하고 비하된 표현으로 상호 비우호적인 관계를 유지하게 될 것이다. '인식'의 문제는 사물에 대한 느낌이 여러 번 반복되면서 맺힌 상이라고 볼 수 있다.

한편 북한이 대남한에 대하여 어떠한 인식을 갖고 있는가를 알 수 있는 방법은 다양하다. ≪로동신문≫을 통해 직설적으로 감정을 표현하기도 하고 한 해 동안의 대남 관계를 정리하여 자신들의 입장과 심정을 토로하는 것이 매년 1월 1일에 발표되는 것이 신년사이다. 우리는 신년사 분석을 통해 북한의 대남한 인식을 살펴본 다음 이를 바탕으로 남북관계 전개추이를 예측해 보고자 한다. 좀 더 정확한 북한의 대남한 인식을 파악하기 위해서는 대남한정부 지칭 용어 사용의 '빈도'뿐만 아니라 '문장에 대한 가중치 분석'이 긴요하지만 분석의 객관성을 높이기 위해서 문장 분석은 자제하고 긍정, 부정 용어 사용의 빈도를 연도별로 그래프로 그려서 이것을 북한의 대남한 인식 변화로 보았다. 하지만 아쉬움은 남는다. 상대가 가지고 있는 인식을 문자를 통해 알려면 사용용어뿐만 아니라 어떠한 수식어를 사용하는가를 분석하면 좀 더 자세하게 알 수 있음에도 코딩상의 오류에 의한 신뢰도 문제 때문에 연구방법으로 채택하지 못함이 아쉽다.

또한 인식 변화와 남북관계의 상관관계를 보기 위해서 해방 이후 남북관계를 긍정적 관계와 부정적 관계로 나누어 관계별 비중은 고려하지 않고 빈도에 의해 긍정, 부정관계를 분류하여 인식 변화와 상관관계를 살펴보았다.

부정적인 남북관계 특성상 여러 차례 위협성 발언보다는 KAL기 피격, 아웅 산 테러, 1·21사태 등과 같이 쉽사리 치유되기 어려울 정도로 치명타를 입혔지만 여기에서는 인식 변화에서 용어의 긍정, 부정 빈도만을 조사하였듯이 남북관계도 긍정·부정적 관계 빈도만으로 조사하여 인식 변화와 남북관계의 상관관계를 통계적으로 살펴보았다. 좀 더 엄격한 남북문제를 규명하기 위해서는 남북대화나 부정적인 사건도 몇 등급으로 나누어 평가한 가중치 부여 법을 동원해야 하나 분석상의 어려움과 여러 가지 오류 발생이 가능하기 때문에 비중을 고려하지 않고 단순 빈도에 의한 분석에 국한할 수밖에 없는 것이 아쉬움으로 남는다. 하지만 이러한 아쉬움은 본 연구의 신뢰성을 높이기 위해서 불가피한 선택이었음을 밝힌다. 하지만 진정한 남북관계 정도를 알아보는 데는 긍정관계 횟수도 중요하지만 불미스러운 사건이 있었느냐, 없었느냐를 알아보는 것이 훨씬 중요하다고 판단하여 상관관계 분석결과에 대한 해석은 긍정, 부정인식과 부정관계와의 상관성 위주로 살펴보았다. 이러한 통계수치분석을 통해 남북관계를 예측해 볼 수 있는 하나의 척도임에는 분명하며 지속적으로 연결된다면 나름대로 의미가 있다고 생각한다. 남북관계의 특성상 내외부적으로 많은 요인에 의해 직·간접적으로 영향을 받고 있으므로 향후 남북관계가 어떻게 변할 것인가를 정확하게 예측하고 진단한다는 것은 무리가 있으나 남북관계를 예측하는 방법 중 하나임에는 틀림없다. 통계 결과치 하나하나의 해석에 치중하다 보면 북한사회 전반을 이해하고 문제의 핵심을 파악하는 데 오류를 범할 수 있을 것이다. 즉 하나의 수치만으로 '남북관계가 어떠하다'라고 단정할 수는 없다.

그만큼 남북관계는 지도자의 특성뿐만 아니라 다양한 요인과 복잡한 메커니즘에 의해 영향을 주고받는 과정에서 결정되기 때문이다. 그래서 지엽적으로 단위별 해석에 치중하여 의미를 부여하기보다는 분석결과를 종합하여 경향성을 읽는 것이 좀 더 바람직한 해석방법이 아닌가 생각한다. 예를 들어 북한의 대남한 역대정권에 대한 인식과 남북관계에 관한 분석에 있어서도 각 정권별에 대한 통계치에 대한 분석과 해석보다는 역대정권 가운데 가장 긍정적, 부정적으로 인식하는 정권은 노태우·김영삼 정권이며 가장 긍정적인 관계는 김대중 정권이 가장 부정적인 관계는 김영삼 정권으로 해석하는 것이 통계수치에 대한 해석의 오류를 줄일 수 있을 것으로 판단하였으며 각 정권에 대해 구체적으로 분석하여 의미를 부여하는 것보다 군사정권과 문민정권으로 분류하여 차이를 살펴보는 것이 뚜렷한 분별성을 얻을 수 있을 것으로 보았다. 분석결과가 비록 통계적으로 유의하지 않다고 할지라도 그 결과치를 통해 '경향성'을 알아보는 것에는 무리가 없으리라 생각되며 아쉬움이 남는 문장의 가중치 부여 법으로 남북관계의 비중을 고려하는 것은 발전과제로 남긴다.

 북한의 파벌 형성과 소멸[*]

전원근

(육군행정학교)

I. 硏究의 目的

이 硏究의 目的은 北韓 共産主義體制에 있어서 派閥의 形成에 관한 硏究로서 韓人에게 共産主義 사상이 유입되는 과정과 이후 헤게머니를 탈취하기 위한 과정과 파벌의 권력 배분문제를 분석하였다.

북한에서 소비에트화 과정과 정권수립 과정에서 당시 占領軍이었던 소련군의 역할이 지대했다는 것은 그동안 북한에 관한 많은 연구들에서 잘 지적되었다. 그러나 북한 노동당의 조직과 활동, 그리고 政權樹立過程에서는 처음부터 김일성 일파와 소련군 당국만이 참여한 것이 아니었다. 만주 지역과 연해주 등지에서 항일 무장투쟁을 전개했던 左翼勢力들이 해방 이후 북한지역으로 귀국하여 북한의 공산정권 수립과정에 참여했으며 또한 국내에서 활동했던 공산주의 세력들도 합세했던 것이다. 이들은 결국 朝鮮勞動黨이라는 공산주의 일당체계내로 흡수되었지만 당내에서는 각기 파벌의 형태로 존속하면서 북한 정치체제에 관여했다. 북한의 파벌들은 개방적이고 경쟁적인 多元主義 社會에서 활동하는 파벌들과는 다른 성격을 갖고 있었다. 즉 그들은 일정한 공개적 게임 룰(rule)에 따른 경쟁을 통해 권력을 장악하거나 권력을 상실하는 政治勢力들이 아니었다. 그들은 각기 상이한 항일 투쟁 경험과 리더십을 중심으로 특수한 집단적 連帶性을 가지고 있었으며, 또한 당이나 국

---

[*] 본 연구는 필자의 박사학위논문을 본서의 편집 의도에 맞게 발췌·재편집한 것임.

가 기관에서 일정한 역할을 담당하면서 권력을 서로 공유하는 형태로 존재했다.

이 연구에서는 이런 파벌들이 처음에 어떻게 形成되었으며, 그들의 集團的 經驗의 特性들은 무엇이었나를 고찰하여 보고 아울러 귀국 후 그들 간의 상호 관계를 분석하여 북한 정권의 수립과정을 깊이 있게 파악해 보는 데 초점을 두고자 한다.

또한 이러한 파벌 관계가 合從連衡 과정에서 어떻게 기능하였는가를 살펴보고자 한다. 흔히 파벌이라고 하면 공공적인 이익을 추구하는 것이 아니라 分派的 利益, 즉 利己的(selfish)이라는 부정적 인식을 하게 된다. 하지만 본 연구는 북한의 정치과정에서 파벌들의 逆機能的인면뿐만 아니라 順機能的인 役割 부분도 검토해 보고자 한다.

정권 초기부터 김일성이 一擧石的(monolithic) 지배체제를 형성하여 북한 권력체제를 주도해 간 것이라고 보기는 힘들다. 당시 노동당과 국가 기관의 내부에서는 다 같이 사회주의 이데올로기를 공유하고 북한사회의 소비에트화를 추진했지만 지위와 역할에 있어 파벌들 간에 분담하는 일종의 연합체제 형태가 출현했던 것이다.

결국 북한의 경우 초기 정권 형성 과정에서는 단순한 소련의 외재적인 압력이외에 여러 파벌들 간의 상호 세력관계가 중요하게 영향을 미쳤음을 간과할 수 없다. 북한과 비슷한 시기에 공산정권이 수립되었던 東歐 공산국가의 초기 형성과정에서도 파벌들 간의 정치적 역학관계가 중요하게 나타났던 것이다.

동구 공산권 국가의 정권 형성과정을 살펴보면 그들이 일률적으로 소련의 지배하에서 외적인 압력에 의해 공산국가를 형성한 것이 아니었으며, 자체적인 공산 정권 형성과정에서 파벌의 연립과 갈등을 통하여 정권이 형성되었음을 알 수 있다.[1]

東歐 국가들에서 공산정권이 수립된 배경을 보면 그들은 2차 대전 중 독일에 대항하는 과정에서 독립의 수단과 방법으로 공산주의를 택했으며, 이 때 소련은 각국의 공산주의자들을 지원하게 되었던 것이다. 독일 패망 후 소련의 지원 없이 정권을 장악할 수 있었던 국가들은 유고슬라비아와 이의 지원을 받은 알바니아에 불과했다. 이외의 다른 6개 국가들(불가리아, 체코슬로바키아, 헝가리, 폴란드, 루마니아, 동독)은 소련의 支援下에 공산주의 정권을 수립하였다. 이들은 전쟁 중에는 표면상으로 민족 단합이나 반파시즘의 기치를 내걸고 '民族解放鬪爭戰術'을 전개했

---

1) 전인영, 『소련 및 동구 공산주의』(서울: 서울대학교 출판부, 1984), pp.102 - 113.

으며, 戰後에는 서구 사회민주주의 보다 진보된 정권임을 강조하려는 '人民民主主義戰線'을 표방하고 연립정권을 수립하였다. 이후에 그들은 반대세력을 점차적으로 거세하여 나갔으며,[2] 이러한 과정은 대체로 3단계를 거쳐 진행되었고 마지막 단계에 이르러 단독 공산정권을 수립했던 것이다.[3]

공산주의자들은 그들의 정권장악 과정이 '民主的'인 것처럼 보이도록 하였으나 실제로는 공산당이 통제하는 일당체제를 유지해 나갔다. 그리고 그들의 세력이 확고해 지면 연립정권에 참여했던 타 파벌들을 와해시키거나 흡수함으로써 일당독재의 공산체제를 완성해 나갔다. 이런 과정에서 공산주의자들은 형식적 선거와 헌법을 채택함으로써 그들의 권력 장악을 國內外的으로 합법화하였다.[4] 이후 이들은 1960년대 말까지 대규모의 숙청과 산업의 국유화 및 집단 농장화를 강화하여 사회주의체제를 확립해 나갔다.

다시 말하면 초기 북한의 공산정권 수립도 단순한 소련의 개입이나 압력에 의한 수동적인 위성정권이 아니라 몇몇 동구 공산 국가들 경우처럼 주요 파벌들 간의 聯合(coalition) 또는 통일(united)된 形態로 형태로 나타났던 것이다.

실제로 해방 직후 북한에서 공산정권을 수립하는 데 주요 역할을 담당했던 연안파, 빨치산파, 국내파, 소련파, 빨치산파 갑산계 등의 파벌들이 존재하였으며, 이들 파벌간의 권력배분을 둘러싼 정치적 투쟁이 상당히 심화되었던 것이다. 이로 인해 북한에서 김일성이 권력을 독점하기까지에는 상당히 오랜 기간 동안 권력투쟁 양상[5]이 진행되었던 것이다.

---

2) 上揭書. pp.114-115. 유고의 반파시스트 민족해방회의(AVNOJ), 알바니아 民族解放軍(NLM), 그리스 해방 전선(EAM), 불가리아의 조국전선(Fatherland Front) 등이다.

3) 上揭書. pp.116-118. 제1단계는 진정한 연립연정(Genuine coalition)으로서 사회기반이나 이념 및 장기적 목표를 달리하는 제 정당들이 단기적 정책목표를 실현하기 위하여 연합한 상태를 말하며, 제2단계는 사이비 연정단계(bogus coalition)로서 비공산계 정당들이 정부에 임명되고 있지만 대부분 공산당에 의해 지명된 인물들이다. 제3단계는 단독정권(monolithic regime) 단계로서 공산당이 하나의 位階的인 조직체를 확립하는 단계이다.

4) 上揭書. pp.259-260.

5) Charles Edward Merrian, Political Power -Its composition and Incidence - (New York: Mcgraw-Hill Book, 1934), pp.45-58. 권력투쟁이란 단순히 권력을 획득·분배·행사 하는 것을 의미하는 넓은 의미의 뜻과, 권력집단 내부에서 권력자의 지위와 헤게머니 쟁탈을 둘러싼 狹義鬪爭으로 구분할 수 있다.

Ⅱ. 先行 硏究의 檢討

　지금까지 북한에 대한 연구는 남북 분단이라는 特殊 狀況으로 인하여 법적 제도적으로 많은 제약을 받아왔으며, 그 결과 연구에 필요한 자유로운 인식체계의 형성이나 경험적 자료의 접근이 어렵게 되어왔다. 특히 북한에 대해서 가지고 있는 편협한 心理的, 政治的 요소들이 북한에 대한 객관적 연구를 제약하는 요인으로 작용해온 것이 사실이다. 또한 이데올로기적 대결 구조에 기초한 흑백 논리가 북한 연구의 깊이와 폭을 제한시키는 데 크게 영향을 미쳤다. 동시에 북한 연구는 주로 國家 政策的 目的과 연관되어 왔기 때문에 순수한 學問的 探究領域과 거리를 갖게 된 것도 사실이다.

　이제 북한에 대한 연구 환경은 상당히 달라졌다. 우선 국제환경이 냉전에서 탈냉전 시대로 변화함으로써 지적인 교류와 접촉이 이데올로기적 구별을 벗어나 비교적 자유롭게 이루어질 수 있게 되었다. 한국 학계가 러시아나 중국의 知識系와 활발한 교류와 접촉을 갖게 된 것은 좋은 실례이다. 이런 교류를 통해 북한에 대한 연구는 보다 더 종전에 비해서 進一步 되었다고 할 수 있다. 그 동안 공산주의 운동이나 북한 정권의 수립과 관련된 사실들이 러시아나 중국의 知識系와의 접촉을 통해 새롭게 발견될 수 있었고 또 새롭게 再編成될 수 있었다. 또 다른 環境變化는 국내 사회의 변화와 지식계의 동태적 연구 동향이다. 국내 사회가 民主化되고 開放化됨으로써 학문적 연구의 다양성이 허용되었고 이로 인해 학문 연구에 있어 법적, 이념적 제약이 크게 제거될 수 있었다. 아직도 북한 연구나 통일 문제에 대한 접근이 정책적 이해관계와 연계되어 있는 측면이 많이 남아 있지만 과거 냉전시대나 권위주의 시대에 비해서 크게 완화되었음을 알 수 있다. 한국의 지식계에서 이데올로기적 스펙트럼이 어떠하든 다양한 주제들에 대한 연구가 허용되고 있으며 그에 따라 북한을 포함한 과거 공산권 국가들에 대한 지적탐구가 활발하게 전개되고 있다.

　이러한 상황 변화에 따라 북한 연구 동향은 政治, 經濟, 社會, 文化, 軍事 등 여러 분야에서 발전된 理論 및 方法論을 수용하여 활발히 진행되고 있다. 그중에서도 북한의 정치와 관련한 연구는 더욱 활발하고 細分化되어 질과 양이 증대되어 왔다고 할 수 있다. 그러나 본 연구의 주제인 북한의 派閥과 관련한 지금까지 연구 동향을 볼 때 주로 北韓의 肅淸史, 權力鬪爭史 속에서 부분적으로 硏究되어왔다고 할 수 있다. 이러한 이유는 대체로 북한에 대한 經驗的 資料의 획득이 곤란하였기 때문이라고 말할 수 있다. 즉 북한에서 내부적 자료의 공개를 철저하게 제한 통제하고 있기 때문에 資料接近이 어려웠다고 할 수 있을 것이다. 그리고 북한이 공개하는 공식자료 역시 대부분 대외 선전용으로 신뢰할 수 없는 것들이었기 때문이다. 그러므로 北韓共産主義 체제에서 파벌의 형성과 소멸에 관하여 전체적인 면을 망라한 심층적인 연구는 아직까지 미미한 실정이라 할 수 있다. 지금까지 북한의 파벌에 관한 연구는 대체로 다음과 같이 부분적으로 언급되었다고 할 수 있다. 첫째 북한의 政治史와 권력투쟁 과정 속에서 파벌관계를 분석한 硏究, 둘째 북한의 엘리트 분석 틀 내에서 파벌관계 연구, 셋째 韓人共産主義 運動史 과정 속에서 파벌에 관한 분석, 등으로 구분할 수 있다. 이외에도 하나의 파벌과 당만을 주제로 하여 밝힌 글과 인물 중심으로 연구한 부분에서 파벌에 관한 내용을 찾아볼 수 있다. 이러한 연구물들은 북한의 파벌 관계를 연구하는 데 있어서 중요한 자료로 가치가 있다고 할 수 있다.

Ⅲ. 槪念의 理論的 論議

이 연구에서는 개념을 보다 구체적이고 정밀하게 파악하기 위하여 최소한 두 가지의 개념들을 보다 明白히 하기 위하여 재개념화(Reconceptulization) 혹은 이해가 필요하다. 하나는 북한 공산주의체제에 있어서 파벌의 성격 규정에 관한 것이며, 둘째는 아직까지도 학계에서 派閥에 관한 用語에 대해서 합의되지 못한 파벌의 呼稱에 관한 것이다.

派閥에 대한 定義는 학자들 간에 견해의 일치를 보지 못하고 있으며 이와 類似한 用語로 派黨(juntos), 朋黨(caucuses), 徒黨(cliques), 宗派[6] 等의 용어와 혼동되어

---

6) "종파", 「조선말 대사전」(평양: 사회과학출판사, 1992), p.271. 개인이나 분파의 이익을 노리면서 노동계급의 수령인 유일적 영도를 거부하고 당과 혁명운동을 분열, 파괴하려는 반당적이며 반혁명적인 집단이나 분자.

사용되고 있다.[7]

지금까지의 파벌에 관한 연구에서 보면 정당과 비교하여 파벌은 정당조직 내의 소규모적이고, 비공식 집단으로 보는 입장과[8], 잘 조직되지 못한 정당의 未組織集團격인 그의 '豫備的 集團', '未成熟의 政黨'으로 보는 견해로 나누어 볼 수 있다.[9] 前者 입장에서 대표적으로 니오마르키(Joseph L. Nyomarkay)는 "같은 정당 내에서 다른 집단에 반대하여 어떤 목표를 추구하기 위해 함께 협력하는 사람들의 집단"으로 정의한다.[10] 그리고 파벌 간의 갈등은 몇 개의 하위집단들이 권위의 근원과 자신들을 일체화시킴으로써 정통성을 획득할 때 발생한다는 견해가 제기되었다. 대부분 많은 학자들은 파벌을 정당 내의 집단으로 정의하고 있다.

파벌을 政黨內 조직으로 규정하는 견해에 따르면 파벌은 "정치체계나 또는 정치체계에 인접한 곳에 존재하는 배타적 성격을 갖는 집단으로서, 그것은 사회적인 친화력, 개인적인 충성심, 상호교환관계, 공통된 이념, 공통의 가치 및 목표 등에 기초를 둔 고도의 응집력을 갖는 집단으로 규정된다.(<표 12-1> 참조) 그리고 이런 집단은 자신이 속해 있는 정당에 대해 영향력을 행사함으로써 정치권력의 분배에 영향을 미치려고 노력하는 집단"으로 정의할 수 있다.[11]

---

7) 신정현, 『정치학』(서울: 법문사, 1996), pp.433-437. 徒黨은 명사 집안의 결합에서 쉽게 볼 수 있는 것처럼 가족 관계나 인물, 또는 개인적인 친분 관계를 중심으로 이루어지는 집단, 徒黨을 派閥보다는 조직적 취약성을 가진 집단으로 본다. 이들은 power faction, spoils faction으로 구분되기도 한다.

8) Min Jun-Kee, 「Political Parties and Factionalism in Korea, 1945-1972」『慶熙大學校 論文集 제12집, 인문·사회과학 편』(Seoul: Kyung Hee Univ. 1983), Vol.12. pp.131-133. 이러한 견해의 입장을 밝히는 학자로는 Joseph Nyomarkay, Richard Rose, Harold D. Lasswell, Yasumasa Kuroda 등의 학자들이 대표적이라 할 수 있다.

9) 한배호, 「이론적 바탕으로 본 한국의 파벌정치」, 『한국연구 총서①』(고려대 아세아 연구소, 1973. 8), pp.315-318. 파벌은 한 공식적 조직체 내에서 비공식 집단으로 간주하려는 경향이 있으나 파벌은 정당과 같은 공식적인 조직 안에서만 존재하는 것이 아니라 정당과는 무관하게 형성될 수도 있고, 또는 어떤 기존의 정당에 대항해서 조직될 수도 있다. 특수한 상황에서는 기존 정당에서 분리되어 나온 한 파벌이 많은 추종세력을 규합함으로써 정당으로 변질되는 경우도 허다하다.

10) Joseph L. Nyomarkay, "Factionalism In The National Socialist German Workers" Party, 1925-26: The Myth And Realty Of The "Northern Faction", *Political Science Quarterly*, Vol.30, No.1, March, 1965. pp.22-24.

11) 閔俊基, 『한국의 민주화와 정치 발전』(서울: 조선일보사, 1988), p.156.

<표 12-1> 政治的 派閥의 分類

구분	개인주의적 파벌	공리주의적 파벌	이념적 파벌
주요 규범	• 지도자에대한 尊敬, 獻身, 敬畏 • 전통적 가치의 존중 책임	• 상호이익 • 세속주의 (secularism)	• 구체적규율(principles)과 가치 체계
충원 요인	• 귀속적 전통적 충원	• 가치분배의 충원	• 신념자의 공동체
갈등의 본질	• 개인적 적대감과 카리스마적 지 도자의 경쟁자에 대한 적의감 • 카리스마와의 일체감 추구 • 은총 경쟁	• 다른 이익을 추구하는 구성원 간의 갈등	• 바람직한 상황에 대한 가치와 개념의 갈등 • 이데올로기적 갈등
갈등해결 유형과 지도자	• 최종적 권위로서의 카리스마 개입 • 집단규범적용 • 후계자 지명	• 협상과 타협 • 舊 규범의 교체 혹은 신규범의 도입	• 다른 정당 이데올로기의 적응 혹은 거부 • 거부된 이데올로기를 갖는 지 도자의 도태

출처: Jun-Kee Min, *op. cit.*, p. 133. 인용

반면 파벌을 정당의 예비적 집단으로 보는 견해가 있다.[12] 앱터(David E. Apter) 교수는 파벌은 정당발전과정의 초기 단계에서 볼 수 있는 정치세력의 연합형태 (political coalition)라고 주장한다.[13]

또한 파벌은 "타 집단과 갈등 관계에 있는 경우 제한된 지속성을 가지며, 노선을 같이하는 추종자들을 가진 입법자, 정치엘리트 및 선거민의 집단"으로 규정되기도 한다.[14] 이 경우 파벌들은 개인적인 친분관계 중심으로 이루어진 집단이며, 中心人物이 죽거나 은퇴하면 해체된다. 이런 이유 때문에 파벌은 미약하고 일시적인 동맹 내지는, 집합체 내에서 경쟁하는 소수의 사람들로 이루어지는 持續性이 없고, 구조도 확고하지 못한 政治集團으로 규정된다.

한편 파벌은 정당발전의 초기 단계에서 나타나는 특수한 徒黨의 성격을 갖는 것으로 규정되기도 한다. 결국 파벌은 파벌주의 단계, 양극화 단계, 확장 단계 및 제도화 단계를 거쳐 출현하는 정당발전의 제1단계에 해당된다. 첫 단계는 정당정치 이전의 파벌의 형태로서 혁명적인 도당의 성격을 가진다고 하였다. 즉 제1단계 파

---

12) 챔버스(william C. Chambers)와 헌팅턴(Samuel P. Huntington) 그리고 밸러와 벨로니(F. P. Belloni, D. C. Beller), 앱터(David Apter), 사르토리(Goivanni Sartori) 등이 대표적 입장이라고 할 수 있다. Giovanni Sartori, *Parties and Party System: A framework for analysis, Vol.1,*(Lodon: Cambridge University Press 1976), pp.21-22.

13) Apter David E., *The Politics of Modernization*(Chicago: Univ. of Chicago Press, 1965), pp.179-222

14) William N. Chambers, *Political Parties in a New Nation*(New York: Oxford University Press, 1963), p.26.

벌주의(factionalism), 제2단계 양극화 (polarization), 제3단계 확장(expansion), 제4단계 제도화(institutionalization)를 거치면서 파벌은 "미숙한 정당"으로 간주된다. 즉 파벌을 질서와 안정적인 절차가 결여된 집단으로 보는 것이다. 그리고 이러한 파벌이 어느 단계에서는 정당으로 성장 발전된다는 것이다[15]

그리고 파벌은 정당과 구별하여 그 특성이 규정된다. 정당은 잘 조직되고, 공식적인 조직으로서 가시적이고·규칙적이며·안정적으로 구조화된 관계와 절차를 가진 유기체인 데 비하여 파벌은 분명성·질서·안정적 절차가 결핍되어 있는 집단이라는 것이다. 즉 파벌은 정당으로 성장하는 집단으로 규정한다.[16] 같은 맥락에서 파벌의 성격을 특정 지도자를 중심으로 모여 있는 집단(Leader – follower group)의 구성원들 즉 추종자들은 지도자에 의하여 개인적으로 충원되며, 그에 따라 지도자와 추종자 간의 관계 때문에 존재하거나, 정책·이념 또는 집단을 구성하는 이익 때문에 존재하는 것으로 규정한다.

또한 파벌은 후원자와 고객관계(patron – client)에 기반을 두고 그 특성이 규정되기도 한다.[17] 즉 보다 높은 사회 경제적 신분의 개인은 보다 낮은 신분에 있는 그들로부터 개인적 봉사를 포함하여 일반적인 지지와 보조를 받음으로써 그 보답으로 보호나, 이익 또는 이 두 가지 모두를 제공하기 위하여 그자신의 영향력과 자원들을 사용하는 도구적 관계를 포함하는 상호 특별한 사례라고 규정하고 있다. 따라서 이들의 관계는 상대적인 富·權力·身分的 不均衡을 반영하고 표현하는 두 상대 간의 교환에 있어서 불균형관계와 또한 對面的(face to face)관계를 유지하며 개인적 관계의 특성을 가지며 계약관계보다는 인간적인 관계를 갖는다.[18]

한편 공산주의 국가들에서는 파벌의 발생이 필연적일 수밖에 없다는 주장도 있다.[19] 그들 국가에서는 일당체제를 유지하고 있기 때문에 양당체제 혹은 多黨體制

---

15) Samuel P. Huntington, *Political Order in Changing Societies*(New Haven University, 1968), 민준기, 배성동 譯, 「정치발전론」(서울: 을유문화사. 1971), pp.489 – 498.

16) Frank. P. Belloni & Dennis. C. Beller, "The Study of Party Factions as Competitive Political organization", *The Western Political Quarterly*, Vol.29, No.1 March, 1976. pp.535 – 536.

17) James C. Scott, "Patron – Client Politics and Political Change in Southeast Asia", *American Political Science Review, Vol.66, No.1*(1972. 5), pp.92 – 93.

18) 최한수, 前揭書, pp.326 – 333.

19) Franz Shurmann, *Ideology and Organization in Communist China*(Berkeley(California: University of California Press, 1970), pp.118 – 128.

下의 서구 민주주의 국가들에서처럼 권력 변동이 정당 간에 합법적인 경쟁을 통해서 이루어지지 않고 있으며, 따라서 권력 장악을 위한 당내 세력들 간의 권력투쟁이 불가피하게 발생하게 된다. 이 경우 권력투쟁은 특정한 개인들이나 이들을 둘러싼 파벌 또는 당파들 간에 일어나게 된다. 결국 공산주의 국가에서는 경쟁적 정당체계가 허용되어있지 않기 때문에 권력투쟁이 개인 지도자를 중심으로 이루어질 수밖에 없으며 이 때 개인 지도자들은 一定數의 추종자들과 결합하여 파벌을 형성하게 되는 것이다.[20]

이러한 예는 공산권의 대표적인 국가라고 할 수 있는 소련과 중국의 경우에 잘 나타나고 있다.

소련의 경우는 레닌 사망 후 당권장악을 위한 左派인 트로츠키(Leon D. Trotsky)파와 右派인 스탈린파(I. Stalin)가 대두하게 되었다. 그러나 트로츠키는 당내의 지지가 약하다는 결정적인 결함을 가지고 있었던 반면 스탈린은 지노비에프(Geregory E. Zinoviev), 카메네프(Lev B. Kamenev), 부하린(Nicolai Ⅰ. Bukharin), 톰스키(Mikhail Tomsky) 류코프(A. I. Rykov) 등의 지지를 확보함으로써 1925년 1월 쉽게 트로츠키를 국방상의 지위에서 제거하였다. 이들의 표면적인 논쟁은 트로츠키의 世界革命論과 스탈린의 一國社會主義論이었다. 그러나 이렇게 쉽게 당권을 장악한 스탈린은 정치국의 右派인 류코프와, 톰스키, 부하린과 제휴하였다. 한편 이를 견제하기 위하여 지노비에프와 카메네프는 트로츠키 및 左派와 손을 잡았다.[21] 스탈린을 중심으로 하는 우파는 급속적 工業化와 機械制 集團農業制(kolkhoz)를 반대하는 좌파들을 1927년 11월 제15차 당 대회에서 비판하고 알마아타(Alma Ata)로 추방하였다.

그들이 추방된 후 사회주의 先決條件을 위해 農業優先 정책을 지지하는 부하린, 톰스키, 류코프 등 右派들에 대해 스탈린은 工業優先 정책을 지지하는 左派 칼리닌(Mikhail I. Kalinin)과 보로시프(K. E. Voloshsilov)를 동원하여 右派를 추방하였다.[22]

그러나 스탈린의 농업 집단화와 공업화 정책은 농민뿐만 아니라 당 내에서 반발

---

20) Andrew J. Nathan, "A Factionalism Model For CCP Politics", *The China Quarterly*(Jan - March, 1973), pp.37 - 39. 파벌을 顧客과의 紐帶關係로 概念化하고 상호 양해된 권리와 의무가 수반되는 교환에 기초한 非歸屬的 兩者關係라고 정의하고 있다.

21) 김학준, 「소련정치론」(서울: 일지사, 1976), pp.125 - 126.

22) Alexander Erlich, The Soviet Industrialization Debate, 1924 - 1928(Cambridge, Mass: Harvard University Press, 1960), pp.16 - 18.

을 불러일으켰으며 이를 계기로 1934년 정치국원 키로프(Sergei Kirov)의 암살을 시작으로 1937년 투하체프스키 赤軍 高位將星까지 숙청되었다.[23] 이러한 숙청 과정은 1940년 8월 20일 멕시코에 망명중인 트로츠키까지 암살함으로써 막을 내렸다.

이로써 소련에서 혁명 이전의 세대는 몰락하고 혁명 이후 세대가 등장하게 되었다.[24]

1953년 3월 스탈린 사망 후의 過程은 레닌 死後 5년간의 當權競爭과 비슷한 경로를 밟았다. 흐루쇼프는 自派 勢力으로 이루어진 中央委員會를 1957년 6월에 개최하고 平和共存論과 地方分權化를 반대하는 말렌코프, 카가노비치, 몰로토프, 보로시로프, 불가닌, 샤브로프(M. Z. Saburov), 페르부킨 등을 反黨分子로 지목하고 추방하였다. 그러나 흐루쇼프는 1964년 10월 14일 그의 忠僕이던 브레즈네프와 당 서기 수슬로프 및 셸레핀(Alexander Shelepin)의 궁중혁명으로 失脚되었다. 브레즈네프는 1970년부터 서기국과 정치국을 自派 위주로 재편하면서 레닌, 스탈린, 흐루쇼프와 같은 전철을 밟았다.[25]

중국의 경우도 파벌 간의 마찰과 갈등은 마지막에 숙청으로 일관되었다. 중국 인민공화국 수립 후 당권 경쟁은 毛澤東派와 劉少奇派 간의 경쟁이 그 시발점이라 할 수 있다. 毛澤東派는 周恩來와 朱德, 陳毅, 陳伯達, 康生 등이며 劉少奇派는 陳雲, 鄧小平, 彭眞, 李富春, 彭德懷, 李先念, 張聞天, 陸定一, 薄一波, 譚震林, 黃克誠 등으로 구성되었다. 주로 經濟官僚와 黨 實務者로 구성되었던 劉少奇 一派는 1958년 三面紅旗運動[26]이 전개되기 직전 당 내에 비교적 광범위한 세력을 구축하고 있었으나 당의 실질적인 권한은 모택동 일파가 지니고 있었다.[27] 兩派의 권력투쟁은 1959년 8월 2일부터 16일까지 진행된 廬山會議(8기 8중전회의)에서 大躍進運動을 비판한 劉少奇 一派 중의 팽덕회, 황극성, 장문천, 등을 비롯한 군 고위 간부 40여명을 右傾機會主義反黨集團으로 단죄하고 먼저 숙청하였다. 이것은

---

23) 김학준, 前揭書, p.139. 1933~1938년까지 숙청된 당원의 수는 160만 명에 이른다.

24) 몰로토프(Vyacheslav M. Molotov), 베리아(Laventi Beria), 말렌코프(Georgi Malenkov) 카가노비치(Lazar Kaganovich), 보즈네젠스키(N. A. Voznesensky), 미코얀(Anastas I. Mikoyan) 등이다.

25) Thornton Anderson, *Master Of Russian Marxism* (New York: appleton - century crofts, 1963), pp.320 - 325. 흐루쇼프의 측근은 그리신(V. V. Grishin), 쿠나예프(D. A. Kunaev), 슈체르비스키(V. V. Schcherbitsisky), 포노마레프(B. N. Ponomarev), 안드로포프(Iu. V. Andropov), 그레체코(A. A. Grecheko), 그로미코(Andrei Gromyko) 등이다.

26) 大躍進運動, 社會主義 建設의 總路線, 人民公社運動 이다.

27) 李谷城, 「中共黨政軍結構」 (香港: 明報出版社, 1989), pp.115 - 116. 그러나 유소기파의 강점은 黨性보다는 능률과 전문성을 중시하는 실용주의 노선을 중시하고 있었다.

劉少奇 一派와 모택동 一派의 본격적인 투쟁의 시발점이 되었던 문화혁명의 발생 원인이기도 하였다.[28] 문화대혁명 기간 중 숙청된 팽덕회에 대해 復權이 이루어져야 한다는 내용의 吳晗의 京劇이 始初가 되어 유소기 일파에 대한 대숙청이 이루어졌다.[29]

문화대혁명 당시 劉少奇派의 숙청에 앞장섰던 林彪의 軍部派는 그 이후 周恩來派와 대립하면서, 1969년 4월 1일부터 24일까지 개최된 中國共産黨 9全 大會에서 문화대혁명의 정당성을 追認하고 林彪를 모택동의 후계자로 명기되기도 하였다.[30]

그러나 林彪는 陳伯達과 제휴하여 모택동의 당권에 도전함으로써 모택동과 周恩來派에 의해 1970년 12월 21일에 열린 당정치국 확대회의에서 임표 일파를 비판하고 쿠데타 발생가능성을 제거하였다.[31] 이와 함께 인민해방군 총참모장 黃永勝, 공군사령관 吳法憲, 해군부상령과 李作鵬 등 고위군부 40여명이 연루되어 숙청되었다. 그러나 반면에 주은래 일파는 林彪事件 이후 그 지위와 권력이 상당히 강화되었다.[32]

한편 모택동 사망 이후 1978년 12월의 中共黨 11期 3中全會議를 계기로 수립된 등소평의 체제에서는 鄧小平 중심의 세력과, 모택동의 후계자인 華國鋒의 세력과, 李先念과 葉劍英이 주도하는 보수세력 등 세 부류의 주요 정치적 경쟁세력이 존재하였다. 그러나 이들 세력 중에서 등소평의 개혁세력은 1978년 말에서 1979년 초 사이 보수세력의 핵심인물인 葉劍英과 李先念의 적극적인 도움을 받아 화국봉의 毛路線 支持勢力을 물리치고 정치적인 실권을 장악할 수 있었다.[33]

이와 같이 공산주의 국가에서 정당 간의 경쟁체계가 아닌 파벌 간의 권력투쟁의 역사라고 할 수 있다. 그리고 이러한 파벌들의 기원이나 형성 배경 및 유형들은 일정하지 않다. 그러나 정당 내의 조직, 역사적 경험, 지도자와의 관계, 이데올로기,

---

28) 강석찬, 「중국의 파벌투쟁과 외교정책노선의 변화」(서울: 건국대학교 박사학위논문, 1991), p.61. 文化大革命 기간은 1966년 5월부터 江淸 등 4人幇이 체포된 1976년까지를 포함한다.

29) 김하룡, 『중국정치사』(서울: 박영사, 1989), pp.224-228.

30) 박두복 외, 『중국의 정치와 경제』(서울: 집문당, 1993), pp.74-76.

31) 1971년 9월 13일 몽고의 운더한(Under Khan)에서는 임표를 비롯한 그의 부인과 아들이 탑승한 중공민항 256기가 추락하였다고 보도하였다.

32) 김정계, 『중국의 권력구조와 파워 엘리트』(서울: 평민사, 1993), pp.26-27.

33) Edmund Lee, "Beijing's Balancing Act", *Foreign Policy*, No.51(summer 1983), pp.29-30.

조직적 특성에 따라 여러 가지로 구분될 수 있다.

이런 맥락에서 본 연구와 관련하여 북한의 초기 정권형성 과정에 나타난 파벌은 제도화된 정당 내 조직이나 집단이 아니라 정당의 조직 이전에 이미 형성되었으며, 공통적 이데올로기의 실현을 목표로 한 이념적 성향의 파벌로서 후원자와 추종자(patron – client)의 관계에 기반을 둔 것으로 그 특성을 갖는다.

좀 더 구체적으로 북한 정권 내에서 존재했던 파벌들의 특성을 살펴보면 다음과 같다.

① 그들은 이미 식민지 시대에 항일 투쟁을 전개하는 과정에서 형성되었다.

② 그들은 이데올로기적으로 사회주의 노선을 택했으며 그러한 노선 선택은 독립 투쟁과 밀접한 관계를 가졌다. 즉 그들은 민족 독립 투쟁을 전개하는 데 있어 중국 공산당과 구소련을 포함한 공산주의로부터 지원을 얻으려는 데 관심을 갖고 있었다.

③ 그들은 각기 상이한 지역들에서 조직되었으며 서로 분리된 상태에서 활동했다. 그 결과 그들의 지리적 특수성은 파벌들의 성격 규정에 많은 영향을 미쳤다.

④ 그들은 조직의 성격상 특정한 지도자와 이를 추종하는 사람들로 구성되었으며 조직의 활동에서는 개인적 리더십에 전적으로 의존하였다.

⑤ 그들은 처음부터 정당을 조직하기 위한 미숙한 정당이나 정당 내에서 서로 반대하고 대립하는 세력들로 형성된 것이 아니었다. 그들은 일정한 집단 목적인 독립투쟁과 동시에 사회주의 이념을 공유한 조직체였다. 그러나 이들은 북한에서 공산주의 정권 수립과정에 어떤 형태로든 참여했으며, 또한 정도의 차이는 있었지만 정권 내에서 권력을 분배받은 지배적 정치세력이 되었다.

한편 본 연구와 관련하여 아직까지도 학계에서 각 파벌의 呼稱에 관하여 標準化되지 못하고 있는 실정이다. 따라서 본 연구에서는 호칭에 대해서 價値中立的인 客觀化와 일반화 하고자 한다.

지금까지 하나의 파벌에 대하여 두 개 이상의 用語로 사용되고 있는데 이것을 네 가지의 준거의 틀(frame of reference)에 따라 네 개의 범주(category)로 구분하여 분류하여 보았다.[34]

---

34) 유세희, 「중공・북한의 권력투쟁 비교」, 『국제논총』 제16집, 1976, pp.112 – 127.
　　파벌 형성에 작용하는 주요 요소로서 혈연, 지연, 공동의 경험, 조직체 등이 있다.

첫째, 해방 이전의 활동한 지역과 공동의 경험을 기준으로 호칭을 부여하여 사용하는 경우이다.

둘째, 활동 지역을 포함하되 김일성을 중심으로 한 파벌을 빨치산파(갑산계 포함)로 구분하여 호칭하는 경우이다.

셋째, 빨치산파를 김일성파, 그리고 국내파를 남로당계와 북로당계로 구분하여 사용하는 경우이다.

넷째, 지도자를 중심으로 하여 김일성파, 박헌영파, 심지어 북한에서 오기섭파라고 지칭하는 경우도 있다.

〈표 12-2〉 派閥의 呼稱 分類

구분	국내지역	중국 동북지역	중국 본토지역	소련 행정 관료출신
호칭	국내파, 남로당파, 북로당파, 북한 출신 국내파, 박헌영파	만주파, 빨치산파, 김일성파, 소련파, 항일 빨치산파, 갑산파, 동북 빨치산파	연안파	소련파, 소련 제2세파, 소련계 한인, 소련계, 소련 조선인 그룹

이와 같이 하나의 파벌에 대해 명칭이 客觀化되지 못하기 때문에 정확한 개념의 전달을 저해하고 있는 것이다.

그러나 국내파와 연안파의 呼稱에 대해서는 대부분 異見이 없으나, 중국의 동북지역을 중심으로 활동을 했던 사람들과 소련에서 행정 관료로서 근무하다가 소련 군정의 필요에 의해서 입북한 사람들과 혜산·갑산지역에서 활동했던 사람들에 대해서는 위 표와 같이 異見을 보이고 있다.

위 표서와 같이 중국 동북지역에서 활동했던 공산주의자들에게는 빨치산파, 만주파, 소련파 등으로 呼稱되고 있다. 이러한 이유는 이들 공산주의자들이 일정한 한 곳에서 활동한 것이 아니라 敵情의 狀況에 따라서 여러 지역으로 옮기면서 활동하였기 때문이다. 즉 그들의 활동 중심지가 중국 동북부의 通化省, 吉林省, 長白, 延吉, 安圖와 咸鏡北道 甲山地域, 소련령 하바롭스크까지를 무대로 하였다는 점과, 이들이 소속되었던 부대는 처음 中國共産黨(이하 中共黨) 소속의 滿洲省委員會

東北抗日聯軍에서 활동하다가 해방 직전에는 소련군에 편입되어 활동하였기 때문이라고 할 수 있다.

또한 해방과 동시에 북한에 入北한 소련계 한인들에 대해서 소련파, 소련계 한인 그룹 등의 여러 이름으로 호칭하는 이유는 그 중심인물들의 연령이 차이가 있기 때문이라고 할 수 있다. 한인들이 露領으로 이주한 시기는 조선 중기부터 시작하여 해방직전까지 진행되었다. 그런데 소련군과 함께 입북한 사람들은 한인 2세들이 대부분이었기 때문이다.[35]

이와 같이 하나의 파벌에 대해 두 개 이상의 呼稱으로 사용되기 때문에 본 연구에서 용어의 혼란을 피하기 하기 위해서 국내파, 연안파, 빨치산파, 빨치산파 갑산계,[36] 소련파로 統一(uniformity)하였다.

중국 동북지역에서 활동했던 공사주의자들을 빨치산파로 지칭하는 이유는 이들이 어떤 일정 지역을 중심으로 활동한 것이 아니라 여러 지역으로 나누어 활동하였기 때문에 이들에게 일정 지역의 이름으로 호칭한다는 것은 무리가 있으며, 이들이 활동했던 부대 이름도 2개 이상이므로 東北抗日聯軍派라고 지칭하는 것도 곤란하다. 그러나 이들에게 공통적으로 적용될 수 있는 것은 이들이 처음부터 일관되게 유격대(partisan)활동을 하였다는 점이다.

소련파 역시 좁은 의미로 구분한다면 여러 가지로 구분될 수 있으나 이들의 공통점은 소련에서 학교 교육을 받았으며 소련 공산당원으로 활동하였기 때문이다. 그러므로 이들이 다른 파벌과 특이한 점은 소련을 처음부터 소련을 배경으로 하였다는 점이다.

빨치산파 갑산계는 이들의 활동이 처음부터 독자적으로 활동한 것이 아니라 동북항일연군과 밀접하게 관련되었다. 그렇다고 해서 이들을 빨치산파의 범주에 포함한다면 이들의 특성이 부각될 수 없다고 할 것이다. 갑산계는 함경북도 甲山과 惠山 일대에 독자적 조직으로 활동하던 甲山 工作委員會를 1937년 1월에 동북항일연군 제6사장 김일성 부대와 祖國光復會 國內 組織으로 결합하게 되었다. 다시 이들은 韓人民族 解放同盟으로 개편하여 활동 중 그해 惠山事件을[37] 契機로 모

---

35) 허가이, 南日, 朴昌玉, 朴義琬, 奇石福 등이다.

36) 東北抗日聯軍 第1路軍 第6師 部隊를 위해 정보를 제공하던 함경북도 혜산 지방에서 조직되었던 공산주의자들을 말한다. 이들은 1937년 6월 4일 보천보 사건과 관련되어 옥고를 치르고 해방과 동시에 출옥하였다.

두 투옥되었으며 해방 후 출옥하였다.

이와 같이 빨치산파와는 서로 역할과 활동이 서로 달랐다는 점이며, 또한 해방 후 이들이 정치세력화되어 활동하지 못하고 빨치산파와 연계되어 정치과정에 참여하였기 때문에 빨치산파 甲山系라고 호칭하는 것이 바람직 할 것이다.

Ⅳ. 共産主義 思想의 流入

원시적 생산방식과 아시아적 專制體制 아래에 있던 동방국가들은 서구 열강의 西勢東漸의 시대적 추세를 막아낼 수 없었으며, 자본주의 열강들은 중국과 한국의 沿海地方을 점차적으로 침식하게 되었다. 中國과 韓國民衆들은 부패한 정부의 힘과 반민주적인 국가의 권력으로서 외세의 침식을 막는다는 것은 어려웠으며[38] 또한 정복당한 민족의 운명과 장래에 대해 袖手傍觀하던 위정자들의 활동에 悲憤慷慨만하던 一般 下層民들에게 반일 감정이 하나의 뚜렷한 의식으로 발전되었으나 주체성과 핵심역량이 결여된 자연발생적인 군중운동에 머물러 있었다.[39]

한편 일본은 변모해 가는 국제정세에 능동적으로 대처하기 위하여 서구 열강들이 중국에서 태평천국의 난을 진압하기 위해 奔忙하고 있는 동안 明治維新의 개혁운동을 위로부터 단행함으로써 극동에서 가장 먼저 근대화의 과정을 밟게 되고 서구 열강의 식민지화의 대상에서 빠져 나오면서, 오히려 자본의 축적을 위한 식민지 확보가 그들의 과제로 대두되었다.

그러나 한국의 지배층은 몇백 년 이래의 왕실의 秕政 아래 무능해졌으며, 일반 국민 역시 사회개혁의 의지가 부재한 상태였다. 대원군의 鎖國政策으로 전통사회를 유지하려 했지만 열강의 西勢東漸이라고 상징되는 자본주의의 공세에 그 한계

---

37) 이명영, 前揭書, pp.24 - 25. 일제는 祖國光復會 조직을 파괴하기위해 惠山, 長白 일대에 경찰을 동원하여 1937년 10월부터 공산주의자들을 대규모로 검거하여 李悌淳, 權永壁, 朴達, 朴金喆, 馬東熙, 池泰俊 등을 비롯하여 약 2,000여 명을 검거한 사건이다.

38) 金炳日, 「중공의 민족주의에 관한 연구」(경희대학교 대학원, 박사학위논문, 1977), pp.52 - 95. 태평천국의 난(1850 - 1864), 의화단 사건(1900), 신해혁명(1911), 5 · 4운동(1919) 등이다.

39) 도재숙, 「조선 개항기 외세침투에 대한 지배층의 인식과 대응에 관한 연구」(경희대학교 대학원, 박사학위논문, 2000), pp.25 - 26.

성을 노정하고 결국, 서양인들의 물질문명과 그 침략 방식까지도 모방하여 그들이 조작한 雲揚號事件의 무력시위 앞에 무너지고 말았다.[40]

이와 같은 餘勢로 일본은 淸·日전쟁과 露·日전쟁을 거치면서 淸國과 러시아가 퇴각한 한반도에서는 영국과 미국의 비호 아래 일본만이 오직 그 세력이 독무대를 이루고 있었다.

1905년 11월 乙巳五條約의 체결로 사실상의 주권이 상실 당하자 민족진영 내에서는 다양한 양태의 國權回復運動論이 대두되었고, 그중 대표적인 것이 애국계몽운동과 무장의병투쟁이었다. 전자는 주권상실의 원인을 민족 내부의 역량부족에서 비롯되었다는 인식하의 내재적 自省論으로 민족 실력 양성을 우선 목표로 하였고, 후자는 그 원인을 欺瞞的인 제국주의에 침략정책에 있다는 대외적 책임론의 입장으로 즉각적으로 죽음을 각오하고 일제에 대항해야 한다는 주장이었다.[41] 그러나 愛國啓蒙系列의 民族運動은 반봉건성에는 비교적 강하였으나 반외세에 대해서는 극히 편향적이며, 무장투쟁계열은 대외적 모순을 척결하는 데는 강했던 반면 대내적 모순 즉 봉건체제를 극복하는 데는 사상적인 한계점을 가지고 있다.

이상과 같은 두 줄기의 민족운동이 상호 補完策으로 무장투쟁을 등장 시켰으나 운동의 진행과정에서 노선 갈등이 없지 않았다. 그 대표적인 것이 新民會 內部에서 야기되었던 獨立 戰爭論에서 볼 수 있다.

新民會의 설립 목적은 민족독립의 회복과 조선에서 일본인들을 축출하기 위한 조직이었다. 1911년 조선합병 이후 일본인들은 신민회의 활동에 관한 단서를 발견하여 이 단체의 회원에 대한 대대적인 체포를 시작하였다. 만주에서도 일본인들의 요구에 따라 체포가 진행되었다. 체포된 운동가들은 일본인고위 관리들을 살해할 음모를 꾸몄다는 혐의로 기소되었다. 1912년 6월에 있은 豫審에서 신민회의 지지자를 파악했을 때 10만여 명에 달하였다.[42] 신민회의 지도자들 중 양기탁, 임치전, 김구, 안태국, 이승훈 등이 형을 선고받았으며, 체포를 면한 단체의 회원들은 만주로 망명하였다.

---

40) Edwin O. Reischauer, The Japanes(Massachusetts: Havard University Press, 1977), pp.78-86, John Whitney Hall 지음, 박영재 譯, 『일본사』(서울: 역민사, 1992), pp.313-332.

41) 김준엽·김창순, 『한국 공산주의 운동사 Vol.Ⅰ』(서울: 청계사, 1986), pp.14-21.

42) 이기백, 『한국사 신론』(서울: 일조각, 1974), pp.358-359.

이 당시 신민회의 지도부에서는 차후 투쟁방법에 대한 문제로 심각한 갈등이 나타났다. 李東輝와 李甲이 지도하던 급진파는 항일 무장시위의 빠른 전개와 間島와 沿海州에 사는 조선인들의 물적 인적자원의 규합을 지지했다. 안창호를 수반으로 하는 漸進派는 이러한 행동이 시기상조라고 여기면서 우선 충분한 역량을 결집시켜야 한다고 주장하였다. 안창호는 미국의 도움을 염두에 둔 朝鮮解放案을 구상하였다.

이와 같이 투쟁 방법론상의 차이로 양분되어졌다. 점진파는 이후 임시정부의 外交論派와 연계되었고 武裝鬪爭論은 만주와 연해주 지역의 武裝鬪爭派로 이어졌다. 무장투쟁의 지역은 韓·蘇 접경지역인 연해주지역이 중심이 되었으며 이 지역은 많은 한인들이 거주하고 있었다.

이 때 러시아에서 발생한 볼셰비키 혁명의 餘波는 계속 東進하고 있었다. 그러므로 한인들이 많이 거주하고 있는 러시아령 연해주 지역에 공산주의 사상은 자연스럽게 유입되게 되었다. 연해주 지역에 이주한 한인들은 韓人村을 이루어 집단적으로 거주하면서 1905년 일제가 乙巳五條約을 강요하여 국권을 침탈하자 본격적으로 국권회복운동·독립운동을 전개하기 시작하였다.

이들은 연해주의 블라디보스토크에서 처음에는 도시 중심가에 開拓里(카레이스카야 스라보카: 高麗거리)라고 부른 韓人마을을 건설하였다. 이어서 러시아 당국이 블라디보스토크 중심가에 위치한 開拓里를 러시아 군대의 병영지로 접수하고 韓人마을의 이동을 강요하자 블라디보스토크의 변두리인 新開拓理와 石幕里를 건설하였는데 이것이 유명한 新韓村이 되었다. 이 신한촌은 한국인의 인구가 증가함에 따라 그 주변으로 더욱 확대되었다.

처음의 개척리와 다음의 신한촌에는 韓民學校를 비롯하여 학교들이 세워지고 海朝新聞에 뒤를 이은 大東共報 등 신문사들이 설립됨과 동시에 한국민족의 독립운동·민족운동의 유력한 근거지가 되었다.[43]

러시아령 연해주 지역의 다른 도시들과 지방에서도 규모는 각각 다르지만 다수의 新韓村들이 건설되어 모두 한민족 독립운동의 근거지 역할을 담당하였다.

당시 만주의 北間島와 西間島는 淸國과 만주 군벌들이 일본과의 충돌을 염려하여 만주에서의 한민족의 독립운동을 상당한 정도 견제하고 있었다. 반면에 1904～1905년 러·일전쟁에서의 패배로 러시아 측은 일본과의 敵對행동을 자유롭게 용

---

43) 愼鏞廈, 前揭書, pp.42－54.

인하고 있었으므로, 그러므로 한인 독립 운동가들에게는 만주 지역보다 러시아령 沿海州가 더 자유로운 지역이었다. 이 때문에 한인 독립 운동가들은 초기에 서·북간도보다도 블라디보스토크나 니콜리스크 등 러시아 沿海州 지역을 해외 독립운동의 근거지로 간주하고 있었다.

이주해 온 한인들은 韓人新報그룹을 조직하고 1918년 1월 18일~21일 하바롭스크에서 露領韓人代表者大會를 개최하였다. 러시아 국적을 가진 한인(原戶人)이든 갖지 않은 한인(餘戶人)이든 가리지 않고 모두 재정 러시아령 한인들을 포함한 전체 韓人團體를 결성하기 위한 것이었다. 이 회의에는 6개월 전에 결성된 全露韓族會 中央總會측도 참석하였다. 이 노령 한인 대표자회의에서는 韓人新報계통과 全露韓族會 中央總會 계통의 한인 대표들이 타협하여 한민족 단결을 위한 사항을 합의하였다.44)

그러나 전체 한족단체의 憲章會議가 개최되기 전에 연해주 지방의 한인사회에는 또 큰 변화가 일어나게 되었다.

그 하나는 1918년 4월 5일을 기하여 러시아 帝政 차르 정부를 지원하기 위해 일본군 3개 사단이 볼세비키 혁명 견제를 목적으로 연해주에 상륙한 것이었다. 이어서 미국, 영국, 프랑스도 약간의 병력을 파견하였다. 이 중에서 일본군은 파견병력을 계속 증강시키면서 연해주와 시베리아 및 만주 일대에 대한 영향력을 과시하기 시작하였다.45)

다른 하나는 1918년 6월 26일 李東輝를 중심으로 한 韓人新報 계통의 일부가 '韓人社會黨'을 창당하였다.46)

1917년 러시아의 10월 혁명을 지지하며 한인사회당을 창당하였던 배경에는 당시 한국의 독립 운동가들이 헤이그의 만국평화회의, 파리국제회의와, 워싱턴회의 등에서 한국의 독립을 요구하였으나 서구의 열강들은 일본제국주의에 편승하여 한국의 요구를 외면하였기 때문에 그 반동으로 러시아의 혁명을 지지하였던 것이다. 더구나

---

44) 高麗學術文化財團, 「沿海州 韓人 獨立運動과 上海大韓民國臨時政府」, 大韓民國 臨時政府 樹立 80周年 記念 제11회 國際學術 심포지엄, pp.135-136.
　① 韓族會는 러시아 내의 모든 한인으로 조직하며, 러시아 국적 취득의 구별 없이 모든 한인이 대동단결할 것
　② 한족회는 地方會, 地方聯會, 中央會의 3단계로 조직할 것
　③ 금후 5개월 내에 憲章會議를 소집할 것 등이다.
45) 김학준, 前揭書, pp.161-218.
46) 金俊燁·金昌順, 前揭書, Vol.1, pp.89-95.

러시아의 볼세비키 혁명을 성공시킨 레닌의 "弱小民族 解放"구호는 피압박 민족에게 희망을 주었으며, 이에 시베리아 및 만주에서 활동하는 민족주의 독립 운동계의 일부가 러시아의 혁명을 지지하고 공산주의 사상을 받아들이게 되었던 것이다.[47]

그러나 이들 러시아 혁명 지지파들은 계급 혁명에 초점을 둔 思想運動 보다는 救國의 일환으로 獨立鬪爭에 있어서 소련의 지원을 받기 위한 것이었다.

이러한 점에서 볼 때 한국 공산주의 수용과정은 중국이나 일본과 다른 점은 중국이나 일본에서는 共産主義를 지식인들이 학문적으로 연구하는데서 출발하였다. 중국의 경우는 북경대학의 李大釗 등이 주도하는 'Marx주의 연구회'였으며, 일본의 경우는 사가이 도시히고(堺利彦) 야마가와 히도시(山川均) 등 '사회주의 연구회' 사람들이 시작했으나[48] 한국의 경우는 그들과 두 가지 점이 다르다고 할 수 있다. 첫째는 독립운동가 즉 항일투사 이동휘나 김립 같은 사람들과 러시아로 이민을 간 문창범, 남만춘, 김철훈 같은 사람들이 공산주의 운동을 시작하였다. 둘째는 중국이나 일본에서는 공산주의 운동이 자기 나라 안에서 발생하였으나 한국의 경우는 만주나 러시아, 연해주 쪽으로 이민 간 사람들이나 그곳으로 독립운동을 목적으로 이주한 사람들로부터 시작됨으로써 國外 지역에서 발생하였다는 점이다.

Ⅴ. 派閥間의 地域 및 路線上 特徵

1. 地域的 特徵

韓人 共産主義者들에게 있어서 一元化된 조직을 형성하지 못한 이유는 그들이 활동하는 지역이 일정지역이 아니라 여러 지역으로 나뉘어 활동하였다는 점이다.

---

47) 정용주, 『레닌과 아시아 민족 해방운동』(광주: 도서출판 남풍, 1988), pp.207-209.
　　평화에 관한 법령(Decree on Peace)과 러시아 인민 권리선언(The Declaration of right of the peoples of Russia)
48) 金炳日, 「중공의 민족주의에 관한 연구」(경희대학교 대학원, 박사학위논문, 1977), p.96. 北京大學 敎授 李大釗에 의해 1918년 창립한 Marx 연구회가 최초이다. John Whitney Hall 지음, 박영재 譯, 『일본사』(서울: 역민사, 1992), pp.360-363.

따라서 지역적으로 국내를 중심으로 하였던 국내파와 중국본토를 중심으로 하였던 연안파와 만주지역을 중심으로 하였던 빨치산파와 소련 지역을 중심으로 활동하였던 소련파와 기타 일본지역으로 각각 활동하였기 때문이다. 그리고 만주지역이 가장 많은 한인들이 거주하고 있다. 이 때문에 공산주의 활동이 가장 활발하게 활동하였는데 그 이유는 지리적으로 한국과 가장 가까운데 있었기 때문이다.

그러나 만주 특히 간도 지방과 중국 본토에 있는 일부 한국인들을 제외하면 이들 한인 활동은 총독부에 대해서 전혀 깊은 관심을 가지고 있지 않았다. 일본은 1925년에 소련 영토 내에서 어떠한 한인들도 항일운동을 하지 못하도록 하는 조약을 소련과 체결하였다.[49] 러시아인들은 일본과의 약속을 지켰을 뿐만 아니라 1937년에는 연해주 지방의 한국인들을 모두 우즈베키스탄과 카자흐스탄 등지로 후송했다. 따라서 일본에 저항하는 한인들의 도발 가능성에 대해 일본이 염려해야 할 필요를 제거시켜 주었던 것이다.

한편 미국에 있는 한인들은 일본 제국주의에 거의 아무런 위협도 되지 않았다. 일본에 대한 민족주의적 감정이 상당히 강했고 항일운동을 전개하는 조직도 있었지만 일본이 미국과 상당히 우호적인 관계를 유지하였기 때문에 한국인들을 어떠한 방법으로 일본을 위협할 수가 없었다.

만주에서 활동한 공산주의자들은 초기 시베리아에서 활동하였던 한인사회당과 일크츠크파에서 그 유래를 찾아 볼 수 있다. 이들 대부분은 일제의 침략에 항거하여 이주한 사람들이었으며, 항일 운동의 근거지가 되었던 것이다. 그러므로 초기에는 항일운동의 목적과 理想을 가지고 활동하였지만 볼세비키와 전략적 관계를 유지하면서 독립운동의 목적이 점차 공산주의 운동으로 변질되어가기 시작하였다. 이 때문에 시베리아 연해주 일대와 옴스크 및 일크츠크 등 한민족의 사회주의운동의 중심지가 되었다. 이 과정에서 블라디보스토크와 모스크바에 이르는 각 도시에는 사회주의당 또는 지역적인 공산당의 한국지부들이 산발적으로 활동하고 있었다.

국내지역에서는 북한지방에서 가장 활발하게 활동하였는데 그중에서도 함경도 지방이 가장 왕성한 활동을 보였다. 그 원인은 함경도의 지리적 위치, 즉 지형지세의 양호함과 指導部의 유능한 지도력이 결합된 결과일 것이다. 함경북도는 소련

---

49) 金俊燁·金昌順, 前揭書, Vol.1, pp.419 - 420.

및 만주와 국경을 맞대고 있었고 함경남도는 만주와 국경을 맞대고 있다는 사실도 이 지역주민들에게 큰 영향을 미쳤다. 이러한 지형적 조건 때문에 이 지역주민 중 많은 사람들이 소련과 만주로 이주했고 따라서 비공식적인 통신망 및 교통망이 형성되어 있었다. 물론 소련 해안지방의 국경선은 양국 모두에 의해서 엄격하게 봉쇄되어 있었다. 그러나 국경지방 주민들은 다른 지역의 보통 한인들보다 국경선 너머의 이념체제와 정치체제에 대해서 훨씬 더 잘 알고 있었다.[50]

2. 鬪爭路線의 特徵

초기 한인 사회당과 일크츠크파의 투쟁노선이 확연하게 나타난 사건은 1921년 고려공산당을 각기 창당하면서 그들의 당면 목표 설정에서였다. 일크츠크파는 사회주의 혁명을 당면 목표로 하고, 상해파는 민족적 해방을 정강으로 하였던 것이다. 兩派는 시베리아, 만주, 중국내의 공산주의자들을 自派 대표로 확보하여 각각의 근거지인 치타와 일크츠크에서 3월 1일 고려공산당 제1차 대표자 대회를 추진하였다. 그러나 대회는 시베리아의 복잡한 상황으로 5월로 연기되고 그 사이 슈미아츠키가 이끄는 동양비서부의 일방적 지원을 받는 일크츠크파는 1921년 3월 고려공산당 준비위를 자파일색으로 조직하고 대표자격의 심사권을 장악하여 상해파를 배제하고 임시 고려군정회를 조직하여 군권장악의 제도적 장치를 확보한 데 이어 1921년 4월 30일에는 박애, 계봉우, 장도정, 김진 등 고려공산당대회를 준비하고 있던 상해파의 핵심간부들을 반혁명 반당분자로 체포하여 일크츠크로 압송하였다. 이러한 가운데 남만춘, 한명세, 李成, 蔡成龍, 김철훈 등이 중심이 되어 1921년 5월 4일에서 17일에 걸쳐 일크츠크에서 개최된 고려공산당 제1차 대회는 상해파를 출당처분하고 일크츠크파만으로 고려공산당 중앙간부를 조직하고 사회주의 혁명을 당면목적으로 하는 정강을 채택하였다. 다음날 18일에는 고려 군정회의를 조직하였다.

한편 상해파는 자파 주도로 공산당대회와 군권장악을 위해 진력하던 박애, 장도정, 계봉우, 김진 등이 일크츠크파에 체포되어 李鏞, 김규면, 박일리아, 박그레로리,

---

50) Robert A. Scalapiano, *The Japanese Communist Movement 1920 – 1966*(Berkeley and Los Angeles, California press, 1967), pp.21 – 22

등 군사 지도자들이 불리한 여건에 빠져 있어서 사실상 시베리아에서의 대회가 불가능하게 된 상황에 처해있었다. 결국 노령의 당원들이 참석을 하지 못하고 대표권을 위임한 상태로 상해파는 1921년 5월 23일 한인사회당 (이동휘, 박진순), 국내 사회혁명세력(김철수, 이봉수, 홍도) 및 기타 공산당 노동자 각 단체의 대표들이 고려 공산당 대표회의를 개최하여 별도의 고려 공산당 대회를 결성하였다. 상해파는 민족적 해방이 사회혁명의 전제라고 하여 일크츠크파와 민족해방 문제에 대립된 노선을 내세웠다.

그리고 양파는 국제 공산당과 소비에트 정부를 상대로 한 외교활동을 전개하는 과정에서 일크츠크파는 "상해파 고려공산당이 조선의 독립에 전력을 기울일 뿐이고 공산주의는 편의상 가면에 불과하며 주의 선전에는 전혀 백해무익하다."라고 상해파를 애국주의적 민족주의 세력으로 몰아붙였고 "이들 민족주의자들은 2년 사이에 혁명투쟁의 지도자로 될 능력이 없음을 나타내고 파산했다."고 비판하였다. 특히 상해파의 40만 원을 독점적으로 사용한 것을 크게 문제 삼았다. 이에 대하여 상해파는 파리 강화회의와 국제연맹에 대해 기대를 걸고 활동했던 대한 국민의회 중심인물들이 일크츠크파에 가담한 것을 비판하였고 특히 자유시 사건에서 수백 명의 고려혁명군을 반혁명분자로 몰아 살육하고 우수문의 강제 노동소에 보낸 사실을 비판하였던 것이다. 레닌은 상해, 일크츠크파의 정강을 보고 "상해에서 세운 정강이 옳다."고 하고 "식민지의 당이 어찌 바로 사회혁명으로 들어갈 수 있는가."라고 하면서 일크츠크파의 좌경적 오류를 지적한바 있다.[51] 이러한 레닌의 조선혁명에 대한 인식은 한형권과의 면담에서 "조선에는 無産階級的 사회혁명이 필요한 것이 아니라 이 때는 오직 민족해방운동이 필요한 것이다."라고 한 발언에서도 뒷받침되었다.

이렇게 상해파와 일크츠크파가 공산당의 대표성과 서로의 노선 및 이데올로기 중심으로 주도권 싸움에서 상대방이 범한 오류들을 비판하면서 투쟁을 계속하자 국제공산당은 검사위원회의결정서를 (1921년 11월 15일과 1922년 4월 22일에 각각 양파에 전달하였다. 제1결정서는 우선 양파가 조선 혁명분자를 대표한다고 할 수 없고 이는 오직 완전한 연합에 의해서만 가능하다고 지적하였다. 또한 양파 모두 자당

---

51) 金俊燁·金昌順, 前揭書, Vol.2, pp.38-39.

만이 진정한 공산당이라고 주장하고 있는 것도 양자 모두 민족당의 맥락(일크츠크
파는 대한국민의회, 상해파는 上海臨政)에서 상호 분립한 것을 보면 충분히 추측할
수 있는 것으로 "일크츠크파는 주로 해외 이주민을 연합하고 상해파는 조선 민족운
동과 긴밀한 관계를 맺고 있다."고 하였다. 결정서는 동양비서부가 일크츠크파를 편
파적으로 원조한 것이 상호 충돌을 심화시켰다고 슈미아츠키를 비판하였다.

초기 한국의 국내 공산주의자들은 그들이 직면한 사회의 현실에 대해 공산주의
혁명을 하기 위한 열악한 상황에 직면해 있었다. 그의 주된 이유는 한국의 자본주
의가 초기 자본주의 발전 상태에 있었기 때문이다. 공장들은 이제 설비되기 시작했
으며 따라서 임금 노동자 역시 극히 수가 적었다.[52] 노동자에 의한 프롤레타리아혁
명이 발생하기 위해서는 한국의 공산주의자들은 다수의 노동자들에 의해 지원이
있어야 했다. 그리고 그러한 노동자 세력들이 단결하여 봉건세력, 자본가, 일본제국
주의 등을 동시에 타도할 수 있는 혁명세력을 구축하는 방향으로 활동해야 한다는
것은 너무 벅찬 일이었다.

그렇다면 그러한 혁명세력은 어떻게 형성해야 하는가? 농민의 협력은 얻어야 하
는가? 아니면 프롤레타리아트 독자적으로 해야 하는가? 조선공산당의 혁명 전략에
서 한인들은 일본의 식민지라는 사실은 어떻게 설명되어야 하는가? 한국 공산주의
자들은 당시의 코민테른 노선에 따라 민족주의자들과 제휴하는 방향으로 활동해야
했는가? 아니면 1920년대 초에 대부분의 중국공산주의자들이 주장한 것처럼 독자
노선을 견지하려고 했는가?

이러한 문제들 하나하나를 당시의 공산주의자들은 세밀하게 검토하지 않고 바로
운동에 접근하였던 것이다.

그러한 것들이 당시로서는 위험한 문제들이었다. 또한 이런 의문들은 중요한 이
념적 문제들을 제기한 것이었으므로 국내 공산주의자들은 이러한 문제들을 심사숙
고하여 조선 공산당이 조직되기까지 테제를 만들어 내야만 했었다. 그러한 테제는
장기적인 계획을 세우는 데 기초가 될 수 있었으며 그 후의 전략과 전술을 도출해
내는 원천이 될 수 있었다. 그러나 이러한 고민을 한 적이 없었으며 단지 코민테른
과 일본의 좌파 지식인들에 의존하는 경향이 있었다.

---

52) 김윤환, 「일제하 한국노동운동의 전개과정」(고려대학교 대학원, 박사학위논문, 1968), pp.20 - 30

따라서 의미 있는 토론이 없었던 것은 운동가들의 자질문제가 컸다고 할 수 있다. 고등교육 졸업하기 전에 혁명대열에 참가하였기 때문이다. 그들은 자신들이 속한 그룹 내에서 이론적 토론을 열심히 했다 하더라도 그러한 이론을 한국의 구체적인 상황에 창조적으로 적용하려고 하기보다는 오히려 마르크스·레닌주의의 기본 교리만을 계속 연구하였다는 것이다.

초기 韓人 共産主義者들 간에 있어서 뚜렷한 노선의 차이점은 일크츠크파는 그들의 생존권 보호를 위해 볼세비키당을 지지하면서 계급혁명 노선을 지향했으며, 상해파 공산주의자들은 民族解放至上 民族國家 獨立至上, 無産者 國際主義 路線을 견지하였다. 그 뒤를 이어 국내파 공산주의자들은 순수한 사회주의 혁명 목적을 위해 화요회, M. L파는 사회혁명, 서울파는 부르주아 민족해방 노선을 지향하였다고 할 수 있다. 그 뒤를 이어받은 박헌영계의 국내파는 제국주의 타도목적을 그 노선으로 지향하였다고 할 수 있다. 해방 후에도 남로당은 노동자, 농민을 주축으로 한반도에서 민중봉기에 의한 공산주의 혁명실현을 그 노선으로 하였다는 것을 알 수 있으며 아래 표와 같이 각 파벌에 있어서 노선상의 차이점을 발견할 수 있다.

〈표 12-3〉派閥間 鬪爭路線의 差異點

구분	투쟁노선
상해파	민족해방
일크츠크파	프롤레타리아 국제주의
화요회, M. L, 북풍회, 서울파	부르주아 민족해방
국내파	제국주의 타도, 인민봉기
빨치산파	극좌맹동노선, 폭력혁명
연안파	신민주의(Pro.와 Bro.의 연합)
소련파	소련군정의 소비에트화 추종

그러나 빨치산파는 만주에서 유행하던 極左盲動路線을 추종하던 자들이며 게릴라 활동을 하던 인물로서 해방 후에도 한반도에서 군사력에 의한 폭력혁명을 그 노선으로 하여 6·25전쟁을 일으키는 데 주도적 역할을 담당하였다.

소련파는 해방과 동시에 북한에 일제가 물러간 자리에 필요한 행정의 공백을 대신하기 위해 소련 군정당국과 함께 입국한 자들이므로 파벌로서의 조직적인 형태를 취할 수는 없었으나 단지 그들은 소련의 극동전략에 의한 추종세력이었다. 한편 연안파의 노선은 그들이 중공당과 밀접하게 관련되어 있었음을 비추어 볼 때 그들이 연안에서 모택동과의 투쟁노선을 배우고 익혔던 관계로 순수 마르크스적 입장이 아닌 민족주의적 요소를 포함한 노선을 취한 것으로 평가된다.

Ⅵ. 結 論

韓人에 있어서 공산주의 起源은 레닌의 볼셰비키혁명이 동쪽으로 한창 진행 중이던 시베리아 韓人社會에서 시작되었다고 할 수 있다. 그곳에는 이미 조선 중기부터 經濟的인 이유로 이주해 간 韓人들과 政治的 目的으로 이동한 독립 운동가들이 있었다.

국내에서 조직적으로 독립운동을 하지 못하게 된 독립 운동가들은 레닌의 볼셰비키혁명을 추종하면서 그를 이용하여 한국독립을 쟁취하려 했던 것이다. 그들은 1918년 6월 하바롭스크에서 독립운동가 이동휘에 의해 아시아 지역의 최초의 한인 사회당을 발족하였다. 이들이 그 직후 모스크바로 요원을 파견하여 레닌 정부에 財政支援을 요청한 사실에서 잘 나타나고 있다. 때문에 이들은 공산주의 사상을 이해하고 충실히 받아들일 것이 아니라 독립운동의 한 方便이었다는 점이다. 그런데 독립 운동가들이 노령으로 활동 무대를 옮기기 전에 이미 그곳에서는 조선 중기부터 경제적 이유로 이주해 간 한인들이 터전을 잡고 있었으며 이들은 일크츠크 공산당 조직을 발족하면서 반목과 갈등이 시작되었다.

이주민들과 독립 운동가들 사이에는 공산주의 운동에서 공산주의 혁명에 대한 태도가 문제였다. 이주민들은 생계와 관련되어 공산주의를 신봉한 반면, 독립 운동가들은 독립투쟁을 위해 그들을 이용하려는 태도였다는 점이다.

또한 공산주의 사상이 流入되는 과정에서도 韓人들에게 많은 혼란이 왔다는 점이다. 즉 소련 공산당의 역할과 코민테른의 역할을 구분하여 그들의 정책을 잘 이해하지 못하였기 때문에 한인들 간에 분열과 혼란이 일어날 수밖에 없었던 것이다. 러시아로 가서 정착한 이주민들은 러시아의 국민으로서 이러한 러시아 공산당의 지도만 받아야 했다. 볼셰비키 공산혁명을 이용하여 독립 운동을 하려고 한 사람들은 주로 코민테른의 지도를 받았어야 했다. 그러나 러시아 공산당의 지도자와 코민테른 지도자가 잘 구분이 되지 않았고 특히 독립 운동가들에게는 이 두 단체의 계열과 목적도 같은 것으로 이해되어 있었기 때문에 혼란이 일어났던 것이다.

이와 같이 공산주의 사상에 대한 정확한 이해가 없는 상태에서 한인의 공산주의 활동을 혼란스러웠으며 소련공산당과 코민테른 역시 이 둘을 구분 없이 지도함으로써 한인 사회당과 일크츠크당 사이에는 주도권 다툼으로 軋轢과 反目이 계속되었던 것이다.

양파 간의 갈등은 해결점을 찾지 못하고 결국 코민테른의 12월 테제에 따라 中領과 露領에서 활동하던 한인 공산주의 활동은 國內地域으로 전환하게 되었다. 그러나 이 두 단체의 반목과 갈등은 국내까지 이어지게 되었다. 그러나 국내에서도 당시 일본에서 이미 들어온 좌파들과 국내에서 발생한 좌파사이에 갈등이 존재하는 가운데 상해파와 일크츠크파까지 加勢하여 국내에는 치열한 주도권 분쟁이 전개되었다. 이러한 과정에서 일크츠크파가 주동이 되어 제1차 조선공산당을 창당하지만 파벌간의 알력으로 화요회, M. L계, 서울파로 이어지는 2차, 3차, 4차 朝鮮共産黨事件으로 國內 共産黨組織은 끝내 붕괴되었다.

국내에서 활동을 하지 못하게 된 이들은 해외와 국내지역으로 분산되면서 만주, 중국 본토, 국내, 일본 등지에서 활동하게 되었다.

이로써 한인의 공산주의 운동은 새로운 국면으로 전개되었다. 즉 지역적으로 크게 4개의 지역에서 분리되어 활동하게 됨으로써 각 파벌 간에는 노선상의 차이, 리더십의 차이 등이 특징적으로 나타나게 된다.

이렇게 이들이 同一한 地域에서의 활동과 共通의 經驗을 바탕으로 人脈이 구성되었기 때문에 연안파, 국내파, 빨치산파, 소련파로서 쉽게 구분이 되었다. 즉 김두봉·무정을 중심으로 延安에서 활동했던 延安派, 국내를 중심으로 박헌영과 활동했던 국내파, 滿洲를 중심으로 김일성, 김책 등과 활동했던 빨치산파와 그들과 함께 국내지역에서 활동했던 갑산 지역의 박금철, 이효순 등의 빨치산파 갑산계, 주로 韓人 2세로서 소련의 行政官僚出身들로 이루어진 소련파 등이다. 이 때문에 이념이나 정책을 중심으로 발생되었던 다른 공산국가들의 파벌형태와는 특징적인 차이점을 발견할 수 있는 것이다.

이러한 지역별 그리고 각기 다른 경험으로 인한 파벌 간의 차이는 路線上의 특징도 수반하게 되었다. 즉 共産主義 革命의 방법론적 측면에서 海外派라고 할 수 있는 빨치산파와 연안파는 주로 군사력에 의한 暴力的 極左冒險的인 性向으로 나타난 반면 국내에서 활동한 국내파는 혁명의 방법이 과격한 투쟁에 의한 것이 아닌 프롤레타리아 혁명 즉 人民蜂起에 의한 혁명방법을 근간으로 하고 있다. 그 대표적인 것이 6·25전쟁에 관한 공산주의 혁명의 방법 문제에 대해서 해외파와 국내파의 주장이 상이하게 나타났다는 점이다. 해외파는 군사력에 의한 폭력적 방법으로 남북한의 공산주의 혁명을 주장하는 반면, 국내파는 통일방법에 있어서 부르주아 민주주의혁명 즉 民衆蜂起를 惹起하여 共産國家 樹立을 하려고 하였다는 점에서 해외파와 국내파는 대립하였던 것이다.

리더십에 있어서도 각 파벌 간에는 특징적 차이점을 발견할 수 있었다. 국내파는 지하활동을 하면서 소수 단위의 핵심요원을 관리하는 것은 뛰어난 능력을 소유하였지만 대규모의 인원과 그 인원을 운영하는 데는 한계점을 가지고 있었다. 즉 10만의 南勞黨員을 조직적이며 체계적으로 운영하지 못하였다는 점이다. 반면 빨치산파는 수년간에 걸친 유격대 활동과 군 지휘관을 역임한 경력으로 탁월한 리더십을 발휘하였던 것이다. 만약 초기 정권 수립 시 국내파와 연안파가 중심이 되어 공산정권이 수립되었다고 하더라도 치밀한 조직력과 강한 응집력을 바탕으로 한 빨치산파들에 의해 정치적 변동이 발생할 수 있는 所持를 안고 있었다고 할 수 있다.

반면 동일한 군 지휘관을 역임한 연안파 세력들도 중국군 예하에서 활동한 경험이 있었다. 그렇지만 이들은 중공당의 지시만 기다리는 上命下服의 복종에만 익숙하여 독자적인 판단과 역경을 헤쳐 나가는 능력이 부족하였다고 할 수 있다. 즉 중공군에서 고급 지휘관 경험의 결여로 인한 부하들의 통제능력이 부족하였다고 할 수 있다. 또한 이들이 북한에 입북하여 주도권을 잡지 못한 것은 그 배후세력인 中國 共産黨이 당시 國共內戰에 휘말려있었기 때문에 이들을 지원할 수 있는 여유가 없었다는 점이다. 또한 연안파의 결정적인 결함은 獨立同盟과 朝鮮義勇軍의 구분이 명확하지 않았고 國共內戰의 외중에서 離合集散하였기 때문에 凝集力이 절대적으로 부족하였고 그 때문에 입북 후에 이탈자와 배반자가 다른 파벌에 비해서 가장 많았다는 점이다.

제13장 **김정일 정권의 국가발전전략**[*]

− 강성대국을 중심으로 −

정우곤

(통일부)

I. 서 론

김일성 사후 10년, 북한은 국가배급제 붕괴, 주민생활보장체계 파탄, 북핵 문제로 인한 대미관계의 악순환 등 안팎의 시련과 도전에 노출된 '고난의 행군' 시기였다. 하지만 김정일 정권은 내우외환 속에서 의미 있는 변화를 모색해왔다. 김정일 정권은 '강성대국' 건설을 국정목표로 설정하고 '실리사회주의'를 경제노선으로 채택했다. 강성대국 건설은 김일성 시대와 김정일 시대를 구분하는 새로운 개혁정책을 동반했다. 강성대국은 국가발전 목표와 새로운 비전을 담고 있는 김정일 정권의 국가발전전략이라고 할 수 있다.

이런 맥락에서 최근 북한의 정치담론 가운데 가장 주목되는 것이 강성대국 건설이라고 할 수 있다. 북한은 2000년대에 들어와 '사회주의 강성대국 건설' '부강조국건설'이라는 목표하에 경제정책을 추진해 오고 있다. 1998년 이후 북한 신년공동사설의 제목 및 내용은 거의 대부분 강성대국에 관한 것이다. 매년 부분적인 정책변화를 보이기는 하지만 기본적으로 강성대국건설을 위해 '선군정치'(先軍政治)를 통치전략으로 설정하고 있다. 나아가 ≪로동신문≫, ≪경제연구≫에서도 '강성대국'을 강조하고 있다.

북한은 강성대국을 제시한 이후 '실리사회주의'를 강조하고 있으며 '실리사회주의'의 원칙은 강성대국을 구현하는 수단으로서 북한 경제전반에 걸쳐 매우 중요한

---

[*] 이 논문은 『한국과 국제정치』 제20권 4호 2004년(겨울)에 게재한 것입니다.

요소로 작용하고 있다. 시장과 사회주의의 결합을 의미하는 '실리사회주의'는 체제 안정과 경제개혁의 두 마리 토끼를 잡으려는 김정일 정권 10년을 압축하는 키워드인 것이다.

북한의 장기적 국가발전전략인 강성대국 건설은 이데올로기 중심의 성장정치(growth politics)의 한계로부터 벗어나 국가의 균형발전을 도모하겠다는 것으로 이해된다. 이것은 당·국가관료시스템의 주도하에 추진되어왔던 '불균형발전'의 동원모델에서 탈피하여 분권과 자율화를 바탕으로 경제성장을 도모한다는 발전전략이다. 이것은 '실리사회주의'로 구체화되었다. 김정일 정권은 '실리사회주의'를 구현하기 위해 2002년 '7·1 경제관리 개선조치' 및 경제특구를 확대하였다. 물론 김정일 정권이 추진하고 있는 국가발전전략과 경제개혁이 장기적 목표 내지는 정치적 구호의 성격을 갖는다는 점을 무시할 수 없지만 경제부흥이라는 목표달성을 위한 합리적인 선택이라고 평가할 수 있다. 김정일 정권의 강성대국 건설은 경제적 이해와 안보적 이해라는 양면성 때문에 장기적이면서도 구체적인 국가발전전략이라고 볼 수 있다.

이러한 맥락에서 김정일 정권이 역점을 두고 추진하고 있는 거시적 국가발전 프로젝트인 강성대국 건설을 새로운 국가전략의 한 고리로 보고 그 위치와 성격을 해석해 보자는 것이다. 북한의 새로운 국가발전전략은 사회주의 강성대국 건설이며 그 경제적 목표가 '경제강국'에 있다. 강성대국 건설의 전략적 토대라고 할 수 있는 '선군정치'도 경제적 측면에 착목할 때 그 기능은 매우 실리적이라고 볼 수 있다.

이 연구는 김정일 정권이 제시한 강성대국을 '경제중심적' 시각을 통해 정치적 유용성과 타당성을 지적할 것이다. 말하자면 강성대국을 '군사주의적' 시각에서의 논의를 지양하고 경제적 측면에 강조점을 두는 부국강병(富國强兵)에 주목하고자 한다. 2장에서 '성장정치'의 한계로 인한 북한체제의 위기도래와 새로운 국가발전전략의 모색과정을 간략하게 검토한다. 3장에서는 강성대국 건설의 내용 그리고 선군정치와의 인과관계를 경제적 맥락에서 설명한다. 4장에서는 강성대국건설전략을 경제개혁 및 경제특구 정책의 확대라는 측면에서 분석하였다. 말하자면 국내적 개혁전략과 국제적 개방정책의 연계성을 설명하였다. 결론에서는 김정일 정권의 강성대국 건설전략을 정리하고 이를 바탕으로 향후 체제이행과 관련한 함의를 찾아 볼 것이다.

Ⅱ. 성장정치(growth politics)의 위기와 새로운 국가발전전략의 모색

1. 1990년대 성장정치의 위기

1990년대 북한의 경제난과 체제위기는 '성장정치'와 관련이 있는 것으로 볼 수 있다. 예컨대 성장정치(growth politics)란 정치적 선전이나 동원을 목적으로 경제발전 문제를 정치적으로 활용하는 행위를 의미한다. 성장정치의 주체는 당·국가관료 시스템이다. 이들은 보통 타당성이 적고 실현 가능성이 적은 발전정책을 통해 미래의 경제와 삶에 대한 희망적인 이데올로기를 조성하고, 이를 정치적으로 활용함으로써 자신들의 정치적 입지를 강화하는 것이다. 여기에 '우리식' 사회주의라는 자주적 국가노선을 지향하면서 대외적으로 전략적 동맹을 중시하지 않았던 원인도 있는 것이다.

1990년대는 북한 정권 수립이후 최대의 위기였다. 따라서 1990년대 중반 북한체제의 '위기와 붕괴'라는 분석이 국내외적으로 상당히 설득력을 갖게 되었던 사실은 부인할 수 없다. 북한체제의 위기를 심화시킨 본질은 무엇인가. 여기서 말하는 성장정치의 위기내용과 의미를 간략하게 검토해 보자.

첫째, 냉전질서의 해체라는 이른바 '역사의 종언'이다. 사회주의권의 붕괴와 세계체제 차원에서 탈냉전이 가시화되었다. 즉 사회주의권의 붕괴는 북한의 대외고립을 심화시켰으며 정권수립 이후 최대의 위기에 직면했다. 사회주의권의 몰락은 북한에게 새로운 위기상항으로 다가온 바, 북한의 변화를 강요하게 된 것이다. 북한체제의 정치적·이념적·군사적·경제적 안정성을 제공했던 사회주의권의 붕괴는 냉전체제의 해소와 자본주의 세계체제의 승리라는 차원에서 북한에게는 엄청난 충격이었다. 사회주의권의 붕괴는 북한의 안보위기, 경제위기, 정치·사상위기 등 체제의 전반적 위기를 더욱 가중시키는 결과를 초래하였다. 말하자면 세계정치는 '고위정치'(high politics)로부터 '하위정치'(low politics)로 전환되었고, 이 과정에서 북한의 위기는 도래된 것이다.

둘째, 사회주의 계획경제의 붕괴, 장마당 등 비공식경제의 확산이다. 북한의 구조화된 경제난과 식량난은 체제위기를 더욱 가중시켰다. 특히 식량난은 반(反)사회주의 의식의 성장과 함께 사회주의체제의 통치 시스템이 와해될 수 있는 조짐으로 나아갔다. 북한체제가 이데올로기를 바탕으로 체제유지가 가능했던 것은 무엇보다도 '수령제' 및 계획경제체제라고 볼 수 있다(정우곤, 2001: 윤현철, 2002). 따라서 계획경제의 붕괴는 당·국가체제의 통치기반이 현저히 약화되는 결과를 초해했다. 여기에 사회주의 시장의 붕괴는 북한경제를 더욱더 어렵게 만들었다. 말하자면 1990년대 중반 계획경제의 붕괴는 곧 사회전체의 위기로 파급되었으며, 국가능력이 현저히 약화됨에 따라 식량배급체계 및 생필품 공급체계가 와해되었다(정우곤, 2004: 101 - 117).[1]

이러한 상황에서 국경을 이탈하는 탈북자가 증가하게 되었고, 공장, 기업소에서 이탈하여 식량과 생필품을 구하기 위한 주민들의 사회이동성이 증가되었다. 이에 따라 주민들의 조직·정치사상 생활도 크게 해이해졌으며, 주민들의 사상적 동요와 사회주의에 대한 믿음과 신뢰가 크게 약화되었다. 북한의 표현에 따르면 식량난으로 "인민생활문제는 사회주의에 대한 인민대중의 신념에 영향을 주는 심각한 문제"였던 것이다(홍석형, 1997: 27). 북한의 식량배급제는 가장 효과적인 사회통제수단으로 작용한다고 할 때, 배급제의 붕괴는 북한사회와 주민들이 직면했던 현실을 상상하는 것은 어려운 일이 아니다.

북한은 '고난의 행군'을 거치면서 이러한 성장정치의 한계를 경험하였다. 즉 고난의 행군은 첫째, 김정일 정권의 안정화는 이루어졌지만, 구조화된 경제난과 경제체제의 내부 모순은 부분적이고 제한적인 개혁개방정책으로 해결이 불가능하다는 것을 보여주었다. 둘째, 국가배급제 등 주민생활보장체계의 파탄은 독자적인 생존방식을 강제하였으며, 그 결과 시장마인드를 가속화하였다.

결과적으로 '고난의 행군'(윤현철, 2002: 50 - 62)이 시작된 1990년대는 국가배급제가 붕괴되면서 북한의 모든 지역, 사회계층, 공장기업소들은 독자적인 생존방안

---

1) 이러한 사실은 북한의 청진, 신의주, 혜산지역에서 거주한 탈북자들의 증언에서도 확인된다. 식량배급체계와 국가상업유통망이 사실상 와해된 상태에서 급속히 확산된 농민시장은 북한 주민들 사이에 개인주의, 실리주의, 물질적 가치를 더욱 확산시키는 것이었다. 또한 국가재산의 절취, 뇌물수수, 암거래 등 불법행위를 더욱 조장하였다. 따라서 북한 당국은 불가피하게 농민시장의 합법화, 식량구입을 위한 주민들의 이동을 통제하지 못하는 등 계획경제체제로부터의 이탈현상이 가속화되는 상황에 직면하게 된 것이다. 북한은 기존의 통치기반을 유지하기 어려운 상황에 직면하게 되자 사회경제적 변화를 암묵적으로 수용하거나 합법화하는 조치를 취할 수밖에 없는 상황이 초래된 것이다(정우곤, 2004).

을 강구하게 된다. 이러한 위기상황에서 사회주의체제의 제도적 기반의 복원과 동시에 경제회생을 위한 새로운 경제정책 및 국가발전전략이 요구되었다. 말하자면 성정정치의 한계를 극복할 수 있는 새로운 정책대안이 불가피하게 요구되었다.

2. 강성대국 건설의 내용과 특징

북한은 1998년 9월 최고인민회의를 개최하여 헌법을 개정하고 권력구조 개편을 통해 김정일 정권을 공식화했다. 김정일 국방위원장 재추대를 앞둔 8월 22일 ≪로동신문≫ 정론에서 '강성대국'을 21세기 경제부흥을 위한 국가발전전략으로 발표하였다.

이 '정론'에서 "우리 혁명에서 새로운 전환적 국면이 열리는 오늘의 장엄한 역사적인 시기에 우리 앞에 나선 가장 신성한 목표는 강성대국 건설"이라면서 "사상강국을 만드는 것부터 시작하여 군대를 혁명의 기둥으로 튼튼히 세우고 그 위력으로 경제건설의 눈부신 비약을 일으키는 것"이라고 명시하고 있다. 또한 9월 9일 정권수립 50주년을 기념하는 "위대한 당의 영도 따라 사회주의 강성대국을 건설해 나가자"는 ≪로동신문≫ 사설을 발표함으로써 강성대국은 사회전반으로 확산되었다. 동 사설에서 정치사상의 강국과 군사의 강국은 김정일의 현명한 영도로 이미 실현되었기 때문에 이제 경제의 강국을 건설하는 것만이 남았다고 강조하였다. 나아가 홍성남 내각 총리는 "우리의 정치사상적 위력과 군사적 위력은 이미 강성대국의 지위에 올라서게 되었으며 경제강국 건설의 목표를 점령할 수 있는 돌파구가 열리게 되었다."고 주장하기도 하였다. 따라서 강성대국건설은 김정일 정권의 국가발전전략이자 목표라는 점을 강조하고 있는 것을 알 수 있으며,[2] 강성대국 건설은 북한의 현실정치 과정에 강하게 투영되면서 국가역량을 쏟아 붙고 있는 것이다.

강성대국 건설은 김정일 시대를 맞이하여 도달해야 할 국가의 전략적 목표이며,

---

[2] "주체의 강성대국 건설. 이것은 위대한 장군님께서 선대 국가수반 앞에, 조국과 민족 앞에 다지신 애국충정맹약이며 조선을 이끌어 21세기를 찬란히 빛내려는 담대한 설계도이다. 강성대국건설은 주체의 기치 밑에 전진해온 우리 혁명의 새로운 역사적 단계의 필연적 요구이며 한없이 거창하고 영광스러운 민족사적 성업이다. 21세기 강성대국을 건설하기 위해서는 수령중심으로 '사상의 강국을 만드는 것부터 시작하여 군대를 혁명의 기둥으로 튼튼히 세우고 그 위력으로 경제건설의 눈부신 비약을 일으키는 것이 우리 장군님의 주체적인 강성대국 건설 방식이다"(≪로동신문≫, 1998년 8월 22일).

주민들을 동원하는 이데올로기적 역할을 하고 있다. 1990년대 들어 유례없는 대외적 고립 속에서, 북한은 김정일 시대를 맞이하여 새로운 미래상을 사회구성원들에게 제시할 필요성이 제기되었다. 즉 대내외 위기극복 및 미래의 희망을 위한 현재의 공격목표로서 강성대국은 위치하는 것이다(정영철, 2004: 95 - 96).

따라서 김정일 정권의 국가발전전략으로써 강성대국 건설의 중요성은 신년공동사설 및 ≪로동신문≫, ≪경제연구≫ 등에서 가장 빈번하게 등장하고 있는 것에서도 알 수 있다.[3]

<표 13-1> 강성대국 관련 공동 사설(1999 - 2004년)

연도	공동 사설	주요 내용
2004	"당의 영도 밑에 강성대국 건설의 모든 전선에서 혁명적 공세를 벌려 올해를 자랑찬 승리의 해로 빛내자"	- 선군시대의 경제건설로선 관철 - 경제과학 전선에서 비약적 발전
2003	위대한 선군기치 따라 공화국의 존엄과 위력을 높이 떨치자"	- 국방공업의 선차적 강화 - 인민생활 향상
2002	"위대한 수령님 탄생 90돌을 맞는 올해를 강성대국 건설의 새로운 비약의 해로 빛내자"	- 경제강국 건설의 성과를 빛내자. - 새 새기 진격으로 나남의 봉화로 경제활성화
2001	"고난의 행군에서 승리한 기세로 새 세기로의 진격로를 열어 나가자"	- 선군혁명 인민생활 향상 - 21세기 국가경제력 강화
2000	"당 창건 55돌을 맞는 올해를 천리마 대고조의 불길 속에 자랑찬 승리의 해로 빛내자"	- 과학기술을 세계적 수준으로 발전 - 성강의 봉화로 인민경제 앙양
1999	"올해를 강성대국건설의 위대한 전환의 해로 빛내자"	- 고난의 행군을 낙원의 군으로 이어 가자 - 경제건설은 강성대국건설의 중요한 과업

북한이 주장하는 강성대국건설 내용을 요약하면 사상강국, 정치강국, 군사강국, 경제강국으로 구성되어 있다(김재호, 2000: 1 - 15: 철학연구소, 2000: 18 - 60).

첫째, 사상의 강국은 "온 사회가 하나의 사상, 수령의 사상으로 일색화되어 사상의 위력으로 존재하고 발전하는 나라, 위대한 지도상으로 시대의 발전을 선도하는 나라이다."(김재호, 2000: 7)라고 규정하고 있다. 그리고 사상강국은 "사회주의 강성대국의 징표이며, 사상의 강국에 선차적인 힘을 넣어야 하는 것은 무엇보다 사회주의 국가의 위력이 사상에 의하여 규제되기 때문"이라고 주장하고, 사상의 강국은 '수령결사옹위의 결정체'라고 강조하고 있다(철학연구소, 2000: 22 - 23).

---

3) 경제부문과 관련해 신년공동사설은 다른 부문보다도 많은 지면을 할애해 전년도의 경제성과, 그해의 경제구호는 물론 경제목표와 방침 그리고 부문별로 세부적인 정책과제를 제시하고 있다. 따라서 현재 장기 발전계획이나 경제개발계획을 공식적으로 발표하지 않고 경제정책과 관련된 문건들이 거의 공개되지 않는 상황에서 북한경제 정책의 내용이나 흐름을 파악하는 데 유용한 자료의 하나가 될 수 있다.

둘째, 정치의 강국은 "영도자의 주위에 전체 인민이 철석같이 일심단결 된 튼튼한 정치적 역량에 의거해서 철저한 자주정치를 실시하는 나라이다."로 규정하고 있다(김재호, 2000: 7). 정치의 강국은 '정치적 자주성'을 강조하는 것으로서, "자기 나라 혁명, 자기 인민의 이익을 첫 자리에 놓고 견결히 옹호하며 모든 문제를 자기 실정에 맞게 자체의 힘에 의거하여 풀어나가며 대외관계에서 완전한 자주권과 평등권을 행사하는 정치인 것으로 하여 인민대중의 자주성을 철저히 옹호하고 실현하며 사회주의강성대국을 정치적으로 확고히 담보한다."고 강조하고 있다(철학연구소, 2000: 33 – 40).

셋째, 군사강국의 논리는 다음과 같다. "어떠한 제국주의자들의 무력침공도 일격에 타승하고 나라의 자주권과 존엄을 지킬 수 있는 강대한 군사력을 가진 무적 필승의 나라이다."라고 설명하고 있다(김재호, 2000: 7). 또한 군사의 강국은 "주체적인 군중시의 정치가 빛나게 구현됨으로써 그 어떤 침략세력도 감히 건드릴 수 없는 무적필승의 나라이다. 다시 말하여 강력한 자위적 무장력과 그를 핵심으로 하는 전 인민적, 전 국가적 방위체계가 튼튼히 확립되고 군대와 인민의 혼연일체가 이루어진 막강한 군사대국"(철학연구소, 2000: 41 – 45)이라고 강조하고 있다.

넷째, 경제의 강국은 "자립적 민족경제의 튼튼한 토대 우에서 끊임없이 발전하는 나라이며 민중의 자주적이며 창조적인 물질생활을 원만히 보장하고 세계적으로 가장 발전되었다는 나라들과도 당당히 겨룰 수 있는 경제력을 가진 나라"로 규정한다(김재호, 2000: 7). 나아가 '경제가 나라의 위력을 담보하는 물질적 기초'이기 때문이라고 한다. 또한 경제의 강국은 "자립성과 주체성이 철저히 보장된 민족경제를 가진 나라"로 규정하고, 특히 경제의 강국은 "경제의 모든 부문이 현대화되고 모든 생산과 경영활동이 과학화되어 있는 나라"(철학연구소, 2000: 52 – 57)라고 설명하고 있다.

북한이 강조하는 주장과 논리에 따르면, 강성대국 건설은 '21세기 주체의 사회주의 부강한 조국건설'의 담대한 설계도로서 경제발전에 대한 강한 의지를 천명한 것으로 볼 수 있다. 북한은 이미 정치·사상 강국은 실현되었으므로 정치·사상 강국을 토대로 경제적 부흥을 이룩하면 사회주의강성대국이 건설된다는 점을 강조하고 있다.

김정일 정권의 출범과 함께 등장한 강성대국은 첫째, 김정일 시대의 북한을 이끌어갈 기본적인 정책적 이념이다. 이는 기존의 국가전략과는 차별성을 지니며, 매우 실용적인 성격을 갖는 정책이다. 이것은 '경제적으로 부강한 나라'를 건설하겠다는 것으로서 일종의 '부국강병론'이라 할 수 있다. 둘째, 강성대국 건설은 경제발전이라는 국가목표를 달성하기 위한 새로운 '국가전략'으로서 경제강국을 강조한다는 점에서 경제발전전략이 핵심이라고 볼 수 있다. 나아가 경제강국 건설은 과학기술 중시, 실용주의적 경제관리 방식을 통해서 달성할 수 있다는 것을 강조하고 있다 (김재호, 2000: 31 - 43).

김정일 정권의 국가발전전략인 강성대국 건설은 체제개혁에 대한 방어적 담론과 더불어 체제개혁을 추동하는 이중적 속성이 담겨있다. 그리고 강성대국 건설의 등장은 곧 체제개혁을 압박하는 새로운 경제개혁 정책의 등장을 예고하는 것이기도 하다.

Ⅲ. 강성대국 건설과 선군정치: 경제회생인가, 안보전략인가

김정일 정권이 제시한 국가발전전략인 강성대국건설은 '21세기의 국가설계도'에 해당된다.(윤현철, 2002: 2 - 1). 나아가 김정일의 선군정치는 강성대국 건설 전략의 핵심적인 한 부분이라고 볼 수 있다. 그렇다면 강성대국 건설하의 선군정치의 목적은 무엇인가. 말하자면 김정일의 선군정치는 군사주의를 통한 안보전략인지, 경제회생을 위한 장기적 구상인가 하는 것이다. 김정일 시대 선군정치의 성격을 두고 다양한 논의가 있지만[4], 여기서는 경제중심적 맥락에서 살펴보고자 한다. 즉 김정일 정권의 선군정치는 강성대국 건설의 전략적 토대라는 맥락에서 설명하며, 특히 선군정치의 행태는 북미관계에서 대미 편승전략의 일환으로 경제적 실용주의 성격

---

4) 북한의 선군정치는 김정일 시대에 단절적으로 등장한 것이 아니라, 김일성 시대 인민군의 역할 강화론에 관한 기존의 논리를 연장 확대한 정치방식이다. 1990년대 위기상황을 돌파하는 데 비상수단을 강구할 수밖에 없었으며, 이는 곧 군중시의 정치를 의미하는 선군정치의 채택으로 나타난 것이다. 북한의 새로운 통치행태를 분석하기 위해서는 선군정치의 성격에 관한 체계적인 분석은 필요하지만, 일반적으로 논의되고 있는 군사 국가를 특징으로 규정하기에는 경우에 따라 한계가 있는 것이 사실이다. 1990년대 이후 경제위기 상황을 고려하면 경제중심적 접근이 생산적인 논의가 될 수 있다. 최근 김정일의 선군정치에 대한 종합적인 논의는 (오일환, 2004: 100 - 115) 참조.

을 함의하고 있다는 것을 강조하고자 한다.

김정일 정권의 출범과 함께 주목받는 것은 군부의 역할이다.[5] 따라서 강성대국 건설하의 통치전략은 선군정치로 대표되며, 군의 위상과 역할은 급속히 강화되었다. 강성대국 건설의 핵심 수단은 군이다. 즉 '선군혁명영도', '선군사상', '총대철학'은 강성대국 건설을 위한 기본토대로서의 정치방식이다(≪로동신문≫, 2004년 10월 10일).

북한의 군은 강성대국 건설의 '제일기둥'으로서 국방과 경제건설에서 큰 역할을 부여받고 있다(김철우, 2000: 94-122). 선군정치는 "군사선행의 원칙에서 혁명과 건설에서 나서는 모든 문제를 해결하고 군대를 혁명의 기둥으로 내세워 사회주의 위업 전반을 밀고 나가는 정치방식"이다. 따라서 북한의 군은 체제유지뿐만 아니라 강성대국 건설의 토대로 기능하고 있음을 확인할 수 있다(김화·고봉, 2000: 225-226).

이러한 선군정치의 특징은 몇 가지로 설명할 수 있다. 첫째, 1990년대 중반 대내외적 위기상황에서 체제수호를 위해서 군이 전면에 나서야 한다는 것을 의미한다. 선군정치는 1990년대 중반 '고난의 행군' 시기에 정치·경제·사회적으로 높아진 군의 책임과 역할을 통해 체제위기를 극복하는 것이다. 둘째, 선군정치는 군사적으로 대외적으로 긴장상태를 조성하여 미국 등 국제사회로부터 경제지원을 받아내기 위한 협상수단이다. 북한이 미국, 일본 등 국제관계에서 국가이익의 극대화를 추구할 수 있는 협상수단과 전략은 핵 문제와 같은 군사적 수단이라고 판단할 수 있다. 북한의 입장에서 보면 대외환경과 경제상황이 어려울수록 군사력에 대한 의존도는 커질 수밖에 없는 것이다. 따라서 선군정치는 국가안보를 보장하는 중요한 수단이며, 대외적으로 국가이익을 추구하는 최대의 전략적 수단이다. 이런 맥락에서 북한의 경제적 자원이 소진된 상황에서 핵과 미사일은 경제적 보상 및 외화획득을 위한 중요한 수단을 제공해 준다(최용환, 2002: 150-151).

김정일 정권의 선군정치 노선은 '갈등적 편승외교전략'을 통해 미국으로부터 경제적 지원을 얻어내고자 하는 전략을 선택하고 있는 것으로 평가된다. 북한은 선군정

---

5) "김정일 국방위원장을 수반으로 하는 '선군혁명수뇌부' 주위에 철통같이 뭉쳐 주체혁명 위업과 강성대국 건설의 승리를 위해 나설 것을 촉구"하고 있다(≪로동신문≫, 2004년 10월 10일). 북한의 선군정치의 중요성은 '선군혁명수뇌부', '선군사상', '선군철학', '선군시대' '군 중시 사상', '군사적 진지', '군사강국', '선군후로', '선군혁명영도', '총대중시사상', '혁명적 군인정신', '군민일치', '우리군대 제일주의' 등 군 관련 구호가 확산되고 있다.

치를 통해 외부세계와의 군사적 긴장을 유발시켜 극한적 상황까지 가기보다는 체제 존립의 의지와 능력이 있다는 사실을 대내외에 천명하면서 경제적 실리까지도 확보하려는 복합적인 전략적 계산을 하고 있는 것으로 평가된다(정현수, 2002: 174-178). 그 대표적인 사례가 북핵 문제를 둘러싼 북미관계라고 할 수 있다. 말하자면 군을 앞세우는 선군정치는 핵개발 프로그램을 통해 미국과의 갈등을 일으키고, 이러한 군사력을 협상수단으로 활용하여 김정일 정권유지, 경제적 지원을 최대한 획득하는 대외전략으로 보인다. 실제로 북한은 1990년대 중반 '벼랑 끝 전략'을 통해 국제적 위신 제고, 핵 카드유지, 경제적 이익, 김정일의 리더십을 부각시키는 데 있어서 나름대로의 성과를 얻었다고 할 수 있다.

이런 맥락에서 선군정치가 갖는 경제적 함의는 다음과 같다. 경제적 맥락에서 선군정치의 중요성은 무엇보다도 북한의 대미생존 전략이라고 할 수 있다. 선군정치를 통해 북·미관계를 설명할 때 주목되는 것은 북한은 미국과의 관계를 파국으로 이끌지 않는 수준에서 위협을 가하고 대화와 협력을 유도하고 있다. 그리고 갈등과 협상의 반복적 과정을 통해 미국의 요구를 일방적으로 수용하지 않고 또는 굴복하지 않으면서 북·미관계의 개선을 추구하는 것이다(장노순, 1999: 381-393).6)

북한은 미국에 대한 갈등과 긴장의 수위를 높여가며 대미편승을 시도하며 이를 통해 안보를 확보하는 것이며, 북·미간 직접대화와 협상을 통해 김정일 정권의 안전을 보장받고자 한다. 즉 핵개발 계획이 경제적 지원을 얻기 위한 대미협상을 목표로 하고 있는 것으로 평가할 수 있다(최용환, 2002: 151).7) 따라서 선군정치의 목표가 군사적 대결에 있다기보다는 경제건설에 필요한 유리한 대외환경을 확보하려는 협상수단을 의미하는 것이다. 북한의 핵개발 계획은 강성대국 건설에도 필수적인 국력요소로 판단했을 것이다(김철우, 2000: 57-64).

---

6) 이런 맥락에서 북한의 대미생존 전략은 편승외교 정책으로 나타난다고 할 수 있다. 편승외교 정책이란 약소국이 강대국의 압박에 직면하여 다른 동맹국이 존재하지 않거나 동맹을 맺어 힘의 균형을 이루기 어려울 경우 강대국의 위협에 직면하여 약소국의 안보와 경제적 이익 확보를 위해 협력관계를 구축하는 정책이다. 또한 약소국이 갈등을 야기함으로써 외교 및 경제관계를 포함한 협력관계를 구축하려는 전략으로서 강대국의 위협을 해소하기 위한 방편일 수 있으나, 강대국이 조성한 국제환경을 활용하여 안보와 이익을 확보하는 것이다. Randall L. Schweller, "Bandwagoning for Profit: Bringing the Revisionist State Back in", International Security, vol.19(Summer 1994), pp.88-92.

7) 북한이 사용할 수 있는 유일한 실질적인 자원이 군사력밖에 없으므로 선택한 수단은 핵과 미사일 개발이다. 핵과 미사일은 경제적 자원화할 수 있으며, 북한체제를 지켜주는 억지수단으로 기능하며 핵과 미사일은 미국의 주요 관심사에 속하기 때문에 국제사회에서 미국이 북한을 무시할 수 없게 한다(최용환, 2000: 151).

북한은 2002년 '7·1 경제관리 개선' 조치 이후 '경제실리주의'를 강조하고 있다. 특히 신의주, 개성, 금강산지구를 경제특구로 지정하였다. 이러한 경제관리 개선 조치는 김정일 정권이 전략적으로 추진하는 북한식 개혁·개방의 확대라고 볼 수 있다. 다시 말해 북한은 경제개혁조치를 통해서 경제부흥을 위한 큰 변화를 시도하고 있다. 북핵문제 해결 및 북·미관계가 개선되지 않을 경우 현재 추진하고 있는 경제개혁 조치들은 성과를 거두기가 쉽지 않다. 따라서 북한은 미국과의 적극적인 협상을 통해 북핵 문제를 해결해야 한다.

이와 같은 맥락에서 북핵 문제의 해결을 위한 다자간 협상 틀인 '6자회담'에서 '동결과 보상'에 대해 북미 양국이 진지한 태도를 보이기는 했지만 넘어야 할 산은 험난하다.[8] 북핵 문제가 해결되지 않고서는 북한은 세계경제 질서에 참여하기 어렵다. 북한이 경제난을 극복하고 21세기 강성대국 건설을 위해서는 만성적인 에너지난을 해소하는 동시에 핵문제를 풀어야 하는 숙제를 않고 있다. 북핵 문제는 미국의 대북 적대시 정책의 포기 여부와 함께 북한은 전략적으로 유연한 태도를 보이는가에 달려있는 것이다.

경제적 측면에서 볼 때 김정일 정권의 선군정치는 경제부흥과 국방의 병행발전을 의미하는 것으로 볼 수 있다(이수석, 2000: 224 - 225). 즉 선군정치는 경제부흥을 위해 대외적으로는 대미 갈등적 편승외교 전략, 대내적으로는 경제특구 등 전략적 산업발전을 위한 전체주의적 개발독재라는 맥락에서 설명할 수 있을 것이다(서진영, 2001:13 - 14).[9]

---

8) 이수훈 교수는 예컨대 북핵 문제 해결을 위해 동북아라는 큰 틀 속에서 접근하는 것인 바, 그 구체적인 방법이 '6자회담'이라는 것이다. 북핵 위기를 해결하고자 마련된 6자회담은 동북아지역에서 발생한 긴장과 갈등의 해소 그리고 안보와 평화 구축이라는 차원에서 매우 중대한 의미를 갖는다. 북미 간 적대관계나 북핵 위기를 양국 수준에서 해결할 수 없고, 남·북한을 비롯한 주변 강대국들을 포함시키는 다자간 틀이 아니고는 그 결과가 언제나 어느 한쪽에 의해 공격당하는 취약점을 지닌다는 동북아 현실을 미국이 인정하는 증거라고 한다. 북한의 체제안보와 경제회생을 위한 경제지원은 단기적으로 보면 미국이 전권을 쥐고 있는 듯이 보이지만 그러나 미국은 실제 북미 간에 대담한 접근(bold approach)에 의한 타결이 이루어진다고 해도 이후 대북지원을 할 경제적 여력과 의사가 없다는 점이 엄연한 현실이라는 점이다. 북한이 북미 간 회담을 고집하다가 6자회담을 수용한데는 핵문제 타결 이후 과연 실제적 경제지원이 어느 국가로부터 나올 것인가에 대한 객관적 분석이 있었다고 보아야 하고, 그 결과 일본, 중국, 러시아 등 미국 외 강대국들을 실제 지원국으로 판단한 것으로 평가한다. 이런 맥락에서 '북한이 자본주의 세계체제로부터 고립되고 폐쇄되어 있다는 일반적인 인식에서 벗어나는 것이 급선무'이며 나아가 '북한의 경제난은 미국의 따돌림 즉 봉쇄정책에 근본적인 문제가 있기 때문에 북한 역시 세계체제에 깊이 가담되어 있다.'는 것을 강조한다(이수훈, 2004: 174 - 177).

9) 여기서 말하는 전체주의적 개발독재란 '경제성장을 위해서는 정치적 안정이 불가결한 것'으로, 예컨대 박정희 시대와 마찬가지로 일인지배체제하에서 기술 관료와 고급지식인 그리고 군인들의 지배동맹을 형성하고, 소수의 전략적 분야에 대해 국가주도의 집중투자를 통해서 경제발전을 견인하려고 한다는 것이다. 예컨대 북한은 경제개혁 및 경제특구

Ⅳ. 강성대국 건설과 경제개혁: '실리사회주의'

1. 경제개혁과 실리사회주의

강성대국 건설의 경제정책 방향은 자립경제 및 '우리식' 사회주의의 우월성이라는 기존의 정책노선을 유지하고 있지만, 실제로 경제개혁 정책과 경제특구를 확대하는 등 '실리사회주의'를 지향하고 있다는 것이 특징이다. 강성대국 건설의 등장은 새로운 경제개혁 정책의 등장을 예고하는 것이었다. 이른바 실리사회주의로 나타났다.

북한은 강성대국 건설에서 제기되는 가장 선차적인 요소로 실리사회주의를 강조하고 있다(≪조선신보≫, 2002년 11월 22일).[10] 이것은 2001년 10월 3일 김정일이 내각의 경제 관료들에게 지시한 "강성대국 건설의 요구에 맞게 사회주의경제관리를 개선할 데 대하여"라는 문건에서도 잘 나타나고 있다. 실리주의 원칙을 정책으로 구체화한 것이 2002년 7월에 단행한 '경제관리 개선조치'라고 할 수 있다. 북한의 '7·1경제관리 개선조치'는 북한정권 수립 이후 처음으로 시도된 가장 획기적인 경제개혁 조치라고 할 수 있다(Cha, 2004: 43 - 49). 7·1조치의 경제적 생산성및 효과가 어느 정도 나타나고 있는지에 대해서는 구체적으로 파악할 수 없지만, 북한 당국은 2004년 신년공동사설을 통해 강성대국 건설의 성과와 관련해 '전력공급을 비롯한 인민경제의 선행부문에서 생산이 늘어나고 인민생활향상, 경공업의 현대화가 적극 추진되었다.'라는 간접적인 표현으로 그 성과를 제시하고 있다.

7·1조치 이후 북한에서는 사회주의 원칙을 지키면서 가장 큰 실리를 추구하는 정책이 매우 빈번하게 언급되고 있다. 말하자면 실리사회주의는 개인, 기업소 등각 경제주체들이 생산성 및 효율성, 경제적 이익를 극대화를 추구하는 것이다.(≪조

를 중심으로 전략산업을 집중적으로 육성하여 발전국가로 탈바꿈하고, 21세기에는 경제적으로 강성대국으로 도약한다는 것이 아마도 북한의 선군정치의 목표일 것이다

10) 북한의 경제학자 허재영 교수는 실리사회주의 개념의 맹아는 김정일의 "사회주의는 과학이다."에서 그 맹아가 형성되었다고 한다. 즉 그는 "당시는 실리라는 단어를 쓰지 않았지만 그것을 경제적 효과성이란 개념으로 논했으며 단순히 투자액보다 더 많은 수익을 내면 된다는 사고방식이 아니라 사회적으로 환원되는 이익을 선차적으로 보아야 한다. 그러한 사상이 오늘까지 내려오면서 실리란 개념으로 정식화되었다."고 한다(≪조선신보≫, 2002년 11월 22일).

"

선신보≫, 2003년 1월 10일). 이러한 실리사회주의에 대해 김일성 대학 경제학부 염병호 교수는 "사회주의 원칙을 지키면서 현대적 기술로 장비된 실질적으로 인민들이 덕을 보는 경제를 건설하라. 이게 우리가 말하는 실리입니다."라고 말한바 있다.(≪조선신보≫, 2002년 11월 22일).[11]

북한의 7·1조치는 평균주의를 없애고 수요공급 가격결정 방식 도입 및 인센티브 강화, 공장 기업소에 등 경제주체들의 자율성 부여 및 분권화, 사회주의 물자공급시장 개설, 임금인상을 통한 인민생활보장제 축소, 분배의 차등화 등 과거와는 전혀 다른 경제부문 저반에 걸쳐 이윤 및 실리추구를 강조하고 있다. 이러한 7·1조치에서 나타난 개혁정책에 대해 시장경제적 요소 도입의 단초를 마련했다는 적극적 평가를 하기도 했던 것이다.

강성대국 건설의 경제적 연장선에서 취해진 7·1조치의 내용을 간략하게 살펴보자. 7·1조치는 가격체계의 개혁과 노동자들의 임금은 인상한 것이다. 가격·임금 인상의 기준이었던 쌀 가격의 산정은 생산원가만을 고려하였으나 7·1조치 이후부터는 국제시장가격과 국내의 수요공급 요인도 감안했다(≪조선신보≫, 2002년 7월 26일). 7·1조치 이후 가격체계의 변화는 기존의 가격결정방식을 혁신적으로 바꿈으로써 과거와는 달리 모든 생산물 가격을 그 가치대로 반영한다는 점과 또한 고정적으로 운용해 온 가격들을 생산비뿐만 아니라 국내수급 상황과 국제시장가격의 변화에 따라 앞으로 조정될 수 있는 가능성을 열어 놓았다는 데 큰 의미가 있다.

또한 상품가격의 인상과 함께 인센티브제를 강화한 것이다. 인센티브제 강화의 핵심은 '평균주의'를 철폐한 것이다. 즉 기업 및 개인의 생산성 증대, 이윤 극대화에 따라 임금을 지불하는 것으로, 그야말로 현실의 변화를 반영하는 실리주의가 크게 반영되었다(강일천, 2002: 32-33). 즉 해당 기업이 이윤을 내지 못하면 노동자들의 임금도 대폭 삭감될 수밖에 없다. 임금, 가격 인상과 더불어 독립채산제나 성과급 확대는 구체적인 내용이 아직 밝혀지지 않았지만, 개별 노동자는 물론 공장이나 기업소의 생산성 향상에 유리한 환경을 조성할 것으로 기대되기 때문이며, 개별 생산단위나 주민들의 경제생활 전반에 이윤극대화라는 측면이 부각될 수밖에 없다.

---

11) 그리고 김용술 무역상 부상은 '경제개혁의 기초가 되는 것은 사회주의 원칙을 지키면서 가장 큰 실리를 낼 수 있는 우리식의 독특한 체계로 이행을 한다는 것'이라고 설명한 바 있다(김용술, 2002: 45)

임금의 인센티브제 도입은 기존의 '정치사상적 자극' 위주에서 전면적인 '물질적 자극'으로의 정책전환을 의미하는 것이다. 북한은 '고난의 행군' 시기에 극도의 물질적 결핍으로 인해 사상적 자극의 효용성은 한계에 달하게 되었다. 따라서 7·1조치는 성과급제 임금이라는 인센티브제를 도입하여 노동의욕을 고취시킴으로써 생산량 증대를 제고하겠다는 의도로 해석된다.

또한 7·1조치를 통해 시장의 범위를 대폭 확대하여 부분적이나마 시장의 조절기능을 도입한 것으로 평가된다. 7·1조치 이전에는 원부자재 시장이 존재하지 않았으나, 계획을 기본으로 하면서 물자교류를 위한 '사회주의 물자교류시장'을 개설하고 지정된 품목에 한하여 공장·기업소가 필요한 원부자재 및 물품을 '시장'에서 거래할 수 있도록 허용하였다. 이러한 사회주의 물자공급시장의 허용은 국영상점이나 장마당 등을 능가할 것으로 예상되므로 경제적 변화의 주요한 역할을 할 수 것으로 전망된다.

그리고 7·1조치를 통해 경제계획 수립 및 운영에 있어서 공장 기업소 등 하부단위의 분권과 자율성 등 경제계획 수립의 권한을 대폭 확대했다. 1965년 이래 국가계획의 수립 권한은 전적으로 '국가계획위원회'에 집중되어 있었으나, 7·1조치 이후 국가계획위원회는 국가의 전략적 중요사업을 수립하고 세부사업 및 계획은 해당기관, 기업소, 지방행정단위 등이 계획 및 수립할 수 있도록 하도록 변경하였다. 말하자면 전략적, 국가적 중요 사업지표는 국가계획위원회에서 하지만 주요 품목을 제외하고는 공장 기업소에서 자율적으로 계획하고 실행할 수 있도록 권한의 상당부분을 하부로 위임함으로써 경제단위의 자율성을 확대하였다. 즉 계획의 일원화, 세부화 원칙이 '계획의 분권화' 경향으로 변하고 있는 것이다.

7·1조치 이후 북한의 가장 큰 변화는 2003년 6월부터 평양을 비롯한 각 지방도시에서 기존의 농민시장을 '종합시장'으로 확대한 것으로 알려지고 있다(≪조선중앙통신≫, 2003년 6월 10일 논평).12) 경제개혁 조치 이후 북한의 주민들 사이에

---

12) 농민시장을 소비품시장으로 확대하고 그 운영도 국영기업소체제로 전환해 거의 모든 소비품을 주민들이 시장에서 구입할 수 있게 하였다는 점이다. 이러한 조치에 따라 공장 기업소도 그 일부제품을 시장에서 판매해 그 재원을 재투자 등으로 활용할 수 있도록 하였다. 이러한 조치는 결국 계획경제와 비록 제한적이고 미미하지만 시장경제와의 공존을 인정한 것으로 이를 통해 생필품의 부족을 해소하고 기업에게는 물질적 자극을 주기 위한 것으로 평가할 수 있다. 과거 농민시장과의 차이는 대략 첫째, 1년 365일 운영, 둘째, 농산물 이외 공산품의 판매 허가, 셋째, 개인, 협동단체, 국영공장·기업소 등이 판매자가 될 수 있게 한 점 등이다.

는 시장경제에 대한 인식이 점진적으로 확산되고 있으며, 이는 "시장에서 물건을 사고파는 것이 시장경제"라고 이해하고 있다. 여기서 특이한 점은 남한의 재래식 시장처럼 북한의 시장에서도 물건 값을 놓고 흥정이 이뤄지고, 품질과 수요공급에 따라 시장마다 판매가격이 다르게 정해진다는 것이다(≪중앙일보≫, 2003년 10월 7일).

일부 외신에 의하면 7·1조치 이후 시장이 확대되는 등 시장적 요소의 맹아에 대해 '자본주의 시장경제 초기 단계에 진입한 것'으로 보도함으로써 시장 확대와 관련하여 주목된다(≪연합뉴스≫, 2003년 9월 20일). 이 방송은 7·1조치 이후 "북한 도시의 어느 지역을 막론하고 활발한 시장경제 활동을 볼 수 있었으며 북한은 이제 과거로 되돌아가기 어려울 것"이라고 평가했다. 여기서 말하는 활발한 시장경제 활동에 대해 "북한의 여러 도시와 마을에 작은 버스 규모 크기의 가판대가 들어서 음료수, 담배, 과자, 등을 팔고 있다."며, "북한 주민들은 그 같은 소규모 장사를 통해 처음 돈을 버는 경험을 해 보고 있다."고 했다. 또한 "북한의 일부 농장은 과거와 같이 북한 당국의 지시대로 강냉이만을 심지 않고 자신들이 원하는 과일, 참께 등을 재배할 수 있는 선택권을 갖게 됐다."며, "농촌에서는 일주일에 한번 열리던 농민시장이 주중에도 농산물과 가구 등을 팔고 있다."고 보도한 바 있다.

결국 7·1조치를 통해 북한은 시장기능 중시 및 확대, 공장 기업소의 자율성 및 분권화 확대, 분배제도의 수정 및 경쟁개념 도입, 사회주의 물자공급시장, 종합시장 확대 등을 대폭 반영한 경제개혁 정책이라고 할 수 있다. 따라서 7·1조치의 의도는 그동안 제 기능을 발휘하지 못했던 공식부문을 활성화시키고 공장 기업소, 개인에 대한 인센티브 제고와 경영환경을 개선시켜 경제 활성화를 목표로 하고 있다. 북한은 7·1조치와 관련하여 '사회주의 원칙을 지키면서 실리가 날 수 있게'라는 원칙을 일관되게 주장하고 있지만, 실리사회주의는 점진적으로 시장경제적 요소들을 도입, 활용하는 과정으로 발전할 수 있을 예상된다. 이는 북한의 경제 전반에서 '공짜와 건달꾼 추방'(≪조선신보≫, 2002년 7월 19일)으로 상징되듯, 경제변화의 핵심을 '실리주의'(박재영, 2001: 15 - 18: 이창혁, 2001: 2 - 4)로 표현하면서 시장경제 원리를 부분적이나마 일부 도입한 것은 중국 개혁초기의 실용주의(黑苗白苗論)를 연상시키는 대목이다.

7·1조치 이후 북한의 변화를 시장경제로 나가는 첫걸음으로 인식하든지 아니면

전 단계로 보든지 간에 의도하지 않은 결과(unintended consequences)를 초래할 가
능성이 제기될 수 있으며, 7·1조치의 내용으로 볼 때 시장지향적이며 시장친화적
요소들이 많다. 물론 7·1조치를 통해 북한이 자본주의 경제로의 전환을 시도했다
고 하는 것은 아니다. 사회주의로부터 자본주의로 이행하는 방식에 있어 실용주의
와 점진주의는 결정적 요소라고 할 때 북한이 실리주의와 경제개혁을 강조하고 있
는 것은 주목할 만하다.[13)

2003년 9월 3일 북한 최고인민회의 제11기 제1차 회의에서 박봉주 총리는 경제
분야와 관련해 "사회주의원칙과 실리의 원칙에서 경제관리 방법을 끊임없이 완성
하고 경제관리 개선을 위한 새로운 조치를 적극 이행할 것"이라고 밝힘으로써 단
지 7·1조치가 잠정적이고 일시적인 것이 아니고 지속적으로 추진되는 개혁정책이
라는 점을 강조하고 있다(김상기, 2004: 10).

2. 경제특구와 대외개방 확대

북한은 2002년 7·1조치에 이어 9월에는 '신의주특별행정구'의 설치를 발표하였
고, 11월에는 '금강산관광지구법' 및 '개성공업지구법'을 공표하였다.[14) 7·1조치가
경제부흥을 위한 대내적인 정책변화라고 한다면, 신의주, 개성, 금강산 특구의 지정
은 내각 산하에 '경제특구개발총국'을 설치하여 이 지역을 통해 외국인직접투자(foreign
direct investment: FDI)를 유치하기 위한 대외적인 정책변화라고 할 수 있다. 말하
자면 북한 당국은 국내적 개혁전략과 국제적 개방전략을 병행추진 하고 있다.

최근 북한이 추진하고 있는 경제정책의 변화가 1960-70년대 동유럽 국가들이
보여준 경제개혁 시도와 상당히 유사하다는 견해가 있다. 즉 북한의 경제개혁은 가
격 및 임금체계의 변화, 기업관리, 무역에서의 분권화 조치 등이 동유럽 국가들이
보여준 개혁사례와 유사한 점이 많은 것으로 분석하고 있다(조동호, 2003: 11-

---

13) 7·1조치 이후 사회주의원칙 고수와 경제제도의 개선은 북한의 현 단계에서는 상호대립 되는 개념이 아닐 수 있
   다. 하지만 경제관리제도가 지속적으로 변화되어갈 경우 사회주의원칙 고수라는 용어는 점차 희석되어 갈 수 밖에
   없을 것으로 전망된다.

14) 7·1조치의 후속으로 경제특구를 지정 발표함으로써 세계의 언론들은 "북한 지도자가 새로운 시대의 요구에 맞게
   진지한 모색과 준비 끝에 내린 중요한 결단이며, 건국 이래 최대의 경제정책의 반전이며 김정일 위원장의 사활을
   건 도박"으로 묘사하였다(New York Times, 2002: 9. 25).

119). 그러나 동유럽 국가들의 경제개혁이 제도의 개선을 통한 경제관리 및 자원배분의 효율성을 도모하고 있는 것이라면, 북한은 여기에 더해서 자본의 동원이라는 추가적인 과제를 지니고 있다. 따라서 북한이 추진하고 있는 강성대국 건설은 경제회생에 필요한 자본을 어떻게 동원할 수 있을 것인가의 여부가 결정적인 역할을 할 것으로 예상된다. 북한의 자본동원에 있어서 핵심은 외부로부터의 자본동원이다. 하지만 최근 북한은 대외무역에 있어서도 대부분의 국가와의 무역이 정체 혹은 감소하고 있는 실정이며, 남북교역과 EU와의 무역 정도만이 지속적으로 증가하고 있는 추세이다. 따라서 그만큼 외화획득의 필요성을 절감하고 있는 상황인 것으로 평가된다. 북한 경제가 아직 자생력 있는 성장기반을 확보하지 못한 상황에서 경제특구를 통한 외자유치 전략은 매우 중요한 자본유입 통로라고 할 수 있다. 외부자본 유입의 가장 중요한 요소는 국제사회의 인도적 지원과 경제협력이다.

따라서 북한은 7·1조치의 연장선상에서 해외자본을 유치하기 위해 경제특구를 확대하고 있다. 신의주특별행정구는 북한의 일반적인 법적 구속에서 완전히 벗어난 개방경제 지역이다. 그리고 개성공단은 특히 남한의 중소기업 유치 및 남북경협에 큰 기대를 하고 있으며, 금강산관광사업은 북한에 직접적인 현금이 유입되는 외화벌이 수단이 되고 있다.

또한 북한은 2003년 5월 1일부터는 '인민생활 공채'를 판매하고 있는데, 공채의 발행은 1950년 '인민경제발전채권' 발행 이후 처음 단행한 것이다.[15] 인민생활 공채를 발행한 의도는 7·1조치 이후 인플레이션 방지를 위한 통화흡수의 목적도 있지만 가장 큰 목적은 경제발전을 위해 부족한 자본을 일반주민들이 불법적으로 지니고 있는 자금, 즉 집안 깊숙이 숨겨놓은 장롱 속 자본을 동원하기 위한 것으로 판단된다(조동호, 2004: 7). 이것은 외화를 불법적으로 은닉한 반(反)사회주의 의식을 차단하기 위한 목적도 있지만, 주민들이 지니고 있는 달러 등 외화 가치가 경제개혁 조치 이후 부족한 자본을 충당하는 하나의 대안이 될 수 있다는 판단을 한 것으로 볼 수 있다(『민주조선』, 2004: 4. 3).[16]

---

15) 2003년 3월 26일 북한 최고인민회의 제10기 6차 회의에서 채택된 '인민생활 공채를 발행에 대한 법령'을 통해 북한 내각은 공채의 발행과 판매, 상환 등 구체적인 계획을 공보 형식으로 2003년 3월 27일 발표하였다. 내각 공보에 의하면 '나라의 부강한 발전과 인민들의 복리증진에 이바지'하기 위한 목적이며 2003년 5월 1일부터 2013년 4월 30일까지의 10년을 유효기간으로 하여 500원 권, 1,000원 권, 5,000원 권의 세 종류를 발행하고 있다.
16) '인민생활 공채' 발행 이유는 "주민들이 가지고 있는 여유 화폐를 나라살림살이에 효과 있게 이용하기 위하여 발

북한의 경제특구 지정은 경제개혁 조치와 병행하게 되어 기존의 개혁 없는 개방, '모기장식 개방'의 한계를 벗어날 수 있는 전기를 마련하였다고 판단된다. 말하자면 북한은 7·1조치를 통해 각 기업소, 공장 단위에서 실리추구가 진행되고 있는 상황에서 경제특구 지정을 통해 외자유치 및 자본동원을 위해 적극적으로 나서겠다는 의지를 드러내고 있는 것이다.

북한의 경제특구는 첫째, 2002년 10월 북핵 문제로 인해 북미관계가 경색된 상황에서 단행되었다. 금강산 및 개성특구의 지정은 단기적으로는 7·1조치와 신의주 특구의 부작용을 예방하기 위한 후속 조치로 볼 수 있지만, 대내외 환경변화에 따라 추진 속도와 폭의 조절만 남았을 뿐, 경제특구를 통한 대외개방 정책 추진이라는 큰 물줄기를 바꾸지는 못할 것으로 전망된다. 둘째, 2002년 이후 추진하고 있는 경제특구는 향후 실용적이며 유연한 방향으로 진전될 수 있음을 보여주고 있다. 물론 북한이 경제개혁이나 개방의 측면에서 아직은 경험이 부족하며, 미국 및 국제시장의 개혁 조건을 따라가지 못하고 있지만, 북한 당국이 경제특구 방식의 개발을 위해 각 지역에 해당하는 기본법을 구체적으로 제정한 것은 적어도 특구지역 내에서만은 외국인 투자자들의 욕구 및 경제적 수익성을 보장하겠다는 경제특구 지정의 목표와 방향을 분명하게 제시하고 있다는 점에서 큰 의의가 있다. 셋째, 북한이 경제특구 정책을 추진하는 데는 강성대국 건설 기반의 구축이라는 목표를 달성하기 위한 전략으로 '대외개방'을 확대하고 있는 것으로 보인다. 즉 강성대국 건설을 위해 경제특구를 섬이라는 시장경제와 본토의 계획경제발전을 의미하는 '섬 - 본토 특성화 발전전략'[17]으로써 시장과 계획의 병행발전을 의미하는 '북한식' 모델이라고 할 수 있다.

이런 맥락에서 북한의 신의주, 금강산, 개성특구 확대전략은 7·1조치와 밀접한 연관성을 가지면서 실리사회주의를 토대로 시장지향적 개혁(Marke - orinted reform),

---

행."한다고 설명하고 있다(≪로동신문≫, 2003년 3월 30일): 2003년 4월 3일의 『민주조선』에서도 "우리자체의 힘으로 강성대국건설에 필요한 자금을 마련하자는 데 중요한 목적이 있다."고 주장하고 있다.

17) 북한의 섬 - 본토 특성화 발전전략은 북한식 모델을 의미하는 것으로서 섬은 외국인 직접투자(FDI)유치의 창구 역할을 수행한다. 그러나 외자유치의 창구역할을 수행하는 섬은 본토와는 격리된 기능을 수행하며, 특구에 적용되는 법 제도가 향후 본토지역에서도 점차 적용되어 나갈 것을 의도하지 않는 다는 점에서 중국의 경우처럼 점 - 선 - 면으로의 확대를 지향하는 것과는 본질적으로 차이가 있다. 또한 특구는 모두 동일한 성격을 지니는 것이 아니라 경제적 지리적 입지를 감안하여 특구마다 특성화를 추진하는 것이다. 그리고 본토에서는 분권형 계획경제체제를 정착 효율화시켜 나가는 한편 수출을 통한 외화획득을 추진한다는 전략이다(조동호, 2002: 341).

경제특구(Special Economic Zone), 원조추구(Aid - Seeking)를 목표로 하고 있음을 알수 있다(Noland, 2003: 46 - 50). 비록 특정지역 내에 한정하려는 경제특구지만 장기적으로 경제특구는 경제적으로 '연관발전'(associated development)을 내포하고 있는 것이다. 북한이 경제특구 지정을 통해 개방을 확대한 것은 7·1조치의 성공적 이행을 위한 외자유치의 필요성 증대, 대외 이미지 개선 등의 다목적 의도가 포함된 것이다.

결국 북한의 7·1조치와 경제특구는 북한 내부적으로 오랜 준비기간을 거쳐 나오게 된 일종의 강성대국 건설의 종합적인 경제정책 패키지라고 이해할 수 있다. 이제 북한이 추구하는 것은 명령형 계획경제 메커니즘에서 분권형 실리사회주의 경제메커니즘이라고 할 수 있다. 따라서 북한은 7·1조치의 후속으로 경제특구의 지정을 통해 외부자본의 유입을 추진하는 것이다. 그러나 외부로부터의 자본유입은 언제 어떤 형식으로 이루어질지 불분명한 상황이므로 내부적으로 경제개혁 조치를 지속적으로 추진하겠다는 의지를 보이고 있는 것이다.

한편 북한의 2002년 7월의 경제개혁 조치와 경제특구 전략이 경제회생 및 강성대국 건설의 성과를 축적하기 위해서는 몇 가지 과제들이 선결되어야 한다. 현재 북한이 추진하고 있는 개혁조치는 앞서 말한 바와 같이 자본을 어떻게 동원할 수 있을 것인가의 여부가 결정적인 역할을 할 것이라는 점은 명확하다. 북한의 경제상황으로 볼 때 자본의 내부적 동원은 쉽지 않다. 또한 경제특구의 외국인 직접투자 및 본격적인 유입은 북핵 문제와 깊이 연관되어 있다. 국제사회의 인도적 지원이든 금강산 관광 및 개성공단과 같은 남북 간에 이미 합의가 이루어진 사업이든 혹은 특구지역에 대규모의 외국인 직접 투자이든 모든 외부로부터의 자본 유입은 북핵 문제가 해결을 통한 북미관계가 개선되어야 그 성과를 낼 수 있다.[18]

북한의 경제특구는 남한, 미국, 중국, 일본의 경제협력 및 지원이 없는 한 성공하기 어렵다. 즉 경제특구의 성공은 북핵 문제의 해결을 통한 대외관계 개선이 필

---

18) 그러나 북한의 경제정책은 핵개발 문제의 해결 여부와 무관하게 분권형 계획경제를 강화하는 방향으로 전개될 것으로 전망된다. 북핵 문제가 장기간 지속된다면, 북한은 어쩔 수 없이 내부자원의 동원에 노력을 기울이지 않을 것이고 이는 경제개혁 조치를 확대시키는 방향으로 작용할 것이기 때문이다. 이는 핵개발 문제가 해결된다고 해도 마찬가지일 것이다. 북핵 문제의 해결로 인해 국제사회의 경제지원 프로그램이 가동된다면, 이는 불가피하게 북한경제의 변화 및 개혁조치를 가속화시키는 방향으로 작용하게 될 것이기 때문이다. 예컨대 동유럽 국가들의 경제개혁의 경험과 비교해 볼 때 이미 시작된 자율화 및 분권화 경향을 과거로 되돌린다는 것은 거의 불가능하다고 평가된다.

수적이다. 특히 대미관계 개선은 미국의 대북경제제재 해제와 국제금융기구로부터의 금융지원을 용이하게 할 수 있다. 신의주특구의 경우 처음부터 양빈(楊斌)의 구속에서 알 수 있듯이 중국의 지원과 영향이 크다는 것을 의미한다.[19] 그러므로 신의주특구의 성공적인 외부자본 유치를 위해 북한 당국이 해결해야 하는 문제는 적지 않다. 아울러 금강산 특구 및 개성공업특구가 성공하기 위해서는 남북관계의 개선이 지속적으로 이루어져야 한다. 남·북한의 정치·군사적 신뢰구축이 쌓이지 않은 한 지속적인 경제협력의 증대를 기대하기는 쉽지 않다.

중국의 체제전환이 성공한 것은 무엇보다도 강한 국가를 바탕으로 점진적 개혁개방을 추진하였기 때문이다. 하지만 북한은 과거 동유럽 국가들보다 안정적인 정치체제를 갖고 있다. 이는 북한이 경제개혁을 위한 정치적 안정과 국가의 통제력 측면에서 동유럽 국가들에 비해서 훨씬 유리한 조건을 가지고 있음을 의미한다(권만학, 2001: 254). 따라서 북한은 국가의 통제하에 점진적인 개혁개방의 용이한 조건을 갖추고 있다고도 볼 수 있다.

결국 김정일 정권의 국가발전전략으로서의 강성대국 건설의 성과는 2002년 7월 이후 시행하고 있는 개혁조치 및 특구개발의 병행과 연관발전에서 찾을 수 있다. 북한경제가 선순환(善循環)과정을 거쳐 강성대국 건설을 실현하기 위해서는 양자간의 상보적인 정책추진이 필수적이다.

V. 결 론

이 논문은 김정일 정권의 새로운 국가발전전략인 강성대국 건설을 '경제중심적' 시각에서 설명하고자 했다. 북한의 강성대국은 '선군정치'를 통한 군사주의 정책노선을 지향하고 있는 것처럼 보일 수 있다. 하지만 강성대국은 정치사상 및 군사강

[19) 신의주 특별행정구역 초대 장관인 양빈(楊斌)이 중국 당국에 의해 전격 구속된 이후 "한국화교 출신으로 미국 정계 진출에 성공한 샤르샹(沙日香) 전 미국 플러턴시 시장이 신의주 특별행정구 행정장관으로 내정되었다."고 홍콩의 시사주간지 『亞洲週刊』은 보도한 바 있다. 이 신문은 샤르샹은 최근 40억 달러를 신의주특구에 투자하겠다고 밝혔으며 양빈 초대 장관이 제정하려 했던 법안과 자신이 만드는 신의주특구 기본법 조문에 차이가 별로 없다고 말했다고 보도했다(≪연합뉴스≫, 2003년 8월 29일).

국 건설보다는 경제회생을 통한 경제강성대국을 건설한다는 비전이 그 특징이다. 강성대국 건설의 통치전략으로 설정된 선군정치는 경제적 측면에서 볼 때 김정일 정권의 안전뿐 아니라 경제강국 건설에 주력하겠다는 실리주의적 특성을 갖고 있는 것으로 평가된다.[20]

김정일 정권이 시행하고 있는 2002년 7월의 경제개혁 조치와 경제특구는 각 경제주체의 분권과 자율화 확대, 이윤창출 등 실리사회주의를 추구하는 것이며, 7·1 조치의 연장선에서 단행한 경제특구는 외국자본 유입을 위한 대외개방 전략이다. 말하자면 2002년 7월 이후 시행하고 있는 북한의 경제정책 변화는 실리사회주의라는 일종의 '상생전략'(win - win strategy)의 이념에서 출발한다. 이는 북한의 경제난을 부분적으로 교정하는 수준의 정책이 아니라, 각 경제주체들의 자율성과 분권화를 확대하고 국가능력을 강화하는 국가발전전략이라고 볼 수 있다.

첫째, 김정일 정권의 국가발전전략은 북한경제의 불균형발전을 극복하자는 것으로 평가된다. 즉 과거 중앙정부가 경제계획 수립 및 전략을 주도하고 지방 및 각 경제단위에 자원을 배분하는 발전모델을 탈피하는 것이다. 개인, 공장 기업소 등 경제주체들이 계획을 자율적으로 수립하고 중앙정부는 경제적 실리를 낼 수 있는 환경과 여건을 조성하는 발전모델을 지향하고 있다고 평가할 수 있다.

둘째, 북한은 '실리사회주의' 원칙에 따라 2002년 7월의 경제개혁 조치에 이어 신의주, 금강산, 개성공업특구 등 대외개방을 확대했다. 그 결과 '종합시장'이 확대되는 등 시장경제의 징후들이 확산되고 있는 것으로 알려지고 있다. 시장기능의 활성화 등은 경제개혁 조치의 지속적인 보완을 추구하는 동시에 경제특구를 강성대국 건설의 동력으로 삼으려는 전략을 추진하고 있는 것으로 평가된다. 즉 국가주도의 시장증진적 발전전략을 채택하고 있다.

셋째, 선군정치를 경제적 측면에서 보면 실리주의적이라는 점도 간과할 수 없다. '선군정치'를 김정일 정권의 통치전략으로 설정하고 우리식 사회주의를 강조하지만, 강성대국 건설하의 선군정치는 북한의 생존전략이라는 점에 주목해야 한다. 말하자면 북한이 주장하는 '부강한 나라'는 안으로는 자주적 국가를 지향하되, 대외

---

20) 공식적인 선전의 수준에서 강경한 군사주의노선을 천명하고 있다고 하여도, 경제회생을 위해서 실용주의적 경제정책의 전환이 불가피한 것으로 보는 것이 타당하다.

적으로는 전략적 동맹을 중시할 수 있다는 점을 보여주고 있는 것이다.

김정일 정권의 국가발전전략은 경제개혁과 실리사회주의, 경제특구를 확대함으로써 결국 시장마인드 확대, 분권과 자율화 등 경제전반의 변화를 모색하고 있다는 점에서 새로운 국가경영 패러다임으로 평가할 수 있다. 이러한 발전전략은 단기적으로 보면 국내외적으로 여건이 갖추어지지 않아 효율성이 없을 수도 있으나, 장기적으로 보면 성장 잠재력을 극대화함으로써 북한경제의 생산성과 효율성을 증진하여 국가경쟁력을 강화하는데 기여할 것으로 전망된다.

그럼에도 불구하고 김정일 정권의 국가발전전략은 개혁과 개방이 진전될 경우 어떠한 형태로든 현재의 당·국가체제의 부분적인 이완현상이 발생할 것으로 판단하고 있기 때문에 정치적, 군사적, 사상적으로 강력한 국가를 지향하고 있다. 말하자면 북한은 체제생존을 위하여 개혁개방 그리고 안정이라는 서로 상충되기 쉬운 정책적 목표를 동시에 성취하려는 정책선택을 모색하고 있다.[21]

---

21) 함택영 교수는 북한의 이러한 정책변화를 '김정일정권의 정책선택 트라일레마(trilemma)'라 평가된다. 말하자면 북한의 개혁·개방과 관련한 정책선택 트레일레마란 주어진 세 가지의 정책목표 가운데 어느 두 가지의 정책목표를 성취하기 위해서는 다른 한가지의 정책목표의 희생이 불가피한 상황을 말한다. 이러한 상황에서는 주어진 세 가지의 정책목표를 동시에 추구하는 것은 불가능하다(함택영, 2000: 22-26).

◎ 참고문헌

○ 1차 자료

"강성대국 건설사에 빛날 제2의 천리마진군 선구자대회", ≪로동신문≫, 1999년 월 3일.

"강성대국", ≪로동신문≫, 1998년 8월 22일.

고상진. 1999, 「위대한 영도자 김정일 동지의 선군정치의 근본 특징」, 『철학연구』, 제1호.

김경일. 2003, 「위대한 영도자 김정일 동지는 새 세기 경제강국건설의 휘황한 앞길을 밝
혀주신 사상이론의 영재」, ≪경제연구≫, 제1호.

김광철. 2003, 「선군은 사회주의경제제도의 확립과 공고발전을 위한 확고한 담보」, ≪경
제연구≫, 1호.

김재서. 1999, 「경제건설은 강성대국 건설의 가장 중요한 과업」, ≪경제연구≫, 1호.

김재호. 2000, 『김정일 강성대국 전략』(평양: 평양출판사).

김철우. 2000, 『김정일 장군의 선군정치』(평양: 평양출판사).

윤현철. 2002, 『고난의 행군을 낙원의 행군으로』(평양: 평양출판사).

리성혁. 2002, 「21세기에 상응한 국가경제력을 다져나가는 것은 우리 앞에 나서는 중대
한 과업」, ≪경제연구≫, 제1호.

리창혁. 2002, 「우리 당에 의한 사회주의경제제도의 고수와 경제강국건설의 성과적 추진」,
≪경제연구≫, 제4호.

박재영. 2002, 「현 시기 경제사업에서 실리보장의 중요성」, ≪경제연구≫, 제4호,

"실리사회주의의 기치를 들고", ≪조선신보≫, 2003년 1월 1일.

"실리사회주의 이론의 맹아", ≪조선신보≫, 2002년 11월 22일.

장명일. 1999, 「사회주의강성대국건설과 경제건설」, ≪경제연구≫, 4호.

철학연구소. 2000, 『사회주의강성대국건설사상』(평양: 사회과학출판사).

한철. 2002, 「경제적 효과 타산성은 경제사업에서 실리를 보장하기 위한 중요방도」, ≪경
제연구≫, 제1호.

○ 2차 자료

강일천. 2002, 「최근 우리나라에서 실시된 경제적 조치에 대한 잠정적 해석(1) – 전반적
가격과 생활비의 개정조치를 중심으로」, 『KDI 북한경제리뷰』, 제4권 10호(2002).

권만학. 2001, 「탈국가사회주의의 여러 길과 북한」, 『한국정치학회보』, 제35집 4호.

김상기. 2004, 「2004년 신년공동사설 분석: 경제부문」, 『KDI 북한경제리뷰』, 제6권 1호.

김용술. 2002, 「북한 경제정책 설명」, 『KDI 북한경제리뷰』, 제4권 10호.

「7·1조치 이후의 북한경제」, 『KDI 북한경제리뷰』 제5권 7호(2003).

서진영. 2001, 「북한의 중국식 개혁·개방 전망」, 경남대학교 극동문제연구소, 『통일전략
포럼 보고서』, No. 22(2001 – 1).

성채기. 2002, 「김정일 시대의 신경제노선 평가와 전망」, 『KDI 북한경제리뷰』, 제4권 10호

조동호 외. 2002, 『북한의 경제발전전략 모색』(서울: 한국개발연구원).

----. 2004, 「북한경정책의 변화전망과 남북경협의 역할」, 『KDI 북한경제리뷰』 제6권 2호.

정세진. 2003, 「이행학적 관점에서 본 최근 북한경제변화 연구」, 『국제정치학회보』, 제43집 1호.

정우곤. 2001, 「북한의 강성대국건설과 개혁·개방」, 한국정치학회하계학술대회자료집(2001년 7월 3-5일).

----. 2001, 「북한 사회주의 현황과 전망: 정치, 경제, 이데올로기를 중심으로」, 『북한연구학회보』, 제5권 2호.

----. 2002, 「북한의 경제발전전략」, 『동북아연구』, 제7권.

----. 2004, 「1990년대 북한 주민생활보장제도와 도시계층구조 재편」, 『현대북한연구』, 제7권 2호

정현수. 2002, 「김정일 시대 선군정치의 체제적 성격에 관한 연구」, 『북한연구』, 제5권.

장노순. 1999, 「약소국의 갈등적 편승외교정책: 북한의 통미봉남 정책」, 『한국정치학회보』, 제33집 1호,

이수석. 2000, 「북한의 선군정치에 관한 연구」, 『북한조사연구』, 제4권 1·2호.

이수훈. 2004, 『세계체제, 동북아, 한반도』(서울: 아르케).

오일환. 2004, 「북한 선군정치 연구의 쟁점」, 『현대 북한 연구와 남북관계』(북한연구학회 2004 추계학술회의자료집).

최용환. 2002, 「북한의 대미 비대칭 억지·강제 전략: 핵과 미사일을 중심으로」, (서강대 박사학위논문).

함택영 외. 2000, 『김정일 체제의 역량과 생존전략』(서울: 경남대학교 극동문제연구소).

Cha, Victor. 2004, "North Korea's Economic Reforms and Security Intentions", 『KDI 북한경제리뷰』, 제6권 4호.

Fukuyama, Francis. 1989, "The End of History?" *The National Interest*, 16(Summer 1989).

Kornai, J., 1992. *The Socialist System: The Political System of Communism*(Princeton: Princeton University)

Lavegne, Marie. 1995, *The Economics of Transaition: From Socialist Economy to Market Economy*(New York: St. Martin's Press).

Noland, Marcus. 2003. 「북한에서의 삶」, 『KDI 북한경제리뷰』, 제5권 7호.

SchwellerRandall L. 1994, 「Bandwagoning for Profit: Bringing the Revisionist State Back in」, *International Security*, vol.19(Summer),

Walder, Andre G. ed., 1986. *Communist Neo-Traditionalism: Work and Authority in Chinese Industry*(Berkeley: University of California Press).

----------, 1995. *The Waning of the Communist States: Economic Origins of Political Decline in China and Hungary*(Berkely: University of California Press, 1995).

White, Gordon. 1993. *Riding the Tiger: The Politics of Economic Reform in Post-Mao China*(Stanford, California: Stanford University Press).

≪경제연구≫, ≪로동신문≫, ≪조선중앙통신≫, ≪중앙일보≫, ≪연합뉴스≫

이근수

(한국국방연구원)

I. 연구의 배경과 목적

제3차 유엔해양법회의(United Nations Conference on the Law of the Sea, UNCLOS Ⅲ, 1973 – 1982, 168개국 참가)에서 채택(1982), 발효(1994)된 유엔해양법협약(이하 해양법협약 혹은 협약)은 본문 17개 부 320개 조항, 9개 부속서, 최종의정서, 그리고 이행협정 등으로 구성된 방대한 다자간 조약이자, 해양에 관한 포괄적이고 보편적인 국제레짐(International Regime)이라고 할 수 있다. 또한 협약은 해양에 관한 기존 성문법과 국제관습법, 그리고 일반적인 국가관행을 포괄하여 성문화 · 제도화함으로써, 새로운 해양법질서를 생성하였다. 그런데 협약은 이처럼 국제법적 측면에서 획기적인 의의를 지니고 있는 데 그치지 않고 국제정치, 국제경제, 국제안보 측면에서도 상당한 의의를 지니고 있다. 국제적으로 해양의 중요성이 날로 증대되고 있는 오늘날에 있어서, 광범위하고 다양한 해양 쟁점을 다루고 있는 협약은 이 같은 종합적인 접근을 통해 분석되어야 할 대상이다.

해양법협약은 아직 정착 단계에 진입했다고 보기는 힘들다. 발효된 지 이제 4년 밖에 되지 않았고, 협약을 비준한 국가 간에도 협약 규정의 적용문제를 둘러싸고 여러 가지 갈등도 야기되는 상황이기 때문이다. 협약이 미치게 될 국제적 영향에 대해 적어도 단기적으로는 부정적인 것으로 간주하는 이유가 여기에 있다. 본 연구

---

* 본 연구는 필자의 박사학위논문을 본서의 편집 의도에 맞게 발췌 · 재편집한 것임.

에서는 협약이 이러한 부작용을 극복하고, 장기적으로는 해양을 중심으로 한 국제 관계의 안정에 기여할 수 있을 것이라고 본다. 그러기 위해서는 참여국들이 협약이 지니고 있는 국제협력의 메커니즘을 어떻게 활용하는가에 달려 있다고 하겠다.

특히 보편적 국제조약으로서 협약이 전 세계적으로 안정성과 효율성을 지니려면, 지역적 특성에 알맞도록 국가 간의 준법적 관행이 형성되어야 한다. 협약이 규정하고 있는 여러 가지 규정과 제도 가운데는, 보편성을 중시한 나머지, 지역적 편차를 고려하지 않은 것들이 다수 존재하고 있다. 이러한 점에서 독특한 해양환경을 갖고 있는 동아시아에서 협약의 적용문제는 협약 전체의 정착 여부를 판가름할 관건이 될 것이다.

따라서 본 연구의 목적은 ①협약이 성립(채택·발효)되기까지의 과정을 분석하여 그 국제적 의의를 파악하고 ②분석의 초점을 좁혀, 협약이 국제안보에 미치는 의미와 영향을 살펴보며 ③나아가 동아시아 지역 안보에 있어서 협약이 갖는 의미와 영향, 그리고 협약과 지역안보와의 관계 등을 밝혀보고자 하는 데 있다.

본 연구는 기본적으로 국제레짐 이론을 원용하여 유엔해양법협약이라는 국제해양 레짐을 분석한다는 점에서 '이론의 유용성 검토 연구'라고 할 수 있다. 또한 협약과 동아시아 해양안보질서와의 관계를 고찰하여 지역 해양협력의 조건을 찾아본다는 점에서, '지역 안보 연구'와 기초적인 '정책 연구'의 성격도 아울러 지니고 있다.

Ⅱ. 선행 연구의 검토: '해양정치' 연구

본 연구의 주제와 관련된 국내외 선행 연구로서 해양 쟁점을 다루는 국제정치 분야의 연구, 즉 '해양정치(Ocean Politics)' 연구를 살펴볼 필요가 있다. 해양정치 연구는 비교적 최근의 관심 분야라고 할 수 있다. 즉 세계 식량자원의 보고로서 해양의 중요성 증대, 과학기술의 발달에 따른 해양 이용의 보편화, 해양환경오염에 대한 범세계적 관심 제고, 그리고 해양의 군사적 이용 확산 등은 거의 20세기 후반에 들어 발생된 것이다. 특히 유엔해양법협약의 채택을 계기로 해양정치 연구가 활성화되었다. 해양을 둘러싼 국가 간 교류·협력 활동과 함께 상호 의존성도 증대되고 있으며, 이에 따라 세계 각국이 새로운 해양질서의 구축에 관심을 두게 되었기 때문이다.

최근까지도 우리나라에서는 해양문제에 관한 연구가 대부분 국제법의 연구 분야로 간주되어왔다. 해양을 둘러싼 국가 간의 갈등과 협력을 법과 제도적 측면에서 다룰 경우 국가 간의 관계에 내재된 동태적 설명이 결여되기 쉬우므로, 이를 '해양정치' 연구의 범주로 포함시키기는 힘들다. 한편 국내 국제정치학자들의 해양 관련 연구는 대체로 동북아 해상교통로 문제 또는 한국의 해양안보전략 등을 주제로 하는 현실 정책적 대안을 도출하기 위한 연구의 성격을 지녀왔다.

한국에서 해양정치 영역을 본격적으로 다루기 시작한 것은 1988년 6월에 "세계 해양정치에 관한 국제학술회의"가 개최되면서라고 볼 수 있다. 정치·군사적 차원의 해양법협약, 주요 해양강대국의 해양전략, 해군력 경쟁, 국제해협 통과문제, 해양의 비핵화 등을 주제로 하는 해양정치의 주요 쟁점과 영역을 포괄적으로 다루었다. 특히 연세대 동서문제연구원의 영문 발간물 시리즈는 해양법과 해양안보를 중심으로 해양정치 연구의 기반을 조성함으로써, 이후 1990년대의 해양정치 연구의 활성화에 기여하였다.

한편 외국의 해양정치 연구 가운데, 해양법협약을 다루는 것으로는, 대체로 협약의 협상과정을 심층 분석함으로써 그 성과를 평가하고 다자간 회의외교의 교훈을 도출하기 위한 연구, 협약의 생성을 둘러싼 국가 간 갈등과 협력을 다룬 국제관계 연구, 국제정치이론을 적용하여 협약과 같은 국제레짐 혹은 제도의 역할을 강조하는 사례 연구 등이 있다. 다만 포괄적이고 방대한 해양법협약 전체를 다루는 연구보다는 협약의 일부 측면, 즉 해양자원, 해양오염, 해상교통로, 해양 군비경쟁 및 군비통제, 해양협력 등의 세분된 연구주제에 대한 분석 연구가 대부분이다.

지역적 차원에서 해양법협약의 영향과 역할을 분석하는 연구가 최근에 이루어지고 있다. 특히 다른 지역보다 해양환경이 특수한 아시아·태평양 지역에서 석유자원, 어업, 해양오염과 해운 안전, 그리고 해양분쟁 등의 문제를 해결하는 데 해양법협약이 어떠한 역할을 수행할 수 있을 것인지 등을 다루고 있다.

요컨대 국내의 기존 해양정치 연구는 한국의 해양안보환경 여건을 분석하여 안보정책방향을 모색하려는 정책 대안 연구의 성격을 띠고 있어, 학문적 성격은 다소

약하다고 볼 수 있다. 앞으로 국내 해양정치 연구는 이론적인 측면에서 국제관계의 동태를 설명·분석할 수 있는 학문적 성과가 축적되어야 할 것이다. 외국의 선행 연구에 있어서도 해양법협약의 협상 과정에서부터 동아시아에의 적용 문제에 이르기까지 다양한 연구가 있으나, 이를 포괄하는 종합 연구는 드문 편이다. 그 이유라면 해양 이슈가 매우 광범위하여 하나의 논제로 다루기는 매우 힘들다는 것과 그렇게 접근할 경우 분석의 심도가 약해지고 초점이 흐려질 가능성이 많기 때문이라고 볼 수 있다.

본 연구는 그 동안 축적된 해양법 및 해양정치 분야의 연구 성과를 토대로 논의를 전개하고 있다. 해양법협약의 취지가 현실 세계에 어떻게 반영되고 있으며, 특히 협약이 지닌 안보적 기능을 집중적으로 살펴보고, 협약이 지역안정을 도모할 수 있는 구체적인 역할을 하기 위해서는 개별 국가의 정책적 의지와 노력이 필요함을 밝혀보고자 한다는 점에서 국내외 선행 연구와는 차별성이 있다고 하겠다. 또한 본 연구는 국제레짐 이론을 적용하여 해양법협약의 협상 과정에서부터 협약의 의의와 영향, 그리고 지역 안보문제와의 관련성을 다루고 있다. 적어도 본 연구가 해양법협약을 둘러싼 국제관계와 안보문제를 하나의 이론적 틀 속에서 일관되게 분석하고 있다는 점에서 새로운 학문적 시도라고 할 수 있을 것이다.

Ⅲ. 국제레짐 이론의 유용성 검토: 국제레짐과 국제안보

국제레짐 이론은 분권적인 국제체제에서 효율적으로 다루기 힘든 지구적 문제(global issues)의 등장, 국가 간 상호의존성의 심화에 따른 국가 간 협력과 정책 조정의 필요성, 이와 관련하여 국제관계를 규정할 새로운 형태의 정치적 권위와 관리(political authority and governance)의 필요성 등이 증대함에 따라 등장한 것이다.

국제레짐의 개념은 학자에 따라 다양하게 정의를 내리고 있지만, 크래스너(Stephen D. Krasner)는 "국제관계의 특정 영역에서 행위자의 기대하는 바가 수렴되는 명시적 혹은 묵시적인 원칙, 규범, 규칙, 그리고 결정작성절차의 집합"으로 보고 있다. 그는 레짐을 고도의 제도화를 전제로 하는, 기구를 포함하는 개념으로 간주한다.

국제레짐이론은 신자유주의(자유제도주의)를 기초로 하되, 신현실주의의 가정의 일부를 수용하여 발전시킨 것이라고 할 수 있다. 따라서 국제레짐 이론의 접근방법에는 신자유주의와 신현실주의의 공통적인 가정이 나타나 있다. 즉 ①국가는 무정부적인 국제체제 속에서 행동하며 ②국가는 합리적이고 단일적인 행위자이고 ③국가는 레짐의 창설에 책임 있는 단위라는 점, 그리고 ④레짐은 국제체제에서의 협력이라는 기반 위에서 창설되며 ⑤레짐은 국제질서를 증진시킨다는 것이다.

여기서는 국가 간 협력과 레짐의 역할, 특히 국제레짐의 안보적 역할에 대해서 살펴본다. 신자유주의 측에서는 국제레짐을 국제안보의 달성을 위한 중요한 메커니즘으로 간주하고 있다. 국제관계에서 군사력의 중요성에 관한 현실주의의 많은 가정들을 인정하고 있음에도 불구하고, 신자유주의는 레짐이 협력의 틀을 제공함으로써 국가 간 안보경쟁의 위험을 극복하는데 기여할 수 있다고 주장하고 있다.

국제레짐이 국제협력을 촉진시킬 수 있는 이유는 레짐이 지닌 다음과 같은 기능에서 비롯된다. 첫째, 레짐은 집단적 목표를 달성하기 위한 명확한 규칙과 절차를 제공함으로써 레짐에 속한 국가들은 부담 분담(burden sharing)의 기준에 입각하여 행동할 수 있게 된다. 둘째, 레짐은 국가나 정부에 정보를 제공함으로써 효율적인 행동을 가능하게 한다. 가령 초국가적 이슈에 대한 정보를 공유하게 되면 국가 간 정책 조율과 예측 가능성을 높여줌으로써 상호 신뢰와 협력의 기반을 조성할 수 있으며, 이는 다른 분야에서의 신뢰와 협력으로 확산될 수 있기 때문이다. 셋째, 레짐은 강대국들이 다양하고 복잡한 이해관계를 개별적인 외교 방식에 의하지 않고도 일괄 처리하는 데 도움을 준다. 강대국일지라도 상호의존의 시대에서는 일방적이거나 쌍무적 방식에 의해 범세계적 이슈를 해결하기는 쉽지 않을 것이다. 넷째, 레짐은 국가 대외정책의 일관성을 강화시킴으로써 국제협력의 안정성을 유지하는 데 기여할 수 있다.

한편 신현실주의의 입장은 국제레짐 이론이 안보 영역에 적용되기에는 한계가 있다고 본다. 국제레짐이 국제협력의 역할을 제한적으로나마 수행하는 것은 사실이지만, 그것은 국제정치경제 영역과 같은 비안보적 분야에 국한되며, 안보 영역에서도 국제협력의 촉매 역할을 할 수 있을 것인지에 대해서는 의문을 제기한다. 안보 문제는 국제정치의 지배적 행위자인 국가가 가장 중시하는 목표와 직결되어 있고 국가 간 갈등이나 경쟁이 일반화되어 있어, 안보 영역에서 국제레짐을 통한 국제협력은 달성되기 힘들다고 본다.

안보는 개념적으로 국가안보와 국제안보로 구분된다. 전통적 안보 개념은 국가 수준에서 정의되고 논의되어 왔다. 반면에 국제안보는 국제질서의 안정(stability)을 목표로 하는 것이라고 할 수 있다. 국가관계에서 발생하는 위협의 원인과 출처를 군사적·비군사적 방법을 통해 제거하거나 감소시키는 것이 국제안보전략이다. 현 국제체제에서 국가는 국가안보전략과 국제안보전략을 동시에 추진하는 주체이다. 그러나 국가는 대체로 국제안보전략보다도 국가안보전략을 선호함으로써 안보 딜레마에 빠질 우려가 항상 존재해 왔다. 상대적 이익에 몰두함으로써 국가 간 경쟁이나 갈등이 초래되는 국가안보전략을 보완하기 위해서도, 국제안보전략은 국제체제 전체의 절대적 이익을 증진하는 협력적 노력이 필요하다. 그러한 국제안보전략의 추진 주체로서 상정할 수 있는 것이 국제기구나 국제레짐이다.

신자유주의 시각에서도 국제레짐 이론이 그 동안 비군사적, 비안보적 영역에서의 국제협력 문제를 주로 취급해왔고, 세계정부가 존재하지 않는 국제체제에서는 그 협력도 제한적일 수밖에 없다는 점을 인정하고 있다. 그러나 국제레짐이 안보 영역에서도 국가 간 협력을 통해 국제질서의 안정을 가져올 수 있다고 본다. 이러한 점에서 본 연구는 국제레짐 이론이 안보 영역에서도 그 이론적 유용성을 지니고 있는지를 검토해 보는 작업의 하나이다.

Ⅳ. 연구 범위와 방법

본 연구의 범위는 ①우선 제3차 유엔해양법회의의 개최 기간(1973 - 1982)을 전후한 시기로부터 해양법협약이 채택되어 발효(1994)된 이후 최근까지를 그 대상 시기로 한다. ②이론적 측면에서는 신자유주의 시각의 국제레짐 이론을 주로 원용하되, 국제레짐과 국제제도에 대한 신현실주의 시각과 상호의존론의 이론적 가정도 일부 비교 고찰하여 연구의 분석 틀을 구상한다. ③협약의 내용 측면에서는 방대하고 다양한 해양 쟁점들의 전반적인 특징을 개관하되, 특히 안보와 관련된 규정들, 즉 해양의 평화적 이용, 국가 및 국제 관할수역에서의 통항과 군사적 이용 문제, 분쟁의 해결과 군함의 법적 지위 등과 관련된 부분을 집중 분석한다. ④해양법협약과 국제안보와의 관계에 있어서는 협약이 안보에 미치는 영향을 중심으로 분석하되, 특히 해양법질서의 안정, 국가 간 갈등·분쟁의 예방과 최소화, 군비 증강 및 통제, 해양 협력과 신뢰구축, 해군전략의 변화 등의 문제를 다룬다. ⑤이를 토대로 동아시아 지역에서 해양레짐의 영향과 기대되는 역할을 찾아보고자 한다. 세계 어느 지역보다도 특수한 해양 환경을 지니고 있는 동아시아 지역은 해양법협약의 적용과 해양레짐의 장래를 전망하는 데 가장 적절한 지역이라고 판단하였다.

본 연구는 국제레짐 이론을 원용하여, 유엔해양법협약의 안보적 역할과 한계를 규명하려는 데 있으므로, 연구의 접근 방법은 우선 국제레짐의 개념을 해양 영역에 적용하여, <표 15-1>과 같이 해양레짐-해양안보레짐-지역해양안보레짐의 개념적 차원으로 구분하여 살펴보고자 한다.

국제레짐은 다양한 유형과 종류, 그리고 차원으로 분류할 수 있다. 해양 영역을 대상으로 하는 해양레짐이 있는가 하면, 국제 및 지역 안보를 목적으로 하는 다수의 안보레짐이 존재하고 있고, 지역적 차원에서도 각종 지역레짐이 형성될 수 있다. 따라서 다음 표에서 보는 바와 같이, 하나의 레짐은 쟁점 영역과 목적, 그리고 지리적 범위에 있어서 중첩된 형태로 나타나게 된다. 특히 레짐의 내용과 성격에 따라서 그 중첩된 부분의 크기는 달라질 수 있을 것이다.

가령, 해양레짐이 안보레짐과 중첩된 부분의 크기는 해양레짐의 안보적 성격의 비중을 나타내는 것이며, 해양레짐과 지역레짐의 중첩 부분은 그 지역의 해양환경 여건을 반영한다. 마찬가지로 지역안보레짐 가운데 해양과 관련된 것이 지역해양안보레짐이다.

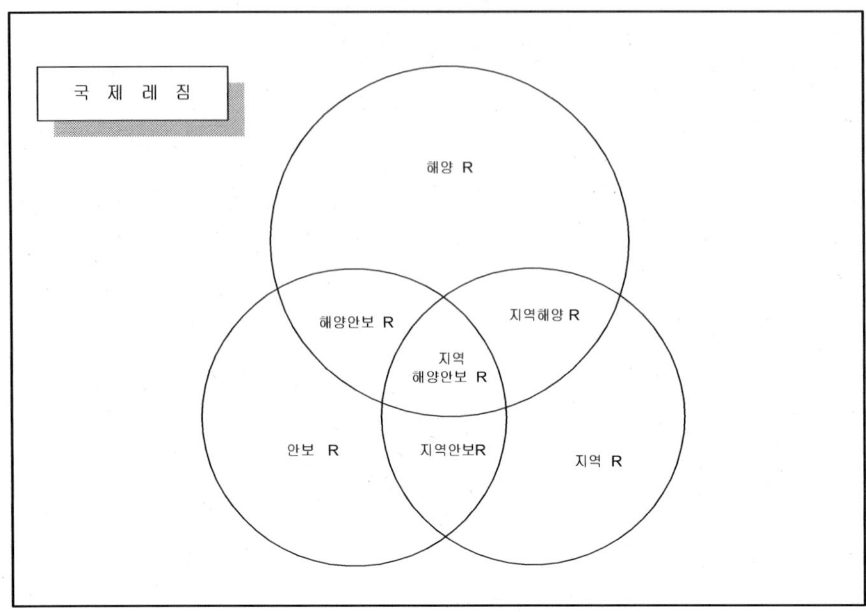

　이와 같은 국제레짐의 개념 적용을 바탕으로 본 연구의 방법은 첫째, 유엔해양법
협약이 해양레짐의 근간을 이루고 있다는 점을 밝히고, 둘째로 해양법협약이 국제
안보에 커다란 영향을 미치는 해양안보레짐의 성격을 지니고 있으며, 셋째로는 특
수한 해양안보 환경여건을 갖춘 동아시아와 같은 지역에서는 해양법협약이 지역해
양안보레짐으로서의 기능을 발휘할 수 있다는 것 등을 고찰하는 순서로 논의를 전
개하고자 한다.

　따라서 본 연구의 본론에 해당하는 3개장은 <표 15-2>의 연구체계도에서 보
는 바와 같이 구성되어 있다. 제3장에서 국제 해양레짐으로서 해양법협약의 형성
과정과 주요 내용, 성격과 구조, 그리고 기능과 의의 등을 다룬다. 제4장에서는 해
양법협약이 담고 있는 안보 관련 규정을 분석함으로써, 해양안보레짐으로서 국제안
보에 미치는 영향을 고찰한다. 그리고 제5장은 지역해양안보레짐으로서 해양법협약
이 동아시아 지역의 안보와 어떤 관련성을 지니면서, 해양 갈등과 협력의 과정에서
어떻게 작동되는지를 알아본다.

Ⅴ. 해양법 협약과 국제레짐: 해양법 협약은 국제레짐인가?

앞서 살펴본 바와 같이 국제레짐은 국제현상을 분석하고 국가 간 상호작용을 개념화하는 유용한 도구로 사용될 수 있다. 본 연구에서도 유엔해양법협약을 둘러싼 국제관계를 이해하고 설명하기 위한 이론적 도구로서 국제레짐이론을 원용하고 있다. 여기서는 유엔해양법협약이 해양 쟁점을 포괄적으로 다루는 국제레짐으로 간주될 수 있는지를 구체적으로 밝혀보고자 한다.

우선 해양법협약이 국제레짐에 대한 크래스너의 개념 정의를 충실하게 따르고 있는지를 살펴볼 필요가 있다. 그가 국제레짐의 개념을 "국제관계의 특정 영역에서 행위자의 기대하는 바가 수렴되는 명시적 혹은 묵시적인 원칙, 규범, 규칙, 그리고 결정작성절차의 집합"으로 정의한 것을 상기한다면, 유엔해양법협약은 이러한 개념 정의에 부합되는 하나의 국제레짐이라고 할 수 있다. 즉 "해양법협약은 해양 영역에서 다수의 국가들이 그들의 권익을 보장받는 대신 이에 따른 책무를 부담하기로 함으로써, 국가 행위를 규율하는 데에 합의하여 도출된 성문화된 법규"이므로, 해양 영역의 국제레짐, 즉 해양레짐의 일부를 구성한다. 비록 유엔해양법협약이 성문화된 법규이기는 하지만, 해양과 관련된 묵시적인 국제관습법과 국제제도, 그리고 국제관행까지도 포괄하여 집대성한 것이라는 점에서, 해양법협약 자체를 해양레짐이라고 지칭해도 큰 무리는 없을 것이다. 적어도 해양법협약은 해양레짐의 근간을 이루고 있다고 하겠다.

그런데 해양법협약을 살펴볼 때, 국제레짐의 구성요소인 원칙, 규범, 규칙, 그리고 결정작성절차 등과 관련하여 레짐의 개념 정의가 모호한 부분이 존재하므로, 이에 대한 구체적인 설명이 필요하다. 우선 "규칙과 결정작성절차"에 해당하는 것은 성문화된 협약의 구체적인 규정이나 조항으로 명시되어 있으므로, 판별해내기는 어렵지 않다. 가령, 결정작성절차에 관한 규정으로는 해양법협약의 최종조항이나 각 부속서 등에 나타나 있다.

문제가 될 수 있는 부분은 "원칙과 규범"이다. 해양레짐의 가장 중요한 구성요소임에도 불구하고, 원칙과 규범은 협약의 규정이나 조항에 명시되어 있지 않으므로, 이들 개념의 구체적인 실체를 가려내기가 쉽지 않으며, 명시되어 있다 하더라도 그것이 원칙인지 규범인지 구별하기는 어렵다. 그렇지만 이들 원칙과 규범을 찾아보는 작업은 해양레짐의 성격과 구조를 파악하는 데 필수적인 전제가 된다고 할 것이다.

먼저 "원칙이란 세계가 어떻게 움직이는지에 대한 일관된 이론적 진술의 집합"이므로, 해양법협약의 원칙은 전통적 해양레짐으로부터 연유된 "公海의 자유", 그리고 1982년의 협약을 위한 해양법회의의 기본 정신이라고 할 수 있는 "인류 공동의 유산"과 "공정하고도 공평한 국제경제질서의 실현", 그리고 협약의 목적 가운데 하나인 "정의와 평등권에 기초한 해양법질서의 확립"과 "해양의 평화적 이용" 등이 될 것이다. 결국 해양법협약은 이러한 원칙에 기초하여 "세계 모든 사람들의 경제적·사회적 진보가 증진"될 것임을 확신하고 있는 것이다.

한편 "규범은 행위의 일반적인 기준을 지칭" 하는 것이므로, 해양법협약과 관련한 규범이라면 해양 이용국가와 관리국가 간의 "상호 권리와 의무의 존중", "국제교통의 촉진", "해양 생물·무생물자원의 관리와 보존", "해양환경의 보호와 보전",

"신의 성실의 의무", "분쟁의 평화적 해결", "해양 협력", "일반국제법의 동등한 효력 인정" 등이라고 할 수 있다.

Ⅵ. 해양법협약의 형성 과정: 해양레짐은 어떠한 필요에서 창설되었으며, 보편적 레짐으로서 수용되었다고 할 수 있는가?

1982년 유엔해양법협약이 채택되기 이전에도 해양레짐은 존재하고 있었다. 1958년의 해양법에 관한 4개의 제네바(Geneva)협약은, 비록 그 보편성과 포괄성에서 1982년의 협약에는 미치지 못하지만, 하나의 해양레짐의 성격을 지녔다고 볼 수 있다. 또한 이에 앞서 그로티우스 이래의 해양자유 원칙에 입각한 관습법 형태의 묵시적 해양레짐이 존재해왔다. 이처럼 해양레짐은 해양법의 역사적 변천과 함께 오늘에 이르고 있다.

전통적으로 해양레짐은 지난 수세기 동안 영해 이원의 수역에서 어떤 국가도 무엇이든지 할 수 있다는 '최대한의 자유로운 접근' 원칙 혹은 규범에 기초하였다. 이러한 해양레짐의 원칙과 규범은 특히 20세기 중반 이후에 들어 급격한 변화 과정을 겪게 되는데, 그 주요한 계기는 1945년의 "트루먼 선언(Truman Doctrine)", 1970년의 "인류 공동유산 선언" 등을 통해 해양레짐의 구성요소 가운데 원칙과 규범이 종전의 레짐과 달라지면서 새로운 해양레짐의 형성으로 귀결된 것이다. 크래스너에 따른다면, 트루먼 선언이나 인류공동의 유산 선언 등은 해양레짐의 원칙과 규범을 근본적으로 변화시키는 '레짐 자체의 변화(change of the regime)'가 이루어진 계기로 볼 수 있을 것이다.

제3차 유엔해양법회의가 개최되기 전의 전통적 해양레짐은 스페인, 포르투갈, 네덜란드, 영국, 미국 등 일부 해양 강대국의 이해와 입장이 반영된 것으로서, 그 밖의 국가들은 해양의 중요성에 대해 인식도 부족했지만 해양레짐의 형성 단계부터 사실상 배제되었던 것이다. 영국의 강력한 해군에 의해 옹호된 19세기부터 제1차 세계대전 이전까지의 해양레짐과, 미국의 지배적인 해양정책에 영향을 받아온 제2

차 세계대전 직후부터 유엔해양법협약 형성 이전까지의 해양레짐은 강대국에 의해 강요된(imposed) 레짐이었으며, 오늘날의 해양레짐은 다수 국가 간에 자발적인 협상에 의해 형성된(negotiated) 해양레짐이라고 말할 수 있다. 이 같은 점에서 전 세계 대다수의 국가들이 상호 협상을 통해 생성시킨 1982년의 유엔해양법협약은 168개라는 참가국 규모에 있어서는 물론 그 내용에 있어서도 법전화를 통해 정통성을 획득한, 보편적인 해양레짐이다.

특히 해양레짐의 협상 과정은 이해 당사국 및 국가집단 간의 첨예한 대립과 정치적 절충의 국제관계사라고 해도 과언이 아니다. 해양법회의 협상의 목적은 새로운 원칙, 규범, 규칙을 창설하는 것이기도 하였지만, 기존의 낡은 해양레짐을 대체하는 과정이었기 때문에, 전통적 해양레짐의 문제점을 발견하고, 그 동안 배제되었던 대다수 국가들의 해양 이해관계가 반영되도록 해양레짐을 보완, 개혁, 대체하는 회의가 되었다. 해양레짐의 신뢰성과 생존성은 레짐의 형성 과정, 구체적으로 해양법회의에서의 협상 과정 속에서 배태된다. 즉 해양레짐이 보편적으로 준수될 수 있는지의 여부는 레짐의 생성과정이 공정하고 적절했는지에 대한 다수국가들의 믿음과 직결될 수 있기 때문이다. 해양레짐은 세계 대다수의 국가들이 분권적인 국제체제에서는 효율적으로 다루기 힘든 지구적 문제의 하나인 해양 쟁점을 두고, 국가 간 협력과 정책 조정의 필요성을 인식함으로써 제3의 정치적 권위와 관리의 메커니즘, 즉 유엔해양법협약을 채택함으로써 형성되었다고 볼 수 있다.

한편 해양법협약의 협상 과정은 국제레짐에 대한 상호의존론의 시각에서 살펴볼 때에도 중대한 의미를 지닌다. 상호의존론은 약소국들이 국제제도나 기구를 통해 상호 연계하여 의제를 설정하고 제휴를 형성하며, 정치적 자원으로서의 다수 국가의 표를 선택적으로 동원할 수 있다고 본다. 따라서 국제기구는 협력을 유도하며 약소국의 정치적 행동의 무대가 될 수 있어 약소국의 이익에 기여할 수 있다는 것이다. 다국 간의 이해관계 조정 과정을 거쳐 유엔해양법협약이 성립됨으로써 보편적 해양레짐이 등장할 수 있었다. 특히 과거와는 다른 독특한 방식과 절차에 의해 진행된 제3차 유엔해양법회의의 협상 과정은 대다수 약소국들이 자신의 이해를 대변하고 보장하는데 활용됨으로써, 해양레짐의 생성은 물론 일반적인 국제관계의 발전에도 커다란 기여를 하는 계기가 될 수 있었다.

Ⅶ. 해양법협약의 성격과 구조: 협약을 안보레짐으로 볼 수 있는가?

해양레짐으로서 해양법협약은 포괄적 성격을 지닌다. "해양의 여러 문제들은 서로 밀접하게 관련되어 있으며, 전체로서 고려되어야 할 필요성"이 있어 단일의 영역으로 취급되고 있으나, 실제로 해양 영역은 "국제교통의 촉진, 해양의 평화적 이용, 해양자원의 공평하고도 효율적인 활용, 해양생물자원의 보존, 그리고 해양환경의 연구·보호·보전 등을 촉진" 하기 위한 다양한 활동 분야를 포함하고 있다. 그러므로 협약은 국제법질서, 국제경제질서, 국제안보(평화와 안전), 그리고 국제사회의 진보 등에 대한 참여 국가들의 기대가 수렴된 포괄적인 국제협력을 위한 레짐이라고 할 수 있다. 따라서 협약은 안보레짐의 성격도 일부 지니고 있다.

한편 이러한 해양레짐의 성격과 관련하여 레짐의 구조를 살펴볼 필요가 있다. 해양레짐의 구조 역시 복합적인 체계로 구성되어 있다. 우선 해양레짐은 레짐 전체를 관장하는 기구를 두고 있지 않다. 물론 심해저 기구와 국제해양법재판소 등과 같은 부분적인 분야만을 관장하는 기구는 존재하지만, 해양레짐은 기본적으로 협약에 규정된 국가의 권리와 의무를 기초로 자력구제(self-help) 방식과, 문제가 생겼을 경우를 대비한 분쟁해결절차를 갖추고 있을 뿐이다.

또한 해양레짐은 다수의 하위 레짐(sub regime)으로 구성되는 구조를 지닌다. 영해 및 접속수역, 국제해협, 공해, 대륙붕, 배타적 경제수역, 군도수역, 심해저 등 대체로 해양의 구분에 따라 레짐이 존재하고 있으며, 해양환경보전 분야와 해양과학조사 및 기술협력 분야의 규정과 조항도 각기 하나의 하위 레짐에 해당한다고 볼 수 있다.

해양레짐은 상당히 포괄적인 영역을 다루고 있기 때문에 여타 분야의 국제레짐과 연계되어 있거나 중첩된다. 가령 부분 핵실험금지 조약(1963), 심해저 조약(1971) 등과 같은 군비통제를 다루는 안보레짐은 해양환경보호, 특히 해양오염방지 측면에서 해양법협약과 밀접한 관련이 있다. 남극조약(1959)도 남극대륙과 그 인접 해양에 관한 국제레짐이므로 해양법협약의 일부 하위 레짐과 중첩되는 부분이 존재한다.

해양레짐의 기능과 역할을 두고 신현실주의와 신자유주의가 관점을 달리한다. 먼저 신현실주의의 시각에서는 해양법협약이 비록 국제레짐으로서의 형식을 갖추고

있다고 하더라도, 현 국제체제의 속성상 협약이 국가 간의 관계를 규율할 독자적인
역할을 하기는 힘들다고 본다. 따라서 국제레짐이 독자적으로 국가 간의 갈등과 경
쟁을 극복하고 국제협력을 촉진시킬 수 있다는 질서 창출능력에 대해 비관적이며,
특히 안보적 측면에서는 개별국가의 행위를 제한하거나 강제할 역량을 지니고 있
지 못하다고 본다.

　한편 신자유주의의 시각에 따르면 해양법협약은 국제체제의 무정부적 속성에도
불구하고 이기적인 국가들 간에 실제로 협력의 필요성을 인식하여 자발적인 참여
를 통해 타협한 결과이다. 따라서 협약은 그 제도적 운영 여하에 따라서는 국제협
력을 촉진시키는 역할을 수행하며, 또한 보편적 법질서로서 향후 그 영향이 점증할
것으로 전망한다. 이와 유사하게 상호의존론의 시각에서도 해양법협약은 개별국가
들이 해양의 무질서를 극복하고 국가와 비국가적 행위자의 행위에 규칙을 적용함
으로써 국제협력, 즉 상호 협조적이고 상호 의존적인 관계의 발전을 유도하기 위해
창설된 국제제도라고 본다.

　본 연구에서 해양레짐과 국제안보와의 관계를 찾아보는 일은 매우 핵심적인 작
업이 된다. 우선 "안보"의 개념을 어떻게 설정하는가의 문제를 먼저 검토할 필요가
있다. 여기서는 해양안보레짐을 "국제 해양질서의 '안정(stability)'을 저해할 수 있
거나, 해양 쟁점을 둘러싼 국가 간 '분쟁과 갈등' 상황을 야기할 수 있는 군사·비
군사적 위협의 억제를 위하여, 세계－지역－국가 차원에서 법질서의 안정, 갈등의
예방과 최소화, 신뢰의 구축, 협력의 증진 등을 추구하는 제도적 장치"로 파악하고
자 한다. 이러한 점에서 해양법협약은 전체적으로 보아, 안보 관련 규정을 다수 포
함하고 있는 유사 안보레짐이다. 그리고 협약은 비록 제한적이기는 하지만 '국제안
보협력'의 틀로서 그 기능과 역할을 수행할 수 있다고 보았다.

Ⅷ. 해양법협약이 국제안보에 미치는 영향

　앞서 살펴본 바와 같이, 단위 국가들이 해양의 법질서를 보장하는 사실상의 주체
가 된다는 점을 고려할 때, 해양법협약이 국제안보에 미치는 영향은 협약의 규정에

대한 각국의 이해와 인식, 그리고 부여된 권리와 의무를 어떻게 행사하는가에 직결된다. 특히 안보 차원에서 국가 간의 갈등을 초래할 수 있는 협약의 해석과 적용, 그리고 구체적인 법규 집행방법 등에 따라서 국제안보에 미치는 영향의 정도와 크기가 달라질 수 있다.

○ 관할권 확장과 해양 분쟁

국가주권이 미치는 범위가 명확한 육지 국경선과는 달리, 해양에서는 국가 주권이나 관할권의 범위와 한계가 모호한 것이 보통이다. 해양법협약은 연안국의 관할수역을 대폭 확장시키고 있으므로, 종래의 영해 및 접속수역, 대륙붕 등에 대해서도 아직도 미해결 상태가 존재하고 있는 가운데, 특히 배타적 경제수역(EEZ)의 경계획정문제가 국제적 갈등 및 긴장의 원천이 될 수 있다. 경계획정에 관한 협약 규정은 연안국의 이익에 직접적으로 중대한 영향을 미치므로, 관련 당사국 간의 합의가 무엇보다도 중요한 과제가 된다.

해양 경계획정문제가 도서 영유권 주장과 연계되면, 심각한 분쟁으로 비화될 수 있다. 인접 국가 간에 경합되는 도서 영유권 주장은 연안 방어라는 군사안보 차원은 물론 자원의 개발과 확보라는 경제안보 차원의 이해가 걸려 있기 때문이다. 또한 영유권 분쟁은 해당 국가의 국내정치적 요인과 국제적 위상 등과 관련되어 있어 상호 조정과 협력을 통한 해결도 쉽지 않다. 그리고 해양 환경이 복잡한 지역에서는 다국 간의 안보 쟁점이 된다.

○ 해양 군사력의 확장 동인

해양법협약의 성립은 대부분의 연안국들이 영해, 배타적 경제수역, 대륙붕 등 종전보다 확장된 해양 영역에 대한 국가이익, 즉 연안 방어와 해양자원 보호는 물론 해양자원을 활용한 국가 경제발전에 역점을 두게 되는 계기가 되었다. 그런데 대다수의 연안국들은 전통적인 해양국가의 해군력에 비하면 매우 미약한 해군력을 보유하고 있다는 점에서 해양법협약의 발효는 전 세계적으로 해양 국가이익의 보호와 증진을 위한 군비 증강, 특히 해·공군력 증강의 촉발요인으로 작용하게 된다.

○ 항행의 자유와 해상교통로의 안전

연안국의 주권 및 관할권 행사 범위의 확장은 해양 이용국의 입장에서 볼 때, 항행의 자유에 대한 제한을 의미한다. 특히 군함이나 군용 항공기의 통항문제는 해양법회의의 협상과정에서도 많은 논란의 대상이었다. 이러한 통항, 항행의 문제는 경계획정문제와는 달리 범세계적인 해양안보 쟁점이 된다.

특히 해상교통로의 안전문제는 오래 전부터 국가생존의 사활적 이익을 상징하는 의미를 지녀왔으며, 오늘날에는 전시 병참선으로서의 중요성에 더해, 평시 국가번영을 위한 해상 수송로로서의 중요성이 더욱 높아지고 있다. 새로운 해양법질서 하에서 국제 해상교통로는 해협, 영해, 경제수역 등 다수의 연안국 관할수역을 통과하지 않을 수 없으므로, 해상교통로의 안전문제는 어느 해당국가의 안보에 직결됨은 물론 국제안보 차원에서 다자간의 이해조정이 필요한 현안이 되고 있다.

○ 해양전략의 변화: 해군의 새로운 역할 논의

해군의 전통적 임무에 추가하여 새로운 임무와 역할에 대한 논의가 대두되고 있다. 대양 해군국의 경우 전시임무 보다는 평시임무, 즉 해군력의 정치·외교적 사용 문제가 집중 거론되고 있다. 그리고 제한된 능력을 지닌 소규모 연안 해군을 보유한 국가들에게 있어서도, 해양전략적 변화를 고려하여 새로운 임무와 역할을 정립해야 하는 필요성을 절감하게 되었다.

해군전략 논의의 중점이 달라진 배경에는 대양 해군에 있어서는 냉전종식에 따른 국제정치적 변화가 해양 군사력의 유용성 논의로 이어진데 따른 것으로 볼 수 있다. 그러나 제3세계 혹은 연안 해군국가의 입장에서 보면, 새로운 해양질서의 등장이 보다 직접적인 이유가 된다. 확대된 해양 국가이익에 대한 관심과 이를 보호, 유지하기 위한 연안국의 노력은 특히 해군 정책결정자 및 전략수립가의 입장에서 해군의 정치·외교·법률적인 관점을 중시하게 하는 계기가 되었다.

해군의 역할·임무에 가장 큰 영향을 미치게 된 요인은 특히 EEZ 설정과 관련이 깊다. 지구 해양의 36%가 EEZ에 포함됨으로써 대양 해군의 기동성이 제한 받게 되었고, 해군의 전략적 및 외교적 역할과 임무 역시 변화가 불가피해졌다. 광대한 수역에서 자국의 민간 해양활동을 보호하고 지원해야 하며, 외국의 불법적인 활동에 대해서는 감시하고 규제해야 하는 임무가 추가된 것이다. 결국 해양법협약은 소규모 연안 해군국들에게 해군의 새로운 임무 설정과 이에 부응하는 해군력 건설을 위한 하나의 기준을 제공하고 있다.

○ 해양협력과 신뢰구축

해양법협약은 해양의 이용과 관리에 있어 연안국 및 기국 중심의 관할권을 부여하였다. 그런데 국가마다 해양과 관련한 인식과 능력에서 차이가 나기는 하지만, 대체로 부여된 관할권을 독자적으로 그리고 효율적으로 행사하기는 힘든 형편이다. 협약의 기본 취지는 해양의 평화적 이용을 통한 해양질서의 안정화에 있기 때문에, 해양분쟁의 소지를 사전 억제하기 위한 국제적 협력의무를 강조하고 있으며, 분쟁이 발생했을 경우에도 평화적 해결을 위한 각종 제도적 장치를 강구하고 있다.

따라서 해양법협약은 국제 해양 안보협력을 강조하고 있는데, 실제로 해양문제는 어느 개별국가 차원에서 다루기 힘든 국제적인 문제이기도 하다. 해상교통로의 안전은 물론 해양환경보전, 해양과학조사, 해상 구조 및 구난, 해양자원 보호 및 개발 등의 문제들은 연안국이나 해양 이용국들이 서로 협력을 통해 풀어나가지 않을 수 없는 중대한 안보문제의 성격을 지니고 있다.

따라서 해양법협약은 그 자체가 국가 간의 신뢰 구축을 촉진함으로써 안보협력이나 군비통제의 효과를 거둘 수 있는 하나의 도구 역할을 할 수 있다. 특히 향후 기대되는 해군력의 평시 역할과 유용성을 활용함으로써 이러한 신뢰구축 및 해양협력의 효과를 더욱 높일 수 있을 것이다.

IX. 해양법협약의 지역안보 역할: 동아시아의 경우

탈냉전의 효과가 세계 각 지역별로 편차를 보이듯이, 해양레짐의 안보 관련 기능과 역할도 지역적으로 달라질 수 있는데, 그 이유 중의 하나는 지역 해양환경의 특성과 지역 안보구조가 서로 밀접한 관련성을 맺고 있기 때문이다. 동아시아 지역의 국가들은 대부분 안보, 식량, 에너지, 무역과 경제번영에 있어서 해양 의존적 환경 속에 있다. 그리고 지역안보구조 역시 탈냉전기에 들어 심각한 해양위협세력인 소련의 붕괴, 전략적 고려에 따른 미국의 지역군사력 감축, 동아시아 지역국가들의 해양군사력 신장 등 해양 지향적인 경쟁관계로 변화하고 있다. 특히 이 같은 해양 의존적 환경과 해양 지향적 경쟁관계는 적절한 협력수단이 강구되지 않을 경우 매우 심각한 해양 분쟁으로 비화될 수 있다.

한편 해양법협약은 세계의 모든 국가들이 수용하고 존중하며, 국가 간 관행으로 정착되기에는 일천한 역사를 지니고 있다. 보편적 해양레짐으로 출발하였지만 아직도 협약에 동참하지 않은 국가들도 존재하고 있으며, 협약 규정의 모호성과 불완전성으로 인해 또 다른 분쟁의 원인으로 작용할 소지도 많다. 특히 그 동안의 동아시아 국가들의 관행으로 보아, 해양법협약은 단기적으로 국가관할권의 확장에 따른 역내 갈등의 증대를 초래할 우려도 없지 않다.

그럼에도 불구하고 협약이 안보레짐으로서 동아시아에서 어떤 기능과 역할을 할 수 있을 것인지는 향후 해양레짐의 안정성을 좌우하는 중대한 시금석이 될 전망이다. 세계 어느 지역보다도 해양환경적 특성을 지니고 있는 동아시아의 국가들은 해양협력을 통해 공동의 이익을 추구할 필요성을 절감하고 있다. 본 연구에서는 해양법협약이 지역 국가 간의 협력과 지역 전체의 안정에 커다란 기여를 할 수 있을 것으로 본다. 협약은 적어도 국가 간의 신뢰를 구축하고 협력을 증진시킬 수 있는 기능과 역할을 가지고 있기 때문이다. 그러나 해양법협약이 동아시아 지역에서 이러한 안보협력의 기능과 역할을 수행할 수 있으려면, 해양 쟁점에 대한 지역 국가들의 법치주의적인 인식과 정책적 대응이 관건이 될 것이다. 나아가 지역적 노력이 효율적으로 수렴되는 하나의 방편으로 지역해양레짐의 창설과 같은 방안을 추진할 수 있을 것이다.

Ⅹ. 결론: 해양법협약의 안보적 역할과 한계

현대에 들어 국제적 상호의존성이 증대되고 국가 간의 다방면적인 교류와 협력이 활성화되면서, 해양의 중요성이 크게 강조되고 있다. 특히 육지 자원의 고갈에 따라 자원의 보고로 알려진 해양은 과거와 같은 해상교통과 어업활동의 공간에 머물지 않고, '해양 영토'로서의 가치를 지니는 하나의 '자산'으로 인식되고 있다. 전통적으로 해양문제는 해양 강대국을 중심으로 규율되고 처리되어왔으나, 해양 활동이 보편화되면서 이제 해양의 국제질서는 새로운 계기를 맞게 되었다. 1982년 제3차 유엔해양법회의에서 채택된 해양법협약은 이러한 계기 가운데 가장 큰 비중을 차지한다.

유엔해양법협약은 지구 표면의 가장 큰 부분을 차지하는 해양 영역과 이를 둘러싸고 전개되는 인류의 거의 모든 활동을 다룬다는 점에서 매우 방대하고 포괄적인 조약체계이다. 또한 해양법협약은 전 세계의 대다수 국가들이 해양 국가이익과 관련하여 상호 이해관계를 절충·타협함으로써 이루게 된 보편적인 법질서체계이기도 하다. 그리고 해양법협약은 개별국가들이 지구적 문제의 하나로서 해양 쟁점을 풀어 나가는 데 필요한 초국가적인 권위와 관리에 대한 기대와 자각에서 탄생한 것이라고 할 수 있다.

유엔해양법협약은 국제법적으로 보편적 합의에 의한 해양법질서의 확립이라는 의의를 지닌다. 나아가 국제경제적 측면에서도 해양법협약은 배타적 경제수역(EEZ) 제도의 창설로 대표되듯이 해양의 경제적 활용 문제가 국가발전의 핵심과제로 부각되는 계기가 되었다. 그리고 해양법협약은 상호의존의 시대에 있어서 새로운 국제관계에 부응한 국제협력의 틀을 제공하고 있다는 점에서 국제정치적인 의미 또한 크다고 보아야 할 것이다. 즉 해양법협약의 성공적인 채택은 유엔과 같은 국제기구를 매개로 국가 간의 협력과 지구적 문제의 해결이 가능하다는 믿음을 확신시켜 주었던 것이다. 더욱이 해양법협약이 '동-서' 냉전체제 아래서도 '남-북' 간 정치적 타협을 이룬 결과라고 볼 때, 쟁점의 성격에 따라서는 정치이념 및 체제를 넘어 국가이익을 중심으로 한 새로운 국제질서의 창출 가능성을 보여주었다는 점에서 또 하나의 국제관계 모형을 제시하였다고 볼 수 있다.

본 연구는 1982년에 성립된 유엔해양법협약이 국제법적으로는 물론 국제정치적으로 매우 커다란 의의를 지니고 있으며, 특히 국제안보와 관련하여 독특한 기능을 지니고 있다는 점에 착안하여 연구의 대상으로 삼았다. 아울러 해양법협약은 지역별로 처한 안보환경과 안보구조의 특성과 관련하여 특정한 역할을 수행할 것으로 보고, 사례 분석의 대상으로 동아시아 지역을 들었다.

해양법협약을 둘러싼 국제정치를 분석, 고찰하는 데 필요한 이론적 자원으로서는 국제레짐 이론을 원용하였다. 국제레짐 이론은 국제체제의 안정과 변영을 위한 국제협력의 문제를 다루고 있다. 그리고 국제레짐은 그러한 국제협력의 촉매로서 중요한 기능을 수행한다는 점을 강조하고 있다. 그런데 국제레짐이 독자적으로 국제협력을 촉진시키는 데 상당한 기여를 하는 것으로 보고 있는 신자유주의의 입장에서도, 안보 영역에 있어서는 그러한 국제협력이 매우 제한적이라는 점을 인정하고 있다. 그럼에도 불구하고 본 연구에서는 국제레짐의 개념을 적용하여 해양법협약이 일반적인 국제협력은 물론 안보협력의 기능도 수행할 수 있을 것이라고 보았다. 특히 동아시아 지역과 관련하여 해양법협약의 지역안보 역할과 그 한계에 대해 분석하였다. 따라서 연구의 분석 틀로는 해양법협약이 국제레짐의 하나로서 해양레짐의 근간임을 밝힌 다음 해양레짐 – 해양안보레짐 – 지역해양안보레짐 등 각 차원에서 해양법협약이 지닌 의미, 성격, 영향, 그리고 기능을 살펴보는 순으로 논의를 전개하였다.

본 연구에서 분석, 고찰한 주요 논의를 정리해볼 때, 다음과 같은 결론을 얻을 수 있었다. 첫째, 유엔해양법협약은 해양 영역에 있어서의 국제레짐, 즉 해양레짐의 근간을 이루고 있고, 사실상 해양법협약 자체가 해양레짐이라고 할 수 있다. 국제레짐의 개념을 엄밀히 적용하더라도 해양법협약은 레짐의 요건을 충분히 갖추고 있다. 즉 해양법협약은 "해양 영역에서 다수의 국가들이 그들의 권익을 보장받는 대신 이에 따른 책무를 부담하기로 동의함으로써, 국가 행위를 규율하는 데에 합의하여 도출된 명시적인 법규범"으로서, 해양에 관한 국제관습법과 국제관행, 그리고 새로운 국제해양제도 등을 단일의 법체계로 집대성한 것이다.

둘째, 유엔해양법협약은 그 형성 과정과 내용을 살펴볼 때, 전통적 해양레짐의 계승 측면도 일부 존재하지만, 대체로 그 극복 과정을 통해 생성된 새로운 해양레짐이다. 전통적 해양레짐은 그로티우스 레짐으로서 '좁은 영해와 넓은 공해'라는 해양자유의 원칙에 기반 하였고, 제2차 세계대전이 끝날 때까지 소수의 해양 강대국에 의해 옹호되었으며 약소국들에게는 일방적으로 '강요된' 레짐이었다. 그러나 "트루먼 선언"(1945)과 "인류공동의 유산 선언"(1970) 등에서 보는 바와 같이, 전통적 해양레짐의 원칙과 규범인 해양의 자유는 연안국의 이해와 인류공동체의 이익이라는 명분으로 제한되는 급격한 과정을 경험하였다. 결국 해양법협약은 제3차 유엔해양법회의라는 자발적인 협상 과정을 통해 대다수 국가들의 이해가 조정, 반영된 해양레짐으로 나타난 것이다. 특히 해양법회의는 회의외교(conference diplomacy)와 전원합의(consensus)라는 의사결정 방식을 취함으로써 향후 국경을 넘는 지구적 문제의 해결 방식을 시사하였다. 이러한 과정은 비록 오랜 시일이 걸리고 많은 우여곡절을 거쳤지만, 해양법협약이 보편성을 갖게 되는 정통성의 확보 과정이며, 국제정치의 민주화 과정이었다고 할 수 있다.

셋째, 유엔해양법협약은 해양레짐의 법질서 전체를 관장하는 기구를 두지 않는 독특한 구조를 갖고 있다. 심해저기구와 해양법재판소와 같은 부분적인 분야를 관장하는 기구를 내장하고 있으나, 해양레짐은 기본적으로 협약에 규정된 국가의 권리와 의무를 기초로 하여, 자력구제(self-help) 방식을 채용하고 있다. 다만 문제가 발생할 경우를 대비하여 분쟁해결절차를 구비하고 있을 뿐이다. 이러한 점에서 해양레짐의 강제력이 의문시될 수 있지만, 레짐을 준수함으로써 얻는 현재와 미래의 이득을 감안한다면, 자발적으로 레짐에 참여한 국가가 단기적 안목에서 일방적인 배신행위를 감행하기는 쉽지 않을 것이다.

넷째, 유엔해양법협약은 해양안보레짐의 성격을 지니고 있다. 해양레짐은 형식적으로는 단일의 해양 영역을 다루고 있다. 그러나 실제로 해양법협약은 법, 경제, 환경, 안보 등 각 분야별로 해양질서의 안정과 해양의 평화적 이용을 통해 세계 공동체의 이익에 기여한다는 목적에서 국제협력을 촉구하고 있다. 해양법협약이 자칫 국가관할권의 확장에 따른 개별국가의 이익 추구의 기회로만 간주된다면, 오히려 분쟁의 원천이 될 수도 있기 때문이다. 따라서 해양법협약의 취지인 '안정과 평화를 통한 공동이익'에 부응하기 위해서는 우선적으로 국가 간의 갈등과 분쟁을 방지하려는 적극적인 공동체 의식이 수반되지 않으면 안 된다. 안보 개념을 좁은 의미의 '국가안보'가 아니라 안정과 평화의 유지라는 '국제안보' 측면에서 볼 때 해양레짐은 안보레짐의 성격을 갖고 있다고 할 수 있다. 특히 해양레짐의 안정성과 효율성은 레짐의 참여국들이 해양법협약의 안보 관련 규정과 쟁점을 국제협력을 통해 어떻게 풀어나가는가에 달려 있다.

다섯째, 유엔해양법협약은 국제안보적 측면에서 여러 가지 영향을 미치고 있으며, 양면적인 특성을 지니고 있다는 점에 유의할 필요가 있다. 해양법협약은 군비 통제, 신뢰구축, 분쟁 및 갈등의 방지, 국제 협력 및 조정 등을 통해 국가 간 법질서의 관행을 형성함으로써 레짐의 참여국들의 이익과 레짐 자체의 안정성을 도모하고자 출발하였다. 그렇지만 해양법협약은 각 국가들이 관할권 확장을 명분으로 군비 경쟁이나 강화를 추구함으로써, 결국 국가 간 분쟁을 가열화 시키는 소지를 제공한 점도 부인하기 어렵다. 해양법협약이 장기적으로는 질서의 창출과 안정이라는 기능을 지녔음에도 불구하고, 단기적으로는 국가 간 갈등을 증폭시키는 부정적 요인으로 작용될 수 있는 것이다. 따라서 국제안보 차원에서 볼 때, 해양 갈등의 확대 가능성과 해양 협력 강화의 필요성이라는 두 가지 측면을 동시에 고려할 것이 요구되고 있다.

여섯째, 유엔해양법협약은 보편적 해양레짐으로 출발했으나, 아직 그 안정성을 확보했다고 보기는 힘들다. 그 이유 가운데 하나는 해양안보레짐으로서의 기능을 충분히 활용하지 못하고 있기 때문이다. 특히 협약에 담겨진 신뢰구축의 기능—국가 간 갈등을 방지하고 협력과 조정을 가능하게 하는 여러 가지 수단—을 활성화한다면 레짐의 안정성을 확보·유지할 수 있다. 해양레짐으로서 협약이 안정성을 확보하지 못한 두 번째 이유는 협약이 '보편성'을 강조한 나머지 '지역적 특수성'에 대한 고려가 불충분하기 때문이다. 특히 협약의 안보 관련 규정은 개별국가의 입장에서 매우 민감한 이해관계가 얽혀있으므로, 규정의 구체적인 해석과 적용을 둘러싸고 국가 간 조정이나 협력을 이루기가 매우 어려워 갈등이 심화될 수 있다. 더욱이 해양안보환경과 지역안보구조의 특성에 따라서는 이 같은 갈등이 심각한 분쟁으로 비화될 가능성도 없지 않다. 이 밖에도 협약의 안정적 정착을 지연시키고 있는 요인으로는, 해양 관할권의 행사가 개별국가에 위임하는 방식을 취하고 있는 점, 비록 소수에 불과하지만 커다란 영향력을 지닌 협약 불참국가가 존재하고 있다는 것, 그리고 협약의 실효성 확립을 위해서는 어느 정도의 국가관행 축적기간이 필요하다는 점 등을 들 수 있다.

일곱째, 유엔해양법협약이 해양레짐으로서 그 효율성과 안정성을 확보하기 위해 지역해양안보레짐을 둘 필요가 있는데, 특히 동아시아의 경우가 가장 적절하고도 시급한 곳이 될 것이다. 동아시아는 세계 어느 지역보다도 해양 의존적이며 해양 관련 분쟁의 소지가 많은 곳이다. 즉 해양 분쟁의 가능성이 높은 만큼이나 해양 협력의 필요성이 요청되는 지역인 셈이다. 더욱이 탈냉전기에 들어 동아시아 지역의 안보환경은 해양을 지향하는 국가들 간의 경쟁관계가 심화되는 전략적 구조와 연계됨으로써, 해양분쟁을 사전에 예방하기 위한 적절한 협력수단이 절실히 요구되고 있다. 이와 관련하여 해양법협약의 신뢰구축 기능은 동아시아 지역의 안정을 가져 옴으로써, 지역안보에 기여하는 매우 중요한 역할을 할 수 있다. 실제로 협약에 기초하여 역내 안보불안의 요인들 가운데 일부가 해결의 실마리를 찾아가고 있다. 동아시아 지역 내에서 해양 영유권분쟁과 경계획정의 문제가 해소된 것은 아니지만, 어업협정과 자원공동개발, 해적방지 등의 분야에서는 양자 간 혹은 다자간 협력이 진전을 보고 있으며, 군비통제 분야에서도 활발한 제안이 등장하고 있다. 이러한 점에서 동아시아 지역은 해양법협약이라는 국제 해양레짐의 성공적 정착 여부를 가늠할 수 있는 시험장이 될 것이다.

여덟째, 그렇지만 유엔해양법협약의 지역안보 역할은 한계점을 지니고 있다. 그 것은 해양레짐 자체의 강제력 유무와 관련된 것이라기보다, 지역 내 이해 당사국, 특히 다방면적으로 이해관계가 얽혀 있는 주요 국가들을 중심으로 해양레짐에 대한 인식과 정책적 의지가 아직 미흡한 단계로서, 지역 안정이라는 국제안보 측면에서보다 개별국가의 해양 이익에 집착하기 때문이다. 특히 역내 세력으로서 중국과 역외 세력인 미국의 입장은 유엔해양법협약의 협상 과정에서 보였던 연안 개도국 − 해양 강대국 간의 이해 대립의 양상과 유사한 측면이 보인다. 대부분의 역내 해양분쟁과 연루되어 있고 연안해에 대한 관할권 확대를 주장하고 있는 중국과, 전세계 해양의 자유항행권을 강조하고 있는 미국의 이해가 상충될 소지가 많다. 이들 양국 이외에도 동아시아 해양 인접국들의 국제관행 역시 협력보다는 갈등적 관계가 일반적이었음을 상기한다면, 해양 쟁점을 둘러싼 지역국가 간의 협력은 지역안정의 핵심이 된다. 국가단위 행위자들이 상호 법치주의적 인식에 기초하여, 규범형성의 관행을 축적해나가는 가운데, 지역해양레짐의 창설과 같은 지역별 특성에 맞는 공동 정책적 노력이 아울러 필요하다고 하겠다. 결국 동아시아와 같은 곳에서 지역해양안보레짐이 구체화되어 지역의 안정을 이루는 데 기여하게 된다면, 이를 통해 해양법협약의 지역적 적용이 활성화되고, 나아가 보편적 해양레짐의 안정성과 효율성도 확보될 수 있을 것이다.

요컨대 본 연구는 유엔해양법협약이 국제안보에 커다란 영향을 주는 해양안보레짐으로서, 이것이 지역해양안보레짐으로 발전될 경우 더욱 효율적으로 지역안보에 기여할 수 있음은 물론 해양레짐 자체의 실효성과 안정성을 기할 수 있을 것으로 보았다. 해양과 관련된 연구는 다양한 학제적 접근을 요한다. 특히 해양정치 연구는 기본적으로 국제정치 분야의 연구 성격을 지니고 있으므로, 국제법, 국제기구, 국제경제, 국제안보 등의 연구 영역을 폭넓게 다룰 수 있어야 한다. 이러한 포괄적이고 종합적인 연구를 수행하는 데 국제레짐의 개념이 이론적 도구로서 유용하다는 점을 밝히고자 한 것이다.

본 연구의 성과를 바탕으로, 앞으로 다양한 지역에서 국제해양협력을 위한 구체적인 방안을 모색할 필요가 있다고 본다. 그리고 유엔해양법협약과 같은 포괄적이고 보편적인 국제레짐에 대한 연구도 활성화되기를 기대한다. 한국의 해양안보환경과 사회경제적 여건은 해양 강대국과 연안 약소국의 입장을 동시에 지니고 있다. 이러한 점에서 '해양 한국'을 지향하려는 여러 가지 기초연구나 정책연구도 강화되어야 할 시점이다.

〈**자료 1**〉 유엔해양법협약(1982년)의 내용 체계

▲ 본 문

제1부(총칙, 1조): 용어의 사용과 적용범위

제2부(영해와 접속수역, 2 – 33조): 영해의 한계, 경계획정, 무해통항, 접속수역 등

제3부(국제항행용 해협, 34 – 45조): 국제해협의 개념, 통과통항, 무해통항 등

제4부(군도국가, 46 – 54조): 군도수역의 설정, 한계, 항로설정 등

제5부(배타적 경제수역, 55 – 75조): 경제수역의 개념, 한계 및 경계획정, 자원관할권, 생물자원보존 및 잉여분

배분 등

제6부(대륙붕, 76 – 85조): 대륙붕의 정의, 자원관할권, 한계 및 경계획정 등

제7부(공해, 86 – 120조): 공해의 자유, 각종 경찰권, 생물자원의 보존 및 관리 등

제8부(섬제도, 121조): 섬의 개념, 법적 체제 등

제9부(폐쇄해 · 반폐쇄해, 122 – 123조): 개념정의 및 연안국간의 협력관계 등

제10부(내륙국의 해양 출입권과 통과의 자유, 124 – 132조): 내륙국의 통과교통 등

제11부(심해저, 133 – 191조): 심해저 개념, 법적체제, 자원개발, 해저기구 / 공사, 심해저 분쟁해결 등

제12부(해양환경의 보호와 보전, 192 – 237조): 환경보전의 개념, 국제협력, 기술지원, 국제규칙 및 국내입법,

법령집행, 보장제도 등

제13부(해양과학조사, 238 – 265조): 해양과학조사의 개념, 국제협력, 과학조사의 수행과 촉진, 과학조사 시설

및 장비, 국제책임, 분쟁해결 등

제14부(해양기술의 개발과 이전, 266 – 278조): 해양기술 개발 및 이전의 목표, 목표달성을 위한 조치, 국제협

력, 기술센터의 설립, 국제기구 간 협력 등

제15부(분쟁의 해결, 279 – 299조): 평화적 해결의무, 강제절차, 강제절차의 제한 등

제16부(일반규정, 300 – 304조): 신의 성실, 해양의 평화적 이용, 손해배상책임 등

제17부(최종조항, 305 – 320조): 조약의 체결, 발효, 개정, 폐기 등

▲ 부속서(9개)

①고도 회유성어종 ②대륙붕한계위원회 ③탐사 / 개발의 기본조건 ④심해저공사 정관 ⑤조정

⑥국제해양법재판소 규정 ⑦중재재판 ⑧특별중재재판 ⑨국제기구의 참여

▲ 최종의정서(6개 부속서)

▲ 해양법협약 제11부의 이행에 관한 협정(10개조와 부속서)

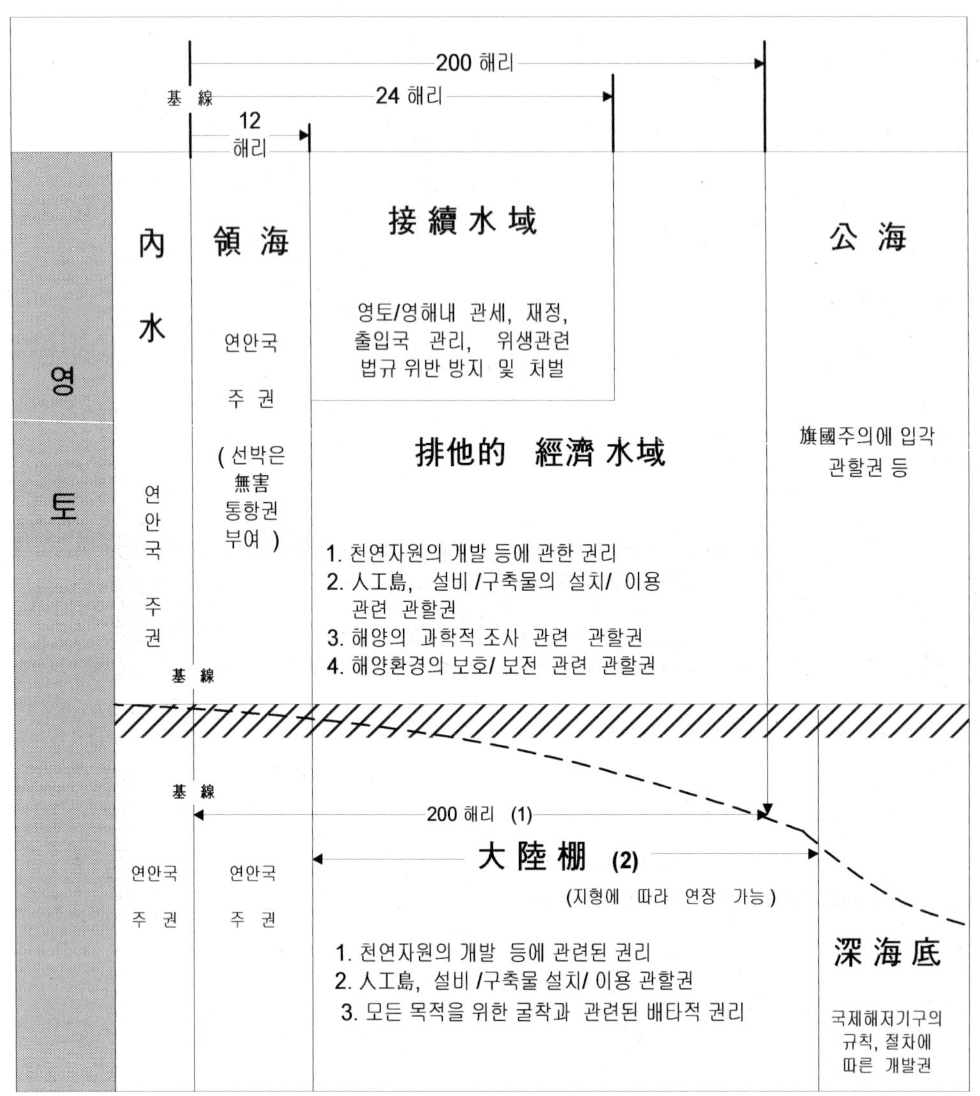

200 해리
基　線
24 해리
12 해리
內 水
領 海
接續水域
公 海
영토
연안국 주권
연안국 주권
(선박은 無害 통항권 부여)
영토/영해내 관세, 재정, 출입국 관리, 위생관련 법규 위반 방지 및 처벌
旗國주의에 입각 관할권 등
排他的　經濟水域
1. 천연자원의 개발 등에 관한 권리
2. 人工島, 설비 /구축물의 설치/ 이용 관련 관할권
3. 해양의 과학적 조사 관련 관할권
4. 해양환경의 보호/ 보전 관련 관할권
基　線
基　線
200 해리 (1)
大 陸 棚 (2)
(지형에 따라 연장 가능)
연안국 주권
연안국 주권
深海底
1. 천연자원의 개발 등에 관련된 권리
2. 人工島, 설비 /구축물 설치/ 이용 관할권
3. 모든 목적을 위한 굴착과 관련된 배타적 권리
국제해저기구의 규칙, 절차에 따른 개발권

저자 소개

O **신정현(申正鉉)**

　– 경희대학교 정치외교학과 교수

　– 사단법인 한국정치학회 회장 (1996), 경희대학교 정경대학 학장 (1994–96), 경희대학교 대학원 원장(2001–02), 국무
　　총리실 정책 자문위원 (1999–2000), 국가안전보장회의 정책 자문위원 (1999–2000), 벨기에 Leuven 대학교 초빙교
　　수 (1987), 미국 Princeton 대학교 초빙교수 (1992–93)

　– 주요 연구 실적

　　『동북아 국제정치와 한반도』(공저)(2007), 『국가연합 사례와 남북한 통일과정』(공저)(2004)

　　『한국정치제도의 개혁』(2002), 『비교정치론』(2000), 『한국의 정치학』(공저, 1997), 『정치학』(1993)

　　Peace Beyond the East–West Conflict (eds.)(1990),
　　Northeast Asian Security and Peace (eds.)(1988)
　　Search for Causes of International Conflict and Ways to Their Solution (ed.)(1988)
　　Japanese–North Korean Relations (1981)

O **도재숙(都在淑)**

　– 한국고령사회비전연합회 사무총장

　– 국방대학교 전문연구위원(2007), 한국사회연구원장(2008), 이명박국민캠프 정책위원(2008)

　– 박사학위 논문 : 「조선개항기 외세침투에 대한 지배층의 인식과 대응에 관한연구」(2000)

　– 주요 연구 실적

　　「조선 개항기 외세 침투와 지배층의 대응」, 「신민족주의와 국가안보」

　　「한반도 안보와 한미관계」, 「동북아 전략 환경과 한국안보」

O **최형철(崔炳喆)**

　– 국회, 정책연구위원

　– 호원대 겸임교수, 이회창 대통령후보·총재 특보, 신송파포럼 부원장 역임

　– 박사학위 논문 : 「민주정의당의 저발전 양상에 관한 연구」(2001)

　– 주요 연구 실적

　　「중국의 이해」, 『동아시아 국가의 이해』(아시아·태평양지역연구소), 1993.

　　「북한핵문제와 미국의 정책」, 『고황학술제』(경희대 대학원학생회), 1994.

　　「NPT체계의 문제점과 유지방안」, 『대학원보』 제65호(경희대 대학원보사), 1995.

　　「중국식 사회주의와 그 정치적 의미」, 『한국정치연구』 창간호 (한국정치연구소), 1996.

O **정주신(程朱信)**

　– 한국정치사회연구소 소장

　– 한국정치사회학회 회장, 조선대 사회과학연구원 전임연구원, 충남대 사회과학연구소 전임연구원(2008–2009), 도서출판
　　프리마북스 대표

　– 박사학위 논문: 「군부 권위주의체제하의 집권당 연구: 한국의 민주공화당과 민주정의당을 중심으로」(1998)

　– 주요 연구 실적

　　『한국의 정당정치: 군부·체제·집권당』(한국학술정보, 2006), 『탈북자 문제의 인식』(한국학술정보, 2007)

　　『정치학 사전』(프리마북스, 2008), 『한국의 민주화와 군부정권 퇴진』(프리마북스, 2009)

O 강상호(姜相昊)

　　－ 한국정치발전연구소 대표

　　－ 독일 DEMAG Kunststofftechnik사 한국 대표, 미국 GAIN Technologies사 한국 대표, 행정자치부 중앙자문위원

　　－ 박사학위 논문 : 「한국의 대안적 정부 권력구조에 대한 연구」(2007)

　　－ 주요 연구 실적

　　　「대기업과 동반 진출한 한국중소기업의 특징과 경영전략에 대한 연구」

　　　『한국정치와 권력구조의 선택』

O 이기선(李基善)

　　－ 중앙선거관리위원회 사무총장

　　－ 중앙선거관리위원회 선거연수원장, 법제실장, 사무차장 역임

　　－ 박사학위 논문 : 「1990년대 이후 한국선거의 공정성에 관한 연구 : 공직선거및선거부정방지법의 제한적 효과와 대안을
　　　　　　　　　　　중심으로」(2004)

　　－ 주요 연구 실적

　　　「한국정당의 정책결정 기능에 관한 연구」

　　　「정치개혁을 위한 제도적 틀 마련 : 미국 일리노이주의 선거제도」

O 이동선(李東宣)

　　－ 여주대학 교수

　　－ 박사학위 논문 : 「한국의 지방자치와 민주화에 관한 연구」(1996)

　　－ 주요 연구 실적

　　　『현대 한국사회의 이해』(삼광출판사, 2005), 『한국정치와 지방자치』(인간사랑, 2002)

　　　「한국 지방자치제도의 특징과 평가」, 『한국의 권력구조 논쟁4: 지방권력구조』(인간사랑, 2005)

O 임춘건(任春建)

　　－ 국회 사무처

　　－ 박사학위 논문 : 「한국의 북방정책 선택과 추진과정에 관한 연구」(1999)

　　－ 주요 연구 실적

　　　『북방정책과 한국정치의 정책결정』, 「정책과정에서 이익집단의 영향 분석」

　　　「남북한 관계의 갈등과 발전」(공동연구), 「제3공화국의 정치이념의 변화에 관한 연구」

　　　「한국의 대외정책과 남북한 관계의 변화」

O 허성우(許聖雨)

　　－ 자유선진당 사무부총장

　　－ 국가디자인연구소 소장

　　－ 박사학위 논문 : 「김대중 정부의 대북 포용정책 결정에 관한 연구 : 최고 정책결정자의 심리적 요인 중심으로」(2008)

○ 이창헌(李昌憲)

- 조선대학교 사회과학대학 정치외교학부 교수
- 통일부통일교육위원, 한국정치·정보학회장, 조선대학교 사회과학대학장/정책대학원장 역임
- 박사 학위 논문: 「북한의 토지개혁이 국가형성에 미친 영향에 관한 연구」(1995)
- 주요 연구 실적

  『한국사회와 민주주의』(대왕사, 1996) (공저), 『신국제질서와 남북한』(조선대학교출판부, 2000) (공저).

  「남북대화의 전개와 환경요인: 평가와 전망」, 『한국정치학회보』 30집3호(1996).

  「김정일 시대 선군정치의 대외 정책적 함의」, 『정치·정보연구』 제9권1호(2006).

○ 정현수(鄭賢壽)

- 글로벌교육문화연구원
- 인천대학교 겸임교수, 통일연구원 연구원 역임
- 박사 학위 논문 : 「북한 사회주의정치체제의 변화에 관한 연구 : 이데올로기와의 관계를 중심으로」(1992)
- 주요 연구 실적

  『화해협력시대의 남북한관계론』(서울 : 인간사랑, 2004) (공저)

  『중국조선족 증언으로 본 한국전쟁』(서울 : 선인, 2006) (공저).

  「김정일 시대의 대외개방과 체제변동」, 『통일정책연구』 제14권 1호 (서울 : 통일연구원, 2005).

○ 이준희(李俊熙)

- 국방대학교 직무교육원 교수
- 국방대학교 안보문제연구소 연구관, 국방대학교 직무교육원 교수, 국방부 정훈기획관실 시사안보담당, 합참공보실 보도운영
- 박사학위 논문 : 「북한의 대남 인식변화와 남북한 관계 : '신년사' 분석을 중심으로」(2004)
- 주요 연구 실적

  「북한군 정신전력 추진 실태 분석」, 「북한의 후계구도 구축에 관한 연구」

  「북한의 이중적 속성에 관한 연구」

○ 전원근(全元根)

- 육군행정학교 교수
- 국방 교육원 교수, 성균관대 전략대학원 강사 역임
- 박사학위 논문 : 「북한 공산주의체제에 있어서 파벌의 형성과 소멸에 관한 연구」(2000)
- 주요 연구 실적

  『조선노동당』, 「남북한통일을 위한 기반조성 방안」

  「북한의 통일정책에 관한 연구」

○ 정우곤(鄭祐坤)

- 통일부 행정사무관

- 경남대 극동문제연구소 연구교수

- 박사학위 논문 : 「북한 사회주의건설과 '수령제'의 형성과정에 관한 연구 : 1948-1972」(1997)

- 주요 연구 실적

「북한사회주의 건설과 수령제의 형성과정에 관한 연구」

「김정일 정권의 발전전략, 북한 복지패러다임의 전환과 사회경제적 변화」

○ 이근수(李根秀)

- 한국국방연구원(KIDA) 안보전략연구센터 책임연구위원

- 주간국방논단 편집위원장(2007-현재), 안보전략연구센터장(2005-2006) 역임

- 박사학위 논문 : 「유엔해양법협약과 국제안보: 해양레짐의 개념의 적용을 중심으로」(1999)

- 주요 연구 실적

『한국의 유엔평화유지활동 참여방안』(공저, 2008),

『이라크 파병의 성과와 향후 과제』(공저, 2007) 등

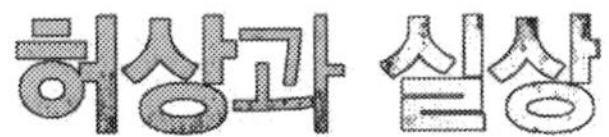

초판인쇄 | 2009년 2월 18일
초판발행 | 2009년 2월 18일

편저자 | 신정현
펴낸이 | 채종준
펴낸곳 | 한국학술정보㈜
주　소 | 경기도 파주시 교하읍 문발리 513-5 파주출판문화정보산업단지
전　화 | 031) 908-3181(대표)
팩　스 | 031) 908-3189
홈페이지 | http://www.kstudy.com
E-mail | 출판사업부　publish@kstudy.com

등　록 | 제일산-115호(2000. 6. 19)
가　격 | 29,000원

ISBN　978-89-534-1228-6 93340 (Paper Book)
　　　　978-89-534-1231-6 98340 (e-Book)